国家级教学团队
东北财经大学财务管理专业系列教材
国家级精品课、国家级精品资源共享课教材
国家级一流本科课程教材

刘淑莲　牛彦秀　主编

公司理财

Corporate Finance

第6版

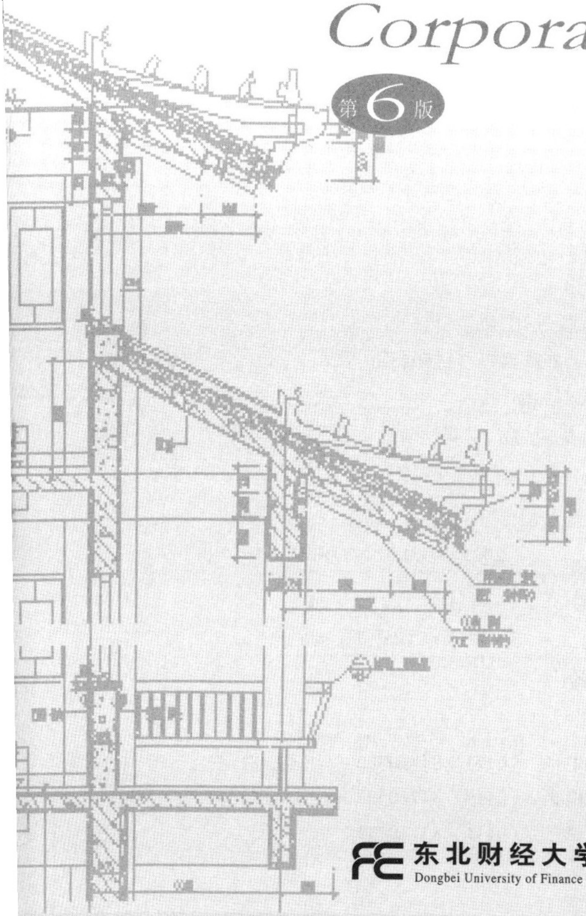

东北财经大学出版社
Dongbei University of Finance & Economics Press
大连

图书在版编目（CIP）数据

公司理财 / 刘淑莲，牛彦秀主编．—6版．—大连：东北财经大学出版社，2024.4（2025.6重印）
（东北财经大学财务管理专业系列教材）
ISBN 978-7-5654-5222-2

Ⅰ.公…　Ⅱ.①刘…②牛…　Ⅲ.公司-财务管理-高等学校-教材
Ⅳ.F276.6

中国国家版本馆CIP数据核字（2024）第071363号

东北财经大学出版社出版
（大连市黑石礁尖山街217号　邮政编码　116025）
网　　址：http://www.dufep.cn
读者信箱：dufep@dufe.edu.cn

大连天骄彩色印刷有限公司印刷　东北财经大学出版社发行

幅面尺寸：170mm×240mm　字数：629千字　印张：31
2024年4月第6版　2025年6月第2次印刷

责任编辑：高　铭　周　慧　章小北　责任校对：一　心
封面设计：原　皓　版式设计：原　皓

定价：62.00元

教学支持　售后服务　联系电话：（0411）84710309

举报电话：（0411）84710523
如有印装质量问题，请联系营销部：（0411）84710711

总　序

随着知识经济和信息经济时代的到来，加之经济全球化趋势的日益凸显，社会对财务管理理论、财务管理实践和财务管理人才培养都提出了更高的要求。因此，高等院校必须为社会培养更多符合其特定要求的财务管理人才。教育部于1998年设立“财务管理”本科专业以来，越来越多的普通高等院校设立了这一专业。在这种背景下，编写一系列理论融合实际、符合中国国情的优秀的财务管理专业教材，对于培养财务管理人才的重要性是不言而喻的。为此，国家级教学团队——东北财经大学会计学院财务管理系于2005年组织骨干师资力量，由本团队资深教授担纲，编写并出版了本院第一套财务管理专业系列教材，包括《财务管理基础》《企业财务管理》《高级财务管理》《投资管理》《资产评估》等五部教材。

第一套财务管理专业系列教材一经推出，就得到了广大读者的厚爱，为许多高等院校所广泛选用，并针对本套教材的体系结构、知识组合和内容界定提出了许多富有建设性的意见。这也坚定了我们进一步完善财务管理专业系列教材的信心与决心。2006年以来，国内外的环境发生了显著的变化，尤其是新企业会计准则、新《企业财务通则》以及《企业内部控制基本规范》的颁布，使得原有教材的部分内容需要修改与更新。美国金融危机的爆发，也促使社会公众认识到风险管理尤其是金融衍生投资风险管理的重要性，财务管理教材需要与时俱进，及时反映这一时代背景的深刻变化。另外，东北财经大学2005年被列为首批资产评估全国学科建设基地院校，并于2006年在财务管理专业下设置了“资产评估专门化”方向，因此，原有的财务管理专业系列教材已经无法满足本科教学的需要，针对“资产评估专门化”方向的人才培养特点，非常有必要增加一些专业教材。

基于此，我们对原有的财务管理专业系列教材进行了全面修订，并以新版的形式呈现在读者面前，分别是《财务管理基础》《公司理财》《高级财务管理》《证券投资》《资产评估》等五部教材；同时，新编了《财务学》《资产评估原理》《企业价值评估》《房地产评估》等四部教材。

与第一套财务管理专业系列教材相比，本套教材呈现以下几个特点：

1.体系更加完整。本套教材中，《财务管理基础》《公司理财》《资产评估》《企业价值评估》为财务管理专业（含“资产评估专门化”方向）通用专业教材；《资产评估原理》《房地产评估》是“资产评估专门化”方向所特有的专业教材；《高级财务管理》则作为非“资产评估专门化”方向的财务管理专业学生的选用教材；《财务学》是除财务管理专业之外的其他专业学生学习财务学相关知识的教材。这样的体系安排可满足不同方向、不同层次、不同专业学习财务管理相关知识的教学需要。

2.内容更加全面。依据企业会计准则、《企业财务通则》和《企业内部控制基本规范》等一系列最新规范制度，结合国内外实务的最新动态，吸收读者反馈的合理建议，在保持原系列教材基本体系、特色与优点的基础上，我们在新系列教材中尽可能地反映了财务管理、资产评估理论和实务的最新进展。

3.更加突出实务。鉴于目前我国高等院校的大部分财务管理专业本科毕业生均走向社会从事实务工作，因此，在教材中除了强调基本概念和基本原理以外，更重要的是培养学生的操作能力。本套教材更加强调理论结合实际，更加强调基本方法的运用和基本技能的掌握，穿插了大量真实的案例，突出案例教学。

4.体例更加合理。每一部教材不仅列出了本章学习目标、学习要点和主要概念，归纳和总结了主要知识点之间的相互联系，还配有大量的习题与案例，供教师教学和学生自学使用。

东北财经大学财务管理专业系列教材是国家级教学团队——东北财经大学会计学院财务管理系全体教师共同劳动的结晶，尤其凝聚了众多资深教授和专家多年的经验和心血。当然，由于我们的经验与人力有限，教材中难免存在不足乃至缺陷，恳请广大读者批评指正。

我们的工作尚处于一个开端处，本次再版修订推出的教材仅仅是一个新的起点，而不是终点。随着社会的进步、经济的发展和环境的变化，我们将适时修订，使东北财经大学财务管理专业系列教材不断地与时俱进，及时跟踪反映学科的最新进展。

东北财经大学财务管理专业系列教材编委会

第6版前言

从理论渊源上看，财务管理学与金融学密切相关。金融学（finance）作为经济学的一个分支，研究的起点是从宏观层面开始的，研究的内容主要是货币银行学（money and banking）和国际金融（international finance）。直到20世纪50年代前后，金融学才逐渐从经济学中分离出来，成为一门独立的学科，其研究范围逐渐从宏观向微观层面延伸，研究内容逐渐从“money and banking”向“finance”过渡，最后形成了以公司理财（corporate finance）或财务管理（financial management）、投资学（investment）和金融市场（financial market）为核心的金融学，而货币银行学、国际金融则成为宏观经济学的重要分支。伴随着学科研究内容的变化，金融活动的市场实践也形成了不同的管理范畴。正如格林斯潘所说，美联储只管货币（money），不管金融（finance）。

公司理财作为一门独立的学科，与“金融市场”“投资学”等学科密切相关。“金融市场”主要分析金融市场的组织形式以及微观结构，考察不同的金融产品及其特征，以及金融市场在实现资源配置过程中的作用；“投资学”是以投资者决策为出发点，研究金融市场和金融资产（包括股票、债券、期权和期货）定价模式及其投资分析与组合管理；“公司理财”则以公司决策为出发点，研究公司稀缺资源的取得（融资决策）和使用（投资决策），即公司实物投资与资本运作的决策过程。在这三者中，投资学与公司理财的关系更加紧密，投资学的理论只有通过公司财务活动才能真正与实体经济发生联系，与商品市场发生联系；而公司价值又要通过金融市场的交易才能得到正确的评估。

作为一种价值管理，公司理财在研究资源配置时，需要借助于其他学科，诸如数学、计量经济学、运筹学、会计学等分析工具和概念，收集各种必要的信息，以便在不确定条件下选择最优方案。在这些学科中，当属会计学对财务管理的影响最大。在财务管理中，如果要对某项财务活动做出抉择，例如，资本支出、资本结构、兼并与收购、风险管理等都必须依靠有关信息的支持。在计划、组织、指挥、协调、控制企业的财务活动中，要想达到既定的目标，实现价值增值，也必须收集、整理、利用有关的经济信息。在浩如烟海的信息中，会计信息是其中最重要的组成部分。利用会计信息的载体，如凭证、账簿和会计报告，可以传递有关财务状况、经营成果以及现金流量等方面的历史信息，经过对这些会计信息的进一步分析、解释和加工，还可以获得有关经济活动变化趋势的预测信息。因此，从一定意义上说，会计作为一种商业语言为公司的财务决策提供了数据支持，所以财务管理与会计学有着千丝万缕的联系。

在过去半个多世纪里，公司理财研究空前繁荣，从以筹资为核心的传统财务学派，到以价值评估、价值创造为核心的现代财务学派，其研究视角发生了很大的变化。总体来说，公司财务管理的研究框架主要表现在两个方面：一是通过资源的流动和重组实现资源的优化配置和价值增值；二是通过金融工具的创新和资本结构的调整实现资本的扩张和增值。这两个问题的核心就是如何通过投资和筹资决策为公司创造价值。

本书在第5版的基础上，对各章的内容和相关数据进行重新修订和增删，对第1章内容重新撰写；对其他章节的内容、相关数据、案例进行了更新和增删。同时，在各章新增了“课堂拓展”栏目，将教学内容与思政教育相结合：在第1章增加了“第四次工业革命人才画像：你准备好了吗？”和“股东财富最大化还是利益相关者利益最大化？”；第2章增加了“诚信重要吗？”；第3章增加了“证券价值评估只受证券本身的特征影响吗？”；第4章增加了“不要把鸡蛋放在一个篮子里吗？”和“如何增加你的知识资产账户？”；第5章增加了“跟着NASA学决策”；第6章增加了“什么是‘黑天鹅’和‘灰犀牛’？”；第7章增加了“A股企业分红再创新高”；第8章增加了“国家主席对百岁老人的评价，您有何感想？”和“A公司的筹资是否具有创新性？”；第9章增加了“中石油的司库体系建设给予我们怎样的深思？”和“家喻户晓的华为有哪些闪光点？”；第10章增加了“持有100股亚马逊的股票，你拥有的到底是什么？”；第11章增加了“影响央企经济增加值的因素有哪些？”；第12章增加了“合成股票：法国某国企私有化过程中的股票设计”；第13章增加了“LTCM：华尔街的宠儿与弃儿”；第14章增加了“三特索道的并购与收缩，关注的风险点相同吗？”和“艾格拉斯商誉减值暴露出怎样的问题？”。

本书的特点主要表现在：

第一，在体系安排上注重学科知识的逻辑性。

基于对财务理论研究框架的理解，本书以公司理财为主体，以价值评估为主线，系统地介绍公司财务的基本理论和实用技术。全书共分3篇14章：第1篇为财务估值基础，包括第1章至第4章，在阐述了财务管理内容的基础上，系统介绍了货币时间价值、证券价值评估的基本理论与技术，从风险与收益的角度介绍了资产定价技术，在此介绍的必要收益率（折现率）既是前述各章价值评估的重要参数，也是后续投资、筹资决策的依据。第2篇为财务决策，作为公司理财的主体篇，在

第5章至第9章分别介绍了投资决策、筹资决策、营运资本管理等相关内容，阐述了投资项目决策、资本结构、股利政策、公司筹资方式的基本理论与方法、流动资产管理与短期筹资等。第3篇为财务管理专题，第10章至第11章分别介绍了公司业绩评价、资金需求预测与公司价值评估、价值创造与价值管理等理论与方法。第12章至第14章分别介绍了期权估价与公司财务、衍生工具与风险管理、公司并购与收缩等理财技术。书中内容设置积木化，各章既相互联系，又独立成章，便于根据实际需要组织教学与学生自主学习。本书的篇章结构和逻辑关系如下图所示：

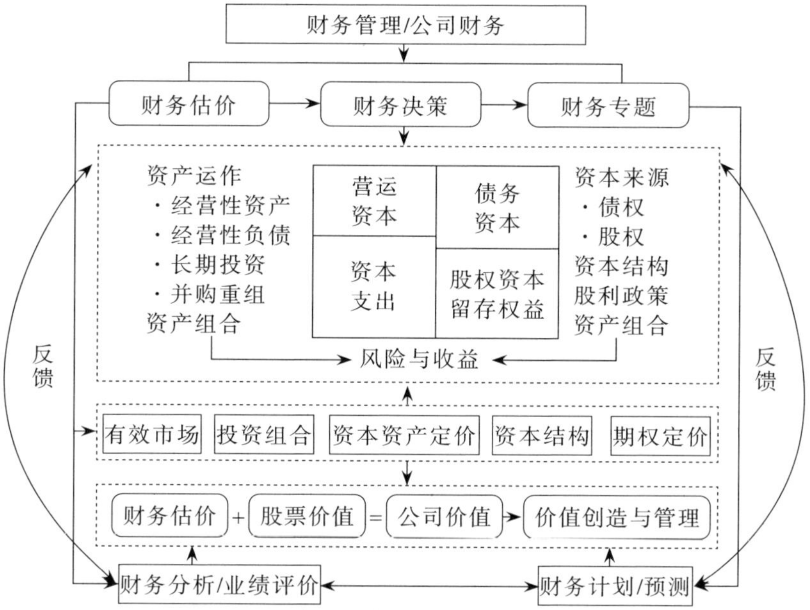

图　全书框架与逻辑关系

第二，在写作方法上注重理财技术的应用性。

本书力求突破公司理财教材的传统模式与写作方法，将求“实”与求“新”、求“深”相结合；将现代公司财务模式与我国公司理财现实情况相结合，尽量为读者提供一种理财的思路或导向。书中许多章节都以我国上市公司的财务数据为基础，通过大量的实例将各章的前后概念和财务术语联系起来，运用价值估价模型将公司投资决策、资本结构、营运资本管理和风险管理有机地结合在一起。通过反复讨论和提示给予读者更多的启发，可以帮助读者理解书中内容，掌握财务理论与应用技术。

第三，在内容安排上注重理财技能的演练性。

与一般教材不同的是，本书不仅融入了财务学研究的最新成果，使读者通过学习本书得到完整的财务知识，还提供了通过Excel财务函数解决一般财务问题的具体操作过程，通过模拟增加了读者对财务模型的理解和应用能力，学会利用Excel工具进行财务建模、财务决策和价值评估。本书是一本将财务理论带出课堂的教科书。读者在学习相关的财务理论后，只需具备Excel的基础知识，根据各种财务变量关系，导入真实数据，即可进行实际演练。本书各章之后设置了本章小结、基本训练等栏目。基本训练适合小组作业和现场报告，即由5～7名学生组成小组，在主讲教师的指导下，学生按特定题目各抒己见，然后展开讨论，互相切磋，这样就为学生提供了在课堂中难得的自我表现机会。参考书后列示的参考文献和相关链接（网址）有利于开阔学生眼界，引发学生深入思考和研究。事实上，学生知识的主要部分不是从教师授课中得到的，图书馆、网络资源、实验室也是知识的主要学习园地。

与公司理财/财务管理课程学习相关的网络资源（https：//www.icourses.cn/sCourse/course_6585.html）提供了一整套网络教学整合资源包，主要有：教学资源包，如教学大纲、教学日历、教案、综合练习题、模拟试题、参考文献；多媒体教学资源包，如教学视频、教学课件、网络辅助教学软件、网络视频教学课件；实践教学资源包，如学生上机实验和实验数据库。这些教学资源对于读者学习与自我测试、尽快掌握理财技术是一个非常好的辅助资源。此外，教材中相关的计算过程及基本训练的参考答案，读者可扫描二维码，获得Excel电子表格等资源。

本书的章节顺序可作为本课程的一般授课顺序，教师也可根据学生的实际情况变更次序或根据需要作某些增删。假如学生已经学习了经济学、管理学、会计学、概率论与统计学，这些先修课程将有助于学生加深对本书内容的理解。但是先修课程并非至关重要，为方便学习，本书对前续课程中的有关概念作了必要的铺垫性说明。本书中的许多内容曾作为高等院校相关专业的主要教材，并在使用过程中不断进行修订和补充。本书的第6版教材既可作为财务管理、会计学、金融等专业本科高年级教材，也可满足MBA、MPAcc课程学习和中高级管理人员的培训需求。不论是渴望学到财务管理知识的学生，还是追求公司价值最大化的财务决策者，都可以在本书中找到值得学习和借鉴的地方。

2023年，OpenAI语言生成人工智能工具的出现送给人类一个巨大的工具或杠杆。利用ChatGPT，使“一对一”提问式学习成为可能。“得到”创始人罗振宇认为，人类的学习将进入一个全新的“轴心时代”。从某种角度看，人工智能或将重现“孔子-苏格拉底-佛陀”时代的知识状态：个体知识在对话的过程中不断扩展，人类的学习状态向“轴心时代”回归。

ChatGPT作为一个工具，能为你创造多大的价值，关键在于你提问的质量。有句话说：“有多少好答案，在等待一个好问题。”提示工程（prompt engineering）是人工智能中的一个概念，通过“基于提示的学习（prompt-based learning）”来训练语言模型。本书的目的就是给你提供一个底层的知识结构，给你学习财务知识的一个“prompt”，使你知道向ChatGPT问什么，才能得到所要的答案。借助ChatGPT这个工具杠杆，放大学习效应，积蓄财务知识。

全书各章具体分工如下：第1章、第4章、第5章、第10章至第13章由刘淑莲教授撰写；第2章、第3章由罗菲副教授撰写；第6章、第7章由张晓东教授撰写；第8章、第9章、第14章由牛彦秀教授撰写。最后由刘淑莲教授、牛彦秀教授对全书进行修改和总纂。

任何一本教材的架构和内容都不仅源于作者的知识积累和创造，更来自前人的研究成果和贡献。我们在写作过程中，参阅了国内外许多财务专家、学者的最新研究成果，他们的思想和观点对本书的完成极为重要。为了反映这些专家和学者的贡献，我们对书中引用的观点和案例尽可能标注了相应的出处。对于这些专家和学者，我们再次表示诚挚的谢意！

感谢东北财经大学出版社的支持，感谢出版社责任编辑高铭、周慧等在本书编辑出版过程中所付出的辛勤劳动，他们的支持和帮助使得本书增色许多并得以顺利出版。

本书写作的目的不仅在于通过财务知识的介绍、传播，帮助读者将财务概念用于解决现实问题，还希望将我们从这个学科中获得的兴奋与快乐传递给读者。在本书的写作过程中，虽然穷尽了作者在这一领域教学与实践的积累，许多地方反复推敲，几易其稿，但限于水平和时间，书中难免有许多疏漏和不当之处。谨以此书献给理论界与实务界的理财专家，献给在这一领域进行学习与探索的未来的理财专家，你们的批评和建议将是本书重新修订的重要依据。

刘淑莲　牛彦秀

2024年1月

目　录

第1篇　财务估值基础

第7章 股利政策　/ 178

第8章 长期筹资　/ 196

第9章 营运资本管理　/ 223

第3篇　财务管理专题

第1篇
财务估值基础

第1章 财务管理概述

学习目标

1. 熟悉财务管理的内容和财务管理者的职责；
2. 了解企业组织形式和经典财务管理目标；
3. 熟悉委托代理关系与代理问题；
4. 掌握金融资产特点与价值决定因素；
5. 了解有效市场假说的基本内容。

假设你希望设立一家生产家用电子产品的公司，你必须筹措资本（用自有资本或借入资本）购买设备和原材料、雇用员工，通过产品销售获得现金；并将投资获得的收益进行再投资或以股利或利息的形式回报给投资者。从现金流入公司到现金返还给投资者的过程，既是公司价值的创造过程，也是设立公司的目标。用财务学的术语来说，你将获得的资本投放到能够创造增长价值的活动。这里的“资本”通常是“他人的钱”（other people's money），对于上市公司来说，“他人的钱”主要是由股东和债权人提供的。作为资本的使用者，必须为资本的提供者提供报酬，这个报酬通常是公司用“他人的钱”，“以钱生钱”（投资）创造的。公司只有不断地为“他人”“生钱聚钱”，才能持续不断地得到“他人的钱”（外部筹资）。因此，在公司财务管理过程中，必须要正确权衡资本提供者与使用者之间的委托代理关系，在为“他人”创造财富的同时，也为公司创造价值。

1.1 财务管理的内容

1.1.1 财务管理的概念

财务管理是指将资源转化为价值，实现目标的活动。这一定义隐含了两层含义：一是财务管理的内容：通过资源的取得、使用和分配，实现价值创造和价值分享；二是实现公司目标。所谓资源的取得主要指筹资活动，即筹措公司经营活动和投资活动所需要的资本；资源的使用主要是指投资活动，即将筹得的资本用于旨在提高公司价值的各项活动；资源的分配是指将创造的价值如何在股利和再投资这两方面进行分配。尽管分配股利会增加股东财富，但若不将利润作为股利分配给股东，它便成为公司的一项资本来源，将其进行再投资可为股东创造更多的财富。因此，在投资既定的情况下，公司的股利政策可作为筹资活动的一个组成部分。由于资源的取得和资源的使用在价值量上是相等的，因此，财务管理的内容可以用简易的资产负债表进行描述，如图1-1所示。

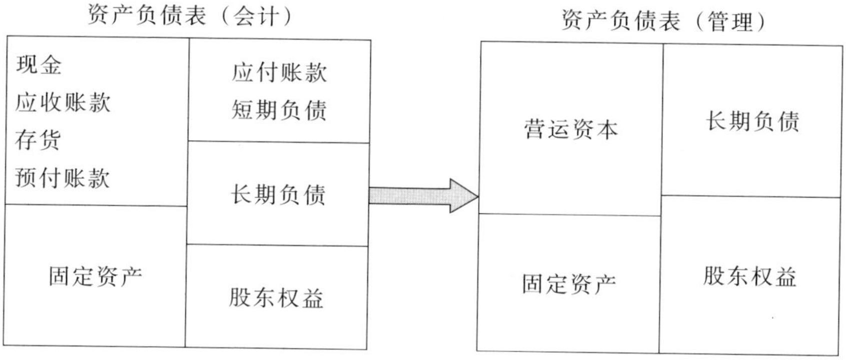

图1-1 财务管理内容：静态模式

图1-1描述了会计视角的资产负债表和管理视角的资产负债表的关系。在管理资产负债表中，将公司财务管理的内容分为投资管理、筹资管理和营运资本管理三部分。投资管理（资本预算）主要侧重于公司长期资产的投向、规模、构成及使用效果管理，即对列示在管理资产负债表左下方有关项目的管理；筹资管理主要侧重于资本的来源渠道、筹措方式、资本结构、股利政策管理，即对列示在管理资产负债表右方有关项目的管理；营运资本管理主要侧重于流动资产和流动负债的管理，即对列示在管理资产负债表左上方有关项目的管理。投资、筹资及营运资本管理的目的在于使资本的使用效益大于资本的取得成本，实现公司价值最大化。

图1-1是从静态视角研究财务管理的内容，图1-2是从动态的视角描述财务管理的主要内容。

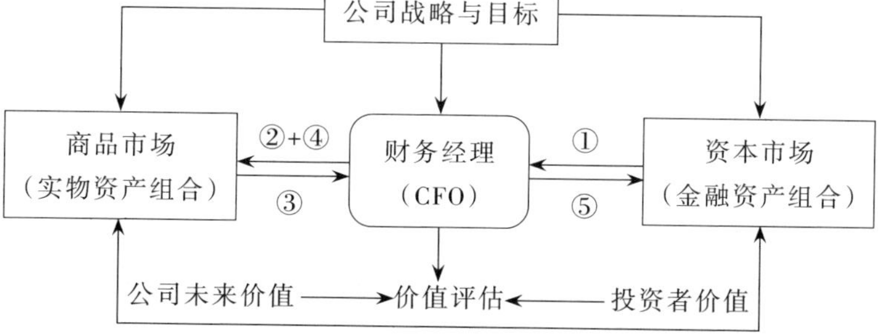

图1-2 财务管理内容：动态模式

图1-2描述的财务管理内容反映了现金从投资者流向公司并最终返回投资者的过程。其中：①通过资本市场向投资者出售金融资产；②通过商品市场进行实物资产投资和产品经营；③将筹资现金流量与投资和经营活动现金流量进行对比分析；④将投资和经营活动创造的收益的一部分用于再投资；⑤将投资收益的一部分以利息、股息或红利的形式分配给投资者。由于现金流入、现金使用、现金分配是在不同时点发生的，因此，需要采用一定的方法将不同时点的现金调整为同一时点的现金进行比较，以便评估公司未来价值，以及为股东和债权人创造的价值。

根据图1-2，财务经理需要回答三个基本问题：一是如何在商品市场上进行实物资产投资，为公司未来创造价值。二是如何在金融市场上筹措资本，为投资者创造价值。三是如何分配新创造的价值。对第一个问题的回答是公司的投资决策，即根据公司的战略规划确定公司资本预算，参与投资方案的财务评估。对第二个问题的回答是公司的筹资决策，即根据公司筹资需要与商业银行或投资银行一起选择或设计各种筹资工具、设置资本结构等。对第三个问题的回答是公司的分配决策，即根据公司未来发展和投资者利益需求，新创造的价值以利息、股利等方式在投资者之间进行分配。

1.1.2 财务经理的职责

在公司制企业中，股东通过选举董事会实现对公司的控制，董事会将大部分日常经营决策权授予以首席执行官（CEO）、首席运营官（COO）、首席财务官（CFO）等为首的管理层。在工业发达国家，CFO负责公司的财务管理工作，其下设立会计部门和财务部门，分别由主计长（controller）和司库（treasurer）负责，其下再根据工作内容设置若干科室。主计长的职责主要是通过各种会计核算工作向外部投资者和公司管理层提供各种数量化的财务信息。司库的职责主要是负责公司的现金管理、资本筹措，以及与银行、股东及其他投资者保持联系。公司CFO的主要职责不仅是监管主计长和司库的工作，更重要的是根据公司战略规划和经营目标编制和调整财务计划，制定公司的财务政策等。典型的公司制企业的组织架构图和财务管理职责如图1-3所示。

在上述各种管理职责中，有的集中在财务部门，有的是由几个部门共同管理的，如应收账款中的信贷限额可由财务部门负责，也可由市场部门负责，但由此引起的现金流量必须通过财务部门才能完成。又如，为公司现在经营或未来增长提供资本是财务经理的主要职责之一，但有关筹资工具或金融产品品种的设计、包装、发行通常由财务部门和证券管理部门（如果公司专门设置了这一部门）共同完成。虽然公司的资本预算过程交由司库或CFO负责组织、监管，但重大资本投资项目与产品开发计划、产品营销等方面的决策需要相关部门经理参与筹划和分析，最终的决策须由公司总裁或董事会决定或批准。

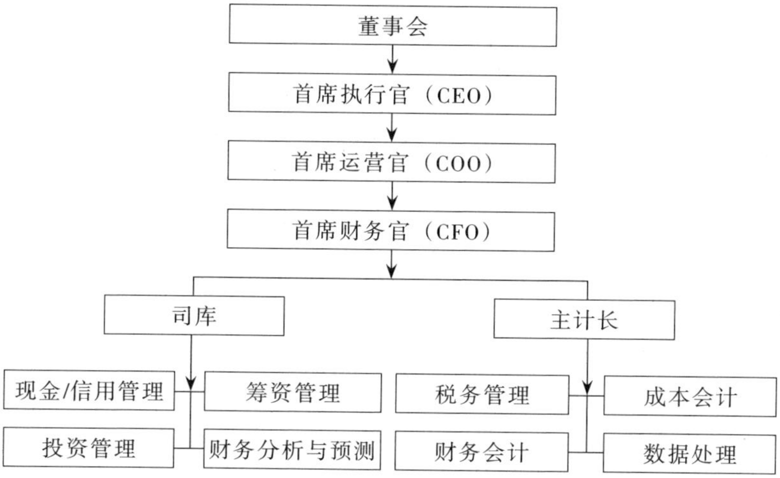

图1-3　财务管理的职责及公司制企业的组织架构

随着经济全球化、金融一体化的进程，公司对资本市场的依赖程度不断增强，迫切需要越来越多的专业CFO，他们在战略规划、信息流程化管理、投资者关系管理、业绩评估、风险管理、公司治理结构等方面发挥着重要作用。CFO的战略视野和沟通能力被视为CFO的重要技能，其重要性甚至超过会计专业技能。

1.2 企业目标与代理问题

1.2.1　企业的组织形式

企业的组织形式主要有独资、合伙和股份制三种。

独资企业是指一个人所拥有的企业，其特点主要表现在：①企业的资本主要来源于个人储蓄、银行借款、企业利润再投资等，不允许发行股票、债券或以企业名义发行任何可转让证券；②个人拥有企业的全部资产，并对企业的债务承担全部责任；③企业的收入即为企业所有者的收入，并以此向政府交纳个人所得税；④独资企业的存续期受制于企业所有者的生命期。

合伙企业是由两个或两个以上合伙人共同创办的企业，其特点主要表现在：①合伙企业筹资与独资企业相同，企业开办资本主要来自合伙人的储蓄等，企业不能通过出售证券筹措资本；②合伙企业可分为普通合伙制和有限合伙制两类，前者对企业债务承担无限责任，后者对企业债务的责任仅限于其个人在合伙企业中的出资额；③合伙人通常按照他们对合伙企业的出资比例分享利润或分担亏损；④合伙企业本身不缴纳所得税，其收益直接分配给合伙人，他们所得的分红是各自缴纳所得税的依据；⑤合伙制企业的管理控制权归属于普通合伙人；⑥普通合伙企业随着一个普通合伙人的死亡或撤出而终止，有限合伙人可以通过出售他们在企业中的权益而退出。

股份制企业，即公司，是企业形态中的一种最高层次的组织形式，它是由股东集资创建的经济实体，具有独立的法人资格。公司的特点主要表现在：①公司的资本可由股东共同出资，也可以在资本市场发行股票、债券等各种有价证券筹措资本；②公司实行有限责任制，即股东对公司的债务只承担有限责任，公司破产时，股东的损失以其在该公司的出资额为限；③股东对公司的净利润拥有所有权；④公司股份代表着对公司的所有权，并可以随时转让给新的所有者；⑤公司双重纳税，公司收入要征税，分配给股东的红利也要征税；⑥公司具有无限存续期，因为公司与它的所有者相互独立，所以某一所有者的死亡或撤出股份在法律上并不能影响公司的存在。

与独资或合伙企业相比，公司制企业最大的优点是有限责任、股权容易转让、易于获得外部资本、经营寿命周期长等；公司制企业最大的缺点是双重纳税。由于公司日渐成为企业的主导形式，本书以股份制公司作为财务管理的主体，但基本原理同样适用于其他两种组织形式。

1.2.2 所有权、控制权与风险分担

现以一个假想的案例，说明组织形式变革对企业所有权、控制权与风险分担的影响。

(1) 企业设立

假设企业创始人丁一首先用自己的钱购买材料，制造电脑并卖给客户而获得一定的收入。他又将销售所得的资本投资，购买更多的材料，生产和销售更多的电脑。图1-4列示了丁一企业最初的资产负债表。

现金 …………………………… ×××	
存货 …………………………… ×××	
厂房、设备 …………………… ××××	丁一权益 …………………… ××××
资产总计 …………………… ××××	负债和股东权益总计 …… ××××

图1-4 丁一企业初始资产负债表

在图1-4中，丁一提供了全部资本，因此，负债和股东权益仅记录丁一权益，丁一也是该企业的经理。实际上，除了供应商和客户以外，丁一是该企业的唯一直接投资者。初始资产负债表反映了三个特点：①丁一享有该企业唯一的所有权；②丁一享有该企业及其资产的完全控制权（在法定范围内）；③丁一承担该企业投资的全部风险。

(2) 举债筹资

为了提高电脑的生产量，丁一向银行借款，并承诺以电脑销售收入归还借款本息。假设企业利润全部回馈给投资者，举债经营后的资产负债表如图1-5所示。

现金 ………………………… ×××	
存货 ………………………… ×××	银行借款 ………………… ××××
厂房、设备 ……………… ××××	丁一权益 ………………… ××××
资产总计 ………………… ××××	负债和股东权益总计 …… ××××

图1-5　丁一企业向银行借款后的资产负债表

举债后的企业比初创时多了一个利益关系人（债权人），现在的情况是：①丁一保持企业的唯一所有权；②丁一仍然控制企业的资产，但受银行借款义务的约束；③此时，银行承担一定的违约风险，丁一承担其余全部剩余风险。

（3）扩股筹资

随着企业规模扩大，订单增加，银行借款增加，企业负债比率上升，银行不愿意承担追加贷款的风险。为了筹措资本，银行建议丁一进行扩股筹资，企业通过发行新股筹措资本，此时企业的股东由丁一和新股东两部分组合，公司组建了董事会进行管理。图1-6描述了企业发行新股后的资产负债表。

现金 ………………………… ×××	银行借款 ………………… ××××
存货 ………………………… ×××	新股东权益 ……………… ××××
厂房、设备 ……………… ××××	丁一权益 ………………… ××××
资产总计 ………………… ××××	负债和股东权益总计 …… ××××

图1-6　丁一企业发行新股后的资产负债表

发行新股后的企业比初创时增加了债权人和新股东，在这种情况下：①该企业已不再归丁一独有；②丁一虽然控制企业的资产，但除了受银行借款义务的约束外，还要承担为其他股东利益行事的义务；③此时，银行仍然承担一定的风险；④丁一不再承担其余全部风险，他和新股东按每人持股比例分担剩余的企业风险。

（4）所有权、控制权分离

随着时间的推移，丁一决定聘请经理经营企业，而自己退出企业管理，仅依靠投资报酬获得企业收益。在这种情况下：①丁一不再直接控制企业及其资产；②与股东相比，企业的经理对资产拥有直接控制权；③丁一与其他股东一样，委托经理为其经营企业。这时企业已成为一家股份公司。在初创时，其资产负债表右方非常简单，资产全部由丁一提供。变为股份公司后，不但存在股东与债权人、股东与管理者之间的控制权、风险分担等问题，股东之间一些隐性契约也会增加股东之间潜在的利益冲突。

1.2.3　经典企业目标

经典的企业目标主要表现为三种形式：利润最大化、股东财富最大化、公司价值最大化。

利润最大化目标是经济学界的传统观点，并在实务界得到了广泛的推崇，但从公司资源提供与风险承担的角度分析，股东作为公司资源的提供者，对公司收益的索取权位于其他所有关系人（如债权人、管理者等）之后，承担了公司的全部剩余风险。这种剩余收益索取权赋予股东的权利、义务、风险、收益都大于公司的债权人、管理者和其他员工。因此，应从股东的利益出发，以股东财富最大化作为公司经营目标。

股东财富最大化是一般上市公司追求的基本目标。与利润最大化目标相比，股东财富最大化目标的特点主要表现在：（1）股票的内在价值是按照投资者要求的收益率折现后的现值，这一指标考虑了获取收益的时间因素和风险因素；（2）股票价值是一个预期值，股东财富最大化在一定程度上可以克服公司在追求利润上的短期行为，保证了公司的长期发展；（3）股东财富最大化能够充分体现公司所有者对资本保值与增值的要求。

股东财富最大化目标存在的缺点主要是：（1）股东财富最大化只适用于上市公司，对于非上市公司很难适用；（2）由于股票价格的变动不是公司业绩的唯一反映，而是受诸多因素影响的综合结果，因而股票价格的高低实际上不能完全反映股东财富或价值的大小；（3）股东财富最大化目标在实际工作中可能导致公司所有者与其他利益主体之间的矛盾与冲突。

公司价值最大化主要指公司资源提供者（股东、债权人等）价值最大化，这一目标实现的前提条件是公司管理者的目标与股东的目标相一致，公司经营不产生无法追踪的社会成本。

20世纪60年代，全球公司普遍遇到了一系列现实问题，如公司伦理、员工纠纷与公司环境管理等问题，使“股东财富最大化”目标在理论和实践都受到了挑战。一些人认为，在公司决策时，不仅要考虑股东的利益，还要平衡公司利益相关者的利益，以实现公司长期可持续发展。

利益相关者（stakeholder）概念来源于“股东”、“股票持有人（stockholder）”或“利益攸关者”，主要指直接利益相关者：股东、债权人、雇员、客户、供应商等，没有他们连续性的参与，公司就不能持续生存。间接利益相关者：社区、政府、社会团体、新闻媒介等，他们虽然并不与公司进行交易，但客观上影响公司或受到公司的影响。

利益相关者倡导者认为公司属于所有的利益相关者，公司在做决策的时候，要考虑利益相关者的利益，承担更多的社会责任。但是，这一理论的主要问题是利益相关者的界定过于宽泛、缺少可操作性。从涉及的十几种利益相关者来看，孰轻孰重，不得而知。到目前为止，还没找到一种理论和方法能够定量地衡量众多利益相关者的权重。

一些商业评论者认为，公司对利益相关者承担了过多的社会责任，有可能导致公司走向衰落甚至破产。2009年通用汽车申请破产保护，其中原因之一是通用曾经想把一些工厂搬到墨西哥和东亚，以降低劳动成本。但美国汽车行业和工会，用一场大罢工迫使管理层改变主意。另外，通用削减员工福利的计划也一直不断地被工会否决，直到最后看到通用实在业绩较差，工会才有条件地接受了一部分方案。不过为时已晚，只能破产重组，政府不得不花600亿美元的巨大代价来拯救通用。

本书以公司价值最大化作为企业目标，公司财务管理的目标是通过投资、筹资决策，实现增量价值（净现值）最大化。

1.2.4　代理关系与公司治理

在公司制下，参与公司经营活动的关系人主要有两种：一种是公司资源的提供者——股东和债权人；另一种是公司资源的使用者——管理者。除此之外，公司在经营活动中还要与社会上的其他关系人（如社区、供应商、客户、政府等）发生往来。公司在经营活动中形成的各种关系表现为委托-代理关系，如图1-7所示。从公司财务管理的角度分析，这种委托-代理关系也可以看作公司财务活动形成的财务关系。

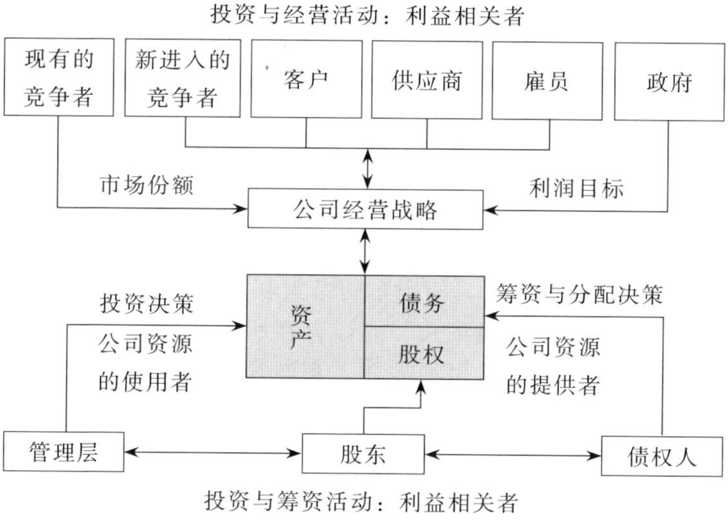

图1-7　委托-代理关系

在图1-7中，与公司战略相关的公司市场份额、利润目标等反映了公司财务活动的经营成果，公司收入及与供应商、雇员、政府、债权人、股东之间的利益分配关系可以通过利润表加以描述。图中的阴影部分类似一张简化的资产负债表，反映了公司资源提供者和资源的使用者之间的关系，资产方反映了公司对各种资源的使用权，权益方反映了公司对各种资源提供者的责任或义务，对应这些责任或义务的是这些资源提供者对公司收益的索取权。一般来说，债权人对公司收益具有固定索取权或法定索取权，在公司持续经营的情况下，债权人只是一个“默默无闻”的商业伙伴，没有投票权。只有在公司清算时，债权人才可能参与管理。与债权人的固定索取权不同，股东对公司收益的索取权是一种剩余索取权。在公司持续经营的前提下，这种索取收益的权利仅限于公司的利润；在公司清算时，这种索取权位于其他关系人的索取权（工资、利息、税收等）之后。与剩余索取权相对应，股东成为公司风险的主要承担者，因此，股东拥有公司的控制权和管理权，以确保公司在投资、融资活动中增加公司价值和剩余索取权价值。公司资源的使用者主要指管理者，他们作为股东的代理人，在董事会的领导下从事公司经营活动和投融资活动。他们对公司收益的索取权通常由契约规定，这是一种状态依存的“或有索取权”，也就是说，这种索取权对收益享有的权利依存于未来某时刻（约定或未约定）某物（如果是约定的，又称为标的物）的状态，如可转换债券、认股权证和期权等。

（1）股东与管理者

股东与管理者之间委托-代理关系产生的主要原因是资本的所有权与经营权相分离，但代理关系并不必然导致代理问题。如果代理人的目标函数与委托人的目标函数完全一致，则不会引发代理问题，但在两权分离的条件下，这一假设是很难满足的。拥有公司所有权的股东具有剩余索取权，他们追求的目标是资本的保值、增值，最大限度地提高资本收益，增加股东价值，集中表现为货币性收益目标；拥有公司经营权的管理者作为所有者的代理人，除了追求货币性收益目标（高工资、高奖励）外，还包括一些非货币性收益目标，如豪华的办公条件、气派的商业应酬以及个人声誉、社会地位等。由于代理人的目标函数既包括货币性收益，又包括非货币性收益，在其他因素一定的条件下，代理人对非货币性收益的追求是以牺牲股东利益为代价的。因此，如果没有适当的激励约束机制，代理人就有可能利用委托人的授权谋求更多的非货币性收益，使股东的最大利益难以实现。

除此之外，代理人作为“经济人”同样存在所谓的“机会主义倾向”，在代理过程中会产生职务怠慢、损害或侵蚀委托人利益等“道德风险”。由于委托人与代理人之间存在严重的信息不对称，因此，委托人对代理人努力程度的大小、有无机会主义行为较难察觉。管理者与股东目标间发生的偏离以及由此产生的代理成本（如签约成本、监督成本等）可能最终都由股东来承担。

根据代理理论，解决股东与管理者之间矛盾与冲突的最好方法就是建立激励和约束管理者的长期契约或合约，通过契约关系对代理人（管理者）行为进行密切监督以便约束代理人那些有悖于委托人（股东）利益的活动。这种监督机制既可以是股东会和董事会对管理者的行政监督，也可以是具有超然独立性的内部审计部门对管理者的审计监督，或者是股东会聘请的外部审计师对管理者的外部审计监督。除监督机制外，还可以采取激励机制解决目标偏离问题，如对管理者实行股票期权或年薪制等，使代理人为实现委托人的利益而努力工作。激励成本是股东财富的直接减项，只有当激励机制产生的收益高于激励成本时，这一机制才可能是有效的。除内部监督与激励机制外，控制权市场和经理人市场的存在，增加了管理者因并购或其他原因而被替换的机会和可能，迫于自身价值和职业声誉的压力，管理者必须恪守职责，努力工作，从而部分地纠正股东与管理者利益目标的偏差。

（2）股东与债权人

当债权人借出资本后，便与股东形成了一种委托-代理关系。从某种意义上说，股东与债权人之间是一种“不平等”的契约关系。股东对公司资产承担有限责任，对公司价值享有剩余追索权。前者给予股东将公司资产交给债权人（发生破产时）而不必偿付全部债务的权利。后者给予股东获得潜在收益的最大好处。也可以说，有限责任使借款人对极端不利事态（如破产）的损失享有最低保证（债务人的收入不可能小于零），而对极端有利事态所获得的收益却没有最高限制。这种风险与收益的“不对等契约”是股东与债权人之间矛盾与冲突的根源所在。

此外，由于在借贷活动中存在以债务人占有私有信息为特征的信息不对称现象，即债务人比处于公司外部的债权人更了解公司的状况。他们利用私有信息选择有利于增进自身效用而不利于债权人的各种行为，如债务人违反借款协议，私下改变资本用途，或从事高风险投资，或转移资本、弃债逃债等。而债权人既不能亲自监督债务人的行为选择过程，又无法证实债务人已经选择的行为是违背契约的。

对于债务人的各种违约行为，理性的债权人一般是通过降低债券投资的支付价格或提高资本贷放的利率，以反映他们对股东行为的重新评估。不仅如此，他们还会在债务契约中增加各种限制性条款进行监督，这些条款包括限制生产或投资条款、限制股利支付条款、限制筹资条款和约束条款等。

（3）股东财富与社会责任

根据古典经济学的解释，在一个有效的市场中，市场机制这只“看不见的手”使股东财富增加与履行社会责任趋于一致。如股东在为自己创造财富（通过投资等活动增加收益）的同时，也为社会创造更多的就业机会，提供更多的产品，从而实现社会责任的目标。但是，市场机制有时不能区分“对”和“错”，股东在追求财富最大化的同时，也可能会给社会带来不同的负面效应，如为了公司自身利益生产各种污染环境的产品或损害公共利益的产品等。如果这些负面效应不能以成本的方式追索到特定的公司，从短期看，虽然可能增加股东财富，但从长期看，通过损害社会利益增加股东财富的方式会阻止股东价值的长期可持续增长。也就是说，如果股东希望从客户、供应商、员工或社会那里获得不合理的利益，最终都将减少股东或公司的利润。从长远来看，股东财富最大化的财务目标将意味着公平对待社会各个群体，而这些群体的经济状况与公司的经营状况和公司价值是密切相关的。

以股东财富最大化作为财务管理的目标，其隐含的假设是：存在一个有效反映信息的金融市场，信息本身可以通过公司管理者或该公司的财务分析人员及时、真实地传送到金融市场。实际上，公司有时会压制或延缓信息，特别是延缓不利信息的公布，甚至会向市场传送一些误导性或欺骗性信息。大量经验表明，公司经理确实会延期不利消息的公布。又如，一些公司为提高股票价格，蓄意向金融市场发出有关公司现状和前景的误导性信息，使股票市价严重偏离其真实价值。事实上，即使公司传递的信息并没有造成市场价格的扭曲，也不能保证市场价格是实际价值的无偏估计，如市场参与者的非理性投资，金融市场对信息的过度反应都可能使市场价格偏离实际价格。

对于这些问题，至今仍没有简单而又确凿的解决方法，从长期来看，可以采取某些方法改善信息质量，减轻价格与价值的偏离程度。这些方法主要有：第一，改善信息质量，如证券交易委员会的管理机构要求公司披露额外信息，并对提供误导性和欺骗性信息的公司进行惩罚；第二，改善市场效率，如提高市场流动性，降低交易成本等。市场效率这一概念并不要求市场价格总是等于真实价值，但它应是真实价值的"无偏"估计。

1.3 金融市场环境

1.3.1 金融市场的功能

在现代经济系统中，金融市场是引导资本流向，沟通资本由盈余部门向短缺部门转移的市场。金融市场主要包括以下三层含义：第一，它是金融资产进行交易的一个有形和无形的场所；第二，它反映了金融资产的供应者和需求者之间所形成的供求关系；第三，它包含了金融资产交易过程中所产生的运行机制，其中最主要的是价格（包括利率、汇率及各种证券的价格）机制。在金融市场上，市场参与者之间的关系已不是一种单纯的买卖关系，而是一种借贷关系或委托-代理关系，是以信用为基础的资本使用权和所有权的暂时分离或有条件让渡。

从公司理财的角度看，金融市场的作用主要表现在以下几个方面：

（1）资本的筹措与投放。公司在金融市场上既可以发售不同性质的金融资产或金融工具，以吸收不同期限的资本；也可以通过购买金融工具进行投资，以获取额外收益。

（2）分散风险。在金融市场的初级交易过程中，资本使用权的出售者在获得资本使用权购买者（生产性投资者）一部分收益的同时，也有条件地分担了生产性投资者所面临的一部分风险。这样，资本使用权出售者本身也变成了风险投资者，使经济活动中风险承担者的数量大大增加，从而减少了每个投资者所承担的风险量。在期货市场和期权市场，金融市场参与者还可以通过期货、期权交易进行筹资、投资的风险防范与控制。

（3）转售市场。资本使用权出售者可根据需要在金融市场上将尚未到期的金融资产转售给其他投资者，或用其交换其他金融资产。如果没有金融资产的转售市场，公司几乎不可能筹集巨额资本。此外，由于公司股票没有到期日，即股票持有者无法从其发行者处收回购买股票的资本（除非股票发行者想收回已发行的股票），因此，股票转售市场的存在显得格外重要。

（4）降低交易成本。金融市场减少了交易的搜索成本和信息成本。金融市场各种中介机构可为潜在的和实际的金融交易双方创造交易条件，沟通买卖双方的信息往来，从而使潜在的金融交易变为现实。金融中介机构的专业活动降低了公司的交易成本和信息成本。

（5）确定金融资产价格。金融市场上买方与卖方的相互作用决定了交易资产的价格，或者说确定了金融资产要求的收益率，金融市场这一定价功能指示着资本流动的方向与性质。此外，在金融市场交易中形成的各种参数，如市场利率、汇率、证券价格和证券指数等，是进行财务决策的前提和基础。

1.3.2　金融市场的类型

在实务中，金融市场通常以金融工具大类为标准进行分类，即把金融市场分为六个市场：股票市场、债券市场、货币市场、外汇市场、期货市场、期权市场。在这六大市场中，前三个市场又称有价证券市场，这三个市场的金融工具主要发挥筹措资本、投放资本的功能。无论从市场功能上还是从交易规模上看，有价证券市场都构成了整个金融市场的核心部分。外汇市场的交易工具主要是外国货币，这个市场具有买卖外国通货和保值投机的双重功能，但对筹措资本和投放资本这两大主要财务活动来说，它只是一个辅助性的市场。对于以筹资或投资为目的的金融市场参与者来说，他们利用外汇市场，只是为了最终参与其他国家的有价证券市场活动。期货市场和期权市场的辅助性质更为突出。它们既不能筹措资本用于生产，也不能投放资本以获得利息。对于具有筹资和投资目的的金融市场参与者来说，这两个市场主要是用来防止市场价格和市场利率剧烈波动给筹资、投资活动造成巨大损失的保护性机制。因此，这两个市场又称保值市场。这六大市场之间的关系如图1-8所示。

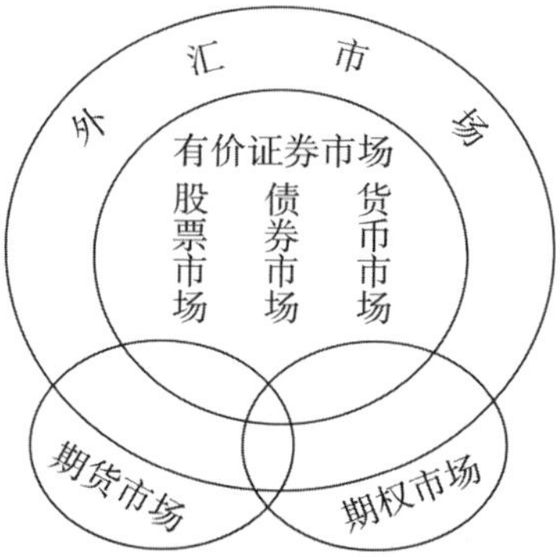

图1-8　金融市场关系图

从公司理财的角度进行分析，有价证券市场是一国金融市场的主体。要想进行筹资或投资活动，必须利用有价证券市场。外汇市场是一国有价证券市场和另一国有价证券市场之间的纽带，一国的投资者或筹资者要想进入另一国的有价证券市场，必须首先通过外汇市场这一环节。期货市场和期权市场是市场价格不稳定条件下有价证券市场和外汇市场的两个支点，它们提供保证金融市场稳定发展的机制。期货市场以其金融期货与有价证券市场和外汇市场相交，期权市场是以期权的各种基础证券与其他金融市场相交。

为了从不同的角度说明同一事物的不同侧面，在分析中也运用其他一些分类方法。如按金融市场的组织方式不同，金融市场分为拍卖市场（又称交易所市场）和柜台市场（又称证券公司市场或店头市场）。按金融工具的期限不同，金融市场分为长期金融市场（又称资本市场）和短期金融市场（又称货币市场）。前者如期限在一年以上的股票、债券交易市场；后者如期限不超过一年的银行同业拆借市场、票据贴现市场、银行短期信贷市场、短期证券市场等。按金融市场活动的目的不同，金融市场分为有价证券市场和保值市场。前者如股票市场、债券市场；后者如期货市场、期权市场等。按金融交易的过程不同，金融市场分为初级市场和二级市场。前者是指从事新证券和票据等金融工具买卖的转让市场，又称为发行市场或一级市场；后者是指从事已上市的旧证券或票据等金融工具买卖的转让市场，又称为流通市场或次级市场。按金融市场所处的地理位置和范围不同，金融市场分为地方金融市场、区域性金融市场、全国性金融市场、国际金融市场等。

1.3.3 金融资产的价值特征

金融资产是对未来现金流入量的索取权，其价值取决于它所能带来的现金流量。由于这个现金流量是未来的、尚未实现的，因此它具有时间性和不确定性两个特性。

从时间性分析，金融资产是一种特殊的资产形态，其特殊性在于对于购买人来说，获得金融资产时支付的是现金，而持有金融资产后获得的收入流量仍然是现金。因此，购买金融资产，实质上是购买人把今天的现金变成未来的现金，把自己今天的现金使用权在一段时间内让渡给他人，然后按商定的条件逐渐收回。在商品经济条件下，金融资产的购买人通常要求所购买的金融资产能够带来比其价款更多的现金流量，多出的部分即为让渡现金使用权的补偿，这个补偿额的高低通常按让渡时间的长短计算。金融资产的期限越长，购买人要求的时间补偿就越大，这就是金融资产现金流量的时间性特征。

金融资产现金流量的不确定性主要表现在：当金融资产被购买后，购买人今天的现金流量便转移到金融资产出售人手中。出售人用这笔现金流量购买有形或无形资产，通过生产过程使其增值，再从这些资产创造的收入流量中分出一部分，变成现金支付给金融资产购买人。在商品经济下，由于未来的各种因素（经济因素、政治因素、社会因素等）是不确定的，在金融资产的买卖中，一方面，社会中暂时闲置的现金从金融资产购买人手中转移到金融资产出售人手中；另一方面，一部分生产性投资风险也从金融资产出售人那里转移到金融资产购买人那里，使后者也变成了风险投资人，其持有的金融资产的未来现金流入量就变成了一个不确定的量。金融资产购买人承担生产性风险并不是无条件的，他要求生产性投资人支付一定的报酬作为承担风险的补偿。这个补偿额的大小与投资风险成正比，金融资产的风险越大，购买人要求的风险补偿也越大，这就是金融资产现金流量的风险性因素特征。

根据金融资产的特点，其价值主要由时间价值和风险价值两部分构成。时间价值反映了投资者延期消费要求的补偿，影响这一价值的主观因素是投资者个人对收入进行消费的时间偏好。任何人进行投资都是以牺牲当前消费来换取未来的消费，由于未来消费具有不确定性，因此，人们看重现在消费甚于未来消费。这种时间偏好越强，对推迟消费要求的补偿就越大，要求的收益率就越高；反之亦然。影响这一价值的客观因素是各种经济因素和资本市场发展水平等，如经济周期、国家货币政策和财政政策、国际关系、国家利率管制等均有不同程度的影响。

风险补偿价值主要指与宏观经济有关的预期通货膨胀溢价和与证券特征有关的风险，如债券违约风险、流动性风险、到期期限风险、外汇风险和国家风险等。风险越大，投资者要求的风险溢价就越大。

1.3.4　有效市场假说

有效市场假说是现代经济学中理性预期理论在金融学中的发展。理性预期的思想表明，如果金融市场是有效的，那么市场预期就是基于所有可能信息的最优预测。在高度发达的金融市场中，已经发展出大量相互竞争的投资中介机构（包括商业银行、共同基金、保险公司等），这些投资中介机构高薪聘请专家，收集市场信息，包括国内外的政治、经济动态和行业发展状况、公司的财务状况和经营成果以及发展前景等。同时，它们还采取各种各样的方法迅速地处理这些信息，从而比较准确地判断有关证券的价位、收益率和风险程度。不同的中介机构对有关证券信息的收集、加工和处理能力各不相同，对证券未来价格的预期会得出不同的结论。在一个完全竞争的市场里，那些收集信息越完整，做出判断越准确的中介机构就能吸收越多的资本，其投资行为对市场价格的影响就越大。因此，市场形成的均衡价格所包含的信息和对未来预期（金融市场的估价机制依赖于对未来的预期）的准确性就远高于所有市场参与者预测估值的平均水平。这样，在金融市场中，由于投资中介机构的高度竞争化，市场就具备了高效率的“公允”价格的发现功能和形成机制。从财务的角度理解，这里的“公允”价格就是能正确地反映资产价值的市场均衡价格，这一价格也是在所有可能获得的信息的基础上做出的最优预测价格。

在金融市场上，不同信息对价格的影响程度不同，从而金融市场效率程度因信息种类不同而异。一些经济学家将证券的有关信息分为历史信息、公开信息和全部信息三类，从而定义了弱式、半强式、强式三种不同程度的市场效率。

（1）弱式效率性（week-form efficiency）

在一个具有弱式效率性的市场中，所有包含过去证券价格变动的资料和信息（价格、交易量等历史资料）都已完全反映在证券的现行市价中；证券价格的过去变化和未来变化是不相关的，即所有证券价格的变化都是相互独立的。由于有关证券的历史信息已经充分揭露、均匀分布和完全使用，因此，任何投资者均不能通过任何方法来分析这些历史信息以获取超额收益。反之，如果有关证券的历史资料对证券的价格变动仍有影响，说明证券市场尚未达到弱式效率性。

（2）半强式效率性（semi-strong form efficiency）

这一假说是指证券价格中不仅包含过去价格的信息，而且也包含所有已公开的其他信息，如经济和政治形势的变化、收入情况、股票分割以及其他有关公司经营情况等重大信息。在一个具有半强式效率性的市场中，投资者无法利用已公开的信息获得超额利润。这是因为在新的资料尚未公布之前，证券价格基本上处于均衡状态。一旦新的信息出现，价格将根据新的信息而变化。公开信息传递的速度越快、越均匀，证券价格调整就越迅速；反之，就越慢。如果每个投资者都同时掌握和使用有关公开信息进行投资决策，则任何投资者都不可能通过使用任何方法来分析这些公开信息以获取超额收益。然而，公司的内线人物（如董事长或总经理等）却可能取得投资者所无法得到的信息去买卖自己公司的股票，从而获得超额利润。

（3）强式效率性（strong-form efficiency）

证券的现行市价中已经反映了所有已公开的或未公开的信息，即全部信息。因此，任何人甚至内线人物，都无法在证券市场中获得超额收益。如果有人利用内部信息买卖证券而获利，则说明证券市场尚未达到强式效率性。

在上述三种效率市场中，由于历史信息集是公开信息集的一个子集，而公开信息集又是所有信息集的一个子集，因此，强式效率市场包含着半强式效率市场，半强式效率市场包含着弱式效率市场。

现以2008年美国总统大选说明市场效率性。2008年美国总统大选开始之前的两年里，关于巴拉克·奥巴马（Barack Obama）和约翰·麦凯恩（John McCain）的期货价格走势，如图1-9所示。2008年5月初，奥巴马在北卡罗来纳州初选中以绝对优势获胜。因此，市场认为奥巴马将成为民主党的最终候选人，从而最终会同共和党候选人麦凯恩展开生死角逐。正因如此，当麦凯恩期货上涨的时候，奥巴马期货必然下跌，反之亦然。也就是说，从那时开始，这两种期货的价格走势图便呈现出非常对称的分布。

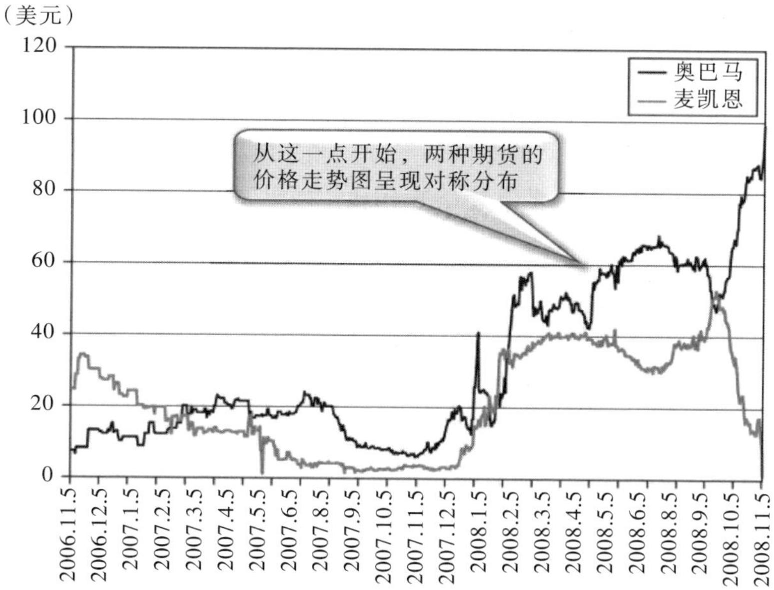

图1-9 奥巴马期货和麦凯恩期货的价格走势图①

随着事态的展开，我们还有可能实时地观看预测的变化情况。图1-10表示在奥巴马同麦凯恩做最后辩论期间，奥巴马期货的价格走势。在整个竞选过程当中，新闻评论员一直都在说需要等到下一次投票结果出来之后才能知道结果。事实上，那些结果可能已经通过预测市场反映出来了。

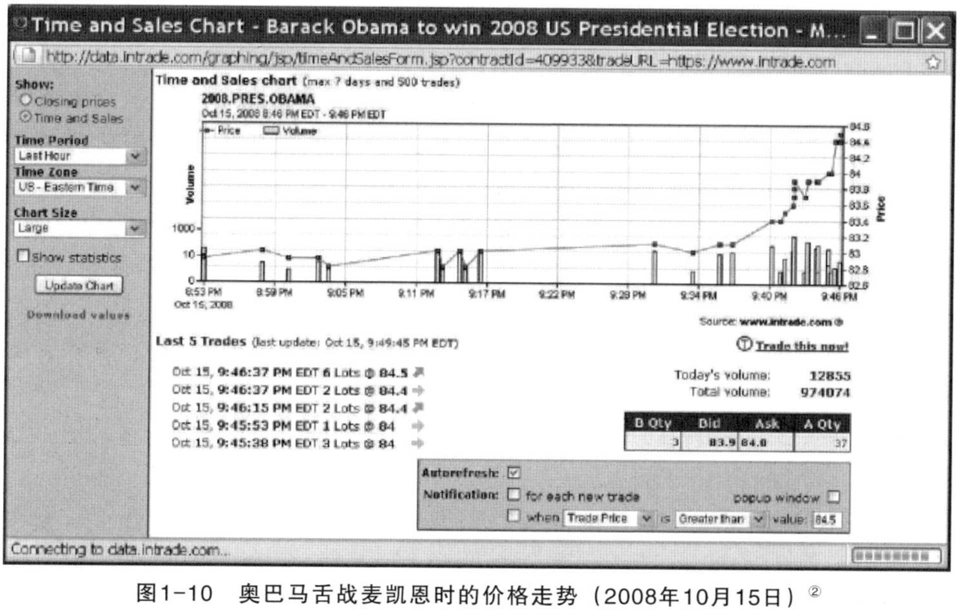

图1-10 奥巴马舌战麦凯恩时的价格走势（2008年10月15日）②

---

① 萨维奇．被平均的风险：如何应对未来的不确定性［M］．刘伟，译．北京：中信出版集团，2009.
② 萨维奇．被平均的风险：如何应对未来的不确定性［M］．刘伟，译．北京：中信出版集团，2009.

对有效市场假说，经济学家做了大量的实证研究来检验这一学说的合理性。如在弱式效率市场检验中，研究者通过统计检验方法考察股票市场周收益率关系，发现相邻两周收益之间几乎没有关系；在半强式效率市场检验中，研究者采用事件研究方法，检验了证券价格对利润或股利公告、兼并信息、宏观经济信息等消息的反应速度，发现当一家公司公布最新收益公告或宣布股利变化时，价格调整主要在5~10分钟内完成。对强式效率市场的检验则考察那些证券分析人士推介的、预期表现优于大盘的互助基金或养老基金。实证研究发现它们稍稍领先于大盘的表现，但考虑到管理成本，专业管理基金的收益与市场收益相比并没有什么超额的表现。

本书关于投资、筹资、证券估值等都假设市场具有效率性，至少具有弱式效率性。

【课堂拓展】

1.第四次工业革命人才画像：你准备好了吗？

党的二十大报告指出："教育是国之大计、党之大计。培养什么人、怎样培养人、为谁培养人是教育的根本问题。育人的根本在于立德。全面贯彻党的教育方针，落实立德树人根本任务，培养德智体美劳全面发展的社会主义建设者和接班人。"

2020年1月，世界经济论坛（达沃斯论坛）发布了一份名为《未来学校：为第四次工业革命定义新的教育模式》的报告，提出在新的经济和社会背景下定义优质教育的八个关键特征：全球公民技能（Global Citizenship Skills）、创新创造技能（Innovation and Creativity Skills）、技术技能（Technology Skills）、人际关系技能（Interpersonal Skills）、可及性和包容性学习（Accessible and Inclusive Learning）、基于问题和协作的学习（Problem-based and Collaborative Learning）、个性化和自定进度的学习（Personalized and Self-paced Learning）、终身学习和学生自驱动的学习（Lifelong and Student-driven Learning）。

这一报告提出了"教育4.0"全球框架，为未来世界需要的人才勾勒了画像。报告提出，生活在21世纪的学生需要掌握16种技能，以便为做好学习内容升级，为未来世界需要的人才需要做准备。这16种技能是指：

六项基础素养：读写文章、四则运算、科学素养、ICT素养、金融素养、文明市民。

四项能力素养：批判性思考能力、解决问题的能力、创造力、沟通能力和协作能力。

六项性格特点：好奇心、进取心、耐力、适应能力、领导能力、社会文化意识。

具备了以上所有的技能，就可以称得上是第四次工业革命时代的标准人才。

（1）组织学生查询《未来学校：为第四次工业革命定义新的教育模式》，了解未来人才八项关键特征的详细内容。

（2）在AI时代，ChatGPT的出现，人类的学习将进入一个全新的“轴心时代”。从某种角度看，人工智能或将重现“孔子–苏格拉底–佛陀”时代的知识状态：个体知识在对话的过程中不断扩展。通过ChatGPT，一对一教学成为可能。ChatGPT能为你创造多大的价值，关键在于你提问的质量。事实上，“有多少好答案，在等待一个好问题”。会提问其实是每个人的稀有能力，不仅需要较高的主动思考能力，也需要积蓄更厚的底层知识。组织课堂讨论：ChatGPT的出现，给教育带来的影响是什么？终身学习者将如何迎接AI时代给教育和学习带来的挑战？如何借助AI这个工具增长财务知识和财务能力？

2.股东财富最大化还是利益相关者利益最大化？

成立于1972年的“商业圆桌会议”，对商业发展有着前瞻性引领作用。它曾聚集了美国最具影响力的公司领袖（亚马逊的CEO杰夫·贝佐斯、苹果公司的CEO蒂姆·库克、波音公司的CEO丹尼斯·米伦伯格、通用汽车公司的董事长兼CEO玛丽·巴拉等）。自1978年以来定期发布有关公司治理原则的声明。自1997年起，该组织发布的每份声明文件都赞同“股东至上”的原则，凸显公司的首要任务就是让股东受益，并实现利润最大化。

2019年8月19日，181家美国公司首席执行官在华盛顿召开的美国商业组织“商业圆桌会议”（Business Roundtable）上联合签署了《公司的目的》宣言书。该宣言书重新定义了公司运营的宗旨：股东利益不再是一家公司最重要的目标，公司的首要任务是创造一个更美好的社会。包括贝佐斯、库克等在内的引领美国商业的CEO们强调，作为一家具有社会责任意识的公司，公司领导团队应该致力于达成以下几个目标：向客户传递公司价值；通过雇用不同群体并提供公平的待遇来投资员工；与供应商交易时遵守商业道德；积极投身社会事业；注重可持续发展，为股东创造长期价值。

公司的目标到底是为了股东的利益，还是为了利益相关者的利益，经理层到底是为谁服务的？这一争论持续了上百年，至今莫衷一是。

组织学生讨论不同企业目标的优缺点，你是否赞成宣言书的观点，放弃股东财富最大化这一传统的企业目标？为什么？

本章小结

1.财务管理是指将资源转化为价值、实现公司目标的活动，即通过资源的取得、使用和分配，实现价值创造和价值分享；实现公司价值最大化。

2.与独资或合伙企业相比，公司最大的优点是有限责任、股权容易转让、易于获得外部资本、经营寿命周期长等，其缺点是双重纳税。

3.在公司制下，参与公司经营活动的关系人主要有两种：一种是公司资源的提供者——股东和债权人；另一种是公司资源的使用者——管理者。除此之外，公司在经营活动中还要与其他关系人（如社区、供应商、客户、政府等）发生往来。

4.股东、债权人、管理者之间的委托-代理关系源于资本所有权与使用权的分离；委托人与代理人之间的矛盾或冲突在于各方的目标函数不同、信息不对称和风险分担不均衡。

5.在金融市场上，不同的信息对价格的影响程度不同，从而金融市场效率程度因信息种类不同分为弱式效率性、半强式效率性和强式效率性三种。

基本训练

1.根据《麦肯锡全球调查结果：财务部门的变革之道》（2009），财务部门在公司层面上扮演的角色主要表现在四个方面：价值经理（占受访者43%）、业务合作伙伴（占受访者22%）、流程经理（占受访者18%）、精算会计（占受访者15%）。德国传媒公司贝塔斯曼集团（Bertelsmann AG）的CFO西格费里德·路德（Siegfried Luther）认为CFO“应该一半是会计师，一半是战略家；并且在这两个角色中，他都越来越有必要成为有效的沟通者”。神华集团首席财务官张克慧认为，CFO需要像一个传道士一样，不断给企业强调价值创造的理念，随着经济环境的变化和持续的呼吁，企业上下也会逐渐接受这一理念并贯彻在管理实践中。

请上网查询相关资料（例如，上市公司对财务经理职位的描述等），说明财务经理的基本职责，你认为一个合格的CFO应具备哪些条件？

2.经典的企业目标主要表现为三种形式：利润最大化、股东财富最大化、公司价值最大化。请解释下列观点：

（1）青岛海尔张瑞敏总结了国内一些名声显赫的企业突然死亡的原因后，在1999年上海“财富论坛”上提出的经营哲学是：现金流比利润更重要。台下有人问跟张瑞敏对话的宝洁公司的老板“您是否同意张先生的观点”？请查询相关信息加以说明。

（2）在现实社会中，股东和经营者之间存在着利益冲突的原因是什么？为什么不能通过股东会和董事会对经营者实施控制？如何解决股东与经营者的代理冲突？

（3）为什么股东能够通过多种方法来剥夺债权人的财富？如何解决股东与债权人之间的利润冲突？

3.2015年6月18日，上海家化（600315）长期激励计划正式通过最终审批。此次激励计划包括：

（1）2015年股票期权与限制性股票激励计划：拟向激励对象（涵盖333名公司董事、高级管理人员、公司核心人才等人员）授予权益总计260.62万份，其中股票期权不超过80.80万份，限制性股票不超过179.82万份。限制性股票的授予价格为19.00元/股，股票期权的行权价格为41.43元/股。行权/解锁的业绩条件为：以2013年业绩为基准，2015年、2016年、2017年营业收入相对于2013年的增长率分别不低于37%、64%、102%，同时2015年、2016年、2017年加权平均净资产收益率均不低于18%。

（2）2015年员工持股计划：覆盖其他经董事会确定的、与上海家化签订劳动合同的正式全职员工。2015年员工持股计划的资金总额为634.37万元，参与人预计共计1 183人，股票来源为由公司授权的管理方在二级市场购买的公司股票。

根据上述资料，你认为上海家化这一做法对解决股东与管理者之间的代理冲突问题有何普遍意义？你认为股权激励对防止经理的短期行为，引导其长期行为具有什么作用？员工持股计划对于建立员工、股东与公司风险共担、利益共享的机制，挖掘公司内部成长的原动力，提高公司自身的凝聚力和市场竞争力有什么作用？

4.2002年，在美国连续发生了安然、世通公司财务丑闻后，美国国会批准了《萨班斯-奥克斯利法案》等三个旨在强化公司治理与会计改革的法案，这三个法案的一个共同点就是强调会计与审计的独立性，独立是公允的基础。CFO与经营层的相对独立不受经营层直接制约，对董事会负责，就是在制度安排上制约了管理者的内部人控制行为，维护了股东的利益。由此可见，CFO的制度设计是公司治理的产物；CFO的功能之一是强化公司治理；CFO的核心功能之一是治理能力。在公司治理中，你认为CFO的治理能力应包括哪些？

5.针对1988年美国总统大选中的候选人老布什和杜卡基斯，加州大学伯克利分校的哈斯商学院进行了一次金融试验。参加试验的有350人，每个人获得一股老布什公司和杜卡基斯公司股票。根据大选信息在虚拟市场购入或卖出股票。大选结束前，老布什公司的股票价格为63美元/股，杜卡基斯公司的股票价格为37美元/股。令人惊讶的是：最后两位候选人在大选中的实际得票比例为：老布什得票64%，杜卡基斯得票36%，与这两家公司价格比例几乎相当。这次试验的结果远比其他民意测验准确得多，请用财务理论解释这种现象。

6.案例分析

假设你刚到一家咨询公司工作，你的上司要求你选择一家公司进行公司治理结构分析。

（1）登录相关网站，获取相关信息。

登录巨潮资讯网（www.cninfo.com.cn），在主页右上角的搜索框中，输入公司名称或公司代码（如输入600019），然后点击“搜索”，看到所选择公司的相关信息，然后点击“公司概况”“高管人员”“股本结构”等栏目，下载需要的相关信息。在“定期报告”栏目中可以下载公司的资产负债表、利润表和现金流量表，以及其他与公司治理有关的数据等。

（2）撰写一份公司治理结构报告，报告内容应包括：

①公司治理结构基本情况

总经理或首席执行官：谁是公司的总经理或首席执行官？他或她担任这一职位多长时间了？他或她是产生于企业内部还是来自外部的空降兵？如果公司是“家族企业”，那么总经理是这个家族的成员吗？如果不是，那么这位总经理走过了什么样的职业道路才达到这一职位？总经理的年收入为多少（包括工资、奖金、津贴）？

总经理拥有多少所在公司的股票或股票期权？

公司董事会：董事会成员情况，如持股比例、担任董事的时间，是内部董事，还是外部董事？有多少董事与该公司有其他关联（作为供应商、客户或消费者）？有多少董事同时兼任其他公司的总经理？

②公司管理者与股东

公司的股东通过何种方式行使其投票权？他们参加过股东会吗？他们购买公司股票是为了获得资本利得还是股利收入？公司管理者是如何对股东负责的？股东采取何种方式（监督或激励）解决他们之间的矛盾与冲突？

③公司与债权人

公司存在公开交易的债务吗？最大的债权人是谁？公司的信用等级为多少？资产负债率为多少？长短期负债比率为多少？公司债务契约中是否含有限制性条款或附有防止股东侵害债权人利益的保护性条款？如果股东与债权人之间存在矛盾和冲突，那么，是如何解决的？

④公司与金融市场

市场是如何得到关于公司的信息的？有多少分析人员对公司进行追踪分析？目前该公司股票的交易量和交易价格是多少？该公司上市后股票价格变化幅度是多少？

⑤公司与社会

公司如何看待自身的社会责任？如何提升自身的社会形象？如果公司具有某种声誉，那么它是如何获得这种声誉的？如果该公司成为社会舆论批评的目标，那么它是如何反应的？

基本训练参考答案

第1章题库

第2章 货币时间价值

学习目标

1. 理解货币时间价值的基本含义；
2. 熟悉货币时间价值的表示方法；
3. 掌握货币时间价值的计算和利率的构成；
4. 了解利率的期限结构；
5. 熟悉利用Excel计算货币时间价值的财务函数。

货币时间价值，顾名思义，是指货币在时间的推移过程中由于使用而获得的价值。对于货币时间价值最简单的理解就是，今天的一元钱和明天的一元钱不是等值的，不同时间点上的货币不能直接进行价值的比较，不能直接进行加减乘除等运算的应用。从经济学的角度而言，相同单位的货币在今天和明天的购买力之所以并不相同，主要在于今天的货币可以进行投资。也就是说，即使在有通货膨胀存在的情况下，只要存在投资机会，且将今天的货币进行了投资，那么它未来的价值一定会比今天的价值要大，这就是货币时间价值的作用。因此可以说，货币的时间价值不是在生产或制造领域创造的，而是产生于社会资金的流通领域。那么，货币时间价值中的利率是如何表示的？今天的价值和明天的价值又分别可以用什么概念来表述？如何确定货币今天的价值或者未来的价值？这些都是本章将要回答的问题。

2.1 货币时间价值

2.1.1 基本概念及符号

首先要明确与货币时间价值有关的基本概念和符号表示方法。

1）时间轴

时间轴就是能够表示各个时间点的数轴。严格来讲，时间轴并不是货币时间价值的基本概念，而是货币时间价值中非常有用的一种工具。在解决货币时间价值的问题，甚至在解决整个公司理财中遇到的各种财务问题时，建立时间轴总是第一个步骤。

由于在不同时间点上发生的现金流不能够直接进行比较，那么在比较现金数量的时候，就必须同时强调现金发生的时点。如图2-1所示，时间轴上的各个数字代表的就是各个不同的时点，一般用字母t表示。

时点：	0	1	2	3
现金流：	-100	-150	+50	+200
发生时间：	现在	第1期期末 或 第2期期初	第2期期末 或 第3期期初	第3期期末 或 第4期期初

图2-1　货币时间价值时间轴

这里需要注意两点：(1) 除0点以外，每个时点数字代表的都是两个含义，即当期的期末和下一期的期初，如时点 t=1 表示第1期的期末和第2期的期初。(2) 现金流数字前面的正负号表示现金流入或现金流出，其中正号表示的数值是从公司外部流入公司内部的现金，如收回的销售收入、固定资产的残值收入等，而负号表示的数值则是指从公司内部流出到外部的现金，如初始投资或其他现金投资等。

为了简化，本章及以后章的现金流都做如下假设，即现金流入量均发生在每期期末，现金流出量均发生在每期期初。除非特别说明，决策所处的时点均为时点t=0，即“现在”。

2）单利和复利

单利和复利是两种不同的利息计算体系。在单利（simple interest）情况下，只有本金计算利息，利息不计算利息；而在复利（compound interest）情况下，除本金计算利息之外，每经过一个计息期所得到的利息也要计算利息，逐期滚算，俗称“利滚利”。

如果期限较短，单利和复利的差别不大。从本章序言中的例子可以看出，以100元人民币进行单利投资和复利投资，在年利率为10%的情况下，投资1年，二者终值完全相同；投资2年，单利终值为120元（100+100×2×10%），复利终值为121元（100×1.1^2），二者的差别为1元；而投资100年，二者的差别为1 376 961元。期限越长，二者之间的差别就越大。除非特别说明，本书中货币的时间价值一般都按复利计算。

3）现值和终值

现值即现在（t=0）的价值，是一个或多个发生在未来的现金流相当于现在时刻的价值，用PV（present value）表示。终值即未来值（如t=n时的价值），是一个或多个现在发生或未来发生的现金流相当于未来时刻的价值，用FV（future value）表示。

4）单一收付款项和系列收付款项

单一收付款项是指在某一特定时间内只发生一次的简单现金流量，如投资于到期一次偿还本息的公司债券就是单一收付款项的问题。

系列收付款项是指在n期内多次发生现金流入或现金流出。年金是系列收付款项的特殊形式，是在一定时期内每隔相同时间（如一年）发生相同金额的现金流量，如折旧、租金、利息、保险金等通常都采用年金的形式。年金（用A表示，即annuity的简写）可以分为普通年金、预付年金、递延年金和永续年金等形式。

（1）普通年金

普通年金，又称后付年金，是指在一定时期内每期期末发生的等额现金流量。例如，从投资的每年支付一次利息、到期一次还本的公司债券中每年得到的利息就是普通年金的形式。普通年金，既可以求现值，也可以求终值。

（2）预付年金

预付年金又称为先付年金，是指一定时期内每期期初发生的等额现金流量。例如，对租入的设备，如果要求每年年初支付相等的租金额，那么该租金就属于预付年金的形式。与普通年金相同，预付年金既可以求现值，也可以求终值。

（3）递延年金

递延年金又称为延期年金，是指第一次现金流量发生在第2期、第3期、第4期……的等额现金流量。一般情况下，假设递延年金也是发生在每期期末的年金，因此，递延年金也可以简单地归纳为：第一笔现金流量不是发生在第1期的普通年金，都属于递延年金。对于递延年金，既可以求现值，也可以求终值。

（4）永续年金

永续年金是指无限期支付的年金，即永续年金的支付期n趋近于无穷大。由于永续年金没有终止的时间，因此只能计算现值，不能计算终值。

2.1.2　终值和现值的计算

货币时间价值中最常用的是终值FV和现值PV的计算。

1）单一收付款项的终值和现值

单一收付款项的终值和现值一般简称为复利终值和复利现值。以下计算中，我们以r表示利率或折现率（计算终值时一般叫作利率，而在计算现值时常被称为折现率。二者并没有本质差别），以n表示计算期间。

（1）复利终值（已知现值PV，求终值FV）

复利终值是指一项现金流按复利计算一段时间后的价值，其计算公式为：

$$FV=PV(1+r)^n \tag{2.1}$$

式中：$(1+r)^n$通常称为"复利终值系数"，记作（F/P，r，n），可直接查阅书后的附表"复利终值系数表"。

【例2-1】假设某公司向银行借款100万元，年利率为10%，借款期为5年，那么5年后该公司应向银行偿还的本利和是多少？

根据公式（2.1），5年后该公司应向银行偿还的本利和为：

$$FV=PV(1+r)^n=100\times(1+10\%)^5=100\times(F/P,10\%,5)$$

$$=100\times1.6105=161.05\text{（万元）}$$

复利终值的计算

复利终值与时间和利率正相关。在其他条件一定的情况下，现金流量的终值与利率和时间呈同方向变动，现金流量时间间隔越长，利率越高，终值越大。

（2）复利现值（已知终值FV，求现值PV）

计算现值的过程通常称为折现，是指将未来预期发生的现金流按折现率调整为现在的现金流的过程。对于单一收付款项来说，现值和终值互为逆运算。现值的计算公式为：

$$PV=FV(1+r)^{-n} \tag{2.2}$$

式中：$(1+r)^{-n}$通常称为"复利现值系数"，记作（P/F，r，n），可直接查阅书后的附表"复利现值系数表"。

【例2-2】假设某投资项目预计5年后可获得收益800万元，按年折现率12%计算，问这笔收益的现在价值是多少？

根据公式（2.2），该笔收益的现值计算如下：

$$PV=FV(1+r)^{-n}=800\times(1+12\%)^{-5}=800\times(P/F,12\%,5)$$

$$=800\times0.5674=453.92\text{（万元）}$$

复利现值的计算

上述计算表明，在折现率为12%的条件下，5年后的800万元与现在的453.92万元在价值量上是相等的。

复利现值与时间和折现率负相关。在其他条件不变的情况下，现金流量的现值与折现率和时间呈反向变动，现金流量间隔的时间越长，折现率越高，现值越小。

2）系列收付款项的终值和现值

由于系列收付款项可以分为普通年金、预付年金、递延年金和永续年金等形式，因此计算终值和现值时要区别对待。

（1）普通年金终值（已知普通年金A，求终值FV）

普通年金，又称后付年金，是指一定时期内每期期末发生的等额现金流量。（本书中凡涉及年金问题，如不做特殊说明均指普通年金）年金终值犹如零存整取的本利和，它是一定时期内每期期末现金流量的复利终值之和。

设每年的支付金额为A，利率为r，期数为n，则普通年金终值的计算公式为：

$$FV=A+A(1+r)+A(1+r)^2+A(1+r)^3+\cdots+A(1+r)^{n-1} \tag{2.3}$$

等式两边同乘（1+r），则：

$$FV(1+r)=A(1+r)+A(1+r)^2+A(1+r)^3+A(1+r)^4+\cdots+A(1+r)^n \tag{2.4}$$

用式（2.4）减式（2.3），可得：

$$FV(1+r)-FV=A(1+r)^n-A$$

即：

$$FV=A\left[\frac{(1+r)^n-1}{r}\right] \tag{2.5}$$

式中方括号中的数值，通常称作“年金终值系数”，记作（F/A，r，n），可直接查阅书后的附表“年金终值系数表”。

因此，该公式也可以写成：

$$FV=A(F/A,\ r,\ n) \tag{2.6}$$

【例2-3】假设某项目在3年建设期内每年年末向银行借款100万元，借款年利率为10%，问项目竣工（即第3年年末）时应该支付给银行的本利和总额是多少？

根据公式（2.6）：

$$FV=A\left[\frac{(1+r)^n-1}{r}\right]=A(F/A,\ r,\ n)$$

$$=100\times\left[\frac{(1+10\%)^3-1}{10\%}\right]=100\times(F/A,\ 10\%,\ 3)$$

$$=100\times3.3100=331(\text{万元})$$

在实际工作中，公司可根据需要在贷款期内建立偿债基金，以保证在期满时有足够的现金偿还贷款的本金或兑现债券。此时的债务实际上等于年金终值FV，每年提取的偿债基金等于分次付款的年金A。也可以说，年偿债基金的计算实际上是年金终值的逆运算。其计算公式为：

年金终值的计算

$$A=FV\left[\frac{r}{(1+r)^n-1}\right] \tag{2.7}$$

式中方括号中的数值称作“偿债基金系数”，记作（A/F，r，n），可通过年金终值系数的倒数推算出来。

【例2-4】假设某公司有一笔4年后到期的借款，数额为2 000万元，为此设置偿债基金，年利率为10%，到期一次还清借款，问每年年末应存入的金额是多少？

根据公式（2.7）：

$$A=2\,000\times\left[\frac{10\%}{(1+10\%)^4-1}\right]=2\,000\times\left[\frac{1}{(F/A,\ 10\%,\ 4)}\right]$$

$$=2\,000\times0.215=430(\text{万元})$$

（2）普通年金现值（已知普通年金A，求现值PV）

普通年金现值是指一定时期内每期期末现金流量的现值之和。年金现值计算的一般公式为：

$$PV = A(1+r)^{-1} + A(1+r)^{-2} + \cdots + A(1+r)^{-n} \tag{2.8}$$

等式两边同乘（1+r）可得：

$$PV(1+r) = A + A(1+r)^{-1} + A(1+r)^{-2} + \cdots\cdots + A(1+r)^{-(n-1)} \tag{2.9}$$

式（2.9）减式（2.8），可得：

$$PV(1+r) - PV = A - A(1+r)^{-n}$$

$$PV = A\left[\frac{1-(1+r)^{-n}}{r}\right] \tag{2.10}$$

式中方括号内的数值称作“年金现值系数”，记作（P/A，r，n），可直接查阅书后的附表“年金现值系数表”。

因此，公式（2.10）也可以写成：

PV=A（P/A，r，n）

【例2-5】假设公司租入A设备，租期3年，要求每年年末支付租金1 000元，在年折现率为10%的情况下，该公司3年中租金的现值是多少？

根据公式（2.10）：

$$PV = 1\,000 \times \left[\frac{1-(1+10\%)^{-3}}{10\%}\right] = 1\,000 \times (P/A，10\%，3)$$

$$= 1\,000 \times 2.4869 = 2\,486.9(元)$$

年金现值的逆运算是年资本回收额的计算。资本回收额是指在给定的年限内等额回收初始投入的资本或清偿所欠债务的金额。年资本回收额的计算公式为：

年金现值的计算

$$A = PV\left[\frac{r}{1-(1+r)^{-n}}\right] \tag{2.11}$$

式中方括号内的数值称作“资本回收系数”，记作（A/P，r，n），可利用年金现值系数的倒数求得。

【例2-6】假设某公司现在借到2 000万元的贷款，要按年利率12%在10年内均匀偿还，那么该公司每年应支付的金额是多少？

$$A = 2\,000 \times \left[\frac{12\%}{1-(1+12\%)^{-10}}\right] = 2\,000 \times \left[\frac{1}{(P/A，12\%，10)}\right]$$

$$= 2\,000 \times 0.177 = 354(万元)$$

（3）预付年金终值（已知预付年金A，求预付年金终值FV）

预付年金与普通年金的差别仅在于现金流量的发生时间不同。由于年金终值系数表和年金现值系数表是按常见的普通年金编制的，在利用普通年金系数表计算预付年金的终值和现值时，可在计算普通年金的基础上加以适当的调整。

预付年金终值的一般计算公式为：

$$FV = A\left[\frac{(1+r)^{n+1}-1}{r} - 1\right] \tag{2.12}$$

式中方括号内的数值称作“预付年金终值系数”，它和普通年金终值系数

$\left[\frac{(1+r)^n-1}{r}\right]$相比，期数加1，系数减1，可记作：［（F/A，r，n+1）－1］。

因此，公式（2.12）也可以写成：

FV=A［（F/A，r，n+1）－1］

或　FV=A（F/A，r，n）（1+r）

（4）预付年金现值（已知预付年金A，求预付年金现值PV）

预付年金的现值可以在普通年金现值的基础上加以调整，其计算公式为：

$$PV = A\left[\frac{1-(1+r)^{-(n-1)}}{r}+1\right] \tag{2.13}$$

式中方括号内的数值称作"预付年金现值系数"，它和普通年金现值系数$\left[\frac{1-(1+r)^{-n}}{r}\right]$相比，期数减1，系数加1，可记作：［（P/A，r，n－1）+1］。

因此，公式（2.13）也可以写成：

PV=A［（P/A，r，n－1）+1］

或　PV=A（P/A，r，n）（1+r）

（5）递延年金终值（已知递延年金A，求递延年金终值FV）

递延年金的第一次现金流并不是发生在第一期，但如果将发生递延年金的第一期设为时点1，则用时间轴表示的递延年金与普通年金完全相同，因此，递延年金终值的计算方法与普通年金终值的计算基本相同，只是发生的期间n是发生递延年金的实际期限。

（6）递延年金现值（已知递延年金A，求递延年金现值PV）

递延年金现值的计算有两种方法：

①分段法。其基本思路是将递延年金分段计算。先求出正常发生普通年金期间的递延期末的现值，然后将该现值按单一收付款项的复利现值计算方法，折算为第一期期初的现值。

假设递延期为m（m<n），即先求出m期后的（n－m）期普通年金现值，然后将此现值折算到第一期期初。其计算公式为：

$$PV = A(P/A,\ r,\ n-m)(P/F,\ r,\ m) \tag{2.14}$$

②扣除法。其基本思路是假定递延期中也进行收付，先将递延年金视为正常的普通年金，计算普通年金现值，然后扣除递延期内未发生的普通年金，其结果即为递延年金的现值。其计算公式为：

$$PV = A\left[(P/A,\ r,\ n)-(P/A,\ r,\ m)\right] \tag{2.15}$$

【例2-7】假设某公司打算在年初存入一笔资金，从第4年起每年年末取出200元，至第9年年末取完，在年利率为10%的情况下，问该公司最初一次应该存入多少钱？

该递延年金现值的计算如下：

$$PV = 200 \times (P/A,\ 10\%,\ 9-3) \times (P/F,\ 10\%,\ 3)$$
$$= 200 \times 4.355 \times 0.751 = 654\text{（元）}$$

或：$$P = 200 \times \left[(P/A,\ 10\%,\ 9) - (P/A,\ 10\%,\ 3)\right]$$
$$= 200 \times (5.759 - 2.487) = 654\text{（元）}$$

递延年金现值的计算

（7）永续年金现值（已知永续年金A，求永续年金现值PV）

永续年金的现值可以通过普通年金现值的计算公式推导得出。由公式（2.10）可知：

$$PV = A\left[\frac{1-(1+r)^{-n}}{r}\right]$$

当$n \to \infty$时，$(1+r)^{-n}$的极限为零，故上式可写成：

$$PV = A \times \frac{1}{r} \tag{2.16}$$

【例2-8】假设某公司拟建立一项永久性的奖学金，每年计划颁发40 000元奖金资助某大学学生。如果利率为10%，那么该公司现在应该存入多少钱？

$$PV = \frac{40\ 000}{10\%} = 400\ 000(\text{元})$$

永续年金现值的计算

（8）增长型永续年金现值（已知第0期现金流量为C_0，每年增长率为g，求现值PV）

增长型永续年金是指无限期收付的，但每年呈固定比率增长的各期现金流量。它与永续年金的区别在于，永续年金每期发生的金额都是固定的，而增长型永续年金的各期现金流量是以固定比率每期增长的。在现实生活中，增长型永续年金的典型例子是普通股股利，因此，在普通股估价中经常会使用增长型永续年金的现值计算公式。

设C_0为第0期的现金流量，g表示现金流量每年预计增长率，则第1~n期及以后的增长型永续年金的发生额分别为：$C_1=C_0(1+g)$，$C_2=C_0(1+g)^2$，$C_3=C_0(1+g)^3$，…，$C_n=C_0(1+g)^n$，…，其现值计算公式可表示为：

$$PV = \frac{C_1}{1+r} + \frac{C_2}{(1+r)^2} + \frac{C_3}{(1+r)^3} + \cdots + \frac{C_n}{(1+r)^n} + \cdots$$
$$= \frac{C_0(1+g)}{1+r} + \frac{C_0(1+g)^2}{(1+r)^2} + \frac{C_0(1+g)^3}{(1+r)^3} + \cdots + \frac{C_0(1+g)^n}{(1+r)^n} + \cdots$$

上式是对几何级数求和，对此我们有一个简单的公式①：当增长率$g<$折现率r时，该增长型永续年金现值计算公式可简化为：

$$PV = \frac{C_0(1+g)}{r-g} = \frac{C_1}{r-g} \tag{2.17}$$

2.1.3 利率与计息期数的计算

影响现金流时间价值的因素有四个：现值、终值、利率（折现率）和计息期数。只要知道了其中任意三个因素就可求出第四个因素。在以上计算中都是假定利

① 该公式为推导后得出的结果，推导过程略。

率（折现率）、计息期数、现值（或终值）是已知的，求解终值（或现值）。但在某些情况下，也可以根据计息期数、终值或现值求解利率（折现率），或根据利率（折现率）、终值或现值求解计息期数。

1）利率r的计算

计算利率r时，可以首先列出终值或现值的计算公式，然后通过求解方程式的方法将未知数r求出来。首先根据已知的条件计算出终值或现值的换算系数：

$$(F/P，r，n) = \frac{FV}{PV}；\quad (P/F，r，n) = \frac{PV}{FV}$$

$$(F/A，r，n) = \frac{FV}{A}；\quad (P/A，r，n) = \frac{PV}{A}$$

求出换算系数后，可从有关系数表中的n期各系数中找到最接近的系数。这个最接近的系数所属的r，就是要求的利率或折现率的近似值。

如果要使利率或折现率计算得相对准确，可采用插值法或利用Excel软件进行计算。

【例2-9】假设你现在在银行存入10 000元，问折现率为多少才能保证在以后的10年中每年年末都能够从银行取出2 000元？

$$(P/A，r，10) = \frac{10\ 000}{2\ 000} = 5.000$$

从年金现值系数表中可以看出，在n=10的各系数中，r=14%时，系数是5.216；r=16%时，系数是4.833，可见利率应在14%~16%之间。

设x为超过14%的百分数，则可用插值法计算x值：

$$\frac{x}{2\%} = \frac{0.216}{0.383}$$

$$r = 14\% + x = 14\% + 2\% \times \frac{0.216}{0.383}$$

$$= 14\% + 1.128\% = 15.128\%$$

2）计息期数n的计算

在已知终值、现值、利率的情况下，即可求出计息期数n，其基本方法与利率（折现率）的确定方法相同。在实务中通常利用Excel软件进行计算。

折现率的计算

2.2 利率决定因素

2.2.1　利率报价与调整

到目前为止我们一直假设现金流是发生在每年年末的，且每年计息一次。在实务中，大多数公司的债券都是每年付息一次的，如法国和德国，但在美国和英国，其债券大多是半年付息一次，而在我国，每年付息一次和半年付息一次的债券都比较常见。如果是半年付息一次，那么这些债券的投资者获得的第一笔利息就能获得额外6个月期的利息，也就是说，利率10%、半年复利一次的100元的债券投资，6个月后将变成105元，12个月后就是110.25元（$1.05^2 \times 100$）。换句话说，利率10%、半年复利一次就等同于每年复利一次的年利率10.25%。

在实务中，金融机构提供的利率报价为名义的年利率，通常记作APR（annual percentage rate）。如果年复利期数大于1，如每半年、每季度或每月复利一次，则按不同计息期计算的现值或终值就会产生很大差别。通常将以年为基础计算的利率称为名义年利率（APR），将名义年利率按不同计息期调整后的利率称为有效利率EAR（effective annual rate）。

设1年复利次数为m次，名义年利率APR为r_{nom}，则有效利率EAR的调整公式为：

$$EAR = \left(1 + \frac{r_{nom}}{m}\right)^m - 1 \tag{2.18}$$

以APR为8%为例，不同复利次数的EAR见表2-1。

表2-1　不同复利次数的EAR

频率	m（次）	r_{nom}/m	EAR
按年计算	1	8.000%	8.00%
按半年计算	2	4.000%	8.16%
按季计算	4	2.000%	8.24%
按月计算	12	0.667%	8.30%
按周计算	52	0.154%	8.32%
按日计算	365	0.022%	8.33%
连续计算	∞	0	8.33%

表2-1表明，如果每年复利一次，APR和EAR相等；随着复利次数的增加，EAR逐渐趋于一个定值。从理论上说，复利次数可以为无限大的值，当复利间隔趋于零时即为连续复利（continuous compounding），此时：

$$EAR = \lim_{m \to \infty}\left[\left(1 + \frac{r_{nom}}{m}\right)^m - 1\right] = e^{r_{nom}} - 1 \tag{2.19}$$

【例2-10】假设你刚刚从银行取得了250 000元的房屋抵押贷款，年利率12%，贷款期为30年。银行给你提供了两种还款建议：（1）在未来30年内按年利率12%等额偿还；（2）在未来30年内按月利率1%等额偿还。

银行工作人员建议你选择第（2）种还款方式，理由是薪金按月支付，这样贷款偿还额可以每月直接从银行账户扣除，而且第（2）种还款方式成本更低。

（1）如果按年偿还，则每年偿还额×（P/A，12%，30）=250 000元=PV，其中，$(P/A，12\%，30) = \frac{1-(1+12\%)^{-30}}{12\%} = 8.055$，即每年偿还额为31 037元（250 000÷8.055）。

（2）如果按月偿还，月利率为1%，共有360个月（30×12），则每月偿还额×（P/A，1%，360）=250 000元=PV，其中，$(P/A，1\%，360) = \frac{1-(1+1\%)^{-360}}{1\%} = 97.218$，即每月偿还额为2 572元（250 000÷97.218）。

也就是说，使用第（2）种偿还方式可使每年偿还额降低173元（31 037−12×2 572）。

但是，上述分析忽略了货币的时间价值。尽管按月偿还的总金额是减少的，但支付的时间提前了。将货币时间价值因素纳入考虑范围，则按月偿还的本利总额就会高于按年偿还的本利总额。

从有效利率的调整计算中也可以得出相同的结论，根据公式（2.18）：

$$EAR = \left(1 + \frac{r_{nom}}{m}\right)^m - 1 = (1 + \frac{12\%}{12})^{12} - 1 = 12.68\%$$

即如果选择按月支付1%，那么有效利率不是12%，而是12.68%，每年的利息支出高出了0.68个百分点。

在货币时间价值的现值或终值计算中，可以首先将APR调整为计息期（如月或半年）的利率，然后按实际计息期数计算；也可以首先将APR调整为EAR，然后按每年计息计算。二者将得到相同的结果。

在上例中，如果按月计息，本利和应为：$250\ 000\times(1+1\%)^{360}$ = 8 987 410（元）；如果按年计息，本利和应为：$250\ 000\times(1+12.68\%)^{30}$=8 981 423（元）①。而如果采用第（1）种还款方式，则到期本利和仅为：$250\ 000\times(1+12\%)^{30}$=7 489 980（元），比按月偿还少很多。

房屋抵押贷款还款额的计算

2.2.2 利率构成

一般情况下，利率由以下三个主要因素构成，即真实无风险利率RRFR（real risk-free rate）、预期通货膨胀率I（inflation）及风险溢价RP（risk premium）。用公式可以表示为：

利率r=真实无风险利率+预期通货膨胀率+风险溢价 （2.20）

公式（2.20）中真实无风险利率（RRFR）和预期通货膨胀率（I）构成基准利率BIR（benchmark interest rate）。因此公式（2.20）还可以写成：

利率r=基准利率+风险溢价 （2.21）

① 理论上二者应该是相等的，但此处相差了5 987元（8 987 410−8 981 423），原因是12.68%是四舍五入后的数值，因此出现了5 987元的累计误差。

1）真实无风险利率与名义无风险利率

真实无风险利率是指无通货膨胀、无风险时的均衡利率，即货币的时间价值，反映了投资者延期消费要求的补偿。影响这一利率的主观因素是个人对其收入进行消费的时间偏好。影响真实无风险利率的客观因素是经济中存在的投资机会，这种投资机会取决于经济的长期真实增长率。经济的快速增长使资本有更多和更好的投资机会，并使投资产生正的收益率。通常，经济的真实增长率和RRFR之间存在着一种正向关系。

名义无风险利率（nominal risk-free rate，NRFR）是指无违约风险、无再投资风险的收益率，在实务中，名义无风险利率就是与所分析的现金流期限相同的零息政府债券利率。影响名义无风险利率的因素主要是资本市场条件和预期通货膨胀率。在投资中，如果投资者预期在其投资期内价格水平升高，他们就会要求收益率包含对预期通货膨胀率的补偿。假设你对一项无风险投资要求4%的真实收益率，但预期在投资期内价格会上升3%。在这种情况下，投资的必要收益率应达到7%（（1.04×1.03）-1）左右的水平。如果不增加必要收益率，年末你只能获得1%的真实收益率。因此，对一项无风险投资而言，一个投资者的名义无风险利率为：

$$名义无风险利率=（1+真实无风险利率）\times（1+预期通货膨胀率）-1 \tag{2.22}$$

根据式（2.22），一项投资的真实无风险利率计算如下：

$$真实无风险利率=\frac{1+名义无风险利率}{1+预期通货膨胀率}-1 \tag{2.23}$$

假设在一个特定年份短期国库券的名义收益率为9%，该年预期通货膨胀率为5%，则短期国库券的真实无风险利率为3.8%。

2）风险溢价

基准利率与有效利率之间的利差不是由经济因素造成的，而是由产生不同风险溢价的不同资产的基本特征引起的。以债券为例，风险溢价可从5个方面进行分析：债券信用质量、债券流动性、债券到期期限、契约条款和外国债券特别风险。在这5个因素中，债券信用质量和到期期限对公司债券风险溢价的影响最大。

（1）债券信用质量。债券信用质量反映了发行者偿付未清偿债务的能力。在实务中，它一般是根据公司的信用等级来确定的，且可以根据财务比率度量债券发行主体的违约风险。常用的财务比率包括利息保障倍数、经营现金净流量与负债总额比及投资收益率等。

（2）流动性风险。流动性风险（liquidity risk）是指某项资产迅速转化为现金的可能性。衡量流动性的标准有2个：资产出售时可实现的价格和变现时所需要的时间长短。其判断基础是，在价格没有明显损失的条件下，在短期内大量出售的能力。资产的流动性越低，为吸引投资者所需要的收益率就越高。

（3）期限风险。期限风险是指因到期时间长短不同而形成的利率变化的风险。例如，在流动性和违约风险相同的情况下，5年期国库券利率比3年期国库券利率要高，差别在于到期时间不同。一般来说，证券期限越长，其市场价值波动的风险越高。因此，为鼓励对长期证券的投资，必须给予投资者必要的风险补偿。

（4）税收和债券契约条款。税收和债券契约条款也会影响债券利率的高低。通常，政府会对债券和银行存款投资获得的债息和利息征收一定的所得税，但对国库券利息则免征所得税。因此，国库券比其他由公司或银行发行的债务工具更优越。

（5）外国债券特别风险。这主要包括外汇风险和国家风险等。外汇风险（exchange rate risk）是指投资者购买不以本国货币标价的证券而产生的收益的不确定性。国家风险（country risk）也称政治风险，是指一个国家的政治或经济环境发生重大变化的可能性所导致的收益不确定性。这种由于外汇汇率波动或政治因素导致的风险越大，投资者要求的风险溢价也就越大。

2.2.3　利率的期限结构

不同期限债券与利率之间的关系，称为利率的期限结构（the term structure of interest rate）。在市场均衡的情况下，借款者的利率与贷款者的收益率是一致的，因此，利率的期限结构也可以说是收益率的期限结构[①]。

1）即期利率

假设有一笔在时点1支付1元钱的简单贷款，则这笔贷款的现值为：

$$PV = \frac{1}{1 + r_1}$$

这里是用一个对于1年期贷款的适当利率水平r_1来对现金流进行折现，这一利率通常被称为当前的1年期即期利率（spot rate）。使用即期利率表示，可以假设有一笔贷款，要求必须在时点1和时点2分别支付1元钱，则其现值应为：

$$PV = \frac{1}{1 + r_1} + \frac{1}{(1 + r_2)^2}$$

即第1个期间的现金流是用当前的1年期即期利率折现的，而第2个期间的现金流要用当前的2年期即期利率折现。而一系列的即期利率r_1、r_2等正是利率期限结构（term structure）的一种表示方法。

给定期限的零息债券（zero coupon bond）的收益率就是该期限内的即期利率。由于一种期限的即期利率是单一的，因此即期利率可以准确地反映货币的时间价值。在任何一个时点，资本需求和资本供给共同决定了每个期限的即期利率，这个即期利率可以用来为各种未来现金流量估价。

---

①　利率的期限结构有2个限制条件：一是它只与债务性证券有关，因为只有债务性证券才有固定的偿还期限范畴；二是利率的期限结构仅指其他条件（如风险、税收、变现力等）相同而只是期限不同的债务利率之间的关系。

理解这一问题的方法是把附息债券（国库券）看作一组零息债券[1]的组合，各期收到的利息就是到期价值与所付价值间的差额。例如，面值为1 000元、息票率为5%、5年期的附息国库券，可以看成5张零息债券：第一张的到期价值为50元，1年后到期；第二张的到期价值为50元，2年后到期……最后一张的到期价值为1 050元，5年后到期。显然，对于每种有息债券，它的价值都等于其组成的零息债券的价值之和。假设有一张不能提前赎回的2年期债券，面值1 000元，息票率为5%，目前市场报价为914.06元，则债券的现值可写为：

$$PV_d = \frac{50}{(1+r_1)} + \frac{1\,050}{(1+r_2)^2} = 9\,14.06\text{（元）}$$

上述计算结果可以看作两张零息债券的现值之和，式中的r_1、r_2分别是两张零息债券的收益率，或称即期利率。最短期的即期利率可从市场上观察到，然后依次计算各期的即期利率。假设r_1=8%，则2年期零息债券的利率为：

$$PV_d = \frac{50}{(1+8\%)} + \frac{1\,050}{(1+r_2)^2} = 9\,14.06$$

这个方程解出的即期利率或零息债券收益率为10%，高于第1期的即期利率。在这种情况下，用横轴代表期限、纵轴代表利率水平画出的收益率曲线是向上倾斜的，即期限越长，收益率越高。按照这一方式连续进行，就可以求出各期零息债券利率或不同期限的即期利率。

2）远期利率

即期利率适用于贷款等现在投资而在以后偿还的债务合约，而远期利率则是现在签订合约在未来借贷一定期限资金时使用的利率。因此，在任何一个时点上都可以有一个1年后发放1年期贷款的远期利率，有另一个2年后发放1年期贷款的远期利率，也可以有一个1年或1年后发放的2年期贷款的远期利率。即期利率与远期利率之间的关系如下所示：

$$f_n = \frac{(1+r_n)^n}{(1+r_{n-1})^{n-1}} - 1 \tag{2.24}$$

式中：f_n表示n年后的远期利率；r_n表示n年的即期利率；r_{n-1}表示n−1年的即期利率。

假设投资者面临两种可选择的投资策略：（1）投资于一张面值为100元、年利率（折现率）为10%的2年期零息债券；（2）投资于一张面值为100元、年利率为8%的1年期债券，同时签订一个远期合约，以远期利率f_1在1年后再投资于一张1年期的零息债券。

对于第（1）种选择，面值为100元的2年期零息债券的现值为82.64元，也就是说，将82.64元投资2年，每年利率为10%，2年后可得到100元。事实上，一个

---

① 零息债券是指不支付利息但却以低于面值折价出售给投资者的债券，它提供给持有者的报酬不是利息收入，而是资本增值。

2年期债券的支付可以看成以两个潜在的不同利率投资2年的结果。这样，在第（2）种选择中，开始投入的82.64元在第1年年末为82.64×（$1+r_1$），在第2年年末为82.64×（$1+r_1$）（$1+f_2$）。如果第1年的利率为8%，2年后的投资所得是100元，则远期利率f_2：

$$82.64 \times (1 + 0.08) \times (1 + f_2) = 100$$

或：$(1 + 0.1)^2 = (1 + 0.08) \times (1 + f_2)$

$$f_2 = 12.04\%$$

上式结果表明，1年后再进行一个1年期的投资，其隐含的利率是12.04%。如果这一利率高于12.04%，投资者可以选择第（2）个方案；如果这一利率低于12.04%，投资者可以借入1年期现金，同时卖出一个1年的远期利率合约，并以2年的即期利率进行投资，以获得无风险收益。

即期利率与远期利率的关系可用下式描述：

$$(1 + r_n)^n = (1 + f_1)(1 + f_2)\cdots(1 + f_n) \tag{2.25}$$

上式表明，即期利率是远期利率的几何平均数，而远期利率可以看成未来某一段时间借款或贷款的边际成本。

利率的期限结构可根据收益率曲线进行分析，图2-2描绘了4种假设国库券收益率曲线的形状。

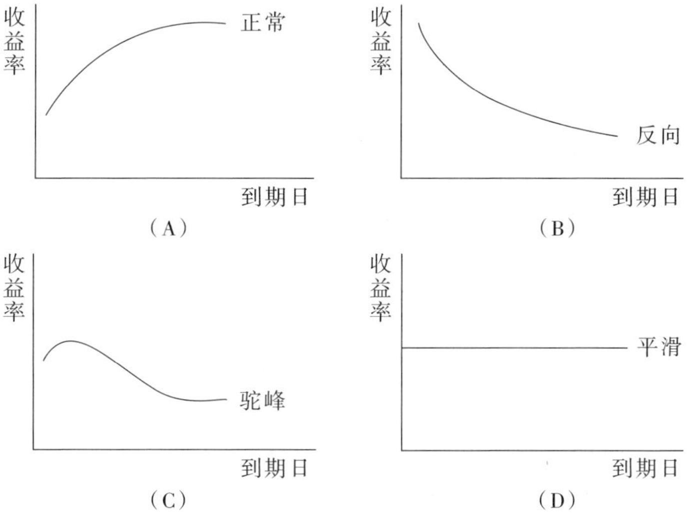

图2-2　国库券收益率曲线图

图2-2（A）中的收益率曲线自左下方向右上方延伸，这种形状的债券收益率曲线称为正收益率曲线（positive yield curve）。债券的正收益率曲线是在整个经济运行正常、不存在通货膨胀压力和经济衰退条件下出现的。它表示在其他条件一定的情况下，长期债券的即期利率高于短期债券的即期利率。或者说，未来债务合约的开始时间越远，远期利率越高。

图2-2（B）中的收益率曲线从左上方向右下方延伸，这种形状的收益率曲线称为反收益率曲线（inverse yield curve）。反收益率曲线意味着未来债务合约的开始日越远，远期利率越低。在市场供求关系支配下，当人们过度追求长期债券的高收益时，必然造成长期资本供大于求，引起长期债券利率下降而短期利率上升，最后导致短期利率高于长期利率的反收益率曲线现象。反收益率曲线通常不会仅仅靠资本的供求关系影响而自动调整为正收益率曲线。在投资人恢复对长期债券的信心和兴趣以前，中央银行必须首先采取有效的货币政策措施来消除利率混乱，修正收益率曲线。

当人们过分追求短期利率而把资本投入较短期限的债券时，短期利率因资本供应过多而下降，长期利率却因资本供应不足而上升，反收益率曲线又开始向正收益率曲线回复。在正反收益率曲线相互替代的利率变化过程中，经常出现一种长、短期收益率趋于一致的过渡阶段。这时，债券的收益率曲线与坐标系中的横坐标趋于平行，这种形状的收益率曲线称为平收益率曲线（flat yield curve），如图2-2（D）所示。

收益率曲线还存在另一种形状，即在某期限之前债券的利率期限结构是正收益率曲线，而在该期限之后却变成了反收益率曲线，如图2-2（C）所示。这种形状的收益率曲线称为拱收益率曲线（humped yield curve），表示在某一时间限度内债券的期限越长，收益率越高，超过这一限度，期限越长，收益率越低。拱收益率曲线是短期利率急剧上升阶段所特有的利率期限结构现象。在西方经济极不稳定、市场利率起伏剧烈的20世纪70年代，拱收益率曲线成为美国债券市场和货币市场上的一种最为常见的利率期限结构。

2.3 Excel时间价值函数

2.3.1 Excel时间价值函数基本模型

以上介绍了计算货币时间价值的基本方法：即从PV→FV，FV→PV，A→FV，FV→A，A→PV，PV→A等的互相转换公式。所谓互相转换，就是指在一个确定的投资过程中，当其利率与时间均已确定时，不同时点上的各种资本之间的等值关系。在计算机和各种软件出现之前，这种换算通常是借助于各种换算表格（见本书附录）进行计算，原理虽然简单，但计算方法极其烦琐。目前，小型财务计算器和一些办公软件，如Excel软件的广泛应用，不仅能方便、快捷地检查和计算各种复杂形态的现金流量的价值，而且还能相当有效地进行敏感性分析。

在采用公式计算货币的时间价值时，每个公式都包含了4个变量，如简单现金流量的4个变量是：PV、FV、r、n；系列现金流量的变量是：PV或FV、A、r、n。只要知道其中3个变量，就可以求出第4个变量。

Excel电子表格程序通常包含5个变量：PV、FV、PMT（A）、RATE（r）、NPER（n）。这是因为在计算机程序中将其设计成：如果输入PMT（等额款项），

PV或FV的值有一个为零时默认解决年金问题；输入PMT值为零时处理的是简单现金流问题。在这5个变量中，只要输入4个变量值，就可以计算第5个变量。现以Microsoft Excel为例进行简要说明，各个变量的求解公式见表2-2。

表2-2 电子表格程序输入公式

求解变量	输入函数
计算终值：FV	=FV（RATE，NPER，PMT，PV，TYPE）
计算现值：PV	=PV（RATE，NPER，PMT，FV，TYPE）
计算每期等额现金流量：PMT	=PMT（RATE，NPER，PV，FV，TYPE）
计算期数：n	=NPER（RATE，PMT，PV，FV，TYPE）
计算利率或折现率：r	=RATE（NPER，PMT，PV，FV，TYPE）

利用电子表格程序求解任何一个变量值，都可按照表2-2中“输入函数”括号中的顺序输入3个已知变量的值，将第4个变量值设为0（求简单现金流量的现值或终值，将PMT设为0；求年金终值，将PV设为0；求年金现值，将FV设为0）。如果现金流发生在每期期末，则“TYPE”项为0或忽略；如果现金流发生在每期期初，则“TYPE”项为1。

在变量输入过程中，需要注意以下5个问题：

第一，现金流的符号问题。在FV、PV和PMT这3个变量中，其中总有一个数值为零，因此，在每一组现金流中，总有两个异号的现金流。在Excel内置函数中，PV函数认定年金PMT和终值FV现金流的方向与计算出的现金流现值的方向相反，即如果年金PMT和终值FV是付款，计算出的现值就为收款；反之亦然。为了使计算出的现值显示为正数，应在输入PMT和FV参数时加上负号。计算复利现值或终值时亦然。

第二，如果某一变量值为零，可直接输入“0”或省略。

第三，如果某一变量值（在输入公式两个变量之间）为零，也可以用“,”代替。

第四，在使用函数时，函数名与其后的括号“（”之间不能有空格；当有多个参数时，参数之间要用逗号“,”分隔；参数可以是数值、文本、逻辑值、单元格地址或单元格区域地址，也可以是各种表达式或函数；函数中的逗号、引号等都是半角字符，而不是全角字符。

第五，如果对表2-2中列示的各种输入公式不熟悉，可在Microsoft Excel电子表格中，单击菜单栏中的“fx”项，在“选择类别”下拉框中单击“财务”，在“选择函数”中单击需要计算的变量，如FV（终值）、PV（现值）等，单击“确定”按钮后，即可根据对话框中的提示进行操作，求解变量值。

2.3.2 现值、终值及其他变量计算举例

现以第一节中的例题来说明如何利用Excel财务函数求解货币的时间价值。

【例2-11】根据【例2-2】，假设某投资项目预计5年后可获得收益800万元，按年折现率12%计算，问这笔收益的现在价值是多少？

采用Excel内置函数计算见表2-3。

表2-3 复利现值计算举例

	RATE	NPER	PMT	FV	TYPE	PV	Excel函数公式
已知	0.12	5	0	-800	0		
求PV						453.94	=PV（0.12，5，0，-800，0）

【例2-12】根据【例2-3】，假设某项目在3年建设期内每年年末向银行借款100万元，借款年利率为10%，问项目竣工（即第3年年末）时应该支付给银行的本利和总额是多少？

采用Excel内置函数计算见表2-4。

表2-4 年金终值计算举例

	RATE	NPER	PMT	PV	TYPE	FV	Excel函数公式
已知	0.1	3	-100	0	0		
求FV						331	=FV（0.1，3，-100，0，0）

【例2-13】根据【例2-9】，假设你现在向银行存入10 000元，问折现率为多少时，才能保证在以后的10年中每年年末都能够从银行取出2 000元？

采用Excel财务函数计算见表2-5。

表2-5 利息率计算举例

	NPER	PMT	PV	FV	TYPE	RATE	Excel函数公式
已知	10	2 000	-10 000	0	0		
求Rate						15.1%	=RATE（10，2 000，-10 000，0，0）

以下不再一一赘述。只要在输入数据时，注意以上提到的输入变量所需注意的问题，用Excel财务函数计算现值和终值是非常简单的。

2.3.3 混合现金流的现值与折现率

Excel中的函数符号与财务相关教材通用的符号所代表的含义不完全相同。NPV在财务教材中表示净现值（现金流入量现值-现金流出量现值），在Excel中表示现值[①]，在计算净现值时，应将项目未来现金流用NPV函数求出的现值再减去该项目初始投资的现值，NPV函数输入方式如下：

① 在Excel中，函数NPV假定投资现金流量（初始投资）发生在第1期期末（Value1），而在我们的分析中，通常假设投资发生在第0期。

=NPV（Rate，Value1，Value2，…）

式中：Value1，Value2……分别代表1～n笔支出或收入参数值，时间均匀分布并出现在每期期末。

【例2-14】某投资项目在未来4年的年末分别产生180元、200元、220元、160元确定的现金流量，初始投资600元，折现率为8%。求该项目的净现值NPV。

采用Excel财务函数计算见表2-6。

表2-6　　混合现金流现值计算举例

	Rate	Value1	Value2	Value3	Value4	NPV	Excel函数公式
已知	0.08	180	200	220	160		
求NPV						30.38	=NPV（0.08，180，200，220，160）-600

当各期现金流量不相等时，可使用IRR函数计算折现率，IRR函数的功能是返回由数值代表的一组现金流量的内部收益率，这些现金流量不一定必须为均衡的，但它们必须按固定的间隔发生（按月或年），其输入方式为：

=IRR（Values，Guess）

式中：Values为数组或单元格，包含用来计算内部收益率的数字。Values必须包含至少一个正值和一个负值。函数IRR根据数值的顺序来解释现金流量的顺序，因此应确定按需要的顺序输入数值。Guess是对函数IRR计算结果的估计值，在大多数情况下，并不需要为函数IRR的计算提供Guess值，如果省略Guess，假设为0.1。

【例2-15】某公司支付400万元购买一台设备，预计使用5年。设备投入使用后每年预计产生的现金净流量分别为60万元、100万元、120万元、160万元、120万元。请计算该公司购买这一设备的内部收益率IRR。

采用Excel财务函数计算见表2-7。

表2-7　　混合现金流折现率计算举例

	Value1	Value2	Value3	Value4	Value5	Value6	IRR	Excel函数公式
已知	-400	60	100	120	160	120		
求IRR							10.96%	=IRR（B2：G2）

【课堂拓展】　　诚信重要吗？

公元1797年，拿破仑参观卢森堡第一国立小学的时候，向该校赠送了一束价值3个路易的玫瑰花。拿破仑宣称，玫瑰花是两国友谊的象征，为了表示法兰西共和国爱好和平的诚意，只要法兰西共和国存在一天，他将每年向该校赠送一束同样价值的玫瑰花。当然，由于年年征战，拿破仑并没有履行他的诺言。但历史前进的脚步一刻也不曾停息，转眼间已是近一个世纪的时光。公元1894年，卢森堡王国郑重向法国政府致函：要求法国政府在拿破仑的声誉和1 375 596法郎中，选择其一，进行赔偿。这就是著名的“玫瑰花悬案”。而其中，这高达百万法郎的巨款，就是3路易的本金（当时，1路易约等于20法郎），以5%的年利率，在97年的货币时间价值作用下的产物。当然，最后法国政府站在了诚信一边，保证“法国将始终不渝地对卢森堡大公国的中小学教育事业予以支持和赞助，来兑现我们的拿破仑将军那一诺千金的‘玫瑰花’的信誓”。

党的二十大报告指出：弘扬诚信文化，健全诚信建设长效机制。诚信，即诚实守信。那么，作为人类社会千百年传承下来的道德传统、社会主义核心价值观的重要内容之一，你认为，诚信对财务人员的要求是什么？身为当代大学生，应如何且在哪些方面遵守诚信？

本章小结

1.单一收付款项是指在某一特定时间内只发生一次的简单现金流；系列收付款项是指在n期内多次发生现金流入或现金流出。年金是系列收付款项的特殊形式，是在一定时期内每隔相同时间（如一年）发生相同金额的现金流，可以分为普通年金、预付年金、递延年金和永续年金等形式。

2.金融机构提供的利率报价有可能和我们使用的利率有不同的时间间隔，如按月、半年计息等，所以有必要对利率进行调整，以使其与现金流发生的时期相匹配。

3.在实务中，金融机构提供的利率报价为名义年利率，通常记作APR。如果年复利期数大于1，如每半年、每季度或每月复利一次，则按不同计息期计算的现值或终值就会产生很大差别。通常将以年为基础计算的利率称为名义年利率（APR），将名义年利率按不同计息期调整后的利率称为有效利率（EAR）。

4.一般情况下，利率由以下三个主要因素构成，即真实无风险利率（RRFR）、预期通货膨胀率（I）及风险溢价（RP）。以债券为例，风险溢价可从5个方面进行分析：债券信用质量、债券流动性、债券到期期限、契约条款和外国债券特别风险。

5.不同期限债券与利率之间的关系，称为利率的期限结构。在市场均衡的情况下，借款者的利率与贷款者的收益率是一致的，因此，利率的期限结构也可以说是收益率的期限结构。利率的期限结构可根据收益率曲线进行分析。

基本训练

1.假设你购买彩票中了奖，获得一项奖励。可供选择的奖金领取方式有：（1）立刻领取200 000元；（2）第5年年末领取360 000元；（3）每年领取22 800元，不限期限；（4）今后10年每年领取38 000元；（5）第1年领取13 000元，以后每年增加5%，不限期限。如果利率为12%，你会选择哪种领取奖金的方式？

2.在我国，个人住房贷款可以采用等额本息偿还法和等额本金偿还法两种。前者又称等额法，即借款人每月以相等的金额偿还贷款本息；后者又称递减法，即借款人每月等额偿还本金，贷款利息随本金逐月递减，还款额逐月递减。一项调查表明，许多借款者认为等额本息法支付的利息多于等额本金法，因此，选择等额本金法有助于降低购房成本。请根据本章所学知识，回答以下问题：（1）两种还款方式产生差异的原因是什么？在什么条件下两种方式的付款总额相等？（2）不同的还款方式有什么特点？主要适用于哪种收入人群？假设你有一笔期限为10年的房屋抵押贷款，房款为100万元，首付款为房款的20%，其余每月分期付款，当前贷款月利率为0.41%。那么按等额本息法、等额本金法两种偿还方式计算的贷款偿还总额分别是多少？（注：可采用Excel电子表格计算）

3.王先生计划将100 000元投资于国债，投资期比较灵活，但最短想要投资5年。2023年7月10日发行的两期储蓄国债（电子式）信息见表2-8。

表2-8　**国债期限和利率**

债券期限	3年	5年
利率	2.85%	2.97%

两期国债发行日均为7月10日，7月10日起息，每年支付一次利息。你作为他的投资顾问，会给他提供何种建议？

（1）根据以上资料，你认为王先生有几种投资选择？

（2）根据（1）的结论，王先生在每种选择中的投资价值（本金加利息）是多少？假设收益率曲线保持不变。

4.ABC公司正在整理一项财务计划，这项计划将涉及公司未来三年的活动，需要预测公司的利息费用及相应的税收节减。公司最主要的债务是其分期偿还的房地产抵押贷款。这笔贷款金额为85 000元，年利率为9%，按月付息，偿还期为2年。与银行签订的贷款条款规定，这笔抵押贷款的月利率应按下式计算：

$$(1+\frac{r}{2})^{\frac{1}{6}}-1$$

式中：r为年利率。

要求：

（1）利用Excel财务函数计算月有效利率、抵押贷款月偿还额（分别列示每月利息和月本金偿还额）、每期期初和期末贷款余额（只计算前三年的贷款偿还额）。

（2）计算利率分别为9%、9.5%、10%、10.5%、11%时每月的贷款偿还额。

5.随着折现率的增加，现值是以不变的速度减少、以递减的速度减少，还是以递增的速度减少？为什么？随着未来款项收到的时间点往后推移，现值是以不变的速度减少、以递减的速度减少，还是以递增的速度减少？为什么？

基本训练参考答案

第2章题库

第3章

证券价值评估

学习目标

1. 掌握债券价值评估的方法；
2. 了解影响债券价值的基本因素及变动方向；
3. 掌握普通股价值评估的方法；
4. 熟悉股权自由现金流量、公司自由现金流量的确定方法；
5. 掌握价格收益乘数估价方法。

如果你是一名投资者，你看好了正在市场上流通的某种证券。那么，想要确定你是否应对这一证券进行投资需要考虑哪些因素呢？你的决策标准是什么？如果你看好的是股票，或者是债券，你考虑的因素是否会有所不同？你的决策标准是否会有所不同？投资者投资于股票可能会获得股利，投资于债券可能会获得利息，那么，股利或利息的高低是否会对你的决策产生影响？是不是股利或利息越高，该股票或债券就越值得进行投资呢？你的投资决策跟该证券的市场价格又是什么关系？

证券的投资决策是通过证券价值评估进行的，那么，什么是证券价值评估？证券价值评估是如何进行的？股利或利息的发放水平及频率对证券估价有什么影响？本章就将回答有关证券价值评估的上述问题。

3.1 债券价值评估

3.1.1 债券现值估价模型

1）一般债券估价

根据价值评估理论，证券的价值就是其预期现金流量的现值。评估证券价值的步骤为：（1）估计预期现金流量；（2）确定每期现金流量的必要收益率或投资者要求的收益率；（3）将每期现金流量按必要收益率折现，然后将折现后得出的现值相加求得证券的总价值。

在现值估价模型下，债券价值P_d的计算公式为：

$$P_d=\sum_{t=1}^{n}\frac{CF_t}{(1+r_d)^t} \tag{3.1}$$

式中：CF_t代表第t期债券现金流量；r_d代表投资者要求的收益率或债券资本成本；n代表期数。

假设债券每年付息一次，投资者要求的收益率各期不变，债券现值的计算公式为：

$$P_d=\frac{I_1}{(1+r_d)}+\frac{I_2}{(1+r_d)^2}+\cdots+\frac{I_n}{(1+r_d)^n}+\frac{F}{(1+r_d)^n} \tag{3.2}$$

一般来说，债券的内在价值既是发行者的发行价值，又是投资者的认购价值。如果市场是有效的，债券的内在价值与票面价值应该是一致的，即债券的票面价值可以公平地反映债券的真实价值。但债券的价值不是一成不变的，债券发行后，虽然债券的面值、息票率和债券期限一般会依据债券契约保持不变，但必要收益率会随市场状况的变化而变化，由此引起债券的价值（未来现金流量序列的现值）也随之变化。

【例3-1】2023年7月，德国政府发行了面值为100欧元，利率为3.15%的两年期国债①。如果投资者要求的收益率为3.8%，则根据上述债券现值计算公式，该德国国债的价值应为：

$$P_d=\frac{3.15}{(1+3.8\%)}+\frac{103.15}{(1+3.8\%)^2}=98.77\text{（欧元）}$$

这里需要注意的是，【例3-1】中债券的利息是按复利计算的。其他国家的债券大多也采用复利计算，如美国（但美国通常为半年付息一次）等。而在我国，债券的利息通常是按单利计算的，此时计算债券的价值要对公式稍作调整。比如，计算我国2023年7月10日发行的5年期储蓄式国债（电子式）的价值。该国债票面年利率为2.97%，面值为100元，从购买之日开始计息，每年支付一次利息，不计复利，逾期兑付不加计利息。如果市场平均收益率为4%，则根据公式（3.2），债券的现值或内在价值可以计算如下：

$$P_d=\frac{100\times2.97\%\times5+100}{1.04^5}=94.395\text{（元）}$$

上述计算表明，由于该国债提供的息票率2.97%小于市场平均收益率4%，因此其价值94.395元小于其面值100元。

2）可赎回债券估价

如果债券契约中载明允许发行公司在到期日前将债券从持有者手中赎回的条款，则当市场利率下降时，公司会发行利率较低的新债券，并以所筹措的资金赎回

① 数据引自2023年7月18日和讯网。

高利率的旧债券。在这种情况下，可赎回债券持有者的现金流量包括两部分：赎回前正常的利息收入和赎回价格（面值+赎回溢价）。

【例3-2】某公司拟发行债券融资，债券面值为1 000元，息票率为12%，期限为20年，每年付息一次，到期偿还本金。债券契约规定，5年后公司可以1 120元的价格赎回。目前同类债券的利率为10%，分别计算债券被赎回和没有被赎回的价值。

如果债券被赎回，债券价值计算如下：

P_d=1 000×12%×（P/A，10%，5）+1 120×（P/F，10%，5）

=120×3.7908+1 120×0.6209

=1 150.3（元）

如果债券没有赎回条款，持有债券至到期日时债券的价值为：

P_d=1 000×12%×（P/A，10%，20）+1 000×（P/F，10%，20）

=120×8.5136+1 000×0.1486

=1 170.23（元）

在上述计算结果中，1 150.3元表示如果债券被赎回，该公司承诺的现金流量的现值；1 170.23元表示如果债券不被赎回，该公司承诺的现金流量的现值。这两者之间的差额表示如果债券被赎回该公司将节约的数额。如果5年后利率下跌，债券被赎回的可能性很大，因此与投资者相关的最可能价格是1 150.3元。

3.1.2 债券收益率估价模型

采用上述估价模型时，假设折现率已知，通过对债券的现金流量进行折现计算债券价值。在收益率模型中，假设折现率未知，用债券当前的市场价格代替公式（3.1）中债券的内在价值（P_d），从而计算折现率或预期收益率。其决策标准是，如果计算出来的收益率等于或大于必要收益率，则应购买该债券；反之，则应放弃。

债券收益率估价模型中的收益率可以分为两大类：到期收益率和赎回收益率。

1）债券到期收益率

债券到期收益率（yield to maturity，YTM）是指债券按当前市场价格购买并持有至到期日所产生的预期收益率。如果同时满足以下两个假设条件，债券到期收益率就等于投资者实现的收益率：第一，假设投资者持有债券直到到期日；第二，假设所有期间的现金流量（利息支付额）都以计算出的YTM进行再投资。具体来说，到期收益率是指债券预期利息和到期本金（面值）的现值与债券现行市场价格相等时的折现率。其计算公式为：

$$P_d = \sum_{t=1}^{n} \frac{CF_t}{(1+YTM)^t} \tag{3.3}$$

计算到期收益率一般利用Excel内置函数“RATE”来完成。一些网站列示了我国国债、企业债券的到期收益率，如http：//www.chinabond.com.cn。

【例3-3】假设你可以以1 050元的价值购进15年后到期、票面利率为12%、面值为1 000元、每年付息1次、到期一次还本的某公司债券。如果你购进后一直持有该债券至到期日，则债券到期收益率的计算方法如下：

P_d=1 000×12%×（P/A，YTM，15）+1 000×（P/F，YTM，15）=1 050

利用Excel内置函数“RATE”求解债券到期收益率YTM，可得11.29%（见表3-1）。

表3-1 债券到期收益率YTM计算

	NPER	PMT	PV	FV	TYPE	RATE	Excel函数公式
已知	15	120	−1 050	1 000	0		
求Rate						11.29%	=RATE（15，120，−1 050，1 000）

2）债券赎回收益率

如果债券被赎回，投资者应根据债券赎回收益率（yield to call，YTC）而不是到期收益率YTM来估算债券的预期收益率。在【例3-2】中，假设债券按面值发行，如果5年后市场利率下降到8%，债券一定会被赎回，那么债券赎回时的收益率计算如下：

债券到期收益率的计算

P_d=1 000×12%×（P/A，YTC，5）+1 120×（P/F，YTC，5）=1 000

利用Excel内置函数“RATE”求解债券赎回收益率YTC，可得13.82%。

上式计算得出的赎回收益率YTC为13.82%，表面上看投资者似乎从债券赎回中得到了好处，其实不然。每年从每张债券收到120元的投资者，现在将收到一笔1 120元的新款项，假设将这笔款项按目前市场利率（8%）进行15年期的债券投资，每年的现金流量就会从120元降到89.6元（1 120×8%），即投资者在以后15年中每年收入减少了30.4元（120−89.6）。尽管现在投资者可以在赎回日收到1 120元，但由于投资者减少的收入现值约为260元（30.4×（P/A，8%，15）），超出了赎回溢价120元（1 120−1 000），因此债券赎回会使投资者蒙受损失。

从投资收益率看，虽然债券赎回可使投资者得到13.82%的高收益率，但仅仅是在5年期间，在其后的几年里收益率就下降到8%。20年期、利率为12%的债券收益率将优于前5年收益率为13.82%、后15年收益率为8%的债券。假设债券在5年后被赎回，并且投资者把从债券赎回得到的1 120元再按8%的利率进行投资，则此时20年债券的预期收益率为：

$$1\,000=\sum_{t=1}^{5}\frac{120}{(1+\mathrm{YTC})^{t}}+\sum_{t=1}^{15}\frac{89.6}{(1+\mathrm{YTC})^{t}}\times\frac{1}{(1+\mathrm{YTC})^{5}}+\frac{1\,120}{(1+\mathrm{YTC})^{20}}$$

利用Excel中的“RATE”函数求出预期收益率为10.54%。这表明，如果债券被赎回，投资者的债券投资收益率就会下降。

3.1.3　债券价值的影响因素

债券价值主要由息票率、期限和收益率（市场利率）三个因素决定。它们对债券价值的影响主要表现在：(1) 对于给定的到期时间和市场收益率，息票率越低，债券价值变动的幅度就越大；(2) 对于给定的息票率和市场收益率，期限越长，债券价值变动的幅度就越大，但价值变动的相对幅度随期限的延长而缩小；(3) 对于同一债券，市场收益率下降一定幅度引起的债券价值上升幅度要高于由于市场收益率上升同一幅度引起的债券价值下跌的幅度。

1）收益率变动对不同息票率债券价值的影响

假设有X和Y两种债券，面值均为1 000元，期限为5年，息票率分别为5%和9%，如果初始收益率均为9%，则收益率变动对两种债券价值的影响见表3-2。

表3-2　**收益率变动对不同息票率债券价值的影响**

收益率（%）	收益率变动（%）	X（5年期，5%）（元）	Y（5年期，9%）（元）
6.0	-33.33	957.88	1 126.37
7.0	-22.22	918.00	1 082.00
8.0	-11.11	880.22	1 039.93
9.0	0.00	844.41	1 000.00
10.0	11.11	810.46	962.09
11.0	22.22	778.25	926.08
12.0	33.33	747.67	891.86
债券价值变动（%）			
收益率	收益率变动	X（5年期，5%）	Y（5年期，9%）
6.0	-33.33	13.44	12.64
7.0	-22.22	8.71	8.20
8.0	-11.11	4.24	3.99
9.0	0.00	0.00	0.00
10.0	11.11	-4.02	-3.79
11.0	22.22	-7.84	-7.39
12.0	33.33	-11.46	-10.81

从表3-2可以看出，当债券收益率为9%时，X、Y债券的价值分别为844.41元

和1 000元。如果收益率下降至6%，X债券的市场价值为957.88元，上升了13.44%；Y债券的市场价值为1 126.37元，上升了12.64%。如果收益率上升至12%，X债券的市场价值为747.67元，下降了11.46%；Y债券的市场价值为891.86元，下降了10.81%。这表明息票率为5%的债券价值变动幅度大于息票率为9%的债券价值变动幅度；而且，对同一债券，收益率下降一定幅度引起的债券价值上升幅度要大于收益率上升同一幅度引起的债券价值下降幅度。

2）收益率变动对不同期限债券价值的影响

假设债券面值为1 000元，息票率为9%，债券的期限分别为5年、10年和15年，如果以9%的债券收益率作为定价基础，则收益率变动对不同期限债券价值的影响见表3-3。

表3-3　**收益率变动对不同期限债券价值的影响**　金额单位：元

收益率（%）	收益率变动（%）	5年	10年	15年
6.0	−33.33	1 126.37	1 220.80	1 291.37
7.0	−22.22	1 082.00	1 140.47	1 182.16
8.0	−11.11	1 039.93	1 067.10	1 085.59
9.0	0.00	1 000.00	1 000.00	1 000.00
10.0	11.11	962.09	938.55	923.94
11.0	22.22	926.08	882.22	856.18
12.0	33.33	891.86	830.49	795.67
		债券价值变动（%）		
收益率	收益率变动	5年	10年	15年
6.0	−33.33	12.64	22.08	29.14
7.0	−22.22	8.20	14.05	18.22
8.0	−11.11	3.99	6.71	8.56
9.0	0.00	0.00	0.00	0.00
10.0	11.11	−3.79	−6.14	−7.61
11.0	22.22	−7.39	−11.78	−14.38
12.0	33.33	−10.81	−16.95	−20.43

从表3-3可以看出，债券期限越长，价值变动的幅度就越大。如果收益率从9%下降到6%，则5年期、10年期和15年期债券价值分别上升了12.64%、22.08%和29.14%，其中，10年期和5年期债券的价值变动率相差9.44%，15年期和10年期债券的价值变动率相差7.06%。如果收益率从9%上升到12%，则不同期限债券价值分别下降了10.81%、16.95%和20.43%，其中，10年期和5年期债券的价值变动率相差6.14%，15年期和10年期债券的价值变动率相差3.48%。

3.2 股票价值评估

3.2.1 股票估价的基本模型

与债券价值评估类似，对普通股进行价值评估一般可以采用现金流量折现法（discounted cash flow，DCF），其一般模型为：

$$P_0 = \sum_{t=1}^{\infty} \frac{CF_t}{(1 + r_e)^t} \tag{3.4}$$

式中：P_0为股票价值；r_e为折现率（投资者的必要收益率或股权资本成本）；CF_t为第t期预计现金流量。

由于模型中的预计现金流量可以分为股利或股权自由现金流量两种，因此，普通股价值评估模型也可以分为两大类：股利折现模型和自由现金流量折现模型。

3.2.2 股利折现模型

股利折现模型中的现金流量包括两部分：（1）每期的预期股利；（2）股票出售时的预期价格。利用股利折现模型对普通股进行价值评估的一般模型如下：

$$P_0 = \frac{Div_1}{(1 + r_e)} + \frac{Div_2}{(1 + r_e)^2} + \cdots + \frac{Div_n}{(1 + r_e)^n} + \frac{P_n}{(1 + r_e)^n} \tag{3.5}$$

式中：Div_t代表未来各期的普通股股利或红利（t=1，2，…，n）；r_e代表普通股投资的必要收益率；P_n代表普通股在第n期的预期售价；P_0代表普通股未来预期现金流量的现值。

从表面上看，公式（3.5）与债券价值评估模型很相似，因为它们都遵循了相同的估值概念：证券的价值等于期望未来现金流量的现值。但普通股的估值比债券价值评估要难得多。原因主要有两个方面：一是普通股投资期限是无限的，公司永远不必将它们收回，因此，从理论上说，普通股的价值取决于持续到永远的未来期望现金流量；二是普通股未来现金流量不像债券那样可以明确约定，未来现金流量必须以对公司未来的盈利和股利政策的预期为基础进行估计。

公式（3.5）假设在第n期期末卖出股票。对于在第n期期末买入，其后再持有m期的第二个持有者来说，这一股票的价值可以用同样的方式确定。第n期股票的价值P_n可以表示成：

$$P_n=\frac{Div_{n+1}}{(1+r_e)}+\frac{Div_{n+2}}{(1+r_e)^2}+\cdots+\frac{Div_{n+m}}{(1+r_e)^m}+\frac{P_{n+m}}{(1+r_e)^m}$$

把P_n的这一表达式代入公式（3.5），P_0可以写成：

$$P_0=\frac{Div_1}{(1+r_e)}+\frac{Div_2}{(1+r_e)^2}+\cdots+\frac{Div_{n+m}}{(1+r_e)^{n+m}}+\frac{P_{n+m}}{(1+r_e)^{n+m}}$$

当然，这仅仅是在比第一种情况更长的时间段（第n+m期）出售股票。如果将上述代入过程一直进行下去，即将这一概念用于所有的未来股票持有者，当持有期限趋于无穷大时（n→∞），其结果是：股票的公平价格可以被表示成用期望未来现金股利付款的无限流量的现值。公式（3.5）可写成：

$$P_0=\frac{Div_1}{(1+r_e)}+\frac{Div_2}{(1+r_e)^2}+\cdots=\sum_{t=1}^{\infty}\frac{Div_t}{(1+r_e)^t} \tag{3.6}$$

根据公式（3.6），股票价值可根据未来预期股利和必要收益率求得。那么如何评价一种从未支付过股利的股票的价值呢？在实务中，许多盈利公司很少支付现金股利，而是将所有的收益都用于再投资。公司股东虽然未得到股利，但可通过出售股票（股价上涨时）获得资本利得。当有利的投资机会缩小，公司持有的资本超过投资需要时，公司就会开始支付股利（或回购其股份）。通常，公司通过扩大投资所赢得的收益，至少应和持股人接受股利所获得的收益相等。因此，在用公式（3.6）评估股票价值时，通常假设公司会在未来某一时候支付股利，或者说，当公司清算或被并购时会支付清算性股利或回购股票而发生现金支付。

1）不同类型的普通股价值评估

在对普通股进行估价时，根据股利的变化情况，一般可以将股票分为三类：零增长股、固定增长股和非固定增长股。

（1）零增长股

如果公司每年均发放固定的股利给股东，即预期股利增长率为零，这种股票被称为零增长股。此时，各年股利Div均为一固定常数，其股票价值可按永续年金折现公式计算：

$$P_0=\frac{Div}{r_e} \tag{3.7}$$

（2）固定增长股

如果某种股票的股利按照一个常数g增长，那么未来第t期的预期股利为：

$$Div_t=Div_0(1+g)^t$$

如果必要收益率r_e大于股利增长率g，则可按增长型永续年金折现公式计算：

$$P_0=\sum_{t=1}^{\infty}\frac{Div_0(1+g)^t}{(1+r_e)^t}=\frac{Div_1}{r_e-g} \tag{3.8}$$

尽管上式中假设g和r_e是常数（且$r_e>g$），这与现实不符，但它通常可以提供用于价值预测的近似值。从公式（3.8）中可以看出，股票价值与预期股利、必要收益率和股利增长率三个因素的关系如下：每股股票的预期股利越高，股票价值越大；必要收益率越小，股票价值越大；股利增长率越大，股票价值越大。

固定增长股票价值的计算

【例3-4】假设一个投资者正考虑购买X公司的股票。该股票从今天起的一年内将按每股3元支付股利，该股利预计在可预见的将来以每年8%的比例增长，投资者基于对该公司的风险评估，要求投资的最低收益率为12%，那么，该公司股票价格计算如下：

$$P_0 = \frac{3}{12\% - 8\%} = 75\text{（元/股）}$$

（3）非固定增长股

根据公司未来的增长情况，非固定增长股可分为两阶段模型或三阶段模型。现以两阶段模型加以说明。两阶段模型将增长分为两个阶段：股利高速增长阶段和随后的固定增长阶段。在这种情况下，公司价值由两部分构成：高速增长阶段（n）股利现值和固定增长阶段股票价值的现值。其计算公式为：

$$P_0 = \sum_{t=1}^{n} \frac{Div_t}{(1 + r_e)^t} + \frac{P_n}{(1 + r_e)^n} \tag{3.9}$$

其中：$P_n = \frac{Div_{n+1}}{r_{en} - g_n}$

式中：P_n为第n期期末股票价值；r_{en}为第n期以后股票投资必要收益率；g_n为第n期以后股利固定增长率。

【例3-5】假设Y公司目前拥有一种引起公众注意的新产品，预计在未来的3年内，销售每年以50%的速度增长，其股利将以每年13%的速度增长，此后预计股利增长率为7%。如果投资者要求的必要收益率为15%，公司最近发放的现金股利为每股1.4元。那么Y公司的股票价值是多少？

根据资料，我们可以将该公司前3年作为高速增长阶段，第4年以后作为固定增长阶段。两个阶段股票价值计算如下：

$$P_{高速增长} = \frac{1.4 \times 1.13}{(1 + 15\%)} + \frac{1.4 \times (1.13)^2}{(1 + 15\%)^2} + \frac{1.4 \times (1.13)^3}{(1 + 15\%)^3}$$

$$= 1.38 + 1.35 + 1.33 = 4.06\text{（元）}$$

$$P_{固定增长} = \frac{1.4 \times (1.13)^3 \times 1.07}{15\% - 7\%} \times \frac{1}{(1 + 15\%)^3} = 17.76\text{（元）}$$

因此，Y公司普通股价值为21.82元/股（4.06+17.76）。

非固定增长股票价值的计算

如果股利增长情况不限于两种情况，则还可以继续划分为三阶段或多阶段，只要最后将各个阶段的现值相加即可。

2）股票收益率与股利增长率

从以上论述中可以看出，在普通股估价中，普通股投资的必要收益率是非常重要的。那么，如何确定普通股投资的必要收益率呢？在学术界有两种方法：一种是根据资本资产定价模型确定必要收益率；另一种是根据预期收益率确定必要收益率。本章只介绍第二种方法。

对于公开交易的股票来说，最近支付的价格是最易获得的价值估计。与债券价值评估模型一样，普通股价值评估模型提供了估计必要收益率的最好方法。如果已知股票市场价格、预期股利及股利增长率，根据公式（3.8）即可计算股票预期收益率：

$$r_e = \frac{Div_1}{P_0} + g \tag{3.10}$$

如果资本市场是有效的，必要收益率与期望收益率相等，因此，按公式（3.10）估计的期望收益率是必要收益率的一个较好的估计。在上式中，股票收益率来源于两个因素：一是预期股利收益 Div_1/P_0；二是资本利得收益（capital gains yield），它是预期的股票价格的年变化率。

假设在【例3-4】中，X公司股票的现时售价为75元/股，下一年的股利支付为每股3元，股利增长率为8%，则投资者的预期收益率为：

$$r_e = \frac{3}{75} + 8\% = 4\% + 8\% = 12\%$$

这一预期收益率包括4%的股利收益率和8%的资本利得收益率。如果下一年的预期股利为3.24元/股（3×1.08），将导致股票的预期价值 P_1 为：

$$P_1 = \frac{Div_2}{r_e - g} = \frac{3.24}{12\% - 8\%} = 81\text{（元/股）}$$

此时，资本利得收益率为8%（（81-75）÷75×100%）。这一例证说明了一个重要原理：在股利按常数增长的情况下，股票价格和股利可以预期按相同比率增加。

股利增长率是影响股票价值的重要因素，如果没有外来资本，股利增长的来源是留存收益和由该留存收益带来的报酬。对于公司的收益，公司可以将其用于投资，以获得比上一年更多的收益，进而可以支付更多的股利。如果公司将收益全部用于支付股利，则留存收益为零，或再投资等于零。在这种情况下，通常假设用金额等于折旧的一笔资本投资来维持公司的收益（公司收益不变）。再投资中大于折旧的部分，只能来自留存收益。在股利固定增长的情况下，股利增长率可分解为两个部分：

$$\begin{aligned}\text{股利增长率} &= (1-\text{股利支付率}) \times \text{净资产收益率} \\ &= \text{留存收益比率} \times \text{净资产收益率}\end{aligned} \tag{3.11}$$

【例3-6】假设Z公司近5年共获利1 000万元，同期共支付400万元的股利，股利支付率为40%。该公司预期明年的每股收益为4.5元，每股股利支付为1.8元。当前，Z公司的股票每股售价为36元。如果Z公司预期净资产收益率为15%，Z公司股票的必要收益率为多少？

股票必要收益率的计算

根据公式（3.11）和公式（3.10）计算Z公司股利增长率和必要收益率分别为：

$$g = (1 - 40\%) \times 15\% = 9\%$$

$$r_e = \frac{1.8}{36} + 9\% = 14\%$$

计算结果表明，投资必要收益率为14%，小于Z公司未来投资机会的预期净资产收益率15%，因此，该项投资会增加公司价值。如果Z公司未来投资机会的预期收益率不是15%，而是10%，在其他资料相同的条件下，该公司的投资必要收益率为11%，超过了10%的预期投资收益率，这表明Z公司未来有净现值为负的投资项目。如果Z公司未来投资机会的预期收益率不是15%，而是12.5%，在其他资料相同的条件下，该公司投资必要收益率与期望投资收益率相同，这表明Z公司未来有净现值等于0的投资项目。以上从三个方面分析了未来投资期望收益率的各种假设对股票估计必要收益率的影响。实际上，股票只有一个必要收益率。

3）增长机会

如果公司的收益不是全部用于股利支付，而是将其中的一部分转化为新的净投资，追加新的净投资会创造出新的收益。因此，可以把现在股票的价值分解为两部分：公司现有资产预期创造的收益（EPS_1）的现值和公司未来投资机会收益的现值，后一种价值可称为“增长机会的现值”（present value of growth opportunities，PVGO）①。在这种情况下，公司股票价格可表示为：

$$P_0 = \frac{EPS_1}{r_e} + PVGO \tag{3.12}$$

式中，第一项表示现存资产收益现值，即公司把所有的收益都分配给投资者时的股票价格；第二项表示增长机会的收益现值，即公司留存收益用于再投资所带来的新增价值。

为分析方便，假设根据股利支付率和新增投资收益率不同，将【例3-4】中的X公司分为三种不同情况：

第一，假设X公司为一增长型公司，相关资料和【例3-4】相同，公司目前股票价格为75元/股。

第二，假设X公司为一维持型公司，每年的投资仅用来更新已损耗的设备，即维持原有的生产能力不变，这样公司未来净投资为零，未来增长机会的净现值也为零。如果该公司以后各期股票的每股收益均为5元，且全部用于股利发放，假设投资必要收益率为12%，则公司目前股票价格应为：

$$P_0 = \frac{EPS_1}{r_e} = \frac{5}{12\%} = 41.67 \text{（元/股）}$$

第三，假设X公司为一收益型公司，虽然收益中的40%用于再投资，但新投资的期望收益率与原来公司的必要收益率（12%）相同，其他因素与前述相同。按照固定股利增长模型来估值，这时X公司的收益增长率（即股利增长率）为4.8%（40%×12%），则股票价格为：

① MYERS S C.Determinants of corporate borrowing［J］. Journal of Financial Economics，1977（5）：147-175.

$$P_0 = \frac{3}{12\% - 4.8\%} = 41.67\text{（元/股）}$$

上述分析结果表明，增长型公司股票价格为75元/股，维持型公司与收益型公司股票价格均为41.67元/股，其间的差异（33.33元/股）即为未来增长机会的现值PVGO。

通常可以利用PVGO来区分成长股和绩优股。例如，以在美国证券交易所上市的中国公司为例，通常可以将网易这样的公司视为成长股，而把像京东这样的成熟公司视为绩优股。表3-4列示出了2023年7月份在美上市的几家中国公司PVGO的估计值[①]。

表3-4　**几家公司预计PVGO计算**　金额单位：美元

股票	股票价格，P	EPS	β系数	股权资本成本，r_e	PVGO= $P-EPS/r_e$	PVGO占股票价格的百分比（%）
绩优股：						
京东（JD）	43.89	1.99	0.47	8.29%	19.89	45.31
挚文集团（MOMO）	9.1	1.04	0.97	11.79%	0.28	3.07
成长股：						
网易（NTES）	88.44	2.1	0.55	8.85%	64.71	73.17
汽车之家（ATHM）	33.47	0.8	0.21	6.47%	21.11	63.06

（1）股票价格P为2023年3月31日收盘价；EPS数值取自2023年第一季季报数据，EPS被定义为维持型公司的平均利润，本例中用当前每股收益数据代替，具体数值取自2023年第一季季报；β系数取自同花顺交易软件。

（2）股权资本成本是用资本资产定价模型估计的。本例使用的市场风险溢价是7%，无风险利率为5%。

在表3-4中，PVGO是根据各公司当前股票价格减去该公司现存资产收益的现值近似得出的。以京东为例，该公司现存资产每年创造EPS为每股1.99美元，则现存资产收益的现值为每股24美元（1.99÷8.29%），公司未来增长机会的现值为每股19.89美元（43.89-24），PVGO相当于股票价格的45.31%。其他公司计算方法相同。

股票PVGO的计算

表3-4表明，PVGO占成长公司股份价值的比重远远超过一半。投资者希望这些公司能够增大投资、迅速成长，从而能为他们带来远远超过资本成本的收益。

3.2.3　自由现金流量模型

在股利折现法下，假设股利是股东收到的唯一现金流量。事实上，股利与净利

① 计算方法引自RICHARD A B，STEWART C M，FRANKLIN A.Principles of Corporate Finance（Concise Edition）[M]. 大连：东北财经大学出版社，2009；计算数据来源于同花顺交易软件。

润或现金流量在绝大多数情况下并不相等，按此种方法预测的结果往往不能真实反映股票价值。由于公司的股利政策受多种因素的影响，有的公司从不支付股利，有的公司虽然支付股利，但实际支付的金额与公司的支付能力出入很大（支付不足或支付超额）。在这种情况下，股权自由现金流量或公司自由现金流量就成为公司收益相对准确的替代指标。

1）股权自由现金流量

股权自由现金流量（free cash flow to equity，FCFE）是指归属于股东的剩余现金流量，即公司在履行了所有的财务责任（如债务的还本付息），并满足其本身再投资需要之后的“剩余现金流量”，如果有发行在外的优先股，还应扣除优先股股息。其估算公式如下：

$$FCFE_t = NI_t + NCC_t - \Delta W_t - F_t - d_t + \Delta P_t + \Delta D_t \quad (3.13)$$

式中：FCFE为股权自由现金流量；NI为净利润或税后利润；NCC为非现金支出净额（折旧或摊销）；ΔW为营运资本追加支出；F为资本性追加支出；d为优先股股息；ΔP为优先股净增加额；ΔD为债务净增加额（发行新债与偿还旧债之间的差额）。

公式中的股权自由现金流量是以利润表中的净利润（NI）为起点进行调整的，有关调整项目说明如下：

第一，调整非现金支出。非现金支出是指各种不引起当期经营现金流量变动的项目净额。在估价中，非现金支出主要有以下几项：

① 折旧、无形资产摊销以及资产减值类费用，已经从当期收益中扣除，但它们并没有实际支付现金，因此，应将其加回到经营活动的现金流量中。

② 债券溢价（折价）摊销，通过减少（增加）财务费用影响净利润，但它们并未引起现金流量的变化，因此，应从经营活动的现金流量中扣除（加回）。

③ 长期资产处置的收益（损失）之所以要扣除（加回），并不是因为处置行为不产生现金流量，而是因为资产重组的现金流量属于投资活动，而非经营活动。

④ 对于递延所得税来说，虽然从长期来看，应交所得税和所得税费用是一致的，但是，由于税法和会计对所得税确认的时间、口径不同，可能会产生递延所得税，因此，在进行调整时，必须用递延所得税将所得税费用还原到公司本期实际应交税费，即加回“递延所得税资产”的减少额和“递延所得税负债”的增加额，减掉“递延所得税资产”的增加额和“递延所得税负债”的减少额。

第二，调整资本性支出。资本性支出是指当年发生的固定资产投资、无形资产投资以及其他长期资产投资，如厂房的新建、改建和扩建，设备更新、购置和新产品试制、专利费用支出等。获得资本性支出的信息主要来源于公司资产负债表和现金流量表中的投资活动现金流量。不过，当公司不是通过现金购买的方式直接取得长期资产，而是通过发行债券或股票等非现金交易形式（重大非现金交易在现金流量表的附注中披露），或者在公司并购中一并接收了长期资产，应对公司今后资本性支出的金额做出合理的估计。此外，根据现金流量表，计算资本性支出时，对处置长期资产所得的现金流量要予以扣除。例如，2019年公司在现金流量表的投资现金流量中披露，2019年公司以10万元的价格转让运输汽车一辆，那么这10万元就作为当年公司资本性支出的减项。此外，公司发生的研究开发费用和经营性租赁费用应进行资本化处理，以便正确衡量公司的资本性支出。

第三，调整其他项目。调整其他项目主要指派发优先股股息、偿还债务本金以及发行新债等引起的现金流量。

股权自由现金流量可以为正数，也可以为负数。在一般情况下，如果股权自由现金流量为负数，则公司将不得不通过发行新股来筹集股权资本；如果股权自由现金流量为正数，则公司就可能以股票现金红利的形式将剩余的现金流量派发给股权资本持有者。在实务中，股权自由现金流量是公司能否支付股利的一个指标，有的公司将其所有的FCFE都作为股利支付给股东，但大多数公司都或多或少地保留部分股权自由现金流量。

以FCFE为基础预测股权价值，其计算方式与股利折现模型是一样的，差别仅在于将股利折现模型中的股利换成股权自由现金流量，因此一般形式可以表示为：

$$P_0 = \sum_{t=1}^{\infty} \frac{FCFE_t}{(1 + r_e)^t} \tag{3.14}$$

式中：P_0表示公司股票价值；$FCFE_t$表示第t年预期股权自由现金流量；r_e为投资者要求的收益率或股本成本。

【例3-7】假设XYZ公司拥有较强的市场销售渠道、一流的生产设施和品牌，预期在未来4年内一直保持高速增长，在这4年内，股本成本为12%；4年之后，公司进入固定增长阶段，销售收入、净利润增长率为5%，公司股本成本变为11%。公司预计的未来5年的有关资料见表3-5。

表3-5　**XYZ公司预计未来5年的有关资料**　单位：万元

项目	0	1	2	3	4	5
净利润		31.24	34.85	38.89	43.39	48.41
折旧、摊销		6.25	6.97	7.78	8.68	9.68
资产减值损失		0.65	0.72	0.81	0.90	1.00
递延所得税资产减少		8.03	8.96	10.00	11.16	12.45
营运资本追加支出		-3.01	-3.31	-3.64	-4.01	-4.41
债务净增加		0.32	0.35	0.39	0.44	0.49

根据以上资料，估计XYZ公司股票价格的方法如下：

（1）计算高速增长阶段FCFE的现值，见表3-6。

表3-6　　**XYZ公司高速增长阶段FCFE现值计算**　　单位：万元

项目	0	1	2	3	4	5
净利润		31.24	34.85	38.89	43.39	48.41
折旧、摊销		6.25	6.97	7.78	8.68	9.68
资产减值损失		0.65	0.72	0.81	0.90	1.00
递延所得税资产减少		8.03	8.96	10.00	11.16	12.45
营运资本追加支出		−3.01	−3.31	−3.64	−4.01	−4.41
债务净增加		0.32	0.35	0.39	0.44	0.49
股权自由现金流量		43.48	48.54	54.23	60.56	67.62
FCFE现值（12%）	154.61	38.82	38.70	38.60	38.49	

（2）计算固定增长阶段FCFE的现值。

高速增长阶段结束时，股票期末价值的现值为：

$$P_n = \frac{67.62}{11\% - 5\%} \times \frac{1}{(1 + 12\%)^4} = 716.23\text{（万元）}$$

（3）计算公司当前股票价值。

公司当前股票价值即高速增长阶段FCFE的现值154.61万元与固定增长阶段FCFE的现值716.23万元的合计数，为870.84万元。

股票价值的计算

FCFE模型可以看作股利折现模型的另一种表现形式。由于这两种模型有时会得出不同的估价结果，在增长率和折现率一定的情况下，可根据影响股利和FCFE的因素分析两者产生差别的原因。

2）公司自由现金流量

公司自由现金流量（free cash flow to firm，FCFF）是指公司在支付了经营费用和所得税之后，向公司权利要求者（普通股股东、公司债权人和优先股股东）支付现金之前的全部现金流量。公司自由现金流量等于股权自由现金流量、债权现金流量和优先股股权现金流量之和，用公式可以表示为：

$$\begin{aligned} FCFF_t &= [NI_t + NCC_t - \Delta W_t - F_t - d_t + \Delta P_t + \Delta D_t] + [I_t(1 - \tau_t) - \Delta D_t] + [d_t - \Delta P_t] \\ &= NI_t + NCC_t - \Delta W_t - F_t + I_t(1 - \tau_t) \\ &= EBIT_t(1 - \tau_t) + NCC_t - \Delta W_t - F_t \end{aligned} \tag{3.15}$$

式中：第一个等号右边的第一项为股权资本自由现金流量；第二项为归属于债权人的现金流量，主要由税后利息、本金偿还额和发行新债等因素构成；第三项为归属于优先股股东的现金流量。

应用公司自由现金流量是对整个公司而不是对股权进行估价，但股权价值可以用公司价值减去发行在外债务的市场价值得到。由于公司自由现金流量是债务偿还前的现金流量，所以使用该估价方法的好处是不需要明确考虑与债务相关的现金流量，而估计股权自由现金流量时必须考虑这些与债务相关的现金流量。在财务杠杆预期将随时发生重大变化的情况下，这一特点有利于简化计算，但在确定折现率时需要负债比率和利率等信息来计算加权平均资本成本。

采用FCFF模型，公司价值是指公司预期自由现金流量的现值，其基本表现形式为：

$$\text{公司价值} = \sum_{t=1}^{\infty} \frac{FCFF_t}{(1 + r_w)^t} \tag{3.16}$$

$$\text{股权价值} = \sum_{t=1}^{\infty} \frac{FCFF_t}{(1 + r_w)^t} - MV_D \tag{3.17}$$

式中：$FCFF_t$表示第t期公司自由现金流量；r_w表示加权平均资本成本；MV_D表示公司负债的市场价值。

同样，利用自由现金流量方法时，也可以根据自由现金流量增长率的不同特点采用零增长模型、固定增长模型或两阶段或更多阶段的非固定增长模型等对普通股进行价值评估。

3.2.4　价格乘数法

1）价格乘数法的基本含义

价格乘数法又称相对估价法，主要是通过拟估价公司的某一变量乘以价格乘数来进行价值评估的。在这种方法下，确定适当的变量和乘数是应用这一方法的关键。在实务中，乘数是指股价与财务报表上某一指标的比值，常用的报表指标有每股收益、息税折旧摊销前收益、销售收入、账面价值和现金流量等，利用它们可以分别得到价格/收益乘数（P/E Ratio）、公司价值乘数（EV/EBITDA Ratio）、销售收入乘数（P/S Ratio）以及账面价值乘数（P/BV Ratio）等。只要估价变量与公司价值保持相对长期稳定的关系，就可以作为价格乘数的备选变量。这些比率或乘数只采用了财务报表的部分信息，计算方法简单易学，在实务中应用比较广泛。

根据Morgan Stanley的分析报告①，在欧洲企业价值评估中，采用最多的方法是价格/收益（P/E）乘数法，接下来分别是公司价值与EBITDA乘数法、剩余收益法（residual income）、公司价值/收益增长率（EV/EG）乘数法，而折现现金流量方法DCF位于第五位。下面主要以采用最多的价格/收益乘数法为例进行说明，利用其他方法的基本原理大体相似，仅乘数的表现形式不同。

2）价格/收益乘数

价格/收益乘数又称市盈率，是股票价格相对于当前会计收益的比值，自从20世纪20年代出现于华尔街以来，经Benjamin Graham在其1934年的名著《证券分

① FERNÁNDEZ，PABLO.Valuation Using Multiples How do Analysts Reach their Conlusions?［S］. SSRN working paper，2001.

析》中正式表述而得以流传，目前已成为股票价值评估最常用的类比估价模型。价格/收益乘数的数学意义为每1元年税后利润对应的股票价格；经济意义为购买公司1元税后利润支付的价格，或者按市场价格购买公司股票回收投资需要的年份，因此，又称为本益比。P/E乘数的投资意义是以一定的价格/收益乘数为基准，超过视为高估，低于视为低估。但这一投资实践意义并不明确，因为基准价格/收益乘数和高估或低估的数值界限很难确定。

价格/收益乘数把股价和公司盈利能力结合起来，在一般情况下可以真实地反映股票价格的高低。采用价格/收益乘数进行估价的一般公式为：

$$P_0=EPS_1\times P/E \tag{3.18}$$

应用公式（3.18）确定股票价值，主要取决于每股收益与价格/收益乘数两个因素。在确定每股收益时，应注意以下几个问题：（1）对于那些偶发事件导致的非正常收益，在计算EPS时应加以剔除；（2）对于受商业周期或行业周期影响较大的企业，应注意不同周期（如成长期和衰退期）对EPS的影响；（3）对于会计处理方法变更引起的EPS的差异，应进行相应的调整；（4）如果公司有发行在外的认股权证、股票期权、可转换优先股或可转换债券，应注意这些含有期权性的证券行权后对每股收益的影响，计算稀释后的EPS（Diluted EPS）。

如果以b表示留存收益比率，则股利支付率为（1-b），在股利以固定比率增长的条件下，公式（3.8）可改写为：

$$P_0=\frac{EPS_1(1-b)}{r_e-g} \tag{3.19}$$

等式两边同除以EPS_1，可以得到：

$$\frac{P_0}{EPS_1}=\frac{1-b}{r_e-g} \tag{3.20}$$

公式（3.20）表明，影响市盈率的因素主要是留存收益比率（或股利支付率）、股利增长率以及股权资本成本。应用公式（3.19）确定股票价值，关键在于对公司市盈率的分析和预测，而市盈率的高低与整个经济形势和市场景气状况有关。一般来说，经济前景良好、有发展潜力的公司的股票市盈率会趋于上升；反之，公司发展机会不多、经营前景黯淡的公司，其股票市盈率会处于较低的水平。但在股票市场上，一家公司股票的市盈率可能会被非正常地抬高或压低，无法反映出该公司的资产收益状况，从而很难正确地评估股票价值。

在【例3-4】中，假设留存收益率为40%，X公司的股票市盈率为：

$$\frac{P_0}{EPS_1}=\frac{1-b}{r_e-g}=\frac{1-40\%}{12\%-8\%}=15\text{（倍）}$$

按市盈率法，股票价格为：

$$P_0=EPS_1\times P/E=15\times 5=75\text{（元/股）}$$

上述计算结果表明，如果市场是有效的，市盈率法与现金流量折现法所得出的结论是一致的。市盈率法简明易懂，计算简单，在实务中应用较多。

从理论上说，运用上述各种估值模型预测或分析股票价值一般都可以得到正确的结果，但其前提是估值所采用的各种参数必须是正确的，也就是说，普通股价值评估的质量最终取决于所获得的信息的质量。因为不论什么参数，都会得到某种答案。如果各种参数不真实，则对股票进行的价值评估就毫无用处，即通常所说的“垃圾进，垃圾出”（garbage in，garbage out）。利用价值评估模型需要注意的另一个问题就是获得信息的成本。任何答案的值都必须与利用这一模型的成本相权衡。如果获得充分信息的成本太高，这个模型就毫无意义。

【课堂拓展】　　　　证券价值只受证券本身特征的影响吗？

党的二十大报告指出：万事万物是相互联系、相互依存的。只有用普遍联系的、全面系统的、发展变化的观点观察事物，才能把握事物发展规律。

以证券为例，证券交易是在证券市场上进行的，而证券市场是瞬息万变的，是一个异常复杂的体系，因此，证券市场上的证券价值均受多方面因素的影响。

例如，2020年以来，我国股市在年后第一个交易日刚刚开盘就出现了暴跌。而在这之后，全球股市均受到了负面的影响。但在我国疫苗研制出来之后，股票市场又有了正面的反应 。首先，从整体大局出发，疫苗的研发，在一定程度上抑制了病毒的传播，对于我国的复工复产有巨大的帮助，因此对经济的发展起到了非常正面的积极作用；而股市是经济的晴雨表，经济发展好了，股市的发展才能够更加稳定。其次，从具体层面上来讲，疫苗的研发，对于整个医药板块有巨大的正面影响，特别是涉及疫苗研发的企业，从疫情开始之后到股市恢复以来，医药板块，尤其是疫苗研发企业的股票基本上都呈现出了上涨趋势。

再比如，2019年4月，第二届“一带一路”国际合作高峰论坛在北京举行。受此影响，“一带一路”板块，如银龙股份（603969）、鼎汉技术（300011）、北部湾港（000582）、西安旅游（000610）、中材国际（600970）、天山股份（000877）等个股均出现了不同程度的上涨。

根据以上可以看出，证券价值不是孤立存在的。组织学生讨论：证券价值评估和环境有什么关系？证券价值都会受到哪些环境因素的影响？在进行证券价值评估时，如何将环境因素纳入评估的过程？

本章小结

1.债券（或任何其他资产）的内在价值等于其预期现金流量的现值，即等于预期收到的利息和本金的现值。债券估价可以分为一般情况下的债券估价和可赎回情况下的债券估价。

2.在收益率模型中，假设折现率未知，用债券当前的市场价格代替现值评估公式中债券的内在价值，从而计算折现率或预期收益率。其决策标准是，如果计算出来的收益率等于或大于必要收益率，则应购买该债券；反之，则应放弃。

3.债券价值与相关决定因素之间的关系可以归纳为：（1）对于给定的到期时间和市场收益率，息票率越低，债券价值变动的幅度就越大；（2）对于给定的息票率和市场收益率，期限越长，债券价值变动的幅度就越大，但价值变动的相对幅度随期限的延长而缩小；（3）对于同一债券，市场利率下降一定幅度引起的债券价值上升幅度要高于由于市场利率上升同一幅度引起的债券价值下跌的幅度。

4.股利折现模型中的现金流量包括两部分：（1）每期的预期股利；（2）股票出售时的预期价格。根据股利的变化情况，一般可以将股票分为三类：零增长股、固定增长股和非固定增长股。在估价中，对股票收益率和股利增长率的确定是非常重要的。普通股价值评估的第二种方法为自由现金流量法，分为股权自由现金流量方法和公司自由现金流量方法两大类。

5.普通股价值评估的第三种方法为价格乘数法，是通过拟估价公司的某一变量乘以价格乘数来进行价值评估的。其中，最常见的价格乘数是价格/收益乘数（P/E Ratio），即市盈率。

基本训练

1.试用一些简单的例子，说明你对以下问题的回答：（1）如果利率升高，债券价格是升还是降？（2）如果债券收益率高于息票率，债券价格应该比面值高还是低？（3）如果债券价格超过面值，收益率应该比息票率高还是低？（4）与低息票率债券相比，高息票率债券的出售价格应该更高还是更低？（5）如果利率发生变化，与低息票率债券相比，高息票率债券价格变化的比例应该会更高吗？

2.访问以下网址：http：//www.gtarsc.com/login.aspx、www.hexun.com、www.cninfo.com.cn、www.sse.com.cn、www.szse.cn，以及同花顺交易软件，选取两家上市公司，讨论下列问题：（1）这两家公司股票的最新价格分别为多少？当前年度EPS是多少？（2）两家公司的股权资本成本是多少？（3）计算两家公司的PVGO，哪只股票属于成长股（高PVGO）？

3.兴义市信恒城市建设投资有限公司2018年11月21日发行的PR兴义02（债券代码：sh127862）与贵州水城水务投资有限公司2018年11月27日发行的PR水城务（债券代码：sh152016）票面利率相同，均为8%，假设个人所得税税率为20%，其余相关资料见表3-7。

表3-7　PR兴义02（sh127862）与PR水城务（sh152016）的详细资料

项目	发行额（亿元）	发行价（元）	期限（年）	年利率（%）	计息日	到期日	债券类型	付息方式	信用级别	剩余年限（年）	2023-07-21收盘价（元）
PR兴义02	8	100	7	8	2018-11-21	2025-11-21	固定	年付	AA	2.34	55.50
PR水城务	15	100	7	8	2018-11-27	2025-11-27	固定	年付	AA	2.35	53.88

要求：如果选择其中一家公司债券为投资对象，你认为哪只债券收益率较高？请代投资人做出投资决策，利用Excel软件计算并填列表3-8。

表3-8　　债券投资决策计算表

项目	利息（元）	到期收益率（%）	到期税后收益率（%）
PR兴义02			
PR水城务			

4.中国诚通控股集团有限公司2020年3月4日上市发行企业债券20诚通03，债券代码：sh163221。发行总额为10亿元，面值100元，年利率3.44%，期限5年，到期日为2025年3月4日，发行价与面值相等，每年付息一次，到期一次还本。现在是2023年7月21日，20诚通03收盘价为100.55元。假设你今天购买这一债券并持有至到期，你的到期收益率为多少？假设个人所得税税率为20%。

5.假设你正在考虑购买同一行业的两家上市公司的股票，这两只股票除了股利支付政策不同外，其他条件均相同。两家公司年收益的平均水平都是每股3元，甲公司的股利政策是所得利润全部用于支付股利，而乙公司的股利政策是所得利润的1/3用于股利发放，也就是每股支付1元的股利。甲公司股票的市场价格为每股15元，两家公司的风险相同。

请判断如下事项的正确性并进行说明：

（1）乙公司的成长速度要快于甲公司，因此其股票市场价值应大于每股15元。

（2）虽然乙公司的成长速度快，但甲公司现在的股利支付水平高于乙公司，因此，甲公司的股票市场价格应该较高。

（3）甲公司的预期收益率和必要收益率都为20%，乙公司的预期收益率会更高，因为其预期增长率较高。

（4）如果乙公司股票市场价格也是每股15元，乙公司增长率的最合理估计应为10%。

基本训练参考答案

第3章题库

第4章 风险与收益

学习目标

1. 掌握历史预期收益率与风险的衡量方法；
2. 掌握预期收益率与风险及收益的衡量方法；
3. 熟悉投资组合收益与风险的衡量方法、投资组合风险分散效应；
4. 了解资本市场线、证券市场线、证券特征线的特点；
5. 熟悉资本资产定价模型的影响因素与确定方法。

从欧文·费雪（Irving Fisher）的“时间价值”到威廉姆斯（Williams）的股利估价模型，都推动了资产估价的发展。但同时也给人们提出了一个问题：为什么不同的资产或证券有不同的收益？为什么有的人将钱存入银行或购买政府债券，而有的人却投入股市或进行实业投资？根据威廉姆斯的模型，价值是以资产的未来收益估价的，而未来收益是不确定的，这种不确定性对投资者来说既可能是机会，也可能是损失。为获得机会，投资者愿意承担风险，为规避损失投资者要求风险补偿，这种体现风险本身的价值称作“风险溢价”。从“时间价值”到“风险溢价”的理论演变，使资产估价理论得到了令人瞩目的发展。在此之前，我们主要讨论了证券价值的计算方法，而将价值评估采用的折现率视为外生给定的变量，本章将根据风险与收益的关系建立计算资产预期收益率的基本模型，为评价资产价值提供理论依据。根据风险与收益关系建立的资产定价模型，不仅反映了投资者要求的最低收益率，而且为公司进行投资决策、融资决策（融资成本）、业绩评价提供理论依据。

4.1 历史收益与风险的衡量

4.1.1 风险的含义与分类

从财务学的角度来说，风险是指资产未来实际收益相对预期收益变动的可能性和变动幅度。在汉语中，风险可用“危机”一词来描述，风险包含了“危险”和“机会”双重含义。机会使投资者和公司敢于承担风险，危险要求承担风险必须得到补偿。在风险管理中，一般是根据风险的不同特征进行分类。风险按能否分散，分为系统风险和非系统风险；风险按形成的来源，分为经营风险和财务风险。

系统风险（市场风险、不可分散风险）是指由于政治、经济及社会环境等公司外部因素的不确定性产生的风险，如通货膨胀、利率和汇率的波动，国家宏观经济政策变化，战争，政权更迭，所有制改革等。系统风险是由综合因素导致的，这些因素是个别公司或投资者无法通过多样化投资予以分散的。

非系统风险（公司特有风险、可分散风险）是指由于经营失误、劳资纠纷、新产品试制失败等因素影响所产生的个别公司的风险。非系统风险是由单个的特殊因素所引起的，由于这些因素的发生是随机的，因此可以通过多样化投资来分散。

经营风险是指经营行为（生产经营和投资活动）给公司收益带来的不确定性。通常采用息税前利润的变动程度描述经营风险的大小。这种风险是公司商业活动中固有的风险，主要来自客观经济环境的不确定性，如经济形势和经营环境的变化、市场供求和价格的变化、税收政策和金融政策的调整等外部因素，以及公司自身技术装备、产品结构、成本水平、研发能力等因素的变化等。

财务风险一般是指举债经营给股东收益带来的不确定性。通常用净资产收益率（ROE）或每股收益（EPS）的变动描述财务风险的大小。这种风险主要来源于利率、汇率变化的不确定性以及公司负债比重的大小。如果公司的经营收入不足以偿付到期利息和本金，就会使公司陷入财务危机，甚至导致公司破产。

4.1.2　收益的含义与类型

收益一般是指初始投资的价值增量。为分析方便，应区分三种不同的收益率：必要收益率、预期收益率和实际收益率。

必要收益率是指投资者进行投资要求得到的最低收益率，通常由无风险利率和风险溢价两部分构成，前者取决于零息政府债券利率，后者取决于公司经营风险和财务风险的大小。

预期收益率是在不确定的条件下，投资者根据现有信息预测的某项资产未来可能实现的收益率。在证券估价中，如果将债券的现行市价代入公式（3.19），求出的折现率（YTM）即为债券预期收益率；如果将股票的现时市价作为股票的现值（P_0）代入公式（3.26），求出的折现率就是股票投资的预期收益率。在一个完善的资本市场中，如果证券的价格为公平市价，那么所有投资的净现值都为零。此时，预期收益率等于必要收益率。

必要收益率和预期收益率在时间点上都是面向未来的，都具有不确定性，但必要收益率是投资者主观上对投资项目的风险评价确定的，预期收益率是由市场交易条件决定的，即在当前市场价格水平下投资者可获得的收益。如果投资者的主观评价与市场的客观交易不一致，就会形成两个收益率的差异。但在一个完善的市场上，市场套利行为很快会消除这种差异，使两者趋于一致，此时，投资的预期收益率等于必要收益率。

例如，某公司拟发行面值100元，息票率为8%，期限为1年的公司债，预计发行价为100元，如果投资者以预定的发行价购买该债券，则1年后的预期收益率为8%。如果投资者认为按100元的发行价格购买该债券，所提供的预期收益率（8%）不足以补偿持有该债券要求的收益率（时间价值和风险溢价），他们会要求更高的收益率补偿。

假设投资者要求的收益率为12%，在这种条件下，该债券发行价只有低于96.43元（108÷1.12）时，投资者才愿意购买。因为当发行价为96.43元时，该债券所提供的预期收益率刚好等于12%，与投资者要求的收益率相等。而任何高于96.43元的发行价均不能引起投资者的购买意愿。如果该债券的发行价格预定为96.43元之下，假设发行价为94元，此时该债券可以提供14.89%（108÷94−1）的预期收益率。这一收益率除了满足投资者要求的收益率12%之外，还提供了2.89%的超额收益率的套利机会，而这必然会引起投资者的抢购和追捧，促使债券价格即刻上涨，直到达到96.43元均衡价为止。这意味着公司应将债券发行价格定为96.43元，此时该债券所提供的预期收益率与投资者要求的收益率正好相等。也就是说，在完善的市场交易条件下，无套利的市场均衡价格使投资者要求的收益率与该投资提供的预期收益率在数值上是相等的。

实际收益率或历史收益率是在特定时期实际获得的收益率，它是已经发生的、不可能通过投资决策改变的收益率。由于存在着风险，实际收益率很少与预期收益率相同，这两者之间的差异越大，风险就越大，反之亦然。同样原因，实际收益率与必要收益率之间也没有必然的联系。

第3章介绍了如何通过市场价格和预期未来现金流量确定预期收益率并以此推断必要收益率。本章将继续运用这些概念来确定证券的价值，首先根据风险衡量方式讨论资产的预期收益率，然后根据风险与收益的关系建立一个计算资产必要收益率的模型。

4.1.3 历史收益率的衡量

历史收益率或实际收益率是投资者在一定期间实现的收益率。假设投资者在第t−1期期末购买股票，在第t期期末出售该股票，假设第t期支付股利为D_t，则第t期股票投资收益率可按离散型与连续型两种方法计算：

离散型股票投资收益率可定义为：

$$r_t = \frac{D_t + (P_t - P_{t-1})}{P_{t-1}} = \frac{D_t}{P_{t-1}} + \frac{P_t - P_{t-1}}{P_{t-1}} \tag{4.1}$$

式中，r_t表示第t期股票投资收益率；P_t和P_{t-1}分别表示第t期和第t−1期股票价格；D_t表示第t期股利。

公式（4.1）第二个等号后第一项为股利收益率，第二项为资本利得率。

连续型股票投资收益率可定义为：

$$r_t = \ln\left(\frac{P_t + D_t}{P_{t-1}}\right) \tag{4.2}$$

连续型股票投资收益率①比离散型股票投资收益率要小，但一般差别不大。表4-1列示了这两种方法计算结果的差别。

公式（4.1）用于计算单项投资在单一年份的持有期收益率（holding period return，HPR），在一个多年期的个别投资中，还需要计算一个总体指标，集中反映该项投资的业绩。给定某单项投资各年度的持有期收益率，可以采用两个指标来衡量收益率：算术平均收益率和几何平均收益率，其计算公式分别为：

$$\bar{r}_{AM} = \sum_{i=1}^{n} r_i / n \tag{4.3}$$

$$\bar{r}_{GM} = [(1 + r_1)(1 + r_2)\cdots(1 + r_n)]^{1/n} - 1 \tag{4.4}$$

式中，$\bar{r}_{AM}$，$\bar{r}_{GM}$分别表示算术平均收益率和几何平均收益率；r_i代表收益率数据系列r_1，r_2，…，r_n（其中n是序列观测值的数目）。

假设股票X第1年至第4年的收益率分别为10%、-5%、20%、15%，持有4期的收益率为40%，按算术平均数计算的收益率为：

$$\bar{r}_{AM} = \frac{10\% - 5\% + 20\% + 15\%}{4} = 10\%$$

几何平均数是指n期观察值连乘积的n次方根。当比较不同投资工具时，几何平均数是一个相对较好的衡量长期收益率的指标。上例中，按几何平均数据计算的持有期收益率和平均收益率如下：

$$\begin{aligned} HPR &= (1 + r_1) \times (1 + r_2) \times (1 + r_3) \times (1 + r_4) - 1 \\ &= 1.10 \times 0.95 \times 1.20 \times 1.15 - 1 = 44.21\% \end{aligned}$$

$$(1 + \bar{r}_{GM})^4 = (1 + r_1) \times (1 + r_2) \times (1 + r_3) \times (1 + r_4)$$

$$\bar{r}_{GM} = \sqrt[4]{1.10 \times 0.95 \times 1.20 \times 1.15} - 1 = 9.5844\%$$

如果每年投资收益率为9.5844%，则持有期收益率为44.21%，即：

$$1.4421 = (1.095844)^4$$

这一结果表明，如果以9.5844%的复利计算，那么，投资者期初投资的1元在4年后的期末价值为1.4421元。

采用算术平均数衡量一项资产的长期收益，其结果总是高于几何平均数。对于波动性大的资产，这一点更为明显。

算术平均值是一个简单的统计量，不能涵盖数据分布的全部信息，采用平均值有时不能展示数据的分布情况。过度依赖平均值，有可能得出错误的判断。假设有

①　一个比率取自然对数，其值近似于分子与分母的百分比差异，因此，公式（4.2）可用来测试t-1期到t期的股票收益率。

两家公司A和B，它们的市盈率都为15。然而，进一步观察发现，公司A的市盈率分布在10～20之间，而公司B的市盈率分布在1～29之间。尽管两者的平均值相同，但公司B的风险明显更高，因为其市盈率波动更大。

假设有两个基金经理，初始投资均为100万元，连续4年的投资业绩，如表4-1和图4-1所示。

表4-1　　**两种投资风格收益率与账户余额**

经理	第0年	第1年	第2年	第3年	第4年	算术平均	几何平均
收益率							
明星经理		100%	-50%	100%	-50%	25%	0
普通经理		10%	10%	10%	10%	10%	10%
账户余额（万元）							
明星经理	100.00	200.00	100.00	200.00	100.00		
普通经理	100.00	110.00	121.00	133.10	146.41		

从表4-1中可以看出，明星经理的平均收益率（25%），大于普通经理的平均收益率（10%）。但从4年后的账户余额分析，投资于明星经理的账户余额为100万元，实际收益率为0；普通经理的账户余额为146.41万元，实际收益率为46.41%。

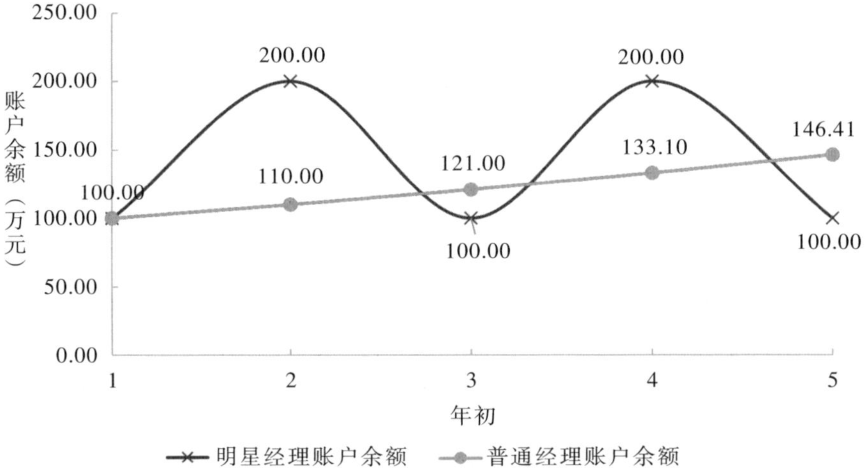

图4-1　两种投资风险的余额

从明星经理的业绩看，第一年的业绩翻了一番，第二年又赔了一半，第三年又翻番，第四年又赔一半，经历4年以后，又回到了原点，账户还是100万元。这意味着明星经理并没有给投资者带来真正的投资收益，第一、三年赚的钱，在第二、四年又赔回去了。考虑到投资者还要支付的基金管理费，其实是赔钱了。

从普通经理的业绩看，虽然每年投资收益率只有10%，但4年之后投资者的

100万元涨到了146.41万元，投资收益率是46.41%。

为什么采用算术平均值评估与采用投资者的账户余额评估结论相反？从计算公式看，算术平均值主要采用的是加法运算，即：

$$\bar{r}_{AM} = \frac{100\% - 50\% + 100\% - 50\%}{4} = 25\%$$

这个计算本身没有错，错在不应采用算术均值考虑投资收益，而应采用几何均值。因为投资收益是各年累积的，累积的时候用的是乘法，对应的是几何均值，即：

$$\begin{aligned}\bar{r}_{GM} &= \left[(1+100\%)\times(1-50\%)\times(1+100\%)\times(1-50\%)\right]^{1/4} - 1 \\ &= 0\end{aligned}$$

仍以明星基金经理为例，第1年赚了100%，第2年赔了50%。用算术均值的话，平均收益率是25%，看起来是挣钱了。实际上，第1年赚的钱，第2年全赔回去了。如果采用几何均值，算出来是第1年的200%，乘以第2年的50%，结果得到1，就是不赚不赔。这样就避免了算术均值的误导。所以，计算多年投资收益率的时候，一定要用几何均值，不要用算术均值。以后挑选基金，看基金的历史收益，是看几何均值，不是看算术均值。

明星基金经理为什么最后不赚钱呢？因为赚的钱都赔回去了。这个例子意味着在投资中不赔钱很重要。巴菲特有两个投资原则：第一，不要亏损；第二，不要忘记第一个原则。

假设上例中的明星基金经理各年投资收益率分别为50%，-50%，50%，-50%，4年后，按算术平均和几何平均计算的明星基金经理的投资收益率是多少？

4.1.4　历史收益率的方差和标准差

收益率的方差和标准差是描述风险或不确定性的两种统计量。方差（variance）是收益率与其均值之差的平方的平均值，标准差（standard deviation）是方差的平方根。方差或标准差越大，表明收益率围绕其均值变化的幅度越大，收益率的风险越大。

如果数据来自总体，则总体收益率方差（Varp）和标准差（Stdp）计算公式为：

$$\text{Varp}\left(r_1, \dots, r_N\right) = \frac{1}{N}\sum_{i=1}^{N}\left[r_i - \bar{r}\left(r_1, \dots, r_N\right)\right]^2 \tag{4.5}$$

$$\text{Stdp}\left(r_1, \dots, r_N\right) = \sqrt{\text{Varp}\left(r_1, \dots, r_N\right)} \tag{4.6}$$

如果数据来自分布中的一个样本，那么，样本收益率方差（Var）和标准差（Std）的计算公式为：

$$\text{Var}\left(r_1, \dots, r_N\right) = \frac{1}{N-1}\sum_{i=1}^{N}\left[r_i - \bar{r}\left(r_1, \dots, r_N\right)\right]^2 \tag{4.7}$$

$$Std(r_1, \ldots, r_N) = \sqrt{Var(r_1, \ldots, r_N)} \tag{4.8}$$

总体收益率方差和样本收益率方差的区别在于公式是除以“N”还是除以“N-1”。大多数的教科书认为除以N-1而非N可以得到无偏的方差和标准差。但是，如果根据历史数据推测未来收益的方差，历史数据就可以表达总体分布，这样采用公式（4.5）就可以得到该收益分布的统计量。

【例4-1】复星医药（600196.SH）2018年12月至2019年12月各月股票收盘价、收益率见表4-2，据此计算复星医药股票在此期间的收益率、方差和标准差。[①]

表4-2　**复星医药股票收益率、方差和标准差（2018年12月至2019年12月）**

日期	收盘价（元）	收益率(r_i)		$(r_i - \bar{r}_{AM})^2$
		离散型	连续型	
2018/12/28	23.27			
2019/1/31	23.23	-0.17%	-0.17%	0.02%
2019/2/28	28.78	23.89%	21.42%	4.12%
2019/3/29	29.78	3.47%	3.42%	0.05%
2019/4/30	29.10	-2.28%	-2.31%	0.12%
2019/5/31	24.74	-14.98%	-16.23%	3.01%
2019/6/28	25.30	2.26%	2.24%	0.01%
2019/7/31	26.30	3.95%	3.88%	0.08%
2019/8/30	27.65	5.13%	5.01%	0.15%
2019/9/30	25.27	-8.61%	-9.00%	1.02%
2019/10/31	25.46	0.75%	0.75%	0.00%
2019/11/29	25.15	-1.22%	-1.23%	0.05%
2019/12/31	26.60	5.77%	5.61%	0.20%
合计		17.96%	13.39%	8.83%

表4-2中的数据是根据股票月末收盘价计算的月收益率，它假设投资者在t-1

① 在这里，选取了12个月的数据，仅仅是为了计算方便，并不能充分反映该只股票的收益和风险，也不能说明这只股票是否值得投资。

月末购买股票又在下一个月末出售该股票所获得的收益，为简化，月收益率没有考虑在此期间公司派发的股利。

根据表4-2的数据，按离散型计算的收益率大于按连续型计算的收益率。现以连续型为例，计算复星医药在此期间的收益率、方差、标准差如下：

$$\bar{r}_{AM} = 13.37\% \div 12 = 1.1158\%$$

$$Var(r_{月}) = 8.83\% \div (12 - 1) = 0.8027\%$$

$$Var(r_{年}) = 0.8027\% \times 12 = 9.6324\%$$

$$SD(r_{月}) = \sqrt{0.8027\%} = 8.959\%$$

$$SD(r_{年}) = \sqrt{9.65\%} = 31.036\%$$

表4-2中的收益率、方差和标准差可利用Excel内置函数计算。如果不熟悉可点击二维码，查看Excel关于基本统计的内置函数。

复星医药与上证综指收益率及标准差

分析一家公司股票收益与风险状况，通常要与市场指数相比较。复星医药1998年8月7日上市，时隔20多年，股票价格随着股票市场的波动不断变化，2019年12月31日收盘价为26.6元/股。上证综指是以1990年12月19日为基期，基期指数定为100点，以样本股的发行股本数为权数进行加权计算，到2019年12月31日为3 050.12点。

图4-2描绘了复星医药与上证综指在1998年8月至2019年12月期间各月收盘价的变化趋势。从图中可以看出，复星医药股票价格与上证综指的变化趋势基本一致。从收益率和风险看，在过去20年中，不考虑股利收益，仅按月收盘价均值计算，复星医药月均收益率为0.06%，年均收益率为0.75%；上证综指的月均收益率为0.38%，年均收益率为4.57%。从收益率的离散程度看，复星医药和上证综指的年标准差分别为44.05%和26.68%。

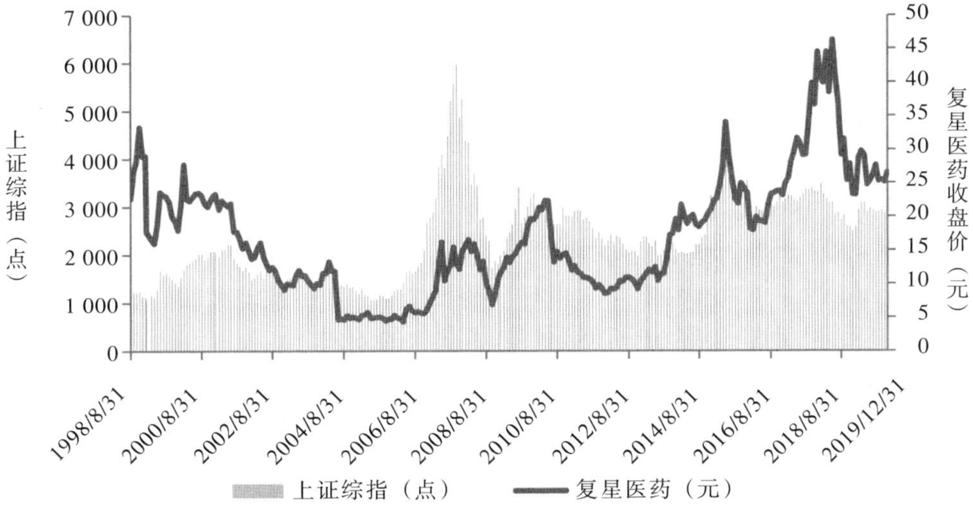

图4-2　复星医药与上证综指收盘价（1998年8月至2019年12月）

4.1.5 正态分布和标准差

标准差是度量样本离散程度的标准统计指标，如果考察股票收益率的正态分布，将有助于更好地理解标准差。正态分布的密度函数是对称的，并呈钟形。

图4-3展示的是一个均值为10%、标准差为20%的正态分布。这个图形展示了在给定这些参数下各种收益水平发生的理论概率。较小的标准差意味着可能实现的收益更多地聚集在均值附近，较大的标准差则意味着可能实现的收益水平更加分散。

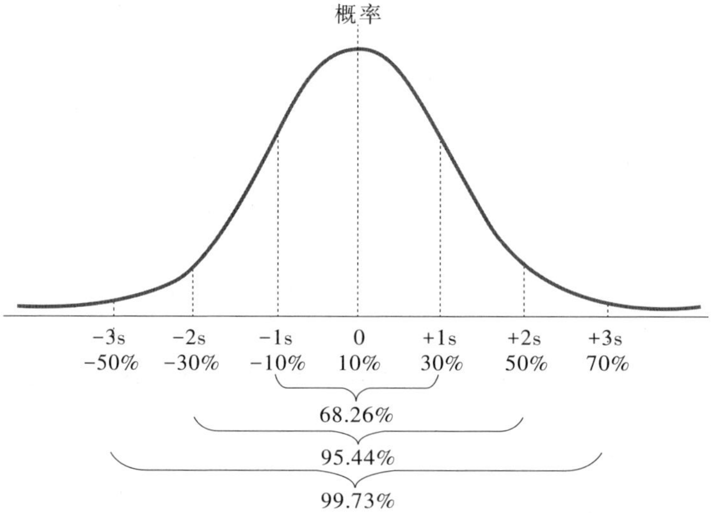

图4-3 正态分布（均值10%，标准差20%）

在正态分布情况下，收益率围绕其均值左右1个标准差区间波动的概率为68.26%；收益率围绕其均值左右2个标准差区间波动的概率为95.44%；收益率围绕其均值左右3个标准差区间波动的概率为99.73%。

在图4-3中，假设某只股票的投资收益率呈正态分布，其投资收益率有68.26%的可能性在10%±20%之间，或者说收益率位于-10%与+30%之间的概率是68.26%；有95.44%的可能性在10%±2×20%之间，或者说收益率位于-30%与+50%之间的概率是95.44%；有99.73%的可能性在10%±3×20%之间，或者说收益率位于-50%与+70%之间的概率是99.73%。

正态分布的一个重要特点是它用两个参数（均值和标准差）就确定了分布的全部性质，这给利用这一函数分析问题带来了很大的方便。

假设某只股票收益率近似符合均值为10%、标准差为20%的正态分布。那么收益率小于零的概率是多少？观察的结果小于临界值的概率用Excel中的NORMDIST函数求解，其输入方式如下：

=NORMDIST（临界值，均值，标准差，TRUE）

在本例中小于零的概率，可以在Excel工作表中输入：

=NORMDIST（0，10%，20%，TRUE）

即可得到投资收益率小于零的概率为30.85%。

4.2 预期收益与风险的衡量

4.2.1 预期收益率

预期收益率是某种资产所有可能的未来收益水平的平均值。通常有两种方法估计预期收益率：一是以某项资产收益率历史数据的样本均值作为估计数，这种方法假设该种资产未来收益的变化服从其历史上实际收益的大致概率分布；另一种是根据未来影响收益的各种可能结果及其概率分布大小估计预期收益率。

表4-3上半部分列出了四种概率分布，它们一一对应四个投资方案，其中政府债券的收益是确定的，即不论经济状况如何，它都有3%的收益，因此，政府债券具有零风险[①]。与此不同，其他三个投资方案的收益不能在事先确切得知，因而被称为风险投资。

表4-3　　四种证券收益率均值及标准差

经济环境	发生概率	投资收益率			
		政府债券	公司债券B	股票X	股票Y
萧条	0.20	0.0300	0.0600	0.0700	(0.0200)
一般	0.50	0.0300	0.0800	0.1200	0.1500
繁荣	0.30	0.0300	0.0400	0.0800	0.3000
合计	1.00				
预期收益率		0.0300	0.0640	0.0980	0.1610
方差		0.0000	0.0003	0.0005	0.0124
标准差		0.0000	0.0174	0.0223	0.1114
标准离差率		0.0000	0.2724	0.2273	0.6919

表4-3根据三种不同的经济环境分别假设了四种证券的收益水平，并将影响收益水平变化的其他因素都舍弃。用数学上常用的方式来表达，就是把经济环境看作一个离散型的随机变量，而证券的收益水平则是这一随机变量的函数。在这里，每

① 单考虑市场风险，也许可以说政府债券零风险。然而事实上，政府本身也有信用风险。历史上俄罗斯、希腊都违约过，一旦政府没有意愿或能力偿付债券，政府债券的风险就很大。没有任何一种投资品种是零风险的。

种证券收益水平的概率分布都是投资者主观评价的产物。根据证券未来收益水平的概率分布确定其预期收益率，是一种最基本的衡量方法。对于单项投资来说，预期收益率就是各种可能情况下收益率的加权平均数，权数为各种可能结果出现的概率。其计算公式为：

$$E(r)=\sum_{i=1}^{n} r_i P_i \tag{4.9}$$

式中，E(r)表示预期收益率；r_i 表示在第i种可能情况下的收益率；P_i 表示第i种可能情况出现的概率；n表示可能情况的个数。

表4-3下半部分列示了各种证券预期收益率和标准差等的计算结果，以股票Y为例，其预期收益率计算如下：

$$E(r)=(-0.02)\times 20\%+0.15\times 50\%+0.3\times 30\%=16.1\%$$

4.2.2 预期收益率的方差和标准差

预期收益率的计算过程说明了投资风险的存在，但并没有说明这种风险有多大。从数学的角度分析，投资风险可以用未来可能收益水平的离散程度表示。或者说，风险量的大小，可以直接表示为未来可能收益水平围绕预期收益率变化的区间大小，即采用方差和标准差衡量预期收益率的风险，其计算公式分别为：

$$Var(r)=\sum_{i=1}^{n}[r_i - E(r)]^2 P_i \tag{4.10}$$

$$Std(r)=\sqrt{\sum_{i=1}^{n}[r_i - E(r)]^2 P_i} \tag{4.11}$$

根据表4-2的资料，投资于股票Y的预期收益率方差和标准差计算如下：

$$Var(r)=(-0.02-0.161)^2\times 20\%+(0.15-0.161)^2\times 50\%+(0.30-0.161)^2\times 30\%$$
$$=0.012409$$

$$Std(r)=\sqrt{0.012409}=0.1113957$$

为了说明标准差在度量预期收益率不同的投资项目风险时的确切含义，应将标准差标准化，以度量单位收益的风险，这一目的可借助于标准离差率（CV）来实现。标准离差率是指标准差与预期收益率之比，其计算公式为：

$$CV=\frac{Std(r)}{E(r)} \tag{4.12}$$

表4-2中股票Y的标准离差率为：

$$CV=0.1113957\div 0.161=0.6918988$$

表4-3中的四个备选方案，基本上反映了证券投资风险与收益的关系，随着收益率的提高，反映收益风险的标准差也在提高。在这种情况下，选择何种证券进行投资还应当以投资者对风险的态度为标准，例如，股票Y的收益率较高，但风险大于其他三个方案，并且有发生亏损的可能性，如果投资者不愿出现任何亏损，则股票Y就会被淘汰。除此之外，投资决策者还必须考虑收益率估计值的可靠程度，是否四个方案的概率分布都具有同等的可信度等。

4.3 投资组合收益与风险的衡量

4.3.1 投资组合预期收益率

在此之前，本章主要讨论单项资产投资收益和风险。事实上，投资者很少把所有的资本都投入一种资产或单一项目中，而是构建一个投资组合或投资于一系列项目，通过资产多样化效应降低投资风险。对于投资组合来说，预期收益率是投资组合中单项资产预期收益率的加权平均数，权数是单项资产在总投资价值中所占的比重。

$$E(r_p)=\sum_{i=1}^{n}w_iE(r_i) \tag{4.13}$$

式中，$E(r_p)$ 表示投资组合的预期收益率；w_i 表示第i种资产在投资组合总价值中所占的比重；$E(r_i)$ 表示第i种资产的预期收益率；n表示投资组合中资产的个数。

4.3.2 两项投资组合收益率的方差与标准差

投资组合收益率的方差是各种资产收益率方差的加权平均数，加上各种资产收益率的协方差。两项资产投资组合收益率的方差可按下式计算：

$$Var(r_p)=w_1^2Var(r_1)+w_2^2Var(r_2)+2w_1w_2Cov(r_1, r_2) \tag{4.14}$$

式中：w_1、w_2 分别表示资产1和资产2在投资组合总体中所占的比重；$Var(r_1)$、$Var(r_2)$分别表示组合中两种资产各自的预期收益率的方差；$Cov(r_1, r_2)$表示两种资产预期收益率的协方差。

协方差是两个变量（资产收益率）离差之积的预期值，资产1和资产2收益率的协方差$Cov(r_1, r_2)$可按下式计算：

$$Cov(r_1, r_2)=\sum_{i=1}^{n}[r_{1i}-E(r_1)][r_{2i}-E(r_2)]P_i \tag{4.15}$$

式中：$[r_{1i}-E(r_1)]$表示资产1的收益率在第i种经济状态下对其预期值的离差；$[r_{2i}-E(r_2)]$表示资产2的收益率在第i种经济状态下对其预期值的离差；P_i表示第i种经济状态发生的概率。

在公式（4.15）中，如果两个变量（资产1收益率和资产2收益率）的变化趋势一致，或者说如果其中一个大于（或小于）自身的期望值，另外一个也大于（或小于）自身的期望值，那么两个变量之间的协方差为正值；如果两个变量的变化趋势相反，即一个大于自身的期望值，另一个却小于自身的期望值，那么两个变量之间的协方差为负值；如果两个变量在统计上是独立的，那么两者之间的协方差等于零。一般来说，两种资产的不确定性越大，其标准差和协方差也越大，反之亦然。

采用历史数据预测两项资产的协方差时，如果按总体计算方差，则协方差按下式计算：

$$\mathrm{Cov}(r_1,\ r_2)=\frac{1}{N}\sum_{i=1}^{n}\left[r_{1i}-E(r_1)\right]\left[r_{2i}-E(r_2)\right] \tag{4.16}$$

如果按样本计算方差，则协方差计算方式如下：

$$\mathrm{Cov}(r_1,\ r_2)=\frac{1}{N-1}\sum_{i=1}^{n}\left[r_{1i}-E(r_1)\right]\left[r_{2i}-E(r_2)\right] \tag{4.17}$$

根据表4-3各项资产收益率数据，计算的四种证券预期收益率的协方差见表4-4。

表4-4　　**四种证券预期收益率协方差**

证券	政府债券	公司债券B	股票X	股票Y
政府债券	0	0	0	0
公司债券B	0	0.0003040	0.0003280	−0.0009440
股票X	0	0.0003280	0.0004960	0.0001420
股票Y	0	−0.0009440	0.0001420	0.0124090

表4-4中公司债券B与股票X的协方差计算如下：

$$\begin{aligned}\mathrm{Cov}(r_B,\ r_X)&=(0.06-0.064)\times(0.07-0.098)\times 0.2+(0.08-0.064)\times(0.12-0.098)\times 0.5\\&\quad+(0.04-0.064)\times(0.08-0.098)\times 0.3\\&=0.000328\end{aligned}$$

从表4-4中可以发现：（1）政府债券的收益率恒为3%，标准差为0，则它与其他任何证券之间的协方差必定为零，这表明无风险证券与风险证券之间的收益不存在线性关系，彼此独立。（2）公司债券B与股票X的协方差为正数，表示这两种证券的收益率变动方向相同；公司债券B与股票Y的协方差为负数，表明这两种证券的收益率变动方向相反。（3）股票X与股票Y的协方差为正数，表明它们之间的收益率变动方向相同。（4）比较表4-3和表4-4可以发现，任一证券与自身的协方差都等于这一证券收益率的方差。

衡量资产收益率相关程度的另一个指标是相关系数，通常以Corr表示。两项资产（资产1和资产2）收益率的相关系数可按下式计算：

$$\mathrm{Corr}\left(r_1,\ r_2\right)=\frac{\mathrm{Cov}(r_1,\ r_2)}{\mathrm{Std}(r_1)\mathrm{Std}(r_2)} \tag{4.18}$$

相关系数与协方差的关系可用下式描述：

$$\mathrm{Cov}(r_1,\ r_2)=\mathrm{Corr}\left(r_1,\ r_2\right)\times\mathrm{Std}(r_1)\times\mathrm{Std}(r_2) \tag{4.19}$$

根据表4-3和表4-4的资料，公司债券B和股票Y的相关系数计算如下：

$$\mathrm{Corr}\left(r_B,\ r_Y\right)=\frac{-0.000944}{0.0174356\times 0.111395}=-0.4860$$

计算结果表明，公司债券B和股票Y之间负相关，其收益回归线斜率为负值。表4-5列示了三种风险证券之间的相关系数矩阵。

表4-5　　　　风险证券相关系数矩阵

证券	公司债券B	股票X	股票Y
公司债券B	1.0000000	0.8446878	−0.4860342
股票X	0.8446878	1.0000000	0.0572373
股票Y	−0.4860342	0.0572373	1.0000000

协方差给出的是两个变量相互关系的绝对值，而相关系数是度量两个变量相互关系的相对数。相关系数是标准化的协方差，其取值范围在±1之间。如果两种资产（如A和B）收益率的相关系数等于+1，表明它们之间完全正相关，即两种资产收益率的变动方向相同，如图4-4（a）中正斜率直线所示。如果两种资产收益率的相关系数等于-1，表明它们之间完全负相关，即两种资产收益率的变动方向相反，如图4-4（b）中的负斜率直线所示。如果两种资产收益率的相关系数等于零，表明它们之间线性零相关或相互独立，如图4-4（c）中随机散落的点。

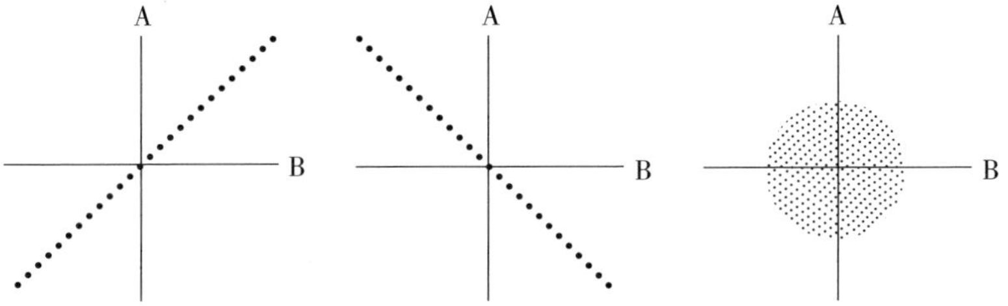

图4-4　证券A和证券B收益率的相关性

【例4-2】根据白云机场和万华化学两家公司股票在2016年1月至2016年12月（12个月末）股票价格，计算月平均收益率、收益率均值、标准差见表4-6。

表4-6　　白云机场与万华化学2016年1—12月股票收益率、均值、标准差

日期	白云机场（BJ）		万华化学（WH）		乘积
	收益率（1）	收益率-均值（2）	收益率（3）	收益率-均值（4）	(5) = (2) × (4)
2016/1/29	−13.17%	−13.21%	−14.35%	−15.67%	2.07%
2016/2/28	0.34%	0.30%	−13.43%	−14.75%	−0.04%
2016/3/29	−3.89%	−3.93%	6.83%	5.50%	−0.22%
2016/4/29	3.13%	3.09%	8.92%	7.59%	0.23%
2016/5/31	−1.77%	−1.82%	−3.82%	−5.15%	0.09%

续表

日期	白云机场（BJ）		万华化学（WH）		乘积
	收益率（1）	收益率-均值（2）	收益率（3）	收益率-均值（4）	(5) = (2) × (4)
2016/6/30	-0.22%	-0.26%	11.68%	10.35%	-0.03%
2016/7/29	7.24%	7.20%	5.79%	4.46%	0.32%
2016/8/31	3.83%	3.78%	7.83%	6.50%	0.25%
2016/9/30	3.23%	3.19%	2.18%	0.85%	0.03%
2016/10/31	1.62%	1.57%	5.03%	3.71%	0.06%
2016/11/30	4.77%	4.73%	-1.89%	-3.21%	-0.15%
2016/12/30	-4.59%	-4.63%	1.15%	-0.18%	0.01%
合计					2.62%
收益率均值	0.04%		1.33%		
标准差	5.44%		8.38%		

数据来源：根据Wind资讯提供的各月股票价格等数据计算。表中的收益率标准差是采用Excel内置函数按样本标准差（STDEV）计算的。

根据公式（4.16）和（4.18），白云机场和万华化学股票协方差、相关系数计算如下：

$$Cov(r_{BJ},\ r_{WH}) = \frac{2.62\%}{12 - 1} = 0.00238$$

$$Corr\left(r_{BJ},\ r_{WH}\right) = \frac{0.00238}{5.44\% \times 8.38\%} = 0.5266$$

相关系数是一个无量纲数，例中白云机场和万华化学收益率的相关系数为0.5266，表明这两只股票收益率正相关。

两项资产收益率的协方差和相关系数也可以利用Excel内置的数组函数计算。①

假设某投资组合由白云机场和万华化学两只股票构成，持股权重均为50%，这一组合的收益率和标准差计算如下：

$$E(r_p) = 50\% \times 0.04\% + 50\% \times 1.33\% = 0.69\%$$

$$\begin{aligned} Var(r_p) &= 50\%^2 \times 5.44\%^2 + 50\%^2 \times 8.38\%^2 + 2 \times 50\% \times 50\% \times 0.00238 \\ &= 0.368545\% \end{aligned}$$

$$Std\left(r_p\right) = \sqrt{0.368545\%} = 6.07\%$$

① 需要注意的是，Excel采用VAR.p表示总体方差（除以N），采用VAR.S表示样本方差（除以N-1），总体和样本的标准差分别为STDEV.p和STDEV.S。

4.3.3 N项资产投资组合收益率方差与标准差

N项资产投资组合预期收益率的方差可按下式计算：

$$Var(r_p)=\sum_{i=1}^{n}w_i^2 Var(r_i)+\sum_{i=1}^{n}\sum_{j=1}^{n}w_i w_j Cov(r_i, r_j)\quad (i\neq j) \tag{4.20}$$

公式（4.20）中的第一项为各项资产的方差，反映了它们各自的风险状况；第二项为各项资产之间的协方差，反映了两两资产收益的风险状况。从公式（4.20）可知，当投资组合是由N项资产组成时，组合总体的方差是由N个方差和N（N-1）个协方差组成的。例如，当投资组合包含3项资产时，组合总体的方差由9项构成：3个方差和6个协方差；当投资组合包含100项资产时，组合总体的方差由10 000项组成：100个方差和9 900个协方差。

表4-7列示了南方航空等五只股票收益率与标准差等指标，表中各年收益率是假设投资者在第t-1年按年末收盘价购买股票，在第t年年末卖出股票获得的收益率。为简化，没有考虑投资者在股票持有期间收到的现金股利。表中的收益率标准差、方差是采用Excel内置函数按样本标准差（STDEV.S）和样本方差（VAR.S）计算的。

表4-7　　五只股票收益率、标准差与方差

日期	南方航空	同仁堂	格力地产	复星医药	青岛啤酒
2007-12-28	192.15%	70.87%	140.91%	87.55%	103.60%
2008-12-31	-217.00%	-104.21%	-132.96%	-33.01%	-67.19%
2009-12-31	64.17%	53.55%	133.27%	61.22%	63.20%
2010-12-31	47.45%	48.86%	-56.58%	-37.35%	-8.11%
2011-12-30	-72.02%	-89.34%	-34.20%	-45.57%	-3.52%
2012-12-31	-19.25%	23.91%	29.15%	20.57%	-1.26%
2013-12-31	-35.19%	18.31%	18.45%	62.46%	39.25%
2014-12-31	62.93%	4.70%	96.64%	7.43%	-15.84%
2015-12-31	50.73%	68.76%	-3.52%	10.73%	-22.99%
2016-12-30	-19.95%	-35.18%	-129.63%	-1.50%	-12.02%
收益率均值	5.40%	6.02%	6.15%	13.25%	7.51%
标准差	1.0740	0.6294	0.9811	0.4560	0.4856
方差	1.1535	0.3961	0.9626	0.2079	0.2358

表4-8列示了五只股票收益率方差-协方差矩阵，从中可以看出，组合的总体方差由5个方差、20个协方差构成。投资组合的方差或标准差，可根据每只股票收益率标准差、投资组合的方差-协方差矩阵、每只股票的投资权重，采用Excel数组函数进行计算。假设投资组合中每只股票的权重均为20%，采用Excel数组函数计算可以得到投资组合的收益率为7.67%，投资组合收益率标准差为0.6448。[①]

表4-8　　**五只股票方差-协方差矩阵**

公司	南方航空	同仁堂	格力地产	复星医药	青岛啤酒
南方航空	1.1535	0.5720	0.7912	0.3017	0.3858
同仁堂	0.5720	0.3961	0.4078	0.1870	0.1850
格力地产	0.7912	0.4078	0.9626	0.3374	0.3652
复星医药	0.3017	0.1870	0.3374	0.2079	0.1856
青岛啤酒	0.3858	0.1850	0.3652	0.1856	0.2358

随着投资组合包含资产个数的增加，单项资产的方差对投资组合总体方差形成的影响会越来越小；而资产与资产之间的协方差形成的影响将越来越大。当投资组合中包含的资产数目非常大时，单项资产的方差对投资组合总体方差造成的影响几乎可以忽略不计。

假设投资组合中包含了N项资产，每项资产在投资组合总体中所占的份额都相等（$w_i = 1/N$）。假设每种资产的方差都等于Var（r），并以$Cov\left(r_i, r_j\right)$代表平均的协方差，则公式（4.20）可用下列简化公式表示：

$$\begin{aligned}Var(r_p) &= \sum_{i=1}^{n}\left(\frac{1}{N}\right)^2 Var(r) + \sum_{i=1}^{n}\sum_{j=1}^{n}\left(\frac{1}{N}\right)^2 Cov(r_i,\ r_j) \quad (i \neq j)\\ &= \left(\frac{1}{N^2}\right)N \cdot Var(r) + \left(\frac{1}{N^2}\right)N(N-1)Cov(r_i,\ r_j)\\ &= \left(\frac{1}{N}\right)Var(r) + \left(1-\frac{1}{N}\right)Cov(r_i,\ r_j)\end{aligned}$$

当N→∞，（1/N）Var（r）→0，这表明当投资组合中资产个数增加时，公式中的第一项将逐渐消失；而（1−1/N）$Cov\left(r_i, r_j\right)$趋近于$Cov\left(r_i, r_j\right)$，即协方差并不随投资资产个数增加而完全消失，而是趋于平均值，即投资组合风险将趋于各项资产之间的平均协方差。这个平均值是所有投资活动的共同运动趋势，反映了系统风险。

假设市场中股票收益率方差平均为50%，任何两项资产的协方差都平均为10%，则由n只相等权重的公司股票构成的投资组合的标准差根据下式确定：

① 投资组合方差、标准差通常需要通过Excel数组函数完成，Excel数组函数并不是本章的主要内容。要了解相关知识，可参阅任一本关于Excel财务建模的教材。

$$Var(r_p)=\frac{1}{n}\times 50\%+\left(1-\frac{1}{n}\right)\times 10\%$$

根据上述公式可以计算不同股票数量组成的投资组合的收益率标准差，随着投资组合股票数量的增加，组合的标准差逐渐下降，但下降呈递减趋势，如图 4-5 所示。

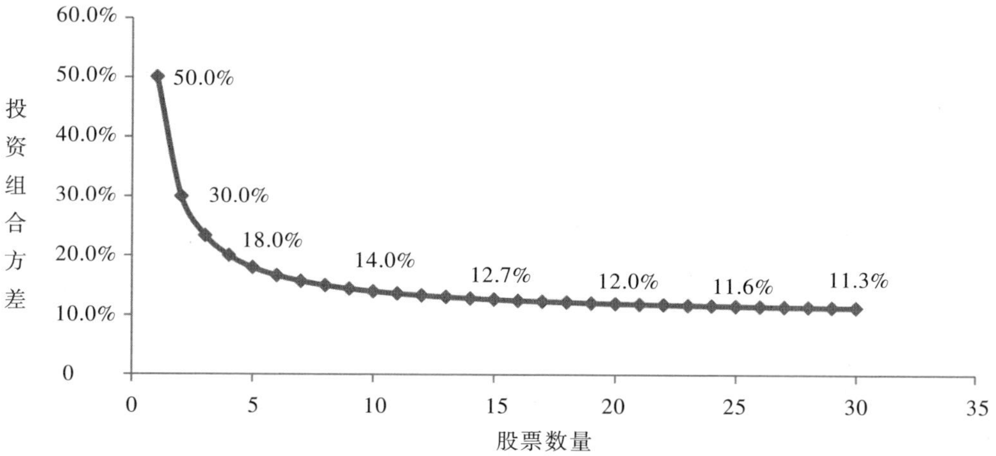

图4-5　投资组合方差和投资组合中的样本数

在图 4-5 中，当资产数量从 1 种增加到 2 种时，投资组合的方差从 50% 降到 30%。当资产数量增加到 5、10、20 和 30 种时，投资组合的方差分别为 18%、14%、12%、11.3%。事实上，当投资组合的数量增加到 20 种时，投资组合风险分散效应几乎很小，或者说，持有大约 20 种股票就可以获得几乎全部的风险分散效应，进一步增加资产数目只能分散很少的风险。而且，即使对于非常大的投资组合，也无法消除所有的风险。随着投资组合数量的增加，上述投资组合的方差收敛于平均协方差 10%。

4.3.4　风险资产有效边界

如果投资组合由风险资产 X 和风险资产 Y 组成，在预期收益率一定的情况下，最小风险的投资组合比例 w_x 可按下式计算：

$$w_x=\frac{Var(r_y)-Cov(r_x,\ r_y)}{Var(r_x)+Var(r_y)-2Cov(r_x,\ r_y)} \tag{4.21}$$

公式（4.21）是一个使投资组合风险最小化的通式，公式中分子和分母中均含有协方差，而协方差与相关系数和风险资产的标准差有关。因此，w_x 的值会因相关系数不同而不同。

假设由两项风险资产构成的投资组合，资产 1 的预期收益率为 10%，标准差为 15%；资产 2 的预期收益率为 18%，标准差为 25%；这两项资产收益率的相关系数为 0.23。

据此计算的最小风险投资组合权重、投资组合的收益率、标准差如下：

$$w_1 = \frac{0.25^2 - 0.23 \times 0.15 \times 0.25}{0.15^2 + 0.25^2 - 2 \times 0.23 \times 0.15 \times 0.25} = 79.52\%$$

$$w_2 = 1 - 79.52\% = 20.48\%$$

$$E(r_p) = 79.52\% \times 10\% + 20.48\% \times 18\% = 11.64\%$$

$$Var(r_p) = 79.52\%^2 \times 15\%^2 + 20.48\%^2 \times 25\%^2 + 2 \times 79.52\% \times 20.48\% \times 0.23 \times 15\% \times 25\%$$
$$= 1.9658\%$$

$$Std\left(r_p\right) = \sqrt{1.9658\%} = 14.02\%$$

改变资产1的投资权重，可以描绘出两种资产不同投资权重的风险收益率曲线。图4-6描述了资产1权重从0到100%时的收益率与标准差。曲线左下端表示投资者将资金全部投资于资产1（资产2权重为零），投资组合的预期收益率为10%，标准差为15%。如果投资者最初把所有资金全部投入资产1，那么他把部分资金转投到资产2时会增加其投资组合的收益，他的投资组合的风险也会因此而减少，直到投资组合标准差达到最小，此时资产1的投资权重为79.52%，资产2的投资权重为20.48%，投资组合的标准差为14.02%，这一风险小于两项风险资产各自的风险。如果继续增加资产2的投资权重，投资组合的风险和收益都在增加，如果投资者将全部资金均转投于资产2，此时投资组合的预期收益率为18%，标准差为25%。为获得更高的收益，风险偏好的投资者可以减少对资产1的投资，增加对资产2的投资。

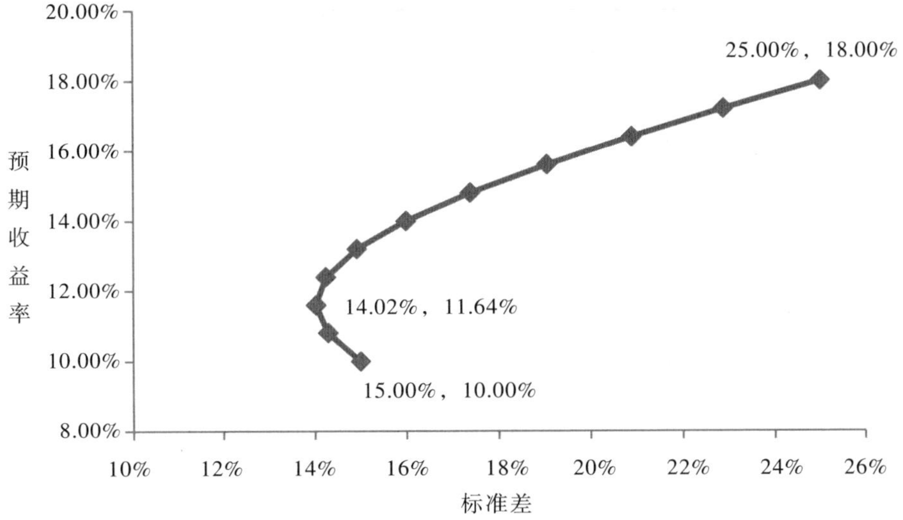

图4-6　资产1和资产2投资组合可行集

在图4-6中，风险资产投资组合的可行集（feasible set）是可行投资组合的均值和标准差的集合。如果考察两个不同的资产组合，并绘出所有可能的权数对应的曲线，就会得到一个类似于图4-7的图形。如果一个可行投资组合在给定的收益下有最小的方差，那么这个可行投资组合则在该可行集合的曲线上。如果一投资组合x在给定方差（标准差）下有最大收益，那么，该投资组合是一个有效投资组合。也就是说，如果没有其他投资组合y使得$E\left(r_y\right) > E\left(r_x\right)$和$Var\left(r_y\right) \leq Var\left(r_x\right)$，那么，

x是有效的。因此，所有有效投资组合的集合构成了有效边界。

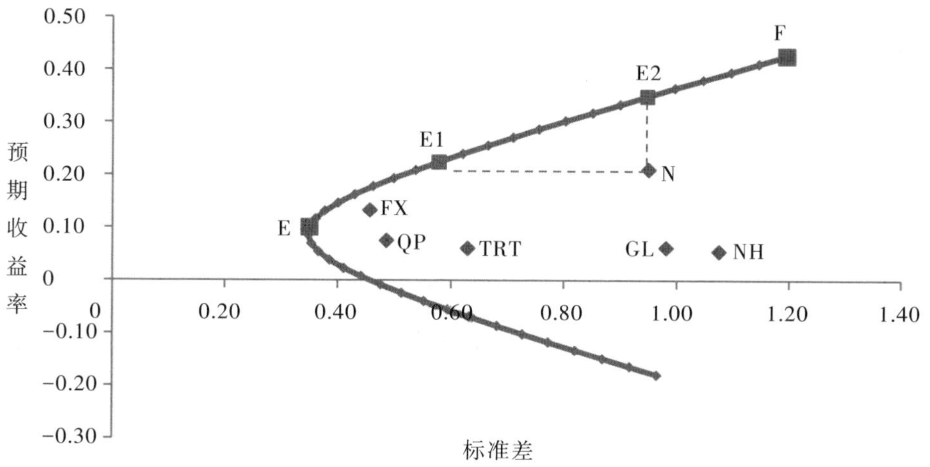

图4-7　风险资产构成的投资组合集

当资产种类增多时，可行集合在曲线右边的区域内。图 4-7 是根据表 4-7、表 4-8 的数据构造的投资组合可行区域（南方航空等五只股票和一只假想的股票 N），曲线中 E-F 线的各点为有效投资组合的集合，落于有效边界上的所有资产组合，与该边界下面的资产组合相比，要么在风险水平相同的条件下有较高预期收益率（E2 相对于 N 点）；要么在预期收益率相等的条件下具有较低的风险水平（E1 相对于 N 点）。因此，通常将 E-F 曲线称为可行投资组合的有效边界，这一有效边界是由资产组合构成的而不是由单项资产构成的。从图中可以看出，南方航空（NH）、同仁堂（TRT）、格力地产（GL）、复星医药（FX）、青岛啤酒（QP）五项风险资产没有一种落在有效边界上，因此，把所有的资金都投资在单一的资产上不是有效的。

即使在 E-F 有效边界上也包括无数个可能的投资组合，其范围从最小风险和最小预期收益的投资组合到最大风险和最大预期收益的投资组合，每一点都代表一种不同的风险与收益的选择：预期收益越高，承担的风险也越大，没有一种投资组合先验地比其他组合优越。选择何种资产进行投资组合，不仅要考虑该项资产组合的预期收益水平、资产组合预期收益率的方差或标准差，还要考虑投资者的风险规避态度，以及他们对承担风险而要求获得的收益补偿水平。

风险资产组合

4.4 资本资产定价模型

4.4.1　资本市场线

在上述投资组合中，假设所有资产均为风险资产。事实上，市场上可供选择的投资工具，除风险资产外，还有大量的无风险资产，因此不能忽略无风险资产对投资组合收益的影响。

设无风险资产f与风险资产组合i进行组合，无风险资产f的预期收益率为r_f，方差为Var（r_f）；风险资产组合i的预期收益率为r_i，方差为Var（r_i）。投资权重分别为w_f和w_i，且$w_f + w_i = 1$，则投资组合的预期收益率$E(r_p)$为：

$$\begin{aligned} E(r_p) &= w_f r_f + w_i r_i = (1 - w_i) r_f + w_i r_i \\ &= r_f + w_i (r_i - r_f) \end{aligned} \tag{4.22}$$

根据公式（4.22），投资组合的预期收益率等于无风险资产的预期收益率与风险资产组合的预期收益率的加权平均数；或者说，投资组合的预期收益率等于无风险收益率加上按风险资产投资比重计算的风险溢价$(r_i - r_f)$。投资组合的风险Var（r_p）为：

$$Var(r_p) = w_f^2 Var(r_f) + w_i^2 Var(r_i) + 2 w_f w_i Cov(r_f, r_i)$$

由于证券f为无风险资产，所以$Var(r_f) = 0$，则$Var(r_p) = w_i^2 Var(r_i)$，因此：

$$Std(r_p) = w_i Std(r_i) \tag{4.23}$$

公式（4.23）表明，由无风险资产和风险资产构成的组合标准差$Std(r_p)$是风险资产组合标准差$Std(r_i)$的简单线性函数。因此，无论风险资产组合的风险有多大，由无风险资产和风险资产构成的组合，其风险收益对应的集合，总会形成一条直线。

现分两种情形加以说明：（1）一种无风险资产和一种风险资产构成的组合；（2）一种无风险资产和一个风险资产组合构成的组合。

情形1：假设投资组合是由两项资产构成的：资产0为无风险资产，预期收益率为5%，标准差等于0；资产1为风险资产，预期收益率为10%，标准差为15%。

图4-8描述了投资于资产1的比例从0变化到100%所得到的风险收益线。投资者在这条直线上选择哪一点进行投资，取决于他的风险偏好。

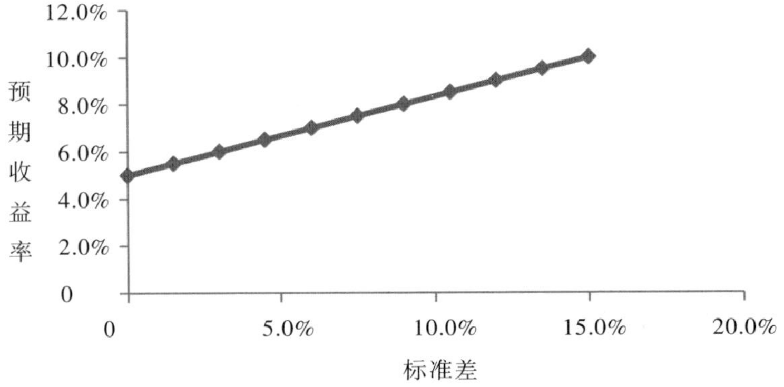

图4-8　一项无风险资产和一项风险资产的组合

情形2：假设投资组合是由一项无风险资产0和一个风险资产组合（资产1和

资产2的组合）构成的，有关数据见表4-9。

表4-9 一项无风险资产和一个风险投资组合的组合

基础数据	预期收益率	标准差	预期收益率-无风险利率
资产0	5.00%	0	
资产1	10.00%	15.00%	5.00%
资产2	18.00%	25.00%	13.00%
资产1与资产2的相关系数		0.23	

无风险资产与风险资产组合有效边界相切时为最优投资组合。为计算切点处各资产的权重，需要计算超额收益率（即风险资产预期收益率超过无风险利率的收益率），分别定义为：$E(R_1)=E(r_1)-r_f$ 和 $E(R_2)=E(r_2)-r_f$，风险最小投资组合权重的计算公式为：

$$w_1=\frac{Var(r_2)E(R_1)-Cov(r_1,\ r_2)E(R_2)}{Var(r_2)E(R_1)+Var(r_1)E(R_2)-Cov(r_1,\ r_2)\left[E(R_1)+E(R_2)\right]}$$

$$=\frac{25\%^2\times5\%-0.23\times15\%\times25\%\times13\%}{25\%^2\times5\%+15\%^2\times13\%-0.23\times15\%\times25\%\times(5\%+13\%)}=44.55\%$$

图4-9描绘了一项无风险资产和一个风险资产组合构成的投资组合的风险收益图，在图中，边界线上的每个点都代表着资产1和资产2的某种组合。从无风险资产出发，连接有效边界上的投资组合，在直线与有效边界相切时，该切点就是最优投资组合，在这一切点上，无风险资产0的权重为0，风险资产1的权重为44.55%，风险资产2的权重为55.45%。在切点上，投资组合的收益率为14.44%，组合的标准差为16.72%。

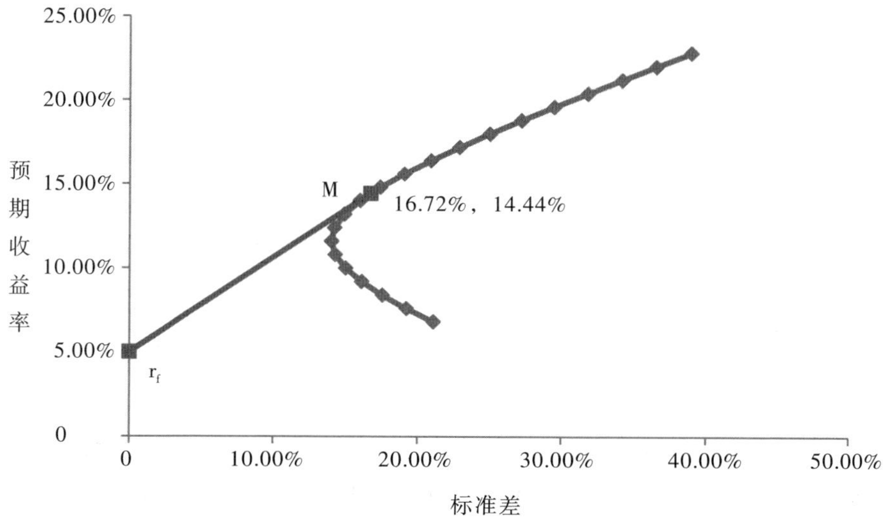

图4-9 无风险资产与风险资产组合的投资组合

在图4-9中，假设投资者是用自己的资金进行投资。如果市场是完善的，投资者可以无风险利率自由地借入或贷出资金（不考虑借贷交易成本）。在这种情况下，投资者可以无风险利率借入资金，再加上他自有的资金，增加对M点这个组合的投资。这时，所有可能投资组合的连线会超过M，并以相同的斜率继续上升，如图4-10所示。

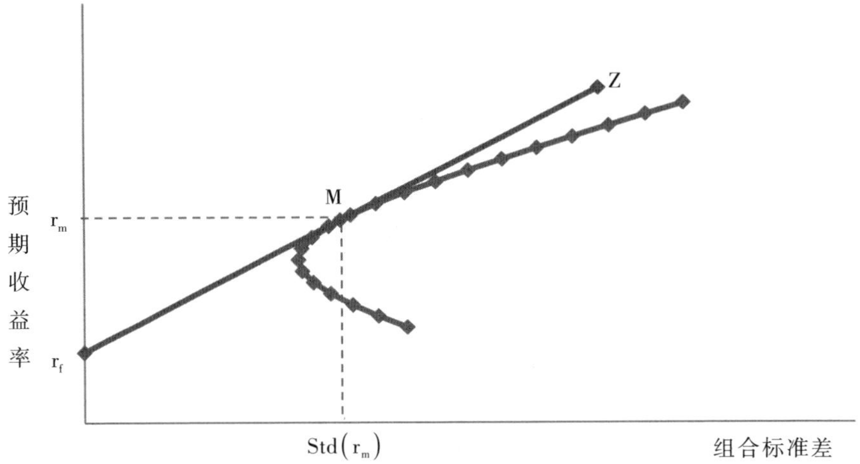

图4-10　资本市场线

在图4-10中，r_f和r_m分别代表无风险收益率和市场组合收益率，Std(r_m)代表市场投资组合的标准差。由r_f和Z构成的直线是图4-9中r_f-M线向上延伸形成的。从左向右看这条线与有效边界相切的直线，r_f点表示投资者将全部资本投入无风险资产，在切点M，投资者将全部资金投入风险资产组合M（44.55%资产1，55.45%资产2）。从图4-10可以看出，直线r_f-Z上的任一点投资组合都优于风险资产组合形成的曲线。

在直线r_f-Z上，通常将点M表示为市场投资组合。这一市场组合有两个重要特征：第一，如果市场是有效的，点M所代表的投资组合包含了市场上存在的所有资产。第二，当市场均衡时，各种风险资产都不会有过度的需求和过度的供给。因为所有的理性投资者所选择的风险资产的比例都与点M所代表的投资组合的权重相同。因此，各种风险资产的市场价值在全部风险资产的市场总价值中的比重应当和在点M所代表的投资组合中的比重相同。

投资者在直线r_f-Z上选择哪一点进行投资，取决于他的风险规避态度。r_f与M之间的组合称为“贷出投资组合”，表示风险规避程度较高的投资者通过资本市场将拥有的部分资金贷给风险规避程度较低者。M与Z之间的组合称为“借入投资组合”，表示风险规避程度较低的投资者除将自己的全部资金投资于点M外，还以成本r_f借入一定量的资金再投资于点M。实际上，直线r_f-Z上的任意一点，都可以看成r_f与M的一种组合。

假设市场有关资料如下：无风险收益率为10%，市场投资组合的收益率为14%，市场投资组合的标准差为20%。投资者A拥有的投资额为1 000元，假设他以无风险利率借入200元，与原有的1 000元一起（共计1 200元）投入市场投资组合，投资者A形成的投资组合的预期收益率和标准差计算如下：

$$E(r_p) = 1.2 \times 0.14 + (-0.2) \times 0.10 = 0.148$$

或 $$E(r_p) = 0.10 + 1.2 \times (0.14 - 0.10) = 0.148$$

$$Std(r_p) = 1.20 \times 0.20 = 0.24$$

在上述计算中，风险投资权重大于1，无风险投资权重小于1，表明投资者借钱增加对市场组合的投资。如果投资者A以无风险利率贷出200元，则用于购买市场投资组合的资金只剩下800元，由此形成的投资组合的预期收益率和标准差为：

$$E(r_p) = 0.80 \times 0.14 + 0.20 \times 0.10 = 0.132$$

$$Std(r_p) = 0.80 \times 0.20 = 0.16$$

上述计算表明，当投资者借入资金进行风险投资时，其预期收益率和标准差均高于市场平均值；当投资者贷出资金进行无风险投资时，其预期收益率和标准差均低于市场平均值。

如果投资者对所有资产收益的概率分布预期是一致的，那么投资者面临的有效组合就是一致的，他们都会试图持有由无风险资产和市场投资组合M构成的一个组合。或者说，任何一个投资者都会在直线r_f–Z上选点，这条直线（r_f–Z）称为资本市场线（capital market line，CML）。CML描述了有效组合预期收益率和风险之间的一种简单的线性关系，位于资本市场线上的每一点都代表有效投资组合。任何一个投资者的最优投资组合都可以表示为无风险资产和风险资产的线性组合，只是他们在无风险投资和切点投资组合上有所不同。如果每位投资者都持有切点的投资组合，那么这一组合一定是股票市场上实际可以观察到的投资组合，每股的投资组合权重是股票市场价值的一部分，该组合即为市场组合。

资本市场线与纵轴的截距为无风险收益率r_f，斜率为$\frac{r_m - r_f}{Std(r_m)}$，CML可由下列方程表达：

$$E(r_p) = r_f + \frac{(r_m - r_f)}{Std(r_m)} \times Std(r_p) \tag{4.24}$$

公式（4.24）表明，任意有效投资组合的预期收益率等于无风险收益率与风险溢价之和，该风险溢价等于斜率与该投资组合标准差的乘积。

现仍以表4-8的数据为例，假设你有10 000元，希望获得18%的预期收益率，你可以将10 000元全部投资于资产2，也可以构造一种投资组合：风险资产组合（资产1的权重为44.55%，资产2的权重为55.45%）与无风险资产构成的组合，在后一种情况下，需要确定各种资产的投资比重。设风险资产组合的投资比重为w，则无风险资产比重为1-w，即：

$18\% = 5\% + w(14.44\% - 5\%)$

解得w=1.3777，即投资于风险资产组合的比例为1.3777，投资于无风险资产的比例为-0.3777。也就是说，你需要借入3 777元，加上你原有的10 000元进行风险资产投资，其中投资于资产1的比重为61.38%（1.3777×44.55%），投资于资产2的比重为76.39%（1.3777×55.45%），依此组合进行投资，其预期收益率和标准差分别为：

$$E(r_p) = 61.38\% \times 10\% + 76.39\% \times 18\% - 37.77\% \times 5\% = 18\%$$

$$Std(r_p) = 1.3777 \times 16.72\% = 23.03\%$$

投资组合的预期收益率也可以根据公式（4.24）计算，即：

$$E(r_p) = 5\% + \frac{(14.44\% - 5\%)}{16.72\%} \times 23.03\% = 18\%$$

风险资产与无风险资产组合

上述结果表明，投资组合的预期收益率由两部分构成：无风险收益率（5%）和风险溢价（13%）。从投资组合的风险看，在给定投资收益率（18%）的情况下，预期收益率的标准差为23.03%。相对于投资于风险资产2，虽然预期收益率也为18%，但预期收益率的标准差为25%，高于投资组合标准差1.97%。也就是说，通过组合投资降低了投资风险。

4.4.2　证券市场线

如果说资本市场线揭示了有效组合预期收益率和风险之间的线性关系，那么，有效投资组合中的单项风险资产与市场组合之间存在着什么关系呢？美国学者威廉·夏普（William Sharp）等在20世纪60年代提出的资本资产定价模型（capital assets pricing model，CAPM），揭示了在市场均衡条件下，单项资产或资产组合（无论是否有效）与市场组合在预期收益率与风险上所存在的关系。

为简化，资本资产定价模型通常作如下假设：（1）所有的投资者都追求单期最终财富的效用最大化，他们根据投资组合预期收益率和标准差来选择优化投资组合；（2）所有的投资者都能以给定的无风险利率借入或贷出资本，其数额不受任何限制，市场上对卖空行为无任何约束；（3）所有的投资者对每一项资产收益的均值、方差的估计都相同，即投资者对未来的展望相同；（4）所有的资产都可完全细分，并可完全变现（即可按市价卖出，且不发生任何交易费用）；（5）无任何税收；（6）所有的投资者都是价格的接受者，即所有的投资者各自的买卖活动都不影响市场价格。

根据假设条件，在投资者只持有无风险资产和市场投资组合的情况下，单项资产的风险将以市场组合为标准进行度量。任何一项资产的风险就是它使市场组合风险增加的部分，这一增加的风险通常用这项资产与市场组合之间的协方差加以衡量。

假设$Var(r_m)$是未加入该项新资产时的市场组合方差，即将加入到市场组合的单项新资产的方差为$Var(r_j)$，该项资产占市场组合的比重为w_j，该项资产与市场组合的协方差为$Cov(r_j, r_m)$，则加入新资产（j）后的市场组合方差$Var(r_{m'})$为：

$$Var(r_{m'}) = w_j^2 Var(r_j) + (1 - w_j)^2 Var(r_m) + 2w_j(1 - w_j)Cov(r_j, r_m)$$

由于市场组合包含市场中所有交易的资产，那么任何单项资产在市场组合的市场价值中的比重都是很小的，因而上式中的第一项接近零，第二项接近$Var(r_m)$，剩下的第三项（协方差）可用于度量因资产j而增加的风险。或者说，对单项资产风险的衡量应是该资产与市场组合的协方差$Cov(r_j, r_m)$。

单项资产与市场组合风险与收益的关系可用图4-11描述，图中的直线称为证券市场线（the security market line，SML），描述了第j种资产风险与收益的关系，其中协方差$Cov(r_j, r_m)$是对风险的衡量值。

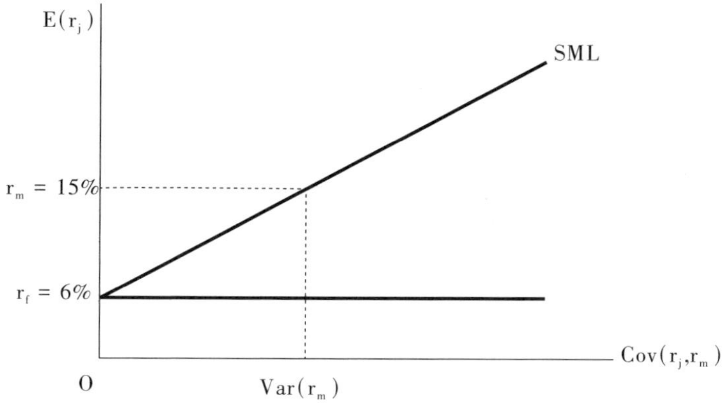

图4-11 证券市场线

市场组合的收益率r_m应与其自身的风险相匹配，这个风险用市场组合本身的协方差来衡量。由于任何一项资产自身的协方差都等于它的方差，即$Cov(r_j, r_j) = Var(r_j)$。于是，市场组合与自身的协方差等于市场组合收益率的方差：$Cov(r_m, r_m) = Var(r_m)$。因此，图4-11中风险收益的方程为：

$$E(r_j) = r_f + \frac{r_m - r_f}{Var(r_m)} Cov\left(r_j, r_m\right)$$

$$= r_f + \frac{Cov(r_j, r_m)}{Var(r_m)} \left(r_m - r_f\right)$$

由于协方差并不是市场风险的标准衡量指标，因此必须将其标准化。将单项资产与市场组合的协方差除以市场组合方差，就可得到市场风险的标准衡量指标，通常用该项资产的β系数表示，从而导出了资本资产定价模型，即：

$$E(r_j) = r_f + \beta_j\left(r_m - r_f\right) \tag{4.25}$$

式中：$E(r_j)$表示第j种资产或组合的必要收益率或根据系统风险评估的预期收益率；r_f表示无风险利率；β_j表示第j种资产的贝塔系数，用于衡量系统风险；r_m表示市场投资组合收益率；$\left(r_m - r_f\right)$表示市场风险溢价；$\beta_j\left(r_m - r_f\right)$表示第j种资产或投资组合的风险溢价。

根据相关系数和协方差的关系，公式（4.25）中第j种证券的β系数，也可以写成：

$$\beta_j = \frac{Cov(r_j, r_m)}{Var(r_m)} = \frac{Std(r_j) \times Corr(r_j, r_m)}{Std(r_m)} \tag{4.26}$$

在上式中，β系数把单项资产和市场组合收益的协方差与市场组合的方差联系起来。据此可以得出市场组合的β系数等于1，即：

$$\beta_m = \frac{Std(r_m) \times Corr(r_m, r_m)}{Std(r_m)} = 1$$

由于无风险投资的收益率是确定性收益，因此其波动率等于零，与市场组合不相关，根据公式（4.26）无风险资产的β系数=0，即：

$$\beta_f = \frac{Std(r_f) \times Corr(r_f, r_m)}{Std(r_m)} = 0$$

如果以β系数衡量某项资产的系统风险，则证券市场线（如图4-11所示）横轴可用β系数度量，注意证券市场线的斜率不是β系数，而是市场风险溢价，即$(r_m - r_f)$。

假设当前无风险收益率为6%，市场投资组合收益率为15%，市场投资组合收益率的标准差为16%；ABC公司股票收益率的标准差为48%，ABC股票收益率与市场投资组合收益率的相关系数为0.665，则ABC股票的β系数和预期收益率计算如下：

$$\beta_{ABC} = \frac{Std(r_j) \times Corr(r_j, r_m)}{Std(r_m)} = \frac{48\% \times 0.665}{16\%} = 2.0$$

$$r_{ABC} = 6\% + 2 \times (15\% - 6\%) = 24\%$$

上述计算结果表明，市场投资组合的预期收益率每变动1%，ABC股票的收益率会变动2%。由于ABC股票的系统风险大于市场风险，要求的收益率为24%，即无风险收益率6%加上股票的风险溢价18%$[2 \times (15\% - 6\%)]$。图4-12描述了不同β系数条件下，股票的预期收益率和风险溢价。

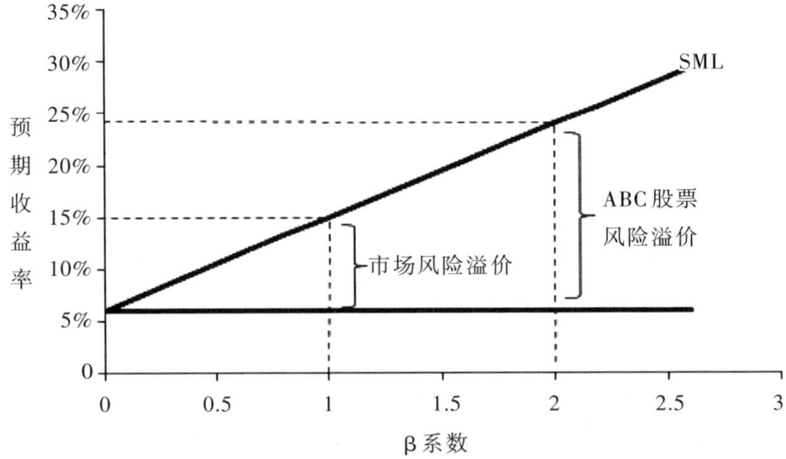

图4-12　证券收益率与β系数的关系

证券市场线是资本资产定价模型（CAPM）的图示形式，用以反映证券（资产）收益率与系统风险（β系数）之间的关系，说明相对于市场组合而言特定资产的系统风险是多少。证券市场线与单项证券在线上的位置，会随着利率、投资者的风险规避程度以及单项证券β系数等因素的改变而改变。如果预期通货膨胀率增加2%，投资者所要求的无风险收益率就会增加，从而导致SML线向上平移，如果投资者的风险厌恶感增强，便会引起SML线的斜率增加。假设某公司发行大量债券从而增加其财务风险，该债券在SML上的位置将沿着SML上移至较高的位置。那么，投资者要求的收益率也会相应地提高。对于一项资产，影响其风险的任何变化都将导致该资产沿着SML线移动。通常，风险溢价会随SML线斜率的变化而变化，并引起风险资产必要收益率的变化。

资本资产定价模型从本质上揭示了投资收益率的内涵。这一模型认为，市场投资组合的预期收益率减去无风险收益率（$r_m - r_f$）就是市场对投资者承担的每一单位的风险而支付给他的必要（额外）收益率。除市场补偿外，还要考虑某一特定投资机会（如证券j）的风险因素，即β_j的影响。如果某项风险资产的β系数等于0，说明该项资产的风险完全由非系统风险组成，其风险可通过分散化投资加以消除，因而此项投资只能获得无风险收益率。如果风险资产的β系数等于1，说明在该项资产的总风险中，系统风险与市场组合风险在量上完全相等，此时投资者对该风险资产投资要求的收益率等于市场组合可以提供的预期收益率。如果风险资产的β系数大于1，表明该项资产的系统风险大于市场组合的风险，因此投资者对该项风险资产投资要求的收益率大于市场组合提供的预期收益率。如果风险资产的β系数小于0，表明在该资产的总风险中，相应的系统风险与市场组合风险呈反向的变化，此时投资者要求该风险资产投资所提供的预期收益率小于无风险收益率。投资者之所以会投资于收益率小于无风险收益率的风险资产，主要原因在于这类资产与市场组合预期收益率呈负相关关系，持有这类资产，投资者可以有效地降低投资组合的市场风险。从某种意义上说，可以将这类风险资产视为“经济衰退保险”，投资者为得到这种保险付出的代价是接受较低的收益率。

4.4.3　证券市场线的影响因素

根据CAPM，影响股权资本成本(r_j)的因素主要是无风险收益率(r_f)、市场风险溢价（$r_m - r_f$），以及股票β系数，现简要说明各参数和确定方法。

1）无风险收益率

无风险资产是指实际收益率等于预期收益率的资产，无风险投资必须满足以下两个条件：第一，不存在违约风险；第二，不存在再投资风险。从证券投资看，前者意味着该证券必须是政府债券；后者意味着该证券必须是零息债券。在短期投资分析中，可采用短期国债利率作为无风险收益率；在长期投资分析中，采用与分析期限相同的长期政府债券利率作为无风险收益率。从理论上说，每一个现金流都用一个到期日与其相近的政府债券利率来折现，例如，一个10年后产生的现金流应该根据10年期零息债券得到的收益率来折现。但在现实中，很少能够找到相匹配的收益率折现每一个现金流。为简单起见，在价值评估时会选择与整个要估价的现金流最为匹配的政府债券的到期收益率作为无风险收益率。在实践中，如果为公司或长期项目估价，通常采用流动性较强的长期政府债券利率作为无风险收益率。

确定无风险收益率时需要注意两个问题：第一，以国债利率作为无风险收益率是假设政府没有违约风险，但在一些新兴的市场，曾经出现过政府无法偿付到期债务的现象，因此，需要根据实际情况进行调整。第二，如果存在以外币计量的投资或筹资活动，还需要计算外汇风险对一国国债利率的影响。

2）市场风险溢价

风险溢价是指投资者将资本从无风险投资转移到风险投资时要求得到的“额外收益”。由于市场中每个投资者对某种投资可接受的风险溢价都有不同的估计，因此，这个风险溢价应是个别风险溢价的加权平均数，其权数取决于各个投资者在市场中投入资本的大小。在实务中，主要根据历史风险溢价、国家风险溢价和隐含风险溢价三个方面估计风险溢价大小。

（1）历史风险溢价

在CAPM中，预测风险溢价最常用的方法就是历史数据分析法，其基本步骤为：第一步，确定代表市场指数的市场组合，如S&P500、上证综指等；第二步，确定抽样期间，实务中抽样期间往往为5年、10年或更长；第三步，计算这个期间市场组合或股票指数的平均收益率，以及无风险资产的平均收益率；第四步，确定风险溢价，即市场组合收益率与无风险资产收益率之间的差额。[①]美国市场不同时期的风险溢价见表4-10。

表4-10 **美国市场风险溢价历史数据**

历史时期（年）	算术平均数		几何平均数	
	Stocks -T. Bills	Stocks -T. Bonds	Stocks -T. Bills	Stocks -T. Bonds
1928—2022	8.19%	6.64%	6.36%	5.06%
1973—2022	7.33%	5.14%	5.90%	4.12%
2013—2022	12.81%	13.08%	11.66%	12.32%

资料来源：http：//pages.stern.nyu.edu/~adamodar/，数据截止日：2023年1月。

在表4-10中，Stocks采用的是标准-普尔500（S&P 500）工业指数收益率，T.Bills采用的是3个月国库券收益率，T.Bonds采用的是10年期国债收益率；Stocks -T.Bills代表股票与短期国库券之间的风险溢价；Stocks -T.Bonds代表股票与

① 采用历史数据分析法，实际上假设：（1）投资者的风险偏好在这段时间内没有系统性变化（风险偏好可能会逐年变化，但始终没有偏离历史平均水平）。（2）在这段时间内，“风险性”市场投资组合的平均风险程度没有系统性变化。

长期国债之间的风险溢价。

根据表4-10的资料可知，风险溢价的历史数据会因所选择的方法（算术平均或几何平均）不同而不同，也会因时间起算点的不同而不同，还会因无风险收益率的选择（短期政府债券利率还是长期政府债券利率）而变化。到底以哪一种为标准确定风险溢价，并没有统一答案。一种观点认为短期政府债券提供的风险溢价无法反映平均水平，应采用长期政府债券利率（按几何平均数计算）作为无风险收益率。[①]另一种观点认为用长期平均的估计值会出现偏差，因为在计算过程中并没有给当前数据以更大的权重。由于价值评估是面向未来的，因而能够精确反映预期未来收益的平均数应该是在同样长的期间内同一种证券收益的算术平均数。实务中两种计算方法都存在，因此很难说哪一种方法的计算结果能够更准确地反映风险溢价。

在公司或项目估价中，如果无风险收益率采用长期政府债券利率，与之相匹配的市场风险溢价应采用股票收益率与长期政府债券利率之差。

（2）国家风险溢价

在分析时，除了利用历史数据外，还需考虑其他一些因素，如宏观经济波动程度、一国的政治风险和市场结构等。表4-11列示了世界部分地区2022年风险溢价，这个数据每年都发生一些变化。

表4-11　　**部分国家或地区风险溢价（2022年）**

国家或地区	Moody's 评级	违约风险溢价	股票风险溢价	国家风险溢价
Australia	Aaa	0.00%	5.94%	0.00%
Brazil	Ba2	3.68%	11.13%	5.19%
China	A1	0.86%	7.16%	1.22%
France	Aa2	0.60%	6.79%	0.85%
Germany	Aaa	0.00%	5.94%	0.00%
Hong Kong	Aa3	0.73%	6.97%	1.03%
India	Baa3	2.69%	9.73%	3.79%
Italy	Baa3	2.69%	9.73%	3.79%
Japan	A1	0.86%	7.16%	1.22%
Korea	Aa2	0.60%	6.79%	0.85%
Mexico	Baa2	2.33%	9.23%	3.29%
Russia	Caa1	9.17%	18.88%	12.94%
Taiwan	Aa3	0.73%	6.97%	1.03%
United Kingdom	Aa3	0.73%	6.97%	1.03%
United States	Aaa	0.00%	5.94%	0.00%

资料来源：http：//pages.stern.nyu.edu/~adamodar/，数据截止日：2023年1月5日。为简化，只列示了部分国家或地区的风险溢价。

① 达莫德伦．公司财务——理论与实务［M］．曾力伟，等译．北京：中国人民大学出版社，2001：99.

一般来说，国家风险溢价是与特定市场相联系的潜在的经济不稳定性和政治风险的函数。对国家风险溢价的衡量一般是以每一国家所发行的国家债券的违约风险溢价为基础进行估计的。Standard & Poor's、Moodys Investor's Service 等都对各国进行评级，这些评级主要用于衡量违约风险（而非股票风险），但它们同样受到驱动股票风险的许多因素的影响，例如，一国货币的稳定性、预算和贸易收支以及政治稳定性等。典型的风险溢价是通过观察某一国家在同一信用等级发行的债券的利率高于某一无风险利率（如美国国债或德国欧元利率）的差额进行估计的。

（3）隐含的股票风险溢价

风险溢价是建立在市场正确定价的基础上，根据股票定价模型倒推出来的。在股票价值评估中，一个典型的估价公式为：

$$股票价格=\frac{下一期预期股利}{必要收益率-预期增长率}$$

上述公式有四个参数，其中三个参数可以从外部得到：目前股票价格、下一期预期股利和预期增长率。唯一“未知”的是必要收益率。如果这一参数确定了，就能够求出隐含的股票预期收益率，再从中扣除无风险收益率，进而可以得到隐含的股票投资风险溢价。例如，股票现行市价为75元/股，下一期预期股利为3元/股，预期增长率为8%，则投资者要求的收益率为12%。如果目前的无风险收益率为5.5%，则风险溢价为6.5%。

3）β系数

在CAPM中，无风险利率和市场风险溢价对所有的公司都是相同的，只有β_j随着公司不同而变化。β_j一般是根据第j只股票的收益率r_j和市场组合收益率r_m之间的线性关系确定的，以反映第j只股票的市场风险。

（1）历史β系数

在实务中，历史β系数一般是根据第j只股票和市场组合收益的历史相关系数和标准差估计的。如果第j只股票的β系数在一段时间内相对稳定，那么这一方法就是合理的。采用历史数据计算β_j的模式为：

$$r_j=\alpha_j+\beta_j\times r_m+\varepsilon_j \tag{4.27}$$

式中，r_j代表股票j的收益率；α_j代表回归截距；β_j代表回归线斜率；r_m代表市场组合收益率；ε_j代表随机误差，反映某给定期间实际收益率与回归预测收益率之间的差异，误差项的均值为零，在CAPM中，误差项对应的是可分散风险，与市场风险无关。

公式（4.27）中的参数α_j和β_j可通过回归分析软件确定。如果误差项均值为零（$\varepsilon_j=0$），资本资产定价模型与回归方程的关系可描述如下：

证券市场线：$r_j=r_f+\beta(r_m-r_f)=r_f(1-\beta)+\beta r_m$

线性回归：$r_j=\alpha_j+\beta r_m$

上述分析表明，截距（α_j）与$r_f(1-\beta)$的比较，衡量的是股票的历史表现与根据CAPM（或证券市场线）估算的预期收益率之间的相对关系。

若$\alpha_j > r_f(1-\beta)$，则表示在回归期间股票比预期表现要好；

若$\alpha_j = r_f(1-\beta)$，则表示在回归期间股票与预期表现相同；

若$\alpha_j < r_f(1-\beta)$，则表示在回归期间股票比预期表现要差。

回归过程的斜率为β系数，反映某只股票或投资组合的市场风险。投资组合的β_p系数，是每只股票β_j系数的加权平均数，权数w_j为各种证券在投资组合中所占的比重，其计算公式为：

$$\beta_p = \sum_{j=1}^{n} w_j \beta_j \tag{4.28}$$

回归过程中输出的数据R^2，测量了由一个或几个自变量解释的因变量的变异性比率，其统计意义在于它提供了回归适宜度的衡量指标，R^2的财务意义就在于它提供了一家公司的风险（方差）中市场风险所占比例的估计，$(1-R^2)$则代表了公司特有风险。

【例4-3】表4-12列示了浦发银行、上海机场、华能国际、中远海能、歌华有线、同仁堂六只股票，在2012年11月至2017年10月，以月末收盘价作为当月价格，采用连续方法计算的月收益率；以上证综指代表市场组合，以同一时期上证综指收盘点位为基础，采用Excel内置函数计算六只股票的截距、斜率（β系数）、拟合系数R^2。

表4-12　六只股票和上证综指各月收益率数据（2012年11月—2017年10月）

日期	浦发银行	上海机场	华能国际	中远海能	歌华有线	同仁堂	上证综指
2012-11-30	-0.67%	-1.67%	2.15%	-4.03%	-6.98%	-6.55%	-4.39%
2012-12-31	28.50%	10.22%	8.32%	11.64%	11.87%	3.95%	13.62%
2013-01-31	14.61%	6.52%	-5.32%	3.60%	2.51%	11.44%	5.00%
2013-02-28	-3.73%	-0.68%	-2.39%	-2.53%	2.02%	6.68%	-0.83%
2013-03-29	-8.78%	1.87%	4.29%	-6.84%	-9.42%	5.38%	-5.61%
2013-04-26	-2.50%	-6.36%	-7.99%	-3.48%	-2.22%	-0.44%	-2.66%
⋮	⋮	⋮	⋮	⋮	⋮	⋮	⋮
2017-05-31	-16.94%	9.84%	-0.13%	-6.66%	-7.01%	3.98%	-1.20%
2017-06-30	-1.49%	-1.28%	-5.95%	6.06%	1.59%	7.94%	2.39%
2017-07-31	5.46%	0.37%	0.00%	3.12%	-3.14%	-6.16%	2.49%
2017-08-31	-4.99%	4.18%	-2.62%	-2.67%	5.85%	-1.84%	2.65%
2017-09-29	1.25%	-2.78%	-2.98%	-4.77%	-1.35%	0.43%	-0.35%
2017-10-31	-2.04%	14.14%	-3.07%	1.56%	-1.85%	3.81%	1.32%
收益率均值	0.86%	2.24%	0.08%	0.68%	1.37%	1.02%	0.82%
截距	0.0023	0.0167	-0.0070	-0.0033	0.0030	0.0010	0.0000
斜率	0.7715	0.6851	0.9399	1.2255	1.2932	1.1142	1.0000
拟合优度R^2	0.3797	0.4489	0.4815	0.5252	0.4581	0.4590	1.0000

资料来源：按各月天收盘价计算收益率（为简化，中间部分数据未列示）。

在表4-12选择的六家公司中，仅从2012年11月至2017年10月60个月的数据看，中远海能、歌华有线和同仁堂的股票β系数（斜率）大于1，表明公司风险大于市场风险；浦发银行、上海机场和华能国际的股票β系数均小于1，表明公司风险小于市场风险。在本例中，采用60个月的数据，只是为了说明β系数的计算方法，其分析结果并不足以作为投资决策或评价某种股票收益与风险的依据。R^2是指模型的拟合程度，这个值越接近1，说明两个变量之间的相关性越强。

一定时期单项资产与市场组合收益率分布点的回归线称为证券特征线（security characteristics line，SCL）。图4-13描述了同仁堂与上证综指月收益率拟合回归线。

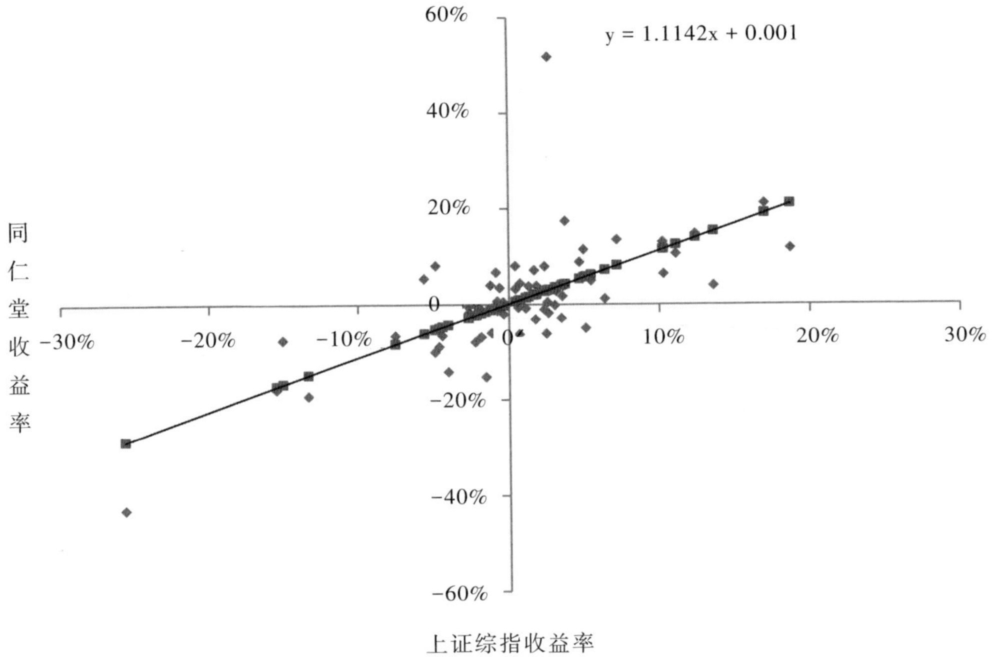

图4-13　同仁堂与上证综指月收益率拟合回归线（2012年11月—2017年10月）

根据表4-12和图4-13，同仁堂与市场组合收益率回归统计数据分析如下：

第一，假设在此期间无风险收益率为3.49%，则：

$r_f(1-\beta)=3.49\%\times(1-1.1142)=-0.004$

回归线截距为0.001，大于$r_f(1-\beta)$，表明在此期间，同仁堂股票历史收益率高于按证券市场线估计的预期收益率。

第二，回归线斜率=1.1142，这是同仁堂在此期间股票月收益率的β系数，它表明如果市场平均收益率上升1%，同仁堂股票收益率将上升1.1142%；如果市场证券收益率下降1%，同仁堂股票收益率将下降1.1142%。

第三，根据回归输出的数据，回归拟合优度R^2=45.9%，这一指标表明同仁堂

45.9%的风险来自市场风险（如利率、通货膨胀风险等），54.1%的风险来自公司特有风险，后一种风险是可分散风险，因此，在CAPM中是不能获得相应补偿的。

根据历史数据计算某一只股票的β系数时，分析人员要注意以下几个问题：

第一，估计期的期限。大部分数据提供商使用5年的数据估计β系数，也有的采用2年的数据。较长的估计期可以提供更多的数据，但公司的风险特征在这一期间也会发生变化。

第二，估计收益时间间隔期距。对不同时段的数据进行回归或对同一时段但以不同的间隔（每年、每月、每周或每天）进行回归，就会得到不同的β系数。例如，标准普尔（S&P）估计β系数时使用的是最近5年的月收益率，价值线投资服务公司（Value Line）使用最近5年的周收益率估计β系数，彭博（Bloomberg）则根据最近2年的周收益率估计β系数，万得资讯（Wind）采用100周收益率滚动估计β系数。

第三，估计中采用的市场指数。大多数β系数估计机构都使用该股票的市场指数估计该公司的β系数。例如，估计美国股票的β系数使用纽约股票交易所综合指数（NYSE composite）；估计英国股票的β系数使用伦敦金融时报股票指数（FTSE）；估计日本股票的β系数使用日经指数；估计中国上市公司股票的β系数一般使用上海证券交易所股价指数或深圳证券交易所股价指数等。

表4-13反映了不同观察期、不同的间隔期距及不同市场指数代理变量计算的结论是不相同的。由于CAPM是一个单期模型，因此并不能告诉人们哪种标准更合适。不过，基于美国资本市场特征和不同的经验测试，大多数分析者认为：原始回归至少要有60个数据点（例如，5年的月收益率），通过β系数的滚动变化轨迹可以检查股票风险中的所有系统性变化；原始的回归应基于月收益率数据，如果使用更短的期间，如日或周收益率，会导致系统性偏差；公司的股票收益率应该对应于经过价值加权平均的、充分分散化的组合（如标准普尔500等）做回归。

表4-13　**β系数提供商β系数的估计方法**[①]

项目	彭博（Bloomberg）	价值线（Value Line）	标准普尔（S&P）
观测值数量	102	260	60
间隔期距	2年周收益率	5年周收益率	5年月收益率
市场指数代理变量	S & P 500	NYSE综合指数	S & P 500
样本β系数平均数	1.03	1.24	1.18
样本β系数中位数	1.0	1.2	1.21

① BRUNER R F，EADES K M，HARRIS R S，et al.Best Practices in Estimating the Cost of Capital：Survey and Synthesis [J]. Financial Practice & Education，1998（23）：15-33.

（2）行业β系数与财务杠杆

对β系数的估计并不是一个精确的过程，通过历史回归估算出同仁堂原始的β系数为1.1142，R^2为45.9%，从统计意义上解释，回归线的拟合度为45.9%。根据回归输出数据，β系数的标准差为0.1588，如果以两倍的标准差作为基础，同仁堂真实的β系数应落在0.7965~1.4319这个区间，严格来说，这个区间有些大。

为了提高β系数估计的准确度，可以采用行业β系数（而非个别公司）。同一行业的公司面临着相似的经营风险，所以其β系数也应相近。只要各公司的估算误差是不相关的，对各个β系数的高估或低估就趋于消除，因此行业β系数的中位数（或均值）就是一个比较好的估计值。

但是，简单地使用行业原始的β系数的中位数或均值忽略了一个重要的因素：各公司的负债水平可能不相同。一家公司的β系数不但与经营风险有关，而且与公司的财务风险有关。负债较多的公司的股东相对来说承担着更大的风险，这种风险就体现在β系数上。因此，为比较经营风险相似的公司的β系数，首先必须消除公司负债水平的影响，只有这样才能比较行业内公司的β系数。

如果公司所有的风险来源于股东（债务β系数为零）①，并存在税收优惠，那么负债公司的β_L系数和无负债公司的β_U系数之间的关系可用下式表示：

$$\beta_L = \beta_U[1 + (1 - T)(D/E)] \tag{4.29}$$

式中，β_L、β_U分别表示有负债公司和无负债公司的β系数；T表示公司所得税税率；D/E表示负债资本与股权资本的比率（或称财务杠杆）。

无负债公司的β系数是由公司经营的业务类型和经营风险水平决定的；负债公司的β系数是由经营风险和财务风险共同决定的。由于财务风险会增加潜在的行业风险，因此，高风险行业的公司通常不愿意使用财务杠杆；同理，收入相对稳定的公司通常具有较高的财务杠杆。

以行业平均水平估算一家公司β系数的方法，主要分四步：第一步，根据市场指数（例如，上证综指）对每一公司的股票收益率作回归，求出原始的β系数。第二步，根据公司的财务杠杆把每家公司的β系数转化为无负债β系数，财务杠杆等于带息债务市场价值与股权市场价值之比。第三步，计算行业内无负债β系数的中位数或平均数。第四步，根据公司的目标财务杠杆（也可采用当前财务杠杆作为替代），把行业无负债β系数转换成各公司的负债β系数。

为简化，表4-14仅选择了10家医药行业的公司，计算该行业的无负债β系数。根据公式（4.29）将负债β系数转换为无负债β系数，求出行业平均无负债β系数为0.9119。

---

① 在理论上，可以利用CAPM估计债务资本成本，或者说，可以采用和估计股票β系数相同的方法，基于债务的历史收益率估计债务的β系数。由于银行贷款和很多债券并不经常在市场上交易，也可以基于信用评级等指标估计的债务β系数作为公司债务β系数替代值。如果负债具有市场风险（负债的β系数>0），这个公式应被修正。如果负债的β系数为β_b，股权的β系数可表示为：$\beta_L = \beta_U[1 + (1 - T)(B/S)] - \beta_b(B/S)$。由于债务要求权优先级较高，因此负债的β系数应该比较低，为简化，假设负债的β系数为0。

表4-14　　医药行业10家公司无负债β系数（2012年11月—2017年10月）

公司	负债β系数	带息债务/股权价值*	所得税税率	无负债β系数
同仁堂	1.1142	0.0301	0.2500	1.0896
太极集团	1.4086	0.7770	0.2500	0.8900
复星医药	0.7586	0.1247	0.2500	0.6937
中新药业	0.9258	0.0391	0.2500	0.8995
亚宝药业	0.8052	0.1660	0.2500	0.7161
天药股份	1.1442	0.0728	0.2500	1.0850
康美药业	0.9107	0.1252	0.2500	0.8325
交大昂立	1.1696	0.0845	0.2500	1.1000
康恩贝	1.1748	0.1572	0.2500	1.0509
哈药股份	0.8126	0.0887	0.2500	0.7619
平均数				0.9119

注：*有息债务/股东权益数据来自Wind资讯，为简化，假设所得税税率均为25%。

表中各公司负债β系数是以各月月末收盘价作为当月价格，采用连续方法计算60个月的收益率，以上证综指代表市场组合，以同一时期上证综指收盘点位作为基础计算出的。

在公司估价时，通常采用有息债务和股权价值估计财务杠杆，其中：

有息债务=负债合计-无息流动负债-无息非流动负债

$$\text{股权价值}=\text{A股收盘价}\times\text{A股股数}+\text{B股收盘价}\times\text{人民币外汇牌价}\times\text{B股股数}+\text{海外流通股股权}\times\text{海外流通股股价}+(\text{总股数}-\text{A股股数}-\text{B股股数}-\text{海外流通股股权})\times\text{每股净资产}$$

由于大多数负债（特别是银行借款）并没有在市场交易，在估价中，一般采用账面价值近似地代替市场价值。在表4-14中，同仁堂股票无负债β_U系数计算方式如下：

$$\beta_U=\frac{\beta_L}{1+(1-T)(D/E)}=\frac{1.1142}{1+(1-25\%)\times 0.0301}=1.0896$$

其他各公司无负债β_U系数的计算方式相同，按算术平均数计算医药行业无负债β_U系数为0.9119。假设以医药行业无负债β_U系数代替同仁堂公司无负债β_U系数，根据同仁堂公司的财务杠杆和所得税税率，同仁堂公司的负债β_L系数计算如下：

$$\beta_L=0.9119\times\left[1+(1-25\%)\times 0.0301\right]=0.9325$$

经过行业调整后，同仁堂公司负债β系数由1.1142变为0.9325，低于原始的β系数，其主要原因一是行业无负债β系数均值低于同仁堂股票无负债β系数，二是同仁堂公司的财务杠杆在所选择的10家公司中处于最低位置，或者说，同仁堂公司的财务风险低于同行水平。

这种方法最主要的作用是可以用行业调整β系数估计非上市公司的β系数，也就是说，无须知道个别公司或资产的历史价格，就可以估计β系数。例如，你要估计一家未上市的医药公司的β系数，假设该公司的财务杠杆为40%，所得税税率为25%，该公司的β系数估计值为：

$$\beta_L = 0.9119 \times [1 + (1 - 25\%) \times 0.40] = 1.1855$$

计算结果表明，在其他因素一定的条件下，提高财务杠杆同时提高了财务风险和公司的β系数。

（3）β系数的平滑调整

由于β系数是采用历史收益率数据进行计算的，通常将这一结果称为历史β系数或基础β系数（Fundamental β）。由于市场环境的变化，当前的β系数与历史β系数有一定的差别。为了得到更真实的β系数，一般会对基础β系数进行一定的平滑调整，调整后的β系数（Adjusted β）应该能够更接近真实的β系数（或者是行业的，或者是整个市场的）。

调整β系数=（1−X）基础 β系数+X

这里的X具体取多少，不同的市场环境、不同的研究方法得出的结论不同。例如，彭博（Bloomberg）取值（1/3）进行调整，即：

调整β系数=基础β系数×0.67+0.33

以同仁堂为例，采用回归方法计算的原始的β系数为1.1142，应用这个公式可以得到一个调整后的β系数1.0771（1.1142×0.67+0.33）。

假设无风险收益率为3.84%，市场收益率为9.84%（上证综指同期月均收益率×12个月，即0.82%×12），同仁堂股票必要收益率的计算如下：

调整前必要收益率=3.84%+1.1142×（9.84%−3.84%）=10.53%

调整后必要收益率=3.84%+1.0771×（9.84%−3.84%）=10.30%

股票收益率回归参数

资本资产定价模型在理论上比较严谨，但这一模型的假设条件与现实不完全符合。首先，该模型只考虑了股票市场的系统风险，也就是相当于假设普通股的相关风险只有市场风险，从而低估了普通股资本成本；其次，由于将β系数定义为股市平均风险的倍数，并用它来计算个别股票风险补偿相对于股市平均风险补偿的倍数，实际上是假设风险与收益呈线性关系，而这是缺乏逻辑依据的；最后，模型中所需要的各种数据特别是β系数有时很难取得，如果在估计时误差较大，估算的结果可能毫无意义。

4.4.4 证券市场线的作用

资本资产定价模型除了用以衡量系统风险外，在实务中主要广泛用于识别资产定价高低；确定股权资本成本；作为项目评价和业绩考核的标准。

1）资产定价

在市场均衡状态下，所有资产和所有资产组合都应落在SML上，也就说，所有资产都应被定价以便使其估计的收益率（estimated rate of return）与其系统风险水平相一致。这个估计的收益率是在现行市场价格下投资者期望得到的收益率。任何估计的收益率落在SML上方的证券都应被认为定价过低，因为它表明了你估计得到的证券收益率高于根据系统风险计算的必要收益率。相反，估计的收益率分布在SML下方的证券则被认为定价过高，相对SML来说，这种位置说明你估计的收益率低于系统风险要求的收益率。

假设证券分析师对五只股票进行跟踪分析，预测五只股票的价格和股利见表4-15，据此计算出分析师预测的持有期间收益率。

表4-15　**股票市场价格和估计收益率**　金额单位：元

股票	现价（P_t）	预期价格（P_{t+1}）	预期股利（D_{t+1}）	估计的未来收益率
A	25	27	0.5	10.00%
B	40	42	0.5	6.25%
C	33	39	1	21.21%
D	64	65	1	3.13%
E	50	54		8.00%

为分析现行市场价格水平以及估计的收益率是否合理，可与采用SML确定的某一项特定资产的必要收益率进行比较，以判定一项投资是否被恰当地定价。假设无风险利率为6%，市场投资组合收益率为12%，五只股票的β系数和预期的必要收益率，以及估计收益率见表4-16。

表4-16　**必要收益率与估计收益率比较**

股票	β系数	必要收益率	估计收益率	估计收益率-必要收益率	评价
A	0.70	10.20%	10.00%	-0.20%	定价合理
B	1.00	12.00%	6.25%	-5.75%	定价过高
C	1.15	12.90%	21.21%	8.31%	定价过低
D	1.40	14.40%	3.13%	-11.27%	定价过高
E	-0.30	4.20%	8.00%	3.80%	定价过低

表4-16中的必要收益率是根据每只股票的系统风险计算的，估计收益率是根据股票现行价格、预期价格和股利计算的。估计收益率与必要收益率之间的差异被称为股票的超额收益率，这一指标可以为正（股票定价过低），也可以为负（股票定价过高），如果超额收益率为零，则股票正好落在SML上，其定价正好与其系统风险相当。股票β系数、必要收益率、估计收益率之间的关系如图4-14所示。

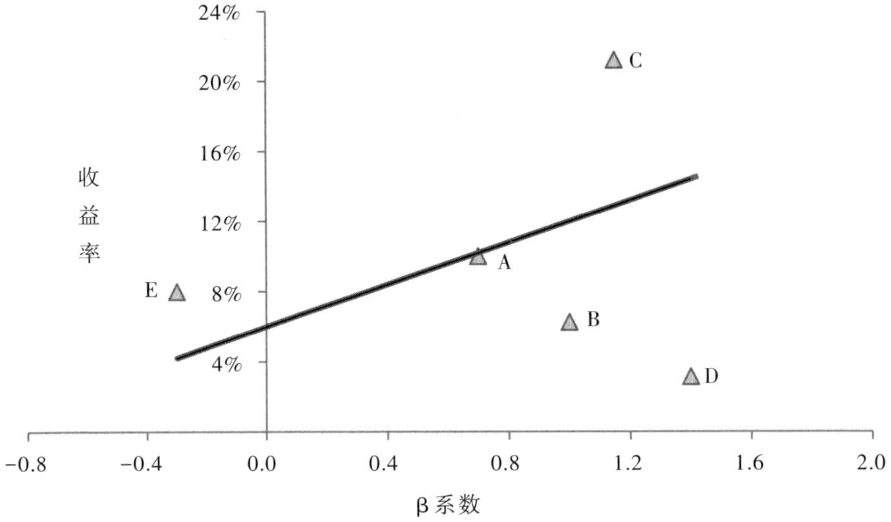

图4-14　五只股票估计收益率在SML上的分布

在图4-14中，股票A几乎正好在SML上，表明股票A的定价基本合理，因为它的估计收益率几乎与必要收益率相等；股票B和股票D的定价过高，因为它们在持有期间的估计收益率低于投资者要求或预期得到的与风险相关的收益率，结果它们处于SML的下方；相反，股票C和股票E的估计收益率大于根据系统风险计算的必要收益率，因此都处于SML的上方，这表明它们是定价过低的股票。如果你相信分析师对估计收益率的预测，你会买入股票C和股票E，卖出股票B和股票D，而对股票A不会采取任何行动。如果你是一个激进型的投资者，也可以卖空股票B和股票D。

2）资本成本

在公司财务中，CAPM主要用于估计股权资本成本。假设公司无负债，且不存在公司所得税和个人所得税，如果可以估算出公司股票的系统风险和市场组合的收益率，则按CAPM计算的风险资产（股票）要求的收益率，就是公司的股权资本成本。假设股权资本成本为r_e，则：$E(r_j)=r_e$。

在公司的项目评估中，可将公司视为一个由不同风险资产或项目构成的组合，如果公司的所有项目与公司整体均具有相同的风险，那么，r_e也可以解释为新项目所要求的最低收益率。如果项目的风险水平与公司整体的风险水平不一致，此时需要估计项目的系统风险和项目投资要求的收益率。

【例4-4】假设当前无风险利率为6%，市场风险溢价为9%，市场组合收益率为15%。表4-17列示了六个相互独立的投资项目根据CAPM计算的必要收益率以及根据项目各自的现金流量计算的预期收益率。根据净现值决策法则，公司应放弃项目C和项目D，接受其他项目。在图4-15中，SML可视为项目的证券市场线，位于SML上方的项目预期收益率大于必要收益率，项目是可行的；位于SML下方的项目预期收益率小于必要收益率，项目是不可行的，这与按净现值法则的决策是一致的。

表4-17　**投资项目收益率**　金额单位：元

项目	β系数	必要收益率	初始现金流量	各年永续现金流量	预期收益率	NPV
A	1.30	17.70%	1 000 000	200 000	20.00%	129 944
B	1.75	21.75%	1 000 000	240 000	24.00%	103 448
C	1.00	15.00%	1 000 000	120 000	12.00%	-200 000
D	1.50	19.50%	1 000 000	170 000	17.00%	-128 205
E	0.60	11.40%	1 000 000	140 000	14.00%	228 070
F	0.00	6.00%	1 000 000	70 000	7.00%	166 667

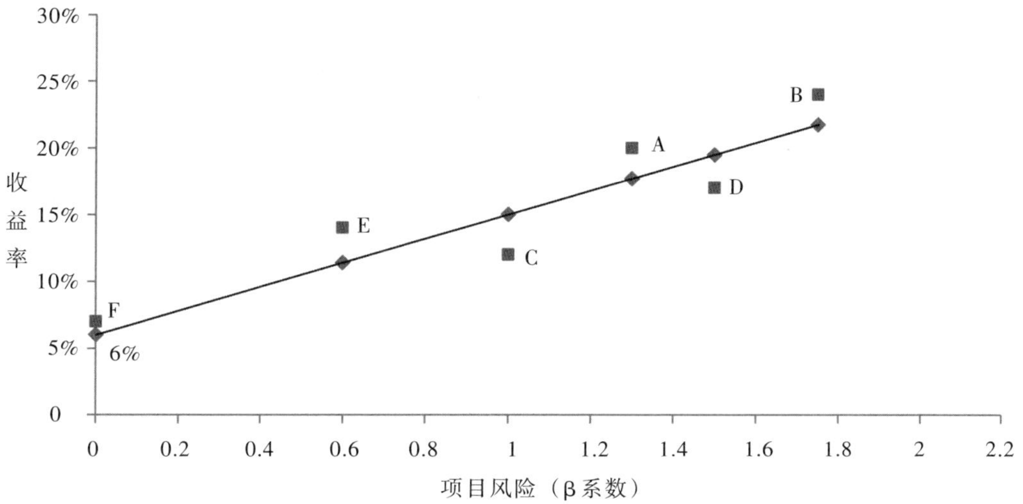

图4-15　投资项目风险与收益率

由于CAPM使决策者能够估计出具有不同风险的项目所要求的收益率，因此，在项目决策中经常以根据CAPM确定的资本成本作为项目价值的决策标准，而不是加权平均资本成本。

【例4-5】假设SST公司没有负债，股票β系数等于1；假设政府债券收益率为6%，市场风险溢价为7%，根据CAPM模型，SST公司股权资本预期收益率为13%，也可以说，SST公司股权资本成本或加权平均资本成本均为13%。此时，市场投资组合的预期收益率也是13%。假设SST公司目前有两个投资项目：低风险项目和高风险项目，两个投资项目各自的资本成本、预期收益率见表4-18。在上述两个备选项目中，是以公司加权平均资本成本还是以各自项目的资本成本作为项目评价的标准?

表4-18 **投资方案预期收益与资本成本**

项目	公司	低风险项目	高风险项目
无风险利率	6%	6%	6%
市场风险溢价	7%	7%	7%
β系数	1	0.6	1.4
股权资本成本（加权平均资本成本）	13.0%	10.2%	15.8%
项目预期收益率		12%	15%

图4-16中的SML为证券市场线，根据项目的β系数给出了其要求的预期收益率，它以无风险利率（6%）为起点，经过M点，即市场收益率（13%）。如果SST公司根据项目的β系数而不是公司的β系数评价投资项目，那么它就会放弃任何处于SML下方的项目，接受任何处于SML上方的项目，因为SML代表了投资项目预期收益率与项目β系数（风险）之间的关系。如果以项目的资本成本进行评价，就会接受低风险项目、放弃高风险项目。因为低风险项目的预期收益率（12%）大于项目资本成本（10.2%）；高风险项目的预期收益率（15%）低于项目资本成本（15.8%）。如果SST公司以WACC（13%）作为判断标准，就可能会错误地接受一些高风险的项目，放弃一些低风险的项目。虽然高风险项目的预期收益率大于公司加权平均资本成本，但本例中，高风险项目投资至少要求15.8%的投资收益率，而项目本身只能提供15%的预期收益率，显然应该拒绝高风险项目。低风险项目提供的预期收益率虽然低于公司加权平均资本成本，但其风险小，补偿同等风险项目要求的预期收益率为10.2%，低于项目本身的预期收益率，因而应该接受低风险项目。

CAPM在使用中仍存在一些问题，例如，CAPM的假设与现实不完全符合，在实际中无风险资产与市场组合可能不存在，采用历史数据估价的β系数很难准确地衡量当前或未来的风险，选用的市场组合可能并不能代表真正的市场组合等。总之，由于CAPM的局限性，许多学者仍在不断探求比CAPM更为准确的资本市场理论。但到目前为止，尚无一种理论可与CAPM相匹敌。

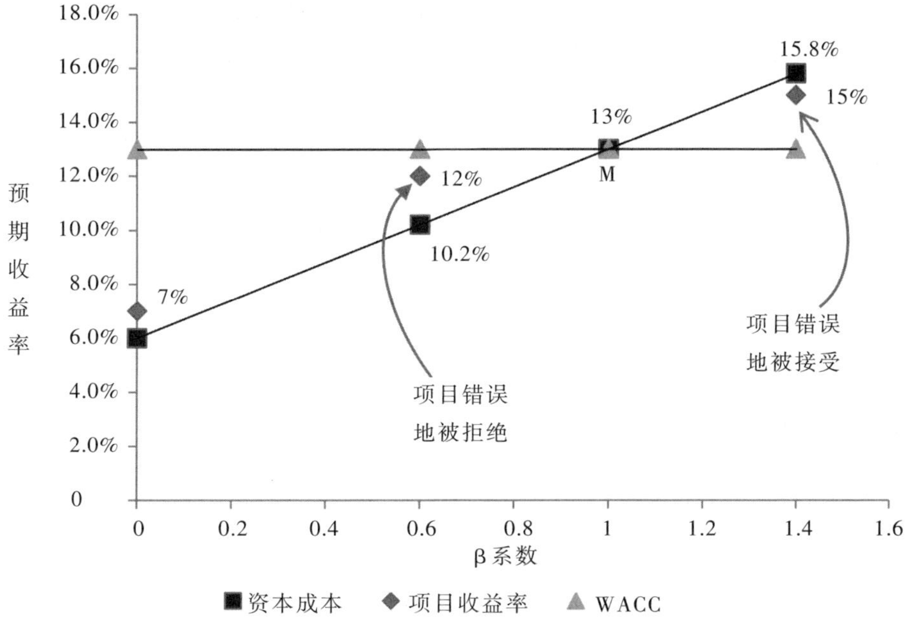

图4-16　资本成本与项目预期收益率

4.4.5　资产定价多因素模型

在资本资产定价模型中，任何风险资产的预期收益率都是该资产相对于市场的系统风险的线性函数，即所有资产的收益率与一个共同的因素——市场组合风险——线性相关。但在现实世界中，许多因素都会影响风险资产的预期收益率。

尤金·法玛和肯尼思·弗兰奇（1992）[①]研究了美国股市1962—1989年间股票收益与市场β系数、规模、财务杠杆、账面市值比、盈余价格比、现金流价格比、历史销售增长、历史长期回报及历史短期回报等因素之间的关系。他们发现市场β系数、财务杠杆及盈余价格比对股票收益的解释力较弱，而规模及账面市值比两个因素的联合基本可以对股票收益进行解释。1996年，他们通过对美国股市1963—1993年间的数据进行实证检验，认为股票收益可以由市场风险溢价（$r_m - r_f$）、公司规模因素溢价（SMB）及账面市场价值比（B/M）溢价（HML）三因素来解释，即：

$$r_{j,t} - r_{f,t} = \alpha_j + \beta_{MKT,j}\left(r_{m,t} - r_f\right) + \beta_{SMB,j}\left(SMB_{j,t}\right) + \beta_{HML_{j,t}}\left(HML_{j,t}\right) + \varepsilon_{j,t} \tag{4.30}$$

式中，$r_{j,t}$与$r_{f,t}$分别是证券j和市场投资组合在t期的收益，$r_{m,t}$是无风险收益率；$SMB_{j,t}$是小股票组合和大股票组合收益率之差；$HML_{j,t}$是高面值/市值比和低面值/市值比的股票组合收益率之间的差额；$\varepsilon_{j,t}$为扰动项。

① FAMA E F, FRENCH K R.The cross-section of expected stock returns [J]. Journal of Finance, 1992, 47 (2): 427-465.

随后，他们验证了在包括美国在内的12个世界主要证券市场上价值型股票（high book-to market equity）的收益率要高于成长型股票（low book-to market equity）的收益率，在16个主要证券市场上有11个市场上的小公司股票的回报率高于大公司，就1975—1995年的样本数据而言，二者的年均差额达到7.6%，从而证明公司规模和账面市场价值比两个因素对股票横截面收益率的显著性影响很高。

美国学者罗斯（Stephen A.Ross，1976）①提出的套利定价理论（arbitrage pricing theory，APT），解释了风险资产预期收益率与有关共同因素的预期收益率的关系。他认为任何资产的预期收益率都是K个要素的线性函数。资产分析的目的就在于识别经济中的这些因素，以及资产对这些经济因素变动的不同敏感性。APT将资本资产定价模型从单因素模式发展成为多因素模式，以期更加适应现实经济活动的复杂情况。按照APT模式，证券或资产j的预期收益率为：

$$E(r_j)=r_f+\beta_{j1}\left[E(r_{j1})-r_f\right]+\beta_{j2}\left[E(r_{j2})-r_f\right]+\cdots+\beta_{jk}\left[E(r_{jk})-r_f\right] \tag{4.31}$$

式中，k是影响资产收益率因素的数量；E（r_{j1}），E（r_{j2}），…，E（r_{jk}）是证券j在因素为1，2，…，k时的预期收益率；β_{j1}，β_{j2}，…，β_{jK}是证券j对于因素1，2，…，k的敏感系数。

套利定价理论的最大优点是可以扩大到包含若干风险因素，但这一理论本身并没有指明影响证券收益的因素有哪些以及如何衡量这些因素的敏感性。这一问题还没有人做出肯定的回答，尚需理论界和实务界共同进一步探索。

多因素模型被认为是一种广义的资本资产定价模型，它为投资者提供了一种替代性的方法，来理解市场中的风险与收益率间的均衡关系。它与现代资产组合理论、资本资产定价模型、期权定价模型等一起构成了现代财务学的理论基础。

【课堂拓展】

1.不要把鸡蛋放在一个篮子里吗?

“不要把鸡蛋放在一个篮子里”是有关投资中流传最久、最著名的格言。分散投资能够对冲互相之间的风险，从而降低风险，这是投资组合理论的基本思想。

分散投资在犹太古代经典《塔木德》中就有记载：把钱平均分作三份，一份买地，一份经商，一份储备。

桥水基金创始人瑞·达利欧说过：“在投资中，首先应当做的是为防止未来不可预测的状况，进行战略性资产配置。”分散投资和战略性资产配置被认为是投资当中最为重要的原则。瑞·达利欧给普通的个人投资者提供了一个极简配置：股票30%、美国长期国债40%、美国中期国债15%、商品7.5%、黄金7.5%。全天候策略是一种被动投资策略，买入持有，不进行择时操作，通过合适的资产配置，定期调整持有资产的比例以期达到“全天候适应”的作用。

与传统的投资组合理论不同，巴菲特认为，投资者应该像马克·吐温建议的那

① ROSS S A.The arbitrage theory of capital asset pricing［J］. Journal of Economic Theory，1976，13（13）：341-360.

样，把所有鸡蛋放在同一个篮子里，然后小心地看好它。他借用古希腊《伊索寓言》中的谚语“一鸟在手胜过百鸟在林”，阐述了他的投资理念：“少就是多”，只重仓持有少量股票。2023年5月15日，伯克希尔披露了截至2023年1季末美国市场的持仓信息。前10大持仓占90.15%，其中苹果是第一大持仓股，占比46.44%。巴菲特对前10大持仓中的6只进行了交易，考虑到可口可乐、美国运通是常年不动的股票，卡夫亨氏是通过并购买入，相当于巴菲特对“可调仓”的7只股票中的6只进行了交易。巴菲特不贪多，只是在自己非常熟悉的公司中再细心地做调整。长期来看，重要的不是轻仓买入的新公司，而是重仓买入的老公司。

巴菲特的投资不是传统意义上的价值投资，而是高品质投资。巴菲特常引用传奇棒球击球手特德威廉斯的话：要做一个好的击球手，你必须有好球可打。如果没有好的投资对象，那么他宁可持有现金。

与巴菲特的观念相同，美国企业家安德鲁·卡内基认为，那些失败了的企业，往往都是分散了资金和精力的企业，这些企业这也想投资那也想投资，因为想多提几个篮子，结果把鸡蛋打碎了，“有三个篮子的人就得把一个篮子顶在头上，这样很容易摔倒。美国企业家的一个错误就是缺少集中”。①

组织学生讨论：

（1）达利欧的资产配置和巴菲特的集中投资代表了不同投资风格，你更倾向哪种投资风格？如果你是一个经营者，你认为企业进行多元化并购是否能降低风险、获得协同效应？如果你是一名学生，如何构筑多元化知识体系？你希望做一个广博的狐狸型人才还是专精的刺猬型人才？

（2）党的二十大报告指出：“我国发展进入战略机遇和风险挑战并存、不确定难预料因素增多的时期，各种‘黑天鹅’‘灰犀牛’事件随时可能发生。”作为一名学生，如何增强忧患意识，居安思危、未雨绸缪，在学生时代就构筑自己的知识体系和能力，做好准备，拥抱未来的风险和不确定性？

2.如何增加你的知识资产账户？

AI时代，面对新知识、新信息的涌现与恐慌，许多人每天孜孜不倦地粘贴、收藏。事实上，大多数都是收藏即封藏，粘贴即冷冻。结果收获的是一堆完全经不起审计的知识和信息，而自己的知识资产账户上靠谱的“净资产”越来越少。②现借用股票历史收益率的计算公式，说明影响知识资产的因素。

在评估第j只股票历史收益率时，通常采用下列公式：

$$r_j = \alpha + \beta r_m + \varepsilon$$

假设上述公式中r_j代表学习获得的知识资产，α代表你的学习能力或自身努力情况等，βr_m中的r_m表示影响知识资产账户的外部因素；ε代表影响学习的其他风险因素。

① https：//www.dedao.cn/course/detail？id=eN7ndm2ploEVb1aHalKA48zLBYG1vq.
② https：//www.dedao.cn/course/article？id=R2Mo65zY4QZ3Vnme1KqEdNAa98jGBO.

讨论：

（1）假设你是一名学生，你会如何通过自身努力增加知识资产？你认为影响自身知识资产账户的外部因素有哪些？

（2）如果将股票历史收益率模型用于评价个人自身价值：

价值=个人品质/能力+贝塔系数（市场、国运等外部）+误差项（风险/运气）

根据这一模型，你认为提高自身价值最重要的因素有哪些？如何提高你的阿尔法（α）？你认为努力、能力和运气是什么关系？

本章小结

1.投资风险与收益权衡的因素有三个：该项资产的预期收益水平；用资产收益率方差或标准差表示的该项资产的风险；投资者为承担风险而要求获得的收益补偿水平。

2.投资组合的收益率是单项资产预期收益率的加权平均数，权数为投资组合价值中投资于每种资产的比重。投资组合的风险（收益率标准差）主要取决于任意两种资产收益率的协方差或相关系数，投资组合的风险并不是各种资产标准差的简单加权平均数。

3.资本市场线是指有效组合预期收益率和风险之间的一种简单的线性关系的一条射线。它是沿着投资组合的有效边界，由风险资产和无风险资产构成的投资组合，位于资本市场线上的每一点都代表有效投资组合。证券市场线是资本资产定价模型的图示形式，用以反映证券收益率与系统风险（β系数）之间的关系，说明相对于市场组合而言特定资产的系统风险是多少。一定时期单项资产与市场组合收益率分布点的回归线称证券特征线。

4.资本资产定价模型从本质上揭示了投资收益率的内涵。这一模型认为，市场投资组合的预期收益率减去无风险收益率$\left(r_m - r_f\right)$就是市场对投资者承担的每一单位的风险而支付给他的必要（额外）收益率。

5.资本资产定价模型认为任何风险资产的收益都是该资产相对于市场的系统风险的线性函数；多因素模型论认为，风险资产的收益率不但受市场风险的影响，还与其他许多因素相关，任何资产的收益率都是K个要素的线性函数。在实务中，资本资产定价模型或多因素模型可以为确定风险资产（如投资项目）的资本成本提供理论依据。

基本训练

1.Fama（1976）①随机选择了50只在纽约证券交易所上市的公司的证券，用1963年7月至1968年6月的月数据计算出它们的标准差。再从中随机取一只证券，该证券收益率的标准差为11%。然后，将这只证券与另一只随机取出的证券按照相

① FAMA E F.Foundations of finance［Z］. Basic Books, New York, 1976.

同的权重形成两只证券的组合。此时，标准差降为7.2%左右。之后，越来越多的证券逐步随机地添加到证券组合之中，直到50只证券全部被包括在内。实验结果表明，当随机选择10~15只证券之后，几乎所有的可分散风险均被分散。另外，证券组合的标准差很快就趋于一个极限值，这一数值大致等于所有的证券的平均协方差。请结合投资组合理论解释这一实验结果及其应用价值。

2.假设当前无风险收益率为8%，市场组合收益率为12%，如果投资者预计通货膨胀率将在现在国库券所反映的8%收益率的基础上再涨2个百分点，这对SML及高风险、低风险债券各有什么影响？假设投资者的风险偏好发生变化，使得市场风险溢价由4%增加至6%，这对SML及高风险、低风险证券的收益有何影响？

3.资本市场线与证券市场线是非常重要的一组概念，也是非常容易混淆的一对“线”，请说明它们之间的区别。

4.假设你是XYZ公司的财务主管，目前正在进行一项包括四个待选方案的投资分析工作。各方案的投资期都一样，对应于不同的经济环境所估计的收益见表4-19。

表4-19　**各种经济环境下四个待选方案的预期收益率**

经济环境	概率	投资收益率			
		A	B	C	D
衰退	0.2	10%	6%	22%	5%
一般	0.6	10%	11%	14%	15%
繁荣	0.2	10%	31%	-4%	25%

要求：

（1）计算各方案的预期收益率、方差、标准差、标准离差率。

（2）根据四个待选方案各自的标准差和预期收益率来确定是否可以淘汰其中某一方案。

（3）假定你认为上述分析是以各待选方案的总风险（标准差）为依据的，不十分科学，应进行系统风险分析。投资方案D是一种经过高度分散的基金性资产，可用以代表市场投资。试求各方案的β系数，然后用资本资产定价模型来评价各方案。

5.FIM公司现持有A、B、C三只股票组成的投资组合，已知A、B、C三只股票的β系数分别为2.3、1.8和0.8，相应地，各股票在投资组合中所占的比重分别为20%、50%和30%。本期无风险收益率为8%，下期的市场预期收益率及其概率见表4-20。

表4-20　**下期的市场预期收益率及其概率**

概率	0.1	0.3	0.4	0.2
市场收益率	8%	10%	14%	18%

要求：

（1）计算市场预期收益率，并写出证券市场线（SML）的近似方程。

（2）计算该投资组合下期要求的收益率。

（3）假设当前市场上有一新股票D可供投资，该股票的β系数为1.2，刚收到上一年派发的每股1元的现金股利，预计股利以后每年将按6%的比例稳定增长，目前该股票的市场价格为15元/股。分析目前该股票价格是否为均衡价格，如果不是，合适的均衡价格为多少，如何能够达到。

6.案例分析

你刚刚应聘一家投资公司，你的上司让你回答与公司资本成本有关的问题。表4-21是从四种行业中选出的部分公司股票的β系数。

表4-21　　四个行业部分上市公司股票的β系数（2018—2019年，100周）

公用事业（电力）		医疗保健		白酒		航空	
证券简称	β系数	证券简称	β系数	证券简称	β系数	证券简称	β系数
长江电力	0.17	恒瑞医药	1.08	贵州茅台	0.95	中国国航	1.62
中国广核	−0.67	迈瑞医疗	0.36	五粮液	1.26	东方航空	1.53
华能国际	0.27	药明康德	1.12	洋河股份	0.94	南方航空	1.44
中国核电	0.71	爱尔眼科	0.85	泸州老窖	1.22	春秋航空	0.95
华能水电	0.96	云南白药	0.54	山西汾酒	1.33	吉祥航空	1.21
国投电力	0.51	长春高新	1.08	古井贡酒	1.14	海航控股	0.68
浙能电力	0.43	智飞生物	1.16	今世缘	1.22	华夏航空	1.61
国电电力	0.53	复星医药	1.17	顺鑫农业	1.21	中信海直	1.20
大唐发电	0.59	片仔癀	0.96	口子窖	1.11	山航B	0.81
川投能源	0.54	乐普医疗	1.02	古井贡B	1.08		
中位数	0.52	中位数	1.05	中位数	1.17	中位数	1.21

资料来源：Wind（数据提取日：2019年12月26日）。

要求：

（1）根据表4-21中的数据，以β系数的行业中位数为依据，说明为什么公共事业（电力）的β系数小于其他三个行业，以及影响股票β系数的主要因素是什么。

（2）假设无风险收益率为3.5%，市场风险溢价为6.5%，计算中国核电、复星医药、贵州茅台、南方航空股权资本成本，并对计算结果进行评价。你认为影响股权资本成本的因素主要有哪些？

（3）资本资产定价模型可以作为公司项目投资决策的折现率或项目资本成本。假设XYZ集团是一家充分多元化的公司，其组织结构如图4-17所示。

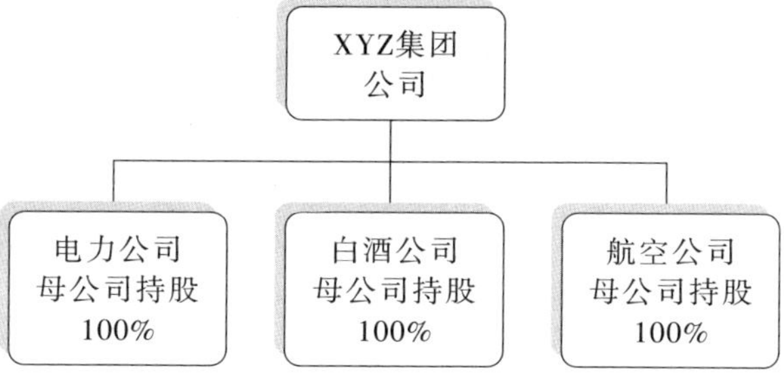

图4-17　XYZ集团组织结构

① 假设XYZ集团没有未清偿债务，拥有所有子公司的全部股权，且集团为公众公司，股票在上海证券交易所上市交易，公司的股票β系数等于1，计算公司的股权资本成本。假设将集团公司看作三家子公司的投资组合，分析公司股票的β系数，影响各子公司的β系数大小的因素是什么。假设公司的子公司进行项目投资，资金全部来自各公司的留存收益。在项目评估中，是根据公司的β系数计算子公司项目的股权资本成本，还是分别计算各子公司项目的β系数？

② 如果子公司并未上市，没有历史数据计算其β系数，那么在这种情况下如何确定子公司的β系数？假设你的上司为你提供了医药行业10家公司的相关数据见表4-22。以这10家公司代表医药行业，以公司价值为权重，计算行业加权平均无负债β系数。假设10家公司的所得税税率均为25%。如果XYZ集团要成立一家子公司，投资一个与医疗保健相关的项目，假设项目的资金50%来自债务融资，50%来自股权融资，试估计新项目或子公司的β系数，假设所得税税率保持不变。

表4-22　医药行业（10家公司）公司价值和资产负债率

证券简称	公司价值（万元）	资产负债率（%）
恒瑞医药	36 877 425	10.39
迈瑞医疗	21 390 088	27.99
药明康德	15 277 878	36.75
爱尔眼科	12 268 161	40.78
云南白药	11 400 614	24.03
长春高新	8 537 142	30.86
智飞生物	8 252 469	52.76
复星医药	8 839 380	51.70
片仔癀	6 712 973	21.69
乐普医疗	6 592 438	51.40

资料来源：Wind资讯（数据提取日：2019年12月26日）。

（4）当前复星医药的长期借款利率为4.75%，5年期债务资本成本为4.68%，试估计复星医药加权平均资本成本。

（5）2018年复星医药固定资产和无形资产等资本支出大约为32亿元，公司在2009—2018年间固定资产投资年均增长率为33%。2019—2020年公司会继续加大医药生物投资，按年增长率30%计算，预计2020年固定资产等投资支出达到54亿元。假设新投资的生物制药产品的风险较高，新项目的β系数为1.4，预计新项目价值占公司总价值的20%，公司资产负债率保持不变，试重新评估复星医药的资本成本。

基本训练参考答案

第4章题库

第2篇
财务决策

第5章 投资决策

学习目标

1.掌握项目现金流量的预测原则和方法；

2.理解附加效应、沉没成本、机会成本的基本含义；

3.掌握净现值、内部收益率、获利指数、投资回收期的计算与评价方法；

4.了解项目风险敏感性分析和盈亏平衡点分析方法；

5.熟悉风险调整的基本方法。

党的二十大报告指出："坚持把发展经济的着力点放在实体经济上，推进新型工业化，加快建设制造强国、质量强国、航天强国、交通强国、网络强国、数字中国。实施产业基础再造工程和重大技术装备攻关工程，支持专精特新企业发展，推动制造业高端化、智能化、绿色化发展。"而推动实体经济高质量发展的关键是要进行有效的投资。

资本预算作为长期投资决策的价值分析工具，旨在选择创造公司价值的投资项目。从财务学的角度分析，价值创造等于收益与资源投入之间的差额，即扣除所有生产要素成本后的剩余收益。古典经济学家通常认为资源本身没有任何价值，只有当它被投入使用并在多个用途之间作比较时才能够予以估价。从债券、股票等金融资产估价到投资项目等实物资产估价，虽然基本原理相同，但参数估计却相差很大。项目投资主要是厂房的新建、扩建、改建；设备的购置和更新；资源的开发和利用；现有产品的改造；新产品的研制与开发等。但项目投资具有投资额大、周期长、风险大等特点。许多人将投资决策比作"黑箱作业"，处理的信息对象是"可知的未知信息"和"不可知的未知信息"。那么，如何了解未知的黑箱呢？理论上讲，人们只能在不直接影响原有黑箱内部结构、要素和机制的前提下通过观察黑箱中"输入""输出"的变量，得出关于黑箱内部情况的推理，寻找、发现其内部规律，实现对黑箱的控制。在项目决策中，必须注意项目未来发展变化（黑箱中隐含的不确定因素）对项目产生的影响，采用不同的方法进行风险分析，从不同的角度分析项目投资的可行性。

5.1 投资项目现金流量预测

5.1.1 现金流量预测的原则

现金流量是指投资项目所涉及的在一定时期内的现金流出与现金流入数量的总称。凡是由于该项投资而增加的现金收入或现金支出的节约额都称为现金流入；凡是由于该项投资引起的现金支出都称为现金流出；一定时期的现金流入量减去现金流出量的差额为现金净流量。

1）实际现金流量原则

实际现金流量原则是指在预测投资项目的成本和收益时，采用现金流量而不是会计收益。因为在会计收益的计算中包含了一些非现金因素，如折旧及无形资产摊销在会计上作为一种费用抵减了当期的收益，但这种费用并没有发生实际的现金支出，只是账面记录而已，因此在现金流量分析中，折旧应加回到收益中。如果将折旧作为现金支出，就会出现固定资产投资支出的重复计算，一次是在期初购买固定资产时，一次是在每期计提折旧计入成本时。

实际现金流量原则的另一个含义是项目未来的现金流量必须用预计未来的价格和成本来计算，而不是用现在的价格和成本计算，如在通货膨胀时期应注意调整通货膨胀对现金流量的影响。

2）增量现金流量原则

项目现金流量通常是根据增量或边际的原则进行预测的。因为只有增量现金流量才是与项目相关的现金流量。所谓增量现金流量，是根据“有无”的原则（with-versus-without），确认有这项投资与没有这项投资发生的现金流量之间的差额。判断增量现金流量，决策者会面临以下四个问题。

（1）附加效应。公司投资一个新的项目可能对其原来的项目或业务产生影响，这种影响可能是积极的，即新项目与原有项目之间存在互补关系，项目实施后将增加原有项目的收入；这种影响也可能是消极的，即新项目与原有项目之间存在替代关系，新项目实施后会冲击原有项目的收入或获利水平。例如，苹果 iPhone15 问世后，客户对苹果 iPhone 14 的需求可能会转向苹果 iPhone 15，假设苹果 iPhone 15 可以创造的现金净流量为 8 000 万元，但同时失去了苹果 iPhone 14 的部分市场份额（假设 1 000 万元），因此新产品苹果 iPhone 15 的增量现金流量为 7 000 万元。又如，某航空公司在 AB 两城市有一条航空线，公司希望开通 AC 新航线，如果单纯看这一个新项目，AC 航线是亏损的。但是 AC 航线的开通可能会增加 AB 航线的客流量或现金流量，如果增加的客流量所带来的收益大于亏损数，开通 AC 航线就是可行的。那么，AC航线的现金流量就应该包括给AB航线带来的增量的现金流量。

（2）沉没成本。沉没成本指过去已经发生、无法由现在或将来的任何决策改变的成本。在投资决策中，沉没成本属于决策无关成本。例如，某投资项目前期工程投资50万元，要使工程全部完工，需追加50万元。如果工程完工后的收益现值为60万元，则应追加投资，完成这一项目。因为公司面临的不是投资100万元收回60万元的问题，而是投资50万元收回60万元的投资。此时，工程前期发生的50万元投资属于与决策无关的沉没成本。如果决策者将沉没成本纳入投资成本总额中，则会使一个有利的项目变得无利可图，从而造成决策失误。一般来说，大多数沉没成本是与研究开发，以及投资决策前进行市场调查有关的成本。尽管沉没成本不能作为投资决策考虑的因素，但一家公司必须在较长的时间里收回它所支付的沉没成本，才能为公司创造增量价值。

（3）机会成本。经济资源往往具有多种用途，选择了一种用途，必然要丧失另一种用途的机会，后者可能带来的最大收益就成了前者的机会成本。假设有一笔资金，可以把它存入银行，也可以把它投入到公司的运营中。如果将其投入运营中，那么这笔资金存储的银行利息就是把资金投入公司运营的机会成本。虽然机会成本并未发生现金实体的交割或转让行为，但作为一种潜在的成本，必须加以认真对待，以便为既定资源寻求最佳使用途径。机会成本与投资选择的多样性和资源的稀缺性相联系，当存在多种投资机会，而可供使用的资源又是有限的时候，机会成本就一定存在。

（4）制造费用。在确定项目现金流量时，对于制造费用，要作进一步分析，只有那些确因本项目投资而引起的费用（如增加的管理人员、租金和动力支出等），才能计入投资的现金流量；与公司投资进行与否无关的费用，则不应计入投资现金流量中。

5.1.2 项目现金流量预测

投资项目的现金流量一般包括初始现金流量、经营期现金流量和终结现金流量三部分。

1）初始现金流量

初始现金流量是项目建设过程中发生的现金流量，主要包括以下四项：

（1）项目初始投资。该投资指形成固定资产、无形资产和其他资产的投资。项目投资是直接形成固定资产的建设投资，如建筑工程费、设备购置费、安装工程费以及建设期利息等。与项目相关的无形资产支出主要指技术转让费或技术使用费、商标权和商誉等；其他资产的费用主要指生产准备费、开办费、培训费、样品样机购置费等。

需要说明的是，对于土地使用权，按规定，在尚未开发或建造自用项目前，土地使用权作为无形资产核算，房地产开发公司开发商品房时，将其账面价值转入开发成本；公司建造自用项目时将其账面价值转入在建工程成本。为了与以后折旧和摊销相协调，在项目投资估算时通常将土地使用权直接列入固定资产其他费用中。

（2）经营性营运资本。它是指经营性流动资产与经营性流动负债之间的差额。在项目经营期中，各期处于周转使用的经营性营运资本增加额可按下式计算：

$$\Delta W_t = W_t - W_{t-1} \tag{5.1}$$

在项目经营期末，满足项目需要的流动资产不再需要，如无须购买新的存货，应收账款将被收回且不会产生新的应收账款，因而投放在项目上的经营性营运资本在项目经营期末被逐渐收回。

SST公司投资项目预计经营性营运资本增加额见表5-1，在表中，经营性营运资本投资额随着销售收入的变化而变化，在项目生产期的第3年（2025年），前两期投入的经营性营运资本逐渐被收回。

表5-1　**SST公司投资项目预计经营性营运资本增加额**　单位：万元

年份	基期	2023	2024	2025	2026	2027
销售收入	4 000	4 400	4 840	3 800	1 800	1 000
最低现金（销售收入的2%）	80	88	97	76	36	20
应收账款（销售收入的8%）	320	352	387	304	144	80
存货（销售收入的10%）	400	440	484	380	180	100
应付账款（销售收入的7%）	280	308	339	266	126	70
经营性营运资本	520	572	629	494	234	130
经营性营运资本增加额		52	57	-135	-260	-104

（3）原有固定资产的变价收入。它是指固定资产重置、旧设备出售时的现金净流量。

（4）所得税效应。它是指固定资产重置时变价收入的税负损益。按规定，出售资产（如旧设备）时，如果出售价高于原价或账面净值，应缴纳所得税，多缴的所得税构成现金流出量；出售资产时发生的损失（出售价低于账面净值）可以抵减当年所得税支出，少缴的所得税构成现金流入量。诸如此类由投资引起的税负变化，应在计算项目现金流量时加以考虑。

2）经营期现金流量

经营期项目现金流量是指项目建成后，生产经营过程中发生的现金流量，这种现金流量一般是按年计算的。现金流量一般与项目周期内发生的收入、成本有关。项目收入是指在项目投产后增加的税后现金收入（或成本费用节约额）；与项目有关的成本费用是指以现金支付的各种税后成本费用（不包括固定资产折旧费以及无形资产摊销费等，也称经营成本）以及各种税金支出。其计算公式为：

$$\begin{aligned}净利润 &= \left(销售收入 - 经营成本 - 折旧\right) \times \left(1 - 所得税税率\right) \\ &= 息税前利润 \times (1 - 所得税税率)\end{aligned} \tag{5.2}$$

按公式（5.2）计算的净利润称作无负债净利润或无杠杆净收益（unlevered net income），不考虑任何与负债或杠杆相关的利息费用，其原因在于任何增加的利息费用都被视为与项目筹资决策有关，或者说，项目评价独立于筹资决策。例如，某项目初始投资200 000元，每年产生的息税前利润为32 000元，不论项目资本是来自股权还是债务，均不影响项目每年创造的息税前利润。

按公式（5.2）计算的净利润是公司会计业绩的一种评价标准，在此基础上，加上折旧费用（非现金费用），就可以将净利润转化为经营现金流量，即：

$$经营现金净流量=(销售收入-经营成本-折旧)\times(1-所得税税率)+折旧$$

在上式中，所得税在某种程度上依赖于折旧的增量变动，为反映折旧变动对现金流量的影响，上式可改写为：

$$经营现金净流量=(销售收入-经营成本)\times(1-所得税税率)-折旧\times(1-所得税税率)+折旧$$

$$经营现金净流量=(销售收入-经营成本)\times(1-所得税税率)+折旧\times所得税税率$$

上式中的“折旧×所得税税率”称作税负节余（tax shied），指折旧计入成本，冲减利润而少缴的所得税税额，这部分少缴的所得税形成了投资项目的现金流入量。根据公式（5.2），经营现金净流量可写作：

$$\begin{aligned}经营现金净流量 &= 息税前利润\times(1-所得税税率)+折旧\\ &= EBIT\times(1-T)+DEP\end{aligned} \tag{5.3}$$

假设某项目投资后第一年的会计利润和现金流量见表5-2。

表5-2　**投资项目会计利润与现金流量**　单位：元

项目	会计利润	现金净流量
销售收入	100 000	100 000
经营付现成本	50 000	50 000
折旧	20 000	20 000
息税前利润	30 000	30 000
所得税（25%）	7 500	7 500
净利润（税后利润）	22 500	22 500
经营现金净流量		42 500

根据表5-2中的数据，可分别按两种方法计算经营现金净流量：

经营现金净流量=（100 000-50 000）×（1-25%）+20 000×25%=42 500（元）

或

经营现金净流量=30 000×（1-25%）+20 000=42 500（元）

在按上述公式估计经营现金净流量时，如果项目在持续期内追加营运资本（ΔW）和资本支出（F），可将公式（5.3）改写为项目现金净流量（NCF）：

$$NCF = EBIT\times(1-T)+DEP-F-\Delta W \tag{5.4}$$

如果回顾第3章公司自由现金流量的计算方式，可以发现它与项目现金净流量公式（5.4）基本一致。

3）终结现金流量

终结现金流量是指项目经营期末发生的现金流量，主要包括两部分：经营期项目现金流量和经营期终结现金流量。其中，经营期终结现金流量主要包括：第一，固定资产残值变价收入以及出售时的税负损益。如果预计固定资产报废时的残值收入大于税法规定的数额，就应支付所得税，形成一项现金流出量；反之则可抵减所得税，形成现金流入量。第二，垫支经营性营运资本的收回。这部分资本不受税收因素的影响，税法把它视为资本的内部转移，如同把存货和应收账款换成现金一样，因此，收回的经营性营运资本仅仅是现金流量的增加。

【例5-1】APT公司是一家玩具制造公司，该公司计划用一台新设备替换一台旧设备。新设备的有关资料如下：(1) 新设备的购买价格为500万元，按直线法计提折旧，10年后设备净残值为50万元；设备安装费为60万元，其中50万元与设备购置成本一样资本化，剩余的10万元可立即费用化。(2) 采用新设备后每年增加经营性流动资产30 000元、增加经营性流动负债10 000元。(3) 公司预测10年后新设备的账面净值为50万元，但只能以30万元转让出去，届时还要支付搬运和清理费用40 000元。(4) 新设备比旧设备每年可节约150万元的税前经营成本。

旧设备的相关资料如下：(1) 公司目前正在使用的旧设备的账面净值为100万元，并在今后的5年中继续以直线法计提折旧直到账面价值为零。(2) 假设旧设备尚可继续使用10年。(3) 如果现在出售，旧设备当前价格为25万元。APT公司适用的所得税税率为25%。新设备取代旧设备的初始投资、经营现金流量、终结现金流量计算见表5-3、表5-4、表5-5，图5-1描述了APT公司新设备增量现金流量时间线。

表5-3　　新设备取代旧设备初始投资　　单位：元

项目	金额	说明
新设备购买价格	5 000 000	
安装费	500 000	
投资额（可折旧投资）	5 500 000	←=5 000 000+500 000
净营运资本追加投资	20 000	←=30 000−10 000
其他费用（税后）	75 000	←=100 000×（1−0.25）
旧设备出售	250 000	
旧设备净值	1 000 000	
旧设备出售所得税	−187 500	←=（250 000−1 000 000）×0.25
旧设备出售税后收入	437 500	←=250 000−（−187 500）
初始投资	5 157 500	←=5 500 000+20 000+75 000−437 500

在表5-3中，旧设备的原始购置成本并没有参与计算，因为它是沉没成本，它发生在过去，因而对设备重置决策没有影响。

表5-4　　**新设备取代旧设备各年经营现金流量**　　单位：元

项目	第1-5年	第6-10年
（1）新旧设备增量收入	0	0
（2）新设备每年经营成本节约额	-1 500 000	-1 500 000
（3）新设备每年折旧（5 500 000-500 000）÷10	500 000	500 000
（4）旧设备前5年折旧（1 000 000÷5）*	200 000	0
（5）增量折旧（3）-（4）	300 000	500 000
（6）经营现金净流量［（1）-（2）-（5）］×（1-0.25）+（5）	1 200 000	1 250 000

*旧设备的折旧期限剩余5年，因此前5年每年提折旧200 000元，后5年折旧为零。

表5-5　　**新设备取代旧设备终结现金流量**　　单位：元

第10年年末新设备净值（净残值）	500 000	
第10年年末新设备转让价值	300 000	
第10年年末设备清理等税后费用	30 000	←=40 000×（1-0.25）
第10年年末新设备出售所得税	-50 000	←=（300 000-500 000）×0.25
第10年年末收回净营运资本	20 000	
第10年年末现金净流量	340 000	←=300 000-30 000-（-50 000）+20 000

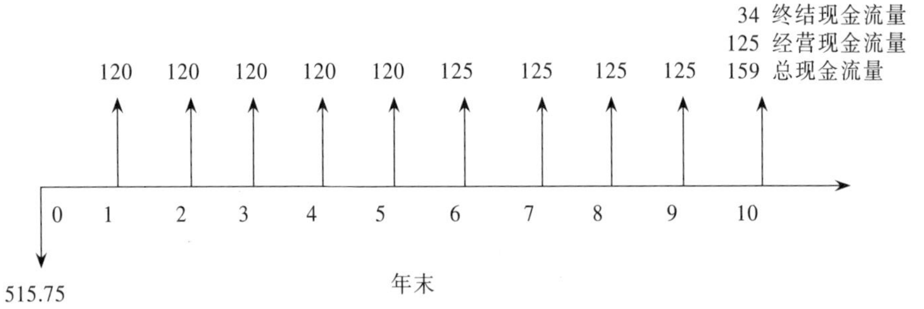

图5-1　APT公司以新设备取代旧设备相关现金流量时间线（单位：万元）

5.2 投资项目评价标准

5.2.1 净现值

净现值（net present value，NPV）是指项目在整个建设和生产服务年限内各年现金净流量按项目资本成本折算的现值之和。其计算公式为：

$$NPV = \sum_{t=0}^{n} \frac{NCF_t}{(1+r)^t} \tag{5.5}$$

式中，NCF_t为第t期净现金流量；r为项目资本成本；n为项目周期。

假设有A、B两个投资项目，各期现金流量均发生在每期期末，项目的折现率均为8%，有关数据和计算结果见表5-6。

表5-6　　**A、B投资项目净现值与内部收益率**　　金额单位：万元

项 目	NCF_0	NCF_1	NCF_2	NCF_3	NPV（8%）	IRR	PI
A	-10 000	8 000	4 000	960	1 599	20%	1.16
B	-10 000	1 000	4 544	9 676	2 503	18%	1.25

根据表5-6的数据，项目A的净现值计算如下：

$$NPV_A = -10\,000 + \frac{8\,000}{(1+8\%)} + \frac{4\,000}{(1+8\%)^2} + \frac{960}{(1+8\%)^3}$$

=-10 000+11 599=1 599（万元）

采用净现值准则进行项目决策的标准是：接受净现值大于等于零的项目，放弃净现值小于零的项目。当一个投资项目有多个方案可供选择时，选择净现值最大的方案，或是按净现值大小进行项目排队，对净现值大的项目优先考虑。从价值创造的角度分析，NPV用来衡量投资项目对公司增量价值的贡献大小。在上例中，选择项目B可以为投资者（股东）带来更多的价值。

在项目评价中，如果项目的净现值大于零，表明该项目产生的现金流量可以向投资者提供超过他们要求之外的收益，这个收益的现值就是项目的NPV。此时，进行项目投资可以提高公司当前的市场价值。如果项目的净现值等于零，表明该项目产生的现金流量刚好满足投资者要求的收益率，项目投资不会改变公司当前的市场价值。如果项目的净现值小于零，意味着项目实施后会降低公司当前的市场价值。采用净现值准则进行项目评价具有以下特点：

第一，净现值具有可加性。假设表5-6中的A、B项目是相互独立的，对它们评价时既可以将两个项目合并在一起评价，也可以分别评价这两个项目。根据价值可加性原则，合并或分别计算所得到的结果是一致的。

第二，净现值准则假定一个项目各期的现金流量（即发生在项目初始和终止之间的现金流量）能够以最低可接受的收益率（通常指资本成本）进行再投资。例如，项目A的净现值也可写作：

$$NPV_A = -10\,000 + \frac{8\,000 \times (1.08)^2 + 4\,000 \times (1.08) + 960}{(1+8\%)^3} = 1\,599\text{（万元）}$$

第三，NPV的计算考虑了预期期限结构和利率的变化。令r_t代表第t-1期与第t期之间不变的折现率，在这种情况下，公式（5.5）可以很容易地推广到各期折现率不相等净现值的计算公式：

$$NPV = IC_0 + \frac{NCF_1}{(1+r_1)} + \frac{NCF_2}{(1+r_1)(1+r_2)} + \cdots + \frac{NCF_n}{\prod_{j=1}^{n}(1+r_j)} \tag{5.6}$$

式中，IC_0为项目初始投资；Π为连乘号。

假设某投资项目第0年至第4年的现金流量分别为-1 000万元、300万元、400万元、500万元、600万元；各年折现率分别为：t_1=10%，t_2=11%，t_3=12%，t_4=13%；则项目的净现值计算如下：

$$NPV = -1\,000 + \frac{300}{1.1} + \frac{400}{1.1 \times 1.11} + \frac{500}{1.1 \times 1.11 \times 1.12} + \frac{600}{1.1 \times 1.11 \times 1.12 \times 1.13}$$

=-1 000+272.73+327.60+365.63+388.27

=354.23（万元）

在上例中，也可以将各期的折现率调整为各期平均折现率计算净现值。表5-7分别列示了根据各期各时点折现率和各期平均折现率计算的净现值。

表5-7　**净现值（各年折现率与年平均折现率）**

年份	0	1	2	3	4
现金流（万元）	-1 000	300	400	500	600
各年折现率		10%	11%	12%	13%
累计折现率	0	10%	22%	37%	55%
现金流现值（万元）	-1 000	272.73	327.60	365.63	388.27
净现值（万元）	354.23				
年份	0	1	2	3	4
现金流（万元）	-1 000	300	400	500	600
年平均折现率		10.000%	10.499%	10.997%	11.494%
现金流现值（万元）	-1 000	272.727	327.600	365.625	388.275
净现值（万元）	354.23				

净现值准则考虑了项目周期各年现金流量的现时价值，反映了投资项目的收益，在理论上较为完善。但是，采用净现值准则进行投资决策隐含的假设是：以当前预测的现金流量和折现率进行项目投资与否的决策，无论是“现在就投资”（如果NPV大于零），还是“永远不投资”（如果NPV小于零），都是一种当期的决策，而与决策后可能出现的新信息无关，从而忽略了随着时间的流逝和更多的信息的获得导致项目发生变化的各种因素，否认了决策的灵活性。

5.2.2　内部收益率

内部收益率（internal rate of return，IRR）是指项目净现值为零时的折现率或现金流入量现值与现金流出量现值相等时的折现率。内部收益率满足下式：

$$NPV = \sum_{t=0}^{n} NCF_t (1 + IRR)^{-t} = 0 \tag{5.7}$$

根据表5-6的数据，项目A的内部收益率可按下式计算：

$$NPV_A = -10\,000 + \frac{8\,000}{(1+IRR)} + \frac{4\,000}{(1+IRR)^2} + \frac{960}{(1+IRR)^3} = 0$$

公式（5.7）是一个n次方程，采用Excel内置函数求解上式，可以得到内部收益率为20%。

利用IRR准则评价投资项目的标准是：如果IRR大于或等于项目资本成本或投资最低收益率，则接受该项目；反之，则放弃。内部收益率准则可直接根据投资项目本身的参数（现金流量）计算其投资收益率，在一般情况下，能够正确反映项目本身的获利能力。需要注意的是，投资项目的内部收益率与资本成本是不同的，IRR是根据项目本身的现金流量计算的，反映项目投资的预期收益率；资本成本是投资者进行项目投资要求的最低收益率。

如果投资项目的现金流量为传统型，即在投资有效期内只改变一次符号，例如，－＋＋＋…＋＋，此时，如果项目各期采用相同的折现率，且以资本成本作为比较基础，那么采用内部收益率准则和净现值准则，对项目投资评价的结论是一致的。图5-2描述了项目A的净现值与内部收益率之间的函数关系。

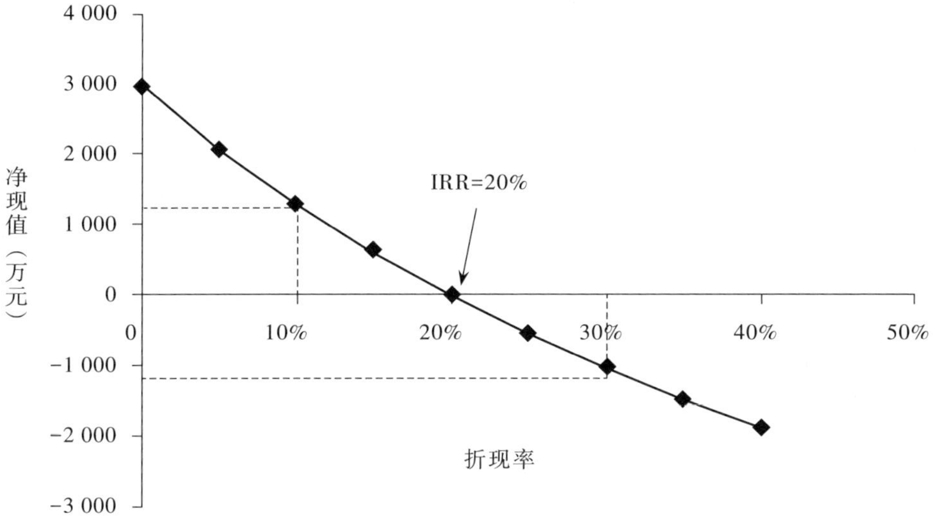

图5-2　项目A的NPV与IRR的关系

在图中，NPV曲线与横轴的交点是内部收益率（IRR=20%），如果折现率或资本成本（10%）小于20%，净现值大于零，按IRR和NPV两种标准判断，均应接受该投资项目。如果折现率或资本成本（30%）大于20%，净现值小于零，按两种标准判断，均应放弃该项投资。显然，在IRR点左边的NPV均为正数，在IRR点右边的NPV均为负数。这表明，如果NPV大于零，IRR必然大于资本成本；如果NPV小于零，IRR必然小于资本成本。由此可知：如果净现值准则得到满足，内部收益率准则也必然得到满足，反之亦然。不论采取哪种决策准则，其结论都是一致的。

与净现值准则相比，内部收益率准则存在某些缺陷，具体表现在以下三个方面：

第一，项目可能存在多个内部收益率或无内部收益率。采用IRR进行项目评价时，如果一个投资项目的现金流量是交错型的，如现金流量为--+ + +…-+ +，即非传统型现金流量，则该投资项目可能会有几个IRR，其个数要视现金流量序列中正负号变动的次数，在这种情况下，很难选择哪一个用于评价最合适。假设某投资项目在第0年至第4年的现金流量分别为-1 000万元、800万元、1 000万元、1 300万元、-2 200万元，其内部收益率分别为6.6%和36.5%，如图5-3所示。

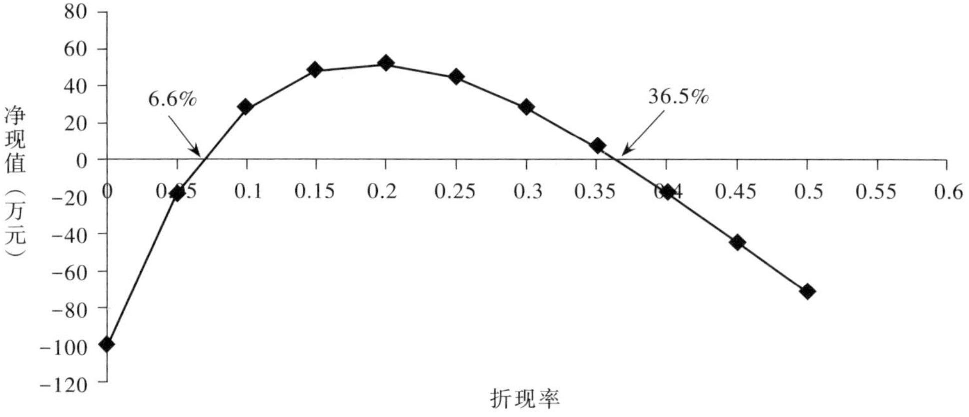

图5-3　多个内部收益率项目的净现值曲线

如果采用内部收益率准则，就要确定使用哪一个内部收益率进行比较。假设项目投资要求的最低收益率为12%，以6.6%作为内部收益率，则项目是不可行的；以36.5%作为内部收益率，则项目是可行的。如果采用NPV准则，在折现率为12%的条件下，只要项目的净现值大于零，就可以简单地判定这个项目是可行的。

与多个内部收益率相同，也可能会出现没有任何折现率能满足定义NPV=0，即IRR无解（如某项目的现金流量为-1万元、3万元、-2.5万元）的情况，这时无法找到评价投资项目的标准。

第二，互斥项目排序矛盾。在互斥项目的比较分析中，如果两个项目的投资规模不同，或两个项目的现金流量时间分布不同，采用NPV准则或IRR准则进行项目排序，有时会得出相反的结论。表5-8描述了两个规模不同的项目的净现值和内部收益率。

表5-8　**投资项目S和L的现金流量**　金额单位：万元

项目	NCF_0	NCF_1	NCF_2	NCF_3	NCF_4	NPV（12%）	IRR	PI
S	-26 900	10 000	10 000	10 000	10 000	3 473	18%	1.13
L	-55 960	20 000	20 000	20 000	20 000	4 787	16%	1.09
L-S	-29 060	10 000	10 000	10 000	10 000	1 313	14.13%	1.05

根据表中数据，S和L两个投资项目的内部收益率均大于资本成本（12%），净现值均大于零，如果可能两者都应被接受。如果两个项目只能选取一个，按内部收益率准则应选择项目S；按净现值准则应选择项目L，两个项目净现值曲线如图5-4所示。

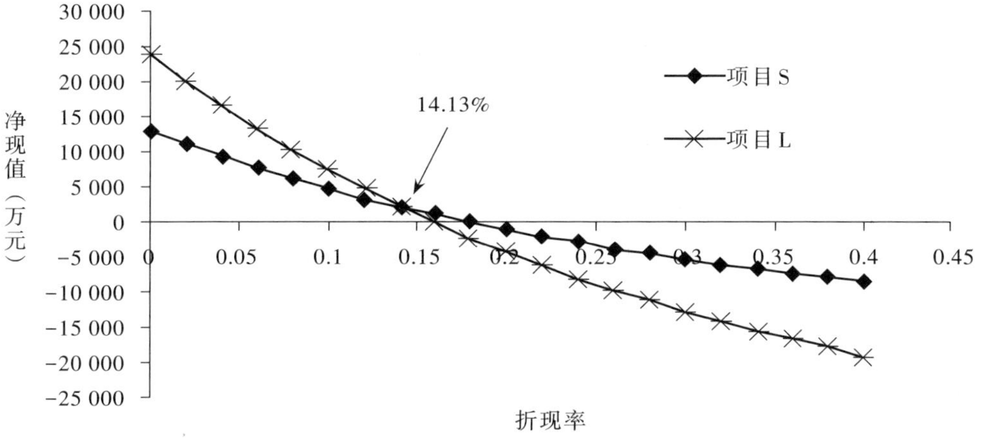

图5-4　项目S、L净现值曲线

在图5-4中，两个项目的净现值曲线与横轴的交点分别代表各自的内部收益率，与纵轴的交点则表示r=0时各自的净现值。从图中可以看出，不论投资者要求的收益率或资本成本（r）为多少，按内部收益率排序，项目S总是优于项目L。按净现值排序，结果与所选择的折现率有关，如果r<14.13%，项目L优于项目S；如果r>14.13%，项目S优于项目L；如果r=14.13%，则两个项目的净现值相等，或者说14.13%代表了两个项目净现值相等时的收益率。如果投资者要求的收益率或资本成本等于或大于这一交点，按NPV或IRR两种标准排序的结论相一致；如果投资者要求的收益率或资本成本小于这一交点，则按NPV排序与按IRR排序的结论会发生冲突。

此外，如果两个项目投资额相同，但现金流量时间分布不同，也会引起两种标准在互斥项目选择上的不一致性。在表5-6中，按内部收益率排序，项目A大于项目B；按净现值排序，在折现率为8%的条件下，项目B大于项目A。造成这一差异的原因是两个投资项目现金流量时间分布不同，项目A的现金流量随着时间递减，而项目B的现金流量随着时间递增。

当采用两种标准对投资项目进行排序出现冲突时，可进一步考虑增量现金流量，在表5-8中，项目L-S相当于追加投资，这一增量项目的IRR为14.13%，大于资本成本（12%），净现值大于零，不论按哪种标准，追加投资项目都应被接受。[①]因此，在条件许可的情况下，投资者在接受项目S后，也可接受项目L-S，即选择

① 如果增量投资的IRR小于资本成本，或增量投资的净现值小于零，则应选择项目S。

项目S+（L-S）=L。这样，在资本成本一定的情况下，投资规模大的项目可以获得较多的净现值。如果按内部收益率标准选择项目S，则追加投资L-S就会被舍弃，显然这有违项目评价的基本原则。因此，当采用两种标准对投资项目进行排序发生矛盾时，应以净现值标准为准。

NPV与IRR标准产生矛盾的原因是这两种标准隐含的再投资利率不同。[①]NPV标准假设投资项目在第t期流入的现金以资本成本或投资者要求的收益率进行再投资；IRR标准假设再投资利率等于项目本身的IRR。无论存在投资规模差异还是时间差异，公司都将有数量不等的资本进行不等年限的投资，这一点取决于公司到底选择互斥项目中的哪一个。如果选择初始投资较小的项目，那么在t=0时，公司将有更多的资本投资到其他方面。同样，对具有相同规模的投资项目来说，具有较多的早期现金流入量的项目就能提供较多的资本再投资于早期年度。因此，项目再投资利率的设定和选择是非常重要的。回答这一问题的关键在于：在投资规模一定的情况下，产生于早期的现金流量而不是晚期的现金流量的价值如何计算？或者说我们能够以多大的机会成本将早期的现金流量进行再投资？

在项目评估中，通常假设：（1）预期资本成本为r，所有投资项目都按r进行评估；（2）资本市场较为完善，投资者能够按照r的成本筹到项目（现在或未来）所需要的全部资本；（3）所有的潜在项目都与目前项目有相同的风险；（4）来源于已投资项目的早期现金流量可用于支付给那些要求平均收益率为r的证券投资者和债权人，或看作一笔利率为r的存款。

根据上述假设，正确的再投资利率应该是资本成本r，在市场均衡的条件下，它代表项目投资者投入资本要求获得的最低收益。而这种假设隐含在净现值中，且对所有的投资项目（现在或未来）来说再投资利率都是相同的。在没有其他更确切的信息时，净现值关于再投资利率的假设是一种较为客观、合理的预期。IRR标准假设的再投资利率以所要考虑的各个项目的现金流量为依据，投资项目的IRR高，假设的再投资利率也高，反之亦然，这对未来的项目投资来说，是不现实的。由于各项目的IRR不同，各项目的再投资利率也不同，这不仅影响评价标准的客观性，也不利于各项目间的比较。由于IRR不能代表期间现金流量适宜的再投资利率，而NPV标准隐含的再投资利率是投资者要求的收益率，能够较准确地测定投资机会。因此，从理论上讲，净现值标准优于内部收益率标准。在本例中，在资本成本为8%的条件下，项目L可以为公司创造更多的价值。

此外，采用哪种准则作为项目评价标准，还要考虑公司是否存在资本约束，如果公司有能力获得足够的资本进行项目投资，净现值准则提供了正确的答案。如果公司存在资本限额，内部收益率准则是一种较好的标准。

---

① 分析NPV和IRR之间的争论，可参阅PLATH D A，KENNEDY W F.Teaching return-based measures of project evaluation［J］. Financial Practice & Education，1994：76-86.

5.2.3 获利指数

获利指数（profitability index，PI）又称现值指数，是指投资项目未来现金净流量（NCF）现值与初始投资额（I_0）的比率。其计算公式为：

$$PI = \frac{PV(NCF)}{I_0} \tag{5.8}$$

根据表5-6的资料，项目A的现值指数如下：

$$PI = \frac{11\,599}{10\,000} = 1.16$$

根据获利指数准则进行项目选择的标准是：接受获利指数大于或等于1的项目；放弃获利指数小于1的项目。由于NPV与PI使用相同的信息评价投资项目，得出的结论常常是一致的，但在投资规模不同的互斥项目的选择中，则有可能得出不同的结论。如在表5-8中，按NPV准则，项目L优于项目S；按PI准则，项目S优于项目L。在这种情况下，项目选择的标准取决于公司是否存在资本约束，如果公司有能力获得足够的资本进行项目投资，净现值准则提供了正确的答案。如果公司存在资本限额，获利指数准则是一种较好的选择标准。

5.2.4 投资回收期

投资回收期（payback period，PP）是指通过项目投产后的现金净流量收回初始投资所需要的时间。假设T为项目各年累计现金净流量首次出现正值的年份，投资回收期可用下式计算：

$$PP = T - 1 + \frac{\text{第}T-1\text{年累计现金净流量的绝对值}}{\text{第}T\text{年的现金净流量}} \tag{5.9}$$

根据表5-6的数据，项目A累计现金净流量（见表5-9）计算的投资回收期如下：

$$PP = (2 - 1) + \frac{2\,000}{4\,000} = 1.5\text{（年）}$$

表5-9 项目A的累计现金净流量 单位：万元

年份	0	1	2	3
现金净流量	-10 000	8 000	4 000	960
累计现金净流量	-10 000	-2 000	2 000	2 960

采用投资回收期准则进行项目决策的标准是：如果投资回收期短于基准回收期（公司自行确定或根据行业标准确定），接受该项目；反之，则放弃该项目。在互斥项目比较分析时，应以回收期最短的方案作为中选方案。

投资回收期以收回初始投资所需时间长短作为判断是否接受某项投资的标准，方法简单，反映直观，被公司广泛采用。但这种方法也存在一定的缺陷，主要表现在：

第一，投资回收期标准没有考虑货币的时间价值和投资的风险价值，在应用这个指标时，实际上是认定r=0，也就是假设在计算期内任何时点上的现金流量的价值都与它的现时价值相等，这显然是不科学的。

第二，投资回收期标准只考虑回收期以前各期现金流量的贡献，而将回收期以后的现金流量截断了，完全忽略了回收期以后现金流量的经济效益，这样就忽略了不同方案的实际差异。例如在表5-10中，如果按净现值准则，应选择项目D，拒绝项目C；如果按投资回收期准则，则与NPV准则的结论相反。从公司价值的角度分析，实施项目D可以增加公司财富，而实施项目C将减少公司的财富。

表5-10　**投资项目净现值与投资回收期**　金额单位：万元

年份	0	1	2	3	4	5	NPV（15%）	PP（年）
项目C	-1 000	500	500	150	80	50	-17.92	2
项目D	-1 000	500	300	400	300	150	170.73	2.5

为了弥补投资回收期标准未考虑货币时间价值和投资风险价值这一缺陷，可采用折现投资回收期标准，这一标准是将未来各期现金流量用该项目的折现率进行折现，求得累计净现值与初始投资现值相等时所需的时间。但这一标准仍未考虑投资项目回收期以后各期现金流量的影响。

尽管投资回收期在项目评价中存在一些缺陷，但它确实告诉人们投入资本被项目占用了多长时间。在其他因素不变的情况下，项目投资回收期越短，项目的流动性就越大。而且由于远期现金流量的风险大于近期现金流量的风险，因此，投资回收期通常作为衡量项目风险的指标。

5.2.5　会计收益率

会计收益率（accounting rate of return，ARR）是指投资项目年平均净利润与该项目年平均投资总额的比率。其计算公式为：

$$\text{会计收益率} = \frac{\text{年平均净利润}}{\text{年平均投资总额}} \times 100\% \tag{5.10}$$

式中，“年平均净利润”是指项目投产后各年净利润总和的算术平均数；“年平均投资总额”是指固定资产投资账面价值的算术平均数。

利用会计收益率准则衡量投资项目的标准是：如果会计收益率大于基准会计收益率（通常由公司自行确定或根据行业标准确定），则应接受该项目，反之则放弃该项目。在有多个方案的互斥选择中，应选择会计收益率最高的项目。会计收益率指标的优点是简明、易懂、易算。但存在明显的缺陷，主要表现为：

第一，会计收益率标准没有考虑货币的时间价值和投资的风险价值，第一年的会计收益与最后一年的会计收益被看作具有同等的价值。

第二，会计收益率是按投资项目账面价值计算的，当投资项目存在机会成本时，其判断结果与净现值等标准差异很大，有时甚至得出相反的结论，影响投资决策的正确性。因此会计收益率只能作为一种辅助标准衡量投资项目的优劣。

【例5-2】XY公司正在对某项目做投资决策分析，目前公司研究开发出一种保健产品，其销售市场前景看好。为了解保健产品的潜在市场，公司支付了50 000元，聘请咨询机构进行市场调查，调查结果表明这一产品市场有10%~15%的市场份额有待开发。公司决定对该保健产品投资进行成本效益分析。

第一步，预测项目现金流量。

（1）市场调研费50 000元为沉没成本，属于项目投资决策的无关成本。

（2）保健品生产设备购置费为110 000元，使用年限5年，设备净残值为5 500元，按直线法计提折旧，每年折旧费20 900元；预计5年后不再生产该产品，此时可将设备出售，其售价为30 000元。

（3）公司购买一处可以满足项目需要的厂房，价款为70 000元，根据税法的规定，厂房按20年计提折旧，假设5年后该厂房的市场价值为60 000元。

（4）预计保健品各年的销售量见表5-10；保健品市场销售价格，第1年为每件200元，由于通货膨胀和竞争因素，售价每年将以2%的幅度增长；保健品单位经营成本第1年100元，以后随着原材料价格的大幅度上升，单位经营成本每年将以10%的比率增长。

（5）生产保健品需要垫支的经营性营运资本，假设各期按下期销售收入的10%估计。第1年年初经营性营运资本为10 000元，第5年年末经营性营运资本为零。

（6）公司适用的所得税税率为25%，假设在整个经营期内保持不变。

根据上述（1）至（6）的相关数据，首先编制经营收入与成本预测表，然后编制项目现金流量表，见表5-11和表5-12。

表5-11　　**经营收入与经营成本预测**　　金额单位：元

年份	销售量（件）	单价	销售收入	单位经营成本	经营成本总额
1	500	200.00	100 000	100.00	50 000
2	800	204.00	163 200	110.00	88 000
3	1 200	208.08	249 696	121.00	145 200
4	1 000	212.24	212 242	133.10	133 100
5	600	216.49	129 892	146.41	87 846

表5-12　　现金流量预测　　单位：元

项目	0	1	2	3	4	5
项目经营期现金流量：						
销售收入		100 000	163 200	249 696	212 242	129 892
销售成本（经营成本）		50 000	88 000	145 200	133 100	87 846
设备折旧		20 900	20 900	20 900	20 900	20 900
厂房折旧		3 500	3 500	3 500	3 500	3 500
息税前利润		25 600	50 800	80 096	54 742	17 646
所得税（25%）		6 400	12 700	20 024	13 685	4 411
净利润（无负债）		19 200	38 100	60 072	41 056	13 234
折旧		24 400	24 400	24 400	24 400	24 400
经营现金流量		43 600	62 500	84 472	65 456	37 634
固定资产投资：						
设备投资	−110 000					23 875*
厂房	−70 000					58 125**
经营性营运资本：						
经营性营运资本（年末）	10 000	16 320	24 970	21 224	12 989	0
经营性营运资本增加值	−10 000	−6 320	−8 650	3 745	8 235	12 989
投资与经营性营运资本增加值	−190 000	−6 320	−8 650	3 745	8 235	94 989
现金净流量	−190 000	37 280	53 850	88 217	73 691	132 624
累计现金净流量	−190 000	−152 720	−98 870	−10 652	63 039	195 663

*设备投资中第5年为设备按净残值出售时的资本利得，根据预测设备5年后的出售价为30 000元，而账面价值仅为5 500元，出售价超过账面价值的差额应缴纳所得税6 125元［（30 000−5 500）×0.25］，出售设备税后净收入为23 875元（30 000 − 6 125）。

**根据预测第5年项目结束时，厂房的市场价值为60 000元，账面价值为52 500元，出售厂房税后收入为58 125元，计算方法与设备相同。

注：表中数据是利用Excel电子表格完成的，与手工计算结果有一定的尾数差异。

第二步，确定项目资本成本。

假设该项目风险与公司风险相同，那么，可以采用公司加权平均资本成本作为折现率。预计公司真实资本成本（不考虑通货膨胀因素）第1年等于公司当前资本成本10%，以后各年逐年上升，到第5年上升至12.15%，预计通货膨胀率第1年为2%，到第5年上升至4%。投资项目资本成本、净现值及内部收益率计算见表5-13。

表5-13　**项目资本成本、现金净流量现值及内部收益率**　金额单位：元

项目	0	1	2	3	4	5
资本成本						
真实资本成本		10.00%	10.50%	11.05%	11.60%	12.15%
预计通货膨胀率		2.00%	2.50%	3.00%	3.50%	4.00%
名义资本成本		12.20%	13.26%	14.38%	15.51%	16.64%
累计折现因子		12.20%	27.08%	45.36%	67.90%	95.83%
现金净流量	-190 000	37 280	53 850	88 217	73 691	132 624
现金净流量现值	-190 000	33 226	42 375	60 690	43 891	67 725

表5-13中有关项目说明如下：

（1）由于项目的现金流量是按名义现金流量计算的，因此需将真实资本成本调整为名义资本成本，其调整公式为：

名义利率=（1+真实利率）×（1+预期通货膨胀率）-1　（5.11）

第1年名义资本成本=（1+10%）×（1+2%）-1=12.20%

其他各期计算方式依此类推。

（2）由于项目资本成本各年不相同，需计算各年累计资本成本。例如，第2年累计资本成本：

第2年累计资本成本=（1+12.20%）×（1+13.26%）-1=27.08%

其他各期计算方式依此类推。

第三步，进行项目评价。

根据上述各项数据，投资项目净现值计算如下：

$$NPV = -190\,000 + \frac{37\,280}{1+12.20\%} + \frac{53\,850}{1+27.08\%} + \frac{88\,217}{1+45.36\%} + \frac{73\,691}{1+67.90\%} + \frac{132\,624}{1+95.83\%}$$

$$=-190\,000+247\,908=57\,908\text{（元）}$$

$$0 = -190\,000 + \frac{37\,280}{(1+IRR)} + \frac{53\,850}{(1+IRR)^2} + \frac{88\,217}{(1+IRR)^3} + \frac{73\,691}{(1+IRR)^4} + \frac{132\,624}{(1+IRR)^5}$$

采用Excel函数计算该项目的内部收益率为23.53%。

根据表5-12和表5-13，计算获利指数（PI）和投资回收期（PP）、会计收益率（ARR）如下：

$$PI = \frac{247\ 907}{190\ 000} = 1.3$$

$$PP = 3 + \frac{10\ 652}{73\ 691} = 3.15\text{（年）}$$

$$ARR = \frac{(19\ 200 + 38\ 100 + 60\ 072 + 41\ 056 + 13\ 234) \div 5}{180\ 000/2} \times 100\% = 38.1\%$$

在这个案例中，NPV大于零，PI大于1，IRR大于资本成本，会计收益率比较高，但投资回收期比较长。根据现有假设条件和预测数据，这个项目是可行的。但是，项目各种评价标准在本质上都是一个预期值，它与项目最终的结果可能存在很大的差别。根据当前信息确定的一个“好”项目，不一定意味着最终一定是一个“好”项目；或者说一个“坏”项目也并不一定预示着该项目无法成功。这不仅因为，上述评价的各种参数都是预期值，与未来可能相差很大，而且因为项目估价仅仅具有技术层面的参考价值，而最终的决定与实施取决于其他因素和决策层的判断。

5.3 投资项目风险分析

5.3.1 项目风险来源

项目风险是指某一投资项目本身特有的风险，即不考虑与公司其他项目的组合风险效应，单纯反映特定项目未来收益（净现值或内部收益率）可能结果相对于预期值的离散程度。通常采用概率的方法，用项目标准差进行衡量。

投资项目风险一方面来源于项目特有因素或估计误差带来的风险，另一方面来自各种外部因素引起的风险，其中具有普遍性且比较重要的因素如下：

（1）项目收益的风险。它是指影响项目收入的不确定性因素，如产品价格波动、市场状况、消费者偏好、意外事故等。项目收入比任何其他的经济分析所采用的参数都具有更大的不确定性，这种不确定性将给公司带来更大的投资风险。

（2）投资与经营成本风险。它是指对各项费用估计不足的风险。例如，对厂房及机器设备的类型与数量、土地征用和拆迁安置费、机械使用费等建设投资估计不足，对材料费、工资费、各种管理费等经营成本估计不足，以及建设期的延长等对费用的影响估计不足等。

（3）筹资风险。它是指项目资本来源、供应量与供应时间、利率、汇率变化对资本成本的影响。

（4）其他风险。它主要指社会、政治、经济的稳定程度，项目施工与经营管理的水平，技术进步与经济发展的状况，国家的投资及产业政策，投资决策部门的预测能力，项目设计质量和可靠性，通货膨胀和汇率等。

在研究投资项目风险时，还应考虑它与公司风险和市场风险的关系。公司风险是指不考虑投资组合因素，纯粹站在公司的立场上来衡量的投资风险。通常采用公司资产收益率标准差进行衡量。如果将公司资产看作多个投资项目的组合，那么可参照投资组合风险分析方法衡量公司风险。在这种情况下，公司风险由三个要素构成：每种资产（或项目）所占的比重、每种资产的风险以及公司资产之间的相关系数或协方差。某一项目可能具有高度的不确定性，但如果该项目在整个公司资产中所占的比重相对比较小，而且该项目收益与公司其他资产的收益并不密切相关，那么该投资项目的风险就可以在与公司其他资产的组合中被分散掉，公司规模越大，这种风险的分散效应就越大。

市场风险是站在拥有高度多元化投资组合的公司股票持有者的角度来衡量投资项目风险的。或者说，在投资项目风险中，无法由多元化投资加以消除的那部分，就是该项目的市场风险，通常用投资项目的贝塔系数（β）来表示。

如果一个具有高度风险的项目的收益与社会经济范围内的大部分资产密切相关，那么该项投资将同时具有高度的公司风险和市场风险。例如，公司计划扩建太阳能汽车生产线，如果在目前的技术水平下，公司无法确定是否可以采用流水线方式大量生产太阳能汽车，那么这一扩充型投资就具有相当大的项目风险和公司风险。如果公司预计经济长期繁荣，则该项投资成功的可能性较大；如果经济长期萧条，则该项投资失败的可能性较大。这意味着该项目与社会上其他公司的经营状况有关，因此这一项目具有较高的市场风险。

在上述三种风险中，由于项目的市场风险不能通过多元化投资加以分散，因此它对项目影响非常重要。但公司风险和项目特有风险也不容忽视，这是因为：

第一，单一股票持有者，包括小型公司的所有者，他们对公司风险的关心要胜于市场风险。特别是由于交易成本和信息投资成本的影响，大多数投资者很难持有多种股票进行分散投资。因此，公司管理者应更加重视公司风险的影响。

第二，公司经营的稳定程度对公司的所有股东、管理者、工人、客户、供应商、债权人以及公司所处的社区同样重要。如果公司经营状况差，获利能力低甚至面临破产，那么供应商或客户将拒绝与其合作，债权人将提高贷款利率或终止贷款，公司优秀的管理者或工人将会离去。所有这些因素都将使具有公司风险的公司的利润下降，从而降低它的股票价值。因此即使对于那些实行多元化投资的股东而言，公司风险也是很重要的。

第三，对于公司的管理者和普通员工来说，他们投资于公司的是人力资本，这种投资风险与公司风险密切相关且不可分散。因此，他们关注更多的是公司风险而不是市场风险。

5.3.2 敏感性分析

敏感性分析是衡量不确定性因素变化对项目评价标准（如NPV或IRR）的影响程度。如果某一因素在较小范围内发生变动，就会影响原定项目的盈利能力，即表明该因素的敏感性强；如果某一因素在较大范围内变动，才会影响原定项目的盈利能力，即表明该因素的敏感性弱。敏感性分析的目的是找出投资机会的“盈利能力”对哪些因素最敏感，从而为决策者提供重要的决策信息。

投资项目敏感性分析的具体步骤如下：

第一步，确定敏感性分析对象。在进行敏感性分析时，可根据不同投资项目的特点，挑选出最能反映项目效益的指标作为分析对象，如净现值、内部收益率等，并根据投资项目现金流量中的收入、成本等基本数据，分别计算出项目或几个对比项目的净现值、内部收益率等评价指标。

第二步，选择不确定性因素。投资项目不确定性因素的内容，依项目的规模、类型的不同而不同。例如，对于一家工厂改建的评估，必须估计与总改建费用（包括机器）、劳动力成本、广告费用、原材料成本和销售收入有关的现金流量。此外，还需要有关折现率和项目寿命期的信息。显然，这一过程中产生的各种评估数据都会受到不确定性因素的影响。在评估中，通常不需要对全部可能出现的不确定性因素逐个分析，只是分析那些在成本收益构成中占比重较大、对盈利能力有重大影响并在经济寿命周期中最有可能发生的因素。一般共同的不确定性因素主要包括：市场规模、销售价格、市场增长率、市场份额、项目投资额、变动成本、固定成本、项目周期等。对选取的不确定性因素，可按其发生变化时增加（减少）一定的百分比（±10%、±15%、±20%）分别计算出这些因素变化对项目的净现值、内部收益率等评价指标的影响。

第三步，调整现金流量。进行敏感性分析时，有可能一个敏感性因素的变化会使其他条件发生相应的变化。因此，在调整现金流量时，需注意以下几个问题：（1）销售价格的变化，直接影响销售收入的变化，在调整时不要忽略与销售收入有关的税金的变化。（2）原材料、燃料价格的变化，要调整变动成本。（3）项目投产后，产量发生了变化，在相关范围内，只调整变动成本，固定成本不变。

在进行分析计算的过程中，先假定一个因素变化而其他因素不变，算出项目效益对这个变化的敏感程度，再假定第二个因素变化，算出项目效益对这个变化的敏感程度，这样一个一个地往下进行，直到把对投资项目的经济效益有影响的那些主要因素和它们相应的敏感程度都算完为止。

当完成上述各步骤之后，将得到的数据按不同项目列入表内，彼此相互对照，并据以进行项目的取舍。现以保健品投资项目为例加以说明，假设影响该项目收益变动的因素主要是销售量、单位经营成本以及资本成本，现以该项目的净现值（57 908元）为基数值，计算上述各因素围绕基数值分别增减10%、15%（每次只有一个因素变化）时新的净现值。表5-14和图5-5描述了销售量、单位经营成本和资本成本单独变动对净现值的影响程度。

从图5-5可以看出，项目净现值对单位经营成本最为敏感（斜率比较大），其次为销售量，相对而言，资本成本变动对净现值的影响较为平缓。

表5-14 **各项因素变化对净现值的影响** 金额单位：元

因素变化百分比	销售量	单位经营成本	资本成本
115%	84 136	19 901	43 788
110%	75 393	32 570	48 356
100%	57 908	57 908	57 908
90%	40 423	83 246	68 052
85%	31 680	95 915	73 360

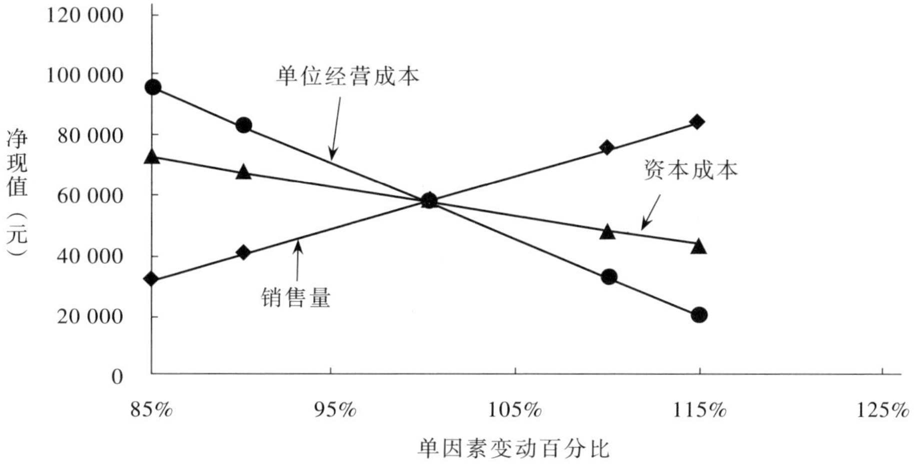

图5-5 项目净现值对销售量、单位经营成本和资本成本的敏感程度

敏感性分析主要解决一系列“如果……会……”的问题。例如，如果销售量比预期值下降10%会怎样？如果投资额增加20%会怎样？这种方法在一定程度上就多种不确定性因素的变化对项目评价标准的影响进行定量分析，它有助于决策者了解项目决策时需重点分析与控制的因素。但敏感性分析也存在一定的局限性，如它没有考虑各种不确定性因素在未来发生变动的概率分布状况，因而影响风险分析的正确性。在实际中可能会出现这样的情况，通过敏感性分析找出的某一敏感因素未来发生不利变化的概率很小，所引起的风险也很小。而另一个相对不太敏感的因素未来发生不利变化的概率却很大，实际所带来的风险比敏感因素更大。另外，敏感性分析采取固定其他变量，改变某一变量的方法，往往与实际情况相脱离。事实上，许多变量都是相互联系的，孤立地考察某一变量的影响情况往往不能得出正确的结论。

5.3.3 盈亏平衡分析

盈亏平衡点（break-even point）又称保本点、损益临界点。从会计分析的角度，盈亏平衡点是会计利润等于零时的销售量或销售收入，即全部销售收入等于全部成本时（销售收入线与总成本线的交点）的销售量。以盈亏平衡点为界，销售收入高于盈亏平衡点，公司盈利，反之则亏损。采用会计利润忽略了与货币时间价值和风险价值相联系的机会成本，盈亏平衡点与净现值为零的那一点并不相等。因此，在项目分析中，可引入资本成本，估计投资项目盈亏平衡点，确定净现值等于零时的销售量或销售收入。

【例5-3】假设某公司正在考虑一项投资，初始投资额为20 000元，第1—5年每年的销售量为15 000件，单位售价5元，单位变动成本3元，固定成本总额20 000元，其中折旧4 000元，假设所得税税率为25%，折现率为22.106%，则该项投资各年经营现金净流量和净现值计算如下：

$$NCF_{1-5}=[15\,000\times(5-3)-20\,000]\times(1-25\%)+4\,000=11\,500\text{（元）}$$

$$NPV=-20\,000+11\,500\left[\frac{1-(1+22.106\%)^{-5}}{22.106\%}\right]=18\,257\text{（元）}$$

从净现值评价指标看，这个项目值得投资。问题在于计算净现值所用数据仅仅是预计值，而实际现金流量可能与预计值大不相同。假设销售量是影响净现值的重要因素，通过盈亏平衡分析，可以确定项目的销售量下降到多少时，项目开始出现亏损。表5-15列示了不同销售量假设条件下，投资项目的净现值。

表5-15　**不同销售量时项目的净现值**　金额单位：元

销售量（件）	现金流入（第1—5年）	现金流出（第1—5年）				现金流入现值	现金流出现值	净现值
		变动成本	固定成本	所得税	投资额（第0年）			
0	0	0	16 000	-5 000	20 000	0	51 429	-51 429
1 000	5 000	3 000	16 000	-4 500*	20 000	14 286	61 429	-47 143
10 000	50 000	30 000	16 000	0	20 000	142 858	151 429	-8 571
10 425	52 125	31 275	16 000	213	20 000	148 930	155 679	-6 750
11 000	55 000	33 000	16 000	500	20 000	157 144	161 429	-4 286
12 000	60 000	36 000	16 000	1 000	20 000	171 430	171 430	0
13 000	65 000	39 000	16 000	1 500	20 000	185 715	181 430	4 286
14 000	70 000	42 000	16 000	2 000	20 000	200 001	191 430	8 572
15 000	75 000	45 000	16 000	2 500	20 000	214 287	201 430	12 857

*项目如果出现亏损，亏损额可以用于抵扣公司其他业务的应税收入，在这种情况下，项目会带来减税收益，即所得税支出为负数。例如，销售量为1 000件时，应纳所得税为-4 500元（（5 000-3 000-20 000）×25%）。

表5-15中的数据表明，当销售量为12 000件时，项目的净现值为零。因此，销售量为12 000件或销售收入为60 000元为项目净现值等于零时的盈亏平衡点，当销售量超过12 000件时，净现值大于零，否则小于零。

为比较净现值为零时的盈亏平衡点与会计利润为零时的盈亏平衡点的区别，表5-16给出了不同销售量水平下的税后利润。根据会计利润，得到的盈亏平衡点为10 000件。

表5-16　**不同销售量水平下的税后利润**　金额单位：元

销售量（件）	销售收入	销售成本		所得税	税后利润
		变动成本	固定成本		
0	0	0	20 000	-5 000	-15 000
1 000	5 000	3 000	20 000	-4 500	-13 500
9 000	45 000	27 000	20 000	-500	-1 500
10 000	50 000	30 000	20 000	0	0
11 000	55 000	33 000	20 000	500	1 500
12 000	60 000	36 000	20 000	1 000	3 000
13 000	65 000	39 000	20 000	1 500	4 500
14 000	70 000	42 000	20 000	2 000	6 000
15 000	75 000	45 000	20 000	2 500	7 500

为什么会计利润盈亏平衡点的销售量为10 000件，净现值盈亏平衡点的销售量为12 000件？当采用会计利润估计盈亏平衡点时，每年提取折旧4 000元，经过5年刚好弥补项目的初始投资20 000元。如果公司每年销售10 000件产品，销售收入足以弥补经营成本和归还最初的投资额，但不足以弥补20 000元的资本机会成本，假设将20 000元投资到其他业务，获得22.106%的利润，那么年度投资回收成本就不是4 000元，而是7 000元①，即：

$$年度回收成本 = 20\,000 \times \frac{22.106\%}{1-(1+22.106\%)^{-5}} = 7\,000（元）$$

上述计算表明，当年销售量为12 000件时，项目的年度销售收入不仅可以弥补变动成本、固定成本和税金，而且每年还有7 000元来弥补20 000元的初始投资，

① 这一结果是根据第3章的公式（3.6）计算的，相当于已知现值（初始投资），估计每年年金（等价回收额）。

保证初始投资获得22.106%的投资收益。

保健品项目及盈亏平衡点分析

以会计利润计算的盈亏平衡点，实际上是处于亏损状态的，它丧失了投资资本的机会成本。莱因哈特（Reinhardt）曾就此类错误给出过一个经典的案例。1971年，洛克希德公司（Lockneed）在向美国议会递交的L-1011型三星商用飞机的投资项目可行性报告中，经理们看好项目的商业前景，认为L-1011型三星商用飞机最终会超过200架飞机的盈亏平衡点，但是在这个盈亏平衡点的计算中，公司忽略了投入资本的机会成本，如果考虑这一成本，盈亏平衡点就可能接近500架飞机。

采用敏感性分析，一次只能考虑一种变量变化的影响，通过观察不同情境下项目的变化情形，也可以考虑把有限个变量较为合理地组合在一起变化的情形。通常将这种方法称作蒙特卡罗模拟法（Monte Carlo method）。戴维·赫兹（David Hertz）[①]第一次提出在资本预算中采用蒙特卡罗模拟法，麦肯锡咨询管理公司也将这种方法广泛应用于项目评估。

5.3.4 项目风险调整

根据项目风险来源和影响程度进行风险调整的方法，主要有风险调整折现率法和确定等值法。前者是调整净现值公式的分母，后者是调整净现值公式的分子。

1）风险调整折现率法

在风险调整折现率法下，净现值公式可写成：

$$NPV=\sum_{t=0}^{n}\frac{NCF_t}{(1+r)^t}=\sum_{t=0}^{n}\frac{NCF_t}{(1+i+\theta)^t} \tag{5.12}$$

式中，i表示无风险利率；θ表示风险溢价。

投资项目的风险调整折现率一般是在项目风险分析的基础上，确定项目的风险溢价。如果无法直接确定项目的风险溢价，可根据同类项目的风险收益系数与反映特定项目风险程度的标准离差率估计风险溢价，然后加上无风险利率，即为该项目的风险调整折现率。其计算公式为：

$$\begin{matrix}\text{风险调整}\\\text{折现率}\end{matrix}=\begin{matrix}\text{无风险}\\\text{利　率}\end{matrix}+\begin{matrix}\text{同类项目风}\\\text{险收益系数}\end{matrix}\times\begin{matrix}\text{特定项目风险的}\\\text{标准离差率}\end{matrix} \tag{5.13}$$

采用公式（5.13）的难点是如何找到同类项目且能够确定其风险收益系数。在实务中，如果能找到同类项目，或构造一个从事同类项目的公司的资产组合，以此作为合适的可比公司，估计同类项目或可比公司的风险（β系数），并根据项目的负债比率和税率将此转化为特定项目风险。

有些公司为经常发生的某些类型的风险项目，预先根据经验按风险大小规定了高低不等的折现率，以供决策分析之需。例如，某公司对不同类型项目的折现率规定见表5-17。

---

① Hertz D B.Investment policies that pay off [J]. Harvard Business Review，1968：46.

表5-17　　不同类型项目的风险调整折现率

投资项目	风险调整折现率
重置型项目	8%+2%=10%
改造或扩充现有产品生产线项目	8%+5%=13%
增加新生产线项目	8%+8%=16%
研究开发项目	8%+15%=23%

实际上，公司对风险溢价的确定，在很大程度上取决于项目决策者对风险的态度。比较敢于承担风险的公司，往往把θ值定得低些，反之，比较稳健的公司，则常常把θ值定得高些。

采用风险调整折现率法时，对风险大的项目采用较高的折现率，对风险小的项目采用较低的折现率。这种方法简单明了，符合逻辑，在实际中运用较为普遍。但是这种方法把风险收益与时间价值混在一起，并依此进行现金流量的折现，不论第t年为哪一年，第t+1年的复利现值系数总是小于第t年的复利现值系数，这意味着风险必然随着时间的推移而被人为地逐年扩大。这样处理常常与实际情况相反，有的投资项目，往往对前几年的现金流量没有把握，而对以后的现金流量却较有把握，如果按风险调整折现率法，则将不能正确地反映项目的风险程度。

2）确定等值法

确定等值法又称肯定当量法，这一方法要求项目决策者首先确定与风险现金流量同等效用的无风险现金流量，然后用无风险利率折现，计算项目的净现值，以此作为决策的基础。在确定等值法下，风险项目的净现值可按下式计算：

$$NPV = \sum_{t=0}^{n} \frac{\alpha_t NCF_t}{(1+i)^t} \tag{5.14}$$

式中，各年的α_t表示无风险现金流量和风险现金流量之间的等值系数，其计算公式为：

$$\alpha_t = \frac{\text{确定现金流量}}{\text{风险现金流量}} \quad (0 \leqslant \alpha_t \leqslant 1) \tag{5.15}$$

式中，各年的α_t值反映了管理层对风险的态度，管理层的风险规避程度越高，确定等值系数就越小。对公司而言，如果项目的风险处于正常水平，且资本成本和无风险利率已知，则可以估计确定等值系数。

假设你正面临两种选择：（1）抛掷一枚硬币，如果正面向上，你将得到10 000元，如果反面向上，你将一无所获，掷币的期望现金流量为5 000元；（2）不抛掷硬币，你将直接得到3 000元。在这两个选择中，（1）的收益期望值和风险均大于（2），究竟选择哪一种，在很大程度上取决于决策者的经验、胆略、判断能力、风险厌恶程度等诸多因素。如果你认为掷币与否是无差别的，那么3 000元就是这一期望值为5 000元的风险性现金流量的确定等值。或者说，无风险或确定性的3 000元为你提供了与5 000元风险性预期收益完全相等的效用，确定等值系数为0.6（3 000÷5 000）。

在实践中，α_t可由经验丰富的分析人员凭主观判断确定，也可以根据各年现金流量不同的离散程度，即现金流量标准离差率确定。如将标准离差率划分为若干档次，并为每一档次规定一个相应的α_t值，标准离差率越低，风险越小，α_t值就越大；反之，则越小。标准离差率与确定等值系数之间并没有公认的客观标准。因此，标准离差率如何分档，各档的确定等值系数如何规定，均取决于投资决策者对风险的规避程度。

【例5-4】假设SRR公司现有A、B两个投资方案，各年的现金流量见表5-18。为简化，假设各年的现金流量相互独立。①无风险利率为8%。

表5-18　**投资方案现金流量及其概率**　金额单位：元

年份	A方案		B方案	
	概率	年现金净流量	概率	年现金净流量
0	1.0	-900	1.0	-500
1	0.3	780	0.3	430
	0.5	600	0.4	380
	0.3	400	0.3	260
2	0.2	720	0.1	310
	0.6	500	0.8	250
	0.2	300	0.1	190
3	0.3	560	0.2	220
	0.4	200	0.6	160
	0.3	100	0.2	100

假设SRR公司根据投资项目的历史资料估计的标准离差率与确定等值系数之间的关系见表5-19。

表5-19　**标准离差率与确定等值系数之间的关系**

标准离差率	0.00～0.07	0.08～0.23	0.24～0.42	0.43～0.73
确定等值系数	1.00	0.85	0.60	0.40

① 在表5-18中，方案A第1年的现金净流量不论是780元或600元，或400元，第2年的现金净流量都可能出现三种情况，即720元或500元，或300元；同样，第2年的现金净流量无论是720元或500元，或300元，第3年的现金净流量都可能出现560元或200元，或100元三种情况。

根据表5-18、表5-19等资料，采用确定等值法计算的两个方案各年现金流量期望值、标准差、项目的净现值，见表5-20。

表5-20　**投资方案净现值（确定等值法）**　金额单位：元

A方案净现值					
年份	0	1	2	3	净现值（8%）
现金流量期望值	-900	595	504	278	
标准差		134.4	132.9	189.2	
标准离差率		0.23	0.26	0.68	
确定等值系数	1.00	0.85	0.60	0.40	
确定等值	-900	505.75	302.40	111.20	-84.18
B方案净现值					
年份	0	1	2	3	净现值（8%）
现金流量期望值	-500	359	250	160	
标准差		68.04	26.83	37.95	
标准离差率		0.19	0.11	0.24	
确定等值系数	1.00	0.85	0.85	0.60	
确定等值	-500	305.15	212.50	96.00	40.94

上述计算结果表明，A方案各年现金流量的标准离差率较高，其确定的现金流量较低，从而导致方案的净现值小于零，方案变得不可行。而B方案在排除风险因素之后，其期望净现值为正值，可以考虑接受该项目。

确定等值法

确定等值法通过对现金流量的调整来反映各年的投资风险，并将风险因素与时间因素分开讨论，这在理论上是成立的。但是，确定等值系数α_t很难确定，每个人都会有不同的估算，数值差别很大。在更为复杂的情况下，确定等值系数反映的是股票持有者对风险的偏好，而不是公司管理层的风险观。因此，风险调整现金流量法在决策应用中较少采用。

大多数公司在投资分析中都进行风险分析，但采用的分析方法有很大的差别。格雷厄姆（Graham，2001）和哈维（Harvey）[①]在1999年对1998年“财富500强”的CFO发出问卷调查，392家公司的CFO回复了问卷。有关项目风险调整的反馈情

① GRAHAM J R，HARVEY C R.The theory and practice of corporate finance：evidence from the field［J］. Journal of Financial Economics，2001，60（2）：187-243.

况见表5-21。

表5-21　　项目风险调整反馈表（%）

风险来源	调整折现率	调整现金流量	两者同时使用	两者都不采用
1.预期通货膨胀风险	11.9	14.45	11.9	61.75
2.利率风险	15.3	8.78	24.65	51.27
3.利率期限风险（长期与短期利率变动）	8.57	3.71	12.57	75.14
4.GDP或商业周期风险	6.84	18.8	18.8	55.56
5.商品价格风险	2.86	18.86	10.86	67.43
6.外汇风险	10.8	15.34	18.75	55.11
7.财务危机（破产概率）	7.41	6.27	4.84	81.84
8.公司规模	15	6	13.43	66
9.“市场-账面”比率（市场价值/公司资产账面价值）	3.98	1.99	7.1	86.93
10.成长趋势（近期股票价格走势）	3.43	2.86	4.86	88.85

表5-21列示除了市场风险以外的风险来源，反馈者在项目评估时对风险的调整主要有以下方式：调整折现率、调整现金流量、两者同时调整、两者都不调整。总的来说，对于公司而言，最重要的风险因素是利率风险、汇率风险、商业周期风险和通货膨胀风险。在计算折现率时，最重要的因素是利率风险、公司规模、通货膨胀风险和汇率风险。在计算现金流量时，最重要的因素是商品价格、GDP增长、通货膨胀风险和汇率风险。很少有公司因为账面价值与市场价值比率、财务危机或者成长趋势（momentum）风险而调整折现率或现金流量。只有13.1%的反馈者考虑会因为账面价值和市场价值的不同而调整现金流量或折现率。有11.15%的反馈者认为成长趋势是非常重要的。

【课堂拓展】　　跟着NASA学决策①

成立于1958年的美国国家航空航天局（NASA），承担的项目都是对世界科技创新的前沿探索。如“阿波罗”登月计划、哈勃太空望远镜项目、“勇气号”火星车、詹姆斯·韦伯空间望远镜等。对充满不确定性的未知领域，NASA解决这些未知问题的最核心方法就是决策树法。

现以NASA向火星发射海盗号着陆器为例，简单说明决策树法的基本思路。

1975年，NASA准备向火星发射海盗号着陆器。当时，苏联跟美国达成协议，

① 中村慎吾．高胜算决策：向绝不容出错、极会管理风险的NASA学决策［M］．谷文诗，译．南昌：江西人民出版社，2019.

海盗号造成微生物污染的概率，必须控制在万分之一以内，否则，这项计划就不能开展。

NASA评估海盗号着陆器微生物污染的概率，主要分为三个阶段：分解流程、情景分析、概率分析，如图5-6所示。

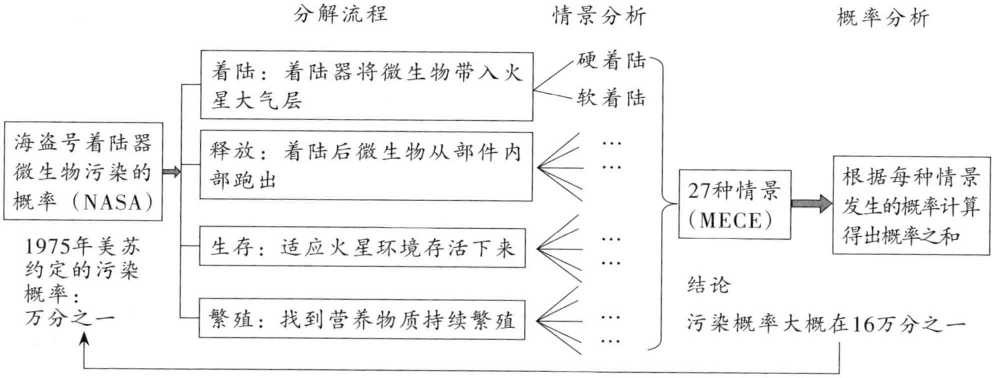

图5-6　海盗号着陆器微生物污染的概率

第一阶段：分解流程。利用假设分解流程，即把大流程分解成一个个小流程。NASA根据污染发生的过程，设想微生物污染火星需要四步：着陆、释放、生存、繁殖。

着陆：登陆火星的着陆器被制造时就附着微生物，然后跟着陆器飞进火星大气层。

释放：着陆器到达火星之后，微生物就会从着陆器释放出来。由于微生物主要集中在每个部件的内部，即使给着陆器表面灭菌，也不可能把每个部件内部的微生物都杀干净，微生物还会从部件内部跑出来污染火星。

生存：微生物到达水源的过程，以及不被强烈的紫外线消灭。

繁殖：微生物必须在火星找到营养物质，并且完成持续的繁殖，才能真正对火星造成污染。

第二阶段：情景分析。即尽可能列出每一种流程可能出现的情景。情景分析要遵循MECE原则，每个情景相互独立、不重叠、不遗漏。例如，在着陆这个步骤里存在两个情景，一是硬着陆，也就是直接撞向火星地表。二是软着陆，也就是缓缓降落。这两种落地方式，彼此独立，不可能同时发生；而且着陆只有这两种方式，它穷尽了所有可能。

在每一种流程，不仅要列出所有可能发生的情景，还要沿着这些情景，进一步延伸新的场景。如在硬着陆时，如果着陆器直接撞向火星表面，外壳很可能破损。这时，假如破损的部件直接插进火星的土壤里，微生物就躲过了紫外线，它存活下来的概率就会增加。如果是软着陆，着陆器外壳完好无损，微生物被困在内部，不会马上释放出来。当然风沙也可能对外壳造成腐蚀。即使着陆器外壳遭到腐蚀，因为着陆器停留在火星的地表上，微生物也会被直接释放到火星的大气中，在强烈的紫外线照射下，它活下来的概率就很小。

第三阶段：计算概率。微生物从着陆到繁殖，在这个完整的流程中，NASA列出了27种情景，也就是有27根树杈。在每一种情景中，微生物造成污染的概率都不一样。虽然这个完整的流程没法测算。但是，每个具体的情景都可以通过现有的工具计算出来。例如，如果着陆器发生硬着陆，撞向火星地表，着陆器严重破损的概率是多少？微生物死亡的概率是多少？每一单独的情景数据，NASA都可以委托波音公司，在飞机的撞击试验中，顺便获取这个数据。同样，其他情景也可以从其他公司那里获取数据，或者直接找专家计算。最后，将27种情景的概率相加，得出了微生物造成污染的总体概率大约为16万分之一。远低于和苏联约定的，万分之一的标准。

NASA项目决策方法，就是通过解构，把一个不可能解决的大问题，拆解成一个个可以计算概率的小问题，从不确定性中寻找相对确定性，使不可能变成可能。

课堂讨论：NASA决策树分析法有什么特点？在充满不确定性的未知领域中，如何借鉴NASA决策方法进行项目决策？

本章小结

1.所谓增量现金流量，是根据“有无”的原则（with-versus-without），确认有这项投资与没有这项投资现金流量之间的差额。判断增量现金流量，决策者会面临四个问题：附加效应、沉没成本、机会成本、制造费用等。

2.经营现金净流量等于无负债净利润或无杠杆净利润加上折旧，在这里不考虑任何与负债或杠杆相关的利息费用，其原因在于任何增加的利息费用都被视为与项目融资决策有关，或者说，项目评价独立于融资决策。

3.采用净现值准则进行项目决策的标准是：接受净现值大于等于零的项目，放弃净现值小于零的项目；利用IRR标准选择投资项目的基本原则是：若IRR大于或等于项目资本成本则接受该项目，反之则放弃。

4.投资项目风险一方面来源于项目特有因素或估计误差带来的风险，另一方面来自各种外部因素引起的风险，其中具有普遍性且比较重要的因素主要包括项目的销售量、价格变动风险、项目投资成本与经营成本、筹资风险以及与经济环境等有关的风险。一般可采用敏感性分析、盈亏平衡分析、模拟分析等风险分析方法。

5.风险调整折现率法就是调整净现值公式的分母，项目的风险越大，折现率就越高，项目收益的现值就越小。确定等值法是效用理论在风险投资决策中的直接应用。这一方法要求项目决策者首先确定与其风险性现金流量具有同等效用的无风险现金流量，然后用无风险利率折现，计算项目的净现值，以此作为决策的基础。

基本训练

1.ABC公司正在考虑一项新投资，公司可从当地一家银行取得贷款。该公司的财务部门根据预测的现金流量、项目的NPV和IRR，认为这个项目是可行的。但银行的贷款主管对这项分析不满意，他坚持认为现金流量中应包含利息因素，即将利息作为项目的一项成本。他认为一个业务计划与预计财务报表应该一同完成。试根据资本预算理论向这位银行主管进行解释。

2.BIO公司是一家生物技术公司，研究开发了一种新药，取得了该药的专利权，期限10年。有关新药投入市场的财务可行性研究已完成，营销和财务部门正在向董事会撰写一份联合计划书，他们希望董事会能够批准新的投资项目。计划书中的资本预算部分只包括估计的未来费用和收入。负责该项目的主管坚持认为项目资本预算中应该包括过去几年花费在研发上的资金。他说忽略或省去那些项目研发费不仅低估了项目的费用，而且是对董事会的一种欺骗行为。评论这位项目主管的观点，如果你不同意，你将如何向他解释并让他接受你的观点。

3.许多项目在投资决策时通常采用内部收益率（美国，1977）、净现值（新西兰，1995）、投资回收期（中国内地，1977）作为主要的决策指标，见表5-22。

表5-22 不同国家不同时期项目投资决策标准选择排序

评价标准	美国公司（1977）	新西兰（1995）	中国内地（1997）
内部收益率	53.60%	30.20%	5.30%
净现值	9.80%	29.50%	19.40%
获利指数	2.70%	—	18.20%
投资回收期	8.90%	21.30%	26.50%
会计收益率	25.00%	—	4.20%
其他指标	—	19.00%	26.40%
合计	100.00%	100.00%	100.00%

根据表中的数据，说明为什么美国和新西兰的项目经理倾向IRR和NPV，而我国的项目经理倾向投资回收期。如果你是一名项目经理，项目决策只能选择一个指标，你会选择哪个指标，为什么？

4.ABC公司研究开发一种新型产品。该投资项目的厂房、设备等投资共需2 100万元，运营5年，税法规定期满有净残值100万元，按直线法计提折旧。该项目投资即可投产使用，即无建设期。预计投产后每年可实现收现销售收入2 400万元，发生经营成本1 800万元，公司的所得税税率为25%。公司预计期满后所有的资产处置后可得到的残值收入仅为80万元。

要求：

（1）计算该投资项目各年的现金流量。

（2）如果投资该项目所要求的必要收益率（或资本成本）为15%，计算该项目的净现值，并根据净现值进行投资决策。

（3）如果中国银行向ABC公司提出：愿意向该公司项目投资提供年利率8%的优惠贷款，你认为该公司是否应该改变决策？请根据公司理财的相关理论进行分析。

5.TST公司拟生产一种新产品，项目总投资为11 350万元，寿命周期7年，期末无残值，采用平均年限法计提折旧。经预测，项目投产后每年的销售量、通货膨胀率、真实资本成本、所得税税率见表5-23。

表5-23 **TST公司新项目评估基础数据**

年份	2018	2019	2020	2021	2022	2023	2024
销售量（件）	2 000	4 000	5 600	6 800	7 400	3 700	1 800
通货膨胀率	2.00%	2.50%	3.00%	3.50%	4.00%	4.00%	4.00%
真实资本成本	11.00%	11.20%	11.40%	11.60%	11.80%	12.00%	12.20%
所得税税率	25.00%	25.00%	25.00%	25.00%	25.00%	25.00%	25.00%

（1）假设投产后第1年销售价格为9.7元/件，以后每年按通货膨胀率调整；投资后第1年变动成本为7.4元/件，以后每年按同一通货膨胀率进行调整；假设除折旧外的固定费用第1年为5 280万元，以后每年按同一通货膨胀率进行调整。请计算各年的销售价格、变动成本，除折旧外的固定费用、折旧费用。

（2）根据预期通货膨胀率将真实资本成本调整为名义资本成本、计算各年累计资本成本。

（3）假设项目需要的经营性营运资本按经营性营运资本/下年度销售收入比率10%计算，预测各年现金净流量。

（4）计算项目的净现值、内部收益率、现值指数、投资回收期、会计收益率；对项目可行性进行评价。

（5）进行敏感性分析：当销售量、单位变动成本、资本成本分别在85%~115%区间变动时对净现值的影响。

6.案例分析

1971年，美国的洛克希德公司（Lockneed）在国会听证会上希望寻求2.5亿美元的联邦担保，以保证完成L-1011型三星商用飞机投资所需要的银行贷款①。L-1011型三星空中客车是一种宽体的商用喷气式飞机，最多可容纳400名乘客，可

① 与三星项目有关的数据主要摘自REINHARDT U E.Break-Even Analysis for Lockheed's Tri Str：an application of financial theory [J]. The Journal of Finance，1972（27）：821-838，以及众议院与上议院的证词。

以与DC-10三喷气式发动机飞机和A-300B空中客车在市场上相抗衡。

洛克希德公司的发言人宣布，三星项目在经济上是合理的，问题仅仅是由某些不相关的军事合同引起的清算危机。与洛克希德公司的发言人观点不同，那些反对联邦担保的人认为，三星项目在经济上并不合理，它恰恰是从一开始就注定了要失败。

（1）三星项目盈亏平衡点销售量预测

对三星项目可行性争论的焦点是在“盈亏平衡点销售量”的估算上，即为了使全部收入能弥补所有累计成本所需售出的喷气式飞机的数量。1971年7月，洛克希德公司总裁在国会的证词中断言，公司投资三星飞机生产线，其盈亏平衡点预计在195～205架飞机。公司已获得103张订单，外加75张有购买意向的订单，公司发言人证实销售量最终会突破盈亏平衡点，因此，该计划也将成为“一次商业上可行的尝试”。洛克希德公司还证明了在未来10年内，它有希望获得世界自由市场销售总量35%～40%的市场份额，即775架宽体飞机中的271～310架飞机的订单。这个估计是以空中旅行按照10%/年增长为基础的，这是一种乐观的假设。实际一点，假设增长率是5%，世界市场销售总量就只有大约323架飞机。

（2）三星项目资本成本预测

根据专家估计，洛克希德公司（在三星项目前）的资本成本在9%～10%。由于三星项目的风险比洛克希德公司传统经营业务的风险大，以10%作为估计三星项目现金流量的折现率是一个合理的选择。

（3）三星项目的盈亏平衡点再预测

1972年8月，洛克希德公司（在接受政府贷款担保之后）修正了收支平衡点的销售量，并声称它能够通过销售275架三星飞机收回开发成本（大约9.6亿美元）并开始盈利。行业分析师在国会听证会之前估计的收支平衡点的销售量为300架三星飞机。基于“学习曲线”效应，假设不同产销量下的生产成本，及据此计算不同折现率条件下的净现值预测见表5-24。

表5-24 **不同产销量下的生产成本、净现值预测表** 金额单位：百万美元

预测来源	销售量（架）	单位成本	NPV（10%）	NPV（15%）	NPV（20%）
洛克希德公司预测	210	14	−584.05	−580.87	−563.86*
洛克希德公司预测（有政府担保）	275	12.5	−312.71	−381.93	−414.89
行业分析师预测	300	12.5	−274.38	−355.62	−396.43
实际的盈亏平衡点	402	11.75	46.31	−123.36	−224.48
实际的盈亏平衡点（盈利时）	500	11	440.99	165.64	−8.35

*由于三星项目投产前5年均为现金流出量（分期投资支出），在销售量为210架时，计算净现值时，出现折现率越高，净现值（为负值）越小的现象。

三星项目投产后才发现盈亏临界点的销售量大于200架，而这又是公司能力所无法达到的。这一投资决策失误使公司损失惨重，其股价也从1967年的每股71美元跌至1974年的每股3.25美元左右。

要求：

Lockheed
Tri Star

（1）请上网查询有关三星项目的相关资料，结合表5-24的数据评价三星项目失败的原因。

（2）洛克希德公司当时流通在外的普通股为11.3百万股，据此计算三星项目给股票市场造成的价值损失，并将这一损失与洛克希德公司预测的保本点销售量（210架）时项目净现值进行比较。

基本训练参考答案

第5章题库

第6章 杠杆效应与资本结构

学习目标

1. 理解资本成本的组成和衡量方法；
2. 掌握债务资本成本、优先股资本成本、普通股资本成本和留存收益资本成本的计算方法；
3. 掌握加权资本成本的计算方法，以及不同权数的确定方法；
4. 掌握经营杠杆系数、财务杠杆系数和总杠杆系数的计算方法；
5. 了解资本结构无关论、所得税、代理问题和不对称信息对资本结构的影响。

融资是公司理财最为核心的内容之一，公司是否应该负债？负债能否影响公司价值？负债比例多大对公司价值最为有利？在公司财务实践中，这些问题都是必须要面对的。Modigliani和Miller于1956年提出的“资本结构无关论”，不但是分析资本结构的起点，更是经典公司财务理论的基石。此后，研究人员陆续放松了MM定理中的相关假设，以提高资本结构理论对现实情况的解释能力。考虑公司所得税、财务危机成本、代理成本和信息不对称等因素，资本结构安排能够对公司价值产生显著的影响。虽然理论研究在不断地推进，但是怎样安排资本结构才最佳，仍然尚无定论。在本章之前，我们进行分析时采用的折现率通常是给定的，而本章将在介绍资本成本概念和计算方法的基础上，着重探讨如何通过资本结构的安排来影响资本成本，以确定最佳资本结构。

6.1 资本成本

6.1.1 资本与资本成本

资本是指为购置资产和进行生产而筹集的全部资金。资本成本是在资本的所有权和使用权相分离的条件下，资本使用者为了获得资本的使用权，而支付给资本所有者的费用，即资本取得和使用的成本。在财务活动中，资本成本扮演着重要的角色：既是资本的需求者为了获得资本所必须支付的最低价格；也是资本的提供者要求获得的最低收益率。因此，了解影响资本成本的因素，掌握资本成本的计算方法，是做出正确的财务管理决策的前提条件。

从资本所有者来看，资本成本是让渡资本使用权、对资本使用者进行投资时所要求的最低收益率。因此，资本成本通常由无风险收益率和风险收益率两部分组成。无风险收益率反映资本的时间价值（包含通货膨胀因素），通常可以采用国债利率作为计算基准。风险收益率反映资本使用者承担经营风险和财务风险所要求的补偿。

资本成本按照其成本发生的阶段，可以划分为资本的取得成本和资本的使用成本。取得成本是在获取资本使用权的过程中，形成的各种费用和成本，如各种手续费、评估费、代理发行费；使用成本是在资本日后的使用过程中支付的成本，如各种利息、股息和红利。在实务中，资本成本通常表现为相对数形式，即资本使用成本与融资净额相等时的折现率。

6.1.2 长期借款资本成本

根据风险和收益的权衡关系，长期借款的资本成本由无风险收益率和风险收益率两部分组成。长期借款的风险主要是不能偿还到期利息和本金的违约风险，可以根据信用评级来确定。公司的信用等级越高，长期借款的违约风险越小，风险收益率越低；公司的信用等级越低，长期借款的违约风险越大，风险收益率越高。长期借款的资本成本应由无风险收益率与违约风险收益率之和来确定。

当难以取得公司信用评级时，可以采用实际发生的成本近似计算长期借款的资本成本。在长期借款的资本成本中，利息占主要部分。因此，公司取得长期借款所支付的利息是计算其资本成本的基础。在现行会计制度下，借款的利息可以作为费用计入成本，在税前扣除，从而少缴纳一部分所得税，继而降低了债务的资本成本。在实际工作中，当公司向银行申请长期借款时，银行通常不会将贷款足额支付给借款人，而是将其中一部分以无息的方式保留在银行作为担保。这将造成公司不能实际足额使用贷款资金，因此，这部分担保的资金应当作为融资费用予以扣除。长期借款资本成本的计算公式如下：

$$D_0(1-f)=\sum_{t=1}^{n}\frac{I_t(1-\tau)}{(1+r_d)^t}+\frac{D_t}{(1+r_d)^t} \tag{6.1}$$

式中，I_t为每年支付的利息；τ为所得税税率；f为融资费用率；r_d为银行借款的资本成本；D_t为第t年年末银行借款本金，D_0为银行借款总额。

【例6-1】A公司为解决因规模快速扩张而引起的资本不足问题，向银行借入长期借款1 000万元，银行贷款利率为12%，期限10年，每年付息一次，到期一次偿还本金。在借款过程中，公司向银行支付的各种手续费和评估费，占贷款总额的3%，公司适用的所得税税率为25%。根据公式（6.1），公司长期借款的资本成本计算如下：

$$1\,000 \times (1-3\%) = \sum_{t=1}^{10} \frac{1\,000 \times 12\% \times (1-25\%)}{(1+r_d)^t} + \frac{1\,000}{(1+r_d)^{10}}$$

r_d=9.48%

有的银行在提供长期贷款时，要求公司从贷款总额中扣留一部分，以无息回存的方式作为担保。虽然从名义上来看，这部分资本是贷款的组成部分，但是由于公司无法支配，应当将其作为公司资本的取得成本，与银行借款手续费等取得成本一并扣除。

6.1.3 长期债券资本成本

采用发行债券的方式进行融资时，从债券购买者的角度来看，资本成本就是投资债券的到期收益率。因此，债券的资本成本是指使发行债券筹集到的资本与预期未来现金流量的现值相等时的折现率。其计算公式为：

$$B_0(1-f) = \sum_{t=1}^{n} \frac{I_t(1-\tau)}{(1+r_b)^t} + \frac{B_t}{(1+r_b)^t} \tag{6.2}$$

式中，B_0为债券的票面价值；f为融资费率；B_t为第t年年末偿还债券的本金；I_t为第t年年末支付的债券利息；r_b为债券的资本成本；τ为所得税税率。

【例6-2】某公司为解决资金困难问题，决定公开发行面值为1 000元的公司债券，票面年利率为9%，期限10年，半年付息一次，到期一次还本。融资过程中，支付的发行费用等融资费占票面金额的3%，公司所得税税率为25%。假设公司债券按照面值发行。由于每半年计息一次，则半年利率为：

根据长期债券的资本成本计算公式，公司债券的资本成本计算如下：

$$1\,000 \times (1-3\%) = \sum_{t=1}^{20} \frac{1\,000 \times 4.5\% \times (1-25\%)}{(1+r_b)^t} + \frac{1\,000}{(1+r_b)^{20}}$$

r_b=3.59%

上式表明公司债券半年的资本成本为3.59%。采用公式将其折算为年度资本成本为：

$(1+3.59\%)^2-1=7.31\%$

在债务资本成本的计算过程中，如果债券期限很长，并且每年债券利息相同，那么可以将债券视为永续年金，利用更为简单的方法来近似计算：

$$r_b=\frac{I \times (1-\tau)}{B_0 \times (1-f)} \tag{6.3}$$

6.1.4 优先股资本成本

优先股是介于股票与债券之间的一种证券。优先股股东的股息从公司税后利润中支付，并且支付次序优先于公司普通股股东。一般情况下，优先股股息固定不变，不受公司经营情况波动和股利政策的影响。因此，优先股的性质与债券更为相似，区别在于：优先股没有到期日；优先股的股息用税后利润支付，不能获得税收上的利益。因此，优先股可以被视为一种无期限的债券。如果优先股的股利每年相等，则可视为永续年金而采用下列公式计算其资本成本：

$$r_p=\frac{Div_p}{P_0(1-f)} \tag{6.4}$$

式中，r_p为优先股资本成本；Div_p为优先股年股利；P_0为优先股的销售价格；f为融资费率。

【例6-3】公司按面值对外发行优先股100万股，每股100元，发行费率为发行价格的5%，优先股股息率为8%，则优先股的资本成本为：

$$r_p=\frac{100\times 8\%}{100\times(1-5\%)}=8.42\%$$

在本例中，优先股发行价格与票面价值相等，而在现实中，股票发行价格通常与票面价值不相等。当优先股发行价格变动时，并不会影响优先股股息，只需要调整计算公式分母中的销售价格即可。

优先股在混合所有制改革中的应用

6.1.5 普通股资本成本

同作为股票，普通股的资本成本计算方法与优先股基本相同。只是普通股的股利不是确定的，而是由公司的经营状况和股利政策共同决定的。由于股东所获得的收益是在支付利息和税款之后，因此其承担的风险也最大，相应地，要求得到的补偿也最高。因此，理论上，普通股的资本成本应当高于债务的资本成本。通常用于计算普通股资本成本的方法有以下三种：

1）现金流量折现法

现金流量折现法的原理与债务资本成本的确定相似。从内在价值来看，普通股具有价值的原因在于，普通股持有者能够获得股利。因此，普通股的价值应当等于公司未来发放股利的现值。在确定普通股价值时，投资者需要将预计的公司未来股利进行折现，其所使用的折现率是其对购买普通股所要求的最低收益率。从公司角度来看，如果想要成功发行股票筹集到资本，那么支付给投资者的成本至少要达到其要求的最低收益率。换言之，投资者要求的最低收益率与普通股的资本成本相等。据此，可以通过普通股股东要求的最低收益率来计算普通股资本成本。

$$P_0\times(1-f)=\frac{Div_1}{1+r_s}+\frac{Div_2}{(1+r_s)^2}+\cdots+\frac{Div_t}{(1+r_s)^t}+\cdots+\frac{Div_n+P_n}{(1+r_s)^n} \tag{6.5}$$

式中，r_s为普通股的资本成本；Div_1为预计的下期股利；P_0为股票的发行价格；P_n为股票的第n期价格；f为融资费率。

只要掌握公司未来普通股股利情况和公司普通股价格，就可以通过上面公式计算得出公司的普通股资本成本。按照上面的思路进一步分析，公司股票第n期的价格也是此后各期发放股利的现值，因此只要掌握公司未来股利情况和现实股票价格，就可以确定公司普通股的资本成本。由于公司的股利政策会受到各种因素影响，而且由于普通股没有到期日，很难预计所有各期的股利情况。为此，人们通常对股利未来增长率设定假设来解决这个问题。例如，假设此后每年股利按照固定增长率g持续增加，那么上面的公式就可以简化为：

$$r_s=\frac{Div_1}{P_0(1-f)}+g \tag{6.6}$$

式中，r_s为普通股的资本成本；Div_1为预计的下期股利；P_0为股票的发行价格；f为融资费率；g为每年的股息预计增长率。

从这个公式中，我们不难发现，普通股的资本成本主要由两部分构成：一部分是公司的预计股票收益率，另一部分是公司的预计股利增长率。股利是因公司占用普通股股东资金，而向其支付的资金使用成本。

【例6-4】假设某公司发行股票30 000股，每股100元，按照面值发行，发行过程中支付的各种手续费占面值的比率为4%，预期公司下年度的股利率为10%，以后每年增长5%。那么，普通股资本成本为：

$$\frac{100\times10\%}{100\times(1-4\%)}\times100\%+5\%=15.42\%$$

在实务中，公司的股利政策受到诸多因素的影响，即便是采用预计股利增长率的方法也很难准确预计未来各期的股利情况，因为公司的股利很少会按照预计的增长率持续稳定增长。更何况普通股没有到期日，随着时间的推移，预期未来股利的难度将越来越大，据此计算出的普通股资本成本的准确度也会受到影响。这种方法对于股利稳定的公司较为适用。

2）资本资产定价法

在市场均衡的条件下，普通股的资本成本在数值上与普通股股东要求的最低收益率相等。因此，除了采用现金流量折现法之外，还可以依风险和收益之间的权衡关系来确定普通股的资本成本。资本成本定价模型是最常用的衡量风险和收益之间关系的方法。根据风险和收益权衡的关系，投资者要求的最低收益率等于无风险收益率和风险补偿收益率。风险补偿收益率，或称为风险溢酬，是普通股股东因购买股票承担的风险而要求的额外补偿。普通股承担的风险通常用公司相对于市场平均风险水平的程度，即贝塔系数（β），来进行衡量。根据资本资产定价模型，公司普通股的资本成本r_s可以表示为：

$$r_s=r_f+\beta(r_m-r_f) \tag{6.7}$$

式中，r_m为市场组合的收益率；r_f为无风险收益率；β为资产相对于市场组合的风险水平。

这个公式表明，普通股的资本成本与公司的风险正相关。公司的风险越高，购买该公司普通股的股东承担的风险越大，因此会要求更高的收益率来弥补其承担的风险。对于公司而言，只有支付更高的成本才能获得使用股东资金的权力。

【例6-5】某公司普通股的贝塔系数为1.5，政府发行的国库券年利率为8%，由于国库券的风险很小，可以近似视为无风险的收益率。市场投资组合的收益率为16%，那么普通股的资本成本可以根据资本资产定价模型计算为：

8%+1.5×（16%-8%）=20%

采用资本资产定价模型来确定公司资本成本，需要掌握无风险收益率、市场组合收益率和公司贝塔系数数据。贝塔系数计算过程复杂，需要大量的数据演算才能取得。对于上市公司而言，有专门的市场中介机构计算并提供公司的贝塔系数，但是对于非上市公司而言，贝塔系数则难以取得。

3）债券成本加风险溢价法

为了避免数据获取的困难和计算过程的烦琐，在不适合使用资本资产定价法的条件下，债券成本加风险溢价法也可以用于普通股资本成本的确定。债券成本加风险溢价法的思路与资本资产定价法相类似，都是通过计算普通股股东承担的风险及相应的要求收益率来确定普通股资本成本的。两种方法的区别在于计算的基础不同。债券成本加风险溢价法是以公司债券作为基础，比较公司发行的股票与相同公司发行的债券，根据股票的额外风险来对普通股股东加以补偿，并据此确定普通股的资本成本。

普通股资本成本=长期债券资本成本+风险溢价

与本公司发行的长期债券收益相比，普通股的收益次序排在其后：股利从净利润中支出，而在计算净利润的过程中，作为债务资本成本的利息已经支付给债权人；当公司进行清算时，也是先偿还债权人的本金之后才可以将剩余的财产用于股东的分配。因此，与债权人相比，普通股的股东承担的风险更大，也会要求更高的收益率。除了风险之外，同公司的长期债券与普通股在其他各方面均比较相似，将其作为比较基础最为恰当。债券成本加风险溢价的方法的难点在于风险溢价的确定。通常的做法是采用历史平均风险溢价来估算现在和未来的风险溢价。

科创板的六大特点

6.1.6 留存收益资本成本

从表面来看，留存收益似乎并不存在资本成本：公司动用留存收益，既不需要支付股利，也不需要支付利息。其实留存收益同样存在资本成本，只不过与前面几种资本成本不同，留存收益的资本成本并没有真实发生，而是一种潜在的机会成本。留存收益是股东权益的一部分，是股东放弃股利的结果，对于股东而言，这意味着期望在将来获得更多的股利。因此，留存收益与普通股在根本性质上是一致的，其最低成本应当和普通股资本成本相同，唯一的差别在于留存收益不必考虑发行费用。留存收益资本成本的计算公式如下：

$$r_e=\frac{Div_1}{P_0}+g \tag{6.8}$$

式中，r_e为留存收益的资本成本；Div_1为预计的下期股利；P_0为股票的发行价格；g为每年的股息预计增长率。

【例6-6】某公司普通股每股市价为8元，预计第1年年末每股收益为4元，预计公司会按照每股1元发放现金股利，股利年增长率为6%，那么留存收益的资本成本为：

r_e=1÷8+6%=18.5%

值得注意的是，与债务资本不同，股权资本的使用成本，比如优先股股息和普通股股息，都是从公司扣除所得税后的净利润中支付的。从会计账务处理来看，这部分资本使用成本无法作为费用在公司税前扣除，因此无法享受税收上的利益。这也是造成公司股权资本成本高于公司债务资本成本的原因之一。

6.1.7 加权平均资本成本

公司的资金有不同的来源可供选择，既可以选择单一来源获得全部资本，也可以通过不同渠道获取资金。从理论来看，公司可以选定某一特定来源获取全部资本，但是从实践来看，出于种种考虑，绝大部分公司选择不同渠道共同为公司筹集资金。根据上面的内容，我们知道不同来源的资本，其资本成本也不同。从公司理财角度来看，在其他因素不变的条件下，公司整体资本成本水平越低，公司价值越大。只有将多种资本来源渠道有效组合，才能实现公司整体资本成本水平最低。因此，在确定个别资本成本之后，就需要从公司整体的角度出发，计算加权平均资本成本。加权平均资本成本是以公司的个别资本成本为基数，以各类资本在资本总额中所占的比重为权重形成的各类资本的总成本。加权平均资本成本的计算公式为：

$$r_w = \sum_{j=1}^{n} w_j r_j \qquad (6.9)$$

式中，w_j为第j种资本来源占资本总额的权重；r_j为第j种资本来源的个别资本成本；n为公司融资方式的种类数。

根据加权平均资本成本的公式，计算加权平均资本成本不但需要确定个别资本成本，更需要确定各种资本来源的资本占全部资本的比重，即权重。如何确定各类资本来源在资本总额中所占的权重是正确计量加权平均资本成本的关键。权重的确定方法主要有三种：账面价值法、市场价值法和目标价值法。

1）账面价值法

账面价值法是以公司期末编制的资产负债表作为确定权重依据的加权平均资本成本确定方法。公司编制的资产负债表，列示各种资本来源的账面价值，将不同资本来源占总资本的比重作为权重，数据容易获得。资产负债表反映公司过去财务活动形成的最终财务状况，如果从事后评价的角度来看，账面价值法比较适用，因为确定权重的依据与公司报表的账面价值相一致。

【例6-7】某公司期末资产负债表中，长期借款1 000万元，长期债券3 000万元，优先股1 000万元，普通股5 000万元，留存收益2 000万元。长期借款、长期债券、优先股、普通股和留存收益的资本成本分别来自例6-1、例6-2、例6-3、例6-4和例6-6。根据账面价值法，计算公司加权平均资本成本，见表6-1。

表6-1　　加权平均资本成本计算表（账面价值法）

资本来源	个别资本成本	账面价值（万元）	各类资本权重	加权平均资本成本
长期借款	9.48%	1 000	8.33%	0.79%
长期债券	7.31%	3 000	25.00%	1.83%
优先股	8.42%	1 000	8.33%	0.70%
普通股	15.42%	5 000	41.67%	6.43%
留存收益	18.50%	2 000	16.67%	3.08%
合计		12 000	100.00%	12.83%

虽然采用账面价值法比较容易获得不同资本来源的权重，但是由于公司资产负债表只能反映公司在某一时点上的财务状况，并不能实时进行调整，如果公司的各种证券在证券市场上进行公开交易，那么市场价值与其在资产负债表上所列示的账面价值相去甚远。此时，继续使用账面价值法计算得出的加权平均资本成本准确度不高，据此做出的决策缺乏科学性。

2）市场价值法

市场价值法采用各项资本来源的市场价值作为计算权重的依据。在计算个别资本成本时，我们曾分析过，公司的资本成本与资本提供方要求的最低收益率在数值上相等，其中隐含着证券的市场价格与内在价值相等的假设。在证券的账面价值与市场价格相背离的情况下，继续采用账面价值计算权重显然不恰当。特别是以普通股为代表的股权资本来源，账面价值只反映其历史成本，并没有反映出现时因素对其产生的影响。以市场价值作为基础计算不同资本来源的权重，反映了当前实际的资本成本水平，更有利于财务决策的制定。

【例6-8】沿用【例6-7】的数据，如果该公司长期债券市场价格比账面价值上涨了10%，普通股市场价格比账面价格上涨了8%，则按照市场价值计算的公司加权平均资本成本见表6-2。

表6-2　　加权平均资本成本计算表（市场价值法）

资本来源	个别资本成本	市场价值（万元）	各类资本权重	加权平均资本成本
长期借款	9.48%	1 000	7.87%	0.75%
长期债券	7.31%	3 300	25.98%	1.90%
优先股	8.42%	1 000	7.87%	0.66%
普通股	15.42%	5 400	42.52%	6.56%
留存收益	18.50%	2 000	15.75%	2.91%
合计		12 700	100.00%	12.78%

3）目标价值法

每家公司都会为自己量身定做一个协调风险与收益的资本来源组合，这就是公司的目标资本结构。目标资本结构的确定也是公司理财的重要内容之一。公司建立目标资本结构之后，将通过各种财务行为和手段，确保公司的资本结构与目标资本结构相一致，即实际的资本来源组合与设定的资本来源组合相一致。目标价值法就是采用目标资本结构设定的资本来源组合计算加权平均资本成本的方法。从公司决策的前瞻性来看，采用目标价值法计算加权平均资本成本最为恰当。

【例6-9】沿用【例6-7】的数据，公司设定的目标资本结构为：在全部资本来源中，长期借款占20%，长期债券占15%，优先股占15%，普通股占40%，留存收益占10%，则按照目标价值法计算的公司加权平均资本成本见表6-3。

表6-3　　**加权平均资本成本计算表（目标价值法）**

资本来源	个别资本成本	目标资本结构	加权平均资本成本
长期借款	9.48%	20.00%	1.90%
长期债券	7.31%	15.00%	1.10%
优先股	8.42%	15.00%	1.26%
普通股	15.42%	40.00%	6.17%
留存收益	18.50%	10.00%	1.85%
合计		100.00%	12.28%

各种计算加权平均资本成本的方法，并无优劣之分。在选择方法时，要考虑计算加权平均资本成本的决策用途和数据可获得性，据此选择最为适当的方法，只有这样计算得出的加权平均资本成本才具有经济意义。

6.2 杠杆分析

6.2.1　杠杆分析的基本假设

在财务管理中，杠杆作用是指由于存在固定性费用（固定性的经营费用或固定性的财务费用），当生产经营过程中某项因素（销售收入或者息税前利润）产生较小变化时，对应的其他因素（息税前利润或者每股收益）会产生较大变动。根据不同固定性费用，杠杆可以被划分为经营杠杆和财务杠杆。为了便于分析，对公司的经营活动做如下假设：（1）公司仅销售一种产品，且价格不变。（2）经营成本中的单位变动成本和固定成本总额在相关范围内保持不变。（3）公司的资产规模保持不变。（4）公司的资产结构和资本结构均保持不变，资产结构保持不变是指公司的非流动资产和流动资产比例不发生改变；资本结构保持不变是指公司各项资本来源所占的比重不发生改变。

在分析过程中，我们采用下列符号：Q为产品销售数量；P为单位产品价格；V为单位变动成本；F为固定成本总额；MC=P-V为单位边际贡献；EBIT为息税前利润；I为利息费用；τ为所得税税率；Div_p为优先股股息；N为普通股股数；EPS为普通股每股收益。

6.2.2 经营风险与经营杠杆

经营风险是指因经营状况等变化给其盈利能力带来的不确定性。影响经营风险的因素很多，主要有市场需求的变化、销售价格的变动、投入要素价格的变动。经营风险可以通过经营杠杆系数加以衡量。经营杠杆是指由于存在固定性的经营费用，在其他条件不变的情况下，销售量的变动会导致息税前利润产生更大幅度变动。销售量和息税前利润的关系可用下式表示：

$$EBIT=Q\times(P-V)-F=Q\times MC-F \tag{6.10}$$

上式表明，边际贡献与销售量成同比例变动关系，但固定成本总额不受销售量变动的影响，因而会导致息税前利润以大于销售量变动幅度的水平变动。当销售量增加时，分摊到单位产品上的固定成本下降，提高单位产品的息税前利润水平，从而导致息税前利润以超过销售量增长率的幅度增长；当销售量下降时，分摊到单位产品上的固定成本增加，降低单位产品的息税前利润水平，从而导致息税前利润以超过销售量降低率的幅度下降。在财务管理中，通常采用经营杠杆系数衡量经营杠杆大小和经营风险水平。根据经营杠杆的作用原理，经营杠杆系数（DOL）是指息税前利润变动率相对于销售量变动率的倍数，计算公式为：

$$DOL=\frac{\Delta EBIT/EBIT}{\Delta Q/Q} \tag{6.11}$$

式中，DOL表示在销售量为Q时的经营杠杆系数。

值得注意的是，在不同的销售量水平上，经营杠杆系数的水平并不相同。经过简单的推导，经营杠杆系数的计算公式还可以被改写为：

$$DOL=\frac{Q\times(P-V)}{Q\times(P-V)-F}=\frac{Q\times(P-V)}{EBIT} \tag{6.12}$$

通过对（6.12）的分析不难发现，经营杠杆系数受到销售量（Q）、销售单价（P）、单位变动成本（V）和固定成本总额（F）四个因素的影响。其中，销售量和销售单价与经营杠杆系数呈反向变动关系：在其他条件不变的情况下，随着销售量水平（销售单价）的不断提高，经营杠杆系数不断下降；随着销售量水平（销售单价）的不断下降，经营杠杆系数不断上升。单位变动成本和固定成本总额与经营杠杆系数呈同向变动关系：在其他条件不变的情况下，随着单位变动成本（固定成本总额）的不断提高，经营杠杆系数不断上升；随着单位变动成本（固定成本总额）的不断降低，经营杠杆系数不断下降。在盈亏平衡点处，经营杠杆系数达到最大。在盈亏平衡点处，销售量的变动会导致出现盈利或者出现亏损，息税前利润的不确定性最高，因此经营杠杆系数达到最大。特别需要指出的是，经营杠杆系数本身并不是造成经营风险的原因。经营风险产生的原因是产品需求的变动、产品价格的变动和产品成本的变动。如果上述因素不发生变动，经营风险就不会发生变化，即便经营杠杆系数再高，也不具有任何实际意义。经营杠杆系数只是衡量经营风险的方法。

【例6-10】某公司生产A产品，现行销售数量为10 000件，销售单价为20元，单位变动成本为5元，固定成本总额为50 000元，息税前利润为100 000元。假设销售单价及成本水平均保持不变，当销售数量为10 000件时，公司的经营杠杆系数计算如下：

$$DOL=\frac{10\,000\times(20-5)}{10\,000\times(20-5)-50\,000}=1.5$$

上述计算结果表明，在销售量为10 000件的情况下，销售量每增加1%，息税前利润就会增加1.5%；销售量每降低1%，息税前利润将下降1.5%。这主要是由于固定成本的存在，放大了销售量变化对息税前利润变动的影响。根据【例6-10】的资料，表6-4列示了在不同销售量水平下的EBIT和DOL。

表6-4　**不同销售量水平下的EBIT和DOL**

销售量Q（件）	息税前利润EBIT（元）	经营杠杆系数DOL
0	−50 000	0
1 000	−35 000	−0.43
2 000	−20 000	−1.5
3 000	−5 000	−9
3 333	0	无穷大
4 000	10 000	6
5 000	25 000	3
6 000	40 000	2.25
7 000	55 000	1.91
8 000	70 000	1.71
9 000	85 000	1.59
10 000	100 000	1.5

表6-4表明，在不同销售量水平上，经营杠杆系数存在差异。在盈亏平衡点，公司经营杠杆系数达到最大。当销售量逐渐远离盈亏平衡点时，公司的经营杠杆系数的绝对值逐步下降，这意味着销售量变化对息税前利润产生的影响在变弱。特别是，销售量超过盈亏平衡点的幅度越大，经营杠杆系数越趋向1。

6.2.3 财务风险与财务杠杆

财务风险是指负债经营给收益带来的不确定性，财务杠杆是指由于存在固定性的财务费用，在其他条件不变的情况下，息税前利润的变动会导致每股收益产生更大幅度的变动。财务杠杆体现息税前利润和每股收益的关系：

$$EPS=\frac{(EBIT-I)\times(1-\tau)-Div_p}{N} \tag{6.13}$$

上式表明，由于在计算过程中固定性财务费用数额不受息税前利润变动的影响，因此会导致每股收益以大于息税前利润变动的幅度变动。之所以会有财务杠杆存在，是由于存在固定性的财务费用，比如债务的利息和优先股的股利。在不同的经营情况下，即在不同的息税前利润水平下，利息和优先股股利不会随着经营情况而发生改变。当息税前利润增加时，分摊到每股的息税前利润同比增加，而固定性的财务费用保持不变，分摊到每股的固定性财务费用不变，从而导致每股收益的水平以超过息税前利润变化的幅度变化。与经营杠杆类似，财务杠杆也具有双向作用：在息税前利润增加时，每股收益将以更大的幅度增加；但是当息税前利润减少时，每股收益也会以更大的幅度下降。与经营杠杆不同的是，并非所有公司都会出现固定性的财务费用，因此并非所有公司都有财务杠杆。

在财务管理中，通常采用财务杠杆系数衡量财务杠杆大小和财务风险水平。根据财务杠杆的作用原理，财务杠杆系数（DFL）是指每股收益变动率相对于息税前利润变动率的倍数，计算公式为：

$$DFL=\frac{\Delta EPS/EPS}{\Delta EBIT/EBIT} \tag{6.14}$$

式中，DFL为在息税前利润EBIT点处的财务杠杆系数。

值得注意的是，在不同的息税前利润水平上，财务杠杆的大小也有差异。经过简单的推导，财务杠杆系数的计算公式还可以被改写为：

$$DFL=\frac{EBIT}{EBIT-I-Div_p/(1-\tau)} \tag{6.15}$$

【例6-11】假设【例6-10】中的公司资本来源为：债券500 000元，年利率为8%；优先股500股，每股面值100元，年股利率9%；普通股100 000股，每股面值1元，每股收益0.32元；公司适用的所得税税率为25%，则其财务杠杆系数计算如下：

$$DFL=\frac{100\ 000}{100\ 000-40\ 000-4\ 500\div(1-25\%)}=1.85$$

上述计算结果表明，在息税前利润为100 000元时，息税前利润每变动1%，每股收益将变动1.85%。

从本质上看，财务杠杆产生于索取权的差异。不同的资本来源，索取权性质存在差异：债务和优先股拥有固定索取权，即按照事先约定的利率或者股利率获取收益；当经营情况好转时，债权人和优先股股东向公司索取的收益不会增加；当经营情况恶化时，债权人和优先股股东向公司索取的收益也不会减少。普通股股东拥有剩余索取权，在偿还债务利息和支付优先股股息后，剩余的收益均归属于普通股股东。因此，当息税前利润增加时，债权人和优先股股东仍然按照事先约定的收益率索取收益，所以普通股股东获得的每股收益增长幅度会超过息税前利润的增长幅度；同理，当息税前利润下降时，普通股股东获得的每股收益下降幅度会超过息税前利润的下降幅度。在资产规模不发生改变时，公司的负债比例越高，索取固定收益的资本比例越高，公司普通股获得的每股收益就会越高。

【例6-12】假设【例6-10】和【例6-11】中的公司准备调整资本结构，现在有三个方案备选：

方案1：将500股优先股，按照1∶100的比例转化为普通股。

方案2：发行500 000股普通股，赎回公司在外流通的债券。

方案3：发行500 000股普通股，赎回公司在外流通的债券；同时，将500股优先股，按照1∶100的比例转化为普通股。

在三个方案下，公司的财务杠杆系数和普通股每股收益计算见表6-5。表6-5表明，公司财务杠杆系数受到固定性财务费用的影响：固定性财务费用水平越高，财务杠杆作用越强；在其他情况相同的条件下，财务风险水平更高。

表6-5　不同资本结构下的财务杠杆系数

项目	现行资本结构	方案1	方案2	方案3
资本总额（万元）	65	65	65	65
其中：普通股（万元）	10	15	60	65
优先股（万元）	5	0	5	0
公司债券（万元）	50	50	0	0
息税前利润（万元）	10	10	10	10
利息（8%）	4	4	0	0
税前利润（万元）	6	6	10	10
所得税（25%）	1.5	1.5	2.5	2.5
税后利润（万元）	4.5	4.5	7.5	7.5
优先股股利（万元）	0.45	0	0.45	0
归属于普通股股东的税后利润（万元）	4.05	4.5	7.05	7.5
普通股股数（万股）	10	15	60	65
每股收益（元/股）	0.41	0.3	0.12	0.12
财务杠杆系数	1.85	1.67	1.06	1

不同方案下，普通股股数的计算方法如下：

方案1，普通股股数=100 000+500×100=150 000（股）；

方案2，普通股股数=100 000+500 000=600 000（股）；

方案3，普通股股数=100 000+500 000+500×100=650 000（股）。

6.2.4 总风险与总杠杆

总风险通常指经营风险和财务风险之和，总杠杆主要用于反映销售量和每股收益之间的关系，每股收益和销售量之间的关系如下式所示：

$$EPS=\frac{\left[Q\times(P-V)-F-I\right]\times(1-\tau)-Div_P}{N} \tag{6.16}$$

固定性财务费用的存在，导致每股收益以大于息税前利润波动的幅度波动；固定性经营费用的存在，导致息税前利润以大于销售量波动的幅度波动。因此，通过经营杠杆和财务杠杆的共同作用，销售量波动将会引发每股收益以更大的幅度波动。在财务管理中，这种效应采用总杠杆系数加以衡量。总杠杆系数（DTL）描述的是每股收益变动率相当于销售量变动率的倍数，其计算公式为：

$$DTL=\frac{\Delta EPS/EPS}{\Delta Q/Q} \tag{6.17}$$

公式（6.17）可以简化为：

$$DTL=\frac{Q\times(P-V)}{EBIT-I-Div_p/(1-\tau)}=DOL\times DFL \tag{6.18}$$

根据公式（6.18），总杠杆系数可以被表示为经营杠杆系数和财务杠杆系数的乘积。这与总杠杆系数的经济含义相一致，即销售量变动通过经营杠杆以更大的波动幅度传递给息税前利润，然后息税前利润变动再通过财务杠杆以更大的波动幅度传递给每股收益。

根据【例6-10】和【例6-11】的资料，当销售量为10 000件时，总杠杆系数为：

$$DTL=DOL\times DFL=1.5\times 1.85=2.78$$

$$=\frac{10\,000\times(20-5)}{100\,000-40\,000-4\,500\div(1-25\%)}=2.78$$

上述计算表明，公司的总杠杆系数是经营杠杆系数和财务杠杆系数共同作用的结果。当销售量增加1%时，由于存在固定性的经营费用，通过经营杠杆的作用，息税前利润增加1.5%；由于存在固定性的财务费用，每股收益增长幅度是息税前利润增长幅度的1.85倍。在经营杠杆和财务杠杆的共同作用下，当销售量增加1%时，每股收益增长2.78%。总杠杆系数也是双向的，当销售量增长时，每股收益会以更快的速度上涨；但是当销售量下降时，每股收益会以更快的速度下降。在不同销售量水平上，公司的总杠杆系数也存在差异：销售量越高，总杠杆系数越低。

总杠杆系数衡量公司的总体风险，根据总杠杆系数计算公式，公司总体风险可以被分解为经营风险和财务风险两部分。经营杠杆来自固定性的经营费用，所有公司都在不同程度上存在固定性的经营费用，因而任何公司都存在经营风险。财务杠杆来自固定性的财务费用，当公司不存在负债或者优先股时，财务杠杆系数为1，即不存在任何财务风险。相对而言，财务风险更容易受到管理人员决策的影响，经营风险主要取决于公司所处行业的性质。因此，经营风险的控制难度较大，而财务风险可以通过管理人员的融资决策加以调整。在实践中，管理人员更多地从公司整体风险着眼，对不同类型风险进行调配：在预先设定的总体风险水平下，若公司的经营风险较高，管理人员可以适当降低负债比率以调低财务杠杆水平，从而确保总体风险水平不超出既定的限额；反之，若公司的经营风险较低，管理人员可以更多地使用财务杠杆。

6.3 资本结构理论

6.3.1 完美市场中的资本结构

资本结构是指公司长期资本（负债、优先股、普通股）的构成及其比例关系。注意，这里不包括短期负债，如果考虑短期负债，也就是将整个资产负债表的右方考虑进去，则称为财务结构，在实务中用资产负债率表示。资本结构有两种表示方法：一是负债比率，表示长期负债与公司价值之间的比例关系；二是杠杆比率，表示长期负债与股东权益之间的比例关系。

对当代资本结构理论影响最为深远的当属美国经济学家莫迪格利尼和米勒(Modigliani & Miller，以下简称MM)。他们提出的资本结构理论成为人们研究资本结构问题的起点。1958年，MM首次明确提出了不含税的资本结构模型，共含有三个命题。他们的结论建立在如下的假设基础之上：

（1）公司的经营风险可衡量，有相同经营风险的公司处于同类风险等级；

（2）现有的和将来的投资者对公司未来的息税前利润的估计完全相同，即投资者对公司未来收益的预期和这些收益所面临风险的预期保持一致；

（3）证券市场完善，即没有交易成本，投资者可以按照相同的利率获得借款；

（4）公司及个人的负债均无风险，因此负债利率为无风险利率；

（5）投资者预期的息税前利润不变，亦即假设公司的增长率为零，从而所有现金流量都是年金；

（6）没有公司和个人所得税，没有财务危机成本。

命题1：公司价值为公司预期的息税前利润按照适用于该公司风险等级的折现率进行资本化的现值，而与公司的资本结构无关。用公式表示为：

$$V_U=V_L=\frac{EBIT}{r_{eU}}=\frac{EBIT}{r_w} \tag{6.19}$$

$$V_L=\frac{EBIT}{r_w}=\frac{EBIT-I}{r_{eL}}+\frac{I}{r_d} \tag{6.20}$$

式中，V_L为有负债公司L的价值，V_U为无负债公司U的价值，r_{eU}为处于既定风险等级的无负债公司U的股权资本成本，r_{eL}为处于既定风险等级的有负债公司L的股权资本成本，r_w为公司加权平均资本成本，r_d为负债资本成本。

命题1的证明是利用套利原理进行的。根据假设，当两家公司的预期息税前利润相同时，如果仅因为有无负债而导致公司价值存在差异，那么投资者就可以通过卖出被高估公司的股票和买进被低估公司的股票而获利。由于存在这种投资者的套利行为，两家公司的价值会趋向一致。当两家公司的市场价值相同时，投资者的套利行为才会消失，市场达到均衡状态。

命题1表明：在不存在公司所得税和个人所得税的情况下，公司价值与资本结构无关。无论公司是否存在负债，公司的加权平均资本成本都不变，由公司所处的风险等级来确定。因此，就任何息税前利润确定的公司而言，其价值也是确定的。

【例6-13】假设有U和L两家公司，其经营风险相同，但资本结构不同，U公司的资本全部为股权资本，L公司的资本由负债和股权资本两部分组成。为简化，假设两家公司的营业净利润全部作为股利发放，公司的预期增长率为0，其他资料见表6-6。

表6-6　**负债公司和无负债公司价值比较表（不考虑所得税）**　金额单位：元

项目	U公司（负债=0）	L公司（负债=500 000）
股权资本（E）	1 000 000	500 000
股权资本成本（r_e）	10%	14%
负债资本（D）		500 000
负债资本成本（r_d）		6%
息税前利润	100 000	100 000
减：利息费用（I）		30 000
股东收入（股利）（Div）	100 000	70 000
证券持有者收入（Div+I）	100 000	100 000

要求：分别计算U公司和L公司的价值。

根据表6-6的资料，U、L两家公司的价值可计算如下：

$$V_U=\frac{EBIT}{r_{eU}}=\frac{100\,000}{10\%}=1\,000\,000（元）$$

$$V_L=\frac{EBIT-I}{r_{eL}}+\frac{I}{r_d}=\frac{100\,000-30\,000}{14\%}+\frac{30\,000}{6\%}=1\,000\,000（元）$$

上述计算结果表明，在不考虑所得税的条件下，处于同一风险级别的不同资本结构的两家公司的总价值总是相等的。

L公司加权平均资本成本等于U公司的股本成本：

$r_w=r_{eU}=14\%\times50\%+6\%\times50\%=10\%$

命题2：负债公司的股本成本等于相同风险等级的无负债公司股本成本加上风险溢价。风险溢价取决于无负债公司股本成本和负债成本之差与负债比率的乘积。用公式表示为：

$$r_{eL}=r_{eU}+(r_{eU}-r_d)\frac{D}{E} \tag{6.21}$$

式中，r_{eL}为负债公司的股本成本；r_{eU}为无负债公司的股本成本；r_d为负债的资本成本；D为负债的价值；E为股本的价值。

命题2表明：当负债比率不断上升时，负债公司的股本成本也随之增加。把命题1与命题2联系起来，MM理论的含义是：通过举债而获得的资本成本优势，正好被负债公司不断上升的股权成本所抵销。因此，当负债增加时，负债公司的加权平均资本成本仍然与处于同一风险级别的无负债公司相同，公司价值因此也保持不变。

命题3：公司应当投资于那些收益率大于或者等于r_w的项目。

在投资决策中，该命题已经被广泛接受，并作为投资决策的标准之一，因此不做过多论述。

6.3.2　税收政策与资本结构

1）含税的MM模型

不含税的MM模型中的各项假设在现实中很难实现。因此，在现实中，资本结构与公司价值之间并非完全无关。1963年，MM在不含税模型的基础上，放松了“不存在公司所得税”的假设，从而推导出了含税的MM模型。在考虑公司所得税的条件下，由于负债所产生的利息作为成本，能够在税前予以扣除，因此，公司因负债而增加公司价值。

命题1：负债公司的价值等于同一风险等级的无负债公司的价值加上税负节余价值。用公式表示为：

$$V_L=V_U+\tau\times D \tag{6.22}$$

式中，τ为公司的所得税税率。

命题1表明：在考虑公司所得税的条件下，负债公司的价值要大于无负债公司的价值，其超出的数额为公司的所得税税率与负债总额的乘积。负债公司的价值随着负债比率的增加而增加，当负债率达到100%时，公司价值达到最大。命题1同样可以用套利原理加以证明。

【例6-14】沿用【例6-13】的相关数据资料，假设公司所得税税率为25%，其他资料见表6-7。

要求：确定U、L两家不同公司的价值。

表6-7　　**负债公司和无负债公司价值比较表（考虑所得税）**　　金额单位：元

项目	U公司（负债=0）	L公司（负债=500 000）
股权资本（E）	1 000 000	500 000
股权资本成本（r_e）	10%	14%
负债资本（D）		500 000
负债资本成本（r_d）		6%
息税前利润（EBIT）	100 000	100 000
减：利息费用（I）		30 000
税前利润（EBT）	100 000	70 000
减：所得税（τ）	25 000	17 500
股东收入（股利）（Div）	75 000	52 500
证券持有者收入（Div+I）	75 000	82 500

$$V_U=\frac{EBIT\times(1-\tau)}{r_{eU}}=\frac{100\,000\times(1-25\%)}{10\%}=750\,000\text{（元）}$$

$$V_L=\frac{(EBIT-I)\times(1-\tau)}{r_{eL}}+\frac{I}{r_d}=\frac{(100\,000-30\,000)\times(1-25\%)}{14\%}+\frac{30\,000}{6\%}=875\,000\text{（元）}$$

通过上述计算，我们发现在存在所得税的情况下，负债公司价值比无负债公司价值增加了125 000元，这是由于利息减税而造成的。因为利息支付减少了公司应纳税所得额，因此可以直接通过利息乘以税率得出每年税金节约额。每年税金节约额称为利息减税或税负节约，计算公式如下：

利息减税=负债成本×所得税税率×负债总额

如果利息减税的风险与负债风险等价，那么它的现值就等于永续年金的现值，折现率为负债的利率，因此公司未来利息减税的现值为：

利息减税现值=所得税税率×负债总额

命题2：负债公司的股本成本等于同一风险等级的无负债公司股本成本加上风险溢价，风险溢价由负债比率和所得税税率高低共同决定。用公式表示为：

$$r_{eL}=r_{eU}+(r_{eU}-r_d)\times(1-\tau)\times\frac{D}{E}\tag{6.23}$$

与公式（6.21）相比，公式（6.23）中多了一项（1−τ）。由于（1−τ）小于1，因此在考虑所得税后，负债公司的股本资本成本要低于无税模型下负债公司的股本资本成本。

命题2表明：在考虑所得税后，负债公司的股本成本会随着负债比例的增加而提高。但是，由于所得税的存在，股本成本上升的速度要慢于通过举债而获得的资本成本优势，即通过负债能够使公司的整体资本成本降低。因此，当负债增加的时候，负债公司的资本成本低于处于同一风险级别的无负债公司，公司价值因负债而增加。我们可以计算负债公司的加权平均资本成本，用公式表示为：

$$r_w=r_d\times\frac{D}{D+E}\times(1-\tau)+r_{eL}\times\frac{E}{D+E} \tag{6.24}$$

将公式（6.23）代入公式（6.24）中，我们得到：

$$r_w=r_{eU}\times\left[1-\left(\frac{D}{D+E}\right)\times\tau\right] \tag{6.25}$$

命题3：公司应当投资于那些收益率大于或者等于r_w的项目。

2）权衡理论

MM理论在考虑负债杠杆对公司价值的影响的同时，只考虑了所得税给公司带来的税负节余，而没有考虑公司因负债所产生的成本，因此，才会得出负债越高公司价值越大，当负债达到100%时，公司价值达到最大的结论。显然，该结论与我们经济生活中的常识不符。为了修正MM理论的不足，人们开始考虑负债在带来税负节余的同时所产生的相关成本，这就形成了权衡模型的基本思路。

当公司不能够及时足额地偿还债务时，公司就会陷入财务危机之中。财务危机泛指公司从资本管理出现技术性失败到破产之间的全部状态。轻度的财务危机只是导致公司不能进行正常的支付，而严重的财务危机则会导致公司陷入破产之中，破产是财务危机的一种极端形式。财务危机成本是指公司因陷入财务危机中而带来的成本，财务危机成本包括直接成本和间接成本两部分。

（1）财务危机直接成本

财务危机直接成本是与破产相关的成本，其内容主要包括有形费用和无形费用两个方面：①有形费用。由于陷入破产之中，公司需要经历各项法律程序并雇用相关的专业人士提供必要的服务，所支付的费用包括在破产清算过程中公司支付的律师费、会计师费、庭审费用及其他行政开支。这部分费用与破产公司的资产总额相比较，只占很小的比例。②无形费用。破产发生时，股东与债权人长期争执不休，公司生产经营活动不能正常进行，从而导致存货和固定资产的损坏或过时等资产损失。无形费用还包括公司因发生财务危机而错过的发展机会，丧失的技术优势和流失的人力资源。这些无形资产对于公司的正常健康发展至关重要，一旦发生破产，这些资源将会随着公司的终结而消失。对于高科技公司来说，这部分成本相当大。

（2）财务危机间接成本

公司的财务危机间接成本包括很多内容，概括起来分为两个部分：①公司在尚未破产时，由于陷入财务危机中，在经营管理各方面遇到的各种麻烦和困难。当公司面临财务危机时，公司管理人员为了缓解财务危机造成的压力，往往会采取一些短期行为，诸如变卖长期资产、推迟机器设备维修、为节约成本而降低产品质量、减少公司的技术开发等长期支出。在财务危机时，公司的债权人会纷纷上门讨债，公司不得不用高利率来举债，以缓解公司的现金压力，这样会使公司进一步丧失财务上的优势，加重财务上的负担。同时，公司的客户和供货商也会采取逃避的方法，供货商拒绝提供商业信用，并停止向其提供原材料，客户也会停止购买该公司的产品。②发生财务危机时，由于债务人和债权人在利益上存在冲突，因此导致其在投资决策时产生差异。债务人通常会考虑个人的利益而选择有可能伤害债权人利益的项目，这种利益冲突的存在会导致公司价值的下降，在财务危机存在的时候，这种情况尤为严重。债务人和债权人在财务危机中的利益冲突主要表现在三个方面：

第一，风险转移。在财务危机时，股东（债务人）向债权人承诺，将现金用于一个风险比较小的项目上，而实际上可能会选择一个风险较高的项目。如果这些投资成功，那么股东就能偿还全部借款，并且享受剩余的收益。如果项目不成功，股东仅仅是拖欠借款的问题，债权人则会损失巨大。如果某公司的负债价值已经超过公司的市场价值，那么当面对风险不同的两个投资项目时，公司会选择风险较高的项目，以期望通过高风险的投资来使公司摆脱财务危机的困境。而选择风险较低的项目，虽然会增加公司的价值，降低债权人的损失，但是由于风险低的项目收益较小，即便投资获得成功，公司仍然无法摆脱财务危机，仍然会走向破产。因此，在存在财务危机的时候，股东（债务人）会选择风险较高的项目而放弃风险较低的项目。

比如，处于财务危机中的某公司无法偿还的债务数额为1 000万元，该公司目前面临甲、乙两个项目。两个项目的投资额都是200万元，甲项目一年后收益现值为2 000万元的概率为0.05，收益现值为0的概率为0.95。投资甲项目的净现值为−100万元。乙项目一年后收益现值为500万元的概率为0.6，收益现值为1 000万元的概率为0.4。投资乙项目的净现值为500万元。如果公司处于正常生产经营状况，应当选择净现值大的项目。但是，如果该公司选择了乙项目，那么公司投资的全部收益都用于偿还债务，转移到债权人的手中，债权人因公司破产所遭受的损失减小，而公司的股东（债务人）的财务情况没有任何改变，仍然处于财务危机之中。若选择甲项目，如果投资收益现值为0，则公司股东没有任何损失，只是债权人因投资失败而丧失了200万元；但若是投资成功（即一年后的收益现值为2 000万元），则公司的股东不但可以偿还全部债务，而且可以从投资中获得高额的投资收益，从而彻底走出财务危机。因此，从公司股东的角度来看，股东会选择风险比较大的投资项目。

第二，放弃投资。与风险转移恰恰相反，当公司处于财务危机中时，股东（债务人）不是想办法去寻找能够带来正的净现值的投资项目，从而使公司摆脱财务危机的困境，而是放弃投资项目坐以待毙。这种现象发生的原因是在财务危机的条件下，公司的任何收益都必须首先用于偿还债权人，因此即便股东找到了净现值为正的投资项目，股东也无法从中获得任何好处，所有的投资收益都将由债权人获得。

换句话说，当股东看到自己的资产大部分都已经丧失，无论如何努力都不可能从根本上改变公司破产的最终命运，而努力所带来的收益又都将被债权人所享有时，股东（债务人）会放弃寻找公司摆脱财务危机的方法。

假设陷入财务危机的某公司一年后到期的债务本息额为4 000万元，现有一投资项目，其投资额为1 000万元，投资净现值为1 700万元。由于该公司处于财务危机中，项目的投资额只能由公司的股东自己支付。如果该项目成功，公司获得的1 700万元的收益将全部用于偿还债权人，而股东（债务人）得不到任何收益。因此，公司的股东没有动力用自己的资本来换取公司债权人收益的提高。在这种情况下，由于真正的受益人是公司的债权人而不是股东，因此股东会放弃这一净现值为正的投资项目，听任公司破产。

第三，资产转移。在处于财务危机中，公司面临着破产威胁的情况下，公司股东不但会拒绝将自己的资本投入公司中，以拯救公司脱离财务危机，相反，还会想方设法把公司的资本转移出去，从而保护自身的利益少受损害。比如，公司可以采用发放现金股利的方法将资本转移到股东的手中，这种做法的结果是公司资产价值的下降，从而导致债权人获得的偿还额减少，利益受损。公司也会因此而陷入更深的财务危机之中。

6.3.3 代理问题与资本结构

代理成本是指为了正确处理股东与经理之间，股东与债权人之间的代理关系所发生的成本，包括设计和实施各种监督、约束、激励和惩罚等措施的成本。

1）负债的代理成本

负债的代理成本问题在早期破产成本的讨论中就已经涉及。负债作为公司资本结构的一部分，随着负债数量的不断增加，债权人所承担的公司经营风险份额会相应增加，但是公司的投资决策权及运营决策权仍然掌握在股东与经营者手中。这样经营者就有动力利用债权人的财富为自己及其所代表的股东谋利。

第一，债权侵蚀问题。对债权人财富的侵占，最常用的方法就是债权的侵蚀。公司发行债券，从债权人手中获得资本，而后将资本作为股利分发给公司的股东，或者为了增加利润而增大财务杠杆，公司违反事先的借款合约，发行同一偿还次序或者更优偿还次序的债券或者贷款，从而将公司原有的债券提高到较高的风险级别。我们不难发现，无论是用债务来发放股利，还是增加新的债务，债权人所遭受的损失，都恰好是公司股东获得的利益。

第二，资产替代问题。股东侵害债权人的另外一种形式就是资产替代。股东在向债权人借款时，向债权人承诺将资本用于风险较低的项目，然而在实际投资时，将资本投放于一个高风险的项目。如果债权人相信股东会谨慎地使用他们的资本，他们就会接受较低的利率，因此，经营者和股东采用这种方法就能找到足够多的债权人，从而保证公司以较低的成本获得资本，而后将其投放于“高风险–高收益”

的投资项目。如果投资的项目成功，股东能够在偿还债权人的借款之后获得额外的剩余收益。如果项目不成功，股东只是拖欠借款而已，债权人则会损失惨重。

面对上述侵害债权人利益的各种行为，债权人不是被动接受，而是在意识到他们的利益受到损害之后，积极采取各种防御措施来预防这种行为的发生。防御措施包括：①债权人在向公司贷款（或购买公司债券）时订立“保护性约束条款”，对借款公司的行为进行种种限制。这些保护性约束条款会在一定程度上限制公司的经营，影响公司效率，从而导致效率损失。②对公司的投资行为加以限制，以防止公司股东滥用职权，转移危机，从而避免债务人转移资产。③为确保这些保护性约束条款的有效实施，必须以一定的方式方法对公司实施监督，从而发生直接的监督成本。当债权人认为公司发生财务危机的概率较大，就会提高要求的利率予以补偿。这些措施都会降低公司的价值。

2）股权代理成本

股权融资的代理成本产生于管理者的所谓“非货币收益”，主要表现为在职消费。当管理者（企业家）不是内部股东而是代理人时，其在职消费的好处由自己享有，而消费成本却由公司承担。如果管理者持有公司百分之百的股权，他就会做适当的权衡，因为此时在职消费的成本和好处完全由他自己承担。但如果进行外部股权融资，管理者拥有公司的部分股权，管理者只承担在职消费的部分成本，但却得到了在职消费的全部好处。这样管理者就会选择更多的在职消费，从而降低了公司价值。Jensen 和 Mecking（1976）认为，管理者持有的内部股权融资越少，或外部股权融资越多，股权代理成本就越高。如果管理者持有的公司股票和公司总资产不变，提高负债率就相应地提高了管理者持有公司股票的百分比，可能有助于减少公司管理者与股东间的利益冲突。

此外，为使管理者按照股东的权益进行最优决策，既要对管理者进行适当的激励（工资、奖金、认股权证和额外津贴），又要给予监督，如用契约对管理者进行约束、审计财务报表和直接对管理者的决策进行限制等。不论是激励措施还是监督措施都需要支付一定费用，表现为一定的代理成本。在确定公司资本结构时应充分考虑这些代理成本的存在。不过，债务融资也可能会减少公司的代理成本，这主要表现在：（1）减少股东监督经营者的成本。只要公司发行新债，潜在的债权人就会仔细分析公司的情况以确定该债务的公平价格，于是每发行一次新债，现有债权人和股东就免费享受一次对公司的外部“审计”。这种外部审计降低了为确保代理人（经营者）尽职尽责而花费的监督成本。（2）举债并用借款回购股票会在两方面减少股权融资的代理成本。第一，用债券回购股票一方面减少了公司股份，另一方面也减少了公司现金流量中归属于股东的部分。由于经营者必须用大量的现金偿还债务，因此，归属于债权人的份额增加了，这意味着能被经营者用来“在职消费”的现金流量或支配的现金流量减少了。第二，如果经营者已经持有部分股权，那么公司增加负债后，经营者持股的份额就会相对增加，即使他们拥有股权资产的量没有改变。这样会促使经营者为股东的利益而工作，因为负债融资将经营者和股东的利益紧密地联系在一起，使它成为减少代理成本的一个工具。(3) 举债引起的破产机制会减少代理成本。如果公司不发行债券融资，公司就不会有破产风险，这会使经营者丧失追求公司价值最大化的积极性，从而降低市场对公司价值的评价。相反，如果公司发行债券融资，由于偿债压力和破产风险，经营者必须努力工作，如果公司经营不好，或破产倒闭，或成为兼并的目标公司，其结果是经营者被解职或被驱出经理人市场。因此，从某种意义上说，举债融资可以说是一种“无退路”的融资方式，经营者为了保证在职好处会努力追求公司价值最大化。

负债融资与股权融资的代理成本都会对公司价值产生相反的影响，因为当一家公司负债增加时，它的债务代理成本就会随之增加，公司价值和股票价值有时会随之下降（额外的负债成本是很昂贵的），但与此同时，公司股权融资代理成本会降低，这又会引起公司价值和股票价值的上升。至于最后的结果，则取决于两种作用哪个更大。

综合考虑负债的所得税效应、财务危机成本和代理成本之后，负债公司价值和无负债公司价值之间的关系可以用下面的公式表示：

$$V_L=V_U+\tau B-FPV-APV \tag{6.26}$$

式中，V_L代表负债公司的价值；V_U代表无负债公司的价值；τB代表负债公司因负债而产生的税负节余；FPV代表财务危机成本的现值；APV代表代理成本的现值。

公式右边的前两项表示含税的MM模型，负债公司的价值随着负债的增加而增加。但是在税负节余的同时，公司的财务危机成本和代理成本也随着负债的增加而增加，并不断抵销税负节余。当税负节余大于财务危机成本现值和代理成本现值之和时，公司可以继续增加负债的比重，从而使公司的资本结构接近最佳。反之，当税负节余小于财务危机成本现值和代理成本现值之和时，公司应当减少负债的比重，从而使公司的资本结构接近最佳。当公司负债的税负节余等于财务危机成本现值和代理成本现值之和时，公司的资本结构达到最佳状态。

6.3.4　不对称信息与资本结构

从信息经济学的角度来说，代理理论研究的是事后的道德风险（moral hazard）问题，信息不对称理论研究的则是事前的逆向选择（adverse selection）问题。代理成本理论讨论的是减少道德风险的激励问题，信息不对称理论则是讨论资本结构对投资者的信号作用。

1）信号传递理论

在MM理论中，假设投资者和管理者在获得公司信息的能力和可能性上都是均等的。事实上，公司管理者总是更了解公司的内部经营情况，总是掌握着投资者所无法知道的信息，这就是所谓的信息不对称性。在资本结构理论中，Ross

(1972)[①]完全保留了MM理论的全部假设，仅仅放松了关于充分信息的假设。他假设公司管理者对公司的未来收益和投资风险有充分的信息，而投资者没有这些信息，只知道对管理者采取激励和监督措施。投资者只能通过管理者输送出来的信息间接评价市场价值。Ross认为，公司收益分配是按照索取权的优先顺序排列的，如果公司市场价值提高，管理者会由此受益；如果公司破产，管理者就会受到惩罚。由于在任何债务水平上，低质量公司都拥有更高的边际预期破产成本，所以低质量公司的管理者就不会仿效高质量公司进行过多的债务融资。也就是说，越是发展前景看好的公司，债务融资水平就越高；越是发展前景看淡的公司，债务融资水平就越低。投资者可以凭借公司债务融资比率来判断公司预期市场价值的高低或公司质量的高低，从而确定自己的投资组合。如果管理者没有增加公司市场价值的动机，那么他就不会通过改变公司融资结构中的负债融资比率来向市场发布有关公司方面的融投资信息。为了使债务融资机制成为正确的信号传递，Ross对破产公司的管理者加上了惩罚约束，从而使公司债务融资比率变成可靠的信息。这一模型的主要经验结果是，破产概率与公司质量负相关，而与负债水平正相关，公司市场价值和债务比例正相关。

Leland和Pyle（1977）[②]提出，在存在不对称信息的情况下，为了使投资项目的融资能够顺利进行，借贷双方必须交流信息。他们认为，这种交流可以通过信号的传递来进行。例如，掌握了内部信息的经理也对申请融资项目进行投资，这本身就向贷方传递了一个信号，即项目本身包含着“好消息”，也就是说，经理进行投资的意愿本身就可以作为一个投资项目质量好的信号。通常，市场上的投资者认为项目质量是经理拥有股份的函数，经理拥有的股份越高，预示着投资项目的价值越高。不仅如此，公司举债越高，经理持股比例越高，预示着公司的质量就越好，因为经理大多数都是风险规避者，只有投资项目的真实收益大于其承担的风险，他们才会进行投资。因此，举债融资给市场传递的信号一般是一个“好消息”。

Myers和Majluf（1984）[③]在Ross理论的基础上，进一步考察了不对称信息对公司投资活动及融资方式的影响。他们认为在不对称信息下，管理者（内部人）比投资者（外部人）更为了解公司收益和投资的真实情况。外部人只能根据内部人所传递的信号来重新评价他们的投资决策。公司的融资结构、股利政策等都是内部人传递信号的手段。假设公司为投资新项目必须寻找新的融资方式，为简化，只考虑举债融资或股票融资两种情况。由于管理者比潜在的投资者更了解投资项目的实际价值，如果项目的净现值为正数，说明项目具有较好的获利能力，这时，代表老股东利益的管理者不愿意发行新股以免把新项目的投资收益转让给新股东。投资者在知

① ROSS S A.The determination of financial structure：the incentive-signalling approach［J］. Bell Journal of Economics，1977，8（1）：23-40.

② LELAND H E，PYLE D H.Informational asymmetries，financial structure，and financial intermediation［J］. The Journal of Finance，1977，32（2）：371-387.

③ MYERS S C，MAJLUF N S.Corporate financing and investment decisions when firms have information that investors do not have［J］. Journal of Financial Economics，1984（13）：187-221.

道管理者的这种行为模式后，自然会把发行新股当成一种坏消息，在有效市场假设下，投资者会根据项目价值重新正确进行估价，从而影响到投资者对新股的出价。

2）优序融资理论

Myers 和 Majluf（1984）以不对称信息理论为基础，考察不对称信息对融资成本的影响。他们认为股权融资会传递公司经营的负面信息，因为在投资者看来，公司发行新股可能是因为股价被高估了，或公司前景暗淡，出于保护自身利益的考虑，他们会抛售股票，造成股价下跌，结果使股票融资的成本升高。相对来说，发行债券融资时，债券价值被错估的可能性较小，但是发行债券又会使公司受到财务危机的约束。在这种情况下，Myers 和 Majluf（1984）指出，如果公司利用留存收益为新项目融资，不需要发行新股融资，就不存在信息不对称的问题，所有净现值为正的项目都会被公司采纳。在此基础上，Myers（1984）①提出了不对称信息条件下的优序融资理论（pecking order theory）。根据这一理论，公司应按下列顺序进行融资：首先是内部积累资金；如果需要外部融资，公司将首先进行债务融资，直到因债务增加引起公司陷入财务危机的概率达到危险值时，才发行股票进行融资。这个结论与美国1965—1982年公司融资的结构基本相符，这一期间内公司内部积累资本占总资本的61%，债务融资占23%，新发行股票平均每年仅占2.7%。

优序融资理论认为一些经营好的公司负债率低，不是因为这些公司的目标负债率低，而是因为高收益的公司有足够的内部融资资源，而低收益的公司只能依靠外部融资，且不断积累负债。优序融资理论认为不存在明确的目标负债率，当实际的现金流量、股利和实际的投资机会出现不平衡时负债率就会发生变化。而债务的税收收益、财务危机成本、代理成本等因素在融资排序中并不重要。

【课堂拓展】　　　　　　什么是“黑天鹅”和“灰犀牛”？②

党的二十大报告指出，“我国发展进入战略机遇和风险挑战并存、不确定难预料因素增多的时期，各种‘黑天鹅’‘灰犀牛’事件随时可能发生。我们必须增强忧患意识，坚持底线思维，做到居安思危、未雨绸缪，准备经受风高浪急甚至惊涛骇浪的重大考验”。

那么，什么是“黑天鹅”？什么又是“灰犀牛”呢？

20世纪90年代以来，以东亚金融危机、美国次贷危机、欧洲债务危机为代表的金融危机的发生频率、影响范围以及造成的冲击都在加快、加大，与金融危机相联系的系统性风险成为国际学术界的研究热点。其中诞生了两个近乎家喻户晓的术语，“黑天鹅”和“灰犀牛”。“黑天鹅”和“灰犀牛”是由美国纽约大学杰出教授（Distinguished Professor）Nassim Nicholas Taleb 和古根海姆学者奖获得者 Michele Wucker 分别于2007年和2016年提出的，是用来刻画系统性风险的两个隐喻。“黑

---

① MYERS S C.The capital structure puzzle［J］. The Journal of Finance，1984，39（3）：575-592.

② 骆晓强，梁权琦，杨晓光. 当前中国经济的“灰犀牛”和“黑天鹅”［J］. 中国科学院院刊，2017，32（12）：1356-1370.

天鹅”一般指难以预测，但突然发生时，会引起连锁反应，有巨大负面影响的小概率事件。“灰犀牛”一般是指概率大、冲击力极强、在某种程度上可以预见、潜在但是常常被忽视的风险。“黑天鹅”和“灰犀牛”的提出，形象地刻画了两类系统性风险的特征，使之从抽象的学术概念变成普通人容易理解的形象描述，在国际上引起了广泛的反响，Taleb和Wucker的相关书籍，也因此洛阳纸贵，成为国际上的畅销书。

中国经济在经历了30多年的高速增长后，2012年以来转入中高速增长，进入调整期。前期积累的各种矛盾以及经济下行的影响，使得中国经济的系统性风险显著加大。以习近平同志为核心的党中央高度重视系统性风险的防范。2017年7月14—15日第五次全国金融工作会议决定设立国务院金融稳定发展委员会①，习近平总书记在会上强调要“强化人民银行宏观审慎管理和系统性风险防范职责，落实金融监管部门监管职责，并强化监管问责”。2017年7月17日，《人民日报》评论员文章《有效防范金融风险——二论做好当前金融工作》，提到“防范化解金融风险，需要增强忧患意识……既防‘黑天鹅’，也防‘灰犀牛’，对各类风险苗头既不能掉以轻心，也不能置若罔闻”。2017年8月15日，时任中国建设银行行长王祖继在《人民日报》发表文章，表态防止“黑天鹅”和“灰犀牛”是大型国有商业银行的责任担当。2017年11月4日，中国人民银行网站发表了时任行长周小川的文章《守住不发生系统性金融风险的底线》，强调要加强对“黑天鹅”和“灰犀牛”的防范。2017年11月8日，经党中央、国务院批准，国务院金融稳定发展委员会正式成立，时任国务院副总理马凯担任委员会主任。如此种种，展现出国家对中国经济的“灰犀牛”和“黑天鹅”高度重视。

从财务角度来看，“灰犀牛”和“黑天鹅”可能对企业产生怎样的影响？为什么政府特别强调对“灰犀牛”和“黑天鹅”进行监管？

从财务杠杆的角度，组织学生讨论在不同的场景下，“灰犀牛”和“黑天鹅”对企业影响的差异有哪些？在现在的经济环境中，哪些因素属于“灰犀牛”？哪些因素属于“黑天鹅”？

本章小结

1.资本成本是公司取得和使用资本而付出的代价。从理论上看，各种来源的资本成本都取决于风险和收益的权衡。而在实践中，通常采用实际支付的资本取得和占用费用来衡量资本成本。

2.债务资本成本可以通过债务方式取得的资本与为占有资本而支付的成本之间的比例关系表示。由于债务的利息能够在税前支付，所以计算债务的资本成本需要考虑所得税效应。优先股可以被视为一种无期限的债券。如果股利每年相等，则优

① 2023年3月改为中央金融委员会办公室。

先股的资本成本可以采用永续年金的方法计算。

3.普通股资本成本的计算方法有三种：现金流量折现法、资本资产定价法和债券成本加风险溢价法。现金流量折现法的原理与债务资本成本的计算相一致，但是股利在税后支付，因此无法产生税收节余效应；资本资产定价法是采用CAPM，根据风险确定资本成本；债券成本加风险溢价法，是根据普通股和长期债券的风险差异，在长期债券资本成本的基础上，增加额外的风险补偿以确定资本成本。留存收益的资本成本并没有真实发生，而是一种潜在的机会成本。留存收益与普通股在根本性质上是一致的，其最低成本应当和普通股资本成本相同，唯一的差别在于留存收益不必考虑发行费用。

4.加权平均资本成本是以公司的个别资本成本为基数，以各类资本在资本总额中所占的比重为权数形成的各类资本成本的总成本。权数的确定方法主要有三种：账面价值法、市场价值法和目标价值法。

5.在财务管理中，杠杆作用是指由于存在固定性费用，当生产经营过程中某项因素产生较小变化时，对应的其他因素会产生较大变动。根据不同的固定性费用，杠杆可以被划分为经营杠杆和财务杠杆。杠杆作用可以采用杠杆系数的方式加以衡量。

6.经营杠杆是指由于存在固定性的经营费用，当销售收入产生较小变化时，息税前利润会产生较大变动；经营杠杆反映经营风险，可以采用经营杠杆系数加以衡量。财务杠杆是指由于存在固定性的财务费用，当息税前利润产生较小变化时，每股收益会产生较大变动；财务杠杆反映财务风险，可以采用财务杠杆系数加以衡量。通过经营杠杆和财务杠杆的共同作用，销售收入的变化会导致每股收益更大幅度的变化，被称为总杠杆，可以采用总杠杆系数加以衡量。

7.在不存在所得税、破产成本、代理成本和信息不对称的情况下，公司价值取决于经营活动产生的现金流量和经营活动风险要求的收益率。资本结构与公司价值不相关，无论采用何种资本结构均不能影响公司价值。这就是MM定理的资本结构无关论。

8.当存在公司所得税，而其他MM定理的假设条件仍然成立的条件下，负债公司的价值等于同一风险等级的无负债公司的价值加上税负节余价值；负债比率越高，公司价值越大。当公司的全部资金来源均为负债时，公司的价值达到最大。这就是修正的MM定理。

9.在修正的MM定理基础上，当考虑负债所带来的财务危机成本和代理成本时，虽然负债公司的价值随着负债的增加而增加，但是公司的财务危机成本和代理成本也随着负债的增加而增加，并不断抵销税负节余。公司负债的税负节余等于财务危机成本现值和代理成本现值之和时，公司的资本结构达到最佳状态。

10.当存在信息不对称时，价值高的公司能够并愿意承担较高的负债，而价值低的公司没有能力去增加负债以模仿高价值的公司，只能更多地依赖股票融资。所以，在信息不对称的情况下，资本结构可以作为信号用以判别公司的价值高低。据此，研究人员提出排序理论：相对于外部融资而言，公司更喜欢从内部进行融资；如果公司必须进行外部融资，经营者会按照无风险的债券、有风险的债券、可转换债券、优先股、普通股的顺序进行融资。

基本训练

1.2016年2月15日，《经济日报》发表文章称，中央经济工作会议指出，去杠杆是2016年经济工作的重点内容。在经济领域，“杠杆”指的是通过借债，以较小的投入撬动大量资金、扩大经营规模。如个人融资融券、企业向银行借贷、政府发行地方债等，都属于“加杠杆”的行为。“去杠杆”则是在提高生产效率、推动经济增长中改善债务结构，以行政力量与市场手段并举、以可控方式和可控节奏逐步消化泡沫和杠杆问题。“杠杆”是一把“双刃剑”，适度的杠杆对经济有益，但如果杠杆率过高，债务增速过快，杠杆反而会拖累经济发展。杠杆化还有明显的顺周期特征，经济上行时加杠杆能获得更多收益，经济下行时则会加大风险，损失更大。请结合资本结构和财务杠杆相关理论，对上述中央政策的理论基础进行分析，并指出该政策可能产生的经济影响。

2.2014年3月4日，中国债券市场史上出现首宗违约事件。深陷困境的太阳能设备公司超日太阳于当日晚承认债务违约，无法全额支付即将到期的第二期利息8 980万元，仅能支付其中的400万元。这也宣告中国债市长期以来的刚性兑付神话破灭。超日债违约事件首先引发债市动荡。由于担心连续亏损且无担保的民营公司债成为“超日第二”，部分公司债价格出现快速下跌。在一级市场上，短短几天内已有超过10家公司推迟发行债券或中票、短融等，私募债发行也降至冰点。请应用资本结构相关理论，分析超日债违约事件可能产生的影响。

3.2015年，中国股市经历过山车式的剧烈动荡。在经历了半年多的持续上涨后，2015年6月15日，上证指数从5 170点高位突然掉头向下，大跌103点。6月15日至7月9日，上证指数在18个交易日内暴跌1 803点，最大跌幅近35%；8月18日至8月26日，大盘再度暴跌。上证指数在7个交易日内暴跌1 155点，最大跌幅约29%。在股市剧烈动荡的过程中，很多采用融资方式进行的股票投资出现“爆仓”而被强制平仓的情况。请任选一只上证指数成分股，并假定在2014年12月31日以收盘价买入1万股。请分别讨论下列不同融资方式，在股灾期间（2015年6月15日至2015年8月26日）的财富状况变动情况。融资成本为8%。

情况1：全部资金为自有资金，买入股票；

情况2：50%资金来自融资，其余50%资金来自自有资金，买入股票；

情况3：80%资金来自融资，其余20%资金来自自有资金，买入股票。

4.2013年11月30日，《国务院关于开展优先股试点的指导意见》明确指出，国务院决定开展优先股试点。优先股是在一般规定的普通种类股份之外，另行规定的其他种类股份，其股份持有人优先于普通股股东分配公司利润和剩余财产，但参与公司决策管理等权利受到限制。请查询上市公司资料，统计上市公司发行优先股的数量和金额，并对优先股发行情况进行分析。（提示：可以重点观察不同行业的优先股发行水平差异）

5.融资约束是公司做出资本结构决策时需要考虑的重要因素，并且在不同制度环境下，融资约束会受到不同因素的影响。请查阅相关学术文章和媒体报道，对影响我国公司融资约束的因素进行分析。（提示：可以区分不同企业性质进行讨论）

基本训练参考答案

第6章题库

第7章 股利政策

学习目标

1. 了解有关股利政策的各种传统和现代理论；
2. 掌握影响股利政策的各种因素；
3. 熟悉不同类型的股利政策，掌握股利支付的程序；
4. 熟悉股票股利和股票分割的关系；
5. 熟悉股票回购和现金股利的关系。

股利在公司理财体系中扮演着重要的角色，从股票估价模型到资本结构决策，都需要对公司的股利加以分析。对现金股利的预计，会影响到公司股票估价模型的应用；股利的发放直接影响公司的留存收益水平，进而影响公司的资本结构。然而，不同公司之间的股利政策千差万别，有的公司发放高额现金股利，有的公司从不发放现金股利，有的公司频繁进行股票回购。哪些因素决定着公司股利政策？为什么不同公司的股利政策存在如此之大的差别？何种股利政策与财务管理目标相一致？在本章之前，我们主要假设公司的股利政策是事先给定的，而本章将主要在介绍传统和现代的股利政策理论的基础上，探讨股利政策的实施方法以及不同的股利支付方法，以确定何种股利政策对于公司而言是最佳选择。

7.1 股利政策的基本理论

7.1.1 传统股利政策理论

1）股利政策无关论

股利政策无关论是由莫迪格利尼和米勒（Modigliani 和 Miller，MM）提出来的。他们的理论是建立在如下的假设基础之上的：（1）没有足以影响市场价格的证券买者和卖者；（2）所有的交易者都平等且无任何成本地获得相同的信息；（3）没有交易成本，如证券交易时发生的佣金和转让费用；(4) 在支付股利与获得资本利得之间，利润分配与不分配之间，税负没有差别；(5) 投资者偏好盈利而不是损失；(6) 对于投资者而言，通过股利或是资本利得来增加财富没有区别；(7) 每个投资者都充分了解未来的投资计划和公司未来的利润；(8) 由于确定性，所有公司都发行普通股进行融资。在以上8项假设中，假设 (1) — (4) 为“完美市场”假设，假设 (5) — (6) 为“理性行为”假设，假设 (7) — (8) 为“完全的确定性”假设。根据股利政策无关论的相关假设，公司价值仅取决于当期和后续的营业利润。

只要公司接受所有净现值大于零的投资项目，并且可以无成本地从资本市场取得资金来源，那么它就可以在任何时间支付任何水平的股利。如果支付了股利，公司就必须发行新股来筹集资本以满足继续投资项目的资本需求。根据股利政策无关论，公司既可以选择保留利润，采用内部资本来满足投资项目所需资本，也可以选择把全部利润作为股利支付，通过发行新股来筹集投资项目所需要的资本。

【例7-1】假设某公司现在面临一个净现值为200万元的投资机会，需要初始投资200万元。该公司的基本情况见表7-1。现在有两个方案可供选择：甲方案将公司的200万元留存收益作为初始投资；乙方案将公司的200万元留存收益作为股利发放给股东，并在资本市场上发行新股来募集投资所需资本。

表7-1 该公司基本财务情况

当期公司价值（万元）	2 000
每期经营现金流量（万元）	200
投资收益率	10%
发行在外普通股（万股）	100
每股价格（元）	20
投资者要求的收益率	10%
新项目NPV（万元）	200
投资项目所需资本（万元）	200

要求：对两个不同的股利政策方案进行比较。

如果该公司采用甲方案，那么公司既不发放股利，也不必募集新股，因此在接受新项目之后的价值等于公司原来的价值加上新项目的净现值，即2 000+200=2 200（万元）。而股东在该期间内获得的投资收益率为（2 200−2 000）÷2 000×100%=10%。此时，公司当期的价值应当为（0+2 200）÷（1+10%）=2 000

（万元）。

如果公司采用乙方案，那么公司将当期的经营现金流量200万元作为股利发放，每位股东获得股利200÷100=2（元）。此时，公司需要通过发行新股来募集200万元的项目初始投资。公司按照现时股票价格20元发行股票10万股来完成资本的募集任务。此时，公司发行在外的股票达到100+10=110（万股），公司的价值为20×110=2 200（万元）。在该时期内，公司的股票价格没有发生变动，股东的投资收益来自公司发放的现金股利，股东的投资收益率为2÷20×100%=10%。公司当期的价值为（200+100×20）÷（1+10%）=2 000（万元）。

两个方案的选择对公司所造成的影响可以通过表7-2加以比较。

表7-2 **股利政策和公司价值比较表**

项目	甲方案（不发放股利）	乙方案（发放股利）
每股股利（元）	0	200÷100=2
当期普通股股数（万股）	100	100
发行新股的数量（万股）	0	10
新股发行价格（元）	0	20
新股发行募集资本数量（万元）	0	200
新股发行后普通股股数（万股）	100	100+10=110
投资后公司市场价值（万元）	2 000+200=2 200	2 000−200+200+200=2 200
股票价格（元/股）	2 200÷100=22	2 200÷110=20
投资者收益率	（22−20）÷20=10%	（2+20−20）÷20=10%
当期公司市场价值（万元）	（0+2 200）÷（1+10%）=2 000	（200+100×20）÷（1+10%）=2 000

从表7-2可以看出，对于投资项目，无论是使用留存收益，还是发放股利之后在资本市场上发行新股募资，都不会对公司的价值产生影响。这两个方案的区别在于股东控制权发生了变化。如果采用甲方案，投资项目前后公司的普通股股数都是100万股，原有股东仍然拥有对公司100%的控制权。如果采用乙方案，投资项目后公司的普通股股数增加为110万股，原有股东对公司的控制权下降为100÷110×100%=91%，发行新股导致老股东的控制权被稀释。

2）差别税收理论

MM的股利无关论只存在于理想状态的资本市场中。当引入资本市场的现实因素后，股利政策无关论的有效性会受到影响。税收是现实经济中对公司产生重要影响的因素，如果考虑所得税因素后，会得出与MM股利政策无关论不同的结论。

如果对公司发放的现金股利征收个人所得税，那么公司应当不发放股利而保留所有收入，股东可以从股票的资本利得中获得投资收益。

仍然采用【例7-1】的资料，在没有所得税的情况下，如果公司不发放股利，股东可以通过资本利得来获得投资收益；如果公司发放股利，股东的投资收益直接来源于现金股利。股东所收到的现金股利与获得的资本利得相等。如果只对公司的股利征收个人所得税，假设所得税税率为40%，那么公司发放现金股利20万元，而公司的股东实际得到的投资收益只有12万元（20×（1-40%））。此时，公司发行新股来募集项目初始投资时，新的投资者会对公司的项目进行评估。由于这些股票会发放现金股利，股东需要支付所得税，因此股东会把这些股票看作需要对其收益支付税金的证券，股东不再愿意支付20元/股来购买该公司的股票，而只愿意支付12元/股（20×（1-40%））。所有需要交纳个人所得税的投资者都宁愿获得资本利得收入而不愿意取得股利收入。

如果对资本利得也征收同样的个人所得税，投资者也会选择资本利得而非现金股利。虽然从表面上看，对资本利得征收40%的所得税与对现金股利征收40%的所得税对股东产生的影响相同，但是，对资本利得征收的所得税只有在股票售出的时刻才能实现。因此，除非无论股票是否卖出，都对每个阶段的股票升值全部征税，才能保证所得税对资本利得的影响与对现金股利的影响相一致。若仅在股票售出的时候才征收资本利得所得税，这种税收延期作用将会降低资本利得所承担的真实税负，因此即便对资本利得和股利按照相同的税率征税，投资者也会偏好于资本利得而非股利收入。在现实生活中，股利所得税税率要高于资本利得所得税税率，资本利得还可以通过将有价证券捐赠给慈善机构等措施获得税收的减免，这些都导致资本利得的实际税负要低于股利的税负，这就意味着支付股利的股票必须比具有同等风险但不支付股利的股票提供更高的预期税前利润率，才能补偿纳税义务给股东造成的价值损失。

3）一鸟在手理论

“一鸟在手”理论是Myron Gordon和John Lintner于1963年，针对MM的股利政策无关论提出的。根据MM的股利政策无关论，观察【例7-1】的计算结果，发现无论是否发放股利，公司投资者要求的投资收益率都没有改变，因此公司的股权资本成本也没有改变。而Gordon和Lintner对此结论持有异议。他们认为投资者对收到的现金股利比较有信心，认为其属于相对稳定的收入；而对收到由于留存收益而造成的股票资本利得信心较小，认为其属于相对不稳定的收入。由于投资者属于风险厌恶型，他们更倾向相对可靠的股利收入。因此，当公司股利支付率增加时，公司的股权资本成本会随之下降。换言之，由于投资者认为在投资收益率中，股利收益率比增长率的风险小，因此1元的股利比1元的资本利得更有价值。这种理论被称为“在手之鸟”理论，即“双鸟在林，不如一鸟在手”。

7.1.2 现代股利政策理论

1）信号理论

在传统的股利政策理论中，假定管理人员和投资者之间的信息完全对称，处于外部的投资者与公司内部的管理者了解经营信息的程度相同。在现实生活中，由于投资者和管理者所处的位置不同，他们对信息的了解和掌握也存在很大区别。投资者不能参与具体的经营活动，因此对公司未来发展信息的掌握远逊于管理人员。在信息不对称的情况下，为了获得关于公司未来发展的信息，投资者必须收集各种信号来判断管理人员所掌握的信息。股利政策可以作为这样的信号。

根据信号理论，股利政策变动能够向市场传递管理人员对未来业绩的预期，但股利本身并不具有信号作用。股利通常具有“黏性”，即管理人员轻易不会改变既定的股利政策，所以从股利政策的变动能够推测出管理人员对未来业绩的预期。当盈利水平提高时，管理人员不会立即增加股利，只有确定盈利水平的提高并非暂时性的后，管理人员才会提高股利水平；同样，当盈利水平下滑时，管理人员不会立即减少股利，只有确定盈利水平的下降具有持续性后，管理人员才会降低股利水平。因此，根据股利政策的变动，投资者可以推断管理人员对公司未来业绩的判断。当公司首次发放股利或者增加股利时，投资者会将其视为公司未来业绩持续好转的信号，并给予正面反应，因此当该类消息发布时，公司股票价格通常会上涨。当公司终止发放股利或者减少股利时，投资者会将其视为公司未来业绩持续恶化的信号，并给予负面反应，因此当该类信息发布时，公司股票价格通常会下跌。

2）自由现金流量

自由现金流量是从委托代理的角度对股利政策进行的分析。由于与股东的目标存在分歧，管理人员可能将公司资源投资于净现值小于零的项目，比如进行在职消费或者进行并购。从财务上来看，这些项目不能为公司创造价值，与股东的利益相悖，但是却能够满足管理人员的某种心理需求，增加其控制的资产规模。降低管理人员能够控制的自由现金流量，是避免管理人员和股东之间委托代理矛盾的方法之一。自由现金流量是指对所有净现值大于零的项目进行投资后，公司所剩余的资本。根据定义，若将自由现金流量继续用于投资，公司所得到的净现值小于零，会破坏股东价值。因此，应当将自由现金流量用于发放股利，以现金的方式返还给投资者。由此看来，股利能够降低自由现金流量，从而解决股东和管理人员之间的委托代理矛盾。

7.2 股利政策的实施

7.2.1 影响股利政策的因素

1）法律性因素

为了保护公司出资人的权益，我国现行的《公司法》和《证券法》等相关法规均对股利的发放条件加以一定程度的限制。

（1）资本保全性要求。根据我国现行的法律规定，公司的注册资本不得抽回，因此股利的发放不能动用公司的资本金及其溢价部分。公司只能将生产经营过程中产生的累积经营收益作为股利的来源。这种做法能够确保法定资本金的完整性，避免股东通过股利抽逃自有资本，保护债权人的合法利益不受侵害。

（2）公司积累。根据法定的分配程序，在发放股利之前，公司首先要按照当年收益的10%提取法定盈余公积，还可以酌情提取一定的任意盈余公积。当提取的法定盈余公积数额超过注册资本的50%时，公司方可停止提取盈余公积。提取盈余公积能够增强公司自有资本的实力。

（3）净利润。发放股利时，公司的累计税后利润必须为正，即公司必须在弥补以前年度亏损的基础上，方能发放现金股利。这种做法能够避免公司的资本金受到侵蚀。

（4）超额累计利润。就大多数国家而言，资本利得适用的所得税税率较低，而股利适用的所得税税率较高，这会促使公司少发放现金股利，从而协助股东获得税收方面的优惠。为了避免这种情况的发生，很多国家都对公司的累计利润加以限制。当留存收益超过一定限额时，公司将被征收额外的税款，从而促使其发放现金股利。目前为止，我国法律尚未对超额累计利润加以约束。

2）契约性约束因素

除了股权融资外，公司还会采用发行债券、举借贷款或者进行融资租赁的方式筹集资本。与股东相比，这些资本提供者处于劣势地位。为了避免股东侵害债权人的利益，在上述债务性契约中，通常会对公司的股利政策加以限制，比如：股利只能来源于债务性契约生效后产生的收益；当公司偿债能力或盈利能力低于特定水平时，不得支付股利。这种做法的目的在于防止股东通过股利转移资本，更好地保护债权人的利益。

3）公司因素

（1）变现能力。无论采用何种股利政策，现金股利均须采用现金形式，因此公司的变现能力直接影响股利政策的选择。股利支付导致现金流出，从而对公司正常经营活动产生影响。公司的变现能力直接决定现金股利的支付水平。变现能力较强的公司可以支付较高的股利，变现能力较差的公司不宜支付较高的股利。

（2）举债能力。除了资产变现外，举债也能为公司提供现金来源，进而影响到公司的股利政策。股利会降低自有资本水平，可能导致公司通过举债方式筹集资本。当举债能力较强时，公司可以采用债务方式弥补资本不足，发放较高的股利；反之，则应采用较低的股利政策。

（3）盈利能力。盈利能力直接影响公司的股利政策。一旦开始发放股利，公司股利政策通常会在一段时间内保持稳定。因此，股利政策取决于公司盈利能力的稳定性。盈利能力相对稳定的公司，能够持续获得较高的收益，可以采用高股利政策；盈利能力相对不稳定的公司，应当采用低股利政策。

（4）投资机会。股利支付会导致现金流出，影响公司的投资行为，所以在制定股利政策时，需要对公司面临的投资机会加以分析。当公司面临良好的投资机会时，公司应当减少股利发放，从而确保有足够资本进行投资；反之，公司应当将闲置资本发放股利，以回报投资者。处于生命周期不同阶段的公司，其股利政策也通常存在显著差别，其原因就在于生命周期的不同阶段所面临的投资机会存在显著差异。

（5）资本成本。股利来源于留存收益，发放现金股利会影响公司的资本成本水平。当支付较高的股利时，公司需要采用各种方式从外部筹集资本。筹集外部资本需要支付的各项费用都较高，且耗时较长。相对而言，内部资本来源不需要支付融资费用，并且能够节省时间。

4）股东因素

（1）稳定收入。与资本利得相比，股利收入的稳定性更高，因此也更受风险规避的投资者青睐。不同类别的股东对于公司的股利需求存在差异。若投资者年纪较大、收入来源较少且收入水平较低，较高的股利能够满足其获得稳定收入的需求；而若投资者较年轻、收入来源较多且收入水平较高，股利政策对于其财务状况影响较小，因此关注较少。

（2）控制权稀释。公司较高的股利支付水平会导致权益资本所占比重降低。为了调整资本结构，公司有可能增发新股以筹集权益资本。若原有股东无力支付增发新股的价格，会导致原有股东控制权比例下降。因此，为了避免控制权被稀释，具有控制权的股东多倾向减少股利发放，以保持其对公司的控制能力不会受到威胁。

（3）所得税。由于资本利得和股利适用的所得税税率不同，处于不同税率区间的股东对于股利的偏好也有所不同。特别是在累进税制下，收入较高的股东承担的税率也较高，额外的股利收入会使其支付高额的所得税，导致其获得的真实收益下降。

7.2.2 剩余股利政策

如果从公司收益的角度来考虑公司的股利政策，那么股利政策可以被视为公司剩余的盈余。公司将其资本投资于所有净现值为正的项目之后，将剩余部分作为投资收益以股利的形式发放给公司股东。公司的股利政策基于以下两点：股利政策的目标是实现公司价值最大化；公司的现金流量属于公司的股东。因此，除非在同样的风险水平下，公司运用资本进行投资的收益率高于股东的投资收益率，否则管理层不应当将利润作为留存收益而应当发放股利。同时，由于留存收益的资本成本低于发行新股融资的成本，这也促使公司保留盈余。这种股利政策称为剩余股利政策。

根据剩余股利政策，公司最佳的股利支付率的确定需要考虑四个方面的因素：

①投资者对于股利和资本利得的偏好；②公司的投资机会；③公司的目标资本结构；④外部资本的可获得性与成本。

具体而言，公司目标股利支付率的确定程序如下：①确定最佳的资本预算总额；②在确定的目标资本结构下，决定资本预算所需股权资本数量；③尽可能使用留存收益来满足对股权资本的需求；④最佳资本预算的资本需要量已经满足后如果还有剩余的盈余，公司才会支付股利。

【例7–2】某公司的净利润为6 000万元，公司的目标资本结构为40%的负债和60%的股东权益，根据公司的加权平均资本成本和投资机会确定投资计划所需的资本为7 000万元。按照剩余股利政策，公司预计的股利发放额和股利支付率见表7–3。

表7–3　**预计的股利发放额和股利支付率表**　金额单位：万元

资本支出预算	7 000
现有留存收益	6 000
资本预算所需要的股东权益资本（7 000×60%）	4 200
股利发放额（6 000–4 200）	1 800
股利支付率（1 800÷6 000×100%）	30%

如果公司确定的投资计划所需资本为15 000万元，那么其中应当有9 000万元来自股权融资，而公司的留存收益只有6 000万元，需要发行3 000万元的新股进行融资。如果确定的投资计划所需资本为10 000万元，那么其中应当有6 000万元来自股权融资，恰好与公司的留存收益相等，公司既不用发放股利也不用发行新股进行融资。

公司的剩余股利政策也可以被视为公司资本结构政策的组成部分。公司将收益的剩余部分作为股利支付给股东。股利政策一定是公司某方面财务政策的“剩余”所导致的。由于每期的盈余都是不确定的，要使公司的价值达到最大化，必须要为公司所有净现值为正的项目提供资本，所以公司的管理者必须有意识地制定公司的资本结构、股利政策和证券发行政策，从而保证流入公司的现金流量与流出公司的现金流量相等。在公司的资本结构和证券发行政策确定的情况下，股利政策就成了“剩余”的财务政策。因此，可以将股利政策视为公司资本结构的剩余。

采用剩余股利政策，公司每年的股利发放额会随着投资机会和盈利水平的变动而变动。当盈利水平不变时，公司的股利发放额随着投资机会的增加而减少，随着投资机会的减少而增加，投资机会与股利呈反方向变动。在投资机会确定的情况下，公司的股利发放额与盈利

格力分红

水平呈正方向变动，公司盈利水平越高，股利发放额也就越高。如果采用剩余股利政策，公司的股利变动很大。在现实生活中，股利政策并不能随意变动，因而很少有人直接照搬剩余股利政策，但都会在制定股利政策时考虑到股利与盈余之间的关系。

7.2.3 固定股利或稳定增长股利政策

从实务来看，公司的股利通常具有“黏性”，即一旦开始发放股利后，公司股利政策在较长一段时间内保持稳定。如果下调股利或者终止股利发放，公司股票价格将出现大幅度的下降。因此，很多公司都奉行固定股利政策，将股利设定在某个固定水平上，并在很长一段时间内保持稳定。固定股利政策最大的特点就是不降低股利发放水平。固定股利政策并不意味着股利永远保持不变，而是在业绩没有实质性变化的期间，保持原有的股利水平不变。当管理人员确定公司业绩水平出现根本性改善后，再提高股利水平，并在此后一段时间内保持稳定不变。受到通货膨胀因素的影响，在固定股利政策下，公司实际发放的股利水平会出现稳定增长的局面。为此，很多公司选用稳定增长股利政策，即公司设定目标股利增长率，并努力实现股利按照此速度稳定增长。从股利和收益的关系来看，固定股利政策和稳定增长股利政策基本相同，差别在于是否考虑了通货膨胀因素。

7.2.4 低正常股利加额外股利政策

在正常年度，公司仅发放较低的现金股利；当盈利出现意外增加时，公司在正常的低股利基础上，发放额外的股利；当意外增加的盈利消失时，公司的股利政策也恢复到原有的低股利水平。这种股利政策被称为低正常股利加额外股利政策。采用该股利政策的优点在于，能够拥有较好的股利发放记录，无论在何种情况下，公司保证至少发放较低水平的股利。在业绩出现意外增加时，还可以通过额外股利来使得股东分享到意外增加的盈利。在使用这种股利政策时，应当注意额外股利产生的市场反应，避免投资者将额外股利视为公司盈利永久性提高的信号，从而产生更高的预期，迫使公司发放更高的股利。

7.3 股利支付方式

7.3.1 股利支付程序

根据我国《公司法》的规定，公司股利政策的确定，先由董事会根据公司盈利水平提出股利分配预案，然后提交股东会审议决定；股东会审议通过股利分配预案之后，向股东宣布股利支付的方案，并确定股权登记日、除息日和股利支付日等。

1）股利宣告日

股利宣告日是股东会审议通过董事会制订的股利分配方案，并对外公布的日期。

2）股权登记日

股权登记日是确定股东是否有权取得股利的截止日期。在股权登记日持有公司股票的投资者，方可获得股利；即便在股权登记日之后，将公司股票出售，其仍然能够获得股利。在股权登记日之后取得公司股票的投资者，则不再享有获得股利收益的权利。

3）除息日

除息日是指领取股利的权利与股票相互分离的日期。在除息日前，持有股票者享有领取股利的权利；从除息日开始，新购入股票的股东不能分享股利，股票按照不含股利后的价格进行交易。股权登记日前的第二个交易日就是除息日，这一天或以后购入该公司股票的股东，不再享有公司此次股利分配权。由于除息日，股利价值不再包括在股票价值之内，所以当天的股票价格会有所下降。从理论上来看，股票价格下降的水平应当与宣告发放的股利水平相一致。

4）股利支付日

股利支付日是公司实际向股东支付股利的日期。在股利支付日，公司根据股权登记日的记录，将股利支付给在股权登记日持有股票的投资者。股利的具体支付通常由上市公司交由证券公司完成。

7.3.2　股票股利与股票分割

1）股票股利

股票股利是指向公司的现有股东无成本地发行新股以作为股利的支付方式。从会计处理的角度来看，发放股票股利只是将相应的资本公积、盈余公积和未分配利润转变为资本，同时通过交易所的登记系统增加股东持有股票的数量而已。从公司价值的角度来看，股票股利只是改变流通在外的股票数量，并不会对公司现金流量产生实质性的影响，因而不会增加股权价值总量。同时，由于公司的价值总量不变而发行在外的股票数量增加，这样会导致公司每股收益和每股价格的下降。支付股利后的公司每股收益的计算公式为：

$$EPS'=\frac{EPS}{1+Div_s} \tag{7.1}$$

式中，EPS′表示发放股票股利后的每股收益；EPS表示发放股票股利前的每股收益；Div_s为公司股票股利发放率。

支付股利后的公司每股价格为：

$$P'=\frac{P}{1+Div_s} \tag{7.2}$$

式中，P′表示发放股票股利后的每股价格；P表示发放股票股利前的每股价格；Div_s为公司股票股利发放率。

【例7-3】某公司本年度的收益为600 000元，发放股票股利前的资产负债表见表7-4。

表7-4　　发放股票股利前的资产负债表　　单位：万元

项目	金额	项目	金额
资产	1 000	负债	400
		股本——普通股（面额1元，已发行600 000股）	60
		资本公积	40
		留存收益	500
		股东权益合计	600
资产总计	1 000	负债和股东权益总计	1 000

公司现在决定发放10%的股票股利，股票的市场价格为10元/股，公司发放股票股利之后的资产负债表见表7-5。

表7-5　　发放股票股利后的资产负债表　　单位：万元

项目	金额	项目	金额
资产	1 000	负债	400
		股本——普通股（面额1元，已发行660 000股）	66
		资本公积	94
		留存收益	440
		股东权益合计	600
资产总计	1 000	负债和股东权益总计	1 000

通过比较表7-4和表7-5，我们不难发现，随着股票股利的发放，公司流通在外的股票数量从600 000股增加为660 000股（600 000+600 000×10%）。公司发放的股票股利按照每股价格10元计算，共有600 000元（60 000×10）从公司的留存收益中转出。由于公司股票的每股面值为1元，因此共有60 000元（60 000×1）进入“股本——普通股”账户，而其余的540 000元作为资本溢价进入“资本公积”账户。

从公司的角度来看，股票股利发放前后，股权的价值并没有改变，仍然是6 000 000元，而公司发行在外的股票数量增加了10%。这样，股票的价值从原来的每股10元下降为每股9.09元（10÷（1+10%）），公司的每股收益从原来的每股1元降低为每股0.91元（600 000÷660 000）。

从股东的角度来看，股票股利也没有对股东财富造成任何影响。仍然沿用上例的数据，假设在股票股利发放前，某股东拥有该公司150 000股股票，则在股票股利发放前后其财务状况见表7-6。

表7-6　　股票股利支付前后投资者的收益

项目	发放前	发放后
每股收益（EPS）（元）	600 000÷600 000=1	600 000÷660 000=0.91
持股比率	150 000÷600 000×100%=25%	165 000÷660 000×100%=25%
持股收益（元）	1×150 000=150 000	0.91×165 000=150 000*

注：0.91是四舍五入取得的，若精确计算，此结果确为150 000。

从表7-6可以看出，发放股票股利前后，公司股东的财务状况没有任何变化，持股比率也没有改变，但是，股东所拥有的公司股票的绝对数量有所增加。如果在股票股利发放之后，公司发放现金股利，那么投资者就可以因为手中所持有的股票绝对数量的增加而获得更多的收益。

股票股利作为股利支付的一种方式，其主要优点在于：发放股票股利之后，股票流通数量增加，从而引起每股市价的下降，公司的股票价格会被人为调整到一个比较适于交易的范围，进而避免股价过高而不利于投资者进行投资。股票股利将增发股票和支付股息有机结合在一起。支付股票股利并不增加公司的现金流出量，留存了大量现金。但是，股票股利的处理费用比现金股利要高，这是股票股利的缺点。特别需要强调的是，股票股利与增发新股不同，股票股利只是将资本在股权内部项目之间进行转移，不产生现金流动，而增发新股则是将新股东手中的现金变成股东权益，公司增加现金，增加相同的股东权益。一般而言，股票股利占股票总数的比例小，而增发股票往往规模较大。

2）股票分割

股票分割是将面值较高的股票分割成面额较低的股票的转变过程。例如，将原来的1股股票交换成2股股票。股票分割不属于某种股利，但其所产生的效果与发放股票股利十分相近。

从会计处理的角度来分析，股票分割不会产生任何财务结构上的变化，只是公司流通在外的股票数量会大幅度增加，股票面值和股票市价会大幅度下降。至于资产负债表中的各个项目，都不会发生变化。

假设前述公司决定不再发放股票股利而是进行股票分割，股票分割计划是将现有的股票1股分割为2股。分割前后公司的资本结构见表7-7。

表7-7　**股票分割前后的资本结构**　单位：万元

分割前		分割后	
负债	400	负债	400
股本——普通股 （面额1元，已发行600 000股）	60	股本——普通股 （面额0.5元，已发行1 200 000股）	60
资本公积	40	资本公积	40
留存收益	500	留存收益	500
股东权益合计	600	股东权益合计	600
负债和股东权益总计	1 000	负债和股东权益总计	1 000

股票股利和股票分割，除了对权益部分科目的处理不同之外，基本上相同：两者都没有增加股东的现金流量；都使流通在外的普通股股数增加，且使股票市场价格下降；都没有改变股东权益总额。

从公司管理层的角度出发进行股票分割的目的在于，希望将公司的股票价格保持在一个特定变动范围之内。如果股票价格的上升超过了这个范围，通过股票分割就能够使股价回落到该范围之内。这样做的目的是促进投资者购买该公司的股票。当股票价格过高时，只有那些富有的投资者和公共机构投资者才有可能购买，减少了股票的潜在市场。降低股票价格之后就可以增加潜在股票购买者的数量，导致股票升值。由于可以降低股票价格，股票分割也有利于公司发行新股，降低股票价格有利于提高股票的可转让性和促进市场交易活动，由此提升投资者对股票的兴趣，促进新发行股票的销售。此外，在并购过程中，并购方通过对自己的股票进行分割，可提高对被兼并方股东的吸引力，有助于公司兼并、合并政策的实施。

7.3.3 股票回购与现金股利

股票回购是指公司出资购回其本身发行的流通在外的股票。股票回购使流通股数量减少，相应地，股价上涨，股东从而获得资本利得。因此，股票回购可以看作现金股利的一种替代方式。仍然以前面的例题为例，假设公司本年度拿出120万元发放现金股利或者进行股票回购，则公司的资产负债表见表7-8。

表7-8 **股票回购与现金股利** 单位：万元

<table>
<tr><td colspan="4">发放现金股利前资产负债表</td></tr>
<tr><td colspan="2">资产</td><td colspan="2">负债和股东权益</td></tr>
<tr><td>现金</td><td>500</td><td>负债</td><td>400</td></tr>
<tr><td>其他资产</td><td>500</td><td>股东权益</td><td>600</td></tr>
<tr><td>合计</td><td>1 000</td><td>合计</td><td>1 000</td></tr>
<tr><td colspan="2"></td><td colspan="2">流通在外普通股股数：600 000股
每股市价=6 000 000÷600 000=10（元）</td></tr>
<tr><td colspan="4">发放现金股利后资产负债表</td></tr>
<tr><td colspan="2">资产</td><td colspan="2">负债和股东权益</td></tr>
<tr><td>现金</td><td>380</td><td>负债</td><td>400</td></tr>
<tr><td>其他资产</td><td>500</td><td>股东权益</td><td>480</td></tr>
<tr><td>合计</td><td>880</td><td>合计</td><td>880</td></tr>
<tr><td colspan="2"></td><td colspan="2">流通在外普通股股数：600 000股
每股市价=4 800 000÷600 000=8（元）</td></tr>
<tr><td colspan="4">股票回购后资产负债表</td></tr>
<tr><td colspan="2">资产</td><td colspan="2">负债和股东权益</td></tr>
<tr><td>现金</td><td>380</td><td>负债</td><td>400</td></tr>
<tr><td>其他资产</td><td>500</td><td>股东权益</td><td>480</td></tr>
<tr><td>合计</td><td>880</td><td>合计</td><td>880</td></tr>
<tr><td colspan="2"></td><td colspan="2">流通在外普通股股数：480 000股
每股市价=4 800 000÷480 000=10（元）</td></tr>
</table>

从表7-8中，我们不难发现股票回购和现金股利很相似。对于公司而言，发放现金股利和进行股票回购之后，公司的价值都降低了。但是与现金股利不同，股票回购会导致公司发行在外的流通股数量减少，因此在公司价值下降的情况下，公司的股票价格并不会有变动。对于投资者而言，两种方法对其财富整体状况影响相同。假设某投资者持有公司20%的股份，发放股利和回购股票之前，股东所拥有的股票价值为120万元（600 000×20%×10）。发放现金股利之后，股东拥有股票的价值为96万元（600 000×20%×8），同时获得现金股利24万元（1 200 000×20%），股东财富总额仍然是120万元，持有公司的股数为12万股（600 000×20%），控股比例保持20%不变。公司进行股票回购之后，股东将手中20%的股票售给公司，此时拥有股票的价值为96万元（（600 000−120 000）×20%×10），获得股票出售收益24万元（1 200 000×20%），股东财富总额仍然是120万元。这时股东所拥有的股票数量减少为9.6万股（480 000×20%），但是由于公司流通在外的股票数量减少，股东的控股比例仍然保持为20%。从上述分析可知，现金股利政策和股票回购政策是相同的。在这两种方式下，公司都需要支付一定数量的现金给股票的持有者，但如果发放现金股利，投资者将要支付较高的所得税。

虽然与现金股利性质相同，但是股票回购还是具有其自身独特的优点。

（1）与定期股利相比，股票回购通常被看作一次性的现金回报，因此对于那些暂时取得了超额现金流量，但是不能保证未来继续创造这些现金流量的公司而言，股票回购更为适当。因此，采用股票回购不会调高投资者对于公司未来股利的预期。

（2）股票回购可以更加集中地向那些需要现金的股东支付现金。这种好处来源于股票回购的自愿原则：需要现金的股东可以将股票卖给公司，相反，不需要现金的股东可以继续持有股票。

（3）股票回购可以加强内部人对公司的控制。因为通过回购股票，流通在外的股票数量减少。如果内部人不将自己持有的股票卖给公司，他们将持有公司更大比例的股份，因此控制能力得到增强。

【课堂拓展】　　　　　　　A股企业分红再创新高①

党的二十大报告指出，“完善按要素分配政策制度，探索多种渠道增加中低收入群众要素收入，多渠道增加城乡居民财产性收入。加大税收、社会保障、转移支付等的调节力度。完善个人所得税制度，规范收入分配秩序，规范财富积累机制，保护合法收入，调节过高收入，取缔非法收入”。

作为财产性收入的重要组成部分，近年来，A股上市公司以现金分红回报股东的意愿明显增强，分红规模逐年递增，屡创新高。同花顺数据显示，截至2023年4月30日，有3 435家上市公司发布2022年度现金分红方案（含年报、半年报、季报

① http：//www.news.cn/fortune/2023-05/04/c_1212173760.htm.

等），现金分红总额达1.72万亿元。这也是自2017年以来，A股上市公司年度分红总额连续第六年超过1万亿元。2022年，A股派现率超过41%，创14年来新高。A股整体股息率达2.41%，创近4年新高。按最新收盘价计算，480家公司股息率超过3%。

在已经披露现金分红方案的3 435家公司中，有25家公司2022年度现金分红将超过100亿元，创历史新高。其中，工商银行、农业银行、中国石油派现金额排名前三，2022年度向A股股东派现金额分别达818.27亿元、709.36亿元、684.28亿元。

2022年A股整体股息率达2.41%，创近4年新高。2021年、2020年、2019年A股上市公司股息率分别为2.20%、1.58%、1.8%。横向比较看，当前A股主要股指股息率均处于高位，其中，上证50指数股息率高达3.7%，远超欧美主要股指股息率；上证指数股息率达到2.53%，超过美股三大股指。

在上述3 435家公司中，有480家A股公司股息率超3%（以公告的每股税前派现额为派现基准，以最新收盘价为基准股价）。其中，股息率超5%的公司达176家，中远海控、朗鸿科技等2家公司股息率均超20%，分别为30.60%、22.01%，紧随其后的为潞安环能、冀中能源、山煤国际、兖矿能源、藏格矿业等16家公司，股息率均超10%。

从行业上看，若上述3 435家公司按计划完成2022年分红实施方案，银行业现金分红为4 037.35亿元，占总现金分红金额的23.43%，排名居首；排名第二的是食品饮料行业，分红金额将达1 264.84亿元，占比7.34%；煤炭行业分红金额以1 215.19亿元排名第三，占比达7.05%。此外，石油石化、非银金融、交通运输等三行业的现金分红金额均将超过900亿元。其中，股息率超10%的煤炭行业上市公司高达7家，成为“现金奶牛”数量最多的行业之一。

A股现金股利比例的大幅增加，对于股东而言，是好消息，还是坏消息？哪些股东会喜欢更高的现金股利？股东对于现金股利的态度，取决于哪些因素？

组织学生讨论，现金股利近年来显著增加的原因是什么？政府部门出台了哪些政策影响到了现金股利政策的变换？

本章小结

1.当“完美市场”假设、“理性行为”假设和“完全的确定性”假设成立时，公司采用何种股利政策和公司的价值无关；当考虑所得税的影响时，由于现金股利和资本利得所适用的所得税税率存在差异，并且两者纳税的方式也存在差异，因此相比之下，现金股利会给股东造成价值损失；从不确定角度加以考虑时，与资本利得相比，现金股利的风险更小，因此相同数额的股利比相同数量的资本利得更有价值。

2.由于股利与公司未来盈利能力密切相关，只有在未来盈利出现根本性提高时，管理人员才会提高股利水平；同样，只有当未来盈利能力出现根本性下降时，管理人员才会减少支付的股利；因此，股利政策的变动能够反映出管理人员对未来盈利能力的预期，投资者可以此为信号，获取关于公司未来业绩的信息。股利能够减少公司的自由现金流量，避免管理人员将其投资于净现值小于零的项目，从而能够降低股东和管理人员之间的委托代理冲突。

3.公司的股利政策主要受到法律性因素、契约性约束因素、公司因素和股东因素等方面的影响。

4.剩余股利政策是指公司将其资本投资于所有净现值为正的项目之后，将剩余部分作为投资收益以股利的形式发放给公司股东。

5.固定股利或稳定增长股利政策是指将股利设定在某个固定水平上，并在很长一段时间内保持稳定。当存在通货膨胀时，公司的股利政策将随着通货膨胀水平稳定增长。

6.低正常股利加额外股利政策是指在正常年度，公司仅发放较低的现金股利；当盈利出现意外增加时，公司在正常的低股利基础上，发放额外的股利；当意外增加的盈利消失时，公司的股利政策也恢复到原有的低股利水平。

7.股利支付程序须经历股利宣告、股权登记、除息和股利支付四个步骤。

8.股票股利是指向公司的现有股东无成本地发行新股，以作为股利的支付方式。从公司价值的角度来看，股票股利只是改变流通在外的股票数量，并不会对公司现金流量产生实质性的影响，因而不会增加股权价值总量。同时，由于公司的价值总量不变而发行在外的股票数量增加，这样会导致公司每股收益和每股价格下降。

9.股票分割是将面值较高的股票分割成面额较低的股票的转变过程。股票分割不会产生任何财务结构上的变化，只是公司流通在外的股票数量会大幅度增加，股票面值和股票市价会大幅度下降。

10.股票回购是指公司出资购回其本身发行的流通在外的股票。股票回购使得流通股数量减少，相应地，股价上涨，从而使股东获得资本利得。股票回购和现金股利很相似，但是股票回购会导致公司发行在外的流通股数量减少，因此在公司价值下降的情况下，公司的股票价格并不会有变动。

基本训练

1.2013年4月3日，南方食品公告宣布：董事会同意在公司股东中开展新产品品尝活动，4月11日下午收市时，登记在册的股东（除大股东黑五类集团外），每持有公司1 000股的股份发放1礼盒（12罐装）黑芝麻乳产品品尝，成为我国首例发放实物股利的公司。请查阅上市公司的公告，统计分配实物股利的公司情况，并分析何种类型的公司会倾向发放实物股利。

2.中国证监会在2001年、2004年、2006年以及2008年推出了一系列将上市公司再融资资格与股利分配水平相挂钩的半强制分红政策，对资本市场产生了深远的影响。在2004年年底出台的文件《关于加强社会公众股东权益保护的若干规定》里，明确要求“上市公司最近3年未进行现金利润分配的，不得向社会公众增发新股、发行可转换公司债券或向原有股东配售股份”，开始把上市公司的分红与再融资挂钩，但并没有要求分红占公司利润的比例。2006年出台的《上市公司证券发行管理办法》则对分红的比例提出了具体的要求，即3年累计分红不得少于累计净利润的20%。2008年出台的《关于修改上市公司现金分红若干规定的决定》又将该比例提高到30%。请结合股利政策的相关理论，对半强制股利政策进行评价，并请着重分析哪类公司会受到较大的影响。

3.区别于国外上市公司重视现金分红，中国上市公司普遍热衷于股票股利的利润分配方式，尤其是高比例送股、转增股（以下简称“高送转”），并相应产生了专门的“高送转行情”。所谓“高送转”是指上市公司大比例送红股或大比例以资本公积转增股票，如每10股送10股，每10股转增8股，或每10股送5股转增5股等。请对上市公司“高送转”情况进行调查，并利用股利政策相关理论分析“高送转”可能的原因。

4.根据《中国证券报》2015年7月6日的报道，在2015年6月15日—2015年7月3日期间，多家A股上市公司发布公告，拟进行股票回购。2015年6月26日晚间，美的集团发布公告《关于首期回购部分社会公众股份的预案》，拟以不超过48.54元/股的价格回购不超过10亿元金额，预计回购不少于2 060万股，约占公司总股本的0.48%。2015年7月1日晚间，TCL集团制定公司股份回购计划长效机制，计划在2015—2017年先行推出两期股份回购方案。首期回购金额上限为7.95亿元，回购价格上限为10.05元/股，资金来源为公司自有资金。若全额回购，预计回购不少于7 910万股，约占公司总股本的0.65%。第二期计划在2017年6月30日前推出。回购的股份将予以注销，从而减少公司的注册资本，并提升每股收益水平。请对上述两家公司该期间的情况进行调查，分析公司进行股票回购的原因及产生的影响，并考察股票回购是否实施及效果。

5.北京时间2013年10月30日凌晨消息，苹果公司（Apple Inc）首席执行官蒂姆·库克（Tim Cook）和首席财务官皮特·奥本海默（Peter Oppenheimer）在周三财报电话会议上表示，该公司不会调高现金股息。这对亿万富翁激进投资者卡尔·伊坎（Carl Icahn）来说无疑是个挫败。在这次电话会议上，库克和奥本海默甚至都没提到伊坎的名字。两人在会上传达的信息是，至少近期内苹果公司不会调高股息；除非美国政府改变向本土公司所持海外现金的征税方法，否则该公司不太可能会做出上调股息的决定。苹果公司计划继续实施当前的股票回购和股息派发计划。奥本海默指出，过去五个季度中苹果公司已经向股东返还了360亿美元的现金，其中大约230亿美元用于回购股票，130亿美元用于派发股息。当前财季中，苹果公司将继续向截至11月11日的在册股东派发股息。但伊坎的希望则是，苹果公司能实施一项总额1 500亿美元的现金返还计划，也就是几乎相当于苹果公司所持现金的总额。在截至9月28日的第四财季，苹果公司来自业务运营活动的现金为100亿美元，该季度中iPhone销售量同比增长26%。但在该财季以及整个财年中，苹果公司的净利润均有所下滑。苹果公司第四财季营收也仅同比增长4%，主要由于iPhone平均售价降低7%。尽管如此，苹果仍拥有庞大的现金规模。奥本海默在电话会议上暗示，如果美国政府进行税收改革，则可能会促使该公司调高股息。他指出，目前苹果公司在海外市场上持有的现金总额为1 110亿美元。[①]

要求：

（1）请利用股利政策相关理论分析伊坎提案的理论基础；

（2）请收集苹果公司的相关信息，并对苹果公司拒绝伊坎提案的合理性进行分析。

基本训练参考答案

第7章题库

① 文武．伊坎美梦成空：苹果拒调高股息［EB/OL］．［2020-12-17］．http：//tech.sina.com.cn/it/2013-10-30/04318866424.shtml.

第8章 长期筹资

学习目标

1. 了解私募股权筹资、IPO、股权再筹资的发生阶段以及股票价格的确定方法，掌握三种股权筹资形式的对象和销售方式以及IPO的利与弊；

2. 熟悉长期借款保护性条款的内容、利率的形式以及偿还方式；

3. 了解债券信用等级的划分，掌握债券发行价格的确定方法并熟悉债券调换的原理；

4. 掌握租赁的种类以及租金的构成及其计算方法；

5. 掌握长期借款、发行债券、租赁筹资的优缺点。

也许你已经发现，实务中的财务运作，没有一家公司采用全债权筹资或者全股权筹资。资本是公司的“血液”，无论是新创公司还是成长中的公司都离不开资本，只要公司存续，资本需求就不会终止，而资本无外乎股权资本和债权资本两类，考虑到财务杠杆利益的驱动以及财务风险的作用，股权资本和债权资本应保持合理的比例，因而股权资本和债权资本在公司的发展中都占有举足轻重的地位，当然股权资本是第一位的，没有股权资本就没有公司的控制者。长期筹资解决公司长期发展中所需的资本，资本需求量的高低取决于公司的发展战略、投资规模、法律法规的制约以及公司自身财务状况等因素的综合作用，而筹资结构取决于资本成本以及财务风险的影响程度。发行普通股是筹集股权资本的最基本形式，而长期借款、发行公司债券、租赁是最主要的债权筹资形式。本章围绕着长期筹资方式展开，着重说明不同筹资方式的特点、筹资成本的高低、筹资价格的确定以及筹资的优缺点等。

8.1 股票筹资

8.1.1　私募股权筹资

普通股是股份有限公司筹集主权资本最重要、也是最基本的方式。股份有限公司上市与公司的状况、发展阶段密切相关，不是所有的股份有限公司都可以上市。

1）公司发展阶段与股权筹资

一家存续公司从其成立到成熟可以分为以下四个阶段：种子期、创业期、成长期和成熟期。

种子期是公司的组建阶段，这一阶段由于公司只有产品构想，缺乏足够的现金流和可抵押物，因此很难获得金融机构的借款，更谈不上上市筹资。通常这一阶段采用的股权筹资方式，是在同行业或上下游中寻找战略合作伙伴，如果对项目前景十分看好，也有可能寻找到风险资本投资者。

创业期即试运行阶段，由于这一阶段重大的技术问题已经解决，有产品出现，因此风险资本投资者常常光顾；如果存在原有的风险资本投资者，他们可能会增加投资，即使是现阶段的风险资本投资者，如果对产品前景看好，他们也可能追加投资；已经购置的固定资产由于可以作为抵押物，因此公司可以获得金融机构的抵押借款。

成长期是公司飞速发展时期，由于产品具有较高的成长性和盈利能力，公司可以策划上市筹资，另外由于现金流的出现，公司能够得到金融机构的青睐。

成熟期表明公司的产品盈利能力稳定，管理经验丰富，这一阶段公司具有很强的筹资能力，通常正在着手上市工作或已经完成上市，采用的筹资方式也灵活多样；另外，随着公司规模的不断扩张，可能会出现上市后的再筹资需求。

显然，公司的发展阶段不同，表现的筹资能力不同，反映的股权筹资形式也不同。通常在公司的种子期和创业期，出现的是私募股权筹资形式，种子期以个人筹资为主，创业期以机构投资者筹资为主，且私募股权出资者可能会增资；而在公司的成长期，股票上市被提到议事日程，因为股票上市是一家公司完全建立可持续筹资平台的标志；成熟期中，如果符合相关的上市规定，股票上市应该完成，而且常常与扩张相适应，还可能会出现增发股票筹资行为。

2）私募股权筹资的对象

私募股权筹资（private equity，PE）是指公司以非公开方式向特定少数投资者募集股权资本的行为。这里的投资者常常指创业者、天使投资者、风险投资公司和机构投资者等，即私募的对象。

创业者是公司的发起者，他们是公司启动资金的主要来源，但由于公司处于种子期，因此资本明显不足，需要寻求天使投资者。

天使投资者（angel investor）是指为种子期公司提供资本的个人。他们是种子期公司的第一批投资者，通常是创业者的朋友、亲戚或商业伙伴。

风险投资公司（venture capital firm）是指为创业期公司提供资本的公司。此类公司专门选择高风险、高回报项目群投资，支持科技成果的转化，未来将其中的成功项目进行出售或上市，从而实现高额的收益回报。我们通常所说的风险投资是专指那些与高新技术产业化相联系的投资行为。从本质上讲，风险投资与天使投资都属于高风险投资，但二者的显著区别有：一是风险投资常常出现在公司的创业期，而天使投资则一般出现在公司的种子期；二是风险投资数额常常较天使投资数额要大得多，天使投资一般仅仅是风险投资投入资本的零头；三是风险投资指的是特定的投资公司，而天使投资指的是个人。

机构投资者是指专门进行有价证券投资活动的法人机构，如证券公司、投资公司、保险公司、各种福利基金、养老基金及金融财团等。当一家公司处于成长期或成熟期时，此类机构常常介入，由此会增强公司的筹资能力。

3）私募股权筹资的特点、作用及应注意的问题

相对于公募而言，私募股权筹资的特点如下：一是所筹资本，一般不需要抵押、担保等；二是不受公开发行法规的制约，能节约筹资时间和筹资成本；三是由于不同投资者的介入可以不同程度地提高公司的管理能力和经营能力等，如果有大型知名公司或著名金融机构投资，则可以提高公司未来上市的股价；四是所需投资对象需要公司寻找；五是筹资常常分次实现。投资者出于规避风险的考虑，通常不会将资金一次性全部投入，而是分阶段视具体情况再投入；而公司为了扩大资本规模，快速达到上市的要求，一般都会在上市前进行几轮私募筹资（如蒙牛2002年在中国香港地区上市前做了两轮私募；阿里巴巴在2004年年底前有过四轮私募）。

私募股权筹资是每一家公司发展中必定采用的筹资方式之一，其作用主要表现在以下几方面：一是解决公司种子期、创业期以及上市前的资金匮乏问题；二是由于投资者的不断加入，可以改善公司的股权结构、治理结构和财务制度等；三是私募如果能吸引有影响力的公司加入，可以迅速改善公司形象，从而为上市提供助力。

在私募股权筹资过程中需要注意以下三个问题：一是关注战略投资者。从公司引入资本投资者的目的来看，投资者包括两类：一类是以获得投资收益为目的的投资者，被称为财务投资者；另一类是以合作为目的的投资者，被称为战略投资者。前者不是为了控制权，因此不太可能成为潜在的竞争者，但战略投资者常常是筹资公司的同行或相关行业或上下游公司，他们不仅要求投资回报，而且要求所投资本符合其整体发展规划，其提供的资本虽然可以提升公司的管理水平或带来先进的技术，但战略投资者可能是公司的潜在竞争者，因此公司必须了解投资者的真实意图，并运用谈判技巧来争取长期发展的有利条件。二是关注风险资本的退出与公司发展可能出现的冲突。除创业者和天使投资者之外的其他风险投资者，他们追求高

回报的最理想方式就是在上市中出售所持有的股份以获得可观的现金收益，如果上市失败，要求公司回购股份、兼并收购或清算破产都是他们常常选择的资本退出方式。显然风险投资者要求在产权流动中实现其投资回报，他们觊觎短期的资本增值而不是为了控股，更不是为了经营公司，这容易与公司的长期发展形成冲突，公司对此要格外注意。三是分次筹资次数不宜过多。次数过多，会使投资人对公司能否上市产生怀疑，从而增加私募时的困难。按照估计，美国公司在IPO前的私募平均为三轮。[①]通常第一轮的私募旨在解决资金短缺问题，因此私募对象常常是财务投资人，第二轮的私募旨在开拓市场，提升竞争力，因此私募对象常常是重要的战略合作伙伴，第三轮旨在提高市场形象，因此私募对象应选择非常知名的公司。

8.1.2　新股发行

新股发行是指上市公司首次公开向不特定的社会公众发行普通股募集资本的行为，即IPO（initial public offerings）。此类资本以公开方式筹集，与私募相对应，属于公募筹资。

1）IPO程序

IPO程序是指新股发行所经过的阶段。新股上市是一个手续烦琐的过程，一般需要较长的时间，主要程序如下：

（1）前期准备

公司一旦决定启动IPO工作，就应成立由发起单位领导人亲自主持的筹建小组，积极准备。准备阶段需要做好以下工作：一是选择合适的股票发行时机。由于筹资规模取决于股票的发行价格和发行股数的乘积，当股份规模已到不能再缩小的程度时，拟发行股票的发行价格决定的投资收益水平不能高于市场的平均投资收益率，这是市场的硬约束，因此发行股票时需要分析股票的未来收益增长和股本增长状况，另外还需分析股票市场的供求关系、市场需求偏好等，从而选择最有利的时机上市。二是聘请财务顾问。财务顾问负责上市的策划，如制订股份制改制方案、对股票发行价格和发行方式提供咨询等。担任财务顾问的可以是证券公司，也可以是投资咨询公司、研究机构等。三是选聘中介机构。中介机构在股票发行过程中起着连接发行人和投资者的作用，主要有主承销商、会计师事务所、律师事务所、资产评估机构等。在股票发行过程中他们是一个有机整体，通常在主承销商的组织下，分工负责，相互协调配合，共同工作。

（2）股份公司设立与上市前工作

公司申请发行股票，必须先发起设立股份公司，股份公司的设立应符合《公司法》的相关规定，设立公司的方式有三种：新设设立、改制设立和有限责任公司整体变更。不同设立方式的设立程序有所不同，必须符合国家的相关条件要求。另外上市前，一是，需要董事会就股票发行方案提请股东会批准。二是，需要确定上市

---

① 陈亚民．战略财务管理［M］．北京：中国财政经济出版社，2008：124.

承销商和保荐人。保荐人负责上市前的辅导工作，辅导内容包括：公司治理结构、股权结构、相关的法律法规、内部控制制度的建立等。三是，中介机构需要进行尽职调查，因为中介机构本身要承担较大的风险和责任，另外他们还需要对投资者负责。调查的内容主要是拟发行人的财务、经营、债权债务等，旨在全面透彻地了解发行人的各种可能风险，对其经营条件和经营前景做出客观评价，从而为合理的股票定价提供依据。

（3）申请与审核

中介机构调查结束后，需要与公司一起制作股票发行申请文件，包括招股说明书、最近3年的审计报告与财务报告等，并由保荐人保荐向中国证监会提出申报，证监会进行审核。审核有一个过程，一般经历受理、初审、发行审核委员会审核和核准四个阶段。

（4）发行与挂牌上市

自中国证监会核准发行之日起，发行人应在6个月内发行股票。股票发行本身也需一段时日，一般经过以下几个环节：媒体公告→路演（发行股票推介活动）→投资者申购新股→证券交易所配号→证券营业部公布配号→主承销商摇号抽签→公布中签结果→证券营业部收取新股认购款→证券结算公司清算交割并进行股东登记→承销商将募集资金划入发行人指定账户。发行人股票发行完毕，应及时向交易所上市委员会提出上市申请，经审查批准，发出上市通知书。发行人在股票挂牌前3个工作日内，将上市公告书刊登在中国证监会指定的报纸上，之后才可以根据交易所安排和上市公告书披露的上市日期挂牌交易。

2）IPO定价

IPO定价是指新股发行时的股票发行价格。新股定价时一般需要结合实际先确定股票发行价格的底价，然后采用一定的方式确定最终的发行价格。

（1）股票发行底价的确定

股票发行底价的实质是股票的内在价值。其确定方法主要有以下三种：市盈率法、每股净资产倍率法和每股净现值法。

① 市盈率法。此法是根据拟发行上市公司的每股收益和所确定的发行市盈率的乘积来确定发行底价的一种方法。定价中的市盈率可以是拟上市公司的市盈率，也可以是同类行业二级市场的平均市盈率；每股收益一般以发行前一年拟上市公司的每股收益和当年发行后完全摊薄的每股收益的加权平均数计算。市盈率法由于简便易行，因此应用较为广泛。

② 每股净资产倍率法。此法是通过资产评估和相关会计手段确定发行公司拟募股资产的每股净资产，然后根据市场的状况将每股净资产乘以一定的溢价倍率以确定发行底价的一种方法。这种方法较为复杂，且人为因素作用大，在国外常用于房地产公司或资产现值要重于商业利益的公司的新股价格确定，我国一直未采用。

③ 每股净现值法。此法通过预测公司未来若干年内每年的自由现金流量，并

按一定的折现率折现计算净现值，之后将净现值除以公司的股数，以每股净现值作为新股底价的一种方法。这种方法依据现金流量估算公司内在价值，较为科学，但人为因素作用很大。国际上，这种方法主要用于对新上市公路、港口、桥梁、电厂等基建公司的估值发行定价。因为此类公司的特点是前期投资大，初期回报不高，上市时的利润一般偏低，如果采用市盈率法估价则会低估其真实价值，而通过对公司未来现金流量的分析和预测能比较准确地反映公司的整体和长远价值。这种方法我国未采用。

（2）最终价格的确定方法

依据股票内在价值确定的价格并不是真正的股票发行价格，发行价格的最终确定与定价方式有关，常常采用的定价方式有两种：固定价格方式和市场询价方式。

① 固定价格方式。此种方式即发行人和主承销商在新股公开发行前商定出一个固定价格，然后根据这个价格进行公开发售的一种形式。在美国，当采用代销方式时，新股发行价格的确定采用固定价格方式，发行人和投资银行在新股发行前商定一个发行价格和最小及最大发行量，从股票销售期开始，投资银行尽力向投资者推销股票。如果在规定的时间和给定的价格下，股票销售额低于最低发行量，股票发行将被终止，已筹集的资本返还给投资者。我国在1996年到1999年之间一直用市盈率法确定新股的发行价格，实质采用的是固定价格方式，此间的定价属于行政定价。

② 市场询价方式。此种方式是以股票的内在价值为基础，通过市场初步询价，确定新股发行的价格区间，在发行价格区间内通过路演，累计投标询价确定最终新股发行价格的一种形式。此种方式摆脱了行政定价，是一种市场化的定价方式。在这种方式下，询价的对象是指符合条件的证券投资基金管理公司、证券公司、信托投资公司、财务公司、保险机构投资者、合格境外机构投资者，以及经中国证监会认可的其他机构投资者。初步询价结束后，按照中国证监会的相关规定，公开发行股票数量在4亿股以下的，提供有效报价的投资者应不少于10家，但不得多于20家；公开发行股票数量在4亿股以上的，提供有效报价的投资者应不少于20家，但不得多于40家。网下发行股票筹资总额超过200亿元的，提供有效报价的投资者可适当增加，但不得多于60家。有效报价人数不足的，应当中止发行。这种定价方式在美国新股销售采用包销方式时普遍使用，我国自2004年后开始采用并沿用至今。

按照我国的相关法律规定，股票只能溢价或等价发行，不能折价发行。因此最终确定的股票发行价格会等于股票面值或高于股票面值。

3）IPO销售

IPO销售是指新股发行的销售方式。按照我国法律的相关规定，当公司采用募集设立方式向社会公开发行新股时，必须由证券经营机构承销，承销期最长不得超过90天。证券经营机构承销可以分为包销和代销两种方式。

包销是指承销机构按照承销协议商定的价格，一次性购进全部股票或者在承销期结束时，未销售出的余额由其全部购入，再将其转售给社会公众的销售方式。对于发行公司而言，包销可及时筹足资本，免于承担发行失败的风险；但通常承销机构要求的佣金较高，因而发行成本也较高。

代销是指由承销机构代理发行股票，承销机构不负责承购剩余额，而将未售完部分全部归还发行公司的销售方式。这种销售方式下的发行风险全部由发行公司承担，因而发行风险大，且筹资时间较长，但其筹资成本较低，通常仅为包销方式的30%~50%。

4）IPO的利与弊

股票上市为公司搭建起了可持续筹资的平台，但股票上市对于发展中的公司而言有利也有弊。

股票上市的益处主要表现在：

第一，融通巨额股权资本。对于许多公司而言，尤其是发展中的公司，资本明显不足。而股票上市后，公司会获得其他筹资方式所无法获得的巨额资本，而这部分资本不具有返还性，这无疑对很多公司有着巨大的吸引力。

第二，提高股票的变现力。股票上市后，投资者可以按照其意愿自由买进与卖出，这方便了投资者的交易，自然提高了股票的流动性和变现力。

第三，防止股权过于集中。由于股票上市会面向社会公众筹资，这样就可以促进公司股权的社会化，从而稀释股权，在一定程度上可以分散公司的风险。

第四，提高公司的知名度。对于已上市的公司而言，公司每日每时的股价，都代表着投资者对公司的评价和信任程度，如果公司经营优良，会给公司带来良好的声誉，这会吸引更多的投资者，并增强公司的举债能力。

第五，确定公司价值。股票上市后，依据公司的股票市价，再乘以流通在外的普通股股数，可以十分容易地确定公司的市场价值，这样有助于激励公司为提高公司价值而采取各种措施。

股票上市的不足主要表现在：

第一，公司会失去隐私权。公司一旦上市，按照规定必须定期公开向社会披露公司的经营情况，这使得公司的隐私权丧失，有可能会暴露公司的商业秘密。

第二，承担较高的上市费用和信息披露费用。对于公司上市，政府都有着严格的条件限制，为争取上市，公司会花费相当多的费用，如资产评估费、股票承销佣金等；而当公司上市后也需承担信息披露费用，如聘请注册会计师、律师等相关的支出。

第三，股价有时会扭曲公司的实际状况。众所周知，一家公司股票市价的高低会受到众多因素的作用，它并不仅仅取决于公司的业绩，在这种情况下，有时就会由于人为因素的作用而扭曲公司的股价，进而导致公司形象受损。

5）IPO的条件及决策

我国的上市板块包括主板、中小板、创业板和科创板，不同板块上市的具体条件规定不同，其中主板和中小板的上市要求基本相同。一家公司无论在哪个板块上市，都必须符合共性的规定，即《证券法》和《公司法》的相关发行条件要求。除此之外，如果在主板或中小板上市，还应符合《首次公开发行股票并上市管理办法》中的相关发行条件，如果在创业板上市应符合《首次公开发行股票并在创业板上市管理办法》中的相关发行条件。

公司上市一方面要满足国家的制度规定，另外还需考虑股票上市的利与弊，因此拟上市的公司需要认真分析，慎重决策。分析时，主要考虑以下几方面的因素：

（1）公司的现状

拟上市的公司需要分析公司目前的经营、财务及股东的状况，明确上市的目的，结合实际全面权衡股票上市的利与弊，并确定关键因素和问题。如果公司面临的主要问题是资本不足，而且现有股东风险过大，则可以通过股票上市予以解决；但如果公司目前股权较为分散，一旦上市控制权外流，会导致公司的经营不稳定，在这种情况下，公司应放弃上市计划。

（2）上市后的股利政策

股票上市会使公司直接接受来自社会公众的评价与监督，每一家上市公司都希望树立良好的社会形象，而保持连续、一贯和丰厚的股利政策是吸引投资者并获得其信赖的关键所在。只有获得良好的声誉，才能使公司具有较强的资本实力和筹资能力，并促使公司不断发展。实际中，如果拟上市的公司预计上市后，会给投资者带来较好的回报，则应该积极争取上市；但如果需要通过刻意包装上市，而且上市后其经营前景很难预计，在这种情况下，应放弃上市计划。

（3）股票上市的方式

通常股票上市有两种方式可供选择：一种方式是按照相关的规定直接申请并获得上市资格，从而成为名副其实的上市公司；另一种方式是收购已上市的公司，从而达到间接上市的目的。间接上市的有效途径是买壳上市或借壳上市，买壳上市是非上市公司购买一家上市公司一定比例的股权来取得上市的地位，然后注入自己有关业务及资产，进行资产重组，实现间接上市的行为。借壳上市是上市公司的母公司（集团公司）通过将主要资产注入上市的子公司中实现母公司上市的行为。买壳上市与借壳上市十分相近，最大的不同在于：买壳上市可分为“买壳”“借壳”两步走，它发生在非母子公司之间；而借壳上市一定发生在母子公司之间。通常微利、流通盘小、股权较为分散的上市公司是“壳”的必要条件。实务中，如果拟上市公司的目的在于筹资，则可以考虑买壳或借壳上市方式，否则就应直接积极争取上市资格。

（4）股票上市的时机

股票上市存在时机的选择问题。如果拟上市的公司预计未来年度经营业绩良好，而且股市行情较好，股价较高，此种情况是发行股票的最佳时机；否则，若股市低迷，股价较低，拟上市的公司应放慢上市节奏，甚至停止；另外，如果预计上市后的业绩不佳，此时也不应上市。

8.1.3 股权再筹资

股权再筹资（secondary equity offering，SEO）是指上市公司IPO后出现的股权再筹资行为。

1）股权再筹资方式

公司上市后进行股权再筹资的方式主要有两种：配股和增发。从世界各国资本市场的实践来看，股权再筹资都经历了先配股、后增发的历程，并且增发成为股权再筹资的主要方式。

（1）配股

配股是指上市公司按照有关规定和程序向现有股东按其持股的一定比例配售股份再筹资的行为。其显著特征是，筹资面向现有股东，因此股东的持股比例一般不变。从配股的方式来看，属于有偿配股，股东需要按照规定的价格和持股比例用现金认购股票，由此公司获得现金筹资，公司的配股价格常常低于股票的市场价格，这使得原有股东从中获益，在这种情况下的低价配股筹资行为同时起到了近似股利分配的作用，但与股利分配有着本质的区别，配股是股东对公司追加的投资而不是以红股形式分配当年的盈余。

实务中，不是所有的上市公司都能配股，证监会对配股有着严格的制度规定。2020年证监会对配股的规定再次进行修改，发布《上市公司证券发行管理办法》，该办法要求的一般条件如下：①组织机构健全，运行良好；②盈利能力具有可持续性；③财务状况良好；④最近三十六个月内财务会计文件无虚假记载，且不存在重大违法行为；⑤募集资金的数额和使用符合规定。特殊要求如下：①拟配售股份数量不超过本次配售股份前股本总额的30%，即配股比例的上限为10∶3；②控股股东应当在股东会召开前公开承诺认配股份的数量；③采用证券法规定的代销方式发行。代销期限届满，原股东认购股票的数量未达到拟配售数量70%的，发行人应当按照发行价并加算银行同期存款利息返还已经认购的股东，这标志着配股失败。

（2）增发

增发是指上市公司向原股东和社会公众再次发售股票的筹资行为。增发与配股虽然都是股权再筹资，但二者有不同之处，增发的特点主要表现在以下几点：①增发的对象不仅包括现有股东，还有新的机构投资者和公众投资者，因此原有的股权结构会发生变动；②增发数量上较配股限制少；③发行价格较配股更加接近二级市场流通股价，因此可以筹到更多的资金；④由于新股东的加入，可能会摊薄股票的内在价值，从而对老股东利益产生影响；⑤按规定采用承销方式发售股票。

国家对增发股票也设立了严格的限制条件，增发要满足配股的一般条件，除此之外，还应受到以下条件的制约：①最近3个会计年度加权平均净资产收益率平均不低于6%；②除金融类公司外，最近一期期末不存在持有金额较大的交易性金融资产和可供出售的金融资产、借予他人款项、委托理财等财务性投资的情形；③发行价格应不低于公告招股意向书前20个交易日公司股票均价或前一个交易日的均价。

如果是向特定的股东增发新股，此时的增发称为定向增发。这里的定向指特定的增发对象，可以是老股东，也可以是新的投资者和机构投资者。定向增发的目的是引入定向投资者的特定能力，经常被作为一种并购技术和支付方式，在成熟资本市场中运用较为普遍，一般用于公司并购、资产收购、产业整合等，是一种股权置换资产的方法。

2）股权再筹资定价

从定价角度看，配股较增发的股价容易确定。由于配股不涉及新老股东利益，因此配股价格是按照发行公告发布时的股票市场价格的一定折价比例确定的，正常情况下，折价比例为10%到25%。

如果是定向增发，其新股价格也容易确定。由于定向增发的目的不是筹资，而是吸引定向投资者，一般来说，定向增发发行的股价较低，多为现行市场价格的50%或者更低。

除定向增发外的非定向增发，由于新股东的加入，常常会影响老股东的利益，因此非定向增发下的股价确定较IPO、配股、定向增发的股价确定都更难。由于非定向增发条件下新股发行的目的是扩大投资而筹资，因此从理论上讲，股价的确定与未来投资预计的利润额和新股发行后的市盈率有关，相关的计算公式如下：

$$新股价格(P)=\frac{发行新股后的老股市场价值}{新股发行前股票的股数} \tag{8.1}$$

其中：发行新股后的老股市场价值=发行新股后的股权市场价值-新股市场价值

发行新股后的股权市场价值=（发行前利润+新股投资额×净资产收益率）×市盈率

需要注意的是，增发后，新老股的股价一致，上述公式只不过借助于老股来定价。

【例8-1】星海公司是一家上市公司，近几年运营状况不佳，其股权的市场价值已跌到账面价值以下。为了改进经营，拟投资新项目，需要发行新股为新项目筹资。新股发行前公司的相关财务数据见表8-1。

目前，市场上同行业的净资产收益率为10%。假定该公司拟发行总价值为10 000元的新股，新股发行后的市盈率不变。

要求：

（1）如果投资后的净资产收益率为8%，计算增发新股的价格；

（2）如果投资后的净资产收益率为10%，计算增发新股的价格；

（3）如果投资后的净资产收益率为40%，计算增发新股的价格。

表8-1　　发行新股前的财务数据　　金额单位：元

项　目	财务数据
①股权账面价值	100 000
②股数（股）	1 000
③每股账面价值（①÷②）	100
④税后利润	8 000
⑤每股收益（④÷②）	8
⑥市盈率	10
⑦股票价格（⑤×⑥）	80
⑧股权市场价值（⑦×②）	80 000
⑨净资产收益率（④÷①）	8%

在第一种情况下：

新股投资利润=10 000×8%=800（元）

发行新股后的股权市场价值=（8 000+800）×10=88 000（元）

发行新股后的老股市场价值=88 000−10 000=78 000（元）

新股价格=78 000÷1 000=78（元/股）

同理，第二种情况下计算的新股价格为80元/股。

第三种情况下计算的新股价格为110元/股。

上述计算结果表明，当新股投资的获利能力（8%）与公司现有的获利能力相等时，不仅没有增加股东价值，反而使老股价值受损，每股损失2元；当新股投资的获利能力（10%）与行业的获利能力保持一致时，老股东不赔不赚，因为新股发行后的市场价格与发行前保持一致，都是80元/股；当新股投资获利能力（40%）超过行业获利能力时，老股东从中受益，每股股价上涨30元。显然，从理论上讲，非定向增发的新股价格与未来投资的获利能力直接相关，公司要增加市场价值，必须提高投资项目的未来获利水平。

新股发行价格的计算

8.2 长期债务筹资

8.2.1 长期借款筹资

长期借款是指公司向银行和非银行金融机构以及其他单位借入的使用期限在一年以上的借款。它主要用于固定资产投资、更新改造，科技开发和新产品试制等。

1）申请长期借款的条件

公司申请长期借款一般应具备以下条件：①独立核算、自负盈亏、具有法人资格；②经营方向、业务范围符合国家产业政策，借款用途属于银行贷款办法规定的范围；③借款公司具有一定的物资和财产保证，担保单位具有相应的经济实力；④具有偿还贷款的能力；⑤财务管理和经济核算制度健全，资金使用效益和公司经济效益良好；⑥在银行开立账户和办理结算。具备上述条件的公司，方可向银行申请取得长期借款。

2）长期借款的保护性条款

由于长期借款的期限长、风险大，按照国际惯例，银行通常在借款合同中，向借款公司提出一些有助于保证贷款按时足额偿还的条款，从而形成长期借款的保护性条款。归纳起来，保护性条款有以下三类：一般性保护条款、例行性保护条款和违约惩罚条款。

（1）一般性保护条款

一般性保护条款是为了使借款人保持某一特定的财务状况和管理结构而制定的制约借款人行为的条款。该类条款对借款人的日常经营具有限制性作用，因此又称为限制性条款。大多数借款合同都包括此类条款，其主要内容有：①规定最低流动比率和最高资产负债率。为确保贷款的安全性，通常贷款人要求借款人保持一个最低的流动比率和最高的资产负债率。这两个比率均由借贷双方在考虑社会和行业平均标准的基础上协商确定，它是贷款人衡量借款人财务状况好坏的重要指标，也是贷款人是否继续向借款人提供贷款的标准。其目的在于保持借款公司资金的流动性和偿债能力。②限制对固定资产的处置。贷款人为了降低自身的风险，常常从抵押品变现的角度对借款公司的固定资产处置权予以限制。如果公司对固定资产随意处置，将有损公司长期借款的变现偿还能力，因此，贷款人要求在借款协议中包含限制固定资产清理的条款或至少须经贷款人同意方可清理的条款，其目的在于确保借款公司的变现能力。③限制投资支出。通常贷款人会限制借款人的投资支出，主要表现在以下几方面：一是可能要求借款公司在借款期内将每年的资本性支出限制在一定金额之内，以确保对流动资产的必要资金投入，保持资产的流动性；二是可能规定，未经贷款人同意，借款公司不得与其他公司兼并、合并或分立，以确保借款人经营结构和财务结构不被改变；三是可能会限制借款人进行长期证券投资，目的在于确保借款人的变现能力。④限制现金流出。通常贷款人对借款公司的现金股利支出、工资支付以及股票回购等可能予以限制，目的在于限制借款期间的现金外流，以确保借款人的现金支付能力。⑤限制负债的增加。贷款协议经常会限制借款公司接受除季节性流动资金贷款之外的任何贷款，同时要求借款人须经贷款人同意后才能借款，有时也可能会有限制借款公司筹资租赁的条款，其目的在于防止其他贷款人取得对公司资产的优先求偿权。

除此之外，贷款人也可能会为了保证公司长期稳定的发展，在借款协议中要求公司某些关键人物在贷款期内必须留在公司中，也可能要求贷款专款专用等。

（2）例行性保护条款

例行性保护条款是对借款人做出的非限制性规定，也称为非限制性条款。作为例行常规，它存在于所有的借款合同中，主要内容有：①要求借款公司定期向银行提交财务报表，以保证银行及时掌握公司的财务情况；②要求借款公司维持资产的安全完整，以确保公司具有正常的生产经营能力，确保债权人的债权具有物质基础；③要求借款人及时清偿到期的短期债务，以防止公司破产，从而确保长期债权人的贷款利益；④要求借款公司不准以任何资产作为其他承诺的担保或抵押，以避免公司过重的负担和过大的风险。

（3）违约惩罚条款

违约惩罚条款是对借款人违约的惩罚性条款。该类条款详细规定了借款人违反上述各类条款时，将受到何种惩罚。几乎所有的借款协议都有违约惩罚条款，其惩罚的形式主要有以下几种：①要求贷款提前偿还。如果借款人到期不能履行协议中的任何一项条款，贷款人就可以终止合同，要求借款人立即偿还借款额。这是最常见的惩罚条款，这一条款有助于贷款人保护其自身的利益。②要求提高贷款利息率。如果借款人违约，有时贷款人会要求提高利息率，目的在于引起借款人的重视，强制性地迫使借款人改变其财务状况，从而确保贷款人的自身利益。③保留借款人的信誉档案。通常金融机构会为每个借款人建立借款档案，借款人一旦违约，金融系统会显示其信用情况，并在整个金融系统中显示。这些资料一般会保存若干年，这会影响借款人今后的举债能力，其目的在于从信誉的角度来促使借款公司及时还款。

3）长期借款的利率

由于期限风险的作用，通常长期借款的利率要高于短期借款的同期利率，当然具体利率的确定还取决于借款人的信誉。

（1）长期借款利率的形式

长期借款利率一般可以采用以下两种形式：固定利率和变动利率。变动利率具体又可以分为分期调整利率和浮动利率两种形式。固定利率通常由借贷双方参考市场利率并视公司信誉状况协商确定，此利率一经确定，不能随意改变。此种利率一般在资本市场利率波动不大、资本供应比较平衡的情况下采用。变动利率通常根据市场利率的变动而相应调整。在资本市场供求变化大、利率波动大的情况下，常常采用此种利率形式。

（2）长期借款利率的筹划

站在借款人的角度，为了降低资本的使用代价，应对利率的高低及支付形式进行筹划，尽量争取有利于自身的利率形式。实际中，主要考虑以下几方面的问题：

① 信用条款。如果借款中，银行规定有周转信贷协议和补偿性余额条款，前

者公司需要支付承诺费，后者则需要在银行保留一定的存款，这两种信用条款会导致借款的实际利率高于其名义利率。因此公司在借款前应尽量提高其信誉，从而避免不利于公司的条款。

② 利息的支付方式。实际中，利息可以按月支付，也可以按季或按年等定期支付，还可以到期一次性支付。如果要使名义利率与实际利率相等，应采用到期一次性支付法付息，否则，任何情况下的付息方式都会使实际利率高于名义利率。另外，如果存在单利与复利的选择，还需考虑通过计算比较单利条件下的利率支付额与复利条件下的利息支付额孰低的问题。

③ 预计利率的变动趋势。借款前，财务人员必须预测利率的未来变动趋势。如果预计未来市场利率将上升，则应与银行签订固定利率合同；如果预计未来市场利率将下跌，可以采用的方法有三：一是可以与银行签订变动利率合同；二是先借入短期借款，待利率下降后再借入长期借款；三是发行可提前赎回的短期优先股等，待利率下降后再借入长期借款。

4）长期借款的偿还

公司举借长期借款以何种形式偿还取决于借贷双方协商的还款规定。一般有以下四种方式可供选择：①按复利计息，到期一次还本付息。②按单利分期付息，到期一次还本。③部分分期等额偿还法。④完全分期等额偿还法。部分分期等额偿还法与完全分期等额偿还法的区别在于，前者每年等额小比例还本，而后者是每年等额偿还本利额，各年偿还的本金不相等。

实际工作中，无论采用何种偿还方式，借款公司均需事先编制借款偿还计划表，其格式与表8-2类似。另外，虽然站在借款的起点看，无论采用何种还款形式，借款的现值（即借入的金额）均相等，但在不同的偿还方式下，借款公司支付的总金额是不同的。因此，实际中，从借款公司的角度分析，究竟选择何种方式比较有利，需结合公司的投资收益率确定。

【例8-2】假设某公司向银行贷款500万元，期限5年，年利率为10%。如果采用部分分期等额偿还法，其每年偿还本金的比例为10%。

要求：

（1）分别选择按复利计息，到期一次还本付息；按单利分期付息，到期一次还本；部分分期等额偿还法；完全分期等额偿还法四种不同的还款方式编制长期借款偿还计算表。

（2）如果该公司预计未来的投资收益率大于借款的利率，公司应选择何种偿还方式？

（3）如果该公司预计未来的投资收益率小于借款的利率，公司应选择何种偿还方式？

依据所给资料编制的四种方式借款偿还计算表见表8-2。

表8-2 **长期借款本息偿还计算表（利率10%）** 单位：万元

还款方式	年份	年初尚未偿还债务	本年利息	年末支付金额	年末尚未偿还债务	支付总额
到期一次还本付息	1	500	50	0	550	
	2	550	55	0	605	
	3	605	60.5	0	665.5	
	4	665.5	66.55	0	732.05	
	5	732.05	73.205	805.255	0	
	到期偿付总金额（T）$=P(1+i)^n=500\times(1+10\%)^5$					805.255
每年付息到期还本	1	500	50	50	500	
	2	500	50	50	500	
	3	500	50	50	500	
	4	500	50	50	500	
	5	500	50	550	0	
	$T=P(1+i\times n)=500\times(1+10\%\times5)$					750
每年支付本金10%	1	500	50	100（50+50）	450	
	2	450	45	95（50+45）	400	
	3	400	40	90（50+40）	350	
	4	350	35	85（50+35）	300	
	5	300	30	330（300+30）	0	
	$T=P_0+\left(\frac{P_0 i+P_n i}{2}\right)\times n=500+\frac{500\times10\%+300\times10\%}{2}\times5$					700
每年等额偿还本利和	1	500	50	131.90	418.10	
	2	418.10	41.81	131.90	328.01	
	3	328.01	32.80	131.90	228.91	
	4	228.91	22.89	131.90	119.90	
	5	119.90	11.99	131.90	0	
	$A=500\div(P/A,10\%,5)\approx131.90$；$T=131.90\times5$					659.50

从表8-2可看出，在第一种还款方式下，借款公司支付的总金额实质是复利的终值（805.255万元）；在第二种还款方式下，实质是单利的终值（750万元）；而在第三和第四种方式下，由于本金的递减，最终支付的总金额（700万元、659.50万元）小于前两种借款偿还方式。

如果该公司预计未来的投资收益率大于借款利率10%，说明该公司有着良好的投资机会，在这种情况下，该公司应该进行利润率更高的投资，将资本留在手中而不要急于偿还借款，因此，应该选择第一种还款方式最为有利，即选择按复利计息，到期一次还本付息偿还方式，因为在这种方式下，公司可以利用的资本额最高。

如果该公司预计未来的投资收益率小于借款利率10%，说明该公司没有好的投资机会，在这种情况下，该公司应该尽量冲销银行债务，减少资金支出，因此，选择第四种还款方式最为有利，即选择完全分期等额偿还法，因为这种偿还方式下应支付的总金额最少。

长期借款偿还额计算及分析

5）长期借款筹资的优缺点

长期借款筹资的优点主要表现在以下几方面：①筹资速度快。长期借款的手续比发行债券简便，所需时间较短，可以迅速获取资金。②资本成本较低。长期借款利息可在所得税前支付，这就减轻了公司的利息负担，从而使借款成本低于股票筹资成本；另外长期借款的利率一般低于债券利率，因为它的筹资费用低于债券。③借款弹性较大。公司在借入款项时，可以与银行商定借款的数额、期限、利率及偿还方式等；借款后如果公司财务状况发生变化，也可以与银行协商变更借款的相关条款，而债券筹资面向的是社会广大投资者，因此不容易变更筹资条件。④可能出现财务杠杆正效应。公司借入款项后，如能使投资收益率大于长期借款的利息率，可获得财务杠杆利益。

长期借款筹资也存在一些缺点，其缺点主要表现在以下方面：①风险较高。公司举借长期借款，必须定期还本付息，在经营不力的情况下，可能会产生不能偿付的风险，会面临破产。②限制条件较多。在借款合同中，贷款人为了保护自身的利益，一般都会附加一些限制性条款，这些条款制约了公司的经营活动，降低了借款的使用效果。③筹资数量有限。长期借款难以取得债券和股票筹资形式所能获得的资本数额。

8.2.2　公司债券筹资

债券是指公司依照法律程序发行，承诺按约定的日期支付利息和本金的一种书面债务凭证。它代表债权与债务之间的契约关系，是一种有价证券。

1）债券的品种创新

实际中，债券多种多样。大家熟知的有政府债券、金融债券、公司债券、信用债券、抵押债券、担保债券、可转换债券、不可转换债券、可赎回债券、不可赎回债券、记名债券、无记名债券等。近些年来，随着资本市场的不断发展及完善，发行者出于一定的目的，设计的债券品种更加多样化且各具特点。

（1）债券品种创新的动因

随着竞争的加剧，投资银行家帮助公司进行债券品种创新，可能基于以下几方面的原因：①降低风险。如果一家公司能创造一种新证券使利率等风险降低或将风险从一类投资者重新分配并转移给另一类对风险不很敏感的投资者，公司将会降低风险溢价的支付并获益。②降低交易成本。通常发行债券需要支付数额较高的承销费和其他一些与发行相关的费用，有时公司出于降低交易成本的目的而设计债券。③降低信用成本。为了吸引投资者，公司可能会将发行的债券与其资信挂钩，如果公司未来业绩优良，则有可能会随着资信的提高而降低信用成本。④降低税收负担。有时公司可能会从税的角度来考虑，如何使发行者支付更低的税收；或者如何降低投资者的税收负担等。

从西方来看，票据、优先股和债券都是面向社会公众发行的有价证券。近年来，如果公司想以证券形式筹集长期资本，则会出于特定的目的而在三种证券之间进行比较选择并寻求证券的创新。但我国目前票据和优先股很少，因此，实际中，只能从债券的角度考虑。

（2）债券品种创新的种类

仅从债券来看，西方近年来新出现的债券种类主要有以下几种：

① 附认股权债券。此类债券是指在发行正常债券的同时，附有一份认股权证的债券。它通常被用来作为给予债券持有者的一种优惠而随同债券发行，投资者在购入债券的同时也购入了选择性的股权，这可以吸引投资者并有助于债券的成功发行。

② 附属信用债券。此类债券是指债券持有人在公司清偿时拥有债权的排列顺序低于信用债券和其他债券，但高于优先股和普通股的债券。附属的程度取决于合同规定的条件。通常附属债券的贷款成本较高，但如果附属债券可转换成普通股，则收益率低于信用债券。

③ 零息债券。此类债券也称无息债券，是指其票面利率为零，但却以远远低于面值的价格出售给投资者的债券。其基本特点是：不必支付利息，按低于面值的价格折价出售，到期按面值归还本金。

④ 收益债券。此类债券是指在公司赚取利润时才支付利息的一种债券。这是一种混合债券，一方面此类债券与一般债券相似，有固定的到期日，清偿要求权排在优先股和附属信用债券之前；但它又与一般债券不同，其利息只有在公司获利时才支付。为了吸引投资者，发行收益债券时常常规定一定时期后可以转换为普通股股票。这种债券一般在公司改组时发行。

⑤ 指数债券。此类债券亦称购买力债券，或称通货膨胀保护财政证券，是指债券利率随价格指数的变动而变动的债券。这种债券与通货膨胀率直接相关，当通

货膨胀率上升时债券利率也随之上升，因而可以保护债券持有人不会因通货膨胀而遭受损失。

⑥ 商品链接债券。此类债券是指本金偿还以及在某些情况下的利息支付与某一特定商品（如石油或白银）或某种指定的商品价格指数相联系的债券。当发行者在出现商品价格暴跌和相应的收入剧减时，该类债券可以为投资者起到避免损失的保值作用。该类债券对发行者也有利，因为发行者将债务清偿负担从自己最无力支付的时候转移到自己最有能力支付的时候，从而有效地增强了公司的负债能力。

⑦ 浮动利率债券。此类债券是指根据市场利率的变化相应调整利息支付额的债券。此种债券通常根据某一基准市场利率（如国库券利率等）定期（如3个月或6个月）进行调整，调整一般限制在某一个范围之内。

⑧ 信用敏感债券。此类债券是指债券的票面利率与发行人的信用状况反向变动的债券，即随着发行人信用状况的改善利率降低，而随着发行人信用状况的恶化利率上升。这类债券在发行人最无力支付时却增加其偿债压力，因此对发行人不利，发行时应结合未来的经营业绩慎重考虑。

⑨ 可退还债券。此类债券是指投资者按约定价格可以将持有的债券强迫发行公司收回的债券。显然，这类债券赋予了投资者一种卖权，当市场利率高于债券的票面利率时，投资者将会行使卖权。因此发行此类债券，要求公司在现金流量安排上要留有较大的余地或保持灵活性。

⑩ 灾难债券。此类债券是指明确规定某种灾难性事件发生时将不再支付利息或本金的债券。如圣安东尼奥的一个大型汽车和房屋保险销售商发行债券时曾规定，若某一年必须支付超过100 000万美元的飓风赔偿时，投资者就会丧失本金和利息。

2）债券评级

债券评级是指由专门的信用评级机构，对拟发行债券单位的债券质量做出的等级评定。根据中国人民银行的有关规定，凡是向社会公开发行债券的公司，都必须由中国人民银行及其授权的分行指定的资信评定机构或公证机构进行信誉评定。债券评级的目的是确认债券发行主体的信誉等级，从而向社会公众揭示所发债券质量的好坏，以便为投资者进行正确的投资决策提供参考依据。目前国内排名较前的信用评级机构有大公国际、联合信用、中诚信等，国际上公认的最具权威性的信用评级机构主要有美国的标准普尔公司和穆迪投资者服务公司。

按照国际惯例，目前债券信用等级一般分为十个级别，债券的具体等级从高到低依次排序为：AAA，AA，A；BBB，BB，B；CCC，CC，C；D。其中AAA为最高级，C为最低级，D表示债券已经违约。表8-3是标准普尔公司和穆迪投资者服务公司（Moody's Investor Service）的长期债券评级标准。由于D表示已经违约，因此国际惯例常常将债券信用等级划分为三等九级制。

表8-3 **债券信用等级分类**

风险程度	标准普尔	穆迪
还本付息能力极强，有可靠保证，承担风险最小	AAA	Aaa
还本付息能力很强，但风险性比前者略高	AA+ AA AA-	Aa1 Aa2 Aa3
安全性良好，还本付息能力一般，有潜在的导致风险恶化的可能性	A+ A A-	A1 A2 A3
安全性中等，短期内还本付息无问题，但在经济不景气时风险增大	BBB+ BBB BBB-	Baa1 Baa2 Baa3
有投机因素，不能确保投资安全，情况变化时还本付息能力波动大，不可靠	BB+ BB BB-	Ba1 Ba2 Ba3
不适合作为投资对象，在还本付息及遵守契约条款方面都不可靠	B+ B B-	B1 B2 B3
安全性极低，随时有无法还本付息的危险	CCC	Caa
极具投机性，目前违约的可能性较高，正在受监察	CC	Ca
最低等级，完全投机性，收回本金及利息的机会微乎其微	C	C
债务违约	D	D

注：从AA至B级，每个级别都可通过添加“+”或“-”或“1”“2”“3”来显示信用高低的程度。

（资料来源：根据360百科整理获得）

通常认为只有前四个级别的债券信誉高，履约风险小，具有实际投资价值，是“投资级债券”，而从第五级开始的债券信誉低，是“投机级债券”。实务中通常所称的垃圾债券是指评信级别在标准普尔公司BB级或穆迪公司Ba级以下的债券。对于债券发行公司来看，若拟发行的债券低于BBB级，发行债券会比较困难，发行公司应当对此有一定的思想准备，并应对此有所筹划；另外债券的信用等级与利率成反比，信用等级高的债券，其利率低，因此发行单位若能提高债券的信用等级，就可以降低其资本成本。

①银行间债券市场长期债券信用等级划分为三等九级，符号表示分别为：AAA、AA、A、BBB、BB、B、CCC、CC、C。等级含义见表8-4。

表8-4 **银行间债券市场长期债券信用等级划分**

风险程度	信用等级
偿还债务的能力极强，基本不受不利经济环境的影响，违约风险极低	AAA
偿还债务的能力很强，受不利经济环境的影响不大，违约风险很低	AA

续表

风险程度	信用等级
偿还债务能力较强，较易受不利经济环境的影响，违约风险较低	A
偿还债务能力一般，受不利经济环境影响较大，违约风险一般	BBB
偿还债务能力较弱，受不利经济环境影响很大，有较高的违约风险	BB
偿还债务的能力较大地依赖良好的经济环境，违约风险很高	B
偿还债务的能力极度依赖良好的经济环境，违约风险极高	CCC
在破产或重组时可获得的保护较小，基本不能保证偿还债务	CC
不能偿还债务	C

注：除AAA级，CCC级以下等级外，每一个信用等级可用“+”“-”符号进行微调，表示略高或略低于本等级。（资料根据中国人民银行信用评级管理指导意见整理获得）

②银行间债券市场短期债券信用等级划分为四等六级，符号表示分别为：A-1、A-2、A-3、B、C、D。等级含义见表8-5。

表8-5　**银行间债券市场短期债券信用等级划分**

风险程度	信用等级
为最高级短期债券，其还本付息能力最强，安全性最高	A-1
还本付息能力较强，安全性较高	A-2
还本付息能力一般，安全性易受不良环境变化的影响	A-3
还本付息能力较低，有一定的违约风险	B
还本付息能力很低，违约风险较高	C
不能按期还本付息	D

注：每一个信用等级均不进行微调。

（资料来源：根据中国人民银行信用评级管理指导意见整理获得）

3）债券的发行价格

债券的发行价格是债券发行时使用的价格，即投资者购买债券时支付的价格。债券发行价格的高低与以下四个因素有关：债券的面值、债券的票面利率、债券的期限以及市场利率。其中债券面值、票面利率与发行价格同方向变动，而债券的期限、市场利率与债券的发行价格反方向变动。

债券发行价格有三种：等价发行、溢价发行和折价发行。等价发行是指以债券的票面金额作为发行价格，又称平价发行；溢价发行是指以高于债券票面金额的价格作为发行价格；折价发行是指以低于债券票面金额的价格作为发行价格。三种价格形式的取舍取决于票面利率与市场利率的一致程度。当债券票面利率等于市场利率时，债券会等价发行；当债券票面利率大于市场利率时，则会由于未来利息多计导致债券内在价值大而应采用溢价发行；当债券票面利率小于市场利率时，则会由于未来利息少计导致债券内在价值小而应采用折价发行。

4）债券偿还

实务中，债券偿还的形式多种多样。

（1）按实际发生日与规定到期日之间的关系划分

债券偿还按实际发生日与规定到期日之间的关系划分，可以分为提前偿还、到期偿还与滞后偿还三类，其中到期偿还又包括分批偿还和一次偿还两种，滞后偿还又包括转期滞后偿还和转换滞后偿还两种。

提前偿还即提前赎回。当债券条款中对此有明确规定时，公司可以提前偿还并收回债券。当公司资金结余时，可提前赎回债券；当预测市场利率下降时，也可提前赎回债券，这使公司筹资有较大的弹性。

如果公司在发行同一种债券的当时就订有不同的到期日，那么这种债券就是分批偿还债券。由于各批债券的到期日不同，它们各自的发行价格和票面利率也可能不相同，从而导致发行费较高；但由于这种债券便于投资人挑选最适合自己的到期日，因而便于发行。

到期一次偿还的债券在实务中最为常见，它既不提前偿还债券的本息，也不分批偿还，而是在债券契约约定的到期日一次偿还债券本金和利息。

滞后偿还即债券在到期日之后偿还。这种偿还条款一般在发行时便订立，主要是给予持有人以延长持有债券的选择权。

转期滞后偿还是指将快要到期的债券转换成到期日较晚的债券，实际上是将债务的期限延长。常用的办法有两种：一是直接以新债券兑换旧债券，二是用发行新债券得到的资金来赎回旧债券。

转换滞后偿还通常是指股份有限公司发行的债券可以按一定的条件转换成公司发行的新股，即债券转股权形式的偿还。

（2）按支付手段不同划分

债券偿还按支付手段不同划分，可以分为现金偿还、发新债券偿还、转换成普通股偿还三类。

现金偿还是债券持有人最愿意接受的支付手段，也是最为常见的一种偿还形式。如果发行债券契约的条款中明确规定用偿债基金偿还债券，那么公司就必须每年都提取偿债基金，且不得挪作他用，以确保债券的如期偿还。

发新债券偿还是用新债券取代旧债券，称为债券调换。有时公司出于特定的目的可以采用此种偿还方式。

转换成普通股偿还是公司发行可转换债券，在债券到期时，将债券转换成普通股的形式进行偿还。另外，在发行公司进行债务重组或在发行公司与债券持有人协商一致的情况下，也可以将不可转换债券转换成普通股或优先股进行偿还。

5）债券筹资的优缺点

债券筹资的优点表现在以下几个方面：①资本成本较股票筹资的成本低。由于债券的发行费用较股票发行的费用低，而且债券利息在税前支付，具有抵税作用，因此利用债券筹资的成本要比股票筹资成本低。②可以发挥财务杠杆的正效应。如果能确保公司的投资收益率高于债券的利息率，则公司可以使股东获得财务杠杆收益，财富增加。③可以保障原有股东的控制权。由于债券持有人无权参与公司的经营管理，只能从公司获取固定利息收益，因而发行债券不会影响股东对公司的控制权。④筹资较长期借款有一定的灵活性。发行债券与长期借款筹资相比，公司有很大的灵活性。公司可根据本身的筹资要求，结合资金市场的实际情况确定债券的利率、发行价格、偿还期限和偿还方式。

债券筹资有以下主要缺点：①财务风险较高。债券筹资需要还本付息，这会增加公司的财务压力。如果公司经营状况不佳，特别是当资产报酬率大大低于债券利率水平时，会给公司带来沉重的财务负担，甚至导致公司破产。②限制条件较多。债券筹资的限制条件比长期借款、租赁筹资的限制条件还要多。这在一定程度上限制了资金的使用，可能会影响公司的未来发展和筹资能力。

8.3 租赁

依据我国2019年1月1日起实施的新修订的企业会计准则的相关规定，对于承租人不再区分经营租赁和筹资租赁。租赁是指在一定期间内，出租人将资产的使用权让与承租人以获取对价的合同。本节租赁是指除短期租赁和低价值资产租赁以外的租赁，它是公司通过融物以解决自身资本缺乏情况下对长期资产的需求而采取的一种现代租赁方式。

8.3.1　租赁的种类

站在承租人角度，租赁是一个大概念，它包含了售后租回和转租赁。站在出租人角度，租赁可以区分为经营租赁与筹资租赁。如果按照租赁是否租回和转租赁标准区分，租赁包括直接租赁、售后租回租赁和转租赁三类。

1）直接租赁

直接租赁是指承租人直接向出租人租入所需资产，租入的资产不出售，出租人也不转让他人，并支付租金的一种租赁形式。这种租赁不包括短期租赁和低价值资产租赁。所谓短期租赁是指在租赁期开始日，租赁期不超过12个月的租赁。低价值资产租赁则是指单项租赁资产为全新资产时价值较低的租赁。这里的出租人可能是制造厂商，也可能是租赁公司或金融公司等。如果制造厂商就是出租人，这是最直接的租赁形式。

2）售后租回租赁

售后租回租赁又称返租赁，是指承租人将资产先出售给出租人，同时签订租赁合同，再将资产租回，并支付租金的一种租赁形式。在这种租赁形式下，公司一方面可以得到相当于资产售价的收入，另一方面可在租赁期内继续使用该资产。通过回租，公司可以将固定资产变为现金，从而为改善其财务状况提供一定的资金保证。

3）转租赁

转租赁是指出租人先从一家租赁公司或制造厂商租进一项固定资产后，再转租给承租人，承租人支付租金的一种租赁形式。显然，在这种租赁方式下，出租人兼有承租与出租双重性质，另外出租人也不需要为购置资产投入很多资金，因而对于出租人来讲，风险较低。这种方式一般适用于引进外资或设备，通常国内租赁公司先选定外国租赁公司，然后以承租人的身份与其签订租赁合同，再将该设备转租给国内承租者使用。

8.3.2 租赁的租金

对于承租公司而言，租金的高低非常重要，是决定其是否租赁的决策依据。

1）租赁租金的构成

租赁租金中主要涉及以下几项内容：①固定付款额及实质固定付款额，存在租赁激励的，扣除租赁激励相关金额。其中实质固定付款额是指在形式上可能包含变量但实质上无法避免的付款额。如承租人有多个付款额方案可供选择但只有一个方案可行等。租赁激励是出租人给予承租人的优惠。②取决于指数或比率的可变租赁付款额，该款项在初始计量时根据租赁期开始日的指数或比率确定。其中可变租赁付款额是指承租人为取得在租赁期内使用租赁资产的权利，向出租人支付的因租赁期开始日后的事实或情况发生变化（而非时间推移）而变动的款项。取决于指数或比率的可变租赁付款额包括与消费者价格指数挂钩的款项、与基准利率挂钩的款项和为反映市场租金费率变化而变动的款项等。③购买选择权的行权价格，前提是承租人合理确定将行使该选择权。④行使终止租赁选择权需支付的款项，前提是租赁期反映出承租人将行使终止租赁选择权。⑤根据承租人提供的担保余值预计应支付的款项。

2）租赁租金的确定

租赁中的租金可以由出租人和承租人协商确定，但事实上，租赁公司占主导地位，承租公司常常被动接受。出租人计算租金时，通常采用等额年金法，该方法是一种利用年金现值（一般指租赁设备的购置成本）、利率和期数倒求年金的计算方法，计算出的年金即租金。从租金的支付形式来看，有先付租金和后付租金两种形式。先付租金要求在每期期初支付租金，后付租金则要求在每期期末支付租金，由于时间因素的作用，先付租金的支付额较后付租金的支付额要低。通常出租人确定的租金中既可以包括租赁手续费，也可以将其扣除而单独要求支付。例如，某租赁合同中规定，租金120万元，分10年支付，每年12万元，在租赁期开始日首付；

租赁手续费为9万元，在租赁期开始日一次付清。其实此合同中的年租金额是按等额年金法计算的。

8.3.3　租赁筹资的优缺点

1）租赁筹资的优点

① 筹资、融物迅速。租赁往往比借款购置设备更迅速、更灵活，因为租赁是筹资与设备购置同时进行，一方面公司可以迅速获得所需资产，尽快形成生产能力并占领市场；另一方面筹资速度快，在融物的同时，达到了筹资的目的。

② 筹资弹性大。当公司资金不足而又无法向外界筹集大量资金时，采用租赁形式可使公司不付出大量资金就能及时取得所需的设备。也就是说，公司需要资产，不必对其拥有所有权就可以获得资产的使用权。

③ 限制条款较少。发行债券和取得长期借款都有相当多的限制条款，虽然类似的限制在租赁时也有，但一般比较少。

④ 可避免资产陈旧过时所带来的风险。当今，固定资产更新周期日趋缩短，承租人在签订租赁合同时都会考虑公司自身生产技术发展的情况，利用租赁可避免自行购置设备而发生的无形损耗，从而降低风险。

⑤ 具有节税作用。租金中的利息费用可以在税前扣除，因此具有扣减所得税的效用。

2）租赁筹资的缺点

① 资本成本高。这是租赁最主要的缺点。虽然租赁分期付款可以降低公司到期还本负担，但一般来说，支付租金比支付银行借款或发行债券所负担的利息要高。在公司财务困难时，固定的租金也会成为一项沉重的负担。

② 具有利率风险。一般租赁的租期较长，公司在承租期内，如果市场利率下降，由于合同中规定的租金固定不变，因而承租公司不能享有利率下跌的好处，而对出租人来讲，如果利率上升，将会使出租人的收入减少。可见，出租人与承租人都将承担利率变动风险。

【课堂拓展】

1.国家主席对百岁老人的评价，您有何感想?

2023年7月20日，国家主席习近平在北京钓鱼台国宾馆会见美国前国务卿基辛格，此时的基辛格刚刚度过百岁生日，他是中国人民的老朋友。由于疫情，有三年多基辛格未到中国。

习近平主席指出，100岁，访问中国已经一百多次，这两个“一百”加在一起，使你这次访华具有特殊意义。52年前（1971年），也是7月，中美两国处在一个关键转折点，毛泽东主席、周恩来总理同尼克松总统和你本人以卓越的战略眼光，做出中美合作的正确抉择，开启了中美关系正常化进程，既造福了两国，也改变了世界。中国人重情讲义，我们不会忘记老朋友，不会忘记你为推动中美关系发展、增进中美两国人民友谊做出的历史性贡献。

基辛格说："主席先生，我很荣幸能够访问中国。很感谢中方将这次会见安排在钓鱼台国宾馆5号楼，这也是我首次见到中国领导人的地方。我们两个国家之间的关系关乎世界和平和人类社会的进步。"

会见期间，习近平主席提到：中国有句老话"大德必寿"。中美关系永远和基辛格的名字连在一起，中国人民将永远记得，并对基辛格表示崇高的敬意。

"大德必寿"出自《中庸》："故大德，必得其位，必得其禄，必得其名，必得其寿。"意思是说，具有高尚情操品德的人受命于天，必然会享高寿，以造福众人。

您认为基辛格的大德是什么？如果将"大德必寿"用于企业可否？企业应该如何做？

（资料来源：中央广播电视总台央视新闻，2023-07-20）

2.A公司的筹资是否具有创新性？

A公司成立于2010年，属于集团新设的子公司，主要从事原油、成品油仓储业务以及原油贸易业务等，公司注册资本3亿元。

A公司的油品储罐项目分两期建设。项目一期建设4座10万立方米原油储罐，投资估算3.69亿元，实际投资2.79亿元，其中1.48亿元由集团股东注资，其余1.31亿元采用银行固定资产借款形式筹集，借款期为10年，借款利率比照同期基准利率上浮5%，该项目于2011年10月建成并投产。项目一期的银行借款费用虽然在逐年降低，但对当期经营一直有相当大的资金压力，总体看项目是盈利的。

项目二期加大了投资力度，建设2座10万立方米原油储罐，3座3.5万立方米原油储罐，3座5 000立方米成品油储罐，投资估算3.78亿元，实际投资2.82亿元，其中1.52亿元由集团股东注资，其余1.30亿元需要公司自筹。为了寻求资金，A公司考虑外部筹资：如果继续向银行借款，恰赶上国家银根紧缩时期，因无法承受较高的借款利率而最终放弃。另外A公司成立不久，如果发行公司债券根本不可能。如果让本公司的四大股东出资，需按照出资比例分摊，各股东的现金流不同，筹资有难度。如果采用外部筹资租赁，租赁成本过高，也无法达到公司筹资诉求。

在A公司一筹莫展之时，得知集团成立了B金融公司，A公司感到筹资机会来了。在集团总会计师的全力支持下，与B公司取得业务联系，达成合作意向，签订了《筹资租赁合同》。A公司以项目一期4座原油储罐以及管线（总计价值1.3亿元）为筹资租赁物，取得B公司1.06亿元的筹资租赁借款，偿还期限5年，借款利率为基准利率下浮10%的优惠利率，合同期满后，A公司将以1元人民币的价格将筹资租赁物购回。资金注入后，A公司立即归还了一期项目固定资产借款余额1.06亿元，将借款利率从10年期基准利率上浮5%转化成5年期基准利率下浮10%，形成较高的借款利率差收益，节约财务费用440余万元。A公司成功筹资并完成了二期项目建议。

党的二十大报告要求坚持守正创新，A公司的筹资与众不同。您认为A公司的筹资创新是如何表现的？您认为一家公司筹资创新应注意哪些问题？

本章小结

1.在公司的种子期和创业期常常采用私募股权形式筹资，股票上市是一家公司完全建立可持续筹资平台的标志，因此成长期公司常常为上市而准备，成熟期公司如果符合条件将实现上市目的，伴随着规模的不断扩大，还可能增发股票筹资。

2.私募股权筹资的投资者常常指创业者、天使投资者、风险投资公司和机构投资者，私募筹资中应关注战略投资者、关注风险资本的退出与公司发展可能出现的冲突；还要注意分次筹资次数不宜过多。

3.新股上市即IPO，与私募相对应。其上市有一个过程，程序为：（1）前期准备；（2）股份公司设立与上市前工作；（3）申请与审核；（4）发行与挂牌上市。IPO有利也有弊，必须结合公司的现状、上市后的股利政策、股票上市的方式以及股票上市时机等进行决策。IPO由证券经营机构承销，承销期最长不得超过90天。承销的具体方式有包销和代销两种。

4.新股发行价格底价的确定方法主要有三种：市盈率法、每股净资产倍率法和每股净现值法。最终价格常常采用固定价格方式或市场询价方式确定。按照规定，股票只能溢价或等价发行，但不能折价发行。

5.股权再筹资即SEO，其筹资方式主要有两种：配股和增发。配股的对象是原有股东，采用代销方式发行；增发的对象包括原有股东和新的机构投资者、公众投资者，采用承销方式发售。配股和定向增发下的股票售价都低于现行市价；而非定向增发下的股票售价以老股东为基础结合项目的未来收益水平确定。

6.长期借款的保护性条款有三类：一般性保护条款、例行性保护条款和违约惩罚条款。长期借款的利率通常高于短期借款的同期利率，完全分期等额偿还法下支付的本利总额最低。

7.债券的创新种类主要有：附认股权债券、附属信用债券、零息债券、收益债券、指数债券、商品链接债券、浮动利率债券、信用敏感债券、可退还债券、灾难债券等。按照国际惯例，债券信用等级一般分为三等九级，前四个级别的债券属于“投资级债券”，从第五级开始属于“投机级债券”。

8.债券的发行价格有等价、溢价、折价三种情况，这三种情况取决于债券的票面利率与市场利率是否保持一致。进行债券调换决策时，需要比较两种债券调换时的净支出和调换后的成本节约额，最终依据净现值做出决策。

9.租赁进一步可以分为直接租赁、售后租回和转租赁三种形式。

10.筹资租赁租金由以下几项内容构成：扣除租金激励后的固定付款额或实质固定付款额、取决于指数或比率的可变租赁付款额、购买选择权的行权价格、行使终止租赁选择权需支付的款项、根据承租人提供的担保余值预计应支付的款项。

11.租金一般采用等额年金法确定，分后付租金和先付租金两种不同方式支付。公司如果要在购置和租赁之间做出抉择，可以直接比较租赁方式下的各年现金净流出量的现值和购置方式下的购置成本，取其最低者为所选筹资方案。

基本训练

1.某上市公司拟为新上项目采用公募形式增发股票筹资。目前该公司普通股股数为20 000股，股票市价为8元/股。新股发行前相关的财务数据如下：权益账面价值为200 000元、税后利润为16 000元，市盈率为10。目前市场上同类行业的权益净利率为12%。假定该公司拟发行总价值为50 000元的新股，新股发行后的市盈率不变。

（1）小王是一实习学生，财务经理让他草拟一个发行计划，他做了如下分析：应增发普通股6 250股（50 000÷8），发行后每股收益为3.52元（（16 000+50 000×12%）÷6 250），则新股价格为35.2元/股（3.52×10）。他这种分析错在什么地方？

（2）计算正确的新股价格。

2.请上网查找中国IPO询价第一股：华电国际（600027）的相关资料。看看其上市的过程描述及披露的最初问题。

3.请上网查找自2016年1月1日起实施的《首次公开发行股票并上市管理办法》以及自2014年5月14日起实施的《首次公开发行股票并在创业板上市管理办法》，阅读相关规定，归纳财务角度约束条件的异同。

4.某公司向银行借款800万元，期限为5年，年利率为8%，银行要求每年年末等额偿还借款。已知（P/A，8%，5）=3.9928。

要求：

（1）计算公司每年应偿付的金额；

（2）计算公司第一年年末偿付的利息和本金。

5.中国石油化工股份有限公司于2010年5月21日公开发行公司债券200亿元，每张面值为100元，共计20 000万张，发行价格为100元/张。

（1）请上网查看我国对公司公开发行债券的相关财务指标的规定，并确认2009年12月31日的中石油相关财务指标是否合规？

（2）中石油债券的票面利率采用询价制确定，你认为当时的市场利率应是多少？

6.某公司采用直接租赁方式从租赁公司租入一设备，设备价款为500万元，租期为10年，到期后设备归公司所有，双方商定的折现率为10%。

要求：

（1）分析后付租金支付方式与先付租金支付方式下计算的租金是否相等。

（2）你认为租金中包括的内容有哪些？

基本训练参考答案

第8章题库

第9章 营运资本管理

学习目标

1. 了解持有现金的动机、目标现金余额的确定方法以及现金流量的日常控制方法；
2. 熟悉信用政策的内容，掌握应收账款信用条件的决策方法；
3. 掌握应付账款融资成本的计算及决策；
4. 了解短期融资策略的种类及其特点；
5. 掌握短期融资方式的种类，熟悉不同融资方式的优缺点。

营运资本是公司维持日常经营活动所需要的净投资额，常常用流动资产与流动负债的差额表示。深入分析，流动资产自身并没有创造现金流量的能力，但在资本投资性质及效率既定的情况下，低效的营运资本管理会在很大程度上抵减公司经营活动现金流量的创造力。有统计资料显示，美国在1960—1993年间，流动资产占公司总资产的比重下降了17.3个百分点，但同一时期的流动负债占总资产的比重并没有明显的变化。[①]实务中，为什么要降低流动资产的比重，同时保持流动负债？这是由流动资产和流动负债的特征决定的，实务中过多的流动资产占用只能造成浪费，而流动负债可以弥补公司的资本不足，因此加强营运资本管理在公司价值创造中具有重大的现实意义。本章围绕着营运资本，从流动资产和流动负债两方面进行分析，说明了现金与应收账款的决策及日常管理方法，分析了短期融资策略及短期融资方式。需要特别说明的是，存货管理是财务管理与管理会计的交叉内容，出于学科考虑，本章不考虑存货管理。

① 干胜道. 财务规划［M］. 北京：清华大学出版社，2005：41.

9.1 现金管理

9.1.1 持有现金的目的及现金管理的内容

现金是流动资产中变现能力最强的资产，它具有普遍的可接受性，但由于持有现金几乎无收益性，因此对其进行管理十分必要。

1）持有现金的目的

现金包括库存现金、银行存款及其他货币资金等。公司持有一定数量的现金，通常基于以下目的：

（1）满足交易性需要

交易性需要是指公司为满足正常生产经营运转需要而保持的一定数量的现金。一家公司要经营，离不开现金，公司必须为生产而购买原材料、支付工资、缴纳税款等，同时还必须为取得资本而偿付到期债务和派发现金股利等。如果公司无力支付，就会影响其信誉，同时也会影响正常的生产经营与交易活动，可见，为保证生产经营活动之需而维持适当的现金余额是必要的。通常为满足交易性目的而持有的现金主要取决于公司的销售水平，销售增加，所需现金也会增加，反之，则减少。

（2）满足预防性需要

预防性需要是指公司为应对意外情况发生而保持一定数量的现金。由于竞争日趋国际化，市场行情瞬息万变，很多因素难以预测，因此公司对于未来的现金流量常常难以准确把握，这就需要在满足正常生产经营现金支付的基础上，追加一定数量的现金余额，以应对不测之需。通常为满足预防性需要所持有的现金数量取决于以下四方面因素：一是公司现金流量的波动程度；二是公司对现金流量的预测准确程度；三是公司筹措短期资本的能力与速度；四是公司承担风险的能力。实际中，如果公司的现金流量波动大，预测的准确性差，或是短期融资能力差，抗风险能力低，就需要保持较高数额的预防性现金余额，否则，就可以降低这部分数额的现金持有量。

（3）满足投机性需要

投机性需要是指公司为应对不寻常的投资机会而保持一定数量的现金。有时由于市场的波动，公司会面临一些异常的投资机会，如预期高涨的有价证券、廉价的原材料或资产等，在这种情况下，如果公司买入，选择时机再卖出时，有可能获得高额的收益回报。由于这种“为卖而买”的投机心理作用，公司有时会置存现金，以确保不失时机地投出。事实上，除了金融和投资公司以外，一般的公司专设投机性现金储备的相对较少，如果真的获得了不寻常的购买机会，也常设法临时融资。但是，拥有一定数额的现金储备，确实为捕捉有利的投机机会提供了方便。

需要说明的是，上述三项持现目的虽然在理论上可以划分，但对于实际持现者来讲，并不能去确认某笔现金是为什么目的而持有的，其实也没有必要。另外，对于一般公司来讲，最重要的是交易性目的的现金持有，因为没有一家公司的财务管理人员会持有大量现金，专门去等待谁都不知道、什么时候才会出现的良好投资机会，或去应对人们永远无法预料的突发事件，因此实际中，公司只要保持良好的财务状况和融资能力，这种偶发性的资本寻求就可以通过临时性的融资来解决。

2）现金管理的内容

现金管理主要围绕着现金流量管理进行，其内容主要包括以下几个方面：

（1）确定目标现金余额。即确定最佳现金持有量，从而使现金保持在适宜的水平，以确保公司现金流转顺畅。

（2）编制现金预算。为了做到有的放矢，合理进行融资规划，编制现金预算是必要的。实际中，为使现金预算起到应有的控制作用，公司可定期或不定期地及时调整现金预算。

（3）控制日常的现金收支。日常的现金收支可以从现金流入量与现金流出量两方面入手进行管理，一方面力求加速收款；另一方面应在不影响公司信誉的前提下，尽量延缓付款。

（4）合理进行短期融资与投资。当公司现金结余时，应选择适宜的有价证券，利用闲置资本进行短期投资；当公司现金不足时，应及时卖出有价证券，以弥补现金的不足。

9.1.2　目标现金余额的确定

现金在流动资产中的流动性最强，但其直接报酬率几乎为零。由其特点决定，公司必须在现金的流动性和收益性之间做出合理选择，这就涉及目标现金余额的确定问题。目标现金余额即目标现金持有量，也称最佳现金持有量，其确定方法主要有四种：成本分析模式、现金周转模式、存货模式和随机模式。

1）成本分析模式

该模式认为能够使持有现金相关成本最低时的现金持有量为目标现金余额。通常与持有现金相关的成本有三种：机会成本、管理成本和短缺成本。

机会成本是指公司因保持一定的现金余额而可能失去的其他投资收益。持有现金的机会成本与现金的持有量成正比例变化，现金持有量越大，其机会成本就越高；反之越低。用公式表示为：机会成本=现金持有量×有价证券年利率或报酬率。管理成本是指公司为管理现金而发生的相关成本。公司拥有现金，必定会付出相关的管理代价，如支付管理人员工资和安全措施费等。这些费用通常是一种固定成本，与现金持有量之间无明显的比例关系。短缺成本是指公司因现金余额不足而使公司蒙受损失或为此付出的代价。有时公司可能会因为估计不足而导致现金短缺，在这种情况下，会给公司带来损失。现金的短缺成本随现金持有量的增加而降低。

利用成本分析模式确定目标现金余额时，首先需要确定不同现金持有方案的机会成本、管理成本和短缺成本，在此基础上，计算不同方案的相关成本，最终选出相关成本之和最低时的现金持有量，即目标现金余额。显然，成本分析模式简便、实用，但相关成本资料的获取较为困难，尤其是短缺成本的数据不容易确定。

2）现金周转模式

该模式从现金周转的角度出发，根据现金周转速度确定目标现金余额。计算中可以按照以下三个步骤进行：

（1）计算现金周转期

现金周转期是指现金周转一次所需要的天数。即公司从购买材料支付现金至销售商品收回现金所需的时间。计算现金周转期常常涉及以下三个指标：存货周转期、应付账款周转期和应收账款周转期，计算公式如下：

$$\text{现金周转期}=\text{存货周转期}-\text{应付账款周转期}+\text{应收账款周转期} \tag{9.1}$$

现金周转期计算中之所以扣除应付账款周转所需的时间是因为赊购实质上是卖方为公司垫付了资本，它可以抵减存货周转期所需的资本，进而导致存货占用资金时间缩短。

（2）计算现金周转率

现金周转率是指现金在一定时期的周转次数。如果以全年为时期范围，全年按360天计算，现金周转率的计算公式如下：

$$\text{现金周转率}=\frac{360}{\text{现金周转期}} \tag{9.2}$$

（3）计算目标现金余额

$$\text{目标现金余额}(C^*)=\frac{\text{现金年需求量}}{\text{现金周转率}} \tag{9.3}$$

【例9-1】某公司的原材料购买采取赊购方式，产品销售大部分采取赊销形式，应付账款的平均付款天数为20天，应收账款的平均收账天数为34天。假定从原料购买到产成品销售的期限为58天，公司每年现金需求量为400万元。要求：确定该公司的最佳现金持有量。

依据所给资料进行计算：

现金周转期=58-20+34=72（天）

现金周转率=360÷72=5（次）

目标现金余额=400÷5=80（万元）

现金周转模式通俗易懂，容易计算，且所需数据也容易获得。该模式以一定时期（通常为一年）的现金总需求量可以预知为前提，因此是确定性条件下计算目标现金余额较为科学的一种方法。

3）存货模式

该模式由美国经济学家威廉·鲍莫尔（William J.Baumol）于1952年提出，故也称鲍莫尔模式，它类似于存货中的经济采购批量一般模型。该模式以不使现金闲置为出发点，将现金的持有量与短期有价证券联系起来考虑，在现金的持有机会成本和短期有价证券转换成本之间进行权衡，认为两类成本之和最低时的现金持有量为目标现金余额。由于该模式只反映现金的持有量与有价证券的关系，因此相关成本只考虑现金的机会成本和转换成本，至于现金的管理成本和短缺成本假定与确定目标现金余额无关，不予考虑。这里的转换成本又称交易成本，即出售有价证券时所发生的相关费用，如佣金、手续费等。

在发达的货币市场中，存在着众多的可供短期投资的有价证券。当公司现金多余时，可以十分容易地将现金转变为短期有价证券，在公司需要现金时，又可以顺利地将短期有价证券转变为现金。这样，既可以减少闲置的现金量，增加收益，又可以保证公司对现金的需要。实际中，现金的持有机会成本和转换成本与现金持有量直接相关，随着现金持有量的增加，现金的机会成本与其同方向变动，现金的转换成本随着现金转换次数的减少与其反方向变动，而当现金的机会成本与现金的转换成本相等时就存在最佳的现金持有量，即目标现金余额。现金的机会成本、转换成本、目标现金余额、现金持有量四者之间的关系如图9-1所示。

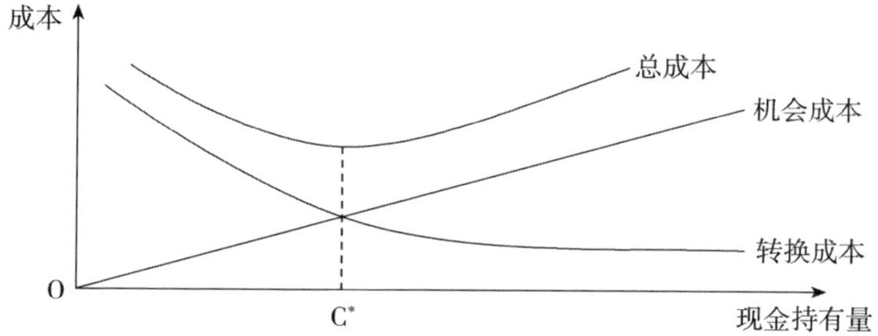

图9-1　目标现金余额确定的存货模式

从数量上看，存货模式下的总成本计算公式如下：

$$\text{总成本}=\frac{\text{现金持有量}}{2}\times\begin{matrix}\text{短期有价证券的}\\\text{年利率或报酬率}\end{matrix}+\frac{\text{年现金需要量}}{\text{现金持有量}}\times\begin{matrix}\text{每次现金}\\\text{转换成本}\end{matrix}\tag{9.4}$$

如果对上述函数求一阶导数并令其导数为零（推导过程略），目标现金余额的计算公式如下：

$$\text{目标现金余额}(C^*)=\sqrt{\frac{2\times\text{年现金需要量}\times\text{每次现金转换成本}}{\text{短期有价证券的年利率或报酬率}}}\tag{9.5}$$

$$\text{最佳现金转换次数}=\frac{\text{年现金需要量}}{C^*}\tag{9.6}$$

$$\text{最佳现金持有总成本}=\sqrt{2\times\begin{matrix}\text{年现金}\\\text{需要量}\end{matrix}\times\begin{matrix}\text{每次现金}\\\text{转换成本}\end{matrix}\times\begin{matrix}\text{短期有价证券的}\\\text{年利率或报酬率}\end{matrix}}\tag{9.7}$$

【例9-2】某公司现金收支状况比较稳定，预计未来一年全年需要现金25万元，现金与有价证券的转换成本为每次400元，有价证券的年利率为10%。要求：计算最佳现金持有量和最佳的现金转换次数。

依据所给资料进行计算：

$$C^{*}=\sqrt{\frac{2\times 250\ 000\times 400}{10\%}}\approx 44\ 721.36（元）$$

$$最佳现金转换次数=\frac{250\ 000}{44\ 721.36}\approx 5.59（次）$$

$$最低现金持有总成本=\sqrt{2\times 250\ 000\times 400\times 10\%}\approx 4\ 472.14（元）$$

目标现金余额确定的存货模式以一些假设为前提，具体包括：①公司闲置的现金全部投资于有价证券；②公司现金支出平稳，当现金趋于零时，所需现金可以通过有价证券变现补充；③一定时期的现金总需要量和每次的现金转换成本可以预先确定。该模式通过微分求导原理确定目标现金余额，从数学的角度讲，是一种最为精确的计算方法，但由于假设的存在，其准确性有所降低。

4）随机模式

该模式由美国经济学家莫顿·米勒（Merton Miller）和丹尼·奥尔（Denid Orr）提出，也称米勒-奥尔模式。该模式认为公司未来的现金流量呈不规则波动，具有随机性，依据现金控制区域可以确定目标现金余额。其基本思想是，一定时期现金需要量事先无法确定，公司每日的现金流量是一个随机变量，近似地服从正态分布，目标现金余额等于正态分布的期望值，每日的现金流量可以高于，也可以低于期望值，如图9-2所示。

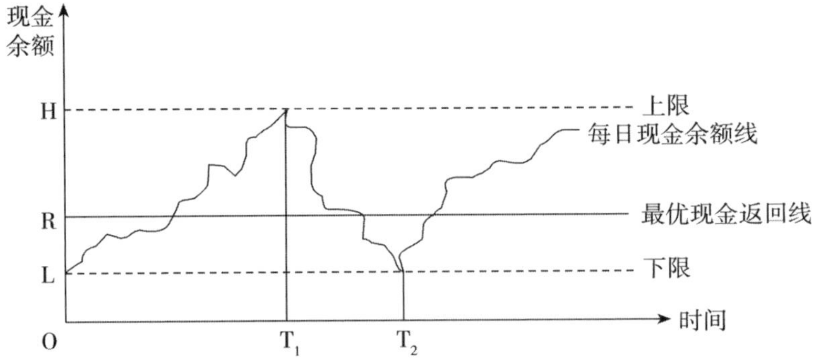

图9-2　目标现金余额确定的随机模式

图9-2要求公司根据一定时期内的现金持有状况，明确每日持有现金的上限H和下限L以及最优现金返回线（return point）R。R线即目标现金余额，H和L之间的区域为现金控制区域，现金持有量在上下限间随机波动。当现金持有量处于H和L之间时，不会发生现金交易；当现金持有量升至上限H时，即达到点T_1时，公司将购入H-R单位的有价证券，此时，现金持有量回落到R线上；当现金持有量降至下限L时，即达到点T_2时，公司就需抛售R-L单位的有价证券，进而使现金持有量回升到R线上。显然，随机模式下的相关成本仍然是持有现金的机会成本和短期有价证券的转换成本。

图9-2中的现金持有量下限L可以等于零，也可以是某一安全储备量或是银行

要求的某一最低现金持有量；另外根据米勒-奥尔的观点：H-R=2（R-L）。如果给定L，目标现金余额C^*（即R）、上限H以及平均现金余额的计算公式如下：

$$目标现金余额=\sqrt[3]{\frac{3\times 每次证券转换成本\times 每日净现金流量的方差}{4\times 有价证券的日利率}}+L$$
$$=\sqrt[3]{\frac{3F\sigma^2}{4r}}+L \tag{9.8}$$

$$H=3R-2L \tag{9.9}$$

$$平均现金余额=\frac{4R-L}{3} \tag{9.10}$$

【例9-3】假设某公司每日的净现金流量的标准差为50 000元，最低现金余额为100 000元，有价证券的年利率为10%，每次证券的转换成本为100元。要求：计算该公司目标现金余额、现金余额的上限和平均现金余额。

依据所给资料进行计算：

$$C^*=\sqrt[3]{\frac{3\times 100\times 50\,000^2}{4\times(10\%\div 360)}}+100\,000\approx 187\,721（元）$$

$$H=3\times 187\,721-2\times 100\,000=363\,163（元）$$

$$平均现金余额=\frac{4\times 187\,721-100\,000}{3}\approx 216\,961（元）$$

随机模式计算复杂，但其假定符合实际，其现金控制思想值得借鉴。从计算结果来看，计算出的目标现金持有量比较保守。

9.1.3 现金流量日常管理

现金的日常管理主要涉及两方面内容：一是审查现金管理的合法性；二是对现金收支过程实施控制。对于前者公司必须严格按照国家对现金的相关规定进行管理；对于后者强调从时间角度对现金流量实施控制。公司可以采取的现金流量控制措施主要有：加速收现、延缓付款、实施综合控制。

1）加速收现

加速收现是指加速现销方式下现金的到账时间。在现销方式下，按照国家的相关规定，客户通常支付的不是现金，而是支票，从客户签发支票到支票进入公司账户，一般需要一段时间，加速收现，就是要力求缩短此过程的现金入账时间。事实上，对于小型公司，此种管理可能无法引起管理层的重视，但对于规模巨大的跨国公司或大型公司而言，如果其日销售额超亿元，若能加快现金回收一天，就可能会减少上亿元的资金需求，加快收现的效益非常明显，因此公司对此不可忽视。

目前，公司常常利用电子系统进行转账付款，在这种方式下，收现时间能够大大缩短。但实务中的转账方式有多种，不同的转账方式，需支付的费用不同，因此对于公司而言，需要选择对自己最有利的转账形式。一般较常采用的转账方式主要有预先授权支票、电子存款转账支票和联网转账等。

预先授权支票是客户授权销货公司直接从其活期存款账户中开出支票并支取现

金，同时客户与其开户银行签订预先授权支票承兑协议，这样银行收到预先授权支票后就可以通过结算系统直接支付。这种结算体系能大大缩短公司支票的结算时间。

电子存款转账支票是一种较新颖的转账方式，它是通过银行电子结算系统的自动结算来完成的，它对各类支票根据代码进行自动识别、认定和转账结算，是一种通过电信、电缆传输的电子存款转账支票。

联网转账是银行通过银行有线网或国家有线网等直接进行资金的传输，使收款额能够瞬间成为公司的可用资金，也就是说，某一银行收到的资金，在另一城市的银行马上就可动用。这是银行结算系统中最快的方式，几乎完全消除了现金结算滞留时间，但其费用相对较高。

2）延缓付款

延缓付款是指在允许的范围，尽可能地延缓与控制公司的现金支出时间。实际中，公司多延迟一天付款，就有可能多获得收益，因此在对方的许可下，在不影响公司信誉的前提下，公司应尽量延缓现金支出的时间。常用的付款策略有以下几种。

（1）选择最有利的支付时间

若供应商为公司提供信用条件，如果公司拟享受现金折扣，则最佳的付款日期是折扣期的最后一天；如果公司拟放弃现金折扣，则最佳的付款日期是信用期限的最后一天，只有这样，公司才能最大限度地利用无资本成本的自然性资金。

（2）运用现金浮游量

现金浮游量是指公司银行存款账户上的现金余额高于公司存款账户余额的差额。实际中，由于公司开出支票、收款人收到支票并将其送存银行，直至银行办理完款项的划转，通常需要一定的时间，由此导致公司账上的存款额常常低于银行账上的存款额，出现现金浮游量，在这种情况下，为充分利用资金，公司可以对此加以合理运用。但应用这部分资金要谨慎，一定要控制其使用的时间，否则就会出现银行透支现象并须接受银行罚款。

（3）选择有利的支付工具

为了最大限度地利用资金，公司可以选择有利于自身的支付工具而延缓现金付出。可选择的支付工具如下：

① 利用承兑汇票付款。承兑汇票不是见票即付的票据，当它提交给付款人的开户银行时，银行必须将其交给付款者，由其对票据上的签名、金额和日期等进行全面检查，如果相符才予以承兑，否则拒付。这样无形中就延缓了公司支付汇票所需的时间。

② 设立零余额账户付款。这种账户系统通常由银行提供，在该系统下，公司在银行设立主账户和零余额账户，零余额账户为分支机构账户，主账户为其他所有零余额账户服务。公司付款时，签发在零余额账户。每日末，当零余额账户出现负

余额时，资金才从公司的主账户自动划转到零余额账户上，零余额账户继续保持为零。显然，利用这种付款系统付款不仅可以延缓付款，而且还可以对各分支机构的支付实施监督。

③ 设置个人支付账户。对于工资和股利，可以采用设置个人支付账户方式支付，这样可以起到延缓付款的作用。以工资为例，虽然为每一职工都设立了工资个人支付账户，但一般职工不会在同一天将工资全部取出，这样公司通过预测，与职工的所需同步支付就可以有效地延缓其现金的流出。

3）实施综合控制

综合控制是从空间上对现金实施的有效管理。实际中，公司仅控制现金的流入和流出是不够的，还需从空间的角度予以控制。相应的措施有两个：

①力争现金流入与现金流出同步

事实上，对于同一笔经济业务无法做到现金流入与现金流出同步，但对于不同的经济业务，由于其发生的时间有先有后，因此就有可能达到此目的，这就要求财务人员想方设法使不同经济业务的现金流入与现金流出发生的时间趋于一致，这样就可以使公司的交易性现金持有量降到最低水平。

②选择适宜的有价证券投资

实务中，公司持有库存现金由于存款利率较低几乎没有收益，因此，当公司资金闲置时，应该投资于有价证券，但投资对象应该慎重选择，所选对象要能够确保公司在急需资金时，可以变现应急。

9.2 应收账款管理

9.2.1　应收账款管理的成本、目标及内容

随着竞争的日益加剧，公司间相互提供商业信用的情况与日俱增。公司持有应收账款，需要付出一定的代价，因此了解应收账款的成本构成，可以为应收账款管理目标的确定奠定基础。

1）应收账款管理的成本

公司持有应收账款必然会发生与其占用相关的成本，相关成本包括：机会成本、管理成本和坏账成本三类。

（1）机会成本

公司资金如果不投放于应收账款，便可用于其他投资并获得收益，如投资于有价证券便会有利息收入等。这种因投放于应收账款而放弃的其他收入，即为应收账款的机会成本。这种成本一般按有价证券利息率计算。

（2）管理成本

由于存在应收账款的资金占用，所以必须对其进行管理。公司对应收账款进行

管理而发生的各种费用，即应收账款的管理成本。这些费用主要包括：对客户资信调查的费用、应收账款账簿记录费用、收账费用、收集相关信息的费用等。

（3）坏账成本

应收账款的收回完全依赖于客户的信誉，因此公司常常会产生一些因种种原因而无法收回的款项，这种因故不能收回而给公司带来的损失，即为应收账款的坏账成本。此项成本一般与应收账款的额度成正比。

2）应收账款管理的目标

应收账款是商业信用的直接产物。公司提供商业信用，采取赊销、分期付款等销售方式，一方面可以扩大销售额，另一方面也可以降低存货，进而增加公司的利润，但应收账款增加，同时也会使其相关信用成本增加，应收账款管理必须在应收账款所增利润与其相关成本之间进行权衡，另外应收账款只是公司的“纸面富贵”，只有及时收回变现，才能使公司不断发展。因此应收账款管理的目标是，将公司的“纸面富贵”变成“真金白银”，在充分发挥应收账款强化竞争、扩大销售功能效应的同时，尽可能地降低应收账款占用资本的相关成本，加快账款的回笼，从而使公司受益并发展。

3）应收账款管理的内容

为实现应收账款管理的目标，应收账款管理主要从以下两方面进行：

（1）制定适宜的应收账款信用政策

信用政策是指公司对应收账款投资进行规划与控制而确立的基本原则与行为规范。实践中，公司是否给予客户赊销？赊销的额度有多大？是否给予客户现金折扣？现金折扣优惠多少？如果应收账款超期，应采取怎样的措施？这些都是信用政策应该解决的问题。

（2）搞好应收账款的日常管理

应收账款信用政策的制定主要是对应收账款的相关决策问题进行把握，而应收账款的日常管理主要是从降低风险、加速应收账款收回等角度进行，这种管理会深入到每一个客户，具有较强的针对性。

9.2.2 信用标准决策

应收账款信用政策包括信用标准、信用条件和收账政策三方面内容，对其决策应首先对信用标准进行决策，即对是否给予客户赊销进行决策。

1）信用标准决策的内涵

信用标准是指客户获得公司的信用交易所应具备的条件。信用标准决策是指公司围绕信用标准所进行的决策。它用来解决是否给予客户赊销形式、赊销的额度给予多大等问题，如果客户达不到信用标准，便不能享受或较少享受公司的信用销售，否则，就应该享受。显然信用标准将直接影响公司的销售收入和销售利润。然而较紧的信用标准，仅对信用卓著的客户给予赊销待遇，虽然可以防止坏账的发生，降低应收账款的机会成本和管理成本，但会由此失去一部分来自信用较差客户的销售收入，进而导致销售利润的降低；较松的信用标准恰好与其相反。这就需要公司在严格与宽松之间进行权衡。通常公司可以从定量和定性两方面进行分析，分析的前提条件是查找相关的信用资料。

2）信用分析资料的来源

查找客户的相关信用资料，是确定信用标准的前提。公司为收集资料，必须对客户的信用状况展开全面调查，依据其具体情况，才能决定是否给予其信用。通常客户信用资料的来源有以下几种：

（1）客户的财务报表。这是决定是否给予客户信用的最关键资料，所采用的财务报表最好是被审计过的。

（2）信用评估机构对客户的信用评价。这种评价一般具有较强的专业性和权威性，因此结论比较可靠。

（3）客户开户银行对其客户的信用评价。这种评价一般依据客户过去在银行中的信用表现进行，非常切合实际，基本能反映客户的信用情况。

（4）客户的供应商对客户的信用评价。这种评价通常依据客户以往的购货付款情况进行，因此也能够反映客户的实际情况。

（5）客户在证券市场上的价格表现。通常客户发行的债券与股票的涨跌情况也能反映客户的信用，如果客户发行的股票，相对于股价指数而言，其价格下跌的速度过快，且下跌的持续时间过长，或客户发行债券的下跌速度显著大于相似品种的下跌速度，那么客户的信用状况可能不容乐观，在这种情况下，公司需要查明原因。

3）信用标准的定性分析

信用标准的定性分析主要是依据所掌握的资料，分析客户的资信情况以及公司竞争对手的状况。公司信用标准的建立，离不开对客户资信情况的全面了解，可以采用的评价方法是5C评估法。5C评估法或称5C评估系统，关注客户资信的五个方面，这五个方面的英文都以C打头，因此得名。该法的具体内容如下：

（1）品质（character），是指客户的信誉，即履行偿债义务的可能性。公司必须设法了解客户的付款历史，看其是否有按期如数付款的一贯做法，与其他供货公司的关系是否良好。这是衡量客户是否信守契约的重要标准，也是决定是否赊销的首要条件。

（2）能力（capacity），是指客户的偿债能力，即客户的支付能力。该能力通过流动资产的数量和质量以及与流动负债的比例关系等反映。实际中，客户的流动资产越多，流动比率越高，其转化为现金支付款项的能力就越强，表明客户的短期偿债能力强，客户的信用高；如果客户的不良债权少以及存货不积压，表明客户的流动资产质量较高。从这两方面可以判断客户现金支付能力的强与弱。

（3）资本（capital），是指客户的财务实力，即资本金状况。它表明客户可能偿还债务的背景。如果客户的资本金数额高，说明其财务实力雄厚，可以为客户偿还债务提供保证。

（4）抵押（collateral），是指客户拒付款项或无力支付款项时能被用作抵押的资产，即偿债的担保物。这对于不知底细或信用状况有争议的客户尤为重要，如果客户具有足够的抵押物，一旦其款项不能收回，便可以以其抵补。因此，对这样的客户可以考虑向他们提供信用。

（5）条件（conditions），是指可能影响客户付款能力的经济环境，即公司应对变化的能力。如果社会经济环境发生变化，比如出现经济不景气等，会对客户的付款能力产生影响，此时客户应对变化的能力究竟有多大，需要对客户在过去处于经济环境困境时期的付款历史进行了解。

公司在进行信用标准的定性分析时，除分析与其关系最为紧密的客户资信情况外，常常还应关注竞争对手的竞争实力，如果竞争对手强，为吸引客户，公司就应采用宽松的信用标准；否则，就可以采取较为严格的信用标准。只有做到知己知彼，才能百战不殆。

4）信用标准的定量分析

信用标准的定量分析是依据所掌握的资料，将客户的相关指标与标准值进行对比，以此来确定客户的信用并据此决定是否给予其赊销。实际分析中，常常采用的信用标准定量分析方法有两种：一种是指标评价法；另一种是信用评分法。

（1）指标评价法

指标评价法是依据所掌握的客户资料，首先预计客户的坏账损失率，进而明确其信用等级的一种定量分析方法。具体做法是：第一步，确定与坏账损失率相关的一组指标及其标准，其中，指标的选择没有统一标准，较常用的指标有流动比率、速动比率、现金比率、产权比率、已获利息倍数、应收账款周转率、存货周转率、总资产报酬率、赊销付款履约情况等；第二步，将客户的相关指标与所定标准进行比较，并确定客户的各指标坏账损失率及总坏账损失率；第三步，依据坏账损失率明确客户的信用状况或信用等级并决定是否给予赊销。此法的应用形式见表9-1。

指标评价法主要依据定量指标确定坏账损失率，进而确定客户的信用等级，并以此决定是否给予客户赊销，其评价较为简单，但信用的决策有些片面，因为实际中影响客户信用的因素很多，尤其是一些非计量因素的作用，要使信用标准的确定较为合理且准确，应该是定量因素与定性因素相结合。因此，此法如果加入非定性指标一起考虑，其评价结果会更为科学。

（2）信用评分法

信用评分法是依据所掌握的资料，将定量因素与定性因素结合考虑，并赋予其相应的权重，通过加权平均得分来确定客户信用的一种定量分析方法。具体做法是：第一步，选择一组指标并确定其相应的权重，该组指标既包括定量指标也包括定性指标；第二步，给所选指标打分，通常满分为100，最低分为0，打分范围在

表9-1　　**客户信用等级评价表——指标评价法***

<table>
<tr><td rowspan="2">项　目</td><td colspan="2">标　准</td><td rowspan="2">客户实际值</td><td rowspan="2">坏账损失率（%）</td></tr>
<tr><td>比率范围</td><td>拒付风险系数（即坏账损失率）（%）</td></tr>
<tr><td rowspan="3">流动比率</td><td>≥2.1</td><td>0</td><td rowspan="3">2.2</td><td rowspan="3">0</td></tr>
<tr><td>1.5~2.1</td><td>5</td></tr>
<tr><td>≤1.5</td><td>10</td></tr>
<tr><td rowspan="3">速动比率</td><td>≥1.1</td><td>0</td><td rowspan="3">1</td><td rowspan="3">5</td></tr>
<tr><td>0.8~1.1</td><td>5</td></tr>
<tr><td>≤0.8</td><td>10</td></tr>
<tr><td>⋮</td><td>⋮</td><td>⋮</td><td>⋮</td><td>⋮</td></tr>
<tr><td>合计</td><td>—</td><td>—</td><td>—</td><td>25%</td></tr>
<tr><td rowspan="2">信用等级评价</td><td colspan="2" rowspan="2">假定信用等级评价标准分A、B、C三级：
A级：坏账损失率≤5%
B级：5%<坏账损失率≤15%
C级：坏账损失率>15%</td><td rowspan="2">决策</td><td>赊销</td></tr>
<tr><td>不赊销</td></tr>
</table>

*说明：此表数据仅说明指标评价法的具体应用，并不是公认的标准。

0~100之间；第三步，根据预计权重计算加权平均得分，明确客户的信用并决定是否予以赊销。实际中，信用的划分没有统一的标准，公司应结合实际灵活确定。此法的具体应用见表9-2。

表9-2　　**客户信用等级评价表——信用评分法**

<table>
<tr><td>项　目</td><td>预计权重
（1）</td><td>实际值
（2）</td><td>得分
（3）</td><td>加权平均分数
（4）=（1）×（3）</td></tr>
<tr><td>流动比率</td><td>0.20</td><td>1.8</td><td>90</td><td>18.00</td></tr>
<tr><td>净资产收益率</td><td>0.10</td><td>10%</td><td>85</td><td>8.50</td></tr>
<tr><td>信用评估等级</td><td>0.25</td><td>AA</td><td>85</td><td>21.25</td></tr>
<tr><td>付款历史</td><td>0.25</td><td>尚好</td><td>75</td><td>18.75</td></tr>
<tr><td>公司未来预计</td><td>0.05</td><td>尚好</td><td>75</td><td>3.75</td></tr>
<tr><td>⋮</td><td>⋮</td><td>⋮</td><td>⋮</td><td>⋮</td></tr>
<tr><td>合计</td><td>1.00</td><td>—</td><td>—</td><td>83.50</td></tr>
<tr><td rowspan="2">信用评价</td><td colspan="3" rowspan="2">假定信用评价标准：
综合得分>80分，说明其信用状况良好
60≤综合得分≤80分，说明其信用状况一般
综合分数<60分，说明其信用状况较差</td><td>公司信用状态</td></tr>
<tr><td>良好</td></tr>
</table>

信用评分法结合定量因素与定性因素考虑，因此评价较为全面；此法的不足之处在于，预计权重与打分没有统一的标准，因此受人为因素影响较多。

5）确定信用额度

信用额度是给予客户赊销的比例。有两种确定方法：一种方法是依据上述定量分析确定的坏账损失率或信用等级以及有关定性资料，确定相应的赊销比率。另一种方法是区分新旧客户予以确定，对于新客户一般前几次购货不能给予全额赊销，而对于信誉好的老客户可以给予全额赊销；但如果老客户出现违约情况，虽然货款逾期付清，但再次进行的业务往来应比照新客户处理，稳定之后，再享受老客户的待遇。也就是说，信用额度不是一成不变的，它随客户的信誉状况而变动，信用标准对此应该给出一个一般化的规定。

9.2.3 信用条件及收账政策决策

在信用标准决策后，还需要进行信用条件和收账政策决策。

1）信用条件决策

信用条件包括信用期限、折扣期限和现金折扣三方面内容。信用条件决策就是对此三项内容的决策。

（1）信用期限决策

公司给予客户赊销，赊销的期限是长还是短，需要决策。实际中，公司采用较长的信用期限，虽然可以扩大销售规模，但相关的机会成本、管理成本和坏账成本将随之增加，公司必须将信用期限延长所得到的收益与信用成本相比较，只有前者高于后者才能采用较长的信用期限，否则应采用较短的信用期限。进行信用期限决策的一般程序如下：

①计算不同方案的信用成本前收益

信用成本前收益是在不考虑信用成本的情况下计算的赊销收益，计算公式如下：

$$\text{信用成本前收益}=\text{年赊销收入}-\text{变动成本} \tag{9.11}$$

或

$$\text{信用成本前收益}=\text{年赊销收入}-\text{年赊销收入}\times\text{变动成本率} \tag{9.12}$$

其中：$\text{变动成本率}=\dfrac{\text{变动成本}}{\text{年赊销收入}}\times 100\%$

②计算不同方案的信用成本

信用成本指应收账款的相关成本，包括机会成本、管理成本和坏账成本三项。对于管理成本可以根据其明细项目直接预计；对于坏账成本可以根据预计的坏账损失率乘以赊销额直接估算；机会成本可以按照以下公式进行计算：

$$\text{机会成本}=\frac{\text{年赊销收入}}{360\div\text{信用期限}}\times\text{变动成本率}\times\text{资本成本（或有价证券利率）} \tag{9.13}$$

③计算不同方案的信用成本后收益并进行决策

信用成本后收益是指信用成本前收益扣除信用成本后的剩余赊销收益。根据此计算结果就可以比较不同方案的信用成本后收益，信用成本后收益最高的信用期限方案为较优的方案，应该采用。

【例9-4】某公司拟进行信用期限的决策，有A、B、C三个方案可供选择。A方案为目前实施的信用政策，其信用条件为：n/30，预计的年度赊销收入净额为1 320万元，坏账损失率为2%，相关的管理费用为13万元。B、C方案的信用期限较A方案长，信用条件分别为：n/40、n/60，预计的年度赊销收入净额分别为1 980万元、2 040万元，坏账损失率分别为3%、5%，相关的管理费用分别为16万元、25万元。假定变动成本率为60%，固定成本总额不变，资本成本为10%。要求：对信用期限做出决策。

依据所给资料，首先计算应收账款的机会成本和坏账成本：

$$机会成本_{A方案} = \frac{1\,320}{360 \div 30} \times 60\% \times 10\% = \frac{1\,320}{12} \times 60\% \times 10\% = 6.6（万元）$$

$$坏账成本_{A方案} = 1\,320 \times 2\% = 26.4（万元）$$

$$机会成本_{B方案} = \frac{1\,980}{360 \div 40} \times 60\% \times 10\% = \frac{1\,980}{9} \times 60\% \times 10\% = 13.2（万元）$$

$$坏账成本_{B方案} = 1\,980 \times 3\% = 59.4（万元）$$

$$机会成本_{C方案} = \frac{2\,040}{360 \div 60} \times 60\% \times 10\% = \frac{2\,040}{6} \times 60\% \times 10\% = 20.4（万元）$$

$$坏账成本_{C方案} = 2\,040 \times 5\% = 102（万元）$$

然后编制信用期限分析评价表，计算不同方案的信用成本后收益，其计算见表9-3。

表9-3　**信用期限分析评价表**　单位：万元

项目 / 方案	A（n/30）	B（n/40）	C（n/60）
年赊销收入	1 320	1 980	2 040
变动成本	1 320×60%=792	1 980×60%=1 188	2 040×60%=1 224
信用成本前收益	1 320−792=528	1 980−1 188=792	2 040−1 224=816
信用成本：			
机会成本	6.6	13.2	20.4
坏账成本	26.4	59.4	102
管理成本	13	16	25
小计	6.6+26.4+13=46	3.2+59.4+16=88.6	20.4+102+25=147.4
信用成本后收益	528−46=482	792−88.6=703.4	816−147.4=668.6

表9-3的计算结果表明，在三个备选方案中，信用期限为40天时，扣除信用成本后的收益值最大，为703.4万元，因此应该选择B方案，将信用期限定

为40天。

（2）现金折扣与折扣期限的决策

在确定了信用期限之后，有时公司为了鼓励客户提前还款，常常还需要进行现金折扣与折扣期限的决策。如果给予客户现金折扣，必将加速应收账款的提前收回，从而降低应收账款的机会成本、坏账成本和管理成本，但由于现金折扣本身会降低赊销收入总额，因此公司必须将加速收款所得收益与付出的现金折扣成本结合起来加以考虑。通常对此类问题的分析与信用期限决策的分析原理基本一致，所不同的是将现金折扣与折扣期限因素加入考虑，最终仍根据信用成本后收益的高低决定方案的取舍。

计算中，由于现金折扣与折扣期限的加入，如果所采用的现金折扣方案是一种连续折扣情况，如：2/20，1/10，n/30，在这种情况下，所依据的应收账款信用期限和现金折扣率应为加权平均信用期限和加权平均现金折扣率，计算的赊销净额必须扣除平均的现金折扣额。

【例9-5】沿用【例9-4】的相关资料与决策结果。假定公司在选择了B方案之后，为了加速应收账款的收回，还将进行现金折扣与折扣期限的决策。该公司在B方案的基础上，增加了D方案，D方案的信用条件为：2/10，1/20，n/40。估计约有40%的客户将利用2%的现金折扣；10%的客户将利用1%的现金折扣，在这种情况下，坏账损失率将降为1.5%，收账费用降为12万元。要求：做出现金折扣和折扣期限的决策。

依据所给资料，D方案的相关指标计算如下：

应收账款平均信用期限$_{D}$ = 40% × 10 + 10% × 20 + 50% × 40 = 26（天）

应收账款周转率$_{D}$ = 360 ÷ 26 ≈ 13.85（次）

应收账款平均余额$_{D}$ = 1 980 ÷ 13.85 ≈ 142.96（万元）

维持赊销业务需要的资金$_{D}$ = 142.96 × 60% = 85.776（万元）

应收账款机会成本$_{D}$ = 85.776 × 10% ≈ 8.58（万元）

坏账成本$_{D}$ = 1 980 × 1.5% = 29.7（万元）

现金折扣$_{D}$ = 1 980 ×（2% × 40% + 1% × 10%）= 1 980 × 0.9% = 17.82（万元）

根据上述计算以及例9-4中B方案的相关数据，编制B、D方案的现金折扣及折扣期限分析评价表，见表9-4。

计算结果表明，如果采用D方案，收益较B方案将增加20.52万元（723.92-703.4），因此，应该选择D方案，为客户提供现金折扣。

信用政策的决策

2）收账政策决策

如果公司给予客户信用，但客户由于种种原因超期尚未付款，究竟应采用怎样的方式催收呢？这取决于公司的收账政策。收账政策是指公司向客户收取逾期未付款的策略与行为规范。收账政策决策就是对收账政策具体内容的决策，需要解决以下几个问题：

表9-4　　现金折扣及折扣期限分析评价表　　单位：万元

项目＼方案	B（n/40）	D（2/10，1/20，n/40）
年赊销收入	1 980	1 980
减：现金折扣	0	17.82
年赊销净额	1 980	1 962.2
变动成本	1 188	1 188
信用成本前收益	792	1 962.2-1 188=774.2
信用成本		
机会成本	13.2	8.58
坏账成本	59.4	29.7
管理成本	16	12
小计	88.6	8.58+29.7+12=50.28
信用成本后收益	703.4	723.92

（1）明确催账的时间及形式

公司为了保持与客户之间的关系，常常对客户的逾期未付款项规定一个允许拖欠的期限，这个期限一般为信用期限的1/3，也就是说，如果给予客户的信用期限是30天，则最后付款的限期是40天。当客户在规定的最后付款期限之后仍未付款，公司就开始催讨。催讨之初，公司可以以信函或电话等方式通知对方，如果一段时间（一周或一个月）后仍然未付款，可以派收账人员与客户直接面谈，协商解决。在西方有专门的讨债公司，因此公司可委托此类公司讨债，当然选择此种方式讨债，公司会付出极高的代价，我国对此并不鼓励。如果采取上述措施后仍然不起作用，最终可以诉诸法律，以法律的形式维护自身的利益。采取不同的收账方式与逾期的时间直接相关，公司应对此有明确的制度规定。

（2）对相关成本进行定量分析

公司无论采取何种形式催收逾期应收账款都需付出一定的代价，如支付的邮电通信费、差旅费、法律诉讼费等，这些费用被称为收账费用，即应收账款超期的管理费用。公司为追回款项，既可以采取宽松的收账政策也可以采取严格的收账政策。如果收账政策宽松，收账成本虽然较低，但坏账成本会随之上升，机会成本也会因此而上升；较严的收账政策恰好与其相反。因此公司需要在相关成本之间进行权衡，可以采用的定量分析方法有两种：

① 直接计算法。此法需要计算不同收账方案的相关成本，取其最低者为中选的收账政策。这里的相关成本指不同收账政策下的机会成本、坏账成本和收账成本，这三种成本的计算方法与前述的计算方法相同。

② 比较决策法。此法将预计投入的收账费用与可能收回的拖欠款项直接进行对比，若前者大于后者，就采取措施催收；否则，就放弃催收。此法较为切实可行。例如，客户A拖欠某公司账款10万元，该公司拟对其投入1万元进行催收，预计收回2万元欠款的概率为30%，收回4万元欠账的概率为20%，无法收回的概率为50%，因此期望欠账回收额为1.4万元（2×30%+4×20%+0×50%），由于拟投入的收账成本低于期望欠款回收额，因此应该催收。

（3）制定反馈机制及严惩措施

公司在给予客户信用前通常会调查客户的资信情况，一旦发生客户违约行为，应重新审视之前的资信调查是否存在纰漏，所制定的信用标准是否有不合理之处，这种信息反馈十分必要，只有这样，公司的信用标准才能不断完善；另外，应确定一个最低信用标准，如果某客户由于经营状况不佳，达不到此标准，应取消其赊销资格，对于这一点，在双方签订赊销协议时就应该事先明确。

收账政策的决策

9.2.4 应收账款的日常管理

应收账款的日常管理是对已经发生的应收账款进行的全面管理。这种管理应由专人负责，并深入到每一个客户。主要工作内容如下：

1）建立客户档案和业务追踪记录

公司一旦给予客户赊销，就应为每一个客户建立一个档案，说明客户与公司的业务往来情况，如订单的数量、每月的采购量、采购的品种等，并说明客户的以往信誉记录等内容。该档案应定期审查，不断充实。公司可以以此作为调整客户信用额度的依据。

另外，公司对于发生的每一笔业务都应进行日常追踪，并进行全程记录，及时与客户联系并核对账单，以保证账户记录的正确性；款项一旦超期，应及时报告，一方面应将其载入客户档案，以便为及时调整信用额度提供依据，另一方面应查明原因，以便为采取相应的措施提供依据。

2）实施ABC分类管理

应收账款的ABC分类管理建立在应收账款账龄分析的基础上，依据账龄分析结果，对超期应收账款区分A、B、C三类进行管理。显然，定期编制应收账款账龄分析表，是实施ABC分类管理的前提。账龄分析表的格式见表9-5。

表9-5　　应收账款账龄分析表

项　目	客户数量	欠账金额	欠账金额在应收账款总额中所占比重
信用期内			
超过信用期1—20天			
⋮			
合计			100%

依据应收账款账龄分析表，对逾期欠款按风险程度划分为A、B、C三类，即对到期未能及时收回的应收账款，首先应判断对方的行为是否为恶意行为：将属于客户恶意欠债不还的应收账款划分为A类；把因客户经营不善或因资金被挪作他用等临时性经营困难而不能及时偿还的逾期应收账款划分为B类；因自然灾害或国家政策调整等客观环境因素发生较大变化等不可抗力因素引起的经营极度困难且扭转无望的逾期应收账款划分为C类。对于A类拖欠，公司应及时采取法律手段等加大力度进行催收；对于B类拖欠，可以采取一些补救措施，如重新与客户签订协议，适当延长其付款时间但加收一定的逾期补偿等；对于C类拖欠，是延缓信用期，还是让利一部分给对方而宁可少收一点了结该笔拖欠款项，还是归为死账，需要反复权衡后再定夺。

3）分析相关指标

公司相关人员日常除进行应收账款的业务追踪分析和账龄分析外，还应分析以下几个指标：①应收账款周转率，一方面将该指标进行不同期间的动态对比，以反映公司对此管理的成效，另一方面也可以与竞争对手或同行较先进的水平进行对比，审视自身是否存在差距，以便采取措施。②回款率，将一定时期发生的应收账款总额与转变为现金的数额进行对比，如果现金的回款率较低，一方面应落实责任，另一方面应加强收现管理。③应收账款占流动资产的比例，虽然该比例没有公认的标准，但一般的行业水平可以作为参考。有关资料显示，发达国家应收账款占流动资产的比例通常为20%的水平。

4）及时确认坏账并积极处理

实际中，无论公司如何采取措施，由于种种原因，仍可能会出现一些无法收回的账款，此时一方面应按照公司的相关规定或国家的现行制度规定，将其确认为坏账，另一方面应积极采取措施，处理坏账，降低损失，只有这样才能加速应收账款的资金周转。通常可以采取的坏账处理方式有以下几种：

（1）贴现方式

贴现方式是指在公司资金严重缺乏而购货者又无力偿还的情况下，可以考虑给予债务人一定的折扣而收回逾期债权。这种方式不同于公司在销售中广泛采用的现金折扣方式，首先它是针对债务人资金相对紧张的逾期债权，其次这种贴现常常伴随着修改债务条件，如修改债务清偿额度、清偿期限等。通过这种方式，公司虽然损失了部分债权，但收回了大部分现金，对于盘活营运资金、降低坏账风险是一种较为实际的方法。

（2）债转股

债转股是指应收账款持有人与债务人通过协商，将应收账款转作对债务人的股权投资，从而解决双方债权债务问题的一种方法。由于债务人一般为公司下游流通渠道的销售商，债权人把债权转为股权投资后对产品市场深度和广度的推广很有利，因此，这不失为处理公司债权的一种较有效的方式。

（3）以非现金资产收回债权

以非现金资产收回债权是指债务人转让其非现金资产给公司以清偿债务。债务人用于偿债的非现金资产主要有：存货、交易性金融资产、固定资产、长期股权投资、无形资产等。在债权人不缺乏现金流量，而债务人的非现金资产又能为公司利用，或者债务人的非现金资产有活跃的交易市场和确定的参考价格时，公司才可以考虑以此种方式收回债权。

（4）出售债权

出售债权是指应收账款持有人（出让方）将应收账款所有权让售给代理商或信贷机构，由它们直接向客户收账的交易行为。在这种方法下，公司可于商品发运以前向信贷机构申请借款，经其同意后贷款，即在商品发运以后将应收账款让售给贷款者，贷款者根据发票金额，减去允许扣除的现金折扣、贷款者的佣金以及主要用以冲抵销货退回和销货折扣等的扣款，将余额付给债权公司。采用此种方式虽然公司有一定损失，但可以确保应收账款的及时收回及有效周转。2006年年初，工商银行与摩托罗拉公司签订合约购买其10亿元应收账款即是成功的例子。可以预见，随着外资金融机构涌入我国，应收账款出售今后将会成为公司处理逾期应收账款的主要手段之一。

9.3 短期筹资

9.3.1 短期筹资策略

短期筹资策略是营运资本管理的重要内容，它的选择决定着公司短期筹资数量的高低。

1）短期筹资策略的概念及相关分类

短期筹资即短期负债筹资，其资本使用期限一般不超过一年。短期筹资策略即短期筹资组合策略，是指如何配置流动资产资本来源的政策。其政策的选择确定与流动资产和流动负债的重新分类直接相关。

从流动资产的用途来看，流动资产一般可以分为临时性流动资产和永久性流动资产两大类。临时性流动资产，也称波动性流动资产，是指由于季节性或临时性等原因而占用的流动资产，如销售旺季增加的应收账款、春节前夕增加的库存商品等；永久性流动资产，也称稳定性流动资产，是指为满足公司长期稳定需要而占用的流动资产，这部分流动资产即使在公司处于低谷时也必须保留，如保险储备中的存货或现金等。

与流动资产相对应，短期负债也分为临时性短期负债与永久性短期负债两大类。临时性短期负债，简称临时负债，是指为了满足临时性或季节性的资本需要而发生的负债；永久性短期负债是指为了满足公司永久性的资本需要而发生的负债，这类负债产生于公司的持续经营而自动生成，其性质类似于长期资本（指长期负债与所有者权益），可供公司长期使用，因此我们将永久性流动资产与长期资本合称为长期筹资。

从上述分类可以看出，短期筹资策略实质上是临时性流动资产和永久性流动资产是由何种资本补充的政策选择。

2）短期筹资策略的类型

实际中，临时性流动资产和永久性流动资产的资本来源配置有着不同的组合，一般可以分为稳健型组合策略、激进型组合策略和折中型组合策略三种。

（1）稳健型组合策略

稳健型组合策略，也称保守型筹资策略，其特点是：临时负债只满足部分临时性流动资产的资本需求，而长期筹资不仅满足永久性流动资产及固定资产的资本需求，而且还满足部分临时性流动资产的资本需求，如图9-3所示。

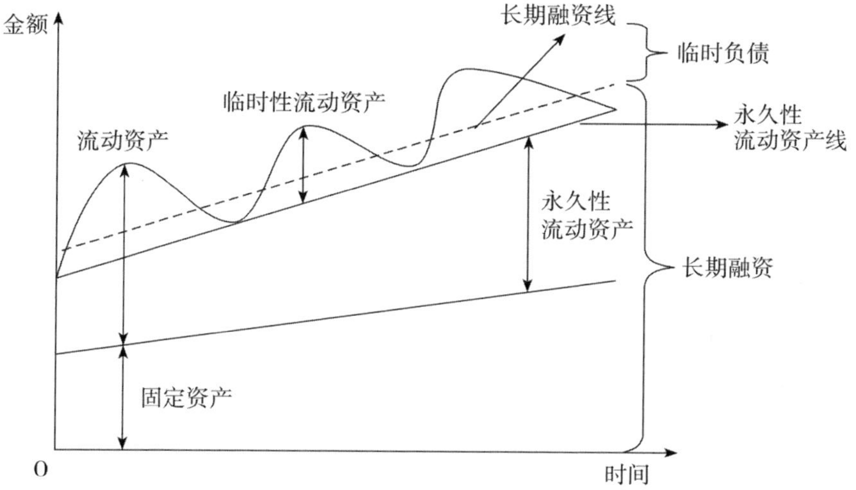

图9-3　稳健型组合策略图

图9-3表明，长期筹资线在永久性流动资产线上方。显然，在该种筹资策略下，由于公司的临时负债所占筹资比例较小，公司的流动比率较高，因此会降低公司面临的违约风险和利率变动风险。但由于一般长期筹资的成本会高于临时负债成本，再加之经营淡季时，公司仍需支付长期负债的利息，而当用股权成本代替长期负债时，公司还会丧失财务杠杆利益，因此，这种策略会降低公司的收益。显然，稳健型组合策略是一种低风险、低收益的筹资政策，它较为谨慎。当公司长期资本多余，但又找不到更好的投资机会时，可以采用该种筹资政策。

（2）激进型组合策略

激进型组合策略的特点是：临时负债不仅满足临时性流动资产的资本需求，而且还满足部分永久性流动资产的资本需求；而长期筹资则只满足固定资产和部分永久性流动资产的资本需求，如图9-4所示。

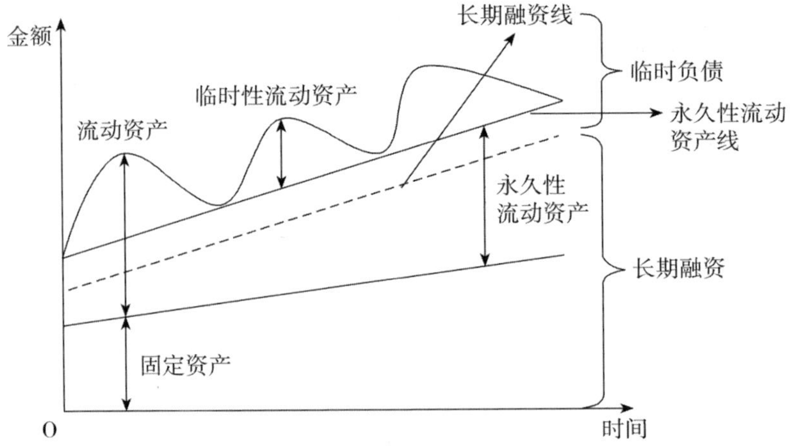

图9-4　激进型组合策略图

图9-4表明，长期筹资线在永久性流动资产线下方。显然，在该种筹资政策下，由于公司的临时负债所占融资比例较大，所以公司的流动比率常常较低，这样可以降低公司的资本成本，减少资本占用，提高公司的收益，但公司为了满足永久性流动资产的资本需求，必然会在临时负债到期后重新举债或申请债务展期，因此公司会承担较高的违约风险，同时，随着负债期限的变动，公司还会承担较高的利率变动风险。显然，激进型组合策略是一种高风险、高收益的筹资政策，它属于一种扩张型的筹资政策。当公司长期资本来源不足，或预计短期负债成本较低时，可以采用该种融资政策。

（3）折中型组合策略

折中型组合策略，也称适中型筹资策略，其特点是：临时负债只满足临时性流动资产的资本需求，而固定资产和永久性流动资产的资本需求全部由长期筹资来满足，如图9-5所示。

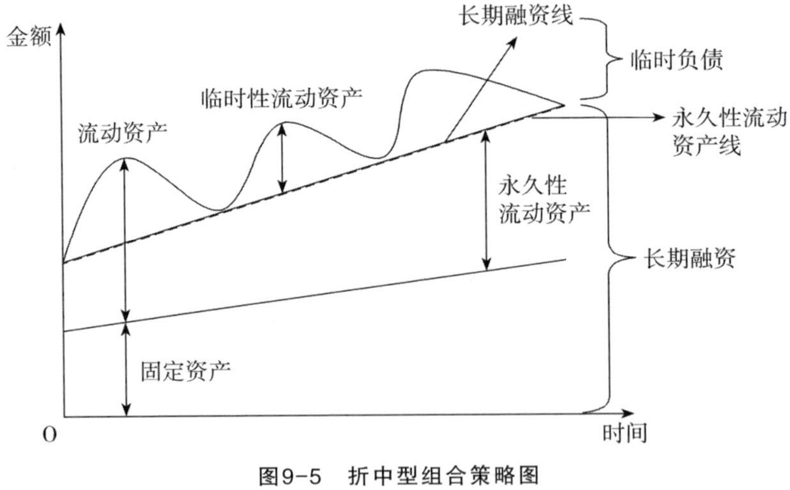

图9-5　折中型组合策略图

图9-5表明，长期筹资线与永久性流动资产线重合。显然，在该种筹资政策下，要求公司临时负债筹资计划严密，在季节性低谷时，公司只有永久性负债而没有临时负债，当公司存在临时资本需要时，公司才能临时负债。这种政策要求公司负债的到期结构与公司资产的寿命周期相匹配，流动比率适中，这样一方面可以降低违约风险，另一方面还可以减少闲置资本的占用量，无论其收益还是其风险，均介于稳健型组合策略和激进型组合策略之间，它是一种理想的筹资政策。然而，由于资产使用期的不确定，实际中，常常达不到资产与负债的完全配合，因此这种政策较难实现。

3）短期筹资组合政策的选择

上述三种短期筹资组合策略孰优孰劣，并无绝对标准，不同的公司有着不同的筹资策略，即使是同一公司在不同时期也会采用不同的筹资策略，实际中，公司必须结合自身的实际情况加以灵活运用。通常从规避风险的角度考虑，公司应注意以下两个问题：

（1）力求资产与债务偿还期相匹配

实际中，虽然无法确保长期筹资线与永久性流动资产线完全重合，但折中型组合策略的思想应该借鉴。公司筹资中，应坚持资产与负债偿还期相匹配的原则，即临时性资本需求应该用短期负债形式来补充，对于固定资产投资所需的资本，应该用长期资本形式来补充。例如，某公司购入一设备，预计使用寿命期为20年。如果公司采用负债筹资，则不能用1年期的短期借款形式来筹资，最好采用期限为15~20年的长期借款方式筹资，这样就可以避免公司陷入财务危机。

（2）应具有一定的变现能力

为了提高公司的资产流动性，避免陷入财务危机，公司应具有一定的变现能力。这里的变现能力是指公司的可变现能力。它并不意味着公司拥有充裕的现金结余，而是公司在现有流动状况的基础上，有着较高的潜在变现能力，主要涉及以下几种情况：①与银行有着良好的关系，具有短期贷款能力，随时可以增加公司的现金；②在外界，公司的信誉良好，可以通过增发股票或发行债券的方式来获得资本；③存在待变现的长期资产。

9.3.2 短期筹资方式

按照短期筹资策略的要求，短期资产所需的资本应由短期筹资方式弥补。短期筹资主要解决公司的临时资本需求，筹资方式主要包括商业信用、应计项目、短期借款和短期融资券四种形式。这些筹资方式的主要特征是筹资速度快，但筹资风险高，必须到期及时偿还。

1）商业信用

商业信用是指在商品交易过程中，以延期付款或预收货款形式进行资金结算而形成的公司间的借贷关系。它是公司间的直接信用行为，由于商品购销活动而自动产生，因而应用广泛，在短期负债融资中占有相当大的比重。商业信用的具体形式有应付账款、应付票据和预收款项三种。

（1）应付账款

应付账款是公司购买商品暂未付款而欠卖方的账款。也就是说，卖方允许买方在购进商品后延续一定时期再支付货款。这等于买方向卖方借用资金购进商品，可以满足买方短期资金的需要，由此形成应付账款筹资形式。对于卖方来说，卖方可以利用这种方式促销，因此对买卖双方都有利。

①应付账款筹资的种类

应付账款筹资按买方支付货款的时间不同，可以分为免费筹资、有代价筹资和展期筹资三类。

免费筹资，也称无代价筹资，即买方无须支付任何成本代价而获得的资本。通常卖方（供应商）为了鼓励买方（购货商）提前还款，常常规定相关的信用条件。信用条件包括信用期限、折扣期限和现金折扣三项内容，如“2/10，n/30”等，该种形式表示如果买方在购货开具发票日之后的10天内付款，就可以享受2%的现金折扣，若超过10天后付款，则不能享受现金折扣，必须按全额付款。这里的n表示信用期限，是指供应商允许买方延期付款的最长期限；10表示折扣期限，是指供应商允许买方享受现金折扣的期限；2%为现金折扣，即买方可以按（1-2%）的比例支付购货款。如果实际中，买方在现金折扣期限内付款，或供应商没有提供现金折扣只规定信用期限而买方在信用期限内付款，在这两种情况下，都属于免费筹资。

有代价筹资是指公司筹资具有成本代价。实际中，如果供应商在规定信用期限的同时又规定了现金折扣和折扣期限，而买方放弃现金折扣，超过现金折扣期限后付款，在这种情况下，属于有代价筹资。

展期筹资是指买方超过规定的信用期限推迟付款而强制获得的信用。有时买方由于种种原因可能超过信用期限而支付货款。如果属于一时的资金周转困难，可能展期筹资无须付出代价；但如果不是，买方将为此承担实际的或潜在的筹资成本，筹资成本代价可能表现在以下几方面：一是可能出现罚息；二是可能降低信用等级；三是可能失去供应商；四是可能受到法律追索。

②应付账款筹资的成本

事实上，公司展期筹资可能是无代价筹资，但也有可能是有代价筹资，而在有代价筹资的前提下，由于这种代价在很大程度上具有潜在性，由此导致无法对其确切估算。因此人们在研究中，只分析放弃现金折扣条件下的成本代价。

如果供应商提供现金折扣信用条件，但买方放弃现金折扣，在信用期限内付款，则买方要承担因放弃折扣而造成的隐含利息成本，其成本代价如果用年利率表示，相应的资本成本（年成本率）计算公式如下：

$$放弃现金折扣的资本成本=\frac{现金折扣}{1-现金折扣}\times\frac{360}{信用期限-折扣期限}$$

$$=\frac{现金折扣\times 360}{(1-现金折扣)\times(信用期限-折扣期限)} \quad (9.14)$$

公式（9.14）表明：现金折扣、折扣期限与放弃现金折扣的年成本率呈同方向变动，即现金折扣越高或现金折扣期限越长，放弃现金折扣的年成本率越高；但是，信用期限与放弃现金折扣的年成本率呈反方向变动，即信用期限越长，放弃现金折扣的年成本率就越低。

【例9-6】假设某公司按“2/10，n/30”的信用条件购入货物一批，价值100万元。要求：

（1）如果在折扣期限内付款，计算该公司应该支付的购货款；

（2）如果放弃现金折扣，计算该公司的成本代价。

依据所给资料，进行计算：

如果公司在折扣期限内付款，则：

应支付购货款=100×（1-2%）=98（万元）

如果公司放弃现金折扣，在信用期限内付款，则应按100万元支付购货款，其中2万元为延长资本占用期的成本代价，具体计算如下：

$$放弃现金折扣的资本成本=\frac{2\%\times 360}{(1-2\%)\times(30-10)}\times 100\%\approx 36.73\%$$

计算结果表明，如果公司放弃现金折扣，向供应商融通资本98万元，取得资本使用权20天，是以承担36.73%的年利率为代价的。显然，这一筹资成本相当高。

③利用现金折扣的决策

在附有现金折扣的条件下，对于购货方而言，是否利用现金折扣需要进行财务决策，决策分以下几种情况进行：

情况1，如果购货公司能以低于放弃现金折扣的年成本率的利率从金融机构借入资本，便应在现金折扣期内用借入资本支付购货款而享受现金折扣；否则，就应放弃现金折扣。

情况2，如果购货公司在现金折扣期内可以将应付账款所形成的资本用于短期投资，预计所得的投资收益率高于放弃现金折扣的年成本率时，则应放弃现金折扣而去追求更高的投资收益水平；否则就应享受现金折扣。

情况3，如果购货公司面临两家以上提供信用条件的卖方，则应通过衡量放弃现金折扣成本的大小并结合公司的资本现状来选择年成本率最低或所获收益最大的供货商。

情况4，如果购货公司面临的现金折扣是多项的，如（2/10，1/20，n/40），则应比较放弃不同条件下现金折扣的成本代价，以年成本率最高者为最优的付款期限，因为在这种情况下，如果购货公司不放弃现金折扣，此时其享受的优惠最大。

【例9-7】假设沿用【例9-6】中的资料及其计算结果，要求：就以下不相关的各种情况进行决策。

情况1：如果该公司能从银行以8%的年利率借入资本，该公司是否应放弃现金折扣？

情况2：如果该公司有一投资机会，预计投资收益率为40%，该公司是否应放弃现金折扣？

情况3：如果有三家供货商都提出了信用条件，甲为（2/10，n/30），乙为（1/20，n/30），丙为（n/50），该公司有充裕的资金还款，应该选择哪一家供货商？如果该公司资金拮据，则应该选择哪一家供货商？

情况4：如果供货商提出的信用条件是（2/10，1/20，n/30），该公司资金充裕，对该公司最有利的付款日期应是什么？

依据所给资料进行计算并分析决策：

情况1：由于银行借款利率（8%）远远低于放弃现金折扣的资本成本（36.73%），在这种情况下，该公司应从银行借入资本而享受卖方提供的现金折扣。

情况2：由于投资收益率（40%）高于放弃现金折扣的资本成本，在这种情况下，该公司应放弃现金折扣并将应付账款筹资投资于收益率高达40%的项目上。

情况3：现金折扣为2%时的资本成本为36.73%，而现金折扣为1%时的资本成本为：

$$现金折扣为1\%时的资本成本=\frac{1\%\times 360}{(1-1\%)\times(30-20)}\times 100\%\approx 36.36\%$$

由于丙供应商没有提供现金折扣，因此其年成本率为零。

筹资方案决策

比较这三个年成本率，最高的是36.73%，最低为零。如果该公司的资本充裕，应该选择能使自身获利最大的现金折扣，即甲供应商；如果该公司资金拮据，应该选择现金折扣资本成本最低的供货商，即丙供应商。

情况4：由于现金折扣为2%时的资本成本为36.73%；而现金折扣为1%时的资本成本为36.36%，在公司资金充裕的前提下，对该公司最有利的付款日期是10天。

（2）应付票据

应付票据是公司按照延期付款的结算要求，所开具的反映债权债务关系的票据。根据承兑人的不同，应付票据分为商业承兑汇票和银行承兑汇票两种。支付期限一般为6个月，最长不超过9个月。应付票据可以带息，也可以不带息。不带息条件下为免费筹资；带息条件下，由于其一般没有其他信用规定，因此应付票据的利率会低于银行借款的利率，因此利用应付票据筹资的成本代价较低，但是应付票据到期必须归还，如若延期便要支付罚金，因而风险较大。

（3）预收款项

预收款项是指供货方在交付货物之前向买方预先收取部分或全部货款的信用形式。对于供货方来讲，预收款项相当于向买方借用资本后用货物抵偿而形成的短期资本。预收款项一般适用于生产周期长、资本需要量大的货物销售。显然，在这种方式下是没有成本代价的。

（4）商业信用筹资的优缺点

公司利用商业信用筹资，其优点主要表现在以下几方面：①容易取得。商业信用伴随着公司的生产经营活动而自动生成，实质是一种持续性的信贷形式，公司不需要办理任何手续就可以获得。②限制条件少。与利用银行借款相比较，商业信用筹资的限制条件非常少，只有在供应商进行信用评估时，才会对公司有要求，但这些要求很低，很容易满足，因此利用商业信用筹资几乎没有约束。

商业信用筹资也有显著的缺点，缺点主要表现在以下几点：①筹资期限短。所筹资本可供公司利用的时间不长，最长不超过一年。②有时表现出高资本成本。利用商业信用筹资，如果不存在现金折扣或带息票据，其筹资属于免费筹资，没有成本代价，但如果应付账款筹资时存在现金折扣，公司放弃现金折扣时的资本成本太高。③筹资含有风险。如果公司在应付账款方式下展期支付，对公司的信誉极其不利，有时可能导致诉讼，这意味着以此方式筹资含有风险。

2）应计项目

应计项目是指在公司结算过程中，一些发生在前、支付在后的费用项目。如应付工资、应交税费、应付利息、其他应付款等。应计项目使公司受益在前，费用支付在后，相当于公司享受了借款，在一定程度上可以缓解公司的资本需求。

（1）应计项目与商业信用的区别

应计项目与商业信用都属于生产经营中自动生成的短期筹资方式，但二者有着显著的区别，其区别主要表现在以下三方面：

① 产生的原因不同。应计项目是由于法律或结算的原因而自动形成的；而商业信用是由于公司间的购销活动而自动产生的。

② 成本代价不同。应计项目属于免费筹资，不需要花费成本代价；而商业信用有时是有代价筹资，而且当公司放弃现金折扣时，成本代价极高。

③ 支付期限的限制不同。通常，应计项目的支付期限不具有伸缩性而具有强制性，到期必须支付；而商业信用的支付期限相对具有弹性，在一定程度上公司可以自主斟酌使用。

（2）应计项目筹资的优缺点

与商业信用相同，应计项目也具有资本容易取得之显著优点，另外它属于免费筹资方式，因此筹资没有成本代价。应计项目筹资的显著缺点在于，不仅提供的资本数额少，而且期限短。

3）短期借款

短期借款是指公司向银行或其他非银行金融机构借入的期限在一年以内的借款。目前，我国短期借款按其目的和用途的不同，可以分为生产周转借款、临时借款、结算借款和贴现借款四类，这些借款只能补充公司的短期资本需求。按照国际惯例，短期借款按照有无担保，可以分为信用借款和抵押借款两类。

（1）信用借款

信用借款，又称无担保借款，它是指公司凭借自身的信誉从银行取得的借款。信用借款具体又可细分为有附加条件的信用借款和没有附加条件的信用借款两种。事实上，附带信用条件的信用借款常常发生，按照国际惯例，信用条件主要有：信贷额度、周转信贷协议和补偿性余额。

①信用额度

信用额度是指借款公司与银行在协议中规定的，允许公司向银行借款的最高限额。信用额度的有效期限通常为一年。公司在批准的信用额度和有效期内，可随时根据需要向银行申请借款，但是，银行并不承担必须提供全部信用额度的义务。如果公司信誉恶化，即使银行曾同意过按信用额度提供贷款，此时公司也可能得不到借款，银行并不为此承担法律责任。

②周转信贷协议

周转信贷协议是指银行具有法律义务地承诺提供不超过某一最高限额的贷款协议。在协议的有效期内，只要公司借款累计总额未超过规定的最高限额，银行必须满足公司任何时候提出的借款要求，但公司为此需要支付承诺费。承诺费是指公司根据贷款限额的未使用部分和承诺费率计算的，支付给银行的一笔费用。公司采用此种形式取得借款时，不仅要按照规定的利率支付利息，而且还须支付承诺费，由此会导致资金使用成本的提高。

【例9-8】假设某公司与银行签订的周转信贷限额为100万元，利率为6%，承诺费率为0.8%。借款公司年度内借用了70万元，尚有30万元未借用。要求：计算公司应向银行支付的金额。

公司应向银行支付利息和承诺费两部分：

应支付的金额=70×6%+30×0.8%=4.44（万元）

③补偿性余额

补偿性余额是指银行要求借款公司在银行中保持按贷款限额或实际借用额一定百分比的最低存款余额。通常，银行要求的最低存款比例为10%~20%。从银行的角度讲，补偿性余额可以降低贷款风险；但是，对于借款公司而言，补偿性余额提高了借款的实际利率。实际利率的计算公式如下：

$$\text{补偿性余额贷款下的实际利率}=\frac{\text{名义利率}}{1-\text{补偿性余额比例}}\times 100\% \tag{9.15}$$

【例9-9】假定某公司向银行借款100万元，使用期限为1年，银行规定的利率为10%，并要求维持贷款限额20%的补偿性余额。要求：计算该公司实际可以利用的资金额和借款的实际利率。

依据题意进行计算：

公司可以利用的资金额=100−100×20%=80（万元）

$$借款的实际利率=\frac{100\times 10\%}{100\times(1-20\%)}=\frac{10\%}{1-20\%}=12.5\%$$

虽然补偿性余额借款提高了借款公司的实际利率，但是，当借款公司因资金短缺而无法按期支付利息时，由于补偿性余额的存在，可以避免借款公司逾期罚息的发生。站在这个角度来看，补偿性余额有助于公司规避逾期罚息风险。

（2）抵押借款

抵押借款，也称担保借款，是指借款公司以本公司的某些资产作为偿债抵押品而取得的借款。通常，银行向财务风险较大的公司或对其信誉不甚有把握的公司提供贷款时，常常出于安全性考虑，要求公司有抵押品担保；银行在决定贷款额度时，常常考虑公司抵押品面值的大小以及变现速度，抵押品面值越大且变现能力越强，则银行贷款的风险越小，公司取得的贷款额度就越大。一般公司所获贷款金额为抵押品面值的30%~90%。实际中，可以作为短期借款抵押品的有：借款公司的应收账款、应收票据、存货等。

①应收账款抵押借款

应收账款抵押借款是指以应收账款作为抵押品而获得的短期借款。如果借款公司没能按期履行还款责任，而作为抵押品的应收账款又不能按期收回，贷款银行可以对借款公司行使追偿权。因此，借款公司仍要承担应收账款违约的风险。

②应收票据贴现借款

应收票据贴现是指公司将持有的未到期的应收票据交付银行贴现而兑收现金取得的款项。公司在办理票据贴现时，银行要收取一定的贴现息，并以票据到期值扣除贴现息后的差额向贴现公司支付现金，而这种现金支付实质上属于提供贷款。因为，贴现公司仍要承担应收票据到期不能变现的违约风险，即当应收票据到期但付款人无力付款时，贴现银行对贴现公司有追索权。

③存货抵押借款

存货抵押借款就是借款公司以存货作为担保品而向银行申请取得的借款。由于存货的变现能力较差，所以银行对此类贷款相当慎重，不仅要对抵押存货的变现能力进行保守的估计，同时还会适当提高借款的利息率。

（3）短期借款筹资的成本

短期借款的成本一般由借贷双方协商确定。银行确定贷款利率时，主要考虑以下因素：①借款公司的信用程度。通常借款人的信用程度越差，贷款利率就越高。②银行提供贷款服务的成本。进行信用调查和贷款处理过程中发生的成本越大，贷款利率就越高。③借款公司与银行的业务关系。借款公司与银行之间的业务关系越密切，则贷款利率就越低。

通常，银行向财力雄厚、经营状况良好的公司提供贷款时会采用优惠利率，该利率为贷款利率的最低限，而对一般公司提供贷款时，则在优惠利率的基础上，再加一定的百分比。另外，抵押借款的成本通常高于信用借款的成本，这是因为：第一，与信用借款不同，银行将抵押借款视为一种风险投资；第二，银行管理抵押借款要比管理信用借款困难，为此银行常常加收手续费。因此，抵押借款的利率会高于信用借款的利率。

（4）短期借款筹资的利息支付方式

一般来讲，借款公司可以采用以下三种方法向银行支付短期借款利息：

①一次支付法

一次支付法，也称收款法，它是在短期借款到期时才向银行支付利息的一种方法。通常银行向公司发放的贷款大部分都采用这种形式。在这种方式下，实际利率与名义利率相等。

②贴现法

贴现法是银行向公司发放贷款时，预先从贷款中扣除利息的一种支付方法。在这种付息方法下，借款人实际得到的金额是借款额扣除利息后的余额，而到期偿还时必须按借款额偿还，由此导致借款人的实际利率高于银行的名义利率。贴现法条件下借款公司实际利率的计算公式如下：

$$\text{贴现法付息下的实际利率}=\frac{\text{名义利率}}{1-\text{名义利率}}\times 100\% \tag{9.16}$$

【例9-10】假定某公司从银行取得一笔20 000元的借款，期限为1年，年利率为8%，按贴现法付息。要求：计算公司实际可以利用的借款额及借款的实际利率。

依据所给资料进行计算：

$$\text{公司实际可利用的借款额}=20\,000-20\,000\times 8\%=18\,400\text{（元）}$$

$$\text{借款的实际利率}=\frac{20\,000\times 8\%}{20\,000\times(1-8\%)}\times 100\%=\frac{8\%}{1-8\%}\times 100\%\approx 8.70\%$$

③加息法

加息法是银行将贷款的利息与贷款本金合并要求借款公司分期等额偿还贷款的一种利息支付方法。在这种方法下，银行将根据名义利率计算的利息加到贷款本金上，计算出贷款的本息合计值，并要求借款公司在贷款期内分期偿还本息之和，由于贷款分期均衡偿还，借款公司实际上只平均使用了贷款本金的一半，却支付了全额利息，由此导致借款公司负担的实际利率是名义利率的2倍。

【例9-11】假定某公司从银行借入年利率为10%的短期贷款10万元，银行规定分12个月等额偿还本息。要求：计算该项借款的实际利率。

依据所给资料进行计算：

$$\text{加息法下的实际利率}=\frac{10\times 10\%}{10\div 2}=20\%$$

（5）短期借款筹资的优缺点

借款实际利率计算及决策

与长期借款相比较，短期借款筹资的优点主要表现在以下几方面：①筹资速度快。从安全性角度考虑，由于长期借款的时间长、风险大，长期借款的债权人往往会对债务人展开全面的财务调查，因而从贷款的提出至贷款的获得所需时间较长；与其不同，短期借款常常为了临时性的资本需要而提出，由于其能在短期内归还，债权人的顾虑较少，因此获得短期借款较长期借款容易且迅速。②筹资有弹性。为确保贷款的安全，举借长期借款时，债权人常常会向债务人提出种种条件，从而对债务人的行动加以限制；与其不同，短期借款的契约中限制性条款较少，债务人使用短期债务资本具有较大的灵活性，从而使筹资富有弹性。③筹资成本低。由于期限的作用，一般而言，短期借款的利率会低于长期借款的利率。

与长期借款和发行债券相比，短期借款也具有显著的缺点，主要缺点有两个：①财务风险高。由于短期借款需要在短期内偿还，如果公司过分筹措短期借款，当债务到期时，公司不得不在短期内筹措大量资本还债，这极易使公司陷入财务危机，甚至破产倒闭，因而与长期借款相比，短期借款的期限风险会高于长期借款。②筹资数量有限。由于短期借款只用于解决公司的临时性资本需求，因此通常银行借出的数额不会太高，它的筹资额远远低于发行债券的筹资额。

4）短期融资券

短期融资券，在西方称为商业本票，它是指公司通过发行商业票据进行短期筹资的一种方式。

（1）短期融资券的特点及发行

短期融资券是一种在货币市场上出售的无担保、可转让的短期性期票，它的发行不是以现时的商品交易为基础，而是以公司的信誉作为担保，因此只有信誉极高的公司才可能利用这种筹资方式。

短期融资券的发行有两种：一种是公司自行直接发行，公司承担发行风险；另一种是委托银行或券商间接发行，但公司需要为此支付佣金，在这种方式下，通常公司的发行风险较小。

（2）短期融资券的优缺点

利用短期融资券筹资的最大优点是利率很低。由于短期融资券信誉极高、变现能力强，投资者通常乐于购买，因此其利率低于短期借款利率，有些可能要比给予信誉最好的借款者的银行借款的优惠利率还要低几个百分点。但利用短期融资券也有一定的缺点，最大的缺点是必须审批，而实务中的审批手续很麻烦。

【课堂拓展】

1.中石油的司库体系建设给予我们怎样的深思？

中国石油天然气集团有限公司（以下简称“中石油”）自2009年年初正式启动司库项目建设，2012完成一期建设，2014年初，将集团公司财务资产部和股份公司财务部合并成立资金部，资金部总经理对中国石油集团总会计师负责，其下设机构包括：计划运行处、货币资金处、结算与信用处、投融资处、境外资金处、境外融资处、企业年金资金管理处、授信处、司库信息监控处、金融管理处。2015年确定了“上市未上市一体化、境内与境外一体化、本币与外币一体化”的工作目标，司库系统由2009年的1.0升级到2.0。

中石油构建的司库管理体系，坚持顶层设计，坚持理念升级、制度升级、管控升级、平台升级，将账户、资金预算、票据、投融资、应收应付、利率、汇率、担保、授信、客户信用、金融衍生业务等纳入司库管理，建设了“可视、可控、可操作”的数字化司库管理平台，实现了全集团金融资源集约化管理，在资金集中、紧平衡、资金运行效率、债务结构优化、强化产融结合、两金管控等方面取得了明显效果。2021年7月中石油司库项目被国资委评为重点国有企业管理标杆项目。

党的二十大报告要求：“加快发展数字经济，促进数字经济和实体经济深度融合，打造具有国际竞争力的数字产业集群。”目前我们正处于数智化时代，中石油的司库体系建设探索走在了数智化时代的前列，成为其他企业学习的标杆。您认为这里提到的司库建设和教材上谈到的现金管理有何不同？司库建设仅仅依靠财务管理人员能否完成？

（资料来源：根据360百科整理获得）

2.家喻户晓的华为有哪些闪光点？

提到华为，无人不知无人不晓，大家都为其点赞，它是我国企业发展中的一颗璀璨的星。如果您上网搜索华为，首先进入您视线的是：华为——构建万物互联的智能世界（官网），继续点击并查找，您会发现华为的愿景与使命是“把数字世界带入每个人、每个家庭、每个组织，构建万物互联的智能世界。”

华为创立于1987年，属于民营企业，非上市公司，是全球领先的ICT（信息与通信）基础设施和智能终端提供商，拥有20.7万员工，遍及170多个国家和地区，为全球30多亿人口提供服务。2022年提出GUIDE商业蓝图，发布了“全面迈向5.5G时代”的理念。

华为重视研究与创新，坚持走开放创新的道路，近十年累计投入的研发费用超过人民币9 773亿元，2022年研发费用支出约为人民币1 615亿元，占全年收入的25.1%，研发员工约11.4万名，占总员工数量的55.4%，截至2022年底，华为在全球共持有有效授权专利超过12万件。

公司在治理层实行集体领导，不把公司的命运系于个人身上，集体领导遵循共同价值、责任聚焦、民主集中、分权制衡、自我批判的原则。公司坚持以客户为中心、以奋斗者为本，持续优化公司治理架构、组织、流程和考核机制，使公司长期保持有效增长。股东会是公司的权力机构，对公司增资、利润分配、选举董事/监事等重大事项做出决策。董事会是公司战略、经营管理和客户满意度的最高责任机构，承担带领公司前进的使命，行使公司战略与经营管理决策权，确保客户与股东的利益得到维护。公司董事会及董事会常务委员会由轮值董事长主持，轮值董事长在当值期间是公司最高领袖。监事会是公司的最高监督机构，代表股东行使监督权，其基本职权包括领袖管理、业务审视和战略前瞻。自2000年起，华为聘用毕马威作为独立审计师。

如果查阅华为年报，点击进入后首先看到的是这样一段话：今天的华为，就像梅花，梅花飘香是因为她经历了严寒浮炼。我们面临的压力无疑是巨大的，但我们也有增长机会、有组合韧性、有差异化优势、有客户和伙伴的信任和敢于压强式投入。因此，我们有信心战胜艰难困苦，实现持续生存和发展。

华为可谓与众不同，您从对华为的介绍以及所见所闻中，看到了这家企业的哪些闪光点？

（资料来源：华为网站，有删改）

本章小结

1.确定目标现金余额的方法有四种：成本分析模式、现金周转模式、存货模式和随机模式；从时间角度控制现金流量可以从加速收现、延缓付款、实施综合控制三方面进行。

2.应收账款管理的相关成本包括：机会成本、管理成本和坏账成本三类。内容包括：制定适宜的应收账款信用政策和做好应收账款的日常管理两方面。

3.信用政策包括信用标准、信用条件和收账政策三方面内容。确定信用标准可以从定量和定性两方面进行分析；信用条件由信用期限、折扣期限和现金折扣三项内容构成；收账政策是公司对逾期未付款所采取的策略与行为规范。

4.短期筹资即短期负债筹资。短期筹资策略即短期筹资组合策略，是指如何配置流动资产资本来源的政策，包括稳健型组合策略、激进型组合策略和折中型组合策略三种。

5.短期筹资方式主要有商业信用、应计项目、短期借款和短期筹资券四种。商业信用具体又包括应付账款、应付票据和预收款项三种；商业信用与应计项目都属于生产经营中自动生成的筹资方式，但二者也有区别；应付账款筹资按买方支付货款的时间不同，可进一步分为免费筹资、有代价筹资和展期筹资三类。

基本训练

1.山西杏花村汾酒厂股份有限公司在上海证券交易所挂牌交易，股票代码为600809。请参看该公司2015年的合并财务报表，要求：

（1）计算该公司的现金周转期；

（2）如果要预测该公司的目标现金余额，需要做怎样的假设和计算？

2.据调查，公司财务经理将60%的时间用于营运资本管理，请分析其原因。你认为应从哪些方面管好营运资本？

3.ABC公司的资本成本为6%，变动成本率为50%，有甲、乙两个方案可供选择，拟对信用条件进行决策。甲方案：n/50，预计全年赊销额为720万元，坏账损失率为7%，收账费用为5万元。乙方案：n/60，预计全年赊销额为840万元，坏账损失率为8%，收账费用为9万元。

（1）该公司首先确定信用期限，你认为应该选择哪个方案？

（2）该公司在已选信用期限的基础上考虑现金折扣，出台丙方案：(3/30，n/60)。估计有60%的客户将利用现金折扣，坏账损失率将降为5%，收账费用将降为7万元。你认为应该选择哪个方案？

4.A公司拟采购一批商品，供应商报价如下：（1）立即付款，价格为9 750元；（2）30天内付款，价格为9 870元；（3）31—60天内付款，价格为10 000元。目前公司资金充裕，全年按360天计算。要求：

（1）计算公司立即付款条件下的现金折扣和放弃现金折扣的成本率；

（2）计算30天付款条件下的现金折扣和放弃现金折扣的成本率；

（3）分析60天付款条件下的现金折扣并确定最有利的付款日期。

5.B公司与银行签订的周转信贷限额为200万元，利率为7%，承诺费率为0.8%。要求：

（1）如果借款公司年度内借款180万元，计算借款的实际利率；

（2）如果银行规定的利息支付方式是贴现法，计算此笔借款的实际利率。

6.请上网查找华为和中兴通讯2011—2015年间的报表资料，分别计算各公司的应收账款周转率和回款率，并依据计算结果得出分析结论。

基本训练参考答案

第9章题库

第3篇
财务管理专题

第10章 公司业绩与价值评估

学习目标

1. 掌握企业盈利能力、经营效率、偿债能力、现金流量等业绩评价的基本方法；
2. 掌握预计财务报表的编制方法和外部资金需要量的确定方法；
3. 掌握不同调整变量对预计财务报表的影响；
4. 理解内含增长率和可持续增长率的含义和分析方法；
5. 熟悉现金流量折现法在公司价值评估中的应用。

目前，“底线”（bottom line）这个词经常被人们挂在嘴边。底线（本意指财务报表最后一行的数字，即最终结果）只不过是一组数字，但在它的背后却隐含着十分复杂的世界。为了解公司的赚赔、资源配置、资本结构、现金流动等财务信息，可通过业绩评价透视公司经济活动的内在联系，考核公司的经营成果和财务状况。在公司业绩评价的基础上，根据公司战略建立财务预测模型是CFO的重要职责。财务需求预测主要回答公司未来投资与发展需要多少资金？如何选择合适的资金筹措方式？如何合理地确定公司的资本结构？如何安排长短期资金？如何安排项目资金使用时间？这些问题对于保证公司战略目标的实现至关重要。结合公司战略、竞争环境、发展前景和财务政策进行财务预测，分析公司增长率与资金需求的关系，为公司进行经营决策和价值评估提供依据。在此基础上，采用不同的价值评估方法，将财务信息、预测信息转化为公司价值信息。作为公司战略分析、财务分析、财务预测的一个结果指标，价值评估的目的在于明确价值创造的驱动因素和源泉，为投资决策提供依据。

10.1 公司业绩评价

10.1.1　公司业绩与价值评估框架

公司业绩评价是通过对公司经营数据、财务数据和相关信息的汇总、计算、对比和说明，借以揭示和评价公司的经营业绩、现金流量和公司风险，为公司的投资者（股东）、债权人和管理者进行投资、筹资和经营决策提供财务信息，为评估公司价值提供数据支持。图 10-1 描述了公司业绩评价、财务需求预测与价值评估的基本框架，经济环境分析和公司内在价值评估是这一框架的出发点和分析结果，公司业绩评价构成了这一框架的基础部分。

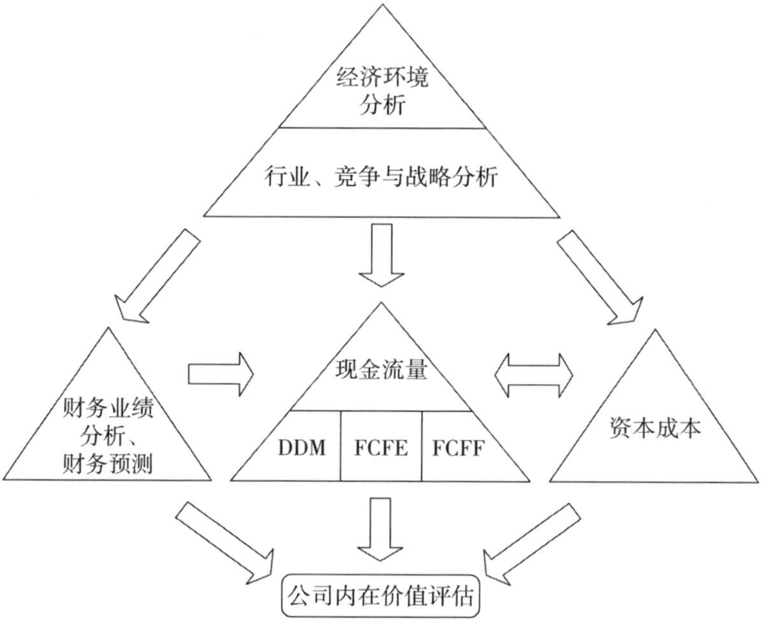

图10-1　公司业绩、财务预测与价值评估框架

（1）环境分析

为了考察所有公司共同面临的环境以及对公司竞争能力的影响，主要是分析政治、经济、社会、技术等因素，在经济因素中，特别要关注经济发展的总体指标（国内生产总值）、通货膨胀率、利率、汇率、失业率等；此外还要关注法律环境的影响因素。虽然公司不能控制宏观经济因素，但这些因素会影响公司的未来发展前景，因此必须考虑这些因素对价值评估的影响。

（2）行业分析

考察特定行业的经济特性、竞争状况、关键成功因素，其目的在于明确公司的竞争优势，正确制定公司战略。在行业分析中，不仅要关注某一行业不同生命周期对公司的影响，还要分析商业周期对特定行业的影响。例如，汽车、钢铁和高档消费品行业对商业周期的敏感性较强，而一些基础性行业，如食品、公共事业、烟草等行业对商业周期的敏感性较弱。从风险的角度分析，财务杠杆（负债/股东权益）和经营杠杆（息税前收益和销售量之间的关系）对商业周期的敏感性较强。

（3）竞争与战略分析

首先，进行SWOT分析，即通过自身的强势（strength）、弱势（weakness）、外部面临的机会（opportunity）和威胁（threat）分析，明确公司的竞争优势，这一优势的形成可能归属于某一种战略，如成本领先、差别化或集中化战略，也可能是不同战略组合的结果。公司战略与选择的衡量标准就是能否有效地使用各种资源，为客户提供超越竞争对手的价值，从而实现公司价值增值。确定公司战略后，还要对竞争环境进行分析，例如，通过波特五种力量模型进行分析，以确定实施战略的具体战术或策略。

（4）公司治理分析

公司在经营活动中形成的各种委托-代理关系主要包括：①公司与供应商、客户、政府等之间的关系；②公司与股东、债权人、管理者之间的关系。公司战略的实施在很大程度上取决于公司的股权架构、管理层架构、各利益相关者的关系管理。公司治理水平，包括信息公开度、社会责任等，这些都会影响公司的市场价值。

公司战略、治理分析的资料主要来自管理者提供的报告、董事长信函、工作报告、财经新闻、新闻发布、Web sites，以及其他专业性机构，如投资人咨询服务机构、行业性协会、证券交易所、信用评级机构等提供的有关资料。

（5）业绩评价

业绩评价主要通过财务比率评价公司的财务状况和经营成果。以历史财务报表为依据，计算各种财务比率，不仅可以了解公司的财务状况和经营成果，也可以为财务预测提供依据。例如，预测资产负债表应收账款、存货、应付账款时，即可根据各项目占销售收入百分比（过去连续3年或5年的历史数据）计算；也可以根据各项目连续3年的应收账款平均周转天数、存货平均周转天数或应付账款平均周转天数分别预测。

（6）财务需求预测

财务需求预测是在经济环境分析、行业分析、公司战略分析、公司业绩分析的基础上，根据历史资料、基本假设（商业环境和经济环境）、可持续增长率编制预计资产负债表、预计利润表、预计现金流量表，展示公司未来各种战略决策的财务成果和目标；确定公司在计划期内各项投资及生产发展所需的资本数量及其时间安排，包括需追加的营运资本的数量。在此基础上，结合公司的股利政策、目标资本结构或债务方针等财务政策，确定资本来源与运用计划；分析各种因素对预计财务报表的敏感程度，提高预测结果的准确性和可行性。

（7）公司价值评价

在公司业绩、财务预测的基础上，根据与公司价值评估有关的参数，如资本成本、自由现金流量等，采用不同的价值评估方法，将财务信息、预测信息转化为公司价值信息。其中，股权资本成本方法主要有资本资产定价模型（CAPM）、戈登稳定增长模型（Gordon Growth Model）、套利定价模型或多因素模型（APT）等，有关内容见第4章。公司价值评估方法主要有现金流量折现法、乘数法等，详细内容见第3章。

10.1.2　公司业绩分析的逻辑起点

公司业绩评价的逻辑起点是公司的盈利能力和可持续增长能力。在图10-2中，公司业绩是产品市场策略和金融市场策略共同作用的结果，前者是通过公司的经营策略和投资策略得以执行的，后者是通过筹资与股利策略得以执行的。为保持持续的盈利与可持续增长能力，公司主要通过利润表反映收入与费用的对比关系；通过利润表与资产负债表相组合反映公司资产使用效率；通过资产负债表反映公司财务杠杆与股利分配状况。有效的公司业绩分析可以将财务数据与经营因素相结合，为公司的投资者、债权人和经营者提供有关公司经营成果与财务状况的有用信息。

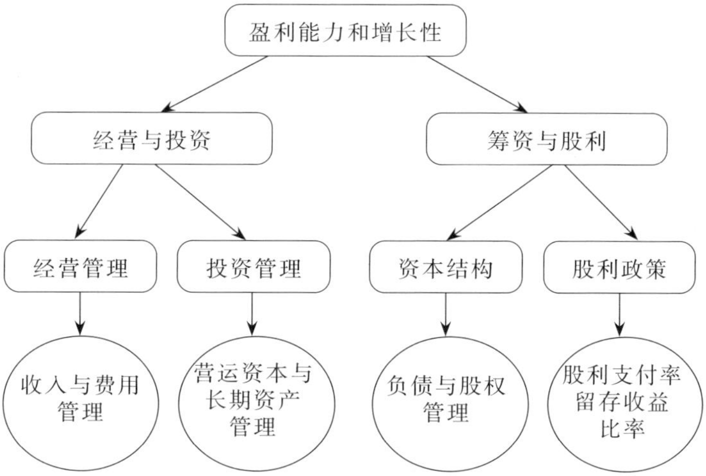

图10-2　业绩分析的逻辑起点

根据图10-2，采用财务比率评价公司业绩时，一般包括盈利能力、营运能力或资产使用效率、偿债能力和增长能力等财务指标。

10.1.3　盈利能力评价

反映公司盈利能力的指标主要有以营业收入为基础的盈利指标和以资产总额、投入资本或股东权益为基础的收益率指标。前者主要有毛利率、息税前利润率、息税折旧摊销前利润率、销售净利率；后者主要有总资产收益率、投入资本收益率和净资产收益率。

毛利率（sales margins）是指毛利占营业收入的百分比，其计算公式为：

$$毛利率=\frac{营业收入-营业成本}{营业收入}\times 100\% \tag{10.1}$$

式中：毛利等于营业收入减去营业成本；营业收入通常为主营业务收入减去销售折扣（折让）的余额。

毛利率反映了公司产品竞争力和产品销售的初始获利能力，是公司净利润的起点。与同行业比较，如果公司的毛利率显著高于同业水平，说明公司产品的附加值高，产品的定价高，或与同行比较公司存在成本上的优势，竞争力较强。与历史比较，如果公司的毛利率显著提高，则可能是公司所在行业处于复苏时期，产品价格大幅上升。在这种情况下投资者需考虑这种价格的上升是否能持续，公司将来的盈利能力是否有保证。相反，如果公司毛利率显著降低，则可能是公司所在行业竞争激烈，毛利率下降往往伴随着价格战的爆发或成本的失控，这种情况预示产品盈利能力的下降。

一方面，一家公司的整体毛利率是由所有产品的毛利率共同组合形成的。每个产品的毛利率变化对整体毛利率都会有影响。另一方面，整体毛利率的影响也可以归结于产品组合、价格、成本三大因素。在销售量一定的情况下，提高毛利率的方法，一是提高单价，二是降低单位成本，分别反映了差异化战略和低成本战略。

销售利润率，又称息税前利润率（EBIT margin），是指EBIT占营业收入的比例，其计算公式为：

$$销售利润率=\frac{息税前利润}{营业收入}\times 100\% \tag{10.2}$$

EBIT（earnings before interest，taxes）指不考虑有息债务下的税前利润。根据财务报表及报表附注数据，剔除不属于经营活动的损益（包括财务费用）后可将利润总额调整为息税前利润。①

与净利润不同，EBIT剔除了财务杠杆和所得税对利润的影响。例如，同一行业里的不同公司之间，无论所在地的所得税税率有多大差异，或是财务杠杆有多大差异，采用EBIT进行分析都可以更为准确地比较盈利能力。而同一家公司在分析不同时期盈利能力变化时，使用EBIT也较净利润更具可比性。息税前利润率主要用来衡量公司主营业务的盈利能力，这一指标越大，公司主营业务的盈利能力越强。

息税折旧摊销前利润率（EBITDA margin）指EBITDA与营业收入的比率，其计算公式为：

$$息税折旧摊销前利润率=\frac{EBITDA}{营业收入}\times 100\% \tag{10.3}$$

EBITDA（earnings before interest，taxes，depreciation and amortization）指息税、

① 在实务中，公式（10.2）中的分子也可采用利润表中的营业利润，计算销售利润率。

折旧、摊销前利润。利息、所得税、折旧、摊销等项目通常与经营活动发生的成本费用无关，扣除这些项目，可以使财务报表使用者更清晰地了解经营活动创造的利润。采用这一指标可以剔除不同公司间的财务杠杆、折旧政策、税收政策的差异，从而使公司间更具有可比性。由于折旧、无形资产摊销属于非现金支出，因此，EBITDA显示了公司通过其经营活动所产生的现金，因此成为公司债权人密切关注的指标。

从数量上讲，EBIT加上折旧和摊销即得到EBITDA。如果说EBIT主要用来衡量公司主营业务的盈利能力，EBITDA则主要用于衡量公司主营业务产生现金流量的能力。它们都反映公司现金的流动情况，是资本市场上投资者比较重视的两个指标，通过在计算利润时剔除一些因素，可以使利润的计算口径更方便投资者使用。

20世纪80年代，伴随着杠杆收购的浪潮，EBITDA第一次被资本市场上的投资者们广泛使用。但当时的投资者更多地将它视为评价一家公司偿债能力的指标。随着时间的推移，EBITDA开始被实业界广泛接受，成为公司价值评估的一种方法。但这个指标没有考虑补充营运资本以及重置设备的现金需求，并不能就此简单地将EBITDA与现金流对等。由于折旧、摊销都是费用，将其包含在收益（earning）中，可能会高估公司的业绩。

销售净利率（net profit margin on sales/net profit margin）是指公司净利润与营业收入的比率，其计算公式为：

$$\text{销售净利率} = \frac{\text{净利润}}{\text{营业收入}} \times 100\% \tag{10.4}$$

销售净利率指标反映每1元营业收入带来多少净利润。这一指标的高低不仅取决于公司的经营环境和行业属性，还取决于公司的资本结构、非经常性损益和所得税等因素的影响，因此，通常需要结合其他指标评价公司的盈利能力。

总资产收益率（return on assets，ROA）是公司在一定时期创造的收益与资产总额的比率，其计算方式为：

$$\text{总资产收益率} = \frac{\text{息税前利润}}{\text{总资产平均余额}} \times 100\% \tag{10.5}$$

式中：总资产平均余额是公司资产总额期初数与期末数的算术平均数。

总资产收益率主要用于衡量公司全部资产创造收益的能力，在市场经济比较发达、各行业竞争比较充分的情况下，各行业的总资产收益率将趋向一致。如果某公司的总资产收益率偏低，说明公司总资产利用效率较低，经营管理中存在问题，应该调整经营方针，加强经营管理。公式（10.5）中的分子也可以采用利润总额（或净利润）指标，以反映公司总资产创造的利润总额（或净利润）的情况。

投入资本收益率（return on investment capital，ROIC）是指公司为投资者（股东、债权人）创造的收益，其计算公式为：

$$投入资本收益率=\frac{税后净经营利润}{投入资本期初余额}\times 100\% \tag{10.6}$$

税后净经营利润（net operating profit after taxes，NOPAT）是指归属于股东和债权人的收益，为反映正常经营活动创造的利润，通常需要扣除非经常性损益，例如，处置长期股权投资、固定资产、在建工程、无形资产、其他长期资产产生的损益；计入当期损益的对非金融企业收取的资金占用费等。公司如果发生非经常性损益，则会导致公司经常性活动产生的净利润不等于利润表中所反映的当期净利润，只有扣除非经常性损益，才能真实、公允地评价公司当期经营成果和获利能力，税后净经营利润的计算公式为：

$$NOPAT=净利润+利息\times（1-所得税税率）-税后非经常性损益 \tag{10.7}$$

投入资本（investment capital，IC）是指股东和债权投入资本的账面价值，包括有息债务资本和股权资本，前者指长短期贷款，不包括应付账款和其他应付款等无息负债；后者主要指普通股和优先股。投入资本也可理解为公司的全部资产减去商业信用（应付账款、应付职工薪酬、其他应付款等）后的净值。为计算与主营业务有关的投资，应从资产项目中扣除超额现金（一般指货币资金超过最低现金需要量的部分）和非经营性资产（例如，交易性金融资产、债权投资等）。

$$投入资本=净资产+少数股东权益+有息债务-超额现金-非经营性资产 \tag{10.8}$$

净资产收益率或股东权益收益率（return on equity，ROE）反映为普通股股东创造的收益，假设公司无优先股，净资产收益率计算公式如下：

$$净资产收益率=\frac{净利润}{净资产平均余额}\times 100\% \tag{10.9}$$

式中的净资产平均余额是资产负债表中股东权益期初数与期末数的算术平均数。这一比率说明公司为普通股股东创造的收益，比率越大，净资产收益率就越高。在实务中，为了正确反映公司的经营收益，在净利润中还应剔除非经常性损益。在我国，净资产收益率是证券市场使用频率最多的一个财务比率，它被视为衡量上市公司首发、增发、配股资格的主要指标之一。

10.1.4　营运能力评价

营运能力是指公司资产的使用效率或资产周转状况，通常以资产周转率作为评价指标。常用的指标主要是应收账款周转率、存货周转率、应付账款周转率、固定资产周转率、总资产周转率等。

资产周转率是指资产周转额与资产平均占用额的比率，应收账款、固定资产、总资产周转额一般采用营业收入；存货周转额、应付账款周转额通常采用营业成本。

应收账款周转率反映公司在一定时期应收账款周转额与应收账款平均余额的关系，其计算公式为：

$$\text{应收账款周转率} = \frac{\text{营业收入}}{\text{应收账款平均余额}} \tag{10.10}$$

式中，应收账款周转额是指已经转化为现金的应收账款，可根据报告期应收账款累计贷方发生额确定。由于这一指标不对外公布，通常以赊销收入取代本年应收账款周转额，计算应收账款周转率，在实务中通常以营业收入作为周转额。应收账款平均余额为应收账款期初余额和应收账款期末余额的算术平均数。

应收账款周转率是考核应收账款变现能力的重要指标，反映了应收账款转化为货币资金的平均次数。一般来说，应收账款周转率越高，收账速度越快，发生坏账的可能性就越小。在以信用交易为主的现代公司中，公司的信用政策是以货款的收现期（货款周转一次的天数）表示的。因此，需要计算“应收账款周转天数”或“应收账款账龄”，其计算公式为：

$$\text{应收账款周转天数} = \frac{\text{日历天数}}{\text{应收账款周转率}} \tag{10.11}$$

或：
$$\text{应收账款周转天数} = \frac{\text{应收账款平均余额} \times 365}{\text{营业收入}} \tag{10.12}$$

通常，应收账款周转天数越短越好。如果公司实际收回账款的天数超过了公司规定的应收账款收账天数，一方面说明债务人拖欠时间长，资信度低，发生坏账损失的风险比较大；另一方面说明公司催收账款不力，使结算资产形成了呆账、悬账甚至坏账，造成了流动资产不流动，这不利于公司经营活动的正常进行。但是，如果公司应收账款周转天数太短，则表明公司奉行较紧的信用政策，有可能降低部分营业额，使公司实际得到的利润少于本来可以得到的利润。

存货周转率反映公司在一定时期产品销售成本与存货占用之间的关系，其计算公式为：

$$\text{存货周转率} = \frac{\text{营业成本}}{\text{存货平均余额}} \tag{10.13}$$

式中，存货平均余额是存货期初余额和期末余额的算术平均数。

存货周转率也可以用周转一次需要多少天来表示，称为存货周转天数（日历天数/存货周转率）。一般而言，存货周转率越快，说明存货在公司停留的时间越短，存货占用的资本越少，公司的存货管理水平越高。如果存货周转率放慢，表明公司有过多的流动资本在存货上滞留，不能更好地用于业务经营。太高的存货周转率则可能是存货水平太低或库存经常中断的结果，公司也许因此而丧失了某些生产或销售机会。

应付账款周转率是指营业成本与应付账款平均余额之间的关系，其计算公式为：

$$\text{应付账款周转率} = \frac{\text{营业成本}}{\text{应付账款平均余额}} \tag{10.14}$$

式中，应付账款平均余额是应付账款期初余额和期末余额的算术平均数。

应付账款周转率反映公司免费使用供货公司资本的能力，据此可计算应付账款周转天数（日历天数/应付账款周转率），以反映从购进原材料开始，到付出账款为止所经历的天数。这个指标通常不应该超过信用期，如果过长，意味着公司的财务状况不佳，从而无力清偿货款；如果过短，表明管理者没有充分运用商业信用资本。

在评价经营效率时，可以将应收账款周转天数、存货周转天数和应付账款周转天数结合起来计算现金周转天数，即：

$$现金周转期 = 存货周转期 + 应收账款周转期 - 应付账款周转期 \tag{10.15}$$

现金周转期又称现金缺口期（cash gap），是指公司向供应商支付货款到从客户收到货款的间隔天数，在此期间需要的现金需要通过筹资加以解决。从公式中可以看出，存货周转期、应收账款周转期越长，现金周转期也越长；公司延长应付账款周转期时，现金周转期也随之缩短。因此，缩短现金缺口的方法有：（1）延长采购存货的应付账款付款期；（2）加速应收账款收款；（3）加快存货周转。公司存货周转越快，所需现金越少。在激烈的竞争环境下，公司为了促销，不能过分限制应收账款的期限；为了保持公司的信誉，也不能拖延应付账款的付款期。只有缩短存货周转天数很少受外部因素的影响，纯粹是公司的内部管理问题。所以，在经营效率评价中应注重对存货管理的情况进行分析。

在实务中，大多数公司的现金周转期都是正值，这意味着公司需要为存货和应收账款筹资，现金周转期越长，筹资需求越大。同时，公司现金周转期的改变通常被视作预警信号。延长的现金周转期表明公司在存货或回收应收账款时出现了问题。当然，这样的问题也可能被应付账款周转期的延长而掩盖或至少部分掩盖，因此，对这三个周转期需要综合在一起进行评价。

固定资产周转率用来分析公司长期资产的使用效率，其计算公式为：

$$固定资产周转率 = \frac{营业收入}{固定资产平均余额} \tag{10.16}$$

固定资产平均余额等于固定资产期初余额和期末余额的算术平均数。固定资产周转率越快，公司长期资产的利用效率越高。实际上，这一指标的大小与行业性质密切相关，通常资本密集型行业固定资产周转率较低，劳动密集型行业固定资产周转率较高。因此，应将公司的固定资产周转率与行业平均的周转率进行比较，以判断公司长期资产的使用效率。

总资产周转率用来分析公司全部资产的使用效率，其计算公式为：

$$总资产周转率 = \frac{营业收入}{总资产平均余额} \tag{10.17}$$

总资产平均余额是总资产期初余额和期末余额的算术平均数。从理论上说，总资产周转率越快，资产管理效率越高。与固定资产周转率相同，这一指标与行业性质密切相关，在分析时应将公司的总资产周转率与行业平均的周转率进行比较，以判断公司总资产的使用效率。

10.1.5 偿债能力分析

反映公司偿债能力的指标主要有流动性比率和财务杠杆比率，分别用于衡量公司短期偿债能力和长期偿债能力。前者主要有流动比率和速动比率，后者主要有资产负债率、权益乘数、利息保障倍数等。

流动比率是流动资产与流动负债的比率，其计算公式为：

$$流动比率=\frac{流动资产}{流动负债} \tag{10.18}$$

流动比率反映公司流动资产“包含”流动负债的倍数，用以反映每1元流动负债有多少流动资产作为偿还的保障。由于行业或时期不同，流动比率的标准往往不尽一致，短期债权人可能偏好较高的流动比率，但过高的流动比率可能是由于存货积压所引起的，这非但不能偿付到期债务，而且还可能因存货跌价遭受损失从而危及财务状况。过高的流动比率也可能是由于拥有过多的货币资金而未加以有效运用，进而影响公司的盈利能力。适当的流动比率须视经营行业及管理政策而确定，同时应考虑流动资产的构成、流动负债的性质以及其他非现金资产转为现金的速度等。

速动比率是速动资产与流动负债的比率，其计算公式为：

$$速动比率=\frac{速动资产}{流动负债} \tag{10.19}$$

速动资产是指现金、银行存款、短期投资、应收账款、应收票据等几乎立即可以用来偿付流动负债的那些资产。对于大多数公司来说，如果速动比率为1：1，表明公司短期偿债能力较强，较容易筹措到经营活动所需要的现金；反之，如果公司的速动比率较低，说明公司在现金安排和使用上不合理或有缺口，随时会面临流动资产不足以偿付到期债务而被迫中断生产经营的危机。在这种情况下，公司必须立即采取措施调整资产结构，并想方设法筹措到足够的资金以备不测。

资产负债率用以反映公司全部负债（流动负债和长期负债）在资产总额中所占的比率。这一比率越高，公司偿还债务的能力越差，反之亦然。

$$资产负债率=\frac{负债总额}{资产总额} \tag{10.20}$$

评价公司资产负债率时，还可以计算有息债务负债率（有息债务/投入资本），以便剔除商业信用（应付账款、应付票据等）等无息债务的影响。

有息债务负债率是指支付利息的债务与投入资本的比率，其计算公式为：

$$有息债务负债率=\frac{有息负债总额}{投入资本总额} \tag{10.21}$$

式中，有息债务是指与筹资活动有关的债务，例如，短期借款、一年内到期的长期借款、长期借款等，不包括与经营活动有关的应付账款等商业信用等。这一指标可以正确地反映公司的负债比率，这一指标越低，公司偿债能力越强，反之亦然。

权益乘数通常指资产总额相当于股东权益总额的倍数。这一乘数越大，说明股东投入的资本在资产总额中所占的比重越小，公司的财务风险越大。权益乘数的计算公式为：

$$\text{权益乘数} = \frac{\text{资产总额}}{\text{股东权益总额}} = \frac{1}{1 - \dfrac{\text{负债总额}}{\text{资产总额}}} = \frac{1}{1 - \text{资产负债率}} \tag{10.22}$$

利息保障倍数主要用于分析公司在一定盈利水平下支付债务利息的能力。这一比率越高，说明公司在支付债务利息方面资信度越高，即能够一贯按时、足额地支付债务利息，那么公司就有可能借新债还旧债，永远不需要偿还债务本金，支付债务利息提供的保障程度就越高。如果利息保障倍数较低，说明公司的收益难以为支付利息提供充分保障，就会使公司失去对债权人的吸引力。一般来讲，利息保障倍数至少要大于1，否则，公司就不能举债经营。

$$\text{利息保障倍数} = \frac{\text{息税前利润}}{\text{利息费用}} \tag{10.23}$$

为了正确评价公司偿债能力的稳定性，一般需要计算连续数年的利息保障倍数，并且通常选择一个指标最低的会计年度考核公司长期偿债能力的状况，以保证公司最低的偿债能力。在公司中，某些长期性的经营租赁具有长期筹资的特征，因此，在计算利息保障倍数时，租赁费也应视作利息费用，这是一种更为保守的度量方式。

10.1.6 增长率

在进行财务报表分析时，一般计算不同财务指标的同比增长率，即某一财务指标在同一周期、同一阶段的数据比值，其计算公式为：

$$\text{同比增长率} = (\text{本期数} - \text{同期数}) \div \text{同期数} \tag{10.24}$$

在分析中，比较常见的同比增长率是本年和去年同期相比较的增长率，其计算公式为：

$$\text{某一指标同比增长率} = \frac{\text{本年该指标值} - \text{去年同期该指标值}}{\text{去年同期该指标值}} \tag{10.25}$$

根据分析需要，可计算营业收入增长率、营业利润增长率、净利润增长率、总资产增长率、负债增长率、股东权益增长率等指标。[①]

在价值评估中，采用股利折现法时，股利增长率等于净资产收益率与留存收益比率的乘积（见第3章），即公司股利支付率越低，留存收益比率越高，公司未来的增长能力越强。

① 与同比增长率不同的是，环比增长率是以报告期水平与其前一期水平对比（相邻期间的比较），所得到的动态相对数，表明某一指标发展的变动程度。如计算一年内各月与前一个月对比，即2月比1月，3月比2月，4月比3月 ……12月比11月，说明逐月的发展程度。

10.1.7　市场指标分析

对于上市公司，还应将财务报表提供的数据和市场数据结合起来，评价公司经营业绩的发展潜力。与此有关的评价指标主要有每股收益、市盈率、市净率等，其计算公式如下：

$$每股收益 = \frac{净利润 - 优先股股息}{普通股股数} \tag{10.26}$$

式中，普通股股数可采用按月计算的发行在外的普通股加权平均数，如果计算期内公司存在稀释性潜在普通股，应计算稀释后每股收益。这种潜在普通股主要包括可转换债券、认股权证和股票期权等。可转换债券持有者行使转换权，或认股权证持有者按预定价格购买普通股时，都会增加公司的普通股股数，从而降低或“稀释”每股收益。每股收益是衡量上市公司盈利能力的重要财务指标，每股收益越高，公司的财务形象越好。

市盈率（P/E）是股票价格相当于当前会计利润的比值。其计算公式如下：

$$市盈率 = \frac{普通股每股市价}{普通股每股收益} \tag{10.27}$$

这一指标的数学意义是表示每 1 元净利润对应的股票价格；经济意义为购买公司 1 元净利润，或者按市场价格购买公司 1 元股票，回收投资需要的年份。在实务中，市盈率已成为股票发行定价和股票市场评价股票投资价值最常用的指标。但是，在股市上，一家公司的市盈率可能会被非正常地抬高或压低，无法反映出该公司的资产收益率情况，导致投资者错误地估计公司的发展前景。而且，由于各公司的税负、价格、还贷等政策不尽相同，所以每股收益的确定口径也就不一致，这就为运用该指标在各公司之间进行分析比较带来一定的困难。

市净率是指每股市价与每股净资产的比值。其计算公式如下：

$$市净率 = \frac{每股市价}{每股净资产} \tag{10.28}$$

式中，每股净资产是股权资本的账面价值，市场价格与账面价值之间的差额主要源于以下两点：第一，财务报表是以交易数据（历史数据和历史成本）为基础计算的，没有考虑公司资产可能产生的未来收益；第二，公司有许多影响未来收益，但没有计入资产负债表中的资产或负债，如商标、高新技术、品牌、良好的管理、未决诉讼、过时的生产线、低劣的管理等。这些从会计角度无法计量的资产和负债使公司的账面价值与市场价格相距甚远。除此之外，还要分析股票市场定价效率对这两者差异的影响。

上述各项指标是根据公司的会计利润衡量公司的盈利能力，这种方法存在的一个最大的问题就是没能给出一个用于比较的尺度。从经济意义上来看，只有公司的投资收益大于它的资本成本时才能为投资者创造价值。而会计利润仅扣除了公司使用资本的债务成本，并没有扣除股权资本成本，因而并不能真正反映公司的盈利能力。为此，许多公司开始采用经济利润或经济增加值衡量公司价值创造能力。

10.1.8 财务比率综合分析

在上述各种财务比率中，净资产收益率是一个综合性极强、具有代表性的指标，构成了财务分析体系的核心。净资产收益率不仅反映了为股东创造的收益，而且反映了公司筹资、投资等各种经营活动的效率。假设不考虑优先股，并以期末数代替总资产或股东权益占用额，净资产收益率可表示为：

$$\text{净资产收益率} = \frac{\text{净利润}}{\text{股东权益}} = \frac{\text{息税前利润}}{\text{营业收入}} \times \frac{\text{营业收入}}{\text{资产总额}} \times \frac{\text{税前利润}}{\text{息税前利润}} \times \frac{\text{资产总额}}{\text{股东权益}} \times \frac{\text{净利润}}{\text{税前利润}} \tag{10.29}$$

公式（10.29）表明影响净资产收益率的因素有五个，其中前两个比率（销售利润率和总资产周转率）综合反映了公司投资和经营决策对总体盈利能力的影响。它们的乘积就是总资产收益率，表示公司息税前盈利能力。

第三个比率称作财务成本比率（financial cost ratio），这一比率的高低与公司负债筹资额大小有关，公司负债越多，这一比率就越小，净资产收益率就越低，反之亦然。如果公司全部为股权筹资，则财务成本比率等于1，此时税前利润与息税前利润相等。在一般情况下，“1”是该比率的极大值，只要公司存在债务筹资，其值就会小于1。只有在财务费用小于0的情况下，这一指标才会大于1。

第四个比率为权益乘数，这一比率的高低与公司负债筹资额的大小呈同方向变化，公司负债越多，这一比率越大，反之亦然。

第三、第四个比率反映了公司筹资政策对公司总体盈利能力的影响，两者的乘积称作财务杠杆乘数（financial leverage multiplier）。

第五个比率称作税收效应比率（tax effect ratio），反映税收对净资产收益率的作用。税率越高，这一比率越小，公司净资产收益率就越低。这一比率可表示为：

$$\text{税收效应比率} = \frac{\text{净利润}}{\text{税前利润}} = \frac{\text{税前利润} \times (1 - \text{所得税税率})}{\text{税前利润}} = 1 - \text{所得税税率} \tag{10.30}$$

从以上分析可以看出，公司的盈利能力涉及公司活动的各个方面，如负债结构、销售收入、成本控制、资产管理等。这些因素构成一个系统，只有协调好系统内每个因素之间的关系，才能使净资产收益率达到最大化，从而实现公司价值最大化。上述五个因素又可分解为销售净利率、总资产周转率和权益乘数三个因素，公式（10.29）可以重写为：

$$\text{净资产收益率} = \frac{\text{净利润}}{\text{营业收入}} \times \frac{\text{营业收入}}{\text{资产总额}} \times \frac{\text{资产总额}}{\text{股东权益}} \tag{10.31}$$

公式（10.31）称为杜邦财务分析指标体系，这一体系给管理层提供了一张明晰的考察公司资产管理效率和是否最大化股东投资收益的路线图。净资产收益率作为综合公司业绩评价的指标，不仅反映了为股东创造的收益，而且反映了公司筹资、投资等各种经营活动的效率。分解ROE的影响因素，有助于分析指标变化原因和变动趋势，为今后采取的改进措施提供了方向。

根据格力电器（2019年）年报计算的净资产收益率以及相关指标之间的关系如图10-3所示。在图中，上一层级指标是下一层级的结果指标，下一层级指标可以视为上一层级指标的动因或影响因素。图中左边是与利润表有关的关键指标，右边是与资产负债表有关的关键指标，中间部分列示的是利润表和资产负债表两张报表之间的比率关系。

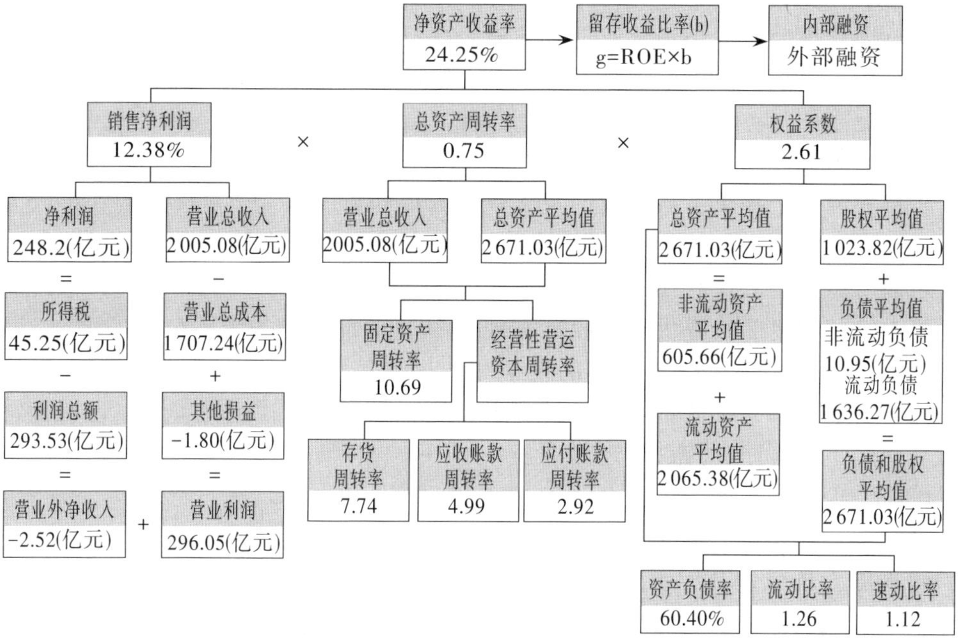

图10-3　格力电器净资产收益率（2019年）及分解指标

净资产收益率指标还可以分析以下两个指标：一个是净资产收益率和增长率的关系；另一个是净资产收益率和总资产收益率的关系。根据第3章的相关内容，增长率、净资产收益率、股利支付率的关系表述如下：

$$增长率=净资产收益率\times（1-股利支付率）=净资产收益率\times留存收益比率 \tag{10.32}$$

公司的股利政策可以确定留存收益比率，进而确定公司的增长率，根据增长率等指标可以确定未来资金需求额（包括内部筹资和外部资金需求等）。

净资产收益率和总资产收益率的关系可表述如下：

$$\frac{净资产}{收益率}=\frac{总资产}{收益率}+\left(\frac{总资产}{收益率}-\frac{利}{率}\right)\times\left(1-\frac{所得税}{税率}\right)\times\left(\frac{负债资本}{股权资本}\right) \tag{10.33}$$

式中的总资产收益率是根据公式（10.5）计算的，与净资产收益率相比，二者之间的差异主要反映了利息、所得税的影响。如果公司的总资产等于投入资本（股东权益+有息债务），仔细分析这一指标，就会发现公式（10.33）与M-M公司税模型中的股权资本成本模型极为相似，只不过公式（10.33）描述的是股东投入资本的收益率，而M-M公司税模型描述的是股东投入资本的成本。

10.1.9 现金流量评价

在日益崇尚“现金至上”的理财环境中，现金流量表分析对信息使用者来说显得更为重要。这是因为现金流量表可更为浅显地反映出公司创造现金净流量的能力，揭示公司资产的流动性和财务状况。

1）经营活动现金流量比率

经营活动现金流量是现金流量表的核心部分，在分析中可以把主要关注点放在“销售商品、提供劳务收到的现金”和“经营活动产生的现金流量净额”上，主要关注三个比率：

第一，销售商品、提供劳务收到的现金/营业收入。

将销售商品、提供劳务收到的现金与经营活动流入的现金总额比较，可以大致说明公司销售回收现金的情况及公司销售的质量。收现数所占比重大，说明销售收入实现后所增加的资产转换成现金的速度快、质量高。

第二，销售商品、提供劳务收到的现金/购进商品、接受劳务付出的现金。

将销售商品、提供劳务收到的现金与购进商品、接受劳务付出的现金进行比较，在公司经营正常、购销平衡的情况下，是有意义的。这一比率大，说明公司的销售利润多，销售回款好，创现能力强。

第三，经营活动产生的现金流量净额/净利润。

经营活动产生的现金流量净额与会计利润之比若大于1或等于1，说明会计收益的收现能力较强，利润质量较好；若小于1，则说明会计利润可能受到人为操纵或存在大量应收账款，利润质量较差。

2）偿债能力的比率

在市场经济条件下，公司现金流量在很大程度上决定着公司的生存和发展能力。即使公司有盈利能力，但若现金周转不畅、调度不灵，也将严重影响公司正常的生产经营，偿债能力的弱化直接影响公司的信誉，最终影响公司的生存。以现金流量表计算偿债能力的指标主要有：

公司短期偿债能力的比率=经营活动产生的现金流量净额/流动负债

偿付全部债务能力的比率=经营活动产生的现金流量净额/债务总额

分配现金股利、利润和利息的比率=经营活动产生的现金流量净额/分配股利、利润或偿付利息支付的现金

上述三个比率越大，说明公司偿债能力和支付现金股利的能力越强。

3）现金流量资本支出比率

现金流量资本支出比率=经营活动产生的现金流量净额/资本支出总额

式中，“资本支出总额”是指公司为维持或扩大生产能力购置固定资产或无形资产而发生的支出。这一比率越大，说明公司支付资本支出的能力越强，资金自给

率越高，当比率达到1时，说明公司可以靠自身经营来满足扩充所需的资金：若比率小于1，则说明公司需要靠外部筹资来补充扩充所需的资金。

在现金流量分析中需注意以下几个问题：（1）公司经营活动是否创造了正的现金净流量？负的现金净流量是公司经营亏损还是快速扩张引起的？公司能否通过经营活动的现金流量偿还短期到期债务？（2）公司投资活动现金流出量为多少？扩张所需要的资金来源于内部还是外部？投资活动是否符合公司整体的经营战略？是否为公司创造了长期的增长价值？（3）公司外部筹资主要采取何种形式？是否符合公司风险管理策略？公司在支付现金股利时，是运用内源资金还是外源资金？如果不得不采取外源资金支付股利，则这种股利政策是否能持续？

10.1.10　财务危机预警分析

财务危机预警分析最常用的方法是从多个财务比率中筛选出能提供违约信息的变量，建立判别函数，对公司的财务状况所属类别进行判别。判别函数的一般形式如下：

$$Z = \alpha + \sum_{j=1}^{k} \beta_j X_j \tag{10.34}$$

式中，Z为判别分值；α是常数项；X_j是反映研究对象的财务比率；β_j为各变量的判别系数。Z值越大，财务危机越小；反之，越大。

利用财务比率进行财务危机预警分析的方法有很多，美国学者 Edward Altman（1968）①根据行业和资产规模，选择了33家破产公司和33家非破产公司作为研究样本，根据误判率最小原则，确定了5种财务比率作为判别变量，采用计算机运算法则确定了每一种比率对公司破产的影响程度（即各种比率的系数），以此作为预测公司破产的基本模型，即“Z-Score”模型，其基本表达式为：

$$Z = 1.2X_1 + 1.4X_2 + 3.3X_3 + 0.6X_4 + 1.0X_5 \tag{10.35}$$

式中，Z为判别函数值；X_1=营运资本／资产总额；X_2=留存收益／资产总额；X_3=息税前利润／资产总额；X_4=普通股和优先股市场价值总额／负债账面价值总额；X_5=销售收入／资产总额。

在Z-Score模型中，Altman提出了判断公司破产的临界值（Z-Score），如果公司的Z值大于2.675，则表明公司的财务状况良好，发生破产的可能性较小；如果公司的Z值小于1.81，则表明公司存在较高破产的危险；如果Z值介于1.81和2.675之间，则称之为“灰色地带”，这个区域是因为原始样本存在错误分类或两类的重叠而产生的，对于Z值落在该区域的公司的财务状况需要通过其他方法来判断。Altman对该模型的有效性进行了检验，发现该模型可以提前2—3年较好地预测到公司的破产，破产前一年模型的预测准确率为95%，破产前两年的预测准确率为82%。需要说明的是，在不同的国家、不同的时期，Z-Score包括的指标和系数都

---

① ALTMAN E.Financial ratios, discriminant analysis and the prediction of corporate bankruptcy [J]. Journal of Finance, 1968, 23 (4): 589-609.

可能会发生变化。在本章中只是说明财务危机评价的基本原理，在实际评价时需要根据不同的情境对指标或系数进行一定调整。

【例10-1】珠海格力电器股份有限公司是目前全球最大的集研发、生产、销售、服务于一体的专业化空调企业。根据格力电器的财务报表，公司在2015—2019年间的主要财务指标见表10-1和表10-2。

表10-1　　**格力电器关键财务指标（2015—2019年）**

年份	2015年	2016年	2017年	2018年	2019年
成长能力比率					
营业收入增长率	-28.17%	9.50%	36.24%	33.33%	0.24%
营业利润增长率	-15.99%	29.15%	49.67%	18.64%	-4.49%
净利润增长率	-11.43%	22.98%	44.99%	17.19%	-5.88%
总资产增长率	3.50%	12.78%	17.87%	16.87%	12.63%
净资产增长率	7.61%	13.09%	21.69%	38.72%	20.85%
盈利能力比率					
销售毛利率	34.35%	33.81%	33.63%	30.89%	28.43%
销售净利率	12.55%	14.10%	15.00%	13.19%	12.38%
息税前利润率	10.36%	10.92%	16.58%	14.15%	12.01%
总资产收益率	6.55%	6.99%	12.52%	12.14%	9.02%
投入资本收益率	21.21%	21.75%	33.82%	30.35%	19.97%
净资产收益率	26.95%	30.00%	36.97%	33.07%	24.25%
归母净资产收益率	27.34%	30.42%	37.51%	33.40%	24.52%
营运能力比率					
应收账款（票据）周转率	2.84	4.35	4.23	4.90	4.99
存货周转率	9.53	9.90	9.74	9.27	7.74
应付账款（票据）周转率	2.61	2.58	3.01	3.60	2.92
总资产周转率	0.63	0.64	0.76	0.86	0.75
偿债能力比率					
流动比率	1.07	1.13	1.16	1.27	1.26
速动比率	0.99	1.06	1.05	1.14	1.12
资产负债率	69.96%	69.88%	68.91%	63.10%	60.40%
有息债务/投入资本	16.21%	16.72%	22.68%	19.81%	12.59%

数据来源：根据Wind数据计算整理。

表10-2　　**格力电器现金流量和每股指标（2015—2019年）**　　金额单位：元

年份	2015年	2016年	2017年	2018年	2019年
现金流量比率					
销售商品、提供劳务收到的现金/营业收入	1.10	0.63	0.72	0.68	0.83
经营活动产生的现金流量净额/净利润	3.52	0.96	0.73	1.02	1.12
经营现金净流量/流动负债	0.39	0.12	0.11	0.17	0.16
每股指标					
流通股股数（亿股）	30.08	60.16	60.16	60.16	60.16
每股收益（EPS）	4.20	2.58	3.74	4.38	4.13
EPS（归属于母公司的净利润）	4.17	2.56	3.72	4.36	4.11
每股净资产	16.15	9.13	11.11	15.41	18.63
每股营业收入	14.68	7.90	8.95	10.90	15.18
每股经营现金净流量	14.75	2.47	2.72	4.48	4.64

数据来源：根据Wind数据计算整理。

根据格力电器财务报表和上述数据，格力电器各年Z-Score计算见表10-3。

表10-3　　**格力电器Z-Score值（2015—2019年）**

年份	2015年	2016年	2017年	2018年	2019年
营运资本/资产总额	0.0515	0.0879	0.1118	0.1673	0.1548
留存收益/资产总额	0.2550	0.2609	0.2756	0.3401	0.3438
息税前利润/资产总额	0.0644	0.0659	0.1157	0.1127	0.0851
普通股市场价值/负债账面价值	1.0323	1.0949	1.7511	1.3364	2.3082
营业收入/资产总额	0.6219	0.6038	0.6979	0.7962	0.7086
Z-Score值	1.8728	1.9490	2.6505	2.6466	3.0415

*留存收益=未分配利润+盈余公积

数据来源：根据Wind数据计算整理。

格力电器在分析期（2015—2019年）财务报表的主要特点包括：

（1）分析期格力电器利润（营业利润、利润总额、净利润）增长率（除2018年和2019年以外）高于收入增长率，表明公司主营业务的盈利能力较强；分析期公司销售毛利率、销售净利率、总资产收益率和净资产收益率等指标整体呈上升趋势，整体上处于行业领先地位；经营活动产生的现金流量净额/净利润比率在0.73～3.52之间变动，表明公司盈利质量好、盈利结构健康。

（2）分析期间，格力电器应收票据和应收账款合计小于应付账款和应付票据，表明公司对行业上下游的议价能力较强。

（3）从负债结构看，分析期公司负债几乎全部为短期负债，在流动负债中，应付账款（票据）所占的比重较大，分析发现，反映公司偿债能力的资产负债率在69.96%～60.40%之间波动，但有息债务负债率（有息债务/投入资本）在22.68%～12.59%之间变动，表明公司有息债务占比较低。

（4）公司在分析期间的Z-Score值从1.8728上升到3.0415，表明该公司财务状况开始改善，信用风险逐年降低。

格力电器等七家上市公司分别属于食品业、家电、房地产、医药、公用业、批发零售、钢铁行业，归属于母公司股东的净资产收益率（ROE）（2019年）有关的指标见表10-4。

表10-4　**归属于母公司股东的ROE及分解指标（2019年）**

公司	伊利股份	格力电器	万科	云南白药	国投电力	苏宁易购	宝钢股份
净资产收益率	25.66%	24.52%	22.61%	14.50%	12.18%	11.66%	7.00%
净利润/营业总收入	7.70%	12.38%	14.99%	14.07%	20.58%	3.46%	4.61%
EBIT/营业总收入	9.00%	13.59%	22.36%	15.52%	35.52%	5.74%	5.89%
利润总额/EBIT	1.009	1.077	0.930	1.027	0.685	0.944	0.872
净利润/利润总额	0.848	0.846	0.720	0.883	0.846	0.639	0.898
归母股东净利润/净利润	0.998	0.995	0.705	1.003	0.545	1.056	0.922
总资产周转率	1.670	0.751	0.226	0.741	0.191	1.234	0.866
权益乘数	2.000	2.651	9.477	1.387	5.705	2.584	1.902

数据来源：根据Wind数据计算整理。

在表10-4中，归属于母公司股东的净资产收益率可按下式计算：

$$\text{归属于母公司股东的净资产收益率}=\frac{\text{净利润}}{\text{营业总收入}}\times\frac{\text{归属于母公司股东的净利润}}{\text{净利润}}\times\frac{\text{营业总收入}}{\text{总资产平均余额}}\times\frac{\text{总资产平均余额}}{\text{归属于母公司股东的股东权益}}$$

其中：$\text{销售净利润}=\frac{\text{息税前利润}}{\text{营业总收入}}\times\frac{\text{利润总额}}{\text{息税前利润}}\times\frac{\text{净利润}}{\text{利润总额}}$

从上式可以看出，影响母公司股东净资产收益率的因素有四个：销售净利率、归属于母公司股东的净利润占公司净利润的比率、总资产周转率、权益乘数；其中，销售净利率又受三个因素的影响，息税前利润/营业总收入反映了经营活动创造的利润的影响；利润总额/息税前利润反映了公司利息费用（举债）的影响；净利润/利润总额反映了税收效应的影响。

在表10-4中，在七家公司中，伊利股份、格力电器的ROE分别排在前两位，作为食品饮料业和家电业的龙头企业，借助品牌优势，在价格竞争激烈的市场中为股东创造了较高的价值。在这两家公司中，伊利股份的销售净利率、息税前利润率均低于格力电器，但其总资产周转率远高于格力电器，从而创造了较高的ROE。尽管不同行业的总资产周转率不能比较，但总资产周转率高也是伊利股份高ROE的重要原因。

万科作为房地产业的龙头公司，其净资产收益率位于七家公司的第三位。虽然万科的销售净利率、息税前利润率比较高（息税前利润率位于第二），但总资产周转率较低降低了ROE。权益乘数或资产负债率在七家公司排在最高位，这一方面表明地产行业的负债率较高，另一方面表明充分利用财务杠杆也是影响万科ROE的重要因素。

医药行业中的云南白药，净资产收益率在七家公司中位于第四，销售净利率位于第三位，总资产周转率相对较低，公司的权益乘数在七家公司中最低，表明公司财务风险较低。

国投电力作为公用事业行业，在七家公司中，净资产收益率排在第五位，但息税前利润率排在第一位，总资产周转率排在最后，具有较强的行业特征。

苏宁易购的ROE位于第六位。作为零售业，其行业特点是价格竞争激烈，销售净利率低，但资产周转速度较快，强劲的营销策略和品牌效应是影响ROE的重要因素。此外，公司使用了较高的财务杠杆也增加了盈利能力。

宝钢股份的ROE位于七家公司最低，其他各种指标，如销售净利率、总资产周转率、权益乘数都比较低。ROE较低的外部原因在于全球经济弱势复苏、国内经济增速放缓，钢铁行业低迷，行业盈利水平下滑至工业行业的最低水平。

注意，上述分析是在不同的行业之间进行的，其分析结果的可比性较差。例如，不同行业的总资产周转率相差很大，因此，每种指标最好要与行业指标进行比较。此外，还要进行经济环境、战略分析。例如，根据PEST进行宏观环境分析，说明政治、经济、社会、技术等对格力电器经营业绩和财务状况的影响。根据SWOT分析，明确公司在竞争中的优势、劣势，面临的机会与挑战；明确格力电器的核心竞争力和未来的发展方向。其他分析可根据报表等其他数据进行。

10.2 财务需求预测

10.2.1 财务需求预测步骤

财务需求预测是在公司业绩分析的基础上，以公司预测期的战略目标、经营目标和财务目标为导向，以确保财务需求预测与公司的总体任务、长期目标、面临的机会和环境约束相一致为原则，通过编制预计财务报表反映公司一定期间的财务状况和经营业绩。编制预计财务报表的步骤如下：

（1）确定在预测期内的战略目标、经营目标和财务目标，以确保财务需求预测与公司的总体任务、长期目标、面临的机会和环境约束等保持一致。

（2）分析编制财务需求预测期间公司可能面临的商业环境和经济环境的基本假设，主要有经营假设、投资假设、筹资假设等。

（3）在过去业绩的基础上，根据各种假设，确定公司各个主要部门的现有业务以及在预测期内可能新增的业务，以便正确进行销售预测、成本估计和每一业务的资产需求预测。

（4）编制预计资产负债表、预计利润表、预计现金流量表。预计财务报表中的各项目可根据预测期公司各种财务预算和财务政策确定。

（5）确定资金需求与筹资计划。即根据预计财务报表等有关资料，确定公司在预测期内各项投资及经营所需的资金数量及时间安排，包括需追加的营运资本的数量。在此基础上，结合公司的股利政策、目标资本结构或债务方针等财务政策，比较资金来源与资金运用之间的差异，确定资金来源计划。

（6）分析各种因素对预计财务报表和财务需求计划的敏感程度，确保计划与公司战略、经营和财务目标相一致，确保财务计划实施的可行性。在这一步骤中，财务经理需要运用比率分析法对预计财务报表加以分析。

10.2.2 财务需求预测变量关系

预计财务报表与一般财务报表在形式和内容上都完全相同，所不同的是报表的资料均为预测数。在编制预计财务报表前，公司需制定一些更详细的具体预算，如销售预算、生产预算、采购预算、资本预算、现金预算、研究与开发预算、管理费用预算等，以便为预计财务报表提供各种必要的信息。

编制预计财务报表的方法很多，如销售百分比法、线性回归法和专门项目预测法等。其中最简单和最常用的方法是销售百分比法。在这种方法下，财务报表中的各种变量几乎都是由销售收入驱动的，因此首先要判断财务报表中各变量与销售收入之间的关系，以便确定哪些项目可以估计为销售收入的百分比，哪些必须依据其他信息来预测。财务报表各变量根据其之间的关系，可分为以下四种变量：

（1）关键变量。在销售百分比法下，通常以销售收入作为主变量，其他变量的价值在很大程度上是由主变量决定的。一旦确定了销售收入，就可确定其他变量，如根据销售水平可确定销售成本、存货水平等。

（2）政策变量。有些变量是由公司的政策决定的，如应收账款、应付账款价值量的多少在一般情况下取决于公司或供应商的信用政策。

（3）技术变量。有些变量是由其与另一种变量的技术关系决定的，如销售成本占销售收入的百分比取决于产品的性能、设备性能以及制造过程的特性等。

（4）会计定义变量。有些变量与会计定义有关，如毛利=销售收入-销售成本、所得税=税前利润×所得税税率等。

在实务中，如果预计报表中的某类项目与销售收入之间为线性相关，则可以利用简单线性回归方法估计销售收入增加时需追加的资金额。假设ABC公司是一家小家电生产商，在过去的5年内，该公司的销售额、存货、应收账款的数据见表10-5。

表10-5　**ABC公司销售额、存货、应收账款**　单位：万元

年份	销售额	存货	应收账款
2019	2 058	387	268
2020	2 534	398	297
2021	2 472	409	304
2022	2 850	415	315
2023	3 000	615	375

根据表中的数据，利用Excel电子表格或其他统计分析软件，可以得到存货与销售收入、应收账款与销售收入的线性回归方程分别为：

存货=-35.7+0.186×销售收入

应收账款=61.997+0.0967×销售收入

以存货为例，根据存货与销售收入之间的线性回归方程，就可以预测2024年的存货水平。假设2024年预计销售收入为3 300万元，则2024年存货水平预计为578万元，即：

存货=-35.7+0.186×3 300=578（万元）

同理，可利用2024年的预计销售收入以及应收账款与销售收入之间的线性回归方程预测2024年的应收账款。

10.2.3　外部资金需要量预测

为了确定公司在未来一定时期（如下一年度）的外部资金需要量，大多数公司通过编制预计的财务报表进行预测。

【例10-2】假设XYZ公司2023年的利润表和资产负债表见表10-6、表10-7第

三栏，表中第二栏列示了预测方法，表中第四栏列示了2024年的财务报表预计数。为简化分析，假设：

（1）预测期内营业收入增长10%；销售成本继续保持销售收入75%的比率；管理费用（不包括折旧）预计增长5%，折旧费用预计增长10%，利息费用由当期借款数额与利率决定，所得税税率为25%。

（2）股利支付率为66.67%，假设保持不变。

（3）假设固定资产净值增长率与营业收入增长率相同；各期提取折旧全部用于当年固定资产更新改造。

（4）各期现金、应收账款、存货、应付账款按销售百分比法预测，其中现金占销售收入的2%，应收账款占销售收入的8%，存货和应付账款均占销售收入的10%；为简化，假设不考虑现金存款的利息收入。

（5）长期借款暂时保持不变，利率为10%。

（6）留存收益等于公司上年留存收益+本年净利润-本年分配股利后的累积数。

（7）股本保持不变。

根据以上资料，编制XYZ公司预计利润表和资产负债表，见表10-6和表10-7第四栏。

表10-6 **实际与预计利润表** 单位：万元

项目	预测方法	2023年实际数	2024年第一次预计数
销售收入	增长（10%）	4 000.00	4 400.00
销售成本	销售百分比（75%）	3 000.00	3 300.00
毛利	会计定义	1 000.00	1 100.00
管理费用	增长（5%）	600.00	630.00
其中：折旧	增长（10%）	300.00	330.00
息税前利润	会计定义	400.00	470.00
利息（10%）	暂时保持不变	80.00	80.00
税前利润	会计定义	320.00	390.00
所得税（25%）	会计定义	80.00	97.50
净利润	会计定义	240.00	292.50
股利	股利政策（66.7%）	160.01	195.01
留存收益	会计定义	79.99	97.49

表10-7　　**实际与预计资产负债表**　　单位：万元

项目	预测方法	2023年实际数	2024年第一次预测数
资产			
现金	销售百分比（2%）	80.00	88.00
应收账款	销售百分比（8%）	320.00	352.00
存货	销售百分比（10%）	400.00	440.00
流动资产合计	会计定义	800.00	880.00
固定资产净值	营业收入增长率	1 600.00	1 760.00
资产总计	会计定义	2 400.00	2 640.00
负债和股东权益			
应付账款	销售百分比（10%）	400.00	440.00
长期负债	暂时保持不变	800.00	800.00
股本	暂时保持不变	1 100.00	1 100.00
留存收益	技术变量	100.00	197.49
负债和股东权益总计	会计定义	2 400.00	2 537.49
外部资金需要量			102.51

表10-7第四栏中的外部资金需要量是指资产总额（2 640万元）与调整前的权益总计（2 537.49万元）之间的差额，以保持资产与权益的平衡关系。

除了根据预计的资产负债表预测外部资金需要量外，也可根据下列因素进行估算：①预测期的销售增长率；②预测与销售增长有关的其他变量，如资产、负债、费用以及利润的变动情况；③预计股利支付率以及内部资金（主要指留存收益）；④如果内部资金（指留存收益和折旧）小于公司资产预期增长的资金需要量，两者的差额即为公司所需筹措的外部资金。其公式如下：

$$AFN = \Delta S\left(A/S_0 - L/S_0\right) - MS_1(1 - d) - Dep \qquad (10.36)$$

式中：AFN为外部资金需要量。

ΔS为增量销售收入，本例中为400万元（4 400-4 000），增量销售收入也可表示为销售增长率与期初销售收入的乘积（gS_0）。

A/S_0为资产（A表示与销售增长有关的资产项目）与期初销售收入（S_0）的比率，表示增加1元的销售收入需要增加的资产，本例中这个比率为60%（2 400÷4 000×100%），A/S也可以表示为总资产周转率的倒数。

L/S_0表示自发增加的负债（主要指应付账款和应计项目，不包括银行借款和债券）与期初销售收入的比率关系，说明销售收入每增加1元，自然产生的筹资额，本例中这个比率为10%（400÷4 000×100%）。

M为销售净利率，本例为6%（240÷4 000×100%）。

d表示股利支付率，本例为66.67%。

Dep表示固定资产折旧费，本例假设全部用于当年的固定资产更新改造。

根据上述资料，XYZ公司外部资金需要量计算如下：

$$\begin{aligned} AFN &= 4\,000 \times 10\% \times (60\% - 10\%) - 6\% \times 4\,400 \times (1 - 66.67\%) \\ &= 240 - 40 - 87.99 \\ &= 112.01(\text{万元}) \end{aligned}$$

上述计算结果表明，当销售增长10%时，公司资产总额也增长10%，需要追加240万元的资金支持其销售增长，随着销售收入增长的自然性筹资（应付账款）提供40万元的资金，按上年销售净利率计算的净利润为264万元，支付股利后，留存收益为87.99万元。这样资金缺口为112.01万元，即公司需要从外部筹措112.01万元资金满足销售增长的需要。

需要说明的是，上述计算结果与表10-7中第四栏的102.51万元不相等，其原因在于公式（10.36）中的销售净利率是按2023年实际值（6%）计算的，而表10-7中是按2024年预测值（6.65%=292.5÷4 400×100%）计算的。也就是说，公式（10.36）假设公司计划期的各种比率都保持不变，这对于单纯分析销售增长对资金需求的影响有一定的作用。

10.2.4 预计财务报表调整变量

为了保持资产负债表的平衡关系，预测资产负债表时必须确定一个调整变量，这个调整变量是预测完成其他各项后的剩余项，如表10-7第四栏中的外部资金需要量（102.51万元）是预计资产总额与预计负债和股东权益总额之间的差额（2 640-2 537.49）。在实务中，平衡报表的调整变量通常是根据公司的财务政策确定的。

在本例中，假设公司所需追加的资金全部通过银行借款或发行债券筹得，则资产负债表中的长期负债就会由800万元上升到902.51万元。假设借款利率保持不变（10%），举债筹资后的利息由80万元升到90.25万元，留存收益增加额由97.49万元减少到94.93万元，假设留存收益减少的部分（2.56万元）仍以负债方式筹得，则需要再次调整利息费用、留存收益和外部筹资额。经过多次调整后才能最后确定外部筹资额及完成资产负债表的编制。在表10-8和表10-9中，经过两次调整后，外部资金需要量为0.07万元，需增加的利息费用很少（0.07×10%），再考虑利息抵税因素，增加负债筹资对留存收益影响很小，因此经过两次调整后可基本上完成，即外部资金需要量为105.14万元（102.51+2.56+0.07）。

表10-8　　**实际与预测资产负债表**　　单位：万元

项目	2023年基期	2024年预测 第一次预测	AFN	第一次调整	AFN	第二次调整
资产						
现金	80.00	88.00		88.00		88.00
应收账款	320.00	352.00		352.00		352.00
存货	400.00	440.00		440.00		440.00
流动资产合计	800.00	880.00		880.00		880.00
固定资产净值	1 600.00	1 760.00		1 760.00		1 760.00
资产总计	2 400.00	2 640.00		2 640.00		2 640.00
负债和股东权益						
应付账款	400.00	440.00		440.00		440.00
长期负债	800.00	800.00	102.51	902.51	2.56	905.07
股本	1 100.00	1 100.00		1 100.00		1 100.00
留存收益	100.00	197.49		194.93		194.86
合计	2 400.00	2 537.49		2 637.44		2 639.94
外部资金需要量		102.51		2.56		0.07

*AFN为外部资金需要量。

表10-9　　**实际与预计利润表**　　单位：万元

项 目	2023年基期	2024年预测与调整 第一次预测	利息费用	第一次调整	利息费用	第二次调整
销售收入	4 000.00	4 400.00		4 400.00		4 400.00
销售成本	3 000.00	3 300.00		3 300.00		3 300.00
毛利	1 000.00	1 100.00		1 100.00		1 100.00
管理费用	600.00	630.00		630.00		630.00
其中：折旧	300.00	330.00		330.00		330.00
息税前利润	400.00	470.00		470.00		470.00
利息（10%）	80.00	80.00	10.25	90.25	0.26	90.51
税前利润	320.00	390.00		379.75		379.49
所得税（25%）	80.00	97.50		94.94		94.87
净利润	240.00	292.50		284.81		284.62
股利（66.67%）	160.01	195.01		189.88		189.76
留存收益	79.99	97.49		94.93		94.86

表10-8和表10-9中列示的各次预测数仅是为了说明各步骤是如何调整的，在实务操作中，可采用Excel电子表格一次完成财务报表的预测和调整。[1]

① 调整方法是：以基期的资产负债表和利润表为基础，根据外部资金需要量和筹措方式，确定预计财务报表各项目之间的变量关系。在此基础上，打开Excel电子表格，在“工具”菜单下，点击“选项”，在“选项”下选择“自动重算”，点击“确定”后即可得到调整后的预计利润表和预计资产负债表。如果对Excel不熟悉，可忽略具体的调整方式。

在财务预测时，为简化，假设预测期分为两个阶段，前5年为高速增长阶段，第6年后处于稳定增长阶段，增长率为6%，股利支付率提高到80%。预测期利润表和资产负债表见表10-10和表10-11。

表10-10 **预测期利润表** 单位：万元

项目	基期	2024年	2025年	2026年	2027年	2028年	2029年
销售收入	4 000.00	4 400.00	4 840.00	5 324.00	5 856.40	6 442.04	6 828.56
销售成本	3 000.00	3 300.00	3 630.00	3 993.00	4 392.30	4 831.53	5 121.42
毛利	1 000.00	1 100.00	1 210.00	1 331.00	1 464.10	1 610.51	1 707.14
管理费用	600.00	630.00	661.50	694.58	729.31	765.78	804.07
其中：折旧	300.00	330.00	363.00	399.30	439.23	483.15	531.47
息税前利润	400.00	470.00	548.50	636.42	734.79	844.73	903.07
利息	80.00	90.51	101.34	112.44	123.79	135.33	143.26
税前利润	320.00	379.49	447.16	523.98	611.00	709.40	759.81
所得税	80.00	94.87	111.79	131.00	152.75	177.35	189.95
净利润	240.00	284.62	335.37	392.98	458.25	532.05	569.86
股利*	160.01	189.76	223.59	262.00	305.52	354.72	455.89
留存收益	79.99	94.86	111.78	130.98	152.73	177.33	113.97

注：*2024年至2028年，股利支付率为66.67%，自2029年起，股利支付率为80%。

表10-11 **预测期资产负债表** 单位：万元

项目	基期	2024年	2025年	2026年	2027年	2028年	2029年
资产							
现金	80.00	88.00	96.80	106.48	117.13	128.84	136.57
应收账款	320.00	352.00	387.20	425.92	468.51	515.36	546.28
存货	400.00	440.00	484.00	532.40	585.64	644.20	682.86
流动资产合计	800.00	880.00	968.00	1 064.80	1 171.28	1 288.40	1 365.71
固定资产净值	1 600.00	1 760.00	1 936.00	2 129.60	2 342.56	2 576.82	2 731.42
资产总计	2 400.00	2 640.00	2 904.00	3 194.40	3 513.84	3 865.22	4 097.13
负债和股东权益							
应付账款	400.00	440.00	484.00	532.40	585.64	644.20	682.86
长期负债	800.00	905.14	1 013.36	1 124.38	1 237.85	1 353.34	1 432.62
股本	1 100.00	1 100.00	1 100.00	1 100.00	1 100.00	1 100.00	1 100.00
留存收益	100.00	194.86	306.64	437.62	590.35	767.68	881.65
负债和股东权益总计	2 400.00	2 640.00	2 904.00	3 194.40	3 513.84	3 865.22	4 097.13
外部资金需要量		105.14	108.22	111.02	113.47	115.49	79.28
有息债务/股东权益	66.67%	69.90%	72.04%	73.12%	73.23%	72.46%	72.29%

在表10-11中，长期负债作为平衡资产负债表的调整变量，其计算方式为：

长期负债：IF（资产总额-应付账款-股本-累计留存收益）>0，资产总额-应付账款-股本-累计留存收益，0）

以负债作为调整变量，意味着公司所有的筹资需求（如果需要）全部来自长期负债；如果某一年度公司有剩余的资金（留存收益和自然筹资大于外部资金需要量）则应减少长期负债，或者说当有剩余资金时可以归还借款。在本例中，采用负债作为调整变量，公司杠杆比率（长期负债/股东权益）在69.90%～73.50%之间变动，高于基期的杠杆比率。

保持资产负债表平衡的调整变量既可以是公司债（增加或减少债务），也可以是股东权益（改变股利分配额，增发或收回股票），还可以两者同时变动，或者根据目标财务杠杆比率进行调整。通过改变财务方针或政策（如稳定股利支付政策、改善资产负债状况等）对公司的资金来源和资本结构进行调整。

在上述分析中，没有考虑折旧抵税作用，折旧所引起的税负节余构成了公司的内部资金来源，这些增加的现金流量，既可用于投资项目，也可用于抵减债务筹资。

为反映公司现金流量状况，根据表10-10和表10-11编制预测期现金流量表，见表10-12。

表10-12 **预测期现金流量表** 单位：万元

年份	2024年	2025年	2026年	2027年	2028年	2029年
经营活动现金流量						
净利润	284.62	335.37	392.98	458.25	532.05	569.86
折旧与摊销	330.00	363.00	399.30	439.23	483.15	531.47
财务费用	90.51	101.34	112.44	123.79	135.33	143.26
应收账款（增加）减少	-32.00	-35.20	-38.72	-42.59	-46.85	-30.92
存货（增加）减少	-40.00	-44.00	-48.40	-53.24	-58.56	-38.66
应付账款增加（减少）	40.00	44.00	48.40	53.24	58.56	38.66
经营活动现金净流量	673.13	764.51	866.00	978.68	1103.68	1213.67
投资活动现金流量						
固定资产支出	-160.00	-176.00	-193.60	-212.96	-234.26	-154.60
固定资产更新支出	-330.00	-363.00	-399.30	-439.23	-483.15	-531.47
投资活动现金净流量	-490.00	-539.00	-592.90	-652.19	-717.41	-686.07
筹资活动现金流量						
长期借款增加	105.14	108.22	111.02	113.47	115.49	79.28
支付股利	-189.76	-223.59	-262.00	-305.52	-354.72	-455.89
财务费用	-90.51	-101.34	-112.44	-123.79	-135.33	-143.26
筹资活动现金净流量	-175.13	-216.71	-263.42	-315.84	-374.56	-519.87
现金净流量	8.00	8.80	9.68	10.65	11.71	7.73

财务预测与价值评估

表10-12表明，预测期现金流入量主要是经营活动创造的，现金流出量主要是资本支出、股利支出和利息支出，这表明公司在预测期内进行了大量的投资支出以及股利和利息支出。

在实务中，预计财务报表一般是通过计算机编制的。建立计算机财务预测模型的最大优点是能使财务报表反复进行调整，每次改变一个或更多的假设条件，诸如销售增长率、成本、利润率、未来利息率等，也可以改变财务政策，如股利支付率、资本结构等，再指令模型运行。若预测范围扩大到一年以后，仅需修改假设和某些计算公式，再指令模型运行。但财务计划模型只能帮助计划人员简化计算，并不能帮助计划者制订计划，因为它无法就不同的方案进行比较和选择，最终的财务计划还要靠计划人员的分析和判断来制订。

10.3 增长率与筹资需求分析

10.3.1 内含增长率

在前例中，预计销售增长10%，并假设公司主要是通过外部筹资（长期借款）和减少股利支付满足增加资产、扩大销售的资金需要的。如果不追加外部资金，仅仅依靠新增的留存收益和自然筹资形成的资金来源（假设折旧全部用于当年的更新改造）所能达到的最大增长率称为内含增长率（internal growth rate）。假设g代表销售增长率，Div代表股利，公式（10.36）可以改写为：

$$AFN=(A/S)gS_0-(L/S)gS_0-\left[M(1+g)S_0-Div\right] \tag{10.37}$$

如果无外部追加资金，即AFN=0，通过公式（10.37）即可求出内含增长率。

$$AFN=(A/S)gS_0-(L/S)gS_0-\left[M(1+g)S_0-Div\right]=0$$

$$g=\frac{MS_0-Div}{S_0\left[(A/S)-(L/S)-M\right]}$$

假设公司每年股利支付率为d，且保持不变，则下一年度的股利为：

$$Div=dMS_0(1+g)$$

将Div代入上式，即可得到内含增长率g的计算公式：

$$g=\frac{M(1-d)}{(A/S)-(L/S)-M(1-d)} \tag{10.38}$$

内含增长率（不使用外部资金的最大增长率）与销售净利率M呈正相关关系，与股利支付率d负相关。销售净利率越高，其内含增长率越高；股利支付率越高，内含增长率越低。公式中的分母是每单位增量销售收入所需追加的增量资金。

根据表10-9的有关资料，XYZ公司2023年销售净利率（M）为6%，股利支付率（d）为66.67%，A/S=0.6，L/S=0.1，如果这些财务指标保持不变，则公司内含增长率为：

$$g=\frac{6\%\times(1-66.67\%)}{0.6-0.1-6\%\times(1-66.67\%)}=4.17\%$$

上述计算结果表明，XYZ公司内部资金能使其维持在4.17%增长率的水平上，超过这一增长率水平，公司将不得不追加外部资金。

10.3.2　可持续增长率

如果一家公司的增长所需资金完全来自内部（留存收益和自然筹资），那么经过一段时间后公司资金总额中的股东权益会不断增加，由此会引起负债比率不断下降。如果公司希望继续保持原有的资本结构，就需要发行新债筹资。可持续增长率（sustainable growth rate）是指在财务杠杆不变的条件下，运用内部资金和外部资金所能支持的最大增长率。

如果公司新增的股东权益仅来自留存收益，而留存收益的高低又取决于下一年度的销售收入、股利支付率、销售净利率，即：

留存收益增加额=下一年度净利润×（1−股利支付率）=MS_0（1+g）×（1−d）

在长期负债与股东权益比率一定的情况下，公司追加借款数额取决于留存收益大小和杠杆比率（D/E）（有息债务/股东权益）两个因素，即：

借款增加额=留存收益增加数×杠杆比率=MS_0（1+g）（1−d）×（D/E）

如果资产增长与销售增长相等，则资产需求增加额等于自然筹资增加额与留存收益增加额和借款增加额之和，即：

$$\begin{aligned}(A/S)gS_0&=(L/S)gS_0+MS_0(1+g)(1-d)+MS_0(1+g)(1-d)(D/E)\\&=(L/S)gS_0+MS_0(1+g)(1-d)(1+D/E)\end{aligned}$$

整理上式后，增长率g可表示为与财务政策（杠杆比率、股利支付率等）相一致的最大的销售收入增长率，即可持续增长率，通常用g^*表示，即：

$$g^*=\frac{M(1-d)(1+D/E)}{(A/S)-(L/S)-M(1-d)(1+D/E)}\tag{10.39}$$

可持续增长率与杠杆比率（D/E）和销售净利率正相关，与股利支付率负相关。负债比率越大，增长率越高，利润率越高，增长越快。但股利支付率越高，增长率越低。

在其他因素一定的情况下，由于可持续增长率是运用内部和外部资金的最大增长率，因此，它一般高于内含增长率。在本例中，XYZ公司基期杠杆比率为66.67%（800÷1 200×100%），假设销售净利率、股利支付率保持不变，则：

$$g^*=\frac{6.0\%(1-66.67\%)(1+66.67\%)}{0.6-0.1-6\%(1-66.67\%)(1+66.67\%)}=7.14\%$$

在上述分析中，如果杠杆比率保持不变，随着股东权益的增长，负债必须以相同的比率增长，负债和股东权益的共同增长决定了资产所能扩展的速度，当然后者也会限制销售的增长。也就是说限制销售增长的主要因素是股东权益的扩张速度。因此，一家公司的可持续增长率也可表述为股东权益增长率。

上述计算结果表明，在各种比率保持不变的条件下，公司运用内外部资金的最大可持续增长率为7.14%，低于预期销售增长率10%，公司必须或调整经营计划或改变财务政策，以平衡发展与增长之间的关系。

10.3.3 增长率与筹资需求

假设XYZ公司2024年的销售净利率（M）、股利支付率（d）、总资产/销售收入（A/S）、应付账款/销售收入（L/S）与2023年相同，保持不变，不同销售增长率要求的外部筹资额见表10-13。假设在每一种情形下，外部资金需要量均通过债务筹资获得。当增长率低于4.17%时，XYZ公司将出现资金冗余，这时可以用多余的资金偿还债务；当增长率大于4.17%时资金冗余就变成了资金缺口，需要从外部筹措资金，这时公司的负债筹资就会快速上升。

表10-13 销售增长率与外部筹资需求 单位：万元

增长率	销售收入增加额	追加的资产	追加的自然筹资	追加的留存收益	追加的长期借款	追加的资金需求	资金需求合计
0	0.00	0.00	0.00	79.99	53.33	-133.32	-79.99
2.00%	80.00	48.00	8.00	81.59	54.40	-95.99	-41.59
4.17%	166.80	100.08	16.68	83.33	55.56	-55.49	0.07
6.00%	240.00	144.00	24.00	84.79	56.53	-21.32	35.21
7.14%	285.60	171.36	28.56	85.70	57.14	-0.04	57.10
8.00%	320.00	192.00	32.00	86.39	57.60	16.01	73.61
9.44%	377.60	226.56	37.76	87.54	58.36	42.90	101.26
10.00%	400.00	240.00	40.00	87.99	58.66	53.35	112.01
12.00%	480.00	288.00	48.00	89.59	59.73	90.68	150.41
14.00%	560.00	336.00	56.00	91.19	60.80	128.01	188.81
16.00%	640.00	384.00	64.00	92.79	61.86	165.35	227.21
20.00%	800.00	480.00	80.00	95.99	64.00	240.01	304.01
22.00%	880.00	528.00	88.00	97.59	65.06	277.35	342.41

图10-4描述了增长率从0～22%变动时对外部资金需求的情况。如果没有外部资金，公司销售的最大增长率为4.17%；如果公司的销售净利率、杠杆比率、股利支付率等保持不变，公司利用内部和外部债务资金的最大增长率为7.14%；如果销

售增长率超过7.14%，公司需要追加额外的资金。

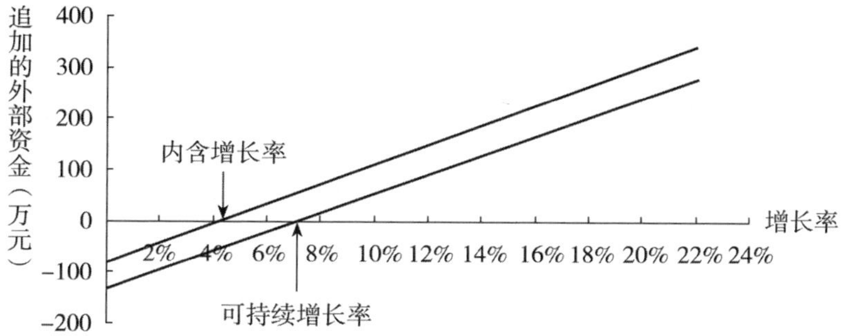

图10-4　增长率与外部资金需求关系

为平衡销售增长对资金需求的要求，公司可采取三种方法：①提高销售净利率；②提高负债与股权资金比率；③降低股利发放率。在这三个因素中，公司可以改变其中一个因素或几个因素同时变化。

在进行财务预测时，考虑持续增长率的一个重要原因是它可用于测试预计销售增长率是否可行。如果预计销售增长率大大高于持续增长率，公司就应重新考虑改进原有经营计划和筹资计划。在编制财务计划时，必须进行敏感性分析，确定不同情境下财务政策支持公司经营目标的能力及应对措施。例如，在乐观的经营情境下，多余的现金如何使用，是进行股票回购，还是购买债券或偿还贷款。在悲观的情境下，如何解决现金短缺等问题，是调整经营策略、减少经营风险，还是发行股票、债券或建立一个滚动的信贷额度，或是出售资产、对风险进行套期保值等。如果公司愿意并有能力发行新股筹措销售增长所需要的资金，那么限制销售增长的财务约束力就会减少，但这种情况有时很难实现。

10.4 公司价值评估案例

10.4.1　财务预测基础数据

一个完整的价值评估报告应包括：公司背景或基本情况、公司战略与竞争优势，调整财务报表、财务分析与财务预测，价值评估参数确定的原则与方法、价值驱动因素、价值评估过程中参考的相关文献等。

预计财务报表通常是以历史财务数据为基础进行编制的，为保证数据资料的稳定性，通常至少要获得5年的所有公开的财务报表、附注和对外报告的原始数据，如果可能还应包括子公司和关联公司的相关财务数据。根据原始数据，首先应对报表中有关项目进行调整，重新编制财务报表，以满足财务报表数据真实性和相关性的需要。公司历史财务数据既可以来自专业服务机构提供的数据，如Wind数据库、CSMAR数据库等，或直接用公司年报中的财务数据。专业服务机构数据的优点是能够提供标准化的数据（如数据是按照分类的格式呈现的），由于数据项目并不随公司而改变，因此一个模型可以用于分析、预测任何公司价值。但使用标准化数据也存在一定的问题，如某一种分类方式将一些重要的项目合并起来，可能会隐藏某些关键信息。例如，其他资产、其他应收款、其他应付款等项目，各个数据库包含的内容可能不同，如果仅仅依据预先设定好格式的数据模型，在估值中可能导致错误，从而降低估值的准确性。采用公司年报数据建立估值模型时，应注意深入挖掘与报表数据相关的原始信息，如财务报表附注、财务报告情况说明等信息。在原始数据表中，将财务数据按初始形态记录下来（不要将多个数据合成一个数据）。在建立财务报表时，如果需要将数据较小的分项加总，应加以说明加总项目包含的内容。在加总时，确保不要将经营项目和非经营项目合并到一个类别里，否则将会影响财务数据的准确性，影响各种估值参数的准确性。

在公司价值评估中，价值是指公司核心经营资产创造的价值，反映了股东和债权人对公司资产要求权益的价值。在实务中，公司价值（enterprise value，EV）可采用下列公式计算：

公司价值=普通股价值+有息债务价值+优先股价值+非控股股东价值-现金及现金等价物

在实务中，通常将现金和现金等价物视为非盈利资产，或公司非核心经营资产。因此，在价值评估中，可以将现金和现金等价物直接从流动资产扣除得到非现金经营性流动资产，将现金和现金等价物视为负债务，从债务总额中扣除，得到净债务（有息债务-现金和现金等价物）。一种简化的方式是确定预测期最低现金和现金等价物需要量，直接作为经营性流动资产，与经营性流动负债一起确定经营性营运资本，确定股权或公司自由现金流量。不论采用哪种方法，均不影响价值评估结果。（本文提供的价值评估，Excel提供了两种方法，见二维码“财务预测与价值评估”）

出于篇幅需要，现以【例10-2】中XYZ公司为例，说明价值评估方法。假设采用两阶段模型评估股票价值，高速增长期预计为5年，自第6年起进入稳定增长期，稳定增长期固定增长率为6%。

根据XYZ公司财务报表的历史数据和公司未来发展，编制的高速增长期预计利润表、预计资产负债表、预计现金流量表见表10-10、表10-11、表10-12。为反映与经营活动有关的营运资本变动情况，在流动资产中应剔除与经营活动无关的交易性金融资产、衍生性金融资产、买入返售金融资产等，在流动负债中剔除短期借款等筹资性流动负债，从而得到经营性营运资本。

本例中，XYZ公司预计经营性营运资本见表10-14。为简化，假设XYZ公司在预测期内交易性金融资产等项目为零。①

① 需要说明的是，在价值评估中，通常采用非现金经营性流动资产，即将现金和现金等价物从经营性流动资产中剔除，将现金和现金等价物作为负债务。

表10-14　　　预计经营性营运资本　　　单位：万元

年份	基期	2024年	2025年	2026年	2027年	2028年	2029年
流动资产	800.00	880.00	968.00	1064.80	1171.28	1288.40	1365.71
减：现金及现金等价物	80.00	88.00	96.80	106.48	117.13	128.84	136.57
非现金流动资产	720.00	792.00	871.20	958.32	1054.15	1159.56	1229.14
流动负债	400.00	440.00	484.00	532.40	585.64	644.20	682.86
减：短期借款	0.00	0.00	0.00	0	0	0	0
经营性流动负债	400.00	440.00	484.00	532.4	585.64	644.2	682.86
经营性营运资本	320.00	352.00	387.20	425.92	468.51	515.36	546.28
经营性营运资本增加额		32.00	35.20	38.72	42.59	46.85	30.92

10.4.2　资本成本数据

根据市场分析和风险分析确定无风险利率、长期借款利率、风险溢价以及该公司的β系数；根据预计资产负债表确定公司财务杠杆比率；假设所得税税率为25%；与资本成本预测有关的估计数据见表10-15。

表10-15　　　资本成本相关参数

年份	2024年	2025年	2026年	2027年	2028年	2029年
资本成本						
无风险利率	4%	4%	4%	4%	4%	4%
β系数	1.05	1.05	1.05	1.05	1.05	1.00
风险溢价	7.00%	7.00%	7.00%	7.00%	7.00%	6.00%
股权资本成本	11.35%	11.35%	11.35%	11.35%	11.35%	10.00%
所得税税率	25%	25%	25%	25%	25%	25%
长期借款利率	10.00%	10.00%	10.00%	10.00%	10.00%	10.00%
税后债务成本	7.50%	7.50%	7.50%	7.50%	7.50%	7.50%
有息债务/投入资本	41.14%	41.87%	42.24%	42.27%	42.02%	41.96%
股东权益/投入资本	58.86%	58.13%	57.76%	57.73%	57.98%	58.04%
加权平均资本成本	9.77%	9.74%	9.72%	9.72%	9.73%	8.95%

*表中投入资本是指有息债务与股东权益之和，有息债务是指短期借款、一年内到期的长期借款和长期借款。

10.4.3 公司价值评估案例分析

假设XYZ公司当前流通在外的普通股股数为300万股，有息债务账面价值为800万元。根据以上各项预测数据以及两阶段模型，采用不同的方法预计XYZ公司股票价值或公司价值。

（1）FCFE模型预测股票价值

根据预计财务报表等相关数据，采用两阶段模型，首先计算高速增长期FCFE现值，加上稳定增长期FCFE的现值（从2029年开始每年固定增长率为6%），最后确定股票价值，见表10-16。

表10-16　　股权自由现金流量及现值　　金额单位：万元

年份	基期	2024年	2025年	2026年	2027年	2028年	2029年
净利润		284.62	335.37	392.98	458.25	532.05	569.86
加：折旧与摊销		330.00	363.00	399.30	439.23	483.15	531.47
减：经营性营运资本增加额		32.00	35.20	38.72	42.59	46.85	30.92
减：资本支出		490.00	539.00	592.90	652.19	717.41	686.07
加：债务净增加额		105.14	108.22	111.02	113.46	115.49	79.28
减：现金及现金等价物增加额		8.00	8.80	9.68	10.65	11.71	7.73
股权自由现金流量		189.76	223.59	262.00	305.51	354.72	455.89
股权资本成本		11.35%	11.35%	11.35%	11.35%	11.35%	10.00%
高速增长期FCFE现值	946.48	170.42	180.33	189.77	198.73	207.22	
稳定增长期FCFE现值	6 658.08					11 397.25	
股票价值	7 604.56						
流通在外的股数（万股）	300.00						
每股价值（元）	25.35						

高速增长期FCFE现值=170.42+180.33+189.77+198.73+207.22=946.48（万元）

根据稳定增长模型，首先将2029年的FCFE（455.89万元）调整到2028年年末价值11 397.25万元，然后调整到2024年年初现值6 658.08万元，得到股票价值为7 604.56万元，即：

$$
\begin{aligned}
V_s &= 946.48 + \frac{455.89}{10\% - 6\%} \times \frac{1}{(1 + 11.35\%)^5} \\
&= 946.48 + 11\,397.25 \times (1 + 11.35\%)^{-5} \\
&= 946.48 + 6\,658.08 = 7\,604.56(\text{万元})
\end{aligned}
$$

公司流通在外的普通股股数为300万股，XYZ股票内在价值预计为25.35元/股（7 604.56÷300）。

（2）FCFF模型预计股票价值

采取两阶段估价模型时，首先计算高速增长期FCFF现值，见表10-17，然后加上稳定增长期FCFF的现值，确定公司价值；最后从公司价值中扣除债务的市场价值，确定股票价值。

表10-17　　**公司自由现金流量现值**　　金额单位：万元

指标	预测时点	2024年	2025年	2026年	2027年	2028年	2029年
净利润		284.62	335.37	392.98	458.25	532.05	569.86
加：利息×（1-所得税率）		67.88	76.00	84.33	92.84	101.50	107.44
税后净经营利润		352.50	411.37	477.31	551.09	633.55	677.30
加：折旧与摊销		330.00	363.00	399.30	439.23	483.15	531.47
减：经营性营运资本增加额		32.00	35.20	38.72	42.59	46.85	30.92
减：资本支出		490.00	539.00	592.90	652.19	717.41	686.07
减：现金增加额		8.00	8.80	9.68	10.65	11.71	7.73
公司自由现金流量		152.50	191.37	235.31	284.89	340.73	484.05
资本成本		9.77%	9.74%	9.72%	9.72%	9.73%	8.95%
累计资本成本		9.77%	20.46%	32.17%	45.02%	59.13%	
高速增长期FCFF现值	886.41	138.93	158.87	178.04	196.45	214.12	
稳定增长期FCFF现值	10 311.52					16 408.47	
公司价值	11 197.93						
减：有息债务	800.00						
股票价值	10 397.93						
流通在外的股数（万股）	300.00						
每股价值	34.66						

稳定增长期公司价值计算如下：

$$V_{2029}=\frac{484.05}{8.95\%-6\%}=16\,408.47\text{（万元）}$$

$$V_{2024}=\frac{16\,408.47}{(1+9.77\%)\times(1+9.74\%)\times(1+9.72\%)\times(1+9.72\%)\times(1+9.73\%)}$$

$$=10\,311.52\text{（万元）}$$

根据表10-17，高速增长期FCFF的现值为886.41万元，加上稳定增长期FCFF

的现值10 311.52万元，公司的内在价值为11 197.93万元，减去债务价值800万元，得到股票价值为10 397.93万元，每股价值为34.66元（10 397.93÷300）。

从理论上讲，应采用债务市场价值，由于公司债务很难全部在公开市场进行交易，较难取得市场价值资料，因此通常以账面价值代替市场价值。

相对而言，公司自由现金流量计算较为简单，因此，可先计算公司自由现金流量，然后根据FCFF与FCFE之间的关系计算股权自由现金流量。

（3）DDM预测股票价值

为比较不同模型的计算方式，采用股利折现模型（DDM）计算XYZ公司的股票价值。根据两阶段模型，增长期股利现值见表10-18。

表10-18 **增长期股利现值** 金额单位：元

股利折现	预测时点	2024年	2025年	2026年	2027年	2028年	2029年
每股收益		0.9487	1.1179	1.3099	1.5275	1.7735	1.8995
股利支付率		66.67%	66.67%	66.67%	66.67%	66.67%	80.00%
每股股利		0.63	0.75	0.87	1.02	1.18	1.52
股权资本成本		11.35%	11.35%	11.35%	11.35%	11.35%	10.00%
高速增长期股利现值	3.15	0.57	0.60	0.63	0.66	0.69	
稳定增长期股利现值	22.20						
每股价格	25.35						

根据表10-18，高速增长期每股股利现值为3.15元，加上稳定增长期每股股利现值22.20元，即可确定每股股票价值为25.35元，股票的内在价值为7 605万元（25.35×300）。

不同估价模型评估结果与现行市场价格的比较见表10-19，根据债务市场价值和股票市场价值即可计算公司价值。

表10-19 **不同模型估价结果与现行市价的差异**

项目	FCFF模型	FCFE模型	DDM模型
现金流量现值（股票价值）（万元）	10 397.93	7 604.56	7 605.00
普通股股数（万股）	300.00	300.00	300.00
每股价值（预测）（元）	34.66	25.35	25.35
当前股票市场价格（万元）	28.00	28.00	28.00
负债市场价值（万元）	800.00	800.00	800.00
公司价值（万元）	11 197.93	8 404.56	8 405.00

表10-18表明，公司自由现金流模型与其他方法的估价结果相差较大，其原因主要是公司自由现金流量采用加权平均资本成本计算，而其他两种方法均采用股权资本成本进行计算。由于公司负债率较高，加权平均资本成本低于股权资本成本，从而使其计算结果与其他方法的偏差较大。这表明股票价值对资本成本较为敏感。

除了增长率和资本成本外，在价值评估时，还应结合公司的特点确定影响公司价值的敏感性因素进行分析。为了衡量不同估价模型的预测能力，可以采用绝对平均误差、均方差、平均百分比误差等指标，分析估价结果与市场价值的差异及原因；也可以比较不同估价模型的估价结果，分析产生差异的原因；或与行业同类公司的价值进行比较分析，研究公司战略和价值驱动因素与同类公司之间的差异。

为保证估价结果的准确性和合理性，还应采取一定的方法进行检验，主要包括：（1）估价模型中各种变量之间是否符合内在逻辑关系，如预计资产负债表是否每年都保持平衡关系，预计财务报表之间的钩稽关系是否正确；（2）价值评估的结果是否符合价值决定的驱动因素；（3）在计算稳定增长期价值时，公司的经济状况是否达到了稳定状态，否则应重新调整预测期。

【课堂拓展】　持有100股亚马逊的股票，你拥有的到底是什么？[①]

亚马逊的创始人贝佐斯每年都会给股东写一封信。在1999年亚马逊致股东信中，贝佐斯写了一件特别有启发的事。当时亚马逊成立四年，上市两年，他被邀请去斯坦福大学参加一个活动。贝佐斯在信中写道："一位年轻女子走到话筒前，向我提出了一个精辟的问题：'我持有亚马逊公司的100股，这说明我拥有了什么东西呢？'我吃了一惊，这样的问题我竟从没听过，至少问得没有这么直白。那么，你拥有什么呢？你拥有的是这个顶尖电商平台的一部分。"

面对这样一个好问题，你会如何回答？"这个顶尖电商平台一部分"值多少钱？针对这个问题的答案众说纷纭，莫衷一是。

在价值评估理论中，最主流的说法是：一家公司股票背后隐藏的价值，就是它未来创造的自由现金流的现值。巴菲特和亚马逊的创始人贝佐斯是这种说法的重要支持者。

巴菲特认为：当我们投资一家公司的时候，本质上购买的是它未来的赚钱能力。所以"价值投资"的核心理念就是，一家公司此刻的价值，应该等于它未来能够产生的所有现金流的现值。注意，这里提到的现金流，是指自由现金流 。

贝佐斯对自由现金流也非常重视。1997年，贝佐斯在致股东的信中提到："如果要在最优化GAAP报表和最大化未来现金流之间做出选择，我们会毫不犹豫地选

① 资料来源：(1) 贝佐斯，艾萨克森．长期主义［M］．靳婷婷，译．北京：中国友谊出版公司，2022；(2) 宁向东，刘小华．亚马逊编年史（1994—2020）［M］．北京：中信出版集团，2021；(3) 李善友．第二曲线创新［M］．2版.北京：人民邮电出版社，2021.

择后者。”

2004年，贝佐斯重申了这一主张：“我们最终的财务指标，我们最想达成的长期目标，就是每股自由现金流……一家公司虽然有出色的利润率，但现金流有可能为负值。如果只追求利润增长，企业在某些情况下反而会损害股东们的利益。”

2008年，贝佐斯的说法是：“我们首要的业绩目标，仍然是最大限度地挖掘长期自由现金流，并借此获得较高的投资回报。”

在2009年的致股东信中，贝佐斯有这样的表述：“在我们452个目标中，‘净利润’‘毛利润’‘运营利润’等字眼，一次也没有出现过。”

对于亚马逊来说，长期增长才是战略基石假设，正如贝佐斯所说的：“所有只能产生短期利润的项目都不重要，无论现在赚多少钱；能够产生长期现金流的项目才是重要的，无论现在亏多少钱！”

为何要以自由现金流为重？贝佐斯在各年致股东信中反复讲了两个观点：

第一，每一股股票都是公司未来现金流的一部分。因此，与其他任何单个变量相比，现金流都是最能从长期角度反映一家公司股价的因素。

贝佐斯认为，只要能确定两件事，即一家公司的未来现金流及其未来的流通股股数，就能较为准确地把握这家公司目前每股股票的公允价值（当然需要明白合适的折现率是多少，但如果能确定未来现金流，想知道应该采用怎样的折现率也是相对容易的）。这虽然并不简单，但你可以调查公司过去的业绩，查看公司的杠杆率和规模化能力等因素，从而根据这些信息对未来现金流做出预判。想要估算未来的流通股数量，你就必须对赋予员工的期权或其他潜在的权益性交易进行预测。最终你判定的每股现金流，将会成为你愿意为任何一家公司支付的每股股价的有力指标。

第二，为什么不像许多公司那样首先关注盈利，比如每股盈利或盈利增长？简单回答，盈利不会直接转化为现金流，而股票的价值只能是其未来现金流的现值，而不是未来盈利的现值。未来盈利是未来每股现金流的一个组成部分——但并非唯一的重要组成部分。营运资金和资本支出也很重要，未来的股份稀释同样不可忽视。

贝佐斯的这种经营策略，曾饱受投资人、资本市场和外界的质疑，亚马逊更是创造了连续十几年不盈利或低盈利的纪录（1997—2015年）。即便如此，他依旧说出了那句震撼世界的豪言：“我不要利润，我只要增长！”随着每年一封致股东信的发表，贝佐斯的这种观点日渐为世人熟知。

贝佐斯反复强调的：如果你总盯着利润，尤其是像华尔街一样盯着短期的业绩，很多时候反而会做出伤害公司长期利益的事情。亚马逊就是一家非常不重视利润的公司，从1997年到2022年，亚马逊的收入涨了313倍，但是，亚马逊自1997年上市至2015年，其利润几乎都在零附近变化，2016年至2021年开始不断增长，2022年净利润为-27.22亿美元。亚马逊各年收入、净利润如图10-5、图10-6

所示。

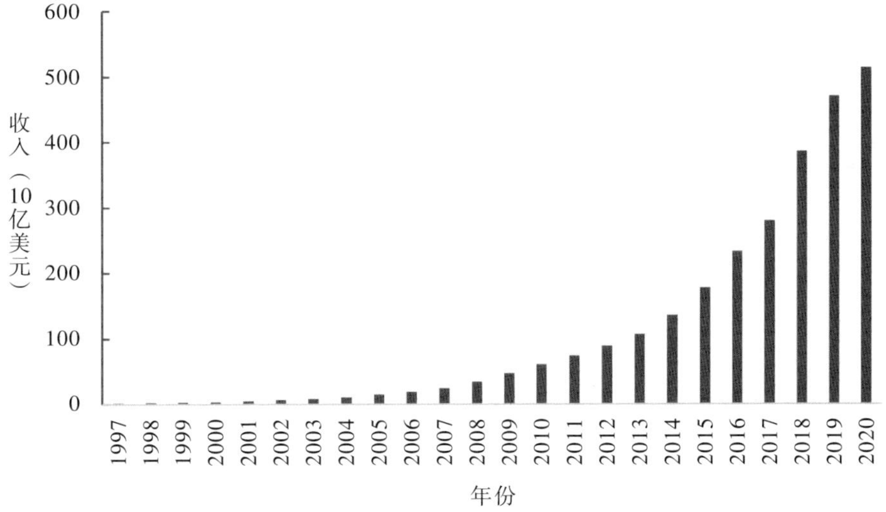

图10-5　亚马逊各年收入（1997—2020年）

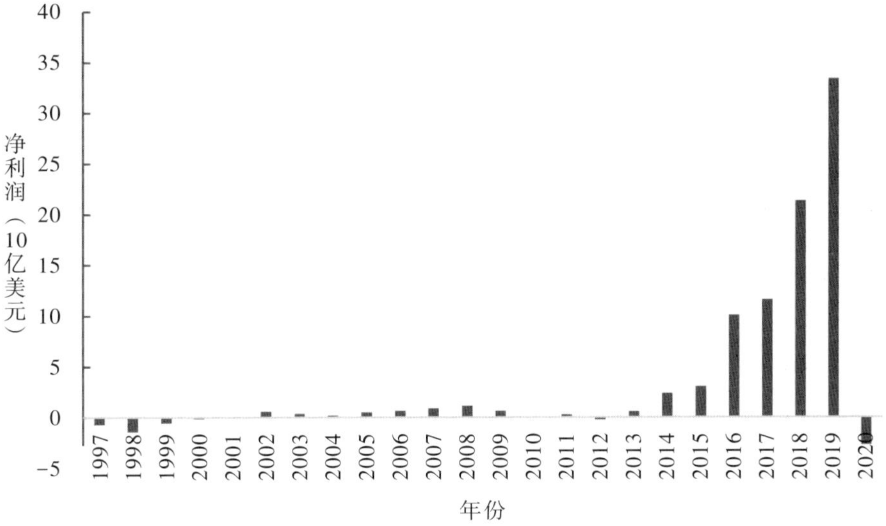

图10-6　亚马逊各年净利润（1997—2020年）

亚马逊之所以这么做，本质上就是因为，很多时候公司利润和股东价值、公司价值是相抵触的。所以，亚马逊在提高自己的自由现金流上做出了很多努力，比如提高自己库存的周转速度。因为库存一旦积压，对现金的回流和运转是特别不利的。

亚马逊业务的快速增长，资本市场给予了积极的响应。1997年，亚马逊在纳斯达克（Nasdaq）上市，发行价18美元/股，估值仅为4.38亿美元。经过20多年的发展，1997年至2021年亚马逊股票价格呈指数增长，2022年12月28日，股票价格下跌至81.82美元/股。2023年上半年开始上升，到2023年7月22日，股票价格为130美元/股，股票价值为102.60亿美元，如图10-7所示。

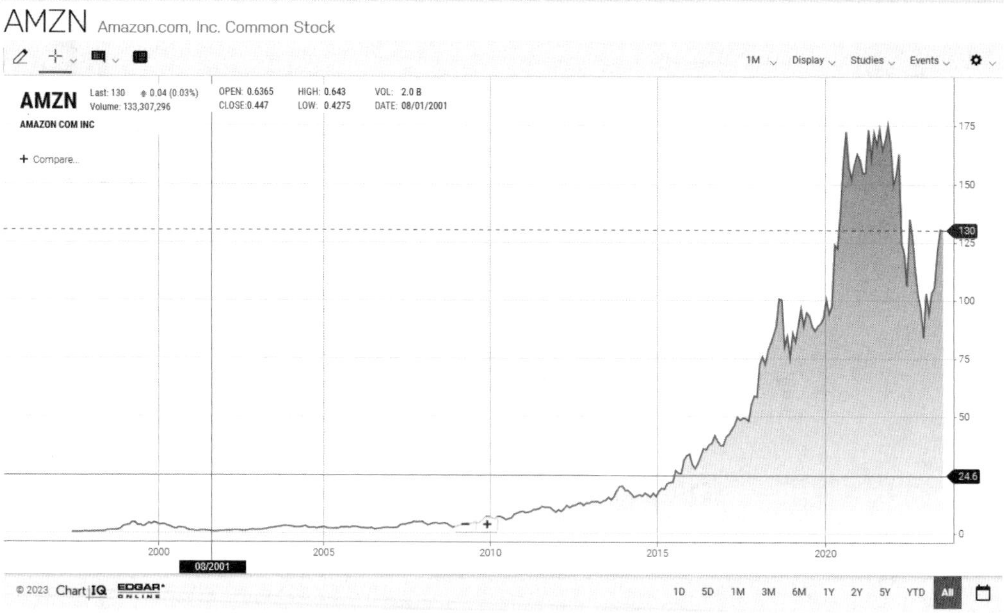

图10-7　亚马逊各年股价趋势（1997—2020年）

课堂讨论：

（1）商业的本质是什么？为什么亚马逊最关心的财务指标不是公司的利润，而是自由现金流呢？自由现金流和利润有什么关系和区别？

（2）请查阅相关文献，说明亚马逊为什么能够在低盈利甚至负盈利的前提下始终保持增长？

本章小结

1.经济环境分析的目的在于考察所有公司共同面临的环境以及对公司竞争能力的影响。行业分析的目的在于考察特定行业的经济特性、竞争状况、关键成功因素等，以便明确公司的竞争优势，正确制定公司战略。

2.评价公司财务业绩可以从公司盈利能力、营运能力、偿债能力、增长能力以及市场指标五个方面进行分析。其中影响净资产收益率的因素是：投入资本收益率、利率、所得税税率和负债与股权资本比率（杠杆比率）。如果投入资本收益率大于税后负债成本，杠杆比率越高，净资产收益率就越大，反之亦然。

3.预计财务报表调整变量的选择既可以是公司债务（增加或减少债务），也可以是股东权益（改变股利分配额，增发或收回股票），还可以二者同时变动。通过改变财务方针或政策（如稳定股利支付政策、改善资产负债状况等）对公司的资金来源和资本结构进行调整。

4.如果不追加外部资金，仅仅依靠新增的留存收益和自然筹资形成的资金来源（假设折旧全部用于当年的更新改造）所能达到的最大增长率称为内含增长率。可持续增长率是指在财务杠杆不变的条件下，运用内部资金和外部资金所能支持的销售最大增长率。

5.为保证估价结果的准确性和合理性，还应采取一定的方法进行检验，主要包括：①估价模型中各种变量之间是否符合内在逻辑关系，预计资产负债表是否每年都保持平衡关系，预计财务报表之间的钩稽关系是否正确。②价值评估的结果是否符合价值决定的驱动因素。③在计算持续期价值时，公司的经济状况是否达到了稳定状态，否则应重新调整预测期。

基本训练

1.对于PC制造商来说，存货周转率尤为重要。戴尔公司每年的存货周转率可达80次，而竞争者只有10到20次，相比而言，戴尔公司的营运资本几乎为负值，因此能创造惊人的现金流量。2001会计年度的第四季，戴尔公司的营业收入为81亿美元，营业利润率为7.4%，而来自经营活动的现金流量为10亿美元。2001会计年度的投入资本收益率为355%。关于存货，迈克·戴尔认为："存货不是资产而是负债!"你是否赞同这一观点？为什么？

2.1975年10月，美国最大的商业企业之一W.T.Grant公司宣告破产引起商界的广泛关注，而令人不解的是，Grant公司在破产前一年，即1974年，其营业净利润近1 000万美元，经营活动提供营运资金2 000多万美元，银行扩大贷款总额达6亿美元。更令人不解的是在1973年年末，公司股票价格仍按其收益20倍的价格出售。

请上网查询相关信息，说明为什么银行会为一个濒临破产的公司发放贷款，为什么投资者乐于购买其股票呢？这一案例给我们带来了哪些启发？

3.以【例10-2】的数据为基础，根据XYZ公司的预计财务报表计算：(1) 盈利能力比率、营运能力比率、偿债能力比率；(2) 计算预测期市盈率、市净率。

4.以【例10-2】的数据为基础，改变某一变量重新进行财务预测：

(1) 假设2024年销售收入增长15%，其他因素与教材相同。①建立2024年预计利润表和预计资产负债表，第一次预测时外部筹资需要量为多少？②继续进行调整（至少2次），确定2024年外部筹资需要量。

(2) 假设XYZ公司股利支付率降为50%，其他参数与教材相同。①2024年公司外部筹资需要量为多少？②公司内含增长率和可持续增长率为多少？与教材的结论相比，作一个简单的评论。

(3) 如果所有数据与教材【例10-2】相同，试分析公司采取何种方法平衡销售增长（10%）对资金需求的要求？

5.根据教材【例10-2】的数据，编制预计财务报表。

假设预计财务报表采用目标财务杠杆（有息债务/股东权益）作为调整变量，

目标财务杠杆比率为60%，有关项目计算如下：

$$长期负债 = \left(资产总额 - 应付账款\right) \times \frac{杠杆比率}{1 + 杠杆比率}$$

累计留存收益=资产总额-应付账款-长期负债-股本

本期最大股利支付额=本期净利润-本期留存收益增加额

本期留存收益=本期累计留存收益-上期累计留存收益

要求：

假设其他数据保持不变，据此编制预计利润表和资产负债表。

6.案例分析

假设你刚到一家咨询公司工作，你的上司要求你选择2只股票进行价值分析。

（1）登录相关网站，获取相关信息。登录巨潮资讯网（www.cninfo.com.cn），在主页右上角的搜索框，输入公司名称或公司代码查询（如输入600019），然后点击“搜索”，看到所选择公司的相关信息，然后点击“定期报告”，可以下载相关公司的资产负债表、利润表和现金流量表。例如，点击利润表，将光标移到报表中间，然后右击鼠标，选择“导出到Excel”，资产负债表和现金流量表的下载方式相同。在此网页上也可以根据需要下载其他财务指标，如“分红配股”“财务指标”等。

（2）登录雅虎财经网站（http：//finance.yahoo.com）[①]，收集每只股票的价格信息。在股票主页的左边，输入你要评估的股票代码，例如“600000”，点击“Get Quotes”后，就可以看到与“Shanghai Pudong Development Bank Co.Ltd.（600000.SS）”相关的信息。然后点击“Historical Prices（历史价格）”。输入与每张报表的日期对应的日期范围，日期为当月的最后一天。在每一报表日，用股票收盘价（不是调整后的收盘价）乘以流通股股数，计算出公司在每一报表日的股票总市值。

（3）撰写公司价值评估报告。

① 选择两家上市公司，仔细阅读公司的报告，特别是董事长的陈述，分析该公司的目标、战略与竞争优势；分析这些公司的盈利能力、营运能力、偿债能力、增长能力、市盈率、市净率、公司价值与EBITDA比率以及现金流量等财务状况和经营成果，并上网查询有关咨询机构或证券分析师对这两家公司的财务预测数据。

② 上网查询每家公司所在行业及财务比率行业平均值，将公司的财务业绩与行业平均值比较，评价每家公司的优势、劣势、机会和面临的挑战，分析业绩发生差异的原因。

③ 考察这些公司在过去三年中主要财务比率的变化趋势，分析每家公司的市场价值与账面价值比率，说明这些公司的投资价值。

④ 销售收入预测及财务报表各项目占销售收入的百分比。扩大销售收入会相应地要求公司在应收账款、存货、厂房、设备以及收购方面进行投资。为预测各资

① 或登录其他财经网站，例如，新浪财经等，下载股票价格等数据。

产类项目的资金需求额，可通过研究公司过去的收款周期、存货周期、厂房设备等固定资产，以及负债类项目（应付账款）在销售收入中所占的比例，编制预计资产负债表、预计利润表。

⑤ 预测公司未来的外部筹资需求。根据未来销售增长率、留存收益比率、盈利水平等预测公司外部资金需求量。确定外部筹资来源（银行借款、发行债券、发行股票）：在公司现有盈利和现金流量水平、业务的风险以及未来筹资需求已定的情况下，公司的资金来源是否足够？公司目前对于供应商的货款支付是否正常？公司目前的经营是否在其举债能力范围之内？公司现有债务的期限结构如何？根据借款的限制性条款，公司是否接近其借款的限额？公司是否偏离其目标债务水平和债务等级？公司是否确保能够通过在市场上发行债务筹资？获得这样的资金来源需要达到的标准是什么？公司是否确保能够达到股票市场所需要的条件？是否可以在股票市场上发行股票？按照什么价格发行多少股票？公司管理层和控股股东是否愿意发行新股票？公司是否存在可出售资产？相应的资产在正常情况下的出售价格是多少？在多长时间可以变现？

⑥ 预测期筹资计划及调整。公司的战略目标、产品市场需求、投资需求以及筹资需求是否与公司未来3～5年计划期的筹资能力相协调？按照公司的债务政策，公司的目标负债比率是多少？公司如何满足预测期的资金需求？公司如何保持未来筹资的灵活性？采用何种调整变量保持预计财务报表的平衡？是债务筹资还是股票筹资？或是改变股利政策？（注意：为保持资产负债表平衡，可选择负债作为调整变量）

⑦ 根据预计财务报表，进行各种财务比率分析，预测未来各年财务比率的变化趋势。

⑧ 对预计财务报表进行敏感性分析。如销售收入等影响预计财务报表的关键变量在不同情况下的波动性测试。

⑨ 公司价值评估。根据预计财务报表、资本成本等数据确定价值评估的各种输入变量，采用现金流量折现法（FCFE或FCFF）评估所选取公司的价值，并与市场价值进行对比，分析产生差异的原因。

⑩ 撰写价值评估报告。一个完整的报告应包括：公司的背景或基本情况；历史财务业绩分析、预计财务报表（包括各种参数确定的依据）、资本成本、股票及债券市场相关数据、价值评估结果；价值评估过程中参阅的相关文献。

基本训练参考答案

第10章题库

第11章 经济增加值与价值管理

学习目标

1. 掌握经济增加值的经济意义和基本模型；
2. 了解从会计利润到经济增加值的主要调整项目与方法；
3. 熟悉经济增加值与净现值、市场增加值的关系；
4. 掌握公司价值创造的动因及财务战略矩阵的基本内容；
5. 熟悉价值创造、价值评价与价值分享体系的基本内容。

著名的管理学大师彼得·德鲁克在1995年《哈佛商业评论》上撰文指出：我们通常所说的利润，其实并不是真正意义上的利润。如果一家企业未能获得超出资本成本的利润，那么它就处于亏损状态。交纳税款看似产生了真正的利润，但其实这一点毫无意义，企业的回报仍然少于资源消耗……这并不创造价值，而会损害价值。20世纪80年代美国Stern & Stewart咨询公司引入EVA并向可口可乐公司首次推介了这一理念，使其在实际运作中见到成效。此后，EVA在全球范围内得到广泛应用。至今，世界已有许多家公司（包括西门子、索尼等）在运用EVA的管理体系，其效率以及增长率均得到大幅度的提高。EVA被美国《财富》杂志称为“创造财富的密钥”。EVA不仅可以评价公司是否为股东创造价值，还可以识别公司价值创造的驱动因素，实施价值导向管理。

11.1 经济增加值调整方式

11.1.1 经济增加值基本模型

经济增加值（economic value added，EVA）是一种剩余价值指标，在数量上等于税后净经营利润超过资本成本的价值。其计算公式为：

$$EVA = NOPAT + Adj_{op} - WACC \times \left(IC + Adj_{ic}\right) \tag{11.1}$$

式中，NOPAT（net operating profit after taxes）为税后净经营利润；Adj_{op}为NOPAT调整数；WACC为公司加权平均资本成本；IC为投入资本总额；Adj_{ic}为投入资本调整数。

假设不考虑各种调整因素，经济增加值可表述为：

$$
\begin{aligned}
EVA &= IC \times \left[\frac{NOPAT}{IC} - WACC\right] \\
&= IC \times (ROIC - WACC)
\end{aligned}
\tag{11.2}
$$

式中，ROIC为投入资本收益率；IC为投入资本平均余额；NOPAT可根据EBIT直接计算，即：

NOPAT=净利润+利息费用×（1-所得税税率）=息税前利润×（1-所得税税率）

公式（11.2）中的（ROIC-WACC）称作收益率差（return spread），正的收益率差创造价值，负的收益率差损害价值。单纯的增长并不一定创造价值，只有收益率差为正时，增长才有意义。因此，管理的目标不是预期的收益率最大，而是预期的收益率差最大。

【例11-1】现以第10章XYZ公司价值评估为例，说明EVA的计算方法。根据第10章相关数据，XYZ公司投入资本和高增长期经济增加值计算结果见表11-1和表11-2。

表11-1 XYZ公司投入资本 单位：万元

年份	基期	2024年	2025年	2026年	2027年	2028年	2029年
经营性营运资本	400.00	440.00	484.00	532.40	585.64	644.20	682.85
固定资产净值	1 600.00	1 760.00	1 936.00	2 129.60	2 342.56	2 576.82	2 731.42
投入资本	2 000.00	2 200.00	2 420.00	2 662.00	2 928.20	3 221.02	3 414.27

表11-2 XYZ公司经济增加值（高增长阶段） 金额单位：万元

年 份	基期	2024年	2025年	2026年	2027年	2028年	2029年
净利润		284.62	335.37	392.98	458.25	532.05	569.86
加：利息×（1-所得税税率）		67.88	76.00	84.33	92.84	101.50	107.44
税后净经营利润		352.50	411.37	477.31	551.09	633.55	677.30
投资资本（年初）	2 000.00	2 200.00	2 420.00	2 662.00	2 928.20	3 221.02	3 414.27
投入资本收益率		17.63%	18.70%	19.72%	20.70%	21.64%	21.03%
加权平均资本成本		9.77%	9.74%	9.72%	9.72%	9.73%	8.95%
经济增加值		157.20	197.12	242.00	292.29	348.75	389.10
累计资本成本		9.77%	20.46%	32.17%	45.02%	59.13%	
高速增长期EVA现值	910.66	143.21	163.64	183.10	201.55	219.16	

稳定增长阶段经济增加值计算如下：

$$EVA_{2028} = \frac{389.10}{8.95\% - 6\%} = 13\ 189.83\text{（万元）}$$

$$EVA_{2023} = \frac{13\ 189.83}{1 + 59.13\%} = 8\ 288.71（万元）$$

XYZ公司经济增加值现值=910.66+8 288.71=9 199.37（万元）

XYZ公司价值=2 000+9 199.37=11 199.37（万元）

11.1.2 标准会计调整

EVA与会计利润的主要区别在于后者只考虑了以利息形式反映的债务资本成本，忽略了股权资本成本。EVA是扣除全部资本成本后的收益，反映了使用全部资本的机会成本。为此，需要对经营利润和投入资本进行一定的调整。

1）主要调整项目

EVA的倡导者，Stern & Stewart公司列出了多达164个调整项目，这些调整主要有三个目的：第一，消除会计稳健性原则的影响，如对研发费、商誉等的调整，使调整后的数据能够反映公司的真实业绩；第二，消除或减少管理层进行盈余管理的机会，如对各种准备金（如坏账准备）的调整；第三，使业绩计量免受过去会计计量误差的影响，如将研发费和商誉资本化而不是在费用发生当期冲减利润，消除了经营者对这类投资的顾虑。以对外报告的会计数据为基础进行调整，常见的调整项目主要有研发开发费、商誉、递延税项、存货、各种准备金等。

（1）研究开发费

研究开发费与其他有形资产投资一样，旨在提高公司未来的经营业绩。但会计稳健性原则要求公司在研发费发生的当年将其作为费用一次性摊销，这种会计处理方法可能降低研发费发生当年公司的经营业绩，同时低估公司资本占用额。因此，应将研发费用资本化，在支出的当年，将全部的研发费加回到经营利润和投入资本总额中，以后逐年摊销的研发费从NOPAT中扣除，而未摊销的余额部分仍然包括在投入资本总额中。

假设某公司2025年度财务报表披露的2021年至2025年研发费用和各年摊销额见表11-3，假设研究开发费用在发生时即资本化，分5年摊销。

表11-3　各年研发费用与摊销费　单位：万元

年度	研发费用	摊销费用				
		2021年	2022年	2023年	2024年	2025年
2021年	990	198	198	198	198	198
2022年	1 020		204	204	204	204
2023年	1 130			226	226	226
2024年	1 520				304	304
2025年	960					192
合计	5 620	198	402	628	932	1 124

计算2025年的EVA时，将该年度960万元的研发费用加回到NOPAT，将2025年摊销的研发费用1 124万元从NOPAT中扣除，将2025年和以前未摊销的研发费用2 336万元（5 620-198-402-628-932-1 124）加入投入资本总额中。

（2）商誉

对商誉的会计处理有两种方法：一种是将商誉逐年摊销；一种是在商誉产生时作为费用一次性核销。这两种方法都将这部分投资从资产负债表中扣除了，从而不能真正反映公司实际占用的资本额，消除了经营者对这部分资本负有的增值责任。因此，在计算EVA时，对商誉不进行摊销，而是将其视为一项永久性无形资产，且在整个经济寿命期内发挥作用。如果在会计处理时已将商誉作为费用进行摊销，应将其每年的摊销额加回到NOPAT中，并将累计的摊销额加入投入资本总额中。这样，不仅可以真实地反映公司占用的所有资本，也可以使利润不受商誉摊销的影响。

（3）递延税项

当根据会计准则计算的利润与按照税法计算的应纳税所得额存在差异时，就会产生递延税项。当会计利润大于应纳税所得额时，形成“递延所得税负债”（反之形成“递延所得税资产”），公司的纳税义务向后推延。只要公司持续发展并不断更新设备，递延税项实际上就会一直保持一个余额，相当于公司永久性占用的资本，和其他资本一样可用于生产经营。会计利润与应纳税所得额的时间性差异产生的原因如图11-1所示。

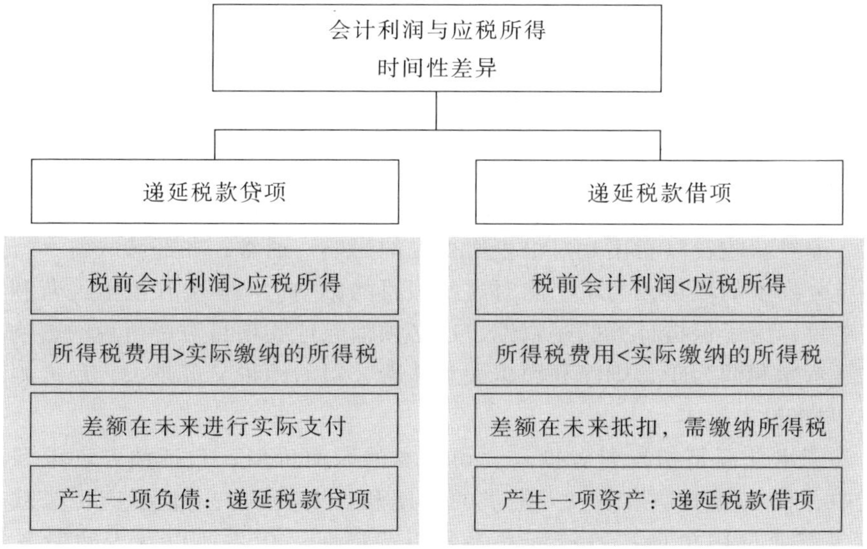

图11-1　递延税款时间性差异产生原因

对递延税项的调整是将其贷方余额加回到投入资本总额中；若为借方余额，由于递延所得税资产并不是公司真正意义上的资产，应从投入资本总额中扣除；同时，将当期递延税项贷方余额增加值加回到当期的NOPAT中，或将其借方余额的增加值从NOPAT中扣除。通过调整后计算出的EVA能够更准确地反映公司的经营业绩。

（4）存货和各种准备金

如果公司采用后进先出法确定存货成本，应按先进先出法进行调整。对于各种准备金，如坏账准备、存货跌价准备、长期股权投资减值准备、固定资产减值准备、无形资产减值准备等，出于稳健性原则，我国会计制度规定公司要为将来可能发生的损失预先提取准备金，准备金余额抵减对应的资产项目，余额的变化计入当期费用冲减利润。但这些准备金并不是公司当期资产的实际减少，准备金余额的变化也不是当期费用的现金支出。提取准备金的做法一方面低估了公司实际投入经营的资本总额，另一方面低估了公司的利润，因此不利于反映公司的真实盈利能力；同时，公司管理人员还有可能利用这些准备金账户操纵账面利润。因此，计算EVA时应将准备金账户的余额加入投入资本总额之中，同时将准备金余额的当期变化加到税后净经营利润中。

2）调整净经营利润

计算公司EVA时，需要对税后净经营利润和投入资本总额进行调整。税后净经营利润反映了公司资产的盈利能力，为纠正会计信息对真实业绩的扭曲，调整后税后净经营利润可按下式计算：

$$\text{调整后的NOPAT}=\text{息税前利润}+\text{本年发生的研发费}-\text{本年研发费摊销额}+\text{本年发生的商誉}-\text{本年商誉摊销额}+\text{存货跌价准备和各种准备金增加额}-\text{调整后所得税} \qquad (11.3)$$

其中：

$$\text{调整后所得税}=\text{利润表中的所得税}-\text{递延税项贷方增加额}-\text{非经营收益(费用)所得税}+\text{利息费用所得税}$$

对所得税进行调整，其目的在于剔除非经营活动对税金的影响，主要是来自利息费用、非经营收益（费用）对报表所得税的影响。通常，非经营收益（费用）被看作不重复发生的项目，为了消除对这些项目的影响，不但要在税前经营利润中排除这些项目，为了保持计算的一致性，还必须消除这些项目对所得税的影响。如果这些非经营净利润为正，则净利润越大意味着公司的纳税义务越大，反之则越小。

3）调整投入资本

投入资本总额是指投资者投入公司资本的账面价值，包括债务资本和股权资本。其中，债务资本是指债权人提供的短期和长期贷款，不包括应付账款、其他应付款等商业信用负债；股权资本主要由普通股、优先股以及少数股东权益构成。投入资本总额也可以理解为公司全部资产减去商业信用后的净值。为真实反映资本投入总额，可采用资产法或筹资法两种方法进行调整，两种方法得出的结论可相互核对。

（1）采用资产法，投入资本可按下式调整：

$$\text{调整后投入资本}=\text{经营性营运资本}+\text{固定资产净值}+\text{无形资产}+\text{其他资产}+\text{累计商誉摊销}+\text{未摊销资本化研发费用}+\text{存货跌价准备及各种准备金余额} \quad (11.4)$$

（2）采用筹资法，投入资本可按下式调整：

$$\text{调整后投入资本}=\text{普通股权益}+\text{少数股东权益}+\text{递延税项贷方余额（借方余额为负值）}+\text{累计商誉摊销}+\text{未摊销资本化的研发费}+\text{存货跌价准备及各种准备金余额}+\text{短期借款}+\text{一年内到期的长期借款}+\text{长期借款}+\text{租赁债务}-\text{超额现金} \quad (11.5)$$

【例11-2】现以GMS公司为例，说明经济增加值调整方式。根据GMS公司利润表（见表11-4）和资产负债表（见表11-5），以及与估价有关的报表附注，计算GMS公司的EVA。

表11-4　　**GMS公司利润表**①　　金额单位：万元

项目	2023年	2024年
销售收入	180 000	185 000
销售成本	128 095	130 830
销售、管理费用	18 845	22 252
折旧前经营利润	33 060	31 918
折旧和摊销	12 318	13 411
息税前利润（经营利润）	20 742	18 507
利息费用	7 750	9 552
非经营收益（费用）和特殊项目	1 036	2 333
税前利润	14 028	11 288
所得税（25%）	3 507	2 822
少数股东损益	28	0
非常项目前利润	10 493	8 466
非常项目和非持续经营业务利润	426	0
净利润	10 919	8 466
发行在外的股数（万股）	619	548
每股收益：不包括非常项目（元）	16.95	15.45
每股收益：包括非常项目（元）	17.64	15.45

① 詹姆斯．经济增加值基础［M］．刘志远，等译．大连：东北财经大学出版社，2005：148-154。从数据平衡和简化的原则对引用的数据进行了一定的修正和调整，此案例仅为说明从会计利润到EVA的调整方式。

表11-5　　GMS公司资产负债表[①]　　单位：万元

项目	2023年12月31日	2024年12月31日
流动资产		
现金和短期投资	10 442	10 284
应收账款	94 788	110 788
存货	16 316	16 704
其他流动资产	9 006	8 388
流动资产合计	130 552	146 164
固定资产总额	119 418	120 815
折旧、摊销（累计）	43 798	42 972
固定资产净值	75 620	77 843
无形资产	14 847	14 795
其他资产	53 711	64 298
资产总额	274 730	303 100
负债		
一年内到期的负债	15 677	19 018
应付票据（付息票据）	53 266	59 933
应付账款	21 516	25 725
应付所得税	1 445	1 016
应计费用	24 723	24 810
其他流动负债	1 001	2 001
流动负债合计	117 628	132 503
长期借款	62 963	65 843
递延所得税	6 656	6 451
其他负债	66 243	67 421
负债总额	253 490	272 218

① 詹姆斯．经济增加值基础．[M] 刘志远，等译．大连：东北财经大学出版社，2005：148-154。从数据平衡和简化的原则对引用的数据进行了一定的修正和调整，此案例仅为说明从会计利润到EVA的调整方式。

续表

项目	2023年12月31日	2024年12月31日
股东权益		
普通股	1 033	914
资本公积	13 808	21 108
留存收益	5 803	8 153
普通股权益	20 644	30 175
少数股东权益	596	707
股东权益总额	21 240	30 882
负债和股东权益总额	274 730	303 100

为估计调整后税后净经营利润（NOPAT）和投入资本（IC），根据GMS财务报表披露，与估价有关的附注如下：

附注1：GMS公司在2023年、2024年存货跌价准备分别为1 890万元和1 929万元。

附注2：假设GMS公司研发费用在发生时即已资本化，假设研究开发费用分3年直线摊销，GMS公司研发费用及未摊销研发费用见表11-6。

表11-6　**GMS公司研究开发费用及其摊销**　单位：万元

项目	研发费用	摊销费用			
		2021年	2022年	2023年	2024年
2021年	8 200	2 733	2 733	2 733	
2022年	7 900		2 633	2 633	2 633
2023年	6 800			2 267	2 267
2024年	6 600				2 200
合计	29 500	2 733	5 366	7 633	7 100
2024年年初未摊销的研发费用				7 168	
2024年年末未摊销的研发费用					6 668
未摊销的研发费用的净变化					-500

在表11-6中，2024年年初、年末未摊销的研发费用计算方式如下：

2024年年初未摊销的研发费用=29 500-2 733-5 366-7 633-6 600=7 168（万元）

2024年年末未摊销的研发费用=29 500-2 733-5 366-7 633-7 100=6 668（万元）

附注3：公司最低现金按销售收入的3%计算，公司超额现金为资产负债表中“现金和短期投资”与最低现金的差额，经营性营运资本等于经营性流动资产减去经营性流动负债，有关数据见表11-7。

表11-7　GMS公司最低现金与经营性营运资本（2024年年初）　金额单位：万元

项目	2024年年初	说明
最低现金为销售收入的3%	3%	
最低现金	5 400	利润表：180 000×3%
超额现金	5 042	资产负债表：10 442−5 400
经营性流动资产	125 510	资产负债表：130 552−5 042
经营性流动负债	48 685	资产负债表：117 628−15 677−53 266
经营性营运资本	76 825	125 510−48 685

根据上述资料，计算GMS公司的EVA如下：

第一，根据利润表、资产负债表和报表附注，估计调整后的NOPAT见表11-8。

表11-8　GMS公司调整后NOPAT（2024年）　单位：万元

项目	金额	说明
息税前利润	18 507	利润表
加：本年研发费用增加额	6 600	附注（2）
本年研发费用摊销额	−7 100	
商誉摊销增加额	0	
存货跌价准备增加额	39	附注（1）（1 929−1 890）
调整后税前净经营利润	18 046	
报表上的所得税	2 822	利润表
减：递延所得税增加额	−205	资产负债表（6 451−6 656）
加：利息费用抵税收益	2 388	9 552×25%
减：非经营收益（费用）和特殊项目抵税收益	583	2 333×25%
现金营业税	4 832	2 822−（−205）+2 388−583
调整后税后净经营利润	13 214	18 046−4 832

第二，采用资产法和筹资法分别估计GMS公司2024年年初投入资本，见表11-9、表11-10。

表11-9 GMS公司调整后投入资本（资产法）(2024年年初) 单位：万元

资产法	金额	说明
经营性营运资本	76 825	附注（3）
固定资产净值	75 620	资产负债表
无形资产	14 847	资产负债表
其他资产	53 711	资产负债表
未摊销资本化研发费	7 168	附注（2）
存货跌价准备	1 890	附注（1）
投入资本	230 061	合计

表11-10 GMS公司调整后投入资本（筹资法）(2024年年初) 单位：万元

筹资法	金额	说明
股东权益		
普通股权益	20 644	资产负债表
加：少数股东权益	596	资产负债表
递延税项贷方余额	6 656	资产负债表
未摊销资本化研发费用	7 168	附注（2）
存货跌价准备	1 890	附注（1）
减：超额现金	5 042	附注（3）
股东权益总额	31 912	
有息债务		
有息短期负债	68 943	应付票据+一年内到期的负债
长期借款	62 963	
其他负债	66 243	
有息债务总额	198 149	
调整后投入资本	230 061	←=31 912+198 149

第三，根据调整后的NOPAT和调整后的投入资本，结合资本成本，计算GMS公司的经济增加值，见表11-11。

表11-11　　GMS公司经济增加值（2024年）　　金额单位：万元

项目	金额	说明
有息债务	198 149	有息债务/投入资本：86.13%
股东权益	31 912	股东权益/投入资本：13.87%
投入资本	230 061	
公司债务税前成本	6.00%	
所得税税率	25.00%	
债务税后成本	4.50%	6%×（1-25%）
无风险收益率	5.00%	
市场风险溢价	6.00%	
贝塔系数	1.1	
股权资本成本	11.60%	CAPM：5%+1.10×6%
加权平均资本成本	5.48%	WACC：86.13%×4.5%+13.87%×11.6%
投入资本收益率	5.74%	ROIC：13 214÷230 061×100%
EVA	598	EVA：230 061×（5.74%-5.48%）

GMS经济增加值

上述计算表明，在2024年，GMS公司实现的净利润为8 466万元，为股东创造的经济增加值为598万元。

EVA的最大贡献就是采用经济利润而不是会计利润进行财务决策，它克服了现行会计准则只确认和计量债务成本、对股权成本只作为利润分配处理的缺陷，充分体现了资本保值增值的要求。

11.1.3　EVA调整在中国的实践

2006年12月30日，国资委发布了修订的《中央企业负责人经营业绩考核暂行办法》，并于2007年1月1日起正式实施。2012年12月26日，国资委再次发布了《中央企业负责人经营业绩考核暂行办法》，对考核办法进行了一定的调整。在EVA调整细则中，主要对利息支出、研究开发费用、非经常性收益、无息流动负债和在建工程等五项进行调整。有关项目的计算方式如下：

经济增加值=税后净经营利润-资本成本

=税后净经营利润-调整后投入资本×平均资本成本

其中：税后净经营利润=净利润+（利息支出+研究开发费用调整项）×（1-25%）

公司通过变卖优质资产等取得的非经常性收益在税后净经营利润中全额扣除。

调整后投入资本=平均所有者权益+平均负债合计-平均无息流动负债-平均在建工程

根据国资委经济增加值考核细则，有关项目确定方式如下：

（1）利息支出是指企业财务报表中“财务费用”项下的“利息支出”。

（2）研究开发费用调整项是指企业财务报表中“管理费用”项下的“研究与开发费”和当期确认为无形资产的研究开发支出。对于勘探投入费用较大的企业，经国资委认定后，将其成本费用情况表中的“勘探费用”视同研究开发费用调整项按照一定比例（原则上不超过50%）予以加回。

（3）无息流动负债是指企业财务报表中“应付票据”“应付账款”“预收款项”“应交税费”“其他应付款”①“其他流动负债”；对于因承担国家任务等原因造成“专项应付款”“特种储备基金”余额较大的，可视同无息流动负债扣除。

（4）在建工程是指企业财务报表中符合主业规定的“在建工程”。工程物资和在建工程作为不能为当期实际创造利润的长期性、持续性投资，不应包括在资本占用当中，当期完工并转入固定资产时才计入。

（5）其他重大调整事项。对那些由于重大政策变化、严重自然灾害等不可抗力因素、企业重组上市及会计准则调整等不可比因素进行调整。

资本成本是计算EVA的重要参数。从理论上讲，资本成本应采用加权平均资本成本（WACC），资本成本的高低应体现行业的风险差异，由于中国资本市场尚不成熟，股票交易价格的形成机制并不能充分反映上市公司的风险与价值。在估计EVA时，国资委考核中央企业的资本成本原则上定为5.5%（基于长期贷款利率确定的）；承担国家政策性任务较重且资产通用性较差的企业，资本成本定为4.1%；资产负债率在75%以上的工业企业和80%以上的非工业企业，资本成本上浮0.5个百分点；资本成本确定后，3年保持不变。

国资委引入EVA指标评价企业业绩，向央企发出了清晰的信号：企业必须从以规模为导向的发展模式逐步向以价值创造为导向的发展模式转化。

11.1.4　经济增加值与净现值

在项目评估中，投资决策的法则之一是净现值法则。项目净现值用来衡量投资项目对公司增量价值的贡献大小。投资于净现值为正的项目将会增加公司价值；反之，则会损害公司价值。经济增加值是对净现值法则的简单拓展。或者说，项目净现值是它在寿命周期内所追加的经济增加值的现值，即：

$$NPV = \sum_{t=1}^{n} \frac{EVA_t}{(1 + WACC)^t} \tag{11.6}$$

假设公司有一投资项目，初始投资额为100万元，项目周期为4年，按直线法计提折旧，资本成本为10%，每年税后净经营利润（NOPAT）见表11-12第二栏，采用折现现金流量法（DCF）计算的项目净现值和采用折现EVA法计算的各投资年度EVA现值之和均为74.34万元。由于投资年度的EVA的现值等于投资项目的

① 现行会计准则规定，资产负债表中的应付利息、应付股利项目并入其他应付款项目核算。

NPV，因此，投资项目EVA现值也可以作为投资决策的一种评价指标。

表11-12 投资项目NCF与EVA的现值 单位：万元

年份	NOPAT	折旧	NCF	资本成本费用	投资余额	EVA
0			-100.00		100	
1	30	25	55.00	10.0	75	20.0
2	30	25	55.00	7.5	50	22.5
3	30	25	55.00	5.0	25	25.0
4	30	25	55.00	2.5	0	27.5
NPV			74.34			74.34

11.1.5 市场增加值

市场增加值（MVA）是从总体上衡量公司为投资者创造价值能力的指标，其大小不仅取决于公司当前经营创造价值的能力，还与公司未来创造价值的能力有关。

市场增加值是指一家公司的市场价值与它所占用的资本（投资额）之差，即：

$$MVA_t = MV_t - BV_t \tag{11.7}$$

式中，MV_t表示t时点公司的市场价值，即债务与股权市场价值之和；BV_t表示t时点公司投入资本的账面价值，它是根据EVA的概念进行调整的。

由于公司资本是由债务资本和股权资本两部分构成的，MVA可相应地分解为债务MVA和股权MVA，前者等于公司债务的市场价值减去账面价值的净额，后者等于公司股权资本的市场价值减去账面价值的净额。如果公司债务的市场价值等于账面价值，市场增加值就等于股权资本MVA。

根据MVA的定义，如果MVA大于零，说明公司资本的市场价值大于投资者投资于公司的资本数量，从而为投资者创造价值；反之，则说明公司损害了投资者的价值。从某一特定时点来说，MVA的大小反映了公司为投资者创造价值或损害价值的数量。因此，公司管理的目标是市场增加值最大化，而不是市场价值最大化，因为后者只关注公司在资本市场上的价值定位，忽略了公司的资本占用量，不能反映价值的创造。

从投资的角度分析，MVA计算公式中的投入资本账面价值应当是公司过去和现在的所有项目投入资本总额。如果资本市场是理性的，则上述所有项目未来预期现金流量的现值之和等于公司投入资本的市场价值。因此，接受净现值大于零的投资项目意味着MVA的增加，该项目对公司MVA贡献的大小就是该项目的净现值。根据MVA、NPV、EVA之间的关系，公司市场价值可写为：

$$\begin{aligned} MV &= IC_0 + \sum_{t=1}^{\infty}\frac{NCF_t}{(1+WACC)^t} \\ &= IC_0 + \sum_{t=1}^{\infty}\frac{EVA_t}{(1+WACC)^t} \end{aligned} \tag{11.8}$$

公式（11.8）中的公司市场价值等于投入资本账面价值加上所有未来EVA的现值。重新调整后，市场增加值MVA可按下式计算：

$$MVA_0 = MV_0 - IC_0 = \sum_{t=1}^{\infty}\frac{EVA_1}{(1+WACC)^t} \tag{11.9}$$

公式（11.9）描述了EVA和MVA的关系，即MVA等于未来EVA的现值，EVA越多，公司价值的增值就越多，为股东创造的财富就越多。

从MVA和EVA的关系看，MVA作为经营业绩的衡量指标，反映了股东投入资本的增值部分，直接与股东财富的创造相关。MVA标志着一家公司合理运用稀缺资源的能力。EVA的作用在于它扣除了资本成本，减去了投资者期望的最低投资收益。因此，当市场认为公司的EVA为零时，公司收支平衡，投资者只获得了最低回报，从而公司的MVA等于零。此时，公司市值与资本的账面价值相等。

将前述的NPV与EVA和MVA结合起来，可以发现这些指标是从不同的角度反映公司价值的增值的。采用NPV分析公司价值的增值，实质上是项目投资决策分析中的NPV最大化原则，如果把股东投资于公司看成一个投资期趋近于无穷大的投资项目时，公司价值最大化目标就是公司所有投资的子项目累积NPV最大化目标，也就是MVA最大化目标。从本质上说，EVA是公司价值实现的内在动力，MVA是公司价值的外在市场表现，NPV是公司价值实现的微观决策标准。可见，公司价值最大化与EVA直接相关，一些投资公司的研究报告均表明，EVA的长期变化是上市公司MVA变动的最重要原因。

11.2 经济增加值驱动因素

11.2.1 价值驱动因素分析的思路

价值驱动因素是影响或推动价值创造的一个决策变量。根据财务估价理论，公司价值创造的源泉是存量资产创造的价值和公司未来增长机会创造的价值。如果资产账面价值与投入资本相等，根据公式（11.8），公司市场价值为初始投入资本与未来EVA现值之和，其中未来EVA的现值来源于两个方面：存量资产创造的各期EVA现值和未来增量投资创造的各期EVA的现值，因此，公式（11.8）可改写为：

$$MV = IC_{存量资产} + \sum_{t=1}^{\infty}\frac{EVA_{t,\ 存量资产}}{(1+WACC)^t} + \sum_{t=1}^{\infty}\frac{EVA_{t,\ 未来投资}}{(1+WACC)^t} \tag{11.10}$$

在公式中，存量资产的价值创造主要取决于公司存量资源的经营效率；未来增长价值主要取决于增量资源的投入与整合。因此，可从经营效率和增长价值两个方面研究价值创造的驱动因素。

11.2.2 经营效率驱动因素

反映公司经营效率的关键业绩指标既可以采用净资产收益率（ROE）或投入资本收益率（ROIC），也可以采用现金流量指标（FCFF）或经济增加值（EVA）以及影响这些指标的派生因素。

以ROE作为关键业绩指标，其价值驱动因素可分为销售利润率、总资产周转率、财务成本比率、权益乘数和税收效应比率等因素。为反映经营活动对净资产收益率的影响，也可根据杜邦财务分析体系，将ROE指标分解成总资产收益率和权益乘数。

如果以FCFF作为关键业绩指标，价值驱动因素主要是现金流量、资本成本和增长率（见第3章）。如果以EVA作为关键业绩指标，价值驱动因素是投入资本、税后净经营利润和资本成本等。在其他因素保持不变的情况下，提高投入资本收益率（ROIC）、降低资本成本（WACC）、增加资本投入（假设新投资的ROIC大于WACC）或减少资本投入（如果被剥离资产的投资收益率小于资本成本）时，就会增加EVA，为股东创造价值。

11.2.3 增长价值驱动因素

影响公司增长价值的因素不仅表现为较高的增长率，还表现为高增长率的持续期或竞争优势持续期。在其他因素不变的情况下，伴随着超额收益，高增长时期持续得越长，公司的价值增值就越大。公司收益增长率一方面受商品市场和管理效率的双重影响，另一方面受金融市场和财务政策的影响，如负债水平、投资规模、筹资方式、股利政策等。因此，某一销售增长率是否能实现，不仅取决于公司的经营效率，也取决于公司的财务政策或财务资源的影响。

需要注意的是，如果公司的增长率是通过增加投资或资本扩张（如并购与重组）等实现的，应特别注意这种增长必须是能带来现金流量或收益的增长，单纯的快速增长不一定会创造价值，只有当增长创造的增量价值大于增量成本时，才会为公司创造价值。

【例11-3】假设ABC公司存量资产的投入价值（IC）为10 000万元，税后净经营利润为1 500万元，预期投入资本收益率（ROIC）为15%，资本成本为12%。为扩大收益、增加公司价值，公司预期在未来5年每年年初追加投资1 000万元，预计这些投资的预期收益率为15%，预期资本成本仍保持在12%的水平上。在第5年之后，公司将继续投资1 000万元，且收益每年增长5%，新投资收益率与资本成本均为12%。假设公司持续经营，根据EVA模型，ABC公司市场价值计算见表11-13。

表11-13　　ABC公司市场价值计算　　单位：万元

项目	现值	计算方法
现有资产		
投入资本	10 000.00	
EVA的现值	2 500.00	←= 10 000×（15%-12%）/0.12
第1年年初投资的EVA现值	250.00	←= 1 000×（15%-12%）/0.12
第2年年初投资的EVA现值	223.21	←= [1 000×（15%-12%）/0.12] /1.12
第3年年初投资的EVA现值	199.30	←= [1 000×（15%-12%）/0.12] /1.12^2
第4年年初投资的EVA现值	177.95	←= [1 000×（15%-12%）/0.12] /1.12^3
第5年年初投资的EVA现值	158.88	←= [1 000×（15%-12%）/0.12] /1.12^4
公司市场价值（MA）	13 509.34	←= 各项之和

在表11-13中，假设每年投资均发生在各年年初；各年投资的EVA为一个固定数额，且一直持续到永久。在调整时，可将各年的EVA按永续年金调整到各年投资的期初，然后调整到第0期。例如，对于第2年年初投资的EVA的现值进行为期1年的折现。

表中计算结果表明，公司市场价值为13 509.34万元，其中存量资产的投入资本为10 000万元，存量资产创造的EVA现值为2 500万元，第1年至第5年每年追加投资获得的EVA现值合计为1 009.34万元（250+223.21+199.30+177.95+158.88）。据此，市场价值增加值为3 509.34万元（13 509.34-10 000）。需要注意的是，只有当ROIC大于资本成本时，才会为公司创造MVA。尽管公司在第5年后将继续增加投资，由于ROIC等于资本成本，投资的边际收益等于零。由此说明，增加投资并不意味着增加价值，只有ROIC的增长率大于资本成本的增长率时才会创造增量价值。如果公司投资的收益等于或低于资本成本，增加投资的结果只会是损害公司价值。

根据例11-3的数据，采用公司自由现金流计算公司价值见表11-14。

表11-14　　ABC公司市场价值计算（FCFF）　　单位：万元

年份	0	1	2	3	4	5	6
现有资产EBIT（1-T）		1 500.00	1 500.00	1 500.00	1 500.00	1 500.00	
第1年年初投资的EBIT（1-T）		150.00	150.00	150.00	150.00	150.00	
第2年年初投资的EBIT（1-T）			150.00	150.00	150.00	150.00	
第3年年初投资的EBIT（1-T）				150.00	150.00	150.00	

续表

年份	0	1	2	3	4	5	6
第4年年初投资的EBIT（1-T）					150.00	150.00	
第5年年初投资的EBIT（1-T）						150.00	
合计EBIT（1-T）		1 650.00	1 800.00	1 950.00	2 100.00	2 250.00	2 362.50*
资本支出（再投资）	1 000.00	1 000.00	1 000.00	1 000.00	1 000.00	937.50	984.38*
公司自由现金流量	-1 000.00	650.00	800.00	950.00	1 100.00	1 312.50	1 378.12
FCFF现值（前5年）	2 338.12	←=第0年至第5年公司自由现金流量现值之和					

*按增长率5%计算。

稳定增长阶段FCFF现值计算如下：

$$PV_5 = \frac{1\ 378.12}{12\% - 5\%} = 19\ 687.57(\text{万元})$$

$$PV_0 = \frac{19\ 687.57}{(1 + 12\%)^5} = 11\ 171.22(\text{万元})$$

公司价值=2 338.12+11 171.22=13 509.34（万元）

阅读表11-14的数据时需要注意的是：（1）各年资本支出（再投资）发生在每年年初，从而第1年的1 000万元被列示在第0年，第2年的资本支出被列示在第1年，依此类推。（2）假设自第6年起税后净经营利润、资本支出增长率每年为5%；第5年之后投资收益率与资本成本均为12%。因此，第5年的资本支出可按下式计算：

$$\text{净投资}_5 = \frac{EBIT_6(1 - T) - EBIT_5(1 - T)}{\text{投入资本收益率}} = \frac{2\ 362.5 - 2\ 250}{0.12} = 937.5\ (\text{万元})$$

采用资本成本对公司自由现金流量进行折现得到的公司价值为13 509.34万元，与运用经济增加值方法得到的公司价值相等。这种情况仅仅在两种方法假设条件、调整方式基本一致的情况下才可能出现。例如，采用EVA方法时，需要对研发费用进行调整，那么，采用FCFF方法时，也要对研发费用进行调整。即用于估计FCFF的税后净经营利润与用于估计EVA的税后净经营利润相一致。但在大多数情况下，由于增长率预测、各年投入资本预测等原因，两种方法的结果是有差异的。

11.2.4 价值驱动因素分析

现以EVA为例说明不同价值驱动因素对公司价值的影响。根据公式（11.2），影响EVA的因素主要有投入资本总额、税后净经营利润和加权平均资本成本。

【例11-4】假设XYZ公司目前投入资本（IC）为2 000万元，资本成本（r_w）为10%，投入资本收益率（ROIC）第1年为18%，以后每年递减1%，到第9年时与资本成本相同。据此，未来EVA现值与公司价值计算见表11-15。

表11-15　**经济增加值现值与市场价值的基本数据**　金额单位：万元

年度	0	1	2	3	4	5	6	7	8	9
ROIC-WACC		8%	7%	6%	5%	4%	3%	2%	1%	0
EVA		160	140	120	100	80	60	40	20	0
PV（EVA）（10%）	533									

根据表11-15，假设公司资产的账面价值（BV）与投入资本（IC）相等，市场价值计算如下：

$$MV = 2\,000 + \frac{160}{(1+10\%)} + \frac{140}{(1+10\%)^2} + \cdots + \frac{20}{(1+10\%)^8}$$

$$= 2\,000 + 533 = 2\,533(\text{万元})$$

上述计算表明该公司未来EVA的现值为533万元，公司的市场价值（2 533万元）为投入资本与未来EVA现值之和。以表11-15中的数据为基础，分析不同因素变化对公司价值的影响。

（1）提高现有资本投资收益率（ROIC）

假设XYZ公司通过提高经营效率，如提高市场份额、降低成本、提高资产周转率等，使第1年的ROIC由18%提高到20%，以后每年递减1.25%，第9年的ROIC与资本成本相同。假设投入资本和资本成本等因素保持不变，ROIC的变化对公司价值的影响见表11-16。

表11-16　**提高现有资本投资收益率对市场价值的影响**　金额单位：万元

年度	0	1	2	3	4	5	6	7	8	9
ROIC-WACC		10.0%	8.75%	7.50%	6.25%	5.00%	3.75%	2.50%	1.25%	0
EVA		200	175	150	125	100	75	50	25	0
PV（EVA）	666									

通过表11-16可知，在其他因素不变的情况下，提高ROIC，未来EVA的现值增加了133万元（666-533），公司市场价值也随之由2 533万元增加到2 666万元，增加了133万元。

（2）剥离不良资产，降低资本占用

假设XYZ公司的资产由A、B两类构成，A类资产总额为1 500万元，投资收益率为22%，B类资产总额为500万元，投资收益率为6%，A、B类资产平均投资收益率为18%。假设公司决定以账面价值出售B类资产。A类资产收益率每年递减1.5%，第9年时与资本成本相同。假设资本成本保持不变，公司剥离不良资产后的价值见表11-17。

表11-17　　不良资产剥离后的市场价值　　金额单位：万元

年度	0	1	2	3	4	5	6	7	8	9
ROIC-WACC		12.0%	10.5%	9.0%	7.5%	6.0%	4.5%	3.0%	1.5%	0
EVA		180	158	135	113	90	68	45	23	0
PV（EVA）	600									

表11-17表示，公司剥离不良资产500万元后，未来EVA现值为600万元，市场价值降为2 100万元（1 500+600）。与表11-15比较，虽然市场价值减少了433万元（2 533 -2 100），但资本减少了500万元，两者相比，相当于创造了67万元的价值，这与未来EVA现值增加值67万元（600-533）刚好相等。

上述计算表明，如果以比资本投入增加更快的速度增加市场价值，或者以比市场价值减少更快的速度减少资本投入，都会得到同样的效果，即增加股东价值。因此，价值创造的目标不是市场价值最大化，而是市场增加值最大化。

（3）延长竞争优势期

上述计算中均假设竞争优势期为8年，假设延长至10年，每年收益率仍呈线性递减，假设其他因素保持不变，市场价值计算见表11-18。

表11-18　　延长竞争优势期的市场价值　　金额单位：万元

年度	0	1	2	3	4	5	6	7	8	9	10	11
ROIC-WACC		8.0%	7.2%	6.4%	5.6%	4.8%	4.0%	3.2%	2.4%	1.6%	0.8%	0
EVA		160	144	128	112	96	80	64	48	32	16	0
PV（EVA）	617											

表11-18的结果表明，将公司竞争优势的期限延长2年，未来EVA现值将增加84万元（617-533），同样，公司的市场价值也增加了84万元（2 000+617-2 533）。

任何公司经过一段时间的快速增长后，都会进入增长速度等于或小于经济平均增长速度的成熟期。当公司的资本投资收益率大于资本成本，即存在超额利润时，高速增长能提高公司价值；同时，某一领域的超额利润会吸引竞争者进入，导致竞争加剧，最终导致高速增长期的结束。因此，要延长高速增长期，公司必须建立并提高进入壁垒和竞争优势，并采取必要的措施延长竞争优势的持续期间以提高公司价值。

（4）降低资本成本

假设其他因素不变，资本成本降低到8%，则第1年ROIC与r_w间的差额为10%（18%-8%），以后每年递减1.25%（10%÷8），第9年时为零。表11-19为资本成本降低后的公司价值。

表11-19　**降低资本成本后的公司价值**　金额单位：万元

年度	0	1	2	3	4	5	6	7	8	9
ROIC-WACC		10.0%	8.75 %	7.50%	6.25%	5.00%	3.75%	2.50%	1.25 %	0
EVA		200	175	150	125	100	75	50	25	0
PV（EVA）（8%）	704									

表11-19表明，降低资本成本2%，使未来EVA现值增加了171万元（704-533），公司市场价值由2 533万元增加到2 704（2 000+704）万元，同样增加了171万元。

11.3 财务战略矩阵与价值创造

11.3.1　财务战略矩阵

在财务管理中，价值创造与可持续增长率的组合分析是通过财务战略矩阵实现的。财务战略矩阵是通过两维的参数综合分析公司价值增长程度的工具，一是资本收益率差幅（ROIC-WACC）；二是销售增长率与可持续增长率之间的差幅（$G_{销售}$-SGR）。为分析方便，假设公司具有多个部门或业务单元，它们各自创造的价值构成了公司价值创造总额。根据不同的资本收益率差幅和增长率差幅将财务战略矩阵分为四个象限，如图11-2所示。每一象限都对应资本收益率差幅与增长率差幅的不同组合，对应不同的经营状态。①

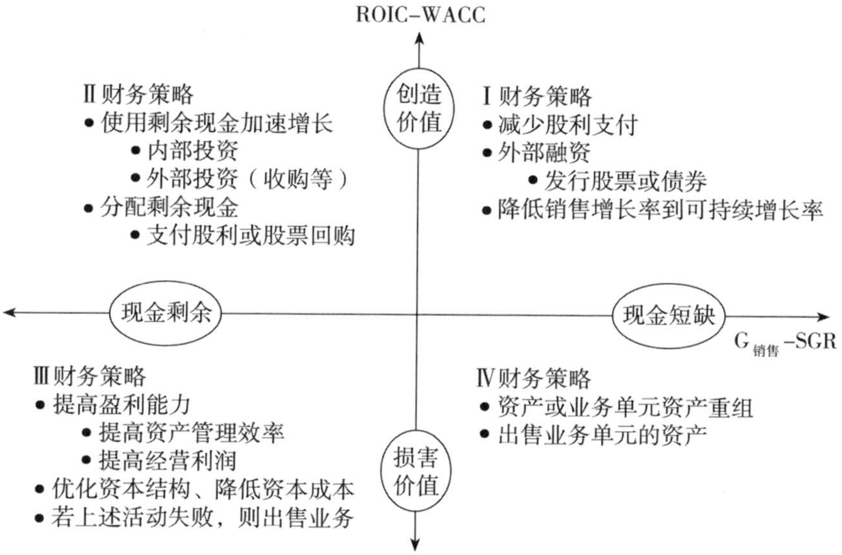

图11-2　财务战略矩阵

① 加布里埃尔，克劳德. 经理人员财务管理——创造价值的过程［M］. 王全喜，等译. 北京：机械工业出版社，2006：301.

在图11-2中，纵坐标表示资本收益率差幅，用于衡量公司某一特定业务单元创造价值的能力。如果资本收益率差幅大于零，则表明该业务单元为公司创造价值；反之，则损害公司价值。横坐标表示增长率差幅，用于衡量公司某一特定业务单元为销售增长提供现金的能力。如果增长率差幅大于零，表明业务单元现金短缺；反之，则表明该业务单元现金剩余。对于处于不同象限的部门或业务单元，应采用不同的财务策略。

象限Ⅰ：处于这一象限的业务单元，资本收益率差幅与增长率差幅均大于零。该业务单元的经营活动创造价值，但现金短缺。对此，可供选择的财务策略是：①筹措资金，满足销售增长的需要；②缩小经营规模，使公司的可持续增长率与销售增长率相平衡。这个战略可以使公司通过进入更加细分的市场，提高留存业务的价值创造能力。

象限Ⅱ：处于这一象限的业务单元，资本收益率差幅大于零，但增长率差幅小于零。该业务单元的经营活动创造价值，并产生剩余现金。根据是否存在增长机会采取不同的财务策略，如果存在增长机会，可将多余的现金投资于现有业务单元，促进现有业务的扩张，或者通过收购实现外部增长；如果目前尚未发现有利的投资机会，可通过现金股利或股票回购方式将多余的现金返还给股东。

象限Ⅲ：处于这一象限的业务单元，资本收益率差幅和增长率差幅均小于零。该业务单元虽然能够产生足够的现金流量维持自身发展，但是业务的增长反而会降低经营的价值，这是公司处于衰退期的前兆。对此，可采取的财务策略是：①将多余的现金用于该业务单元的业务重组，提高投入资本收益率；②通过扩大销售、提高价格、减少费用等途径提高边际收益；③通过有效营运资本管理（加速收款、减少存货）等方法提高资产周转率；④通过业务重组降低资本成本；⑤将该业务单元的业务出售，并将多余的现金返还给股东。

象限Ⅳ：处于这一象限的业务单元，资本收益率差幅小于零，增长率差幅大于零。该业务单元的经营活动既不能创造价值，又不能支持其自身的发展。如果不能彻底改变这一局面，就必须出售该业务单元的资产，全面退出该业务。

EVA作为一种评价指标，能够准确地反映经营者为股东创造的价值，但由于EVA对公司未来成长的估算是建立在既有的产品、技术和市场的基础上的，同时EVA的计算对资本成本高度敏感，而资本成本的确定又依赖于历史数据分析。因此，EVA的可操作性还有诸多问题需要解决，如对公认财务会计准则的调整、股权资本成本的确定等，这在一定程度上限制了公司的外部信息使用者使用。

11.3.2 经济增加值动量分析

Stewart Bennett（2010）将经济增加值和营业收入增长率相结合，提出了经济增加值动量（EVA momentum）的分析方法。经济增加值动量的计算方法如下：

$$\text{经济增加值动量} = \frac{\text{本期经济增加值增量}}{\text{上一期营业收入}} \tag{11.11}$$

经济增加值动量可以进一步分解为经营效率指标（productivity gains）和盈利增长效率指标（profitable growth），如下式所示：

$$经济增加值动量=\Delta\left(\frac{经济增加值}{营业收入}\right)+\frac{经济增加值}{营业收入}\times 营业收入增长率$$

$$=经营效率+盈利增长效率$$

根据格力电器财务报表计算实际的经济增加值动量变动趋势如图11-3所示。

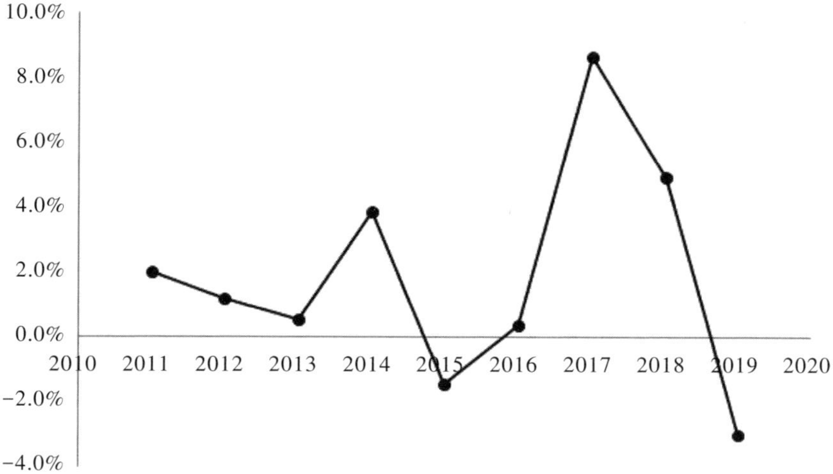

图11-3　格力电器经济增加值动量指标变动趋势（2010—2020年）

经济增加值动量不仅可以衡量公司价值创造效率，而且可以判断公司的成长类型，如图11-4所示。

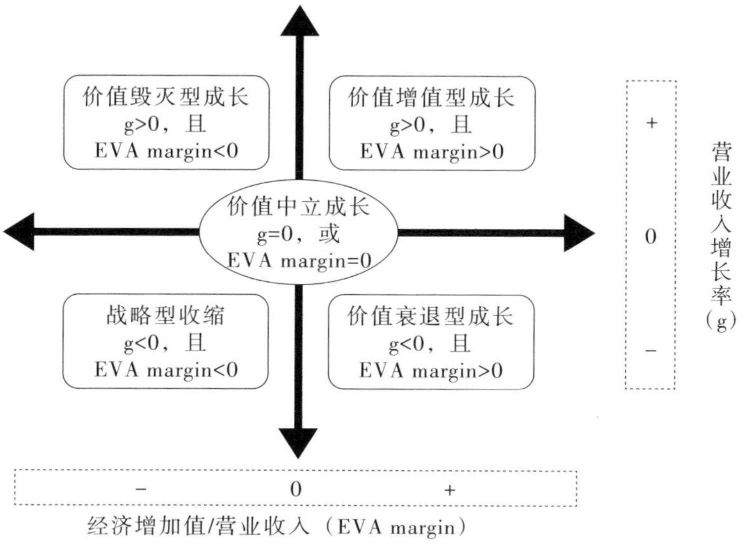

图11-4　价值成长型矩阵（The “Profitable Growth” Grid）

资料来源：STEWART B .EVA Momentum：The One Ratio That Tells the Whole Story［J］. Journal of Applied Corporate Finance，2010，21（2）：74-86.

中立型成长（value neutral）指的是营业收入增长率或营业收入增加值率（经济增加值/营业收入）二者中有一个指标为零，处在这种状态时对经济增加值动量无影响。

价值增值型成长（valuable growth）指的是营业收入增长率和营业收入增加值率均大于零。前者表明公司的市场份额在扩张，后者表明公司价值创造的效率在提高，处于这一象限的组合是公司经营的最佳状态。

价值毁灭型成长（destructive growth）指的是营业收入增长率大于零，但营业收入增加值率小于零，由于单位营业收入的价值创造为负，因此，营业收入越高，价值毁灭程度越高，公司应极力避免这一象限的组合。

战略型收缩（strategic retrenchment）指的是营业收入增长率和营业收入增加值率均为负值，表明公司所在的市场萎缩，且伴随着价值毁损。处于这一象限意味着公司的经营规模发生了收缩，可能是因为公司剥离部分业务造成的，也可能是由于经营环境等造成经营受阻。

价值衰退型成长（fading star）指的是营业收入增加值率大于零，营业收入增长率小于零，在这一象限下，公司的营业收入虽然还可以为股东创造价值，但市场竞争在下降。

根据经济增加值动量判断格力电器各年的成长类型如图 11-5 所示。从图 11-5 可以看出，除 2015 年、2019 年外，格力电器各年增长类型均落在价值增值型成长区域内。这表明公司营业收入增长率和营业收入增加值率均大于零，表明格力电器的市场份额在扩张，公司价值创造的效率在提高，处于公司经营的最佳状态。

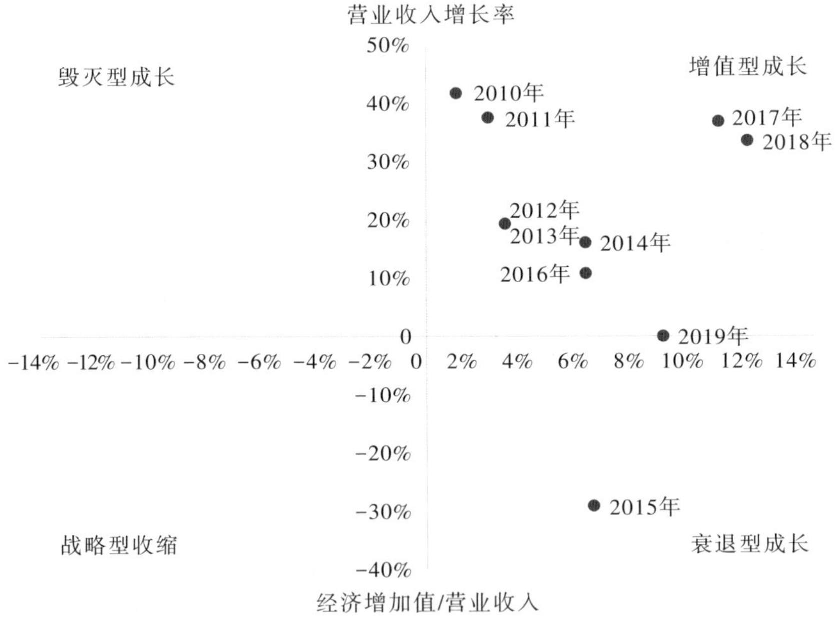

图11-5 格力电器成长类型

11.3.3　价值创造与财务支持策略

格力电器经济增加值

公司财务的研究框架主要有两个：一是通过资源的流动和重组实现资源的优化配置和价值增值，即如何在商品市场上进行实物资产投资，为公司的未来创造价值；二是通过各种金融工具的创新和资本结构的调整实现资本的扩张和增值，即如何在金融市场上筹措投资所需要的资本，为投资者创造价值。在实务中，公司财务管理主要表现为投资决策、筹资决策和营运资本管理三种形式，最终目标是实现市场增加值最大化，如图11-6所示。

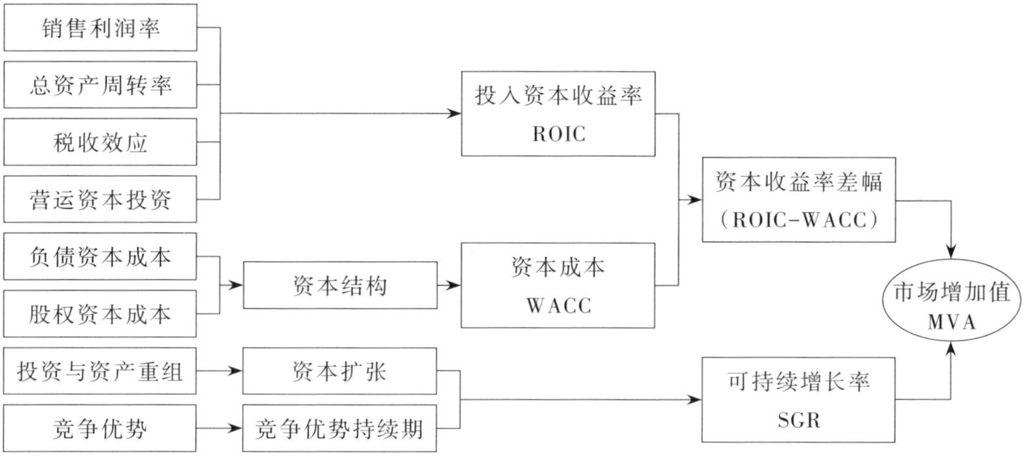

图11-6　价值创造

在图11-6中，MVA的来源是公司的投资活动和经营活动，市场增加值主要是向市场或投资者展示这种价值的度量结果，仅当投资活动和经营活动所创造的价值大于资本成本时，才能为投资者创造增量价值。可以说，价值创造与价值评价是一种动因和结果的关系。

投资决策是评价和选择投资项目、优化资源配置的一种经济活动。投资项目决策的目的是评价或选择能够创造公司价值的投资项目，以便提高公司价值的长期增长潜力。在投资决策中，除了选择和评价投资项目，财务部门也可以通过监控和量化公司股票价格与其内在价值的关系，识别价值创造的新机会。例如，当上市公司当前股价小于股票内在价值，即股票价值被低估时，财务部门可以寻找不同的方法消除差距，如加强与投资者的沟通或者回购股票，或者剥离或出售某些资产、并购其他业务、放弃某些与公司战略不符的业务等资产重组方式提高股票市场价格。

在筹资决策中，竞争和套利机制的结果，很难找到净现值大于零的筹资方案或筹资机会。因此，公司必须通过其他方法（如证券创新）去创造价值。[①]在实务

① 近年来的金融创新品种层出不穷，公司从开发和高价发行具有独创性的证券中获得好处，但是，从长远看，证券创新者所能从中获得的价值很小。因为证券创新者通常不能对其创新证券的思想申请专利或版权，所以其他公司很快就能复制和发行类似的证券，最终迫使价格下跌。

中，筹资决策创造价值可以直接通过节税或降低筹资成本来实现，也可以通过提高公司资金来源的可靠性和灵活性、降低公司风险等方式间接实现。20世纪90年代后期，安然公司的管理层为了达到增长目标，采用债务资本对宽带进行投机性投资。宽带投资失败后，巨额的债务将安然拖入了破产的泥潭。安然事件的教训之一是筹资策略与投资策略是互补的，拟定筹资策略之前要先充分考虑到经营业务方面的风险，一旦经营业务发生变化，要重新审视筹资策略合适与否。这意味着财务部门还应掌握评估和监控与投资决策有关的风险管理技术与工具。例如，财务部门可通过掉期、远期、期货、期权等衍生工具转移风险、降低风险或化解风险。由于公司的投资、筹资可以被看作某种期权的组合，根据期权理论设计的各种避险工具，既可规避下方风险，又不丧失上方收益。

如果说投资管理强调公司的发展，那么筹资管理强调的则是公司的生存。尽管保持合理的资本结构可以减少财务危机成本，但资本结构并不是一个关键的价值动因，对于已经达到合理杠杆水平的公司，资本结构创造价值的潜力有限，因此，管理者应确保公司拥有足够的财务灵活性，在支持公司战略的同时尽量减少财务危机，而不是通过调整达到“最佳”的资本结构。

在前述分析中，反映价值创造的一个重要指标是投入资本收益率（ROIC），这一指标又可分解为销售利润率和资产周转率，而税后的ROIC与税率有关。因此，营运资本管理对提高ROIC或价值创造的贡献主要是提高资产管理效率或加速资产周转，如加速收款、减少存货等。

11.4 价值导向管理

11.4.1 价值创造体系

从历史渊源分析，管理是以以下五种思想或理论为基础建立的：1211年佛罗伦萨银行家发明的簿记法；20世纪初泰勒发明的科学管理；20世纪20年代斯隆提出的分权组织；20世纪50年代德鲁克提出的公司战略和目标管理；20世纪90年代肯尼斯·布兰查德提出的价值导向管理。如果说簿记法使工业革命催生的大型公司组织得以迅速发展，那么价值导向管理使传统的经营理念发生了革命性的变化。

价值导向管理作为一种价值管理体系，主要包括价值创造体系、价值评价体系和价值分享体系。价值创造体系主要回答公司价值创造的驱动因素；价值评价体系主要回答不同的价值驱动因素对公司价值创造的贡献程度；价值分享体系主要回答如何回报不同贡献程度的价值驱动因素。

根据核心能力理论，公司价值的持续增长来源于公司的持续竞争优势，持续竞争优势则来源于公司所拥有的战略资源。在上述各节的讨论中，主要是从财务资源的角度分析价值创造的驱动因素，事实上，除投资者提供的财务资源外，人力资源和客户资源以及其他无形资产也都是构成公司竞争优势所不可缺少的资源。因此，在价值管理中，不仅要为财务资源的提供者——股东，创造价值，也要为人力资源提供者或财务资源的使用者——员工（包括经营者和其他员工），创造价值。此外，还要为公司产品/服务的购买者——客户，创造价值。股东价值、客户价值和员工价值也可以被看作结果与动因之间的关系，如图11-7所示。

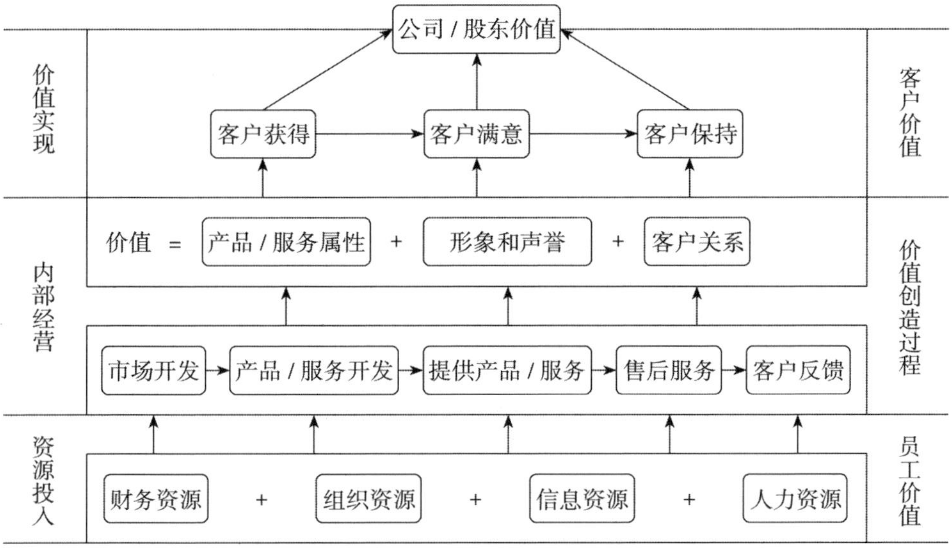

图11-7　股东价值、客户价值、员工价值动因图

图11-7中的财务资源主要表现为有形资产；组织资源、信息资源和人力资源主要表现为无形资产。在无形资产中，信息资源主要包括信息系统、数据库、图书馆和网络资源等。组织资源是指为执行创造公司价值战略所要求的组织能力，主要包括：①文化——执行战略所需要的使命、愿望和核心价值的意识和内在化；②领导力——管理者动员和领导员工实现公司目标的能力；③协调一致——个人、团队和部门目标与战略目标的实现相结合；④团队工作及知识管理——整个公司共享的具有战略潜力的知识。人力资源主要指员工技能、知识和诀窍的有效性，这些技能、知识和诀窍主要用来执行对创造公司价值至关重要的内部经营。

资源投入是创造价值的第一步，经过产品/服务开发过程、生产过程、销售过程创造价值。这一过程是通过公司的内部业务经营完成的，即从确定客户的要求开始，到研究开发满足客户要求的产品与服务项目、制造并销售产品或服务，最后提供售后服务、满足客户要求的一系列活动，它是公司改善经营业绩的重点。客户满意和实现股东价值最大化都要从内部业务经营中获得支持。

公司价值或股东价值的实现是通过为客户创造价值完成的，或者说，通过为客户提供超越竞争对手的价值，从而为公司或股东创造价值。为提高客户价值，公司不但要在产品属性、服务质量、价格、品牌等客户价值收益来源上做文章，而且也要研究影响客户支出成本的因素，设法降低客户购买成本、时间成本、精神成本、体力成本以及风险承担（因信息不对称导致的客户所购与所需产生差异而带来的损失）；通过建立客户信息共享机制和内部沟通机制，实现公司与客户的双向沟通——客户关系，通过客户服务（争取客户、满足客户、保持客户）创造价值，建立基于共同利益的新型公司。

11.4.2 价值评价体系

价值评价体系是对资源创造的价值或价值创造的因素进行系统和科学评价的一整套标准、过程和方法，旨在度量不同价值驱动因素对价值创造的贡献程度，为经营业绩考核提供依据。价值评价体系是公司人力资源战略的重要组成部分，在此仅从评价标准或指标的角度分析关键业绩评价指标。

从业绩评价的角度分析，评价指标的设计必须反映公司成功的关键成功因素和关键业绩指标（key process indication，KPI）。其设计思路应遵循SMART原则：S（specific）代表具体，指业绩考核要切中特定的工作指标；M（measurable）代表可度量，指评价指标是数量化或行为化的，验证这些评价指标的数据或信息是可以获得的；A（attainable）代表可实现，指评价指标在付出努力的情况下可以实现，避免设立过高或过低的目标；R（realistic）代表现实性，指评价指标是实实在在的，可以证明和观察的；T（time bound）代表时限，注重完成业绩评价指标的特定期限。

为保证关键业绩指标的有效实施，它应具备以下特征：①能将员工的工作与公司远景、战略与部门工作相连接，能够层层分解、层层支持，使每一员工的个人业绩与部门业绩、与公司整体效益直接挂钩；②保证员工的业绩与客户的价值相连接，共同为实现客户的价值服务；③员工业绩考核指标是基于公司的发展战略与流程，而非岗位的功能设计的。因此，关键业绩指标与一般业绩指标相比，把个人和部门的目标与公司的成败联系起来，更具有长远的战略意义。关键业绩指标能集中测量员工的行为，使员工按照业绩的测量标准和奖励标准去做，真正发挥业绩考核指标的牵引和导向作用。

公司应根据所在行业特点、发展阶段、内部状况因素来确定关键业绩指标。通常，公司关键业绩指标的定位框架主要表现为八个方面：市场地位、创新、生产率、实物及金融资产、利润、管理人员的表现和培养、工人表现和态度、公共责任感。

基于价值创造的驱动因素，价值评价指标主要包括股东价值、客户价值和员工价值评价指标。股东价值评价指标主要有ROA、ROE、ROIC、EVA、MVA以及与此有关的派生指标，可参阅有关章节的相关内容。

11.4.3　价值分享体系

在信息经济时代，管理发生了革命性的变化：公司资源由单一财务资源拓展为财务资源、人力资源和客户资源的结合；价值评价由注重股东价值的结果性指标发展到注重价值驱动过程且由过程性指标和结果性指标相结合的分层指标体系；财务管理机制由股东独享财权的单边治理发展到由股东、员工、客户共同分享财权的多边共同治理；公司收益分配机制由利润分享发展到价值分享。例如，可口可乐公司作为全球顶尖的价值创造者，在1995年的年报上写道："可口可乐向每一个接触它的人提供价值。"这表明无论是向公司提供资源的投资者，还是公司价值的直接创造者（员工、供应商等），或是从公司品牌中获得享受的消费者，都会因可口可乐公司的存在而获益。

这里的价值分享主要是从员工业绩评价的角度进行的，价值分享体系主要解决两个问题：①如何回报价值创造的驱动因素，即如何确定公司的薪酬战略和薪酬政策；②以什么样的方式和什么样的水平回报和激励员工，即薪酬模式的选择问题。价值分享体系设计，旨在实现公司价值或股东价值最大化的同时，实现个人价值最大化。公司价值最大化需要员工全力创造价值，如实现工作目标、提高工作技能、认同公司的价值观等；个人价值最大化则需要给员工合理分配价值，如发放工资、奖金，荣誉，营造良好的工作氛围，乃至给员工配售股权/期权等。员工分配价值的依据是他所创造的价值，这就涉及如何对员工创造的价值或价值创造的要素进行评价。

虽然在关键业绩指标中从不同的角度列示了许多考核指标，但最终都会落实到部门或员工对公司价值创造的贡献程度。相对于传统的会计业绩指标，EVA是衡量公司价值创造能力的一个较准确的尺度，而且是一个容易被管理者理解和掌握的财务衡量尺度。以EVA为基础的薪酬激励计划，员工的奖金与EVA指标直接挂钩。EVA对员工的激励一直可以渗透到管理层的底部，许多影响EVA的重要经营指标都与一线管理者甚至普通员工的行为相关，并且能被他们直接控制。这些指标反映的经营信息与一组财务业绩指标联系起来，直接解释了EVA的变化。以EVA为基础的薪酬激励计划，公司只对超过资本成本的增加值进行奖励，从而将奖金的数量与员工为股东创造的财富紧密地联系起来，使员工开始像公司的所有者一样思考。此外，EVA指标计算过程中对相关事项的调整有效地避免了会计指标短期化和过分稳健的影响，更加精确地说明了员工对价值的实际创造。

自1982年以来，300多家大公司采用EVA体系作为下属业务单元业绩评估和经营者奖励依据，包括Coca-Cola、AT&T、Quaker Oats、Briggs & Stratton以及CSX等巨型跨国集团。以西门子为例，公司44万名员工中参与激励计划的占15%～20%，前50名高层管理者60%的薪酬与价值指标挂钩。公司根据当年的股价来估计下一年投资者对EVA的预期增加值，并以此作为标准。如果下一年达到了预期的标准，高层管理者将得到全部的目标奖金。当然，公司还在其他方面（如市场份额）设定了标准，达到或超过这些标准，高级管理层会得到更多的报酬。但是，公司实行的是价值创造“一票否决制”，即所有增加的奖金只有在EVA目标已达到的基础上才能拿到。在完成EVA指标的前提下，对照主要竞争对手的增长和市场份额，加倍奖励。

对于公司来说，只有解决好价值创造、价值评价、价值分享这一条价值链的连接和平衡，才能促使员工有持续的动力去创造价值，换言之，才能构筑员工的动力机制。可以说，全力创造价值、科学评价价值、合理分享价值构成了价值导向管理的核心主线。

【课堂拓展】　　影响央企经济增加值的因素有哪些?

经济增加值概念在20世纪80年代被提出，经过几十多年的推广，逐渐被资本市场投资者接受，全球有400多家大公司采用EVA作为业绩评价和奖励经营者的重要依据。在我国，根据国务院国有资产监督管理委员会的相关规定，从2010年起，包含127家央企下属的三级企业共近2万户国企推行经济增加值考核，并将考核结果与央企负责人薪酬、任免直接挂钩。

假设你刚刚到一家企业实习，公司财务总监让你根据公司的会计数据，将会计利润调整为经济增加值，并以书面材料说明各项指标的调整依据和调整方法。说明公司将EVA指标作为考核管理者经营业绩有什么作用?采用EVA指标考核经营者业绩需要注意什么问题?

根据价值成长型矩阵，结合格力电器经济增加值动量指标变动趋势，说明企业不同成长类型的判断方法。

假设将经济增加值动量的思想引入到个人成长，组织学生讨论如何实施价值增值型增长。

本章小结

1.EVA是扣除全部资本成本后的收益，反映了使用全部资本的机会成本。计算EVA时，需要对经营利润和投入资本进行一定的调整。其目的在于：①消除会计稳健性原则的影响，如对研发费、商誉等的调整，使调整后的数据能够反映公司的真实业绩；②消除或减少管理层进行盈余管理的机会，如对各种准备金（如坏账准备）的调整；③使业绩计量免受过去会计计量误差的影响，如将研发费和商誉资本化而不是在费用发生当期冲减利润，消除了经营者对这类投资的顾虑。

2.价值驱动因素是影响或推动价值创造的一个决策变量。根据财务估价理论，公司价值创造的源泉是存量资产创造的价值和公司未来增长机会创造的价值。前者主要取决于公司存量资源的经营效率，后者主要取决于增量资源的投入与整合。因此，可从经营效率和增长价值两个方面研究价值创造的驱动因素。

3.如果以EVA作为关键业绩指标，价值驱动因素是税后净经营利润和资本成本等，在其他因素保持不变的情况下，提高投入资本收益率（ROIC）、降低资本成本（WACC）、增加资本投入（假设新投资的ROIC大于WACC）或减少资本投入（假设被剥离资产的投资收益率小于资本成本），就会增加EVA，为股东创造价值。

4.财务战略矩阵是通过两维的参数综合分析公司价值增长程度的工具：一是资本收益率差幅（ROIC-WACC），二是销售增长率与可持续增长率之间的差幅（$G_{销售}$-SGR）。

5.对于公司来说，只有解决好价值创造、价值评价、价值分享这一条价值链的连接和平衡，才能促使员工有持续的动力去创造价值。可以说，全力创造价值、科学评价价值、合理分享价值构成了价值导向管理的核心主线。

基本训练

1.根据安然公司2000年年报，无论从哪个角度去评估，安然公司2000年度的业绩都是无可挑剔的。2000年，公司年度净利润达到历史最高。安然公司预计，未来每股收益会持续走高。安然公司会计利润与经济增加值的相关数据见表11-20。

表11-20　　安然公司会计利润与经济增加值比较

项目/年份	1996	1997	1998	1999	2000
净利润（百万美元）	600	100	700	880	990
每股收益（美元）	1.25	0.185	1.155	1.4	1.2
EVA（百万美元）	-10	50	-200	-330	-650

安然公司作为世界上最大的电力、天然气以及电信公司之一，2000年披露的营业额达1 010亿美元之巨。公司连续6年被《财富》杂志评选为“美国最具创新精神公司”。但是，这个拥有上千亿美元资产的公司2002年宣告破产。请查询安然公司相关信息，结合表11-20的数据，从会计利润和经济增加值的角度分析安然公司破产的原因。

2.AAA公司2024年销售收入为1 000万元，销售利润率为15%，投入资本为1 000万元，公司无负债，资本成本为10%。为提高收益，目前，公司正在考虑两个方案：

（1）引进新产品扩大销售：AAA公司正在考虑引入一新产品，根据市场预测，新产品会使销售收入提高10%，该产品的销售利润率为15%，但需要新增投资500万元。假设不考虑所得税，你认为公司应引入这一新产品吗？

（2）改善采购：AAA公司拟通过改善采购流程、节约成本等措施，使销售利润率上升到17%，但同时要投入资本150万元。假设销售收入保持不变，不考虑所得税，你认为公司是否应执行该方案？

3.假设ASS公司是一家处于高成长期的小型企业，该公司的投入资本均为股权资本，2024年公司投入资本600万元，税后净经营利润为200万元，公司股权资本成本为12%。

（1）假设公司未来5年的每年经济增加值增长15%，而且在第5年之后将不存在超额收益，即5年后投资收益率与股权资本成本均为12%。请估计公司价值，并区分公司价值中多少来自EVA？多少来自投入资本？

（2）假设2024年公司将投入资本降低400万元，通过售后回租方式将资产租用回来。假设售后回租后税后净经营利润为180万元，资本成本保持不变，请估计公司价值，并且区分公司价值中多少来自EVA？公司价值中多少来自投入资本？

4.某公司2023年业绩平平，销售及利润的增长率均为5%左右，而竞争者增长率为10%，聘用你作为总经理，其目标是使销售增长10%，预计利润表见表11-21；预计资产负债表见表11-22；投资类似企业的预期收益率（股权资本成本）为20%；公司与竞争者的相关数据见表11-23。请说明这一计划是否可行。

表11-21　**预计利润表**　单位：万元

项目	2023年实际	2024年预计
销售收入	2 000	2 200
减：销售费用	1 780	1 920
减：折旧	20	50
息税前利润（EBIT）	200	230
减：利息费用（10%）	50	60
税前利润（EBT）	150	170
减：所得税（t=40%）	60	68
净利润	90	102

表11-22　　预计资产负债表　　单位：万元

项目	2023年年末实际	2024年年末预计	项目	2023年年末实际	2024年年末预计
投入资本			资本来源		
现金	100	60	短期债务	200	300
经营性营运资本需求（WCR）	600	780	长期债务	300	300
净固定资产	300	360	所有者权益	500	600
合计	1 000	1 200	合计	1 000	1 200

表11-23　　公司与竞争者相关数据

指标	2023年实际	2024年预计	竞争者
销售增长率	5.0%	10.0%	9.0%
净利润增长率	5.0%	13.3%	10.0%
销售费用增长率	6.0%	7.9%	9.0%
投入资本增长率	8.0%	20.0%	10.0%
WCR增长率	8.0%	30.0%	25.0%
短期债务/WCR	33.3%	38.5%	25.0%
ROIC	12.0%	12.55%	14.0%

5.根据【例11-3】的数据，计算的公司价值为13 509.34万元（见表11-13），现分别以下情景计算ABC公司现存资产创造的EVA，各年再投资创造的EVA，以及公司价值，并简要与【例11-3】的结论相比，分析EVA和公司价值发生差异的原因。

（1）减少投入资本。假设【例11-3】中的投入资本降低至5 000万元（降低50%），税后净经营利润为1 500万元，预期投入资本收益率（ROIC）为30%；其他变量保持不变。

（2）减少投入资本。假设公司管理层能够以租赁的方式租赁资产（投入资本的50%），进一步假设这些租赁资产的租赁成本为4 000万元，公司总的投入资本为9 000万元（4 000+10 000×50%）；经过调整，公司年度税后净经营利润为1 480万元，投入资本收益率为16.44%；其他变量保持不变。

（3）投入资本收益率变动。假设公司现有资产收益率由15%提高到15.5%，每年再投资部分收益率降低为13.5%；其他变量保持不变。

（4）投资收益率和资本成本同时提高。假设现存资产和再投资的投入资本收益率都从15%提高到16.25%，资本成本从12%提高到13%，其他变量保持不变。

6.ESP公司预计财务报表是在财务业绩分析的基础上，以公司预测期的战略目标、经营目标和财务目标为导向，预计价值评估期间的各期经营业绩和财务状况。ESP公司预计利润表、预计资产负债表、预计资本成本等数据分别见表11-24、表11-25和表11-26。

表11-24　ESP公司预计利润表　单位：亿元

年份	基期	2024年	2025年	2026年	2027年	2028年	2029年
销售收入	400.00	448.00	492.80	532.22	564.16	592.37	621.98
减：销售成本	291.20	326.14	358.76	387.46	410.71	431.24	452.80
主营业务利润	108.80	121.86	134.04	144.76	153.45	161.12	169.18
加：其他业务利润	0.00	0.00	0.00	0.00	0.00	0.00	0.00
减：销售和管理费用	32.00	35.84	39.42	42.58	45.13	47.39	49.76
折旧费	24.00	26.88	29.57	31.93	33.85	35.54	37.32
短期借款利息	3.84	4.30	4.73	5.11	5.42	5.69	5.97
长期借款利息	2.24	2.51	2.76	2.98	3.16	3.31	3.48
财务费用合计	6.08	6.81	7.49	8.09	8.58	9.00	9.45
税前利润	46.72	52.33	57.56	62.16	65.89	69.19	72.65
减：所得税	14.02	15.70	17.27	18.65	19.77	20.76	21.79
净利润	32.70	36.63	40.29	43.51	46.12	48.43	50.86
加：年初未分配利润	20.00	24.00	50.88	75.97	98.05	115.93	131.73
可供分配的利润	52.70	60.63	91.17	119.48	144.17	164.36	182.59
减：普通股股利	28.70	9.75	15.20	21.44	28.24	32.64	34.27
留存收益	24.00	50.88	75.97	98.04	115.93	131.72	148.32

表11-25　**ESP公司预计资产负债表**　单位：亿元

年份	基期	2024年	2025年	2026年	2027年	2028年	2029年
货币资金	4.00	4.48	4.93	5.32	5.64	5.92	6.22
应收账款	80.00	89.60	98.56	106.44	112.83	118.47	124.40
存货	60.00	67.20	73.92	79.83	84.62	88.85	93.30
其他流动资产	16.00	17.92	19.71	21.29	22.57	23.69	24.88
减：应付账款	32.00	35.84	39.42	42.58	45.13	47.39	49.76
其他流动负债	8.00	8.96	9.86	10.64	11.28	11.85	12.44
经营性营运资本	120.00	134.40	147.84	159.67	169.25	177.71	186.60
固定资产原值	300.00	350.88	402.85	454.49	504.31	553.96	606.08
提取折旧	24.00	26.88	29.57	31.93	33.85	35.54	37.32
减：累计折旧	100.00	126.88	156.45	188.38	222.23	257.77	295.09
固定资产净值	200.00	224.00	246.40	266.11	282.08	296.18	310.99
投入资本总计	320.00	358.40	394.24	425.78	451.33	473.89	497.59
短期借款	64.00	71.68	78.85	85.16	90.27	94.78	99.52
长期借款	32.00	35.84	39.42	42.58	45.13	47.39	49.76
有息负债合计	96.00	107.52	118.27	127.73	135.40	142.17	149.28
股本	200.00	200.00	200.00	200.00	200.00	200.00	200.00
累计留存收益	24.00	50.88	75.97	98.05	115.93	131.72	148.31
股东权益	224.00	250.88	275.97	298.05	315.93	331.72	348.31
有息债务及股东权益	320.00	358.40	394.24	425.78	451.33	473.89	497.59

为简化，假设采用两阶段增长模型评估经济增加值，高速增长期预计为5年（2024—2028年），自第6年（2029年）起进入稳定增长期，假设稳定增长期增长率为5%。

价值评估中的资本成本是根据预测期间预计的无风险利率、长期借款利率、风险溢价以及该公司的β系数确定的。假设所得税税率为30%，与资本成本预测有关的估计数据见表11-26。

表11-26　　资本成本相关参数预计

年份	基期	2024年	2025年	2026年	2027年	2028年	2029年
无风险利率	5.00%	5.00%	5.00%	5.00%	5.00%	5.00%	5.00%
β系数	1.05	1.05	1.05	1.05	1.05	1.05	1.00
风险溢价	7.00%	7.00%	7.00%	7.00%	7.00%	7.00%	6.00%
股权资本成本	12.35%	12.35%	12.35%	12.35%	12.35%	12.35%	11.00%
短期借款利率	6.00%	6.00%	6.00%	6.00%	6.00%	6.00%	6.00%
长期借款利率	7.00%	7.00%	7.00%	7.00%	7.00%	7.00%	7.00%
短期借款/有息债务	66.67%	66.67%	66.67%	66.67%	66.67%	66.67%	66.67%
长期借款/有息债务	33.33%	33.33%	33.33%	33.33%	33.33%	33.33%	33.33%
借款平均利率	6.33%	6.33%	6.33%	6.33%	6.33%	6.33%	6.33%
税后债务成本	4.43%	4.43%	4.43%	4.43%	4.43%	4.43%	4.43%
有息债务/投入资本	30.00%	30.00%	30.00%	30.00%	30.00%	30.00%	30.00%
股东权益/投入资本	70.00%	70.00%	70.00%	70.00%	70.00%	70.00%	70.00%
加权平均资本成本	9.98%	9.98%	9.98%	9.98%	9.98%	9.98%	9.03%

要求：根据上述数据计算ESP公司预测期经济增加值、经济增加值动量。

基本训练参考答案

第11章题库

第12章 期权定价与公司财务

学习目标

1.熟悉期权价值、内含价值与时间价值的关系；
2.了解二项式模型的基本原理；
3.掌握B-S期权价值评估的基本理论与方法；
4.熟悉认股权证和可转换债券价值评估方法；
5.熟悉实物期权的基本原理。

黑格尔说："不理解过去人们的思想，也就不能理解过去的历史。正是在这种意义上，历史就是思想史，一切历史都是思想史。"金融思想最初萌芽于Louis Bachelier（1900）的一篇博士论文《投机理论》，其率先采用数学工具解释股票市场的运作。20世纪50年代以后，随着资本市场作用的日益增强，金融理论的研究空前繁荣，出现了一群日后在金融学史上举足轻重的代表性人物。在马科维茨（Markowitz，1952）、夏普（Sharpe，1964）、米勒（Miller，1958）、法玛（Fama，1965）等学者的努力下，金融学成为半个世纪以来最活跃的一个经济学分支。这些理论成为金融学史上具有重大学术价值的历史文献，反映了主流金融经济学的基本走向和理论框架。1973年5月，费雪·布莱克（Fischer Black）和梅隆·斯考尔斯（Myron Scholes）发表了《期权和公司负债的定价》一文，推导出无红利支付股票的任何衍生品的价格必须满足的微分方程，并成功地得到了欧式看涨期权和看跌期权定价的解析公式（B-S模型），使期权和其他衍生证券的定价理论获得了突破性的进展，从而成为期权定价的经典模型，并引发了第二次华尔街革命。同样在1973年，罗伯特·莫顿（Robert C.Merton）放松了B-S模型所依赖的假设条件，提出了B-S-M模型。这一模型一出现，很快就被程序化输入计算机应用于刚刚营业的芝加哥期权交易所。随着计算机、通信技术的进步和发展，这一模型以及它的一些变形已被期权交易商、投资银行、金融管理者、保险人等广泛使用。瑞典皇家科学院将1997年度的诺贝尔经济学奖授予美国斯坦福大学教授梅隆·斯考尔斯和哈佛大学教授罗伯特·莫顿，以表彰两位对现代期权估价理论有突破性贡献的经济学家。

12.1 期权交易的基础知识

12.1.1 期权合约的构成

期权（option）或称选择权，是买卖双方达成的一种可转让的标准化合约，它给予期权持有人（期权购买者）具有在规定期限内的任何时间或期满日按双方约定的价格买入或卖出一定数量标的资产的权利；而期权立约人（期权出售者）则负有按约定价格卖出或买入一定数量标的资产的义务。

1）期权类型

按期权所赋予的权利不同，期权可分为买权（call option）和卖权（put option）。前者又称看涨期权，是指期权购买者可以按行权价格在到期前或到期日买入一定数量标的资产的权利；后者又称看跌期权，是指期权购买者可以在到期前或到期日按行权价格卖出一定数量标的资产的权利。期权买卖双方的权利与义务如图12-1所示。

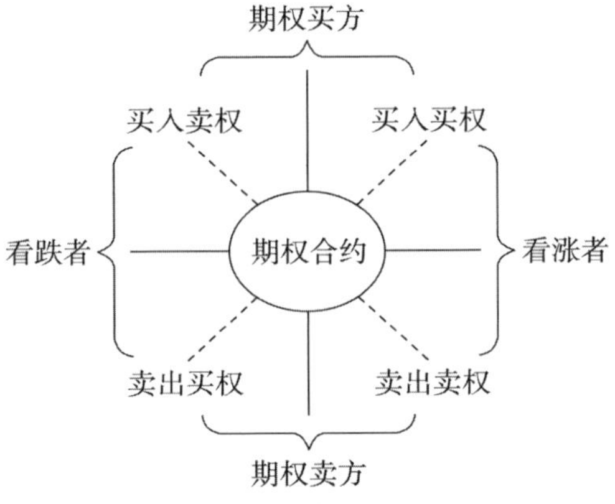

图12-1 期权买卖双方的权利与义务

在图12-1中，如果预计未来标的资产（如股票）价格呈上升趋势，期权交易者可以买入买权（buy call options）或卖出卖权（sell put options）；如果预计未来标的资产（如股票）价格呈下降趋势，期权交易者可以买入卖权（buy put options）或卖出买权（sell call options）。

按照期权权利行使时间不同，期权可分为欧式期权（European option）和美式期权（American option）。美式期权在期权的有效期内任何营业日均可行使权利；欧式期权则只有在到期日才能履约。此外，介于欧式权证和美式权证之间的权证称为百慕大权证。标准的百慕大权证通常在权证上市日和到期日之间多设定一个行权日，取名“百慕大”正是因为百慕大位于美国本土与夏威夷之间。后来百慕大权证的含义扩展为权证可以在事先指定的存续期内的若干交易日行权。

按照期权交易的对象划分，期权可分为现货期权（利率期权、货币期权、股票指数期权、股票期权）和期货期权（利率期货期权、货币期货期权、股票指数期货期权）。

2）行权价格和到期日

行权价格又称履约价格（exercise price）、敲定价格（strike price）或执行价格，是指期权合约所规定的，期权买方在行使期权时所实际执行的价格，即期权买方据以向期权出售者买入或卖出一定数量的某种标的资产的价格。这一价格是在期权合约买卖时确定的，在期权有效期内，无论标的资产的市场价格上涨或下跌到什么水平，只要期权购买者要求执行该期权，期权出售者就必须以约定的价格履行义务，因此，也可将其称为固定价格。

到期日是指期权持有人有权履约的最后一天。如果期权持有人在到期日不执行期权，则期权合约自动失效。

3）期权价值

期权价值具有双重含义，它既是期权持有人为持有期权而支付的购买费用，又是期权出售人出售期权并承担履约义务而收取的权利金收入。期权价值也称为期权费（premium）或权利金。需要注意的是，期权价值与行权价格是完全不同的两个概念，后者是约定的到期日对应标的资产交割的价格，前者是现在取得到期日按约定价格买入或卖出标的资产的权利的价格。

期权作为一种金融商品，具有几个显著特点：第一，期权的交易对象是一种权利，即买入或卖出特定标的物的权利，但并不承担一定要买入或卖出的义务。第二，这种权利具有较强的时间性，超过规定的有效期限不行使，期权自动失效。第三，期权合约买者和卖者的权利和义务是不对称的，给予期权买方随时履约的权利，但并不要求其必须履约；给予期权卖方的只是义务而无权利，只要买方行使权利，卖方就必须履约；若买方认为行使期权对其不利，卖方无权要求对方履约。第四，期权具有以小搏大的杠杆效应。

12.1.2 期权到期日价值

为简化，本章中有关符号设定如下：c表示买权价值；p表示卖权价值；S_t表示标的资产在t时的市场价格（t=0，1，…，T）；K表示期权行权价格；T表示期权有效期最后一天。

1）看涨期权（买权）到期日价值

假设你持有某公司股票的欧式看涨期权，执行价格为100元。期权到期时，如果股票价格高于执行价格，例如120元，你就可以通过执行看涨期权（支付100元的执行价格购买标的股票），然后立即在公开市场以120元的价格卖出股票，20元的差额就是期权价值；反之则放弃行权。需要说明的是，执行期权后的差额（120-100）既可以表示为期权的内在价值，也可以表示执行期权后的损益（pay-off）。

假设用S表示到期日股票价格，K表示期权执行价格，c表示看涨期权内在价值，则看涨期权到期日的内在价值可表示为：

$$c=\max[S-K,\ 0] \tag{12.1}$$

上式表明，看涨期权内在价值是股票价格（标的资产价格）与期权执行价格之差与零两者中的最大值。

期权到期时，如果股票价格大于执行价格，期权的购买者将执行看涨期权，期权的出售者必须按执行价格将股票卖给期权购买者，期权出售者的损失为股票价格与执行价格的差价。或者说，期权购买者的收益恰好是出售者的损失。反之，如果到期日股票价格低于执行价格，看涨期权将不被执行，期权出售者的收益为零。

2）看跌期权（卖权）到期日内在价值

假设你持有某公司股票的欧式看跌期权，执行价格为100元，期权到期日，如果股票价格低于执行价格，例如为90元，看跌期权持有者将会执行期权，即有权以超过价值的价格卖出股票，或者说他能以90元的市场价格购买股票并随即以100元的执行价格售出，获得10元的损益（K-S）。因此，看跌期权在到期日的价值等于执行价格与到期股票价格的差额。反之，如果到期日，股票价格高于90元，看跌期权的持有者将会放弃行权。看跌期权在到期日的内在价值（p）可表示为：

$$p=\max[K-S,\ 0] \tag{12.2}$$

上式表明，看跌期权内在价值是期权执行价格与股票价格（标的资产价格）之差与零两者中的最大值。

对于看跌期权的出售者，如果到期日股票价格低于执行价格，卖权购买者将这些股票卖给期权出售者，出售者在这笔交易中将蒙受损失10元。反之，如果到期日股票价格低于执行价格，则看跌期权将不被执行，而出售者的收益为零。

12.1.3 期权交易策略

简单的期权交易策略主要包括买入买权（buy call options，long call）、卖出买权（sell call options，short call）、买入卖权（buy put options，long put ）、卖出卖权（sell put options，short put）四种，其交易损益与标的资产价格（股票价格）之间的关系如图12-2所示。

1）买入买权

买入买权交易策略是指交易者通过买入一个买权合约，获得在某一特定时间内按某一约定价格买入一定数量标的资产的权利，以便为将要买入的标的资产确定一

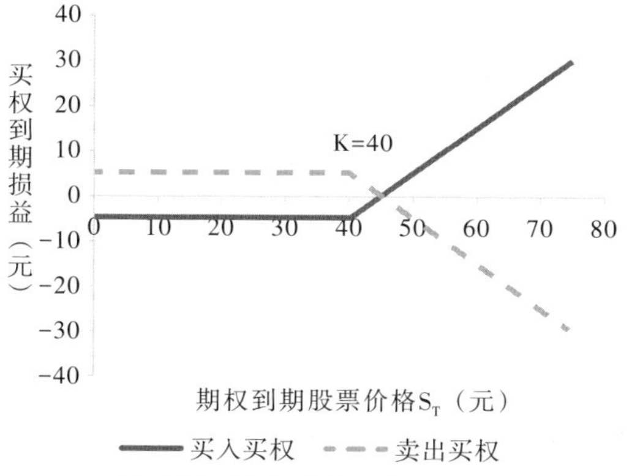

（a）买入买权与卖出买权交易损益

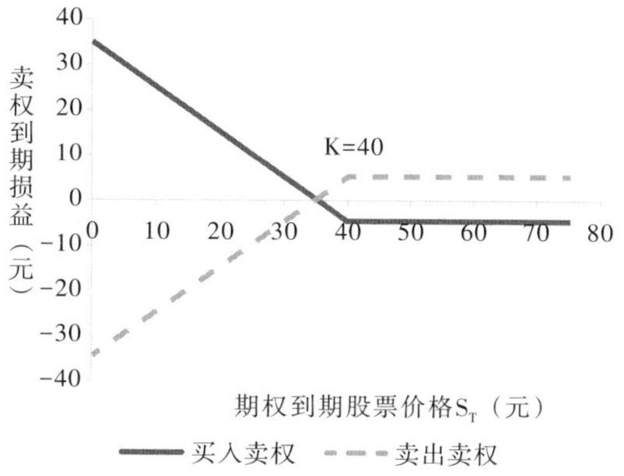

（b）买入卖权与卖出卖权交易损益

图12-2　买权卖权交易损益

个最高价格水平，从而达到规避价格上涨风险的保值目的。图 12-2（a）中实线为“买入买权”线，表示如果到期日标的资产价格大于行权价格（K=40），即 $S_T > K$，期权持有人可以得到标的资产价格升值收益；如果 $S_T=K+c$，期权交易为损益平衡，即期权持有人从标的资产价格升值中得到的收益，正好补偿所付出的购买该期权合约的权利金（c）；如果 $S_T > K+c$，期权持有人可获得标的资产价格升值带来的净收益；如果 $S_T<K+c$，期权持有人开始出现亏损，但亏损额仅限于所付出的权利金。因此，对于一个理性期权持有人来说，只有当 $S_T > K$ 时才考虑履约，当 $S_T<K$ 时，则应放弃期权，否则将蒙受由于价格下跌带来的更大损失。从上述分析可以看到，买入买权策略既享有保护和控制标的资产价格大幅下降的好处，又享有获得标的资产价格升值收益的机会。从理论上说，买入买权策略可谓“损失有限，收益无限”。

假设投资者购买一份 A 股票的看涨期权，执行价格为 40 元。如果期权到期日 A 股票市场价格大于 40 元，买权购买者将执行买权。如果初始买权价格为 5 元，买权购买者的净损益模型为：

买权购买者净损益=max（S_T-K，0）-c=max（S_T-40，0）-5

上式表明，买权购买者的净损益包括两部分：买权执行时的价值［max（S_T-K，0）］，这部分价值一般称为期权头寸（position），以及购买买权的初始成本（c）。

2）卖出买权

卖出买权交易策略是指交易者通过卖出一个买权合约，获得一笔权利金收入（c），并利用这笔款项为今后卖出标的资产提供部分价值补偿。图 12-2（a）中虚线为“卖出买权”线，表示如果期权到期日标的资产价格小于行权价格，即 $S_T < K$，买权出售者将获得全部权利金收入；如果 $S_T=K+c$，买权出售者损益平衡，即买权出售者从出售买权合约中得到的权利金收益正好抵销标的资产价格上升所造成的损失；如果 $S_T > K+c$，买权出售者出现亏损，S_T越大，亏损额就越大。A 股票的买权出售者的净损益模型为：

买权出售者净损益= c-max（S_T-K，0）= 5-max（S_T-40，0）

买权出售者的净损益包括两部分：出售买权获得的权利金（c），以及买权被执行的价值［$-\max(S_T-K, 0)$］。

3）买入卖权

买入卖权交易策略是指交易者通过买入一个卖权合约，获得在某一特定时间内按某一约定价格卖出一定数量标的资产的权利，以便规避价格下跌的风险。图12-2（b）实线表示“买入卖权”，表示如果到期日标的资产价格小于行权价格，即$S_T < K$时，卖权购买者可以得到因标的资产价格下跌带来的收益；如果$S_T = K-p$，卖权购买者损益平衡，即从标的资产价格下跌得到的收益，正好补偿所付出的购买该期权合约的权利金；如果$S_T > K-p$，卖权购买者出现亏损，但亏损额仅限于所付出的权利金。因此，对于一个理性的期权持有人来说，只有在$S_T< K$时才考虑履约，而在$S_T \geq K$时应放弃期权，否则将面临因标的资产价格上涨带来的更大亏损。从上述分析可以看到，买入卖权既可以控制标的资产价格大幅上升的风险，又享有获得标的资产价格下跌带来的收益机会。

如果你购买一份关于股票A的看跌期权，执行价格（K）为40元。期权到期时，仅当股票A的市场价格低于40元时，卖权持有者才会执行该看跌期权。如果卖权价格（p）为5元，卖权购买者的净损益模型为：

$$卖权购买者净损益=\max(K-S_T, 0)-p=\max(40-S_T, 0)-5$$

卖权购买者的净损益包括两部分：卖权执行时的价值［$\max(K-S_T, 0)$］，以及购买卖权的初始成本（p）。

4）卖出卖权

卖出卖权交易策略是指交易者通过卖出一个卖权合约，获得一笔权利金收入，并利用这笔款项为今后买入标的资产提供部分价值补偿。图12-2（b）中虚线为“卖出卖权”线，表示如果期权到期日标的资产价格小于40元，即$S_T < K-p$，卖权出售者开始出现亏损，并且S_T越小，亏损越大。如果$S_T = K-p$，卖权出售者损益平衡，即卖权出售者从出售卖权合约中得到的权利金收入，正好抵销标的资产价格下跌造成的损失；如果$S_T \geq K$，卖权出售者将获得全部的权利金收益。卖权出售者的净损益模型为：

$$卖权出售者净损益=p-\max(K-S_T, 0)=5-\max(40-S_T, 0)$$

卖权出售者的净损益包括两部分：出售卖权获得的权利金（p），以及卖权被执行的价值［$-\max(K-S_T, 0)$］。

在期权交易中，如果不考虑交易手续费和税负，买卖双方就是一个零和游戏（zero-sum game），即期权卖方的损益和买方刚好相反，形成一种“镜像效应”。图12-2（a）反映了买权的买卖双方的损益情况；图12-2（b）反映了卖权的买卖双方的损益情况。

综上所述，期权买卖双方的风险和收益是不对称的，期权买方的风险是可预见的、有限的（以期权费为限），而收益的可能性却是不可预见的；期权卖方的风险是不可预见的，而获得收益的可能性是可预见的、有限的（以期权费为限）。

5）解读期权报价

2020 年 7 月 24 日，苹果公司股票每股市价为 370.46 美元，图 12-3 给出了 APPL 股票期权部分期权信息。现以两份期权合约为例解读报价信息。

Apple Inc. (AAPL)										
Stock price($)(2020/7/24)		370.46	At close: July 24 4:00PM EDT							
CallsforDecember 18, 2020										
Contract name	Last trade date	Strike	Last price	Bid	Ask	Change	% change	Volume	Open interest	Implied volatility
AAPL201218C00450000	2020-07-24 3:00PM EDT	450	6.37	5.85	6.8	-0.34	-5.07%	68	1,267	31.07%
AAPL201218C00460000	2020-07-24 3:47PM EDT	460	5.3	3.5	7.8	-0.27	-4.85%	63	237	34.83%
AAPL201218C00470000	2020-07-24 2:01PM EDT	470	4.5	3.6	5.1	-0.25	-5.26%	13	1,180	32.26%
AAPL201218C00480000	2020-07-24 2:35PM EDT	480	3.8	2.51	4	-0.05	-1.30%	27	586	31.91%
AAPL201218C00490000	2020-07-24 11:44AM EDT	490	3	2.8	3.7	-0.45	-13.04%	21	386	32.99%
AAPL201218C00500000	2020-07-24 3:53PM EDT	500	2.95	2.6	3.2	-0.12	-3.91%	144	2,763	33.45%
AAPL201218C00520000	2020-07-24 2:48PM EDT	520	2.23	0.05	4.5	-0.17	-7.08%	28	818	39.75%
AAPL201218C00540000	2020-07-24 3:06PM EDT	540	1.85	0.27	1.94	-0.18	-8.87%	33	1,297	35.55%
AAPL201218C00560000	2020-07-24 3:37PM EDT	560	1.63	1.5	2.49	-0.07	-4.12%	23	290	40.09%
AAPL201218C00580000	2020-07-24 3:43PM EDT	580	1.43	1.41	1.45	-0.08	-5.30%	92	405	38.53%
PutsforDecember 18, 2020										
Contract name	Last trade date	Strike	Last price	Bid	Ask	Change	% change	Volume	Open interest	Implied volatility
AAPL201218P00410000	2020-07-24 3:58PM EDT	410	55.08	52.7	55.5	0.08	0.15%	18	1,085	32.50%
AAPL201218P00420000	2020-07-24 3:17PM EDT	420	62.3	60.1	62.9	11.09	21.66%	7	1,078	32.46%
AAPL201218P00440000	2020-06-26 3:37PM EDT	440	93.42	76	79.15	0	-	1	2	32.94%
AAPL201218P00450000	2020-07-20 10:25AM EDT	450	73.67	84.65	89.2	0	-	15	15	35.39%
AAPL201218P00460000	2020-07-20 10:25AM EDT	460	82.1	93.5	97.85	0	-	15	18	35.65%
AAPL201218P00480000	2020-07-23 1:14PM EDT	480	105.9	112	115.1	0	-	2	3	35.07%
AAPL201218P00500000	2020-07-13 9:57AM EDT	500	111.67	131	134.9	0	-	-	40	38.29%
https://sg.finance.yahoo.com/quote/AAPL/options?p=AAPL&date=1608249600										

图12-3　Apple Inc.（AAPL）期权报价

AAPL201218C00450000 看涨期权合约：执行价格为 450 美元，期权到期日为 2020 年 12 月 18 日，买权价格（last price）为 6.37 美元，买入价（bid）为 5.85 美元，卖出价（ask）为 6.8 美元，看涨期权价格比前期下降了 0.34 美元，降幅 5.07%，当天交易合约数（volume）为 68 份，未平仓合约数（open interest）为 1 267 份，隐含波动率（implied volatility）为 31.07%。

AAPL201218P00410000 看跌期权合约：执行价格为 410 美元，期权到期日为 2020 年 12 月 18 日，卖权价格为 55.08 美元，买入价为 52.70 美元，卖出价为 55.50 美元，看跌期权价格比前期上升了 0.08 美元，涨幅为 0.15%，当天交易合约数为 18 份，未平仓合约数为 1085 份，隐含波动率为 32.50%。

6）期权组合分析

期权组合分析是指投资者会通过持有期权组合而将期权头寸合并，在存在风险的同时获得收益。假设你同时持有行权价格均为 60 元的买入买权（期权费=4 元）和买入卖权（期权费=3 元），那么到期日你的投资组合如图 12-4 所示。图中的虚线为买入买权到期时损益，点划线为买入卖权到期时损益，实线部分为投资组合（同时持有买权和卖权）到期时损益。从图 12-4 可以看出，期权到期时，只有当股票价格与行权价格相等时，扣除期权费后投资组合价值为负值，而在其他情况下组合价值均为正值，这种组合称为跨式组合（straddle）。投资者预期股票价格上下波动幅度较大，但不能确定股价变动方向时，有时会采取这种跨式策略。与此相反，投资者预期股价接近期权行权价格时，会选择出售跨式组合。

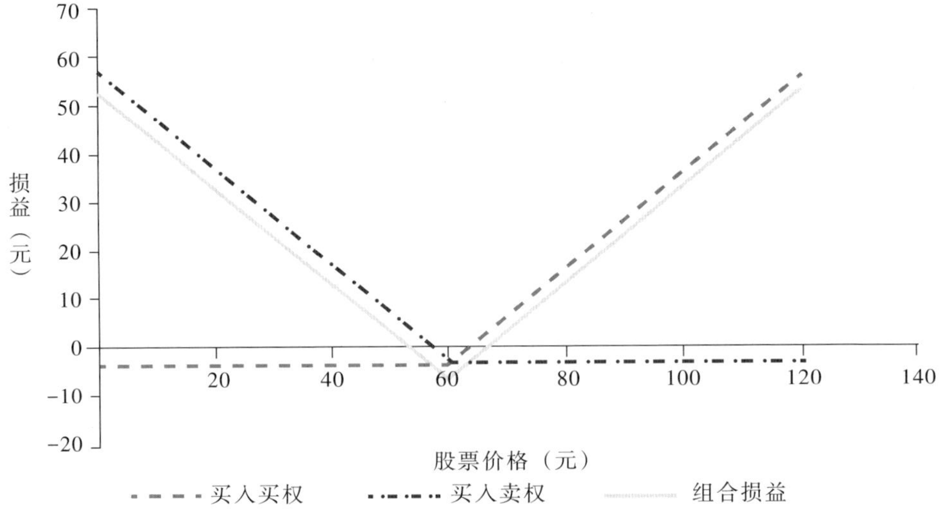

图12-4　跨式组合到期日损益

如果买卖权的行权价格不相等，同时购买1份看涨期权和1份看跌期权，期权到期时，买卖权投资组合价值如图12-5所示。在图中，买入买权的行权价格为55元，期权费为4元；买入卖权行权价格为45元，期权费为1.2元；图中的虚线为买入买权到期时损益，点划线为买入卖权到期时损益，实线部分为投资组合（同时持有买权和卖权）到期时损益。如果期权到期时股票价格处于两个行权价格之间，投资者亏损，在其他情况下资产组合均可获利，这种组合称为蝶式组合（butterfly strangle）。

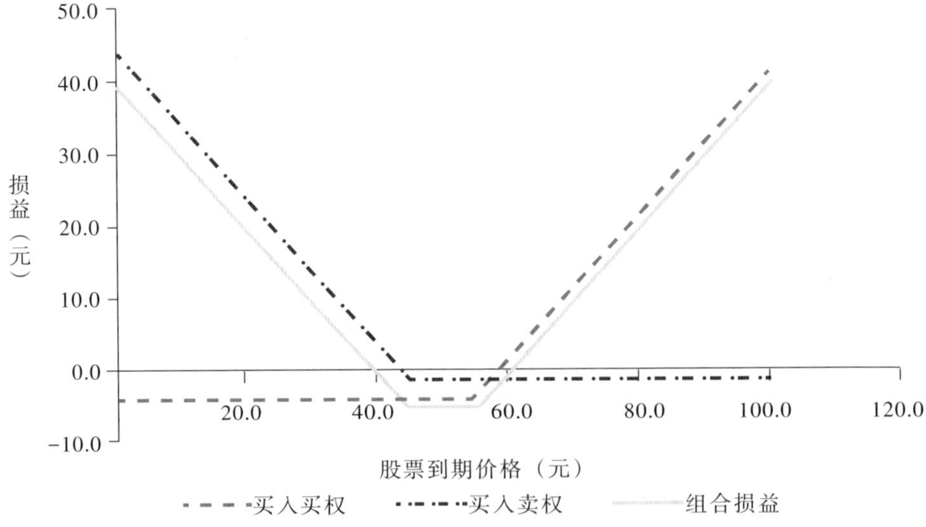

图12-5　蝶式组合到期日损益

为规避股票价格下跌风险，你既可以单独购买一份卖权，也可以采用期权组合投资。假设你持有当前价格为60元的股票S，为避免股票下跌至60元以下，决定购买行权价格为60元的1个月到期的欧式看跌期权，图12-6中实线部分是由1股股票S和1份行权价格为60元的股票S欧式看跌期权所构成的投资组合在期权到期日时的价值（其中虚线部分为股票S的价值，点划线部分为买入卖权的价值）。如果期权到期时股票S价格在60元以下，你将执行看跌期权，以60元卖出股票；如果期权到期时股票价格高于60元，你将继续持有股票。这样你就避免了股价下跌的损失，又获得了股价上升的收益。

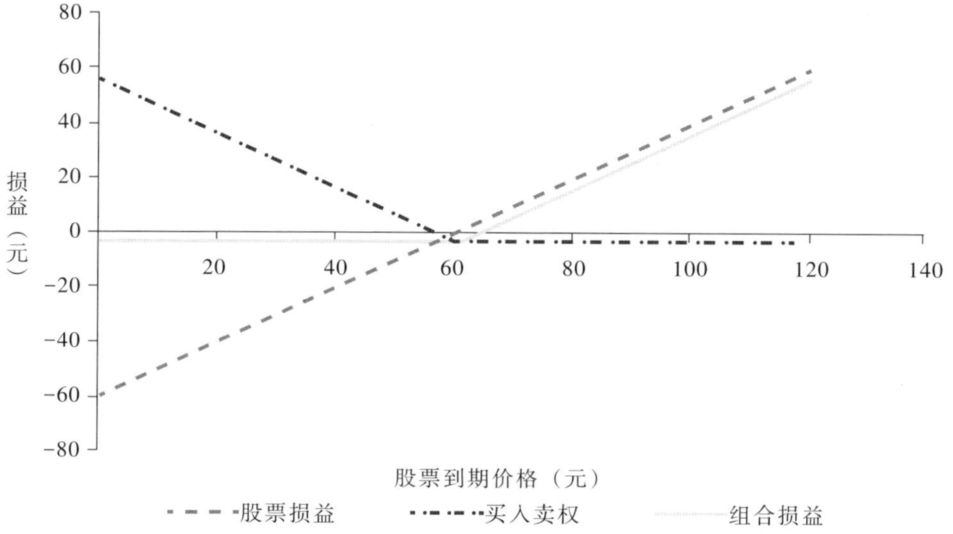

图12-6　股票与买入卖权组合

采用这种投资策略相当于构造了一个保护性看跌期权组合。这一投资组合结果也可以通过买入1份面值为60元的零息无风险债券和1份行权价格为60元的股票S欧式看涨期权得以实现。在这种情况下，如果股票S价格低于60元，你可以获得一张价值60元的无息债券，如果到期时股价大于60元，你可以执行看涨期权，即用出售无息债券（60元）获得的价款买入股票，股票价格高于60元的部分即为执行看涨期权的收益。

12.1.4　买-卖权平价（put-call parity）

买-卖权平价关系是指具有相同的行使价格与到期日的金融工具，其买权与卖权价格间存在的基本关系。如果两者不相同，则存在套利的空间。如果一个投资组合由一只股票和一个看跌期权组成，另一个投资组合由一个零息债券和一个看涨期权组成，那么这两个投资组合的价值是一样的。将买权、卖权、债券和股票一起考虑，就可以得到欧式期权的平价关系：

$$S + p = c + PV(K) \tag{12.3}$$

式中：S表示股票价值；p表示卖权价格；c表示买权价格；K表示债券价值（行权价格）；PV（K）表示零息债券的现值，在连续复利条件下，PV（K）$=Ke^{-rT}$。

1）组合A与组合B

组合A（S+p）：假设当前市场价格（S）为20元，交易者购买并持有1股股票，同时买入1份欧式股票看跌期权，执行价格为25元，期权期限为1年。期权到期时，不同股票价格情形下，投资组合价值如图12-7（A）所示。

组合B（K+c）：假设交易者持有1份无风险零息债券，债券面值为25元，同时买入1份看涨期权，执行价格为25元，期限为1年。期权到期时，在不同股票价格情形下，投资组合价值如图12-7（B）所示。

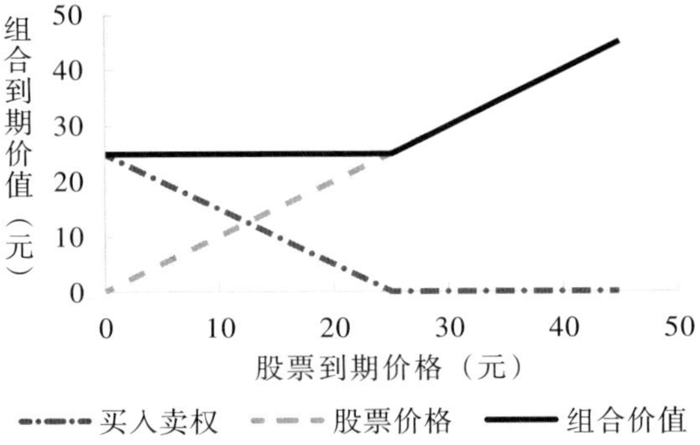

组合A（p+S）

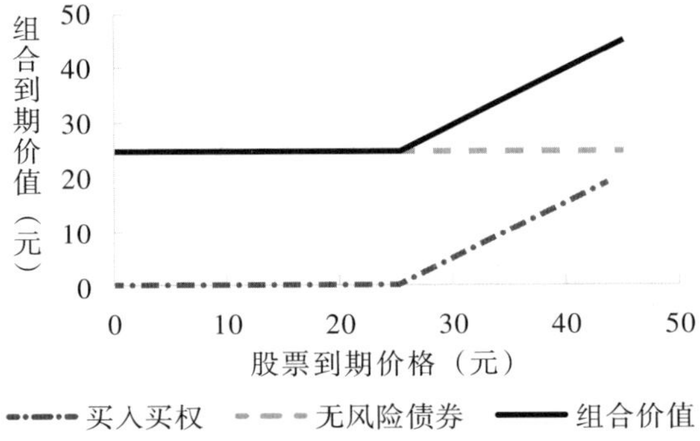

组合B（c+K）

图12-7　买-卖权平价关系1

期权到期时，组合A和组合B的关系可描述为：

股票 + 买入卖权 = S + p

无风险债券现值 + 买入买权 = PV(K) + c

S + p = PV(K) + c

从图12-7可以看出，组合A和组合B构造的投资组合价值相等，相当于投资者构造了一份看涨期权，其特点是既获得上方收益的好处，又可规避下方风险。

2）组合C和组合D

组合C（−c+S）：以当前市场价格购买并持有1股股票，同时卖出1份欧式股票看涨期权，执行价格为25元，期权期限为1年。期权到期时，不同股票价格情形下，投资组合价值如图12-8（C）所示。

组合D（−p+K）：持有1份无风险债券，债券面值为25元，同时卖出1份看跌期权，执行价格为25元，期权期限为1年。期权到期时，不同股票价格情形下，投资组合价值如图12-8（D）所示。

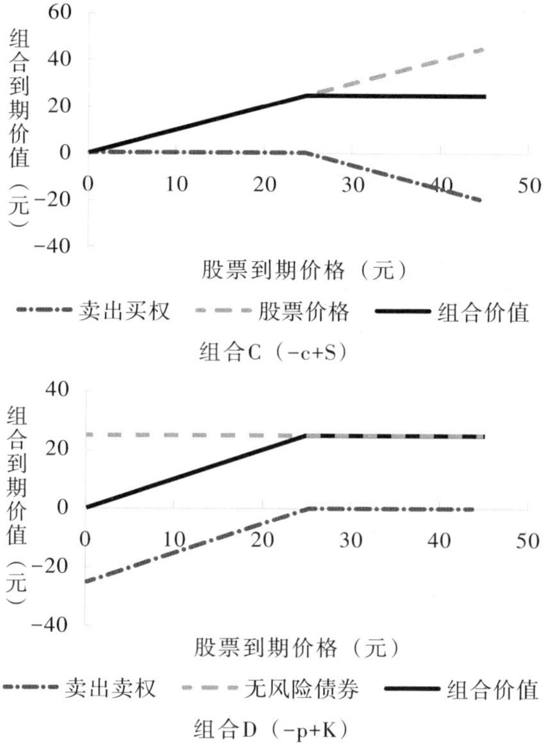

图12-8　买-卖权平价关系2

期权到期时，组合C与组合D的关系可描述为：

股票 + 卖出买权 = S − c

无风险债券现值 + 卖出卖权 = PV(K) − p

S − c = PV(K) − p

组合C和组合D构造的投资组合价值相等，投资者相当于持有1份卖出卖权，当股票价格上升时，卖权持有者不行使期权，投资者可以获得固定的权利金收入。

【例12-1】假设有两个投资组合：A为一份欧式股票卖权和持有一股股票；B为一份欧式股票买权和持有一张到期值为K的无风险债券。在期权到期日，两种组合的价值都为max［S_T，K］，见表12-1和表12-2。

表12-1 欧式股票卖权与股票组合价值

投资组合	$S_T>K$	$S_T<K$
买入卖权	0	$K-S_T$
股票	S_T	S_T
合计	S_T	K

表12-2 欧式股票买权与无风险债券组合价值

投资组合	$S_T>K$	$S_T<K$
买入买权	S_T-K	0
无风险债券	K	K
合计	S_T	K

由于两种组合到期值相同，因此在到期日前的任一时刻也应等值，即存在买-卖权平价关系。假设某公司股票现行市场价格为44元，与欧式期权有关的资料如下：行权价格为55元，期权有效期为1年，卖权价格为7元，买权价格为1元，无风险利率为10%，预计1年后股票价格为58元或34元。根据上述资料，投资者可采取下列组合抵销风险：购买一股股票和一份卖权，同时出售一份买权，投资组合的有关价值计算见表12-3。

表12-3 投资组合价值 单位：元

投资组合	初始现金流量	到期日投资组合价值	
		股价=58元	股价=34元
购买1股股票	-44	58	34
买入1份卖权	-7	0	21=（55-34）
卖出1份买权	1	-3=-（58-55）	0
合计	-50	55	55

上述结果表明，无论股价如何变动，投资组合都可得到相同的结果（55元），其投资收益率即为无风险利率10%（55÷50×100%-1）。

期权交易策略与二项式期权定价

在上例中假设没有套利活动，投资者可获得10%的无风险收益，如果卖权价格为6元，则初始投资为49元，投资者在1年后将有12.2%（55÷49×100%-1）的非均衡收益，超过了平衡点利率。为防止套利行为，投资者的初始投资必须遵循下列关系：

股票价值＋卖权价值-买权价值=行权价格现值

44+6-1=49=55÷（1+12.2%）

上式即为买-卖权平价关系，利用这种平价关系，就可以根据欧式买权价格，推算出相同行权价、相同到期日的欧式卖权价格；反之亦然。

12.2 期权定价基本方法

12.2.1 无套利定价法

在一个有效的金融市场上，任何一项金融资产的价格都必然会对套利行为做出相应的调整，重新回到均衡状态，这就是无套利的定价原则。根据这一原则，金融资产在市场的合理价格是这个价格使得市场不存在无风险套利机会。

无套利定价的关键方法是“复制”技术，即用一组证券来复制另外一组证券。假设存在两个不同的资产组合，它们的未来损益（future payoff）相同，但它们的成本不同；在这里，可以简单地把损益理解成现金流。如果现金流是确定的，则相同的损益指相同的现金流。如果现金流是不确定的，即未来存在多种可能性（或者说存在多种状态），则相同的损益指在相同状态下现金流是一样的。如果一个资产组合的损益等同于一个证券，那么这个资产组合的价格等于该证券的价格。这个资产组合称为证券的“复制组合”（replicating portfolio）。

期权复制是指通过股票与无风险债券来构造一个投资组合，并使得该组合在任何状态下（股票价格上升或下跌）的未来现金流和该看涨期权的未来现金流完全相同。例如，“1份看涨期权的未来现金流=A股股票的未来现金流+B份债券的未来现金流”，即“1Call=A Shares +B Bonds”，则称由A股股票和B份债券构成的投资组合可以复制1份看涨期权。

【例12-2】假设有两项“基本资产”：股票A和债券B，还有一项在该股票上的看涨期权。股票当前价格为100元，1年后可能上涨25%（期末价格为125元），也可能下跌15%（期末价格为85元）；无风险利率为8%（国库券年利率），债券的当前价格为1元；该股票看涨期权的执行价格为100元，期限1年。

根据上述数据，股票、债券和看涨期权的期末价格可以表示为二项式，如图12-9所示。

根据无套利定价原则，看涨期权的（现在）价格和其复制（股票和债券的组合）的（现在）价格相等，即期权可以通过股票和债券来定价。如果期权和期权复制在期末的价格满足“1Call=A Shares +B Bonds”，则：

$$125A + 1.08B = 25$$

$$85A + 1.08B = 0$$

解此方程组可以得到：

$$A = \frac{25}{125 - 85} = 0.6250$$

$$B = \frac{0 - 85A}{1.08} = -49.1898$$

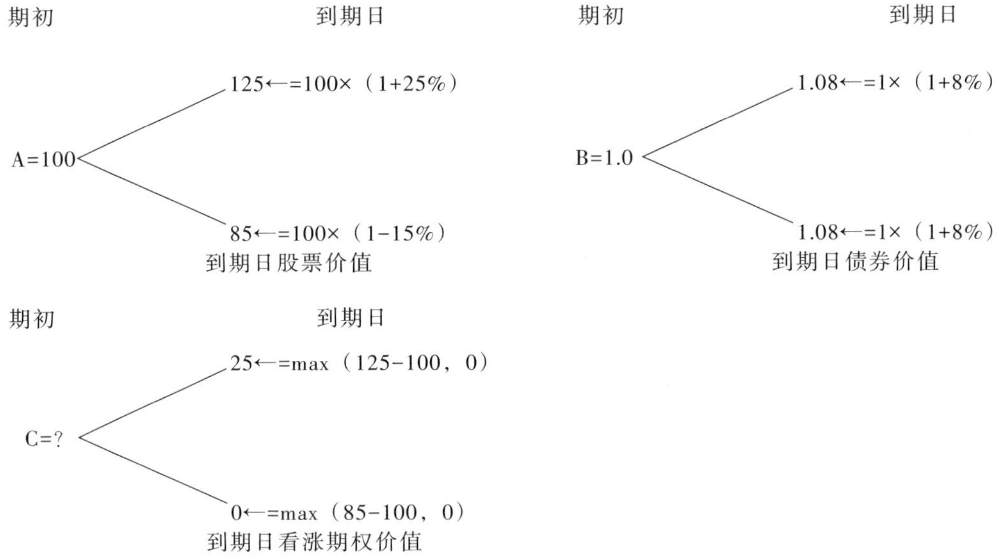

图12-9　单期二项式期权定价

根据该线性方程的解，1Call=0.625 Shares +（-49.1898）Bonds。如果股票价格上涨，买入0.625股股票并且以8%的利率借入49.1898份的债券，就可以复制1份看涨期权，即：

看涨期权价格=0.625×100+（-49.1898）×1=13.31（元）

这种定价方法是无套利定价法，如果两项资产或一组资产（这里是看涨期权和证券投资组合）（0.625 Shares-49.1898Bonds）有相同的收益，那么它们一定有相同的市场价格。

12.2.2　风险中性定价法

假设股票当前价格为S，股票未来的价格或上涨或下跌，且上涨和下跌的幅度是确定的。如果股票的未来价格或上涨到Su，u>1，或下跌到Sd，d<1，那么，依附于该股票的看涨期权价格是多少？为此，可以构造一个证券组合：购买Δ股股票，同时卖出1份买权，1年后投资组合价值见表12-4。

表12-4　**无风险投资组合**　单位：元

投资组合	初始现金流量	到期价值	
		$S_{T=1}$=125	$S_{T=1}$=85
买入Δ股股票	-100Δ	125Δ	85Δ
卖出1份买权	c	-25	0
合计	c-100Δ	125Δ-25	85Δ

在表12-4中，到期日投资组合价值分别为（125Δ-25）元或85Δ元，如果不存在风险，则投资组合的价值应该相等，即：

$125\Delta-25=85\Delta$

解得：

$\Delta=25\div40=0.625$

计算结果表明，如果现在买入0.625股股票同时卖出1份买权，与到期时投资组合的价值是一样的。上述投资组合既然是无风险的，在不存在套利机会的条件下，其收益率一定等于无风险利率。因此，投资组合的到期价值为：

$125\times0.625-25=85\times0.625=53.125$（元）

假设无风险利率为8%，则投资组合到期价值的现值为：

$53.125\div(1+8\%)=49.1898$（元）

根据表12-4的资料，投资组合的初始价值为（100Δ-c）元，则：

$100\Delta-c=49.1898$

$c=100\times0.625-49.1898=13.31$（元）

将上述计算过程推而广之，可以得出期权价格计算的一般公式：

$Su\Delta-c_u=Sd\Delta-c_d$

或：$\Delta=\dfrac{c_u-c_d}{Su-Sd}=\dfrac{c_u-c_d}{S(u-d)}$

上式中的Δ为保值比率，即买权价格变动率与股票价格变动率之间的比率关系。在上例中，保值比率计算如下：

$$\Delta=\frac{25-0}{100\times(1.25-0.85)}=0.625$$

保值比率说明：（1）股票价格变动1个单位，买权价格变动0.625个单位；（2）“Δ”的倒数表示套期保值所需购买或出售的期权份数，在这里，投资者可购买1股股票同时卖出1.6份买权，这与前述的购买0.625股股票同时卖出1份买权是相同的。

上式表明，如果Δ=0.625，无论股票价格上升还是下跌，该组合的价值都相等。显然，该组合为无风险组合，因此我们可以用无风险利率对（$Su\Delta-c_u$）或（$Sd\Delta-c_d$）进行折现来求该组合的现值。在无套利机会的假设下，该组合的收益现值应等于构造该组合的成本，即：

$$(S\Delta-c)=\frac{(Su\Delta-c_u)}{(1+r)}$$

$$c=\frac{S\Delta(1+r)-Su\Delta+c_u}{1+r}=\frac{S\Delta[(1+r)-u]+c_u}{1+r}$$

将保值比率代入上式，再对各项进行重新组合，就可得到看涨期权的价值为：

$$c=\frac{1}{1+r}\left\{c_u\left[\frac{(1+r)-d}{u-d}\right]+c_d\left[\frac{u-(1+r)}{u-d}\right]\right\}$$

为简化上式，令：

$$p=\frac{(1+r)-d}{u-d},\ 1-p=\frac{u-(1+r)}{u-d}$$

就可以得到：

$$c=\frac{pc_u+(1-p)c_d}{1+r}$$

我们称p为风险中性概率（risk-neutral probability），这一概率总是大于0而小于1，所以具有概率性质。在一个风险中立的世界里：（1）所有可交易证券的期望收益率都是无风险利率；（2）未来现金流量可以用其期望值按无风险利率折现。根据表12-4的数据，风险中性概率以及看涨期权价值计算如下：

$$p=\frac{(1+r)-d}{u-d}=\frac{(1+8\%)-0.85}{1.25-0.85}=0.5750$$

$$1-p=\frac{u-(1+r)}{u-d}=\frac{1.25-(1+8\%)}{1.25-0.85}=0.4250$$

$$c=\frac{0.5750\times 25+0.4250\times 0}{1+8\%}=13.31\text{（元）}$$

事实上，股价变动的概率（p）已经隐含在下面的等式中：

$$125p+85(1-p)=100\times(1+8\%)$$

解上式得出概率（p）为0.5750，也就是说，1年后股价或涨至125元或跌至85元的股票之所以当前价格为100元，是因为投资者总体已经对股票未来价格波动的概率有一个预期，即预计股票上涨或下跌的概率分别为0.5750和0.4250，用这一概率我们可以计算出买权1年后的预期价值：

$$0.575\times 25+0.425\times 0=14.375\text{（元）}$$

在一个没有风险的中立世界里，1年后的14.375元在当前的价值（以无风险利率进行折现）为：

$$\frac{14.375}{1+8\%}=13.31\text{（元）}$$

比较以上两种方法可以看到，无套利定价法和风险中性定价法实际上具有内在的一致性。在无套利定价过程中，并没有考虑标的资产价格上升和下降的实际概率，但从p在公式中的地位和特征上看很像概率，因此，p常被称作假概率。把p解释为股票价格上升的概率相当于假设股票的收益率等于无风险利率的程度。如果与证券相关的资本市场上的投资者都是风险中性者，那么投资者要求的收益率就等于无风险利率。

在这种风险中性假设下，看涨期权、看跌期权的定价可表述如下：

$$c=[0.5750\times\max(100\times1.25-100,\ 0)+0.4250\times\max(100\times0.85-100,\ 0)]\div1.08=13.31\text{（元）}$$

$$p=[0.5750\times\max(100-100\times1.25,\ 0)+0.4250\times\max(100-100\times0.85,\ 0)]\div1.08=5.90\text{（元）}$$

除了采用风险中性定价法定价该股票的看涨期权和看跌期权价格，也可以通过建立买-卖权平价关系定价：

$$S+p=c+PV(K)$$

$$100+5.90=13.31+100\div(1+8\%)$$

注意在看跌期权-看涨期权平价关系中的现值PV（K）：在连续时间框架（标准Black-Scholes框架）中，PV（K）$=Ke^{-rT}$；在本例中，现值PV（K）采用的是离散时间，即PV（K）=K÷（1+r）。

12.2.3　多期二项式期权定价法

单期二项式模型虽然比较简单，但已包含二项式定价模型的基本原理和方法。因此，可以进一步拓展到多期二项式模型。二项式模型的基本原理是把期权的有效期分为很多很小的时间间隔Δt，并假设在每一个时间间隔Δt内标的资产（S）价格只有上升或下降两种可能。图12-10描述了二项式模型的一般表现形式。在图中，每一个数值称为一个节点，每一条通往各节点的线称为路径。"u"和"d"分别代表标的资产上升或下降为原来数值的倍数，"u"和"d"的数目表示上升或下降的次数。例如，当时间为0时，证券价格为S，时间为Δt时，证券价格要么上涨到Su，要么下降到Sd；时间为2Δt时，证券价格就有三种可能：Su^2、Sud（等于S）和Sd^2，以此类推。一般而言，在iΔt时刻，证券价格有i + 1种可能。需要说明的是，在较大的时间间隔内，这种二值运动的假设是不符合实际的，但是当时间间隔非常小，且在每个瞬间，资产价格只有两个方向变动时，其假设是可以接受的。因此，二项式模型实际上是在用大量离散的小幅度二值运动来模拟连续的资产价格运动。

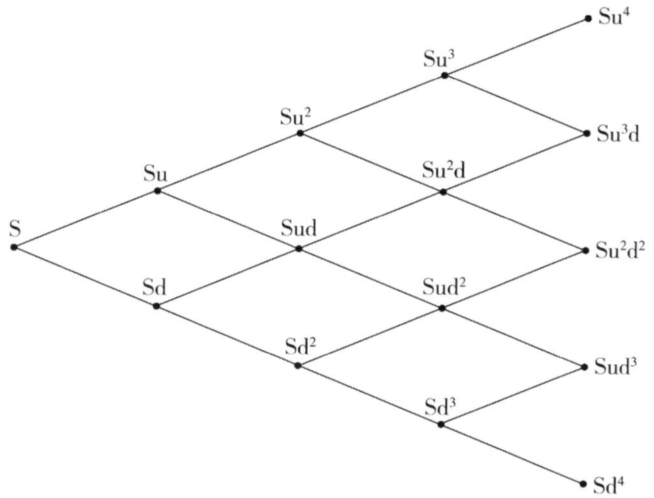

图12-10　二项式模型一般表现形式

在图12-10中，根据每个节点标的资产的价格，采用倒推法计算每个节点的期权价格，即从结构图的末端T时刻开始往回倒推。由于在到期T时刻的预期期权价值是已知的，例如买权价格为$\max(S_T - K, 0)$，卖权价格为$\max(K - S_T, 0)$。在风险中性条件下，T - ΔT时刻的每一节点上的期权价值，都可通过将T时刻的期权价格的预期值在Δt时间长度内以无风险利率r折现求出。同理，T - 2ΔT时刻的每一节点的期权价格，也可以将T - Δt时刻的期权价格预期值在时间Δt内以无风险利率r折现求出，以此类推。采用这种倒推法，最终可以求出零时刻（当前时刻）的期权价格。

【例12-3】某股票当前价格为50元，考虑3个阶段（每个阶段间隔为0.25年）的价格变化，假设每个阶段股票价格可能上涨20%或下跌20%，同期无风险债券利率为2.02%，现有1份股票看涨期权，执行价格K=52，计算该看涨期权的价格。

首先，计算不同时点上涨或下跌时的股票价格，如图12-11上半部分所示。

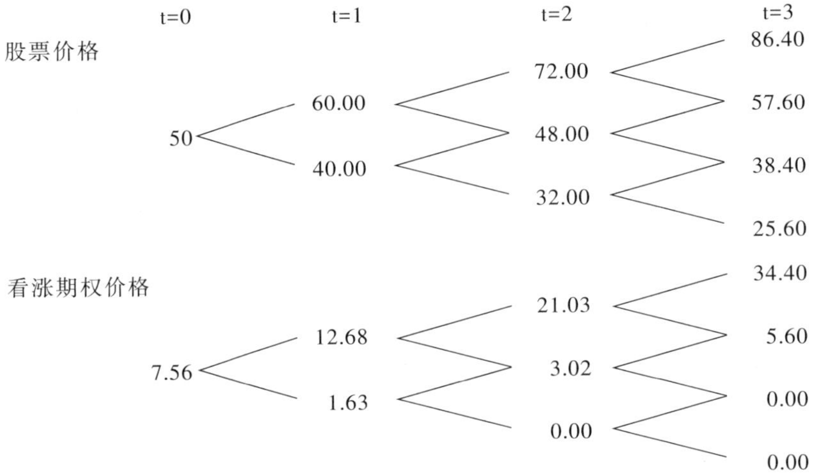

图12-11　三期二项式期权定价模型

其次，计算风险中立概率：

$$p=\frac{(1+r)-d}{u-d}=\frac{(1+2.02\%)-0.80}{1.20-0.80}=0.5505$$

$$1-p=\frac{u-(1+r)}{u-d}=\frac{1.20-(1+2.02\%)}{1.20-0.80}=0.4495$$

最后，计算图12-11中下半部分各个节点的期权价格。在图12-11中，在三期结束时（t=3）股票价格和期权价格计算方式见表12-5。

表12-5　**股票价格和期权价格（t=3）**

状态	股票价格（元）	期权价格（元）
价格三次上涨	$86.40=Su^3=50\times1.20^3$	34.40=max（86.40-52，0）
价格两次上涨，一次下跌	$57.60=Su^2d=50\times1.20^2\times0.80$	5.60=max（57.60-52，0）
价格一次上涨，两次下跌	$38.40=Sud^2=50\times1.20\times0.80^2$	0=max（38.40-52，0）
价格三次下跌	$25.60=Sd^3=50\times0.8^3$	0=max（25.60-52，0）

t=2时，根据风险中性概率（这个概率依赖于股票运动的状态和市场利率）计算三个节点的期权价格：

21.03=（0.5505×34.40+0.4495×5.60）÷1.0202

3.02=（0.5505×5.60+0.4495×0）÷1.0202

0=（0.5505×0+0.4495×0）÷1.0202

t=1时，两个节点的期权价格计算如下：

12.68=（0.5505×21.03+0.4495×3.02）÷1.0202

1.63=（0.5505×3.02+0.4495×0）÷1.0202

t=0时，期权价格计算如下：

7.56=（0.5505×12.68+0.4495×1.63）÷1.0202

上述计算表明，看涨期权价格等于以无风险利率折现的两个期间的期望值（此处采用风险中立概率计算）。三期二项式模型可以推广为多期二项式期权定价模型。

以上是欧式期权的情况，如果是美式期权，就要在二项式结构的每一个节点上，比较在本时刻提前执行期权或继续再持有t时间，到下一个时刻再执行期权，选择其中较大者作为本节点的期权价值。

12.3 布莱克-斯考尔斯模型

12.3.1 布莱克-斯考尔斯模型基本思想

二项式模型是通过投资组合的价值关系确定期权价格的。这种方法虽然简单，但在现实生活中很难实行。这是因为在期权有效期内，标的资产（股票）价格的变化不仅局限于两种情况，而且股票价格变化是连续性的，在每一瞬间，股票价格都会发生变化，并由此引起期权价格的变化。因此，我们必须从动态的角度研究每一瞬间的期权价格。美国学者Fischer Black与Myron Scholes于1973年在《期权估值与公司债务》一文中推出了期权估值模型（简称B-S模型），把财务理论推向了一个崭新的阶段。

在B-S模型中，主要的假设条件是：①资本市场是完善的，没有交易手续费、税负、保证金、筹资限制等；②存在一个无风险利率，在期权有效期内它不会变动，投资者可以此利率无限制地借款和贷款；③标的资产价格的变动是连续的，在一段极短（infinitesimal）的时间内，标的资产的价格只能有极微小的变动，亦即排除了跳空上涨或跳空下跌的可能性；④期权为欧式的；⑤标的资产在期权有效期内不支付股利和利息；⑥标的资产的价格变动符合几何布朗运动，其主要特点是：每一个小区间内标的资产的收益率都服从正态分布，且不同的两个区间内的收益率相互独立；⑦市场提供了连续交易的机会。

B-S模型的基本思路是利用期权和有关证券组合，进行无风险投资保值，导出期权估价模型。在表12-4的投资组合中，当股票价格上升ΔS时，投资者在卖出买权这一交易中损失1.6×0.625ΔS或ΔS，但在股票投资上赚了ΔS，所以组合投资价值为零，也就是说，组合资产的Δ为零，这样的组合资产称作Δ中立（delta neutral）组合。但资产组合保持中立只是暂时的，随着股票价格和时间的变动，同一期权的Δ值也会发生变化，因此，投资者必须不断调整其投资组合，使买入股票与卖出买权的数量比例始终维持与Δ值为倒数关系。在连续的调整过程中，所有的资本都必须在该投资组合内周转，称为自我筹资（self-financing），亦即期初的支出（如100-1.6c）一经确定，投资者不应再动用自己的任何资金。

在无风险、无套利与自我筹资的情况下，投资者会一直赚取无风险利率，此时再把股价波动的随机过程纳入便可导出财务理论史上具有深远意义的买-卖权平价公式。

$$c = SN(d_1) - Ke^{-rT}N(d_2) \tag{12.4}$$

式中：

$$d_1 = \frac{\ln(S/K) + (r + \sigma^2/2)T}{\sigma\sqrt{T}} \tag{12.5}$$

$$d_2 = d_1 - \sigma\sqrt{T} \tag{12.6}$$

式中：c表示买权价格；S表示标的资产现行市场价格；K表示行权价格；r表示无风险利率（按连续复利计算）；σ表示标的资产价格波动率（volatility）；T表示期权距到期日的时间；N（x）表示标准正态分布的累积概率分布函数（即某一服从正态分布的变量小于x的概率），根据标准正态分布函数特性，可知：N（-x）=1-N（x）。

从B-S期权定价模型的经济含义看，N（d_1）等于保值比率Δ，反映了标的资产变动一个很小单位时，期权价格的变化量。或者说，如果要避免标的资产价格变化给期权价格带来的影响，一个单位的看涨期权多头，就需要Δ单位的标的资产空头加以保值。N（d_2）实际上是在风险中性世界中S_T大于K的概率，或者说是欧式买权被执行的概率，因此，Ke^{-rT}N（d_2）是K的风险中性期望值的现值。SN（d_1）=$e^{-rT}S_T$ N（d_1）是S_T的风险中性期望值的现值。因此，整个欧式买权公式就可以被看作期权未来预期收益的现值，即买权价值等于标的资产价格期望现值减去行权价格现值。

12.3.2 B-S模型的计算方法

根据公式（12.4）和公式（12.5），B-S模型中的期权价格取决于下列5个参数：标的资产市场价格、行权价格、到期期限、无风险利率和标的资产价格波动率（即标的资产收益率的标准差）。在这些参数当中，前三个较容易获得确定的数值。但是无风险利率和标的资产价格波动率则需要通过一定的计算确定。

1）估计无风险利率

在发达的金融市场上，可选择国债利率作为无风险利率的估计值。但由于国债利率通常为年名义利率，因此需要将其转化为按连续复利方式表达的利率。此外，如果利率期限结构曲线倾斜严重，那么不同到期日的收益率很可能相差很大，必须选择距离期权到期日最近的那个国债利率作为无风险利率。

2）估计标的资产价格的波动率

（1）历史波动率

历史波动率是指从标的资产价格的历史数据中计算出的价格收益率的标准差。计算波动率时，可以采用统计学中计算样本均值和标准差的简单方法。首先，从市场上获得标的资产（如股票）在固定时间间隔（如每天、每周或每月等）的价格；其次，对于每个时间段，求出该时间段末的股价与该时间段初的股价之比的自然对数；最后，求出这些对数的标准差，再乘以一年中包含的时段数的平方根（选取时间间隔为天，按交易日计算，一般每年按252个交易日计算，即乘以$\sqrt{252}$），得到的即为历史波动率。

在实务中，收益率标准差可以按日、按周、按月度数据计算。时间跨度可根据需要选择短期（一年内）或长期（一年以上）。从统计的角度来看，时间越长、数据越多，收益率标准差的精确度越高。但是，资产价格收益率的波动率却又常常随时间而变化，太长的时间段反而可能降低波动率的精确度。因此，计算波动率时，要注意选取距离估价日较近的时间，一般的经验法则是设定度量波动率的时期等于期权的到期日。

在B-S公式所用的参数中，有3个参数与时间有关：到期期限、无风险利率和波动率。值得注意的是，这三个参数的时间单位必须相同，或者同为天、周，或者同为年。

（2）隐含波动率

从B-S期权定价模型本身来说，公式中的波动率指的是未来的波动率数据，即投资者对未来标的资产波动率的预期。历史波动率并不能很好地反映这种预期值，为克服这一缺陷，可采用隐含波动率。B-S期权定价模型所要求的5个参数中，有4个是可以直接观测的：S、K、r和T，只有一个参数，股票价格波动率σ是不可直接观测到的。在实务中，可以根据B-S公式"倒推"计算得到。也就是说，可以将除波动率以外的参数和市场上的期权报价代入B-S公式，计算得到的波动率可以看作市场对未来波动率的预期。由于B-S期权定价公式比较复杂，隐含波动率的计算一般需要通过计算机完成。在实务中，也可采用数据提供商提供的隐含波动率。

【例12-3】2020年7月24日，苹果公司（AAPL）股票每股市价为370.46美元，根据图12-3的数据，采用以下两份期权合约说明B-S期权定价方法。

AAPL201218C00480000买权合约：行权价格为480元，期权到期时间为2020年12月18日，隐含波动率为31.91%。

AAPL201218P00480000卖权合约：行权价格为480元，期权到期时间为2020年12月18日，隐含波动率为35.07%

假设无风险利率为0.14%，在此期间公司不支付股利。根据B-S模型分别计算期权的买权价格、卖权价格，见表12-6。

表12-6 布莱克-斯考尔斯期权定价（AAPL股票期权）

期权合约	看涨期权	看跌期权	说明
输入：			
S	370.46	370.46	2020年7月24日股票价格
K	480.00	480.00	=AAPL期权报价
r	0.14%	0.14%	=美国6个月国债利率（2020年7月24日）
T	0.4027	0.4027	=（7+31+30+31+30+18）/365
Sigma	31.91%	35.07%	=AAPL期权报价
输出：			
d_1	−1.1752	−1.0501	=（LN（S/K）+（r+0.5*sigma^2）*T）/（sigma*SQRT（T））
d_2	−1.3777	−1.2727	=d_1−sigma*SQRT（T）
N（d_1）	0.1200	0.1468	= NormSDist（d_1）
N（d_2）	0.0841	0.1016	=NormSDist（d_2）
$-d_1$		1.0501	=$-d_1$
$-d_2$		1.2727	=$-d_2$
N（$-d_1$）		0.8532	=1−N（$-d_1$）
N（$-d_2$）		0.8984	=1−N（$-d_2$）
看涨期权价格	4.0716	5.6711	=S*N（d_1）−K*exp（−r*T）*N（d_2）
看跌期权价格		114.94	=call price − S + K*Exp（−r*T）：买-卖权平价关系
		114.94	=K*exp（−r*T）*N（$-d_2$）− S*N（$-d_1$）

数据来源：AAPL期权报价：https：//sg.finance.yahoo.com/quote/AAPL/options？p=AAPL&date=1608249600.

根据AAPL201218C00480000买权合约，买权价格的计算如下：

第一，计算d_1与d_2

$$d_1=\frac{\ln(S/K)+(r+\sigma^2/2)T}{\sigma\sqrt{T}}$$

$$=\frac{\ln(370.46/480)+(0.14\%+0.5\times0.3191^2)\times0.4027}{0.3191\times\sqrt{0.4027}}=-1.1752$$

$$d_2=d_1-\sigma\sqrt{T}$$

$$=-1.1752-0.3191\times\sqrt{0.4027}=-1.3777$$

第二，计算N（d_1）和N（d_2）

N（d）可通过标准正态分布[①]的累积概率分布函数计算，一般是根据Excel函数（NORMSDIST）得到上述参数。

即，在Excel电子表格中输入：=NORMSDIST（d）

例如，AAPL买权中的N（d_1）、N（d_2）的输入方式：

=NORMSDIST（-1.1752），回车后，N（d_1）=0.1200

=NORMSDIST（-1.3777），回车后，N（d_2）=0.0841

第三，计算买权理论价值。

$$
\begin{aligned}
c &= SN(d_1) - Ke^{-rT}N(d_2) \\
&= 370.46 \times 0.1200 - 480 \times e^{-0.14\% \times 0.4027} \times 0.0841 \\
&= 44.455 - 40.35 = 4.110(\text{美元})
\end{aligned}
$$

AAPL201218P00480000卖权合约的理论价值计算如下：

首先，计算与看跌期权估值的各种参数，见表12-6中第三栏。现采用两种方法计算卖权价格：

根据买-卖权平价关系：

$$
\begin{aligned}
P &= c - S + Ke^{-rT} \\
&= 5.6711 - 370.46 + 480 \times e^{-0.14\% \times 0.4027} = 114.94（\text{美元}）
\end{aligned}
$$

根据卖权公式计算：

$$
\begin{aligned}
p &= Ke^{-rT}N(-d_2) - SN(-d_1) \\
&= 480e^{-0.14\% \times 0.4027} \times 0.8984 - 370.46 \times 0.8532 = 114.91(\text{美元})
\end{aligned}
$$

需要说明的是，采用手工计算的结果与采用Excel计算的结果有偏差。

根据B-S模型，采用Excel计算结果表明，AAPL看涨期权理论价值为4.0716美元，看跌期权理论价值为114.94美元。

APPL期权定价与股票、债券期权

严格地说，B-S模型只适用于计算在无派息条件下的欧式股票期权的理论价值，但在进行必要的修正之后，该模型也可用于估算其他类型期权价值的理论值。现以美式期权和存在股利的情况为例加以说明。

通常，美式期权持有者在到期日之前的任意时间均可履约。由于美式期权能提供所有欧式期权所提供的权利，而且还提供了比欧式期权更多的机会，因此，它的价值至少应等于或大于与其同等的欧式期权的价值。通常，在无股利情况下，美式期权不应提前执行，如果提前支付行权价格，那么履约者不仅放弃了期权，而且还放弃了货币的时间价值。如果不提前履约，在其他条件一定的情况下，美式期权与欧式期权的价值才会相等。只有在支付股利的情况下，美式期权与欧式期权的估价方法才有所不同。

一般情况下，公司发放股利后会使股票价格在除息日后按一定幅度下降，因而

①　标准正态分布是指E（r）=0、σ=1的正态分布，从这个分布抽取的数值小于0的概率为50%，即N（0）=50%。

引起买权价值下跌。事实上，现金股利代表公司对具有相应权利的股东而非期权持有者的部分清偿，如果公司支付清算性股利，那么股票价格将降为0，期权价格也将降为0。在其他条件不变的情况下，期权到期之前支付股利的现值越大，期权的价格就越小。在B-S模型中，对存在股利的标的股票进行调整的一种方法就是把所有至到期日为止的预期未来股利的现值从股票的现行市价中扣除，然后按无股利情况下的B-S模型计算期权价格。如果预期标的资产的股利收益（y=股利/股票的现值）在寿命周期内保持不变，B-S模型可改写为：

$$c = Se^{-yT}N(d_1) - Ke^{-rT}N(d_2) \tag{12.7}$$

$$d_1 = \frac{\ln(S/K) + (r - y + \sigma^2/2)T}{\sigma\sqrt{T}} \tag{12.8}$$

d_2与公式（12.6）相同。在B-S模型中考虑股利的结果是降低了买权价格，这种调整方法简单易行，但仍然没有考虑提前履约的可能性。

12.3.3 B-S参数分析

以上所讨论的只是期权价值理论上的价值构成，期权价值的形成和确定受多种因素的影响，如宏观经济形势、期权市场供求状况以及交易者的心理预期等，其中较为重要的因素有以下6种：

（1）标的资产市价（S）：买权价值与S呈正向变动关系，S越高（低），买权价值越大（小）；卖权价值与S呈负向变动关系，S越高（低），卖权价值越小（大）。

（2）行权价格（K）：买权价值与K呈反向变动关系，K越高（低），期权买方盈利的可能性越小（大），因而买权价值越小（大）；卖权价值与K呈正向变动关系，K越高（低），卖权盈利的可能性就越大（小），卖权价值就越大（小）。

（3）合约剩余有效期（T）：由于期权具有时间价值，且与合约剩余有效期长短呈正向变动关系，因此，在一般情况下，买权价值和卖权价值均与T呈正向变动关系。但对于欧式期权来说，由于欧式期权只能在到期日履约，因而也可能在买方履约愿望较强时，出现T越短、期权价值越高，T越长、期权价值越低的情况。

（4）标的资产价格的波动性或风险性（σ）：σ通常用标的资产收益率的标准差来衡量，但标准差只衡量离中趋势，并未指明S会向哪边波动，而且正反方向的波动机会均等，如往正向波动，买权持有者有无限的获利空间；如往负向波动，买权因可弃权，受损程度有限，两者抵销后仍以正向波动的好处为大，因此σ与c有正向变动关系。对于卖权而言，若S负向波动，卖权有较大的获利空间；若S正向波动，卖权因可弃权而使损失有限，两者抵销后仍以负向波动的好处为大，因此σ与p也有正向变动关系。

（5）利率（r）：买权是在一定时间内以固定价格购买标的资产的权利，利率越高，行权价格的现值就越小，犹如履约成本减少，对买权有利；但行权价格是卖权持有人出售标的资产时所能得到的款项，在利率上涨、现值降低时，犹如卖权的履约收入降低，因此r与c有正向变动关系，与p有负向变动关系。

（6）标的资产的孳息（D）：在期权有效期内，股票可能发放股利，债券会有应计利息，外币会有其各自的汇率变动，这些都是孳息。这些孳息越多，S就越会有下降的趋势（如股票会因除息而跌价），对卖权有利，对买权不利，因此，D与c有负向变动关系，与p有正向变动关系。

12.4 含期权特征债券估价

12.4.1 附认股权证债券

附认股权证公司债券（bond with attached warrant 或 equity warrant bonds）是指公司债券附有认股权证，持有人依法享有在一定期间内按约定价格认购公司股票的权利，是债券加上认股权证的产品组合。附认股权证债券一般是捆绑发行，发行后分别在权证市场和债券市场上进行交易。在我国，附认股权证债券又称分离交易可转债。对于发行人来说，附认股权证的公司债券可以起到一次发行、二次筹资的作用，可以有效降低筹资成本。相对于普通可转债，这一筹资品种的不同之处表现在：第一，发行人一直都有偿还本息的义务；第二，如果债券附美式权证，会给发行人的资金规划带来一定的不利影响；第三，无赎回和强制转股条款，从而在发行人股票价格高涨或者市场利率大幅降低时，发行人需要承担一定的机会成本。

附认股权证公司债券价值由纯债券价值和认股权证价值两部分构成，其中纯债券价值可根据第3章介绍的债券公式计算。认股权证作为期权的一个变种，其价值主要由内含价值和时间价值构成，采用B-S模型确定认股权证内含价值的计算公式如下：

$$c_w = \max[n(S - K), 0] \tag{12.9}$$

式中，c_w表示认股权证的内含价值；n表示行权比率，即每份认股权证能购买的普通股股数；S表示普通股每股市价；K表示行权价格。

认股权证的持有者无投票权，也不能分得股利，但如果公司发行股票或进行股票分割，认股权证的行权价格将会自动调整。由于套利机制，认股权证的内含价值就成了认股权证的最低极限价格。由于普通股的市场价值随着时间的推移而变动，因此，认股权证的内含价值也会随之变动。

时间价值反映股价在到期日前可能向有利于投资者方向变动而产生的价值，主要与权证剩余时间和股票价格波动率有关。对于权证投资者，距离到期日时间越长，股票价格波动的可能性就越大，其时间价值也越大。随着时间的消逝，权证时间价值逐渐下降。由于股价波动率的增加会增加权证持有人获利的机会，因此股票波动率越大，认股权证的价值越高。

影响权证价值的因素与影响股票期权价值的因素基本相同，此外，在确定认股权证价值时，还应考虑股利因素。由于权证持有者不享有股利分配权，权证持有时间越长，丧失的股利收入就越多，当权证杠杆效应所带来的收益不足以弥补其所丧失的股利时，权证价值就会下跌。

当认股权证持有者行使转换权利时，将增加公司流通在外的普通股股数，其结果是普通股每股收益降低，这种潜在的每股收益稀释也将导致认股权证价值下跌。认股权证内含价值的计算步骤如下：

第一步，根据认股权证被执行后的预期稀释效应对股票价格进行调整，稀释后普通股每股预期价格为：

$$\text{稀释后普通股每股预期价格}=\frac{S \cdot N + n \cdot W \cdot K}{N + n \cdot W} \tag{12.10}$$

式中，S代表普通股当前每股价格；N代表认股权证行使前公司发行在外的普通股股数；n代表每份认股权证可以购买普通股股票的数量；W代表发行认股权证的数量；K代表认购价格。

第二步，根据B-S模型计算普通股买权价值，B-S模型中所用的方差是公司股票价值的方差。

第三步，根据认股权证与普通股买权价值的关系计算认股权证价值，每份认股权证的内含价值为：

$$\begin{aligned}&\max\left[n\left(\frac{S \cdot N + n \cdot W \cdot K}{N + n \cdot W} - K\right),\ 0\right]\\ &= \max\left[\frac{N \cdot n}{N + n \cdot W}(S - K),\ 0\right]\\ &= \frac{N \cdot n}{N + n \cdot W}\max\left[(S - K),\ 0\right]\end{aligned} \tag{12.11}$$

公式（12.11）中的max［（S-K），0］为普通股买权价值，公司认股权证内含价值等于公司普通股买权价值的$\frac{N \cdot n}{N + n \cdot W}$倍。

【例12-4】2008年4月2日，青岛啤酒发行1 500万张附认股权证的债券（或称分离交易可转债），募集资金共计15亿元，其中每张债券的持有人可以获得公司派发的7份认股权证。债券面值为100元，票面利率为0.8%，期限为6年，信用等级为AA+。认股权证部分的存续期为18个月，行权日为2009年10月13日，初始行权价为28.32元，行权比例为2∶1。

（1）认股权证价值

假设现在是2008年8月21日，青岛啤酒股票（正股）收盘价格为21.09元。为测算每份认股权证的理论价值，对B-S模型中的参数做如下设定：行权价格（K）为28.06元，无风险收益率（r）取2年期国债利率2.88%，按连续复利计算为2.92%，股票波动率（σ）为青岛啤酒股票收益率的隐含波动率104.90%，权证存续期（T）为1.16年。将上述参数代入B-S模型，采用Excel函数计算出青岛啤酒股票买权价值为7.52元，见表12-7。

表12-7　**青岛啤酒股票买权价值计算表（B-S模型）**

参数	数额	说明
S（元）	21.09	股票当前市场价格（2008年8月21日）
K（元）	28.06	行权价格
R	2.92%	无风险利率（按2年期国债利率连续复利计算）
T	1.16	期权到期时间（以年为单位）
$\sum$	104.90%	股票隐含波动率
d_1	0.3422	=（LN（S/K）+（r+0.5*sigma^2）*T）/（sigma*SQRT（T））
d_2	−0.7876	=d_1−sigma*SQRT（T）
N（d_1）	0.6339	=NormSDist（d_1）
N（d_2）	0.2155	=NormSDist（d_2）
买权价值（元）	7.52	=S*N（d_1）−K*exp（−r*T）*N（d_2）

根据青岛啤酒分离交易可转债的公告，该次认股权证发行总量为10 500万份，行权比例为2∶1，即2份认股权证可认购1股青岛啤酒A股股票，流通股为23 575.55万股。结合表12-7的数据，青岛啤酒认股权证内含价值计算如下：

$$\text{认股权证内含价值} = 7.52 \times \frac{N \cdot n}{N + n \cdot W}$$

$$= 7.52 \times \frac{23\,575.55 \times 0.5}{23\,575.55 + 0.5 \times 10\,500} = 3.08\text{（元）}$$

在实务中，通常是根据认股权证合理的溢价率水平确定其市场定价的。溢价率是权证一个重要的风险指标，表示以当前价格买入权证并持有至到期，标的股票需要向有利的方向变动多少（百分比），投资者才可以不盈不亏。限于篇幅，本章不做详细介绍。

（2）债券价值

公司债券价值主要取决于到期收益率和债券票面利率，2008年8月，沪市企业债券交易所市场交易5~6年期企业债共有20种，到期收益率的平均值为5.08%，以此作为折现率；青岛啤酒债券剩余年限为5.611年。根据上述数据，青岛啤酒债券价值为79.86元（见表12-8最后一行合计数）。

表12-8　**青岛啤酒债券价值**

剩余年限（年）	0.611	1.611	2.611	3.611	4.611	5.611
利息及到期本金（元）	0.800	0.800	0.800	0.800	0.800	100.800
现值（元）（5.08%）	0.776	0.739	0.703	0.669	0.637	76.333

12.4.2　可转换债券估价

可转换债券（convertible bonds）是一种以公司债券（也包括优先股）为载体，允许持有人在规定的时间内按规定的价格转换为发行公司或其他公司普通股的金融工具。

1）可转换债券的基本概念

纯债券价值（straight-debt value）：指非转换债券所具有的价值，即不含转换权债券的价值，一般根据债券估价模型计算。

转换价值（conversion value）：指可转换债券能以当前股票价格立即转换为普通股时可转换债券所能取得的价值，其计算公式为：

$$转换价值=转换比率\times股票当前市场价格 \tag{12.12}$$

转换价格（conversion price）：指可转换债券转换为股权时的行权价格，可转换债券合约中规定的这一价格为初始转换价格。

转换比率（conversion ratio）：指每份可转换债券可转换成普通股的股数。

转换比率与转换价格之间的关系可用下式表示：

$$转换比率=\frac{可转换债券的发行价格}{转换价格} \tag{12.13}$$

转换时间：指债券持有人行使转换权利的有效期限。通常有两种规定：一种是发行公司制定一个特定的转换期限，只有在该期限内，公司才受理可转换债券的换股事宜；另一种方式是不限制转换的具体期限，只要可转换债券尚未还本付息，投资者就可以任意选择转换时间。

转换权：指债券持有人在规定的时间内可以按规定的转股价格将可转换债券转换为股票的权利，转换权是可转换债券的基本特征。

赎回权（callable option）：发行人在一定的时期内可以提前赎回未到期的可转换债券的权利而非义务，赎回价格一般高于面值。赎回权一般在公司与投资者之间关于赎回行为的赎回条款中书面约定。

回售权（putable option）：在股票价格表现欠佳时，投资者要求发行人收回发行在外的可转换债券，并在指定日期内以高于面值一定的溢价出售给发行人的权利。回售权一般在公司与投资者之间关于回售行为的回售条款中书面约定。

2）可转换债券价值

可转换债券可以看作一张债券和一份公司股票的看涨期权的组合，这与前述的附认股权证债券的组合几乎相同。只不过可转换债券持有者行权时必须放弃债券，而附认股权证债券持有者在行权后可继续持有债券。

可转换债券价值主要由纯债券价值（或转换价值）和期权价值构成。在可转换债券到期日前：如果纯债券价值>转换价值，投资者不会行使转换权，持有债券以赚取高额利息收入；如果转换价值>纯债券价值，投资者将债券转换为股票，从中获利。在可转换债券到期日，可转换债券持有人要么立即转换，成为公司的股东，要么接受公司支付的债券本息。因此，到期日可转换债券的价值是纯债券价值和转换价值中的最大者，这一价值也是可转换债券的最小值或底价。

在可转换债券到期前，可转换债券持有人不必立即做出选择，他们可以等待获利机会，再行决断。这样未到期的可转换债券的价值总是大于它的底价，其间的差额称为可转换债券期权价值或溢价，这笔溢价相当于公司股票的美式买权价值。假设不考虑债券违约情况，纯债券价值、转换价值、期权价值、可转换债券价值之间的关系如图12-12所示。

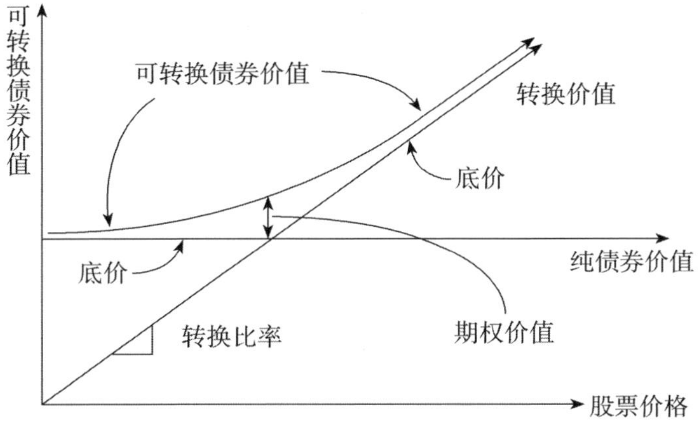

图12-12　可转换债券价值与股票价格关系图

在图12-12中，纯债券价值与转换价值越接近（无论两者谁高），可转换债券期权价值越大；纯债券价值与转换价值之间的差距越大，期权价值相对越小；纯债券价值与转换价值相等时，期权价值相对最大。随着债券到期日（或转换日）的接近，可转换债券的市场价值与转换价值几乎相等，亦即可转换债券期权价值为零。在可转换债券到期日前，其价值等于其纯债券价值和转换价值二者中的较大值与期权价值之和，即：

可转换债券价值=max（纯债券价值或转换价值）+期权价值　　(12.14)

【例12-5】2019年12月30日晚间，新希望发布公告将于2020年1月3日在网上发行40亿元可转债，期限6年。本次募集资金（扣除发行费用）将全部投资于生猪养殖项目。希望转债（127015）有关条款见表12-9。

表12-9　**希望转债（127015）有关资料**

发行规模	40亿元	发行价格（元）	100
债券期限	2020/01/03-2026/01/03	起息日	2020/01/03
付息频率	1年1次	每年付息日	2020/01/03
票面利率	各年利率：0.20%、0.40%、0.80%、1.20%、1.60%、2.00%		
初始转股价格（元）	19.63	初始转股比例	5.0942
转股期	2020/07/09-2026/01/03		
回售触发价格（元）	13.74	强赎触发价格（元）	25.52
到期赎回价格（元）	106		
信用评级	AAA	剩余天数	1 995

假设现在是2020年7月17日，新希望股票市场价格为30.9元/股。

2020年7月10日，5年期国债收益率为2.84%，10年期为3.03%。假设6年期国债收益率为3.01%。可转债历史隐含波动率见表12-10，为简化，假设以可转债历史隐含波动率中位数26.55%为希望转债的隐含波动率。

表12-10 可转债隐含波动率历史分布

项目	2003—2019/07	2003—2019/07（剔除2007年、2008年、2015年）
均值	30.39%	27.62%
最高值	75.06%	66.13%
75%分位数	38.74%	32.31%
中位数	26.55%	24.64%
25%分位数	21.18%	20.21%
最低值	10.03	10.03%
2009年7月值	22.19%	22.19%
历史分位点	29.60%	36.00%

资料来源：Wind资讯、国信证券经济研究所整理。

根据上述数据计算希望转债纯债券价值、期权价值及可转换债券价值。

（1）希望转债纯债券价值

根据中债2019年12月30日数据，6年期AAA企业债收益率为3.85%，为简化，假设以此为希望转债投资者要求的最低收益率，到期时债券赎回价格为106元。按3.85%折现，希望转债纯债券价值为89.9329元，计算过程见表12-11。

表12-11 希望转债纯债券价值 金额单位：元

项目	2020-07-17	2021-01-03	2022-01-03	2023-01-03	2024-01-03	2025-01-03	2026-01-03
剩余年限		0.4658	1.4658	2.4658	3.4658	4.4658	5.4658
利率		0.2%	0.4%	0.8%	1.2%	1.6%	2.0%
现金流量		0.20	0.40	0.80	1.20	1.60	106.00
现值	89.9329	0.1965	0.3785	0.7288	1.0527	1.3516	86.2248

（2）希望转债期权价值与转换价值见表12-12。

从价值构成来看，可转换债券可以看作普通的公司债券与一份看涨期权的组合。但可转换债券结构极为复杂，通常隐含转股权、赎回权和回售权等，这些都会影响希望转债的期权价值。

表12-12　**希望转债期权价值与转换价值**　金额单位：元

参数	数额	说明
输入：		
S	30.90	新希望股票市场价格（2020-07-17）
K	19.63	行权价格，初始转股价格
r	3.01%	6年期（2020年7月中债国债收益率）
T	5.47	期权到期时间（以年为单位）（1995/365）
Sigma	26.55%	历史隐含波动率中位数（2003—2019年）
输出：		
d_1	1.3063	=（LN（S/K）+（r+0.5*sigma^2）*T）/（sigma*SQRT（T））
d_2	0.6856	=d_1-Sigma*SQRT（T）
N（d_1）	0.9043	=NormSDist（d_1）
N（d_2）	0.7535	=NormSDist（d_2）
买权价格	15.39	=S*N（d_1）-K*exp（-r*T）*N（d_2）
转股价值		
初始转股比率	5.0942	=100/19.63
股票价格	30.90	新希望股票价格
转换价值	157.41	=5.0942*30.90

希望转债价值=max（纯债券价值或转换价值）+期权价值

=max（89.93，157.41）+15.39=172.81（元）

由于可转换公司债券赋予投资者在一定时间的转换期内都具有可转换的权利，所以采用美式期权定价应该说是最合适的。因此，采用B-S欧式期权定价模型估计的可转债期权价值只是一个参考值，还应结合其他各种因素进行调整。

12.4.3　可赎回债券

公司在发行债券时，可以对债券附加一些条款，以便减少发行者的风险或增加债券对投资者的吸引力，最常见的条款之一就是可赎回条款。这一条款允许发行人（公司）在某一规定的期间内以事先确定的价格从债权人手中赎回全部债券。一般而言，赎回价格会超过债券的票面价值。赎回价格与票面价值之间的差价称为赎回溢价（call premium）。例如，债券的赎回价格为面值的105%，则债券赎回溢价等于面值的5%。初始赎回价格通常设定为债券面值加上年利息，并且随着到期时间的减少而下降，逐渐趋近于面值。赎回条款一般有两种：随时赎回条款和推迟赎回条款。随时赎回条款规定，债券一经发行，债券发行人即有权随时赎回债券；推迟赎回条款规定，债券发行人只能在一定时间后才能赎回已发行的债券。

从期权的角度分析，可赎回债券的发行人可以在利率下跌（债券价格上升）时以约定的价格赎回旧债券，这表明可赎回债券相当于在纯债券上附加了一份在标的资产（债券）价格上涨时以某固定价格（赎回价格）购买该资产的看涨期权。

如果债券契约中载明允许发行公司在到期日前将债券从持有者手中赎回的条款，则当市场利率下降时，公司会发行利率较低的新债券，并以所筹措的资金赎回高利率的旧债券。在这种情况下，可赎回债券持有者的现金流量包括两部分：（1）赎回前正常的利息收入；（2）赎回价格（面值+赎回溢价）。

赎回条款的存在，降低了该类债券投资者的实际预期收益率。为弥补被赎回的风险，这种债券发行时通常有较高的息票率和较高的承诺到期预期收益率。

可赎回债券的期权价值一般通过蒙特卡罗模拟等方法进行定价。

12.4.4 可回售债券

可回售债券给予债券投资人在债券到期日之前的某一时点将持有的债券以一定的价格回售给发行人的权利。当利率上升，债券价格下跌时，债券投资人可以行使回售权，将资金重新投资于收益率更高的债券或其他投资产品。同时回售价格是债券价格的下限，有助于在债券价格下跌时保护投资者。因此，可回售债券可以看作是一个纯债券加上一份看跌期权的组合。与可赎回债券相反，可回售债券有利于投资者，不利于筹资者，因为需要承担更大的市场风险。例如，希望转债也包含了回售条款，见表12-9。

大多数可回售债券还会有利率跳升条款，也即在回售时点前，发行人可提高票面利率以满足投资人要求。例如，北京同仁堂科技发展股份有限公司2016年8月30日发行公司债券（代码：136594.SH），面值8亿元。“16同仁堂”债是5年期债券，由于期限较长，可能跨越一个以上的利率波动周期，债券的投资价值在其存续期内可能随着市场利率的波动而发生变动，从而使债券投资者持有的债券价值具有一定的不确定性。为此，该债券附第3年年末发行人调整票面利率选择权及投资者回售选择权。该债券采用累进利率[①]，在债券存续期内前3年利率为2.95%，固定不变；在存续期的第3年年末，如发行人行使调整票面利率选择权，未被回售部分的债券票面利率在存续期内前3年票面利率基础上调整，利率为2.95%+上调基点，在债券存续期后2年固定不变。

作为给予投资人回售选择权的交换，发行人可用更低的票面利率再筹资。例如，一只5年期、含投资人3年期回售选择权的债券（3+2）票面利率不仅应低于5

① 累进利率债券是指以利率逐年累进方法计息的债券。其利率随着时间的推移，后期利率将比前期利率更高，有一个递增率，呈累进状态。例如第一年为5%，第二年为6%，第三年为7%等。累进利率债券的期限一般是浮动的，投资者可以自行选择，但须符合最短持有期和最长持有期的限制。

年期债券票面利率，也应低于3年期债券票面利率。这是因为，上述可回售债券等价于一个3年期纯债券加上一个投资者按照同样或更高（若存在利率跳升）的利率将现有债券继续持有2年的选择权，从而使得可回售债券的价值更高。

可回售债券含有的期权价值，一般可通过蒙特卡罗模拟等方法进行定价。

12.5 股票、债券期权价值分析

12.5.1 股票、债券与公司价值

Fischer Black和Myron Scholes（1973）在《期权估值与公司债务》一文中，首次提出负债公司的股权实际上是公司价值的看涨期权。此后，大量的研究进一步说明了如何将期权定价理论运用于解决公司财务问题之中，例如，含期权筹资产品、资本结构、兼并与收购、投资决策、风险管理等。

如果以公司资产作为期权标的资产，站在不同的角度进行分析，股票、债券持有者具有不同的权利和义务，现从买权和卖权两方面进行分析。

1）买权分析

假设公司资本总额由股权资本（普通股）和负债资本（零息债券）两部分组成；假设公司债券面值为D，期限为T年，债券到期时，股票总价值E_T与公司资产价值V_T关系如下：

$$E_T = \max[V_T - D,\ 0] \tag{12.15}$$

公式（12.15）与买权的到期日价值为同一形态，因此，公司的股票可以解释为以公司资产为标的资产、以债券面值为行权价、以债券期限为权利期间的一种欧式买入期权，而以股票为标的资产的买权变成了买权的买权，称为复合买权（compound option）。此时买权的真正标的资产是公司资产，而不是公司股票，以股价为中介，买权（股票价值）主要与公司资产价值及债券面值有关，如图12-13所示。

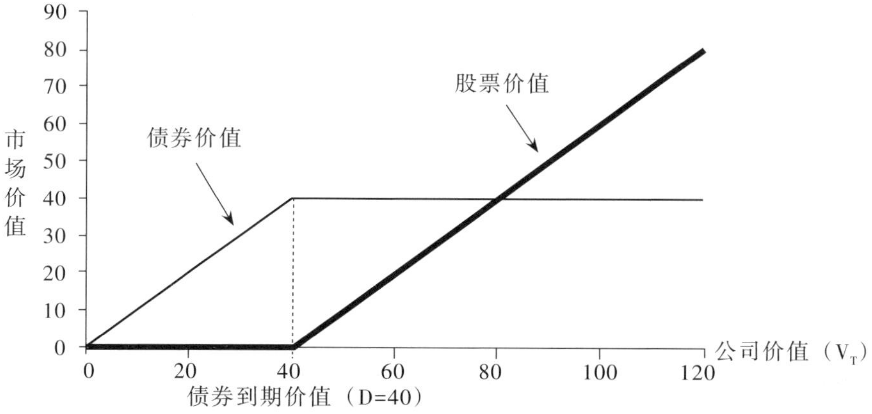

图12-13 股票价值与公司价值

根据买权定价理论，债券到期时，股票持有人（股东）具有两种选择：偿还债券或宣告破产。如果 V_T >D，债券将被偿还，即股东执行期权；如果 V_T<D，公司将无力偿还债券，按股东承担有限责任的观点，债权人将接收公司的全部资产，或者说股东将不行使买权，此时买权一文不值（即股票价值为零）。从理论上说，股票持有人的上方收益是无限的（他们分享了公司资产价值超过债券账面价值的所有部分），而下方风险是锁定的。

从债权人的角度看，债券到期时，如果 V_T>D，债权人将公司资产以债券面值“出售”给股东；如果 V_T<D，债权人将得到小于债券面值的公司资产。此时，债权人有两项权益：（1）他们是公司资产的持有者；（2）他们是公司资产买权的出售者，即承担将公司资产出售给股东的义务。

债券价值=公司资产价值-公司资产买权价值 （12.16）

从理论上说，债券持有人的上方收益和下方风险是有限的（以债券面值为限）。图12-14中的折线描述了债权人的损益状况。

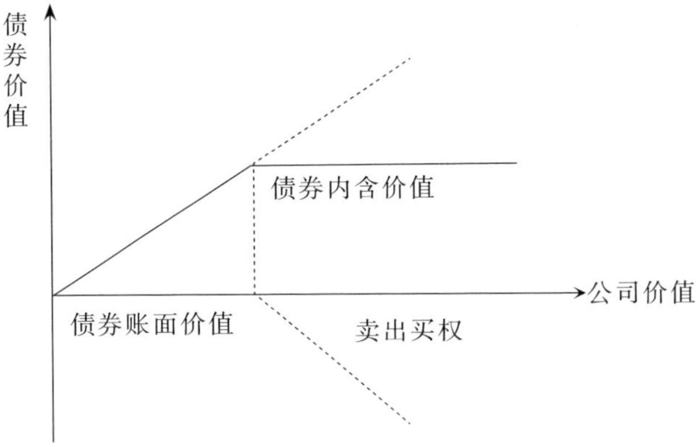

图12-14 债券价值——解释之一

2）卖权分析

从股东的角度看，股东对公司资产具有三项权益：（1）他们是公司资产的持有者；（2）他们是公司债券的偿还者；（3）他们持有一份以公司债券为行权价的卖权。债券到期时，如果 V_T<D，股东则行使期权，以债券面值将公司资产出售给债权人。此时，仅仅是公司资产与债券的交换，并没发生任何现金流动，交易结束后股东一无所有。如果 V_T>D，股东则放弃期权，按债券价值偿还债券后，股东仍是公司资产的所有者。

股票价值=资产价值-预期债券的现值+公司资产卖权价值 （12.17）

从债权人的角度看，持有人有两项权益：（1）他们拥有债券索偿权；（2）他们是公司资产卖权的出售者。债券到期时，如果 V_T<D，股东行使卖权时，债权人必须以债券面值将公司资产买回，交易结束后，股东和债权人的权利和义务相互抵销。如果 V_T >D，股东则放弃期权，此时，债权人仅按债券面值收到偿还额。图

12-15中的折线显示了公司债权人的损益。

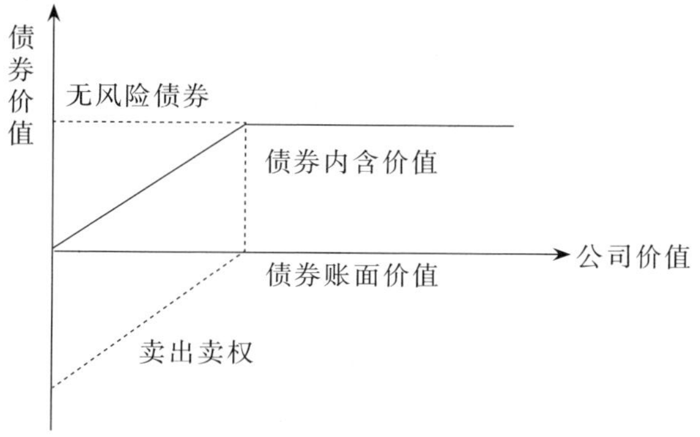

图12-15 债券价值——解释之二

图12-15表明，对某有限责任公司进行资本贷放，相当于进行了一项风险投资。为了避免风险，债权人会在购买了一张以无风险利率（无违约风险）折现的公司债券的同时，出售给公司股东一个以债券面值为行权价格的卖出期权，以便将风险债券调整为无风险债券。对于债权人来说，他们愿意为在将来取得债券面值而现在支付的金额为：

债券价值=预期债券现值-公司资产卖权价值 (12.18)

将公式（12.16）和公式（12.18）结合起来，可以得到：

预期债券现值-公司资产卖权价值=公司资产价值-公司资产买权价值 (12.19)

公式（12.19）反映了债券价值和股权价值（公司资产买权价值）之间的关系，亦即前述买-卖权平价关系，它对于正确评价债券和股票的市场价值具有重要作用。

3）股票、债券期权估价

关于股票和债券的价值评估，可通过对B-S模型进行一定的变量替换，即用公司资产价值和公司资产收益率的标准差分别替换模型中的股票价格和股票收益率的标准差；用公司债券账面价值和公司债券偿还期分别替换行权价格和到期日。或者说，模型中的S表示公司资产市场价值；K表示债券账面价值；r表示无风险利率；σ表示公司未来市场价值的标准差；T表示公司债券期限；c表示股票价值（买权价值）。据此可计算公司股票的价值，进而计算债券价值和公司总价值。

【例12-6】APX公司目前资产价值预计为1亿元，公司价值标准差为35%；债券面值为8 000万元（10年期零息债券），10年期国债利率为8%。根据B-S模型分三种情景估计该公司股权价值、债券价值、债券利率，见表12-13。

情景1：根据B-S模型，APX公司股权价值计算如下：

股权价值 $= 10\,000 \times 0.9514 - 8\,000 \times e^{-0.10 \times 10} \times 0.7094 = 7\,426$（万元）

债券价值等于公司价值减去股权价值，即：

债券价值=10 000-7 426=2 574（万元）

表12-13　　不同情景下APX公司股权价值、债券价值

项目	情景1	情景2	情景3
公司价值S（万元）	10 000	5 000	9 800
零息债券K（万元）	8 000	8 000	8 000
无风险利率r	10%	10%	10%
到期时间T（年）	10	10	10
年波动率σ	35%	35%	50%
d_1	1.6585	1.0323	1.5514
d_2	0.5517	−0.0745	−0.0298
N（d_1）	0.9514	0.8490	0.9396
N（d_2）	0.7094	0.4703	0.4881
股权价值（买权价值）（万元）	7 426	2 861	7 771
债券价值（万元）	2 574	2 139	2 029
债券利率	12.01%	14.10%	14.71%

根据债券的市场价值计算10年期零息债券的市场利率如下：

$$债券利率 = \left(\frac{8\ 000}{2\ 574}\right)^{1/10} - 1 = 12.01\%$$

上述计算结果表明，10年期零息债券的违约风险溢价为2.01%（12.01%−10%）。

采用期权模型估计股权价值的一个隐含意义在于，股权资本总是具有价值，即使在公司价值远远低于债券面值时，只要债券没有到期，股权资本仍然具有价值。原因在于标的资产价值在期权剩余期限内仍具有时间价值，或在债券到期前资产价值仍有可能超过债券的面值。

情景2：APX公司的价值下跌到5 000万元，低于流通在外的债券价值，在其他因素不变的条件下，APX公司股权价值和债券价值、债券利率计算如下：

$$股权价值 = 5\ 000 \times 0.8490 - 8\ 000 \times e^{-0.10 \times 10} \times 0.4703 = 2\ 861（万元）$$

$$债券价值=5\ 000-2\ 861=2\ 139（万元）$$

$$债券利率 = \left(\frac{8\ 000}{2\ 139}\right)^{1/10} - 1 = 14.10\%$$

事实上，即使公司资产价值下跌到1 000万元或更低，股权资本在本例中仍具有价值，如图12-16所示。

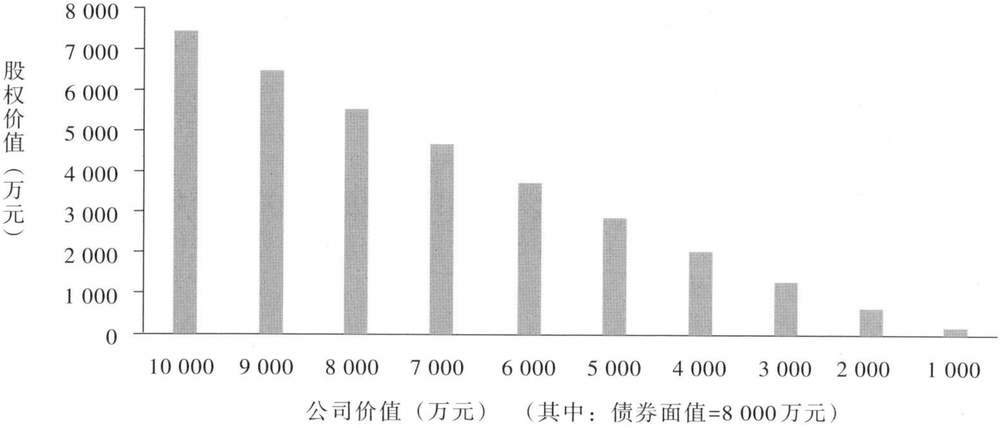

图12-16　公司价值与股权资本价值

在上述分析中，假设公司只存在一次性发行的零息债券，这与大多数公司不相符合，因此采用B-S模型时需要进行一定的调整。对于公司价值而言，一般有三种调整方式：（1）如果公司所有的债券和股票都在公开的市场上进行交易，可以据此确定公司总价值（股票与债券市场价值之和），然后根据期权定价模型把这一价值在股权价值和债券价值之间进行重新分配。这种方法虽然简单，但得到的却是与市场价值完全不同的股权价值与债券价值。（2）根据资本成本对预期现金流量进行折现，以确定公司资产的市场价值。在这种方法下，期权定价模型中的公司价值应该是它在清算时获得的价值，因此有可能忽略了公司未来投资的增长价值，也可能降低了清算成本。（3）选择同行业可比公司，根据价格乘数法计算公司价值。

对于公司价值方差，如果公司的股票、债券都是上市流通的，可以直接获得公司价值的方差：

$$\sigma^2_{公司} = w_s^2\sigma_s^2 + w_b^2\sigma_b^2 + 2w_s w_b \rho_{sb}\sigma_s\sigma_b \tag{12.20}$$

式中，w_s和w_b分别表示股票和债券的市场价值权数；σ_s和σ_b分别表示股票价格和债券价格的标准差；ρ_{sb}表示股票价格和债券价格的相关系数。

如果公司债券不在市场上交易，可以采用相似等级债券的标准差作为σ_b的估计值，而把相似等级债券与公司股票价格之间的相关系数作为ρ_{sb}的估计值。如果公司股票或债券价格波动幅度比较大，采用上述方法可能得出错误的结论。在这种情况下，可以采用同行业平均方差作为估计值。

对于公司债券来说，假设公司债券是由不同期限、不同利率的债券构成的，采用期权估价法时，需要将多次发行的债券调整为一次性的零息债券。对于不同期限的公司债券，一般有两种调整方法：一种是估计每一次债券的持续期或久期，然后计算不同债券持续期的加权平均数；另一种是将以不同期限债券的面值为权数计算的加权平均期限作为零息债券的到期期限。

在期权定价法下，对债券面值可采用两种方式确定：一是将公司所有债券到期本金视为公司已发行的零息债券面值。这种方法的局限性在于忽略了公司在债券期间必须支付的利息。二是将公司预期的利息支付加总到到期本金上，从而获得债券的累积性面值。这种方法的局限性在于混合了不同时点上产生的现金流量。

12.5.2 股权价值与违约概率

一般来说，股权价值和债券利率是公司资产价值标准差的增函数。根据例中的资料，在其他因素不变的条件下，随着公司价值标准差的上升，股权价值和债券利率随之上升，如图12-17所示。

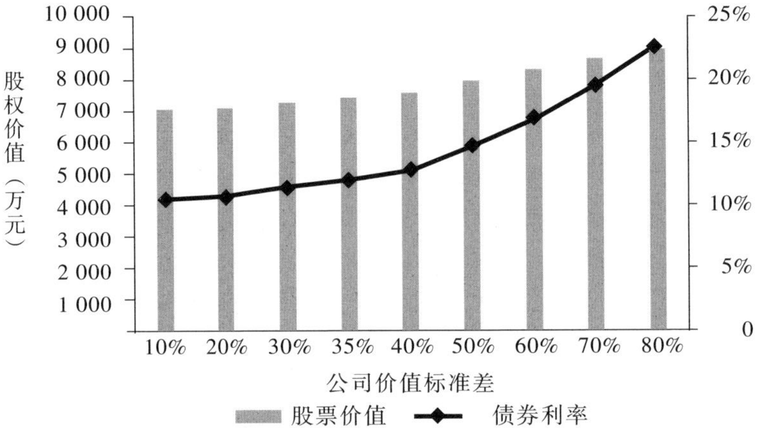

图12-17 公司价值标准差与股权价值、利率

B-S模型不仅可以用于估价，还可通过这一模型估计公司违约风险的中性概率。在B-S模型中，N（d_2）是$S_T>K$的风险中性概率。在这里它是公司资产价值超过债券面值的概率。因此，违约风险中性概率为“1-N（d_2）”，而债券违约风险溢价则是公司债券利率与无风险利率之间的差额。图12-18描述了公司违约风险中性概率和违约风险溢价与公司价值标准差之间的关系。

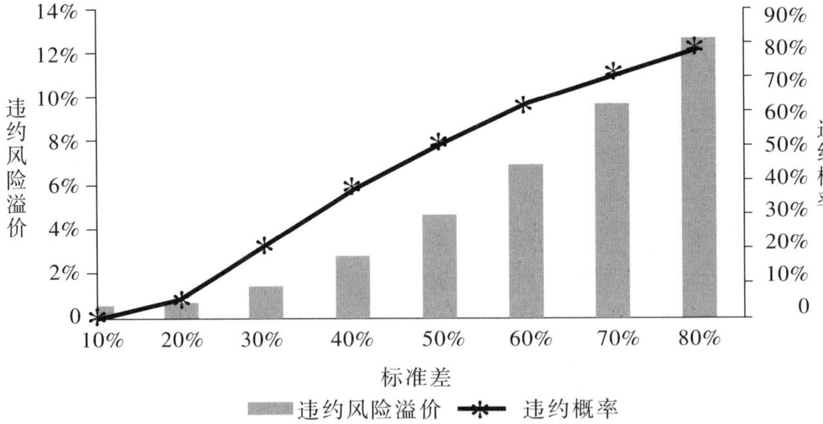

图12-18 违约风险中性概率和违约风险溢价、公司价值标准差

在图12-18中，公司资产价值标准差越高，违约风险中性概率和违约风险溢价就越大，而且上升的幅度很大。

12.5.3　期权与代理问题

从股东和债权人之间的关系来说，股东相当于公司资产价值的买权持有者，债权人则是这一买权的出售者。根据B-S模型，股票价值（买权价值）与公司资产价值（标的物）标准差呈同向变化，标准差越大，风险越高，股票价值就越大，债券价值就越小。图12-19描述了在情景1时公司资产价值标准差对股票或债券价值的影响。因此，负债公司的股东通常比无负债公司的股东更愿意从事高风险项目，或为了获得高报酬，或为了向债权人转移风险。

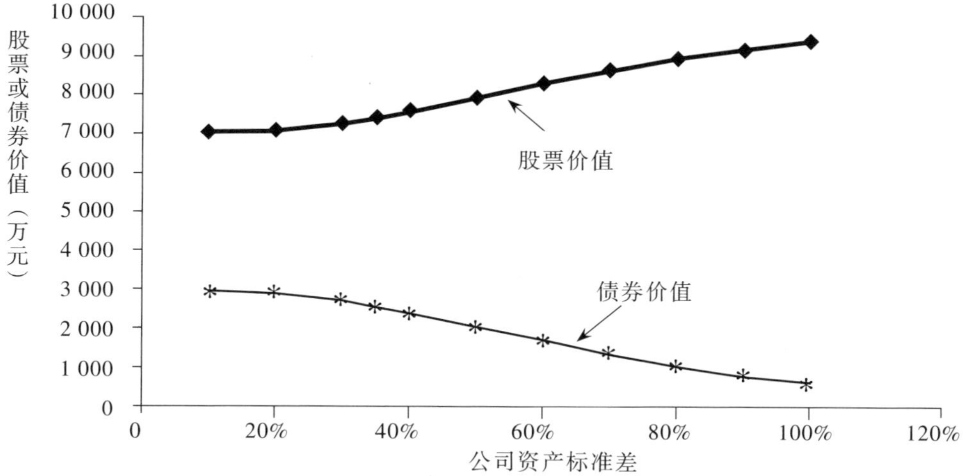

图12-19　标准差与股票、债券价值

在图12-19中，情景3假设公司进行项目投资，净现值为-200万元，公司价值标准差由35%提高到50%。在公司价值降低，标准差上升的情况下，其他因素保持不变，股权价值由7 426万元增加到7 771万元，增加了345万元；债券价值由2 574万元降低到2 029万元，下降了545元；这意味着债券持有人不但承担了项目投资的全部损失（-200万元），而且还将价值345万元的财富转移给了股东。上述分析表明，当标的资产价值风险加大时，债券持有人承担了更大的风险，而股权价值（买权价值）变得更有价值，这也是股东愿意从事高风险投资的主要原因。

不仅如此，当公司发生财务危机时，股东会想方设法将资本转移出去，这种策略可以用卖权理论来解释。根据期权定价理论，股东可以将公司资产出售给债权人，公司资产价值越低，卖权的价值就越大。当公司发放现金股利减少公司资产时，会增加卖权价值，由于风险债券价值等于无风险债券价值与卖权价值之差，当卖权价值增加时，风险债券价值减少。

从股东与经营者之间的关系看，股东和经营者存在着信息不对称，以及股东与经营者的追求目标存在着差异，就可能会出现经营者滥用职权，或者在其位不谋其政，或风险经营造成亏损，损害了所有者的利益。原则上，股东可以监督经营者，但监督成本高、缺乏效率，而且许多行为也是不可观测的。因此“激励”就成为解决代理冲突的主要手段，而“经理股票期权”（executive stock option，ESO）正是一种有效的激励措施。它授予经营者（主要指经理人）未来以预先设定价格（即行权价格）购买本公司的股票的权利，这种权利不能转让，但所得股票可以在市场上出售。其激励的逻辑是：提供期权激励——经营者努力工作，实现公司价值最大化，公司股价上升——经营者行使期权获得利益。反之，经营者利益受损。这就使经营者的个人收益成为公司长期利润的增函数，使他们像股东一样思考和行事，从而有效地降低了代理成本，矫正了经营者的短视行为。所以，有的管理学者把经理股票期权比喻为“金手铐”。由于股票可以看作对公司资产价值的一种买权。所以，这种方法也可以看作是期权原理的一种应用。

12.5.4 期权与资本结构

公司发行股票回购债券，或发行债券回购股票是改变资本结构的方式之一。现从期权的角度说明，在资产总额一定的情况下，发行债券回购股票对公司资本结构的影响。

【例12-7】假设某一无负债公司准备通过发行债券、回购股票的方式改变公司的资本结构。目前该公司的价值为1 400万元，公司资产价值的标准差为0.2，无风险利率为8%。现有三个方案：（1）计划发行面值为500万元，期限为6年的零息债券；（2）计划发行面值为1 000万元，期限为6年的零息债券；（3）计划发行面值为1 000万元，期限为6年的零息债券，公司资产价值的标准差为0.4。根据B-S模型计算的股票价值、债券价值、负债比率等见表12-14。

表12-14　　资本结构

项目	方案1	方案2	方案3
公司价值S（万元）	1 400.00	1 400.00	1 400.00
零息债券K（万元）	500.00	1 000.00	1 000.00
无风险利率r	8.00%	8.00%	8.00%
到期时间T（年）	6	6	6
年波动率σ	20.00%	20.00%	40.00%
d_1	3.3264	1.9116	1.3232

续表

项目	方案1	方案2	方案3
d_2	2.8365	1.4217	0.3434
N（d_1）	0.9996	0.9720	0.9071
N（d_2）	0.9977	0.9224	0.6344
看涨期权价格（万元）	1 090.70	790.06	877.43
看跌期权价格（万元）	0.09	8.84	96.22
股票价值（万元）	1 090.70	790.06	877.43
风险债券价值（万元）	309.30	609.94	522.57
债券利率	8.33%	8.59%	11.42%
负债÷资产价值	35.71%	71.43%	71.43%
每元债券价值（债券现值/面值）（元）	0.6186	0.6099	0.5226

如果市场是有效的，根据方案1，公司可以按309.30万元折价发行面值为500万元的债券，并用所得款项回购公司股票；根据方案2和方案3，公司分别以609.94万元和522.57万元折价发行面值为1 000万元的债券，并用所得款项回购公司股票。

比较方案1和方案2可以发现：在其他因素一定的情况下，随着负债比率的提高（从35.71%提高到71.43%），债券利率由8.33%提高到8.59%；每元债券价值由0.6186元降低到0.6099元。这是因为公司的负债越多，风险越大，债权人要求的收益率就会越高，从而降低了债券价值。同理，比较方案2和方案3可以发现：在其他因素一定的情况下，经营风险由0.2上升到0.4，公司的股票价值由790.06万元上升到877.43万元，这表明当标的资产价值风险加大时，期权变得更有价值。与此相对应的是，负债价值由609.94万元降到522.57万元，利率由8.59%上升到11.42%。这意味着债券持有人承担了更大的风险，而股东却可能占有最大的潜在利益，这也是股东愿意从事高风险投资的主要原因。

12.6 实物期权

12.6.1 实物期权的类型

实物期权理论是将现代金融领域中的金融期权定价理论应用于实物投资决策的

分析方法和技术。目前，实物期权理论已广泛地运用在自然资源投资、海上石油租赁、柔性制造系统等涉及资本预算的研究领域。

夏普（Sharp，1991）将实物期权分为递增期权（incremental option）和柔性期权（flexibility option）。他认为递增期权为公司提供了获得有利可图的逐渐增加投资的机会。面对不确定的环境，公司首先应做出小额试探性投资，当不确定性消除且呈现增长潜力时，公司再利用先动优势全面投资。柔性期权是指公司多阶段投资以后，根据不同情景选择不同行为的灵活性期权。夏普认为，递增期权需要额外投资，而柔性期权可以充分利用已有投资。递增期权一般仅需要小额的初始投资，在获得信息之后决定是否进一步投资；柔性期权常需要比较大的初始投资以覆盖可能的或有情景。

柔性生产一直是工业界积极追求的重要目标之一，其原因主要在于客户的需求很难预测，造成产品的需求也存在一定程度的不确定性。实现了柔性生产和经营之后，公司就能够灵活地应对不断变化的客户需求。例如，一家公司在进行购买工业锅炉的投资决策，面临三个选择：燃油锅炉A、燃气锅炉B、可以使用油气两种燃料的锅炉C。如果公司购买了锅炉C，则无论将来柴油和天然气的价格如何变化，公司总能拥有权利选择使用最便宜的那一种燃料（忽略燃料变更成本）。这种选择的权利就是一个“柔性期权”，如果这个期权的价值超过锅炉C与锅炉A或B的价格差，则投资购买锅炉C是正确的选择。

美国学者Eugene F. Brigham和Louis C. Gapenski在其合著的《财务管理》一书中将与实物期权有关的项目投资机会分为五种：（1）开发后续产品的机会；（2）扩大产品市场份额的机会；（3）扩大或更新厂房、设备的机会；（4）延缓投资项目的机会；（5）放弃项目投资的机会。这些投资机会对某些具有战略性的投资项目，诸如研究开发、商标或网络投资具有重要的意义。上述五种投资机会选择也可归纳为扩张（缩减）期权、放弃期权、延期期权三类。

12.6.2 扩张（缩减）期权分析

假设公司正在评估一种新药，管理层认为这种新药完全开发后，可以作为口服药物，也可以直接注射服用，这样的效果更佳。因为研发新药存在一些不确定性，公司决定现在开发口服药剂，几年之后再决定是否追加投资研发注射剂形式的药物。这样，公司就创造了一个扩张期权。也就是说，从现在到几年后的任何时候，可以选择（而不是必须）研发作为注射剂形式的新药。利用这种投资决策的灵活性，公司降低了最初研发口服形式和注射剂形式新药的风险。从实物期权的角度分析，口服剂形式的新药可以为研发注射剂形式新药提供一种增长期权。口服药剂的研发费可视为期权价格，注射剂形式的新药投资可视为行权价格，公司是否投资取决于口服药剂的结果，而不承担必须“履约”的义务。如果口服药剂形式的新药失败或没有商业价值（如产品价格或市场发生逆向变动等），公司会放弃投资，最大损失是支付的研发费、试制费和市场调研费；反之则行使期权，扩大投资。由于期权费是一种收不回来的成本，投资者必须在期权实现取得利润时加以补偿，这使期权的购买价格成为一种风险投资。

又如，一个现时投资净现值为负数的项目之所以有价值，就在于这个项目能够给投资者未来继续投资提供一种决策的弹性。设想一家公司决定购买一片尚未开发但储藏大量石油的荒地，但在此时开采石油的成本远远高于其现行的市场价格。那么石油公司为什么愿意支付一大笔资金购买这片看起来无利可图的荒地呢？答案就在于它给予投资者一种看涨期权，公司并不负有必须开采石油的义务。如果石油价格一直低于其开采成本，公司将不会开发这片荒地，此时期权无价；如果未来油价上升且超过了开采成本，则荒地投资者会获利丰厚，此时期权有价。根据期权理论，荒地投资者的上方收益是“无限”的，而下方风险是锁定的（最大损失为购买荒地的支出）。

扩张期权的特点是，如果投资项目出现“有利机会”，则采取扩大投资策略；如果投资项目出现“不利情况”，就终止项目。一般来说，扩张期权对于处于变化剧烈、收益较高行业的项目（如生物技术或者计算机软件），要比处在环境较稳定且收益率较低行业的项目（如器具、汽车制造）明显更有价值。

【例12-8】假设ACC公司正计划建立一家工厂，两年后该项目产生的现金流量及其概率如图12-20所示。项目初始投资1.4亿元（A点）；如果前两年项目运行情况良好，则现金流量为2亿元（D点）；如果前两年项目运行情况一年好，一年不好，则现金流量为1.5亿元（E点）；如果前两年项目运行情况都不好，则现金流量为1亿元（F点）。

项目运营一年后，如果经营情况良好，则公司再投资1.4亿元，使生产能力扩大一倍，期末现金流量也增加一倍。各种情况出现的概率与图12-20相同，如图12-21所示。

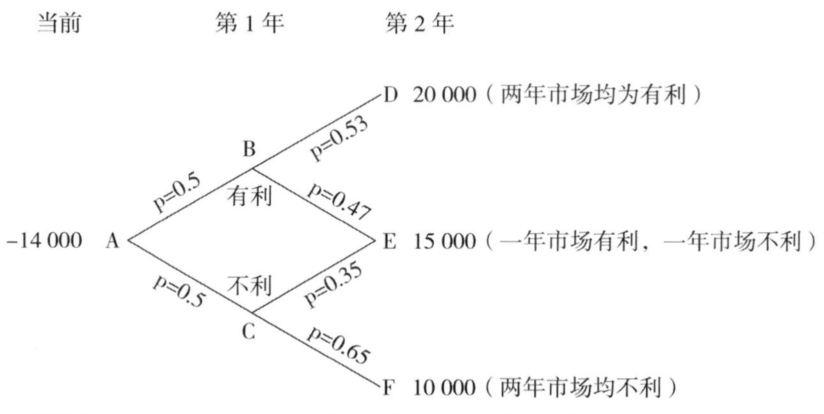

图12-20　生产能力不变时的现金流量（单位：万元）

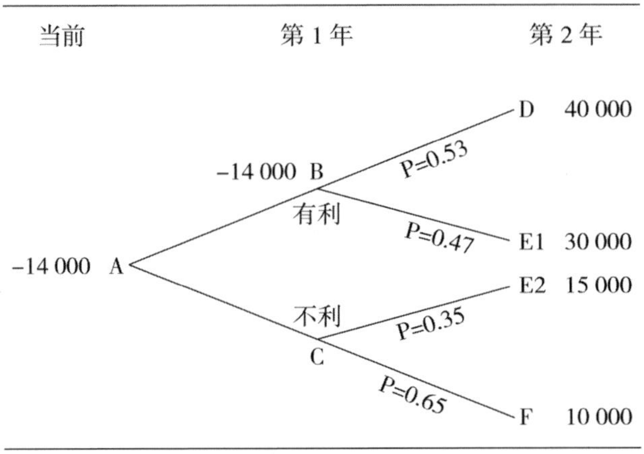

图12-21 生产能力扩大一倍时的现金流量（单位：万元）

假设折现率为6%，计算两种情况下项目的价值：第一种情况，忽略项目可能扩大生产能力的期权；第二种情况，考虑项目可能扩大生产能力的期权。

第一种情况：

图12-20B点（经营情况良好）项目价值：

$$\frac{0.53 \times 20\,000 + 0.47 \times 15\,000}{1.06} = 16\,651\text{（万元）}$$

图12-20C点（经营情况不好）项目价值：

$$\frac{0.35 \times 15\,000 + 0.65 \times 10\,000}{1.06} = 11\,085\text{（万元）}$$

图12-20A点项目净现值：

$$NPV_1 = -14\,000 + \frac{0.5 \times 16\,651 + 0.5 \times 11\,085}{1.06} = -917\text{（万元）}$$

第二种情况：

图12-21B点（经营情况良好）项目价值：

$$-14\,000 + \frac{0.53 \times 40\,000 + 0.47 \times 30\,000}{1.06} = 19\,302\text{（万元）}$$

图12-21C点（经营情况不好）项目价值与第一种情况相同（11 085万元）。

图12-21A点项目净现值：

$$NPV_2 = -14\,000 + \frac{0.5 \times 19\,302 + 0.5 \times 11\,085}{1.06} = 333\text{（万元）}$$

以上计算结果表明，在第一种情况下，即不考虑增加项目生产能力的期权，投资项目的净现值为负数，根据传统的资本决策方法，应放弃净现值小于零的项目。但如果考虑项目价值未来的增长机会，则应进行投资。实际上，公司现在要做的决策就是：是否投资第一个1.4亿元。至于是否投资第二个1.4亿元，要取决于一年后的实际情况。如果现在进行投资，一年后就有机会进行第二次投资。否则，公司将失去第二次投资的机会。或者说，一年后如果机会看好（NPV>0），而公司现在没有进行投资，那么，公司将会坐失良机。在本例中，当考虑公司拥有可灵活增加产量的期权时，项目的价值增长了近1 250万元，足以使净现值由负变正。

12.6.3　放弃期权分析

如果说扩大投资期权是一种看涨期权，旨在扩大上方投资收益，那么放弃投资期权则是一种看跌期权，意在规避下方投资风险。例如，公司支付的财产保险费就相当于一种看跌期权，期权的行权价格就是保险合同规定的偿付额。如果财产未受损坏，就不需履行保险契约；如果发生意外灾害（如火灾或地震等）财产遭受损失，其价值低于保险赔款，公司将放弃财产并按照保险合同收取赔款。又如，当租赁资产的价值已低于租赁费价值时，承租人就会取消租赁，而将资产归还给出租人。这类似于股票降到某种价值后，持有者就会行使卖权。某投资项目是继续进行还是中途放弃，主要取决于继续使用是否具有经济价值。如果该项目不能提供正的净现值，就应放弃这一项目，或将项目资产出售，或将项目资产另作他用。一般来说，当发生以下两种情况时，投资项目应该被放弃：（1）其放弃价值（项目资产出售时的市场价值）大于项目后继现金流量的现值；（2）现在放弃该项目比未来某个时刻放弃更好。当放弃的可能性存在时，投资项目的价值就会增加。同其他实物期权一样，放弃期权可以使公司在有利条件下获得收益，不利条件下减少损失。

放弃期权相当于公司持有一个投资项目的卖权，如果市场情况恶化或公司生产出现其他原因导致当前投资项目出现巨额亏损，管理者可以根据未来投资项目的现金流量大小与放弃目前投资项目的价值来考虑是否要结束此投资项目。放弃期权主要应用于资本密集型产业，如航空、铁路、金融服务、新产品开发等领域。

【例12-9】假设RIC公司正在考虑为电视机生产厂家生产工业用机器人，这一项目的投资支出可分为三个阶段，（1）市场调研，即对电视机装配线上使用机器人的潜在市场进行市场调查研究，调研费50万元在项目初始（t=0）时一次性支付。（2）如果该项产品未来市场潜力较大，则在t=1时支付100万元设计和装配不同型号的机器人模型，并交由电视机厂家进行评价，RIC公司将根据反馈意见决定是否继续实施该项目。（3）如果对机器人的模型评价良好，那么，在t=2时再投资1 000万元建造厂房，购置设备。在此基础上，项目分析人员预计该项目在以后的4年内每年的现金净流量及其概率分布，如图12-22所示。

在图12-22中，假设项目决策期间隔一年，每个圆圈代表一个决策点或阶段，决策点左边的金额表示“进入”这一阶段所需要的投资，如果项目被实施，则在t=3至t=6时会产生现金流入量。每条横线代表决策树的一个分支，每个分支都标有预计的概率。如果该公司决定“进入”这个项目的决策点①，那就要支付50万元的市场调研费。市场调研结果为可行的概率是0.8，这表示项目可进入第二阶段；市场调研结果为不可行的概率为0.2，这表示项目进行到第一阶段后即应取消。如果项目就此停止，公司的损失为50万元的市场调研费。

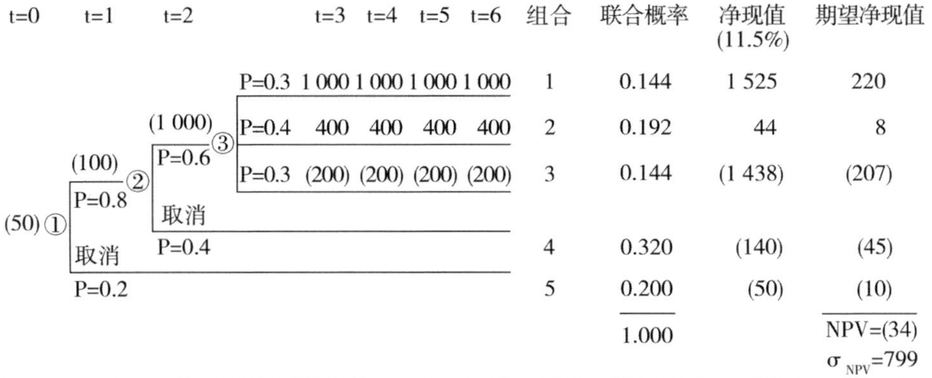

图12-22 机器人项目（不考虑放弃期权价值）（单位：万元）

如果市场潜力较大，RIC公司将“进入”决策点②，支付100万元用于机器人模型的设计和装配。管理者在此时（甚至早在做出市场调研之前）预计电视机厂家愿意使用机器人的概率为0.6，不愿意使用的概率为0.4。如果电视机厂家接受机器人，RIC公司将进入决策点③，再投资1 000万元，如果机器人不受欢迎，这个项目就放弃。最后，如果RIC公司投入生产，各年经营现金流量的多少取决于届时的经济形势和市场情况。预计项目的生产期为4年（t=3至t=6），每年现金净流量为1 000万元的概率为0.3，现金净流量为400万元的概率为0.4，每年损失200万元的概率为0.3。注意在生产期内，RIC公司也可根据情况停止机器人的生产。

假设项目资本成本为11.5%，图12-22中组合1有关指标计算如下：

联合概率=0.8×0.6×0.3=0.144

$$NPV = -50 - \frac{100}{(1.115)} - \frac{1\ 000}{(1.115)^2} + \sum_{t=1}^{4}\frac{1\ 000}{(1.115)^t} \times \frac{1}{(1.115)^2}$$

=1 525（万元）

期望净现值=0.144×1 525=220（万元）

这是其中的一种可能结果，用同样的方法对其他各种组合依次进行计算，然后汇总，最后得到期望净现值为-34万元。

根据图12-22可知，项目期望净现值为负数，净现值标准差为799万元，其亏损的概率为0.664（0.144+0.320+0.200），这表明该项目本身的风险比较大，从一般的决策规则看，应放弃该项投资。

但在项目决策时，特别是阶段性项目决策，往往还要考虑决策当时的经济形势或市场情况，如果经济形势比较好，则继续投资或生产，反之则放弃。即使公司在决策点③时投资了1 000万元，第3年投产后现金净流量为-200万元，公司也可在第4年放弃项目。假设公司在第4年不再生产亏损产品，并将与项目有关的厂房或设备出售，获得现金净流量300万元，则修正后的现金流量、净现值、净现值标准差如图12-23所示：

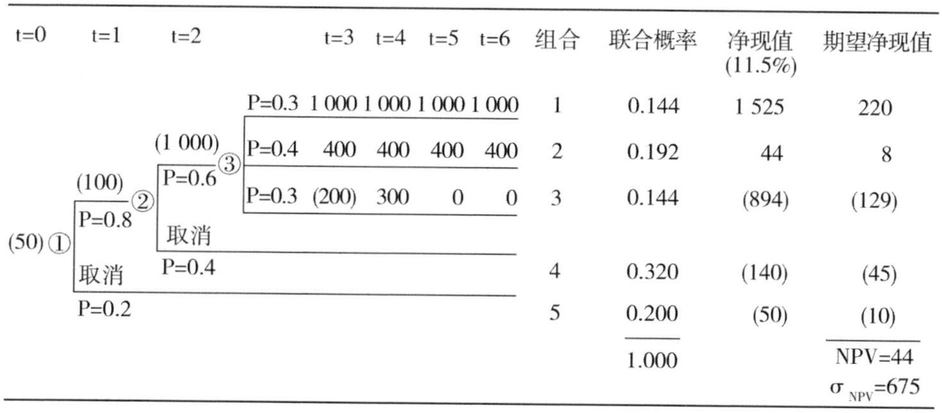

图12-23　机器人项目（考虑放弃期权价值）（单位：万元）

如果在第4、5、6年停止机器人产品生产，且出售与项目有关的设备，则项目期望净现值将由-34万元变为44万元，净现值标准差则由799万元降为675万元。因此，根据情况变化，放弃投资项目，可能会使一个净现值为负数的项目变为有利可图的项目，减少损失或风险。当然公司也可将该项目的资产用于生产其他产品，例如，RIC公司可将用于生产电视机装配线机器人设备改为生产其他产品装配线机器人。由于项目投资的收益和风险都是不确定的，因此，投资决策不应该也不可能是一次性的，公司可根据不同的情况做出扩大投资、减少投资或取消投资等不同选择。

12.6.4　延期期权分析

对于某些投资项目，有时存在着一个等待期权，也就是说，不必立即实施该项目，等待不但可使公司获得更多的相关信息，而且，在某些情况下等待（即持有期权而不急于行权）具有更高的价值。例如，某项新技术用以生产一种新产品，立即投产，净现值为负数，此项投资应被否定。但这并不等于该项技术没有价值，持有该技术可能给公司带来新的机会，如果未来情况发生变化，如材料价格下跌、市场需求突然变化以及相应生产工艺的改善等，使这项新技术所带来的新产品项目有可能成为正净现值项目。由于未来是不确定的，等待或推迟项目可使项目决策者有更多的时间研究未来的发展变化，避免不利情况发生所引发的损失。但等待也可能减少或延缓项目的现金流量，或引来更多的竞争者进入同一市场。因此，在项目决策时，应权衡立即行使期权或等待的利弊得失。

【例12-10】ADD公司正计划投资建立一座工厂，投资总额200万元，项目周期5年，项目出现最差情景、正常情景、最好情景的概率分别为20%、50%和30%，不同情景下各年现金净流量见表12-15。假设项目投资者要求的最低收益率为20%，根据折现现金流量法，项目立即投资的净现值为-18.04万元。

表12-15　　**投资开发时间与现金流量**　　金额单位：万元

A.最差的情景	概率0.2						
年份 现金净流量 净现值（20%）		0 -200 -113.35	1 15	2 18	3 35	4 40	5 55
B.正常的情景	概率0.5						
年份 现金净流量 净现值（20%）		0 -200 -26.70	1 30	2 36	3 70	4 80	5 110
C.最好的情景	概率0.3						
年份 现金净流量 净现值（20%）		0 -200 59.94	1 45	2 54	3 105	4 120	5 165
项目净现值	-18.04	←=20%×（-113.35）+50%×（-26.70）+30%×59.94					

ADD公司管理者有权决定是立刻投资200万元，还是推迟一年，等到第二年年初再决定是否投资。图12-24上半部分描绘了推迟一年，如果一年后项目出现最好的情景，可在第一年年初进行投资，各年现金流量顺序后移。采用被动等待和观察战略，项目的净现值为49.95万元。假设公司支付5万元进行市场调研，可以观察到项目出现最好的情景在半年后，公司可以半年后进行项目投资，扣除调研费后，项目的净现值为49.72万元，如图12-24下半部分所示。

延迟一年、延迟半年投资净现值都大于立即投资的净现值，因此，推迟开发项目是有利的。但是，管理层需要找出愿意支付的市场调研费的最大值，以减少在做出明智决策前必须等待的时间。即市场调研费的价格是多少时，第一个等待期权与第二个等待期权相等。把49.95万元与49.72万元之间的差额（0.23万元）定为市场调研成本的减少，成本就从5万元减少到4.77万元。企业支付市场调研费的最大值不能超过4.77万元，否则，绝对明智的是选择被动战略并且等待一年。在本例中，项目投资的最大后悔值为DCF法下的-113.35万元；在实物期权法下，最大损失为市场调研费4.77万元。

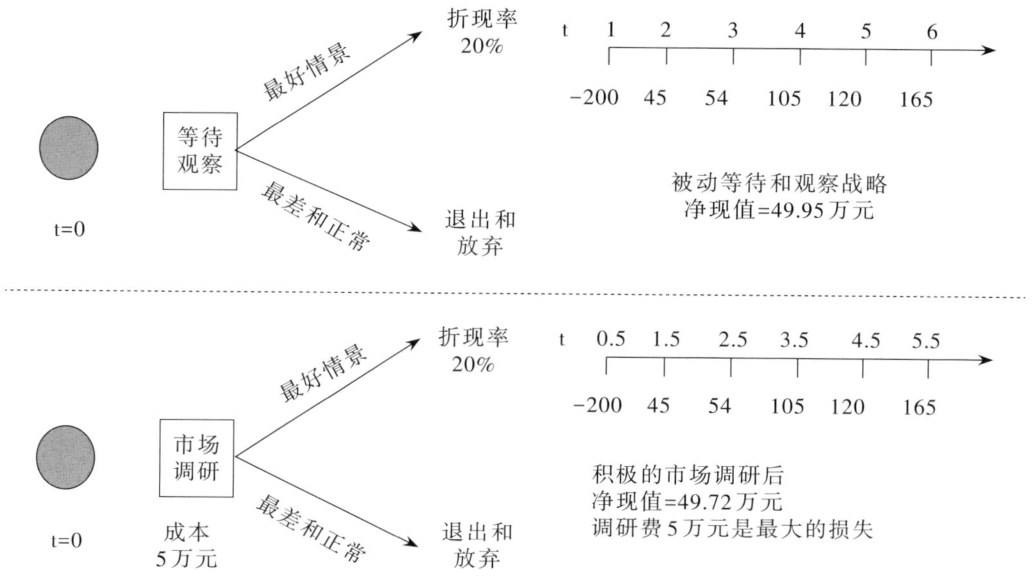

图12-24 延期期权

延期期权实质上相当于公司获得了一个以该投资项目的未来现金流量现值为标的资产的美式看涨期权。根据期权定价理论，提前执行不付股利的美式看涨期权是不明智的，投资者持有它将会获得更高的价值，也就是说，在某些情况下，不必立即实施该项目，等待可使公司获得更多的相关信息，使项目决策者有更多的时间研究未来的发展变化，从而避免不利情况发生所引发的损失。但等待意味着公司将放弃项目早期的现金流量，而且可能失去先发优势。也就是说，项目早期的现金流量类似于美式买入期权的股利，如果有足够大的股利，美式买入期权提前执行也许是最佳的选择。因此，公司管理者对一个新项目进行决策时，他们就拥有现在实施该项目或者推迟到将来实施该项目的延期期权。延期期权是否提前执行，取决于项目早期产生的现金流量的延期期权内含价值的大小。延期期权主要应用于自然资源的开采、房地产开发等领域。

12.6.5 实物期权价值分析

实物期权分析（real option analysis，ROA）主要解决两个问题：一是公司应该以多少成本或代价获得或卖出一项期权？例如，为了在未来拥有一项新技术的期权，公司当前在研发上的支出是多少？二是公司应该在何时执行一项期权？例如，在研发和投资之间，产品投放的盈利性是多少？如果公司拥有在未来特定时间以最理想的方式支付一定的费用获取资产的选择权，那么，公司就拥有了一份实物看涨期权。在图12-25（a）中，研发活动为新产品或项目提供了进一步投资的机会。在研发上所发生的支出（500万元）可以看作买入看涨期权的费用，追加投资（1 500万元）类似金融期权中的行权价格。如果项目价值（项目现金流量现值）大于追加的投资支出，就应执行看涨期权，项目价值与追加投资之差构成了项目的净现值；反之，项目或产品就是不可行的，盈利为零，项目的最大损失是支付的研发费。

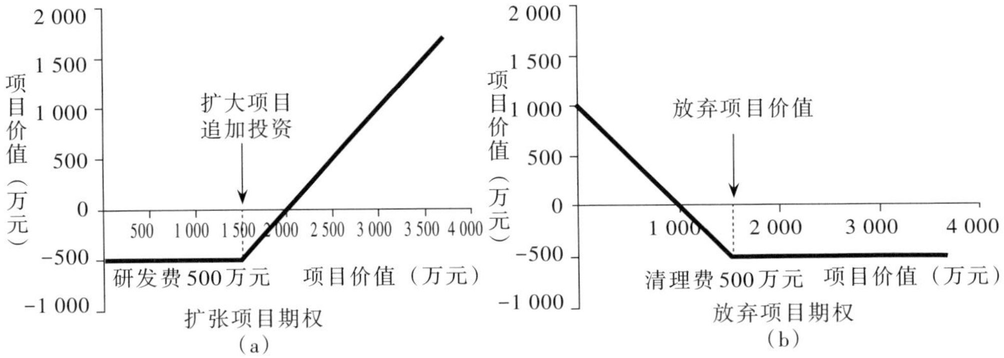

图12-25 扩张（放弃）项目期权

如果公司拥有在未来特定时间以最理想的方式处置一项资产的权利，那么，公司就拥有了一份实物看跌期权。如果在t时，项目未来现金流量现值小于投入资本（NPV≤0），公司可以考虑放弃该项目或将该项目的资产出售或转作他用。假设V代表项目在t时的剩余价值，L代表该项目在同一时点上将项目资产出售产生的价值（或残值），那么：

期权价值=0 如果V>L

期权价值=L-V 如果V≤L

例如，在图12-25（b）中，假设在t时，预计项目的价值为800万元，初始投资1 000万元，净现值小于零，且预期随后的项目价值将继续下跌。如果公司在t时停止该项目，且将项目的资产出售价值假设为1 500元，出售价值大于项目继续经营的价值（1 500>1 000），公司应行使放弃项目期权，项目价值越低，放弃项目期权的价值就越高。在本例中，公司放弃项目的最大损失是出售资产发生的清理费用。

投资于实物资产隐含的期权价值类似于金融期权的价值，当一项实物期权处于“平价”状态时，期权的时间价值最大。这意味着，如果一项投资当前处于获利或获利中间的边界上（等于零的预期净现值），那么，我们会从延期投资中得到最大的价值。在图12-26中假设公司拥有在某个时间窗口结束时（例如t时）投资于一个项目的实物期权，横轴表示项目或标的资产价值（指项目未来预期现金流量在t时的现值）；纵轴表示该项目产生的净现值（等于标的资产价值减去投入资本现值，即行权价格=2 400万元）；图中倾斜虚线就是这个项目立即执行的净现值，当标的资产价值等于项目的投入资本（行权价格）的现值时，净现值为零。图中的折线表明了在不同的市场条件下，执行期权后公司所能获得的净现值。只有在投资预期的净现值至少等于零时才会投资，这条折线也可视为实物期权的内含价值。图中最上端的曲线表示了在实物期权还没有到期时该实物期权价值（内含价值加上时间价值）。

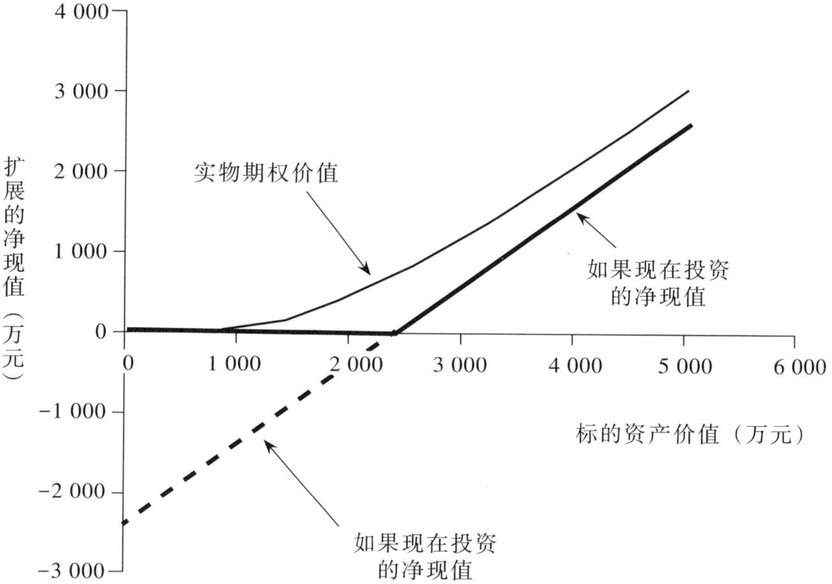

图12-26　实物看涨期权与延迟期权价值

由于项目投资是一种风险投资，未来不确定性越大，项目的投资价值和期权价值就越大。如果未来项目的价值与预期值相同，可保持项目的初始计划；如果未来项目的价值大于预期值，可执行扩张期权；如果项目的价值低于预期值，可执行缩减或放弃期权。

【例12-11】BIO公司是一家生物技术公司，拥有一项新药生产的许可证。假设新药的初始投资支出$I_0 = 20$亿元，项目投资后预期现金流量现值（V）将随着市场需求随机波动，无风险利率为8%，假设在t=1时，$V^+ = 45$亿元，或$V^- = 10$亿元（两者概率相同，q=0.5），项目在t=1时的预期价值E（V_1）=27.5亿元（45×0.5+10×0.5），项目风险折现率（资本成本）为25%，则新药项目的现值为$V_0 = 22$亿元。在传统的折现现金流量法下，该项目的净现值为2亿元（$V_0 - I_0 = 22 - 20$），项目是可行的。

（1）递延期权

在NPV法中，资本市场对高风险项目要求较高的收益率，因此立即投资的项目市场价值较低。根据实物期权理论，投资机会价值与不确定性正相关。假设新药许可证产生的投资机会比立即投资更有价值，例如，延迟一年，在项目条件（如需求量或价格）有利时进行投资，t=1时，许可证投资机会期权价值 $V^+ - I_0 = 45 - 20 = 25$（亿元），或是在不利条件下放弃投资，损失为0。这样，许可证提供的投资机会就类似于以开发或完成项目（V）的价值为标的资产的一个看涨期权，行权价格就是投资支出（$I_0=20$），项目等待的价值如图12-27所示。

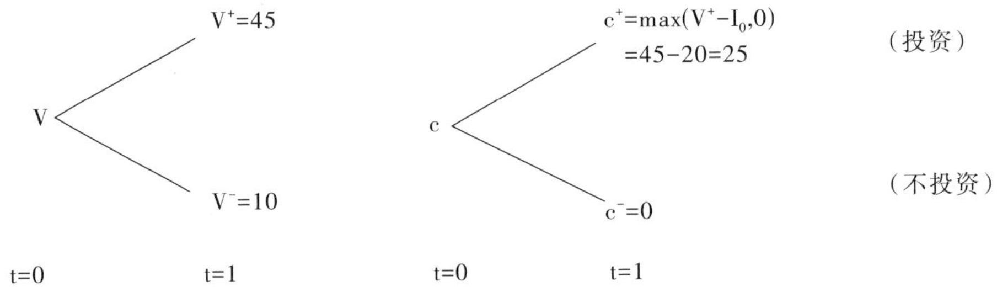

图12-27　许可证：等待投资机会价值

标的资产的期权定价通常采用风险中性法，这种方法需要给投资机会价值确定风险中性概率，以便采用无风险利率进行折现。风险中性概率是在风险中性的情况下所有的资产都预期产生无风险的收益率的概率。根据风险中性概率公式，当t=1时，项目价值可能上升2.05倍（45÷22），或下跌至0.45倍（10÷22），本例的风险中性概率计算如下：

$$p = \frac{(1+r)-d}{u-d} = \frac{(1+8\%)-0.45}{2.05-0.45} = 0.3931$$

$$1-p = \frac{u-(1+r)}{u-d} = \frac{2.05-(1+8\%)}{2.05-0.45} = 0.6069$$

运用风险中性概率估计出的现值与传统的DCF法是一样的，即：

$$V_0 = \frac{p \times V^+ + (1-p) \times V^-}{1+r_f} = \frac{0.3931 \times 45 + 0.6069 \times 10}{1+8\%} = 22\text{（亿元）}$$

$$V_0 = \frac{q \times V^+ + (1-q) \times V^-}{1+r} = \frac{0.5 \times 45 + 0.5 \times 10}{1+25\%} = 22\text{（亿元）}$$

这里的p是风险中性概率，r_f是无风险利率；q是实际的概率（需求上升），r是风险调整后的资本机会成本。在考虑期权时，风险的状况发生了变化，例如，由于可以控制不利的损失，因此，可以采用无风险利率折现。采用风险中性概率计算的许可证投资机会的期权价值为：

$$c = \frac{p \times c^+ + (1-p) \times c^-}{1+r_f} = \frac{0.3931 \times 25 + 0.6069 \times 0}{1+8\%} = 9.10\text{（亿元）}$$

这一期权也可以根据套期保值方法估价：

首先计算保值比率：

$$\Delta = \frac{c_u - c_d}{Su - Sd} = \frac{25-0}{45-10} = 0.7143$$

保值比率倒数为1.4（1÷0.7143）表示出售1.4份该项目的买权可以得到一个套期保值组合，见表12-16。

表12-16　　　　套期保值组合　　　　单位：亿元

投资组合	初始现金流量	标的资产到期价值（t=1）	
		S_u=45	S_d=10
买入标的资产	−22	45.00	10.00
卖出1.4份买权	1.4c	−35.00=−25×1.4	0.00=0×1.4
合计	1.4c−22	10.00	10.00

无风险利率为8%，则投资组合到期价值的现值为：

$10 \div (1+8\%) = 9.2593$（亿元）

投资组合的初始投资为（22−1.4c）亿元，则：

$22 - 1.4c = 9.2593$（亿元）

$c = \dfrac{22 - 9.2593}{1.4} = 9.10$（亿元）

上述计算结果表明，许可证投资机会的期权价值为9.10亿元，则扩展的期权价值为11.10亿元（静态NPV+期权价值=2+9.10）。

在不确定的情况下，如果项目收益比预期差且不能撤销投资和收回初始成本，就要谨慎选择做出投资决策的时机，只有当项目产生高于NPV的溢价时才应该投资。这时递延投资的机会可以被看作是一个对标的资产的看涨期权，标的资产价值为项目预期现金净流量的现值，行权价格为投资支出的现值。在期权到期日（即不可能再延迟的时候），期权价值可表述为：

扩展的NPV=max［净现值（$V_t - I$），放弃（0）］

（2）扩张（缩减）期权

在【例12-11】中，如果BIO公司执行递延期权，在期权到期时（例如，t=1），公司面临三种决策：扩张规模、缩减规模或保持基础方案不变。在一个扩张期权中，以x代表扩张产能使项目价值增长的百分比，以I_1'代表扩张产能需要追加的投资（行权价格），在到期日，此期权价值可表示为：

$c = \max\left[\text{扩展的NPV}\left(xV - I_1'\right),\ 0\right]$

缩减生产规模的期权与扩大生产规模的期权类似，当产品在市场上表现低于预期时，可以放弃或减少原计划的投入资本。因此，缩减生产规模的期权可以视为缩减规模的项目的看跌期权，行权价格就是减少的投资资本。如果需求低于原计划，那么就不需要使用全部的生产能力，甚至缩小经营规模，这样通过缩减就能节省变动成本（或弥补转售损失）。假设y代表项目缩小规模使项目价值降低的百分比，R代表缩减规模节省的变动成本。那么，缩小期权价值可表示为：

$p = \max\left[\text{缩小的NPV}\left(R - yV\right),\ 0\right]$

在【例12-11】中，假设项目在第0期开始，在初始投资一年后可以追加投资8亿元（即$I_1'=8$），用于增加额外生产能力或提高广告费，这样将使项目价值扩大50%（x=50%）。在第1年内，公司除了进行投资维持现有的经营规模外，也可以选择将生产规模和该项目的价值缩小50%（y=50%），节省变动成本7亿元（R=7）。

上述两种情况的价值是多少？很明显，如果事情如预期一样地发展，就应该保持原计划的生产规模。如果下一年市场情况低于预期，就应该执行缩减项目规模期权。如果情况好于预期，就应该执行扩大项目规模期权。在到期日，选择维持原规模、追加投资、缩减投资，主要取决于谁的收益更高。即：

$$\max\left[0,\ (xV-I_1'),\ (R-yV)\right]$$

（1）到期日，市场情况好于预期，追加投资8亿元，项目价值增加50%：

$$\max\left[0,\ (50\%\times45-8),\ (7-50\%\times45)\right]=14.5\text{（亿元）}$$

（2）到期日，市场情况低于预期，缩减生产规模使项目价值下降50%，节约变动成本7亿元：

$$\max\left[0,\ (50\%\times10-8),\ (7-50\%\times10)\right]=2\text{（亿元）}$$

当市场有利时执行扩张期权，当市场不利时执行缩减期权，扩展的净现值等于项目净现值（2亿元）加上投资机会（期权价值）：

$$\begin{aligned}\text{扩展的NPV}&=2+\frac{0.3931\times14.5+0.6069\times2}{1+8\%}\\&=2+6.37=8.37\text{（亿元）}\end{aligned}$$

在不确定的市场上引进新产品时，扩大和缩小生产能力的期权可能特别有价值。它们只有在未来市场的发展与预期不一致时才会被执行，使原本不值得进行的维持基础生产规模的投资（静态的NPV）变得值得进行。在进行生产能力决策时，考虑扩大或缩小生产规模的期权，可使公司比竞争对手更容易进行调整以适应市场的变动。

12.6.6 实物期权估值：B-S模型

期权是一种衍生产品，其价值以标的资产的价格为基础。金融期权的标的资产是金融资产，如股票、债券、货币等。实物期权的标的资产是各种实物资产，如土地、设备、石油等。由于金融资产具有流动性、收益性和风险性，因此金融资产容易标准化，便于形成市场性、规模化的连续交易。相对而言，实物期权不仅具有期权的某些特性，同时还具有投资的特性，因此，实物期权比金融期权更为复杂。

实物期权既可以类似于欧式或美式金融期权，也可能是一种两者的混合。例如，在对一种新药进行投资之前，它的临床试验通常会持续一个固定的时期，这看起来像一个欧式期权。但是当试验结束且成功后，公司拥有根据市场情况做出立即投资或“等等”再投资的灵活性，这相当于公司持有一个美式期权。

尽管金融期权估价（例如，二项式、B-S模型）的许多假设，如连续交易、常数利率、不提前执行等并不符合实物期权的特点，但实物期权与金融期权估价仍有许多相通之处，两种期权价值的决定因素及相互关系如图12-28所示。

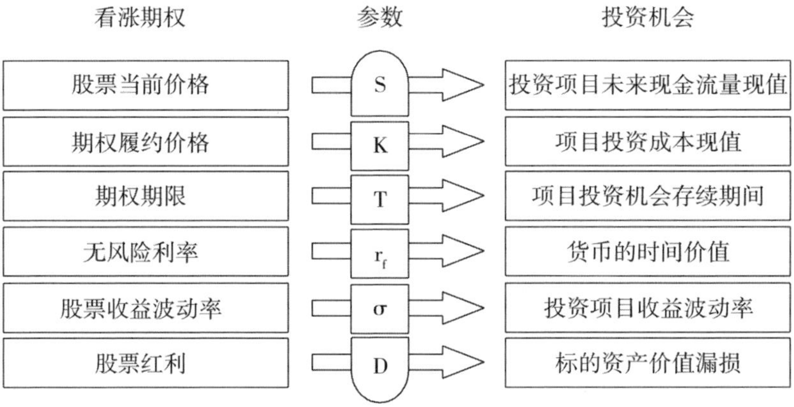

图12-28 实物期权与金融期权各种参数的关系

期权价值主要受六个参数的影响：标的资产当前价值、风险、期权行权价格、到期期限、利率、标的资产价值漏损。根据实物期权的特点，对这些参数作一个简单的说明。

（1）标的资产价值。金融期权的标的资产是股票等，并假设股票价格运动符合对数正态分布，这对于股票而言是合理的。但在实物期权中，标的资产并不符合这一假设，因为实物资产或投资项目的价值有可能出现负数，而股价不会低于零。此外，金融期权定价的基本假设是标的资产能够在金融市场以公平的市场价格自由交易，而实物资产通常不具备自由交易的特征。解决这一问题的方法就是在市场上找到"类似证券"来复制实物资产价值的变化。例如，对于自然资源的投资决策，如油田、铝矿等，可以在公开交易的商品期货市场上寻找类似的项目，据以构造一个类似的证券组合；多元化经营公司的某一产业部门在拆分、并购时的估价可参考最近从事单一该产业的公司股票构造类似的证券组合；如果实物资产对公司市场价值的影响非常大，公司可以选择本公司的股票作为类似的证券；如果上述条件都不能满足，通常假设实物资产价值是实物资产交易情况下其市场价值的无偏估计且与其完全相关，因此，可直接将实物资产价值作为标的资产价值。

（2）期权行权价格。金融期权的行权价格是事先约定并且是到期一次性支付的。实物期权的行权价格不是事先约定的，而是根据期权类型的不同而不同（如进一步投资的成本或放弃原投资所能收回的价值），并随着时间的延续而变化的。行权价格具有不确定性使得公司在执行实物期权时并不能确保获得超额利润。

（3）实物期权的期限。金融期权的执行时间一般通过合约详细规定，而实物期权的执行期限事先可能并不知道，期权的执行可能会受到其他期权是否执行的影响，还受到不确定状况的影响，如竞争态势与格局、技术创新与升级、宏观经济环境等。

（4）波动率。金融期权标的资产收益的波动率可以通过观察历史数据得到或通过期权市场价格计算隐含波动率。但对于实物期权而言，既不存在历史收益率信息，也不存在期权的市场价格。因此，对波动率的估计就成了实物期权方法中的重要问题。解决这一问题有两种方法：近似资产的收益分布和蒙特卡罗模拟等方法。如果可以找到类似的证券，例如，其产品存在期货市场的自然资源开发项目，可用类似证券的历史收益率波动性来代替该实物资产项目的波动性。蒙特卡罗模拟是通过构造预测现金流量表，分析影响经营的各项因素，对各种输入变量的概率分布作一定的假设，然后通过蒙特卡罗模拟得到项目价值的概率分布，其中包括项目价值的均值和标准差信息。

（5）折现率。金融期权定价的一个关键假设是存在一个由标的资产和无风险债券组成的用于对冲所有风险的复制证券的组合。由于所有风险都被所复制证券组合对冲，因此，金融期权定价中所用的折现率为无风险利率。如果实物期权定价能够满足上述假设，则实物期权定价中的折现率也可采用无风险利率。

（6）标的资产价值漏损。在金融期权定价中，标的资产的股利支付减少了看涨期权的价值，提高了看跌期权的价值。金融期权的股利支付是事先知道的，可以直接在期权定价公式中调整。而实物期权的“股利支付”表现为现金的支付、租金、保险费用以及版税等多种形式，其数量和时间难以事先预知，因此，一些学者将此称为“价值漏损”（value leakage）。

现根据B-S期权估价模型，说明扩张期权、递延期权、放弃期权的定价方法。

【例12-12】假设现在是20×0年，XYZ公司预计投资1 000万元建一条生产线，生产A1型产品，预计20×1—20×5年各年现金净流量见表12-17。公司预计到20×3年，替代A1型产品的A2型产品技术将达到成熟，届时公司可以上马A2型产品生产线。目前（20×0年）公司对20×3年及之后的A2型产品的现金流量作了最为保守的预测，见表12-18。假设同类项目的风险调整折现率为18%，公司现在要做的决策为是否应进行A1型产品生产线项目的投资？

表12-17　**A1型产品生产线项目投资现金流量**　单位：万元

年份	20×0	20×1	20×2	20×3	20×4	20×5
初始投资	-1 000					
现金净流量		300	400	340	320	190

表12-18　　A2型产品生产线项目投资现金流量　　单位：万元

年份	20×3	20×4	20×5	20×6	20×7	20×8
初始投资	−2 400					
现金净流量		500	1 000	1 200	600	400

（1）折现现金流量法（DCF）分析

$$NPV_{A1} = -1\,000 + \frac{300}{(1+18\%)} + \frac{400}{(1+18\%)^2} + \cdots\cdots + \frac{190}{(1+18\%)^5}$$

$$= -1\,000 + 996.55 = -3.45\text{（万元）}$$

对于A2型产品生产线项目，以20×3年为预测基点：

$$NPV_{A2} = -2\,400 + \frac{500}{(1+18\%)} + \frac{1\,000}{(1+18\%)^2} + \cdots\cdots + \frac{400}{(1+18\%)^5}$$

$$= -2\,400 + 2\,356.59 = -43.41\text{（万元）}$$

以20×0年为预测基点：

$$NPV = \frac{-2\,400}{(1+18\%)^3} + \frac{2\,356.59}{(1+18\%)^3} = -1\,460.71 + 1\,434.29 = -26.42\text{（万元）}$$

在DCF法下，现在上马A1型产品生产线的投资价值为996.55万元，净现值为−3.45万元，净现值小于零，说明此项投资不可行。根据预测数据，公司在20×3年投资2 400万元建设A2型产品生产线，其投资价值为1 434.29万元，净现值为−26.42万元。按照传统的投资分析法，此项投资也不可行。

（2）实物期权法分析

从期权角度分析，A2型产品生产线投资价值（现在为1 434.29万元）具有较大的不确定性。假设随市场情况的变化，投资价值波动率（年标准差）估计为35%。这意味着其净现值存在大于0的可能性。3年后，A2型产品的市场前景会较为明朗和确定，净现值是否大于0将更为明确。

实际上，公司现在要做出的决策就是：是否上马A1型产品生产线，至于是否上马A2型产品生产线则要视3年以后的情况而定。如果现在上马A1型产品生产线，3年后就有机会上马A2型产品生产线，否则公司将失去上马A2型产品生产线的机会。或者说，如果现在上马A1型产品生产线，除了可以获得5年的现金流入量外，还有一个3年后上马A2型产品生产线的机会。那么，这一机会的价值是多少呢？用期权的概念解释，这样一个机会的价值相当于一个期限为3年、行权价格为2 400万元、标的资产当前价值为1 434.29万元的期权价值。假设无风险利率为5%，根据B-S模型，这一机会的价值为171.15万元（见表12-19），因此，20×0年投资A1型产品生产线提供的净现值为167.70万元（A1型产品生产线项目净现值+期权价值=−3.45+171.15），净现值大于零，公司应该投资A1型产品生产线。

表12-19　　**B-S模型项目期权价值**　　金额单位：万元

B-S模型	参数	说明
S	1 434.29	投资2 400万元价值（标的资产当前价值）
K	2 400.00	投资额（履约价格）
r	5.00%	无风险利率
T	3	期权执行期限（年）
σ	35%	投资项目收益波动率
d_1	−0.2987	=（LN（S/K）+（r+0.5*sigma^2）*T）/（sigma*SQRT（T））
d_2	−0.9049	=d_1−sigma*SQRT（T）
N（d_1）	0.3826	=NormSDist（d_1）
N（d_2）	0.1828	=NormSDist（d_2）
买权价值	171.15	=S*N（d_1）−K*exp（−r*T）*N（d_2）

【例12-13】假设TBT公司正在考虑一个长达10年的项目。这个项目要求它与房地产开发商一起投资5亿元分期开发房地产，项目预期现金流量现值为5.4亿元。由于4 000万元的净现值过小，TBT公司犹豫不决。为此，房地产开发商又提出：在未来5年内，TBT公司随时可以将股份作价3亿元回售给房地产开发商而退出。通过对项目现金流量的模拟运算，得出联合开发所带来的现金流量现值的标准差为30%。假设标的资产价值漏损=1/项目所需时间=1/10（假设项目的现值以每年大约1/n的速度下降），5年期的无风险利率为7%。放弃项目的期权定价类似卖权或看跌期权，其计算过程见表12-20。

表12-20　　**放弃期权**　　金额单位：亿元

B-S模型	参数	说明
S	5.4	房地产项目现金净流量现值（标的资产价值）
k	3.0	回售成本（行权价格）
r	7.0%	无风险利率
T	5	期权的到期时间
Sigma	30.0%	房价的波动性
y*	10%	标的资产价值漏损

续表

B-S模型	参数	说明
d_1	0.98802	=（LN（S/k）+（r+0.5*sigma^2）*T）/（sigma*SQRT（T））
d_2	0.31720	=d_1-sigma*SQRT（T）
N（d_1）	0.83843	=NormSDist（d_1）
N（d_2）	0.62445	=NormSDist（d_2）
$-d_1$	-0.98802	=$-d_1$
$-d_2$	-0.31720	=$-d_2$
N（$-d_1$）	0.16157	=1-N（d_1）
N（$-d_2$）	0.37555	=1-N（d_2）
放弃期权	0.2648	=k*exp（-r*T）*N（$-d_2$）-S*exp（-y*T）*N（$-d_1$）

*根据资产价值漏损后的调整公式（4.8）、公式（4.9）计算的。

根据表12-20的计算结果，考虑放弃期权价值后的项目净现值计算如下：

净现值=项目净现值+放弃期权价值=4 000+2 648=6 648（万元）

在上面的分析中，假设放弃项目期权的价值可以清楚地确定并且在项目期限内不发生变化，例如，合同中规定了放弃项目的选择权。在实务中，更常见的情况是公司拥有放弃项目的选择权，但残值收入不易确定。此外，放弃项目期权的价值在项目的期限内会发生变化，这使得传统期权定价法的运用遇到困难。在某些情况下，放弃项目完全有可能非但不带来清偿价值反而发生成本。例如，一家制造业公司将不得不给工人们发放遣散费。在这种情况下，放弃项目并没有意义，除非项目所带来的负现金流量更大。

【例12-14】假设中海油公司拥有一项开采权，允许其在5年内在北海某固定区域勘探和开采石油资源。勘探结束后，中海油公司探明1亿桶原油储量，但石油价格低于开采成本。中海油公司决定执行延期期权，准备向政府申请延期3年，并愿意支付一笔费用，假设目前石油价格为60美元/桶，海上油田的开采成本是65美元/桶，石油价格波动率为30%，同期无风险利率为5%。那么，中海油公司应该向政府缴纳多少代价来获得这个3年期的延期开采权？采用B-S模型计算不同开采期限的期权价值见表12-21。

在表12-21中，标的资产价值石油储量（S）为600 000万美元（10 000×60），期权行权价格（k）为650 000万美元；石油价格波动率（σ）为30%；无风险利率（r）为5%。

表12-21　　不同开采期限期权价值　　金额单位：万美元

B-S模型	开采期限5年	开采期限8年
S	600 000	600 000
k	650 000	650 000
r	5.00%	5.00%
T	5	8
Sigma	30.000%	30.000%
d_1	0.58877	0.80134
d_2	-0.08205	-0.04719
N（d_1）	0.72199	0.78853
N（d_2）	0.46730	0.48118
买权价值	196 637	263 464

实物期权

根据B-S模型，在5年内开采石油的期权价值为196 637万美元，允许8年内开采出全部原油的买方期权的价值为263 464万美元，两者相差66 827万美元。计算结果表明，中海油公司最多向政府支付66 827万美元，来换取延期3年开采权，以便继续观望市场价格，等待石油价格上升。

期权概念及定价方法在财务管理中已经得到广泛的应用，许多问题在引入期权理论后变得更容易理解。随着期权的进一步创新和财务理论的持续发展，人们或许能在期权的框架下解决更多的财务问题。

任何理论或模型的应用都有一定的局限性，20世纪90年代，期权理论被迅速推广到公司投资决策中，许多公司根据由专家修正过的期权定价模型来确定某一具体投资项目的价值。在应用这一模型时，将预计可能获得的利润视作必然能够获得的利润，由此过高地估计了某项期权的价值。例如，那些本来没有盈利的“.com”公司的股票价格可以在公司没有任何收益的情况下迅速上升，其原因就在于投资者普遍认为这是网络公司所具有的期权价值。

12.6.7　实物期权法与折现现金流量法的关系

实物期权分析（real option analysis，ROA）有利于管理者在高度不确定性的情况下更睿智地做出投资决策。这一分析技术与传统的折现现金流量法（DCF）的区别主要表现在以下两方面：

第一，不确定性与投资价值的关系。在项目投资分析中，DCF法隐含了一个假设：未来以现金流量度量的收益是可以预测的，或者说，未来收益是确定的。如果出现不确定性，则会降低这项投资的价值。不确定性越大，投资的价值就越小。实物期权分析法认为投资项目的不确定性具有两种含义：一方面意味着以现金流量度量的未来收益仅仅是一个粗略的估计，因此，不足以准确反映投资项目的真实价值；另一方面认为许多投资决策的机会往往取决于项目的发展状况，未来投资的不确定性越大，期权就越有价值。原因在于盈亏不平衡（这与期权买卖双方的不对等合约相似），如果项目顺向发展，盈利的可能性为“无限大”；如果项目逆向发展，净现值为负数，期权不行使从而限制了亏损，即亏损不会随着风险的加大而增加。例如，外国航空公司即使亏损经营也要维持飞往中国的航线，因为航线也是一种权利，一旦停飞，就会被取消航权。外国航空公司虽然经营亏损，但获得了一个买方期权，等待未来飞往中国航线需求上升而获利。

第二，折现现金流量法否认项目“灵活性”价值，把项目决策看作一种当期的决策，而与决策后可能出现的新信息无关。而实物期权分析法假设，即使接受某些投资项目后，这些项目也不一定一成不变。随着时间的推移，有关项目商业价值的信息逐渐明朗，管理者可以根据新的信息做出某种改变（扩大、收缩、放弃等）来影响后续的现金流量或项目寿命期。在投资分析中，可用“如果发生某种情况，则将有机会做某事”等来描述这种选择权。

例如，在实物期权分析中，将公司的投资视为购买了一份看涨期权，在特定期间内，支付一定的费用可以行使看涨期权并得到标的资产。如果等待没有机会成本或者持有特定资产能得到类似于“股利”的收益，持有者将会推迟到期权到期日（t）才做出是否行使权利的决策。在实物期权中，标的资产是项目投资后预期现金净流量的现值V_t，行权价格是在时间t时的投资额I_t。在时间t，如果$V_t>I_t$，公司进行投资，并在此时获得项目的净现值$NPV = V_t - I_t$。如果$V_t<I_t$，公司放弃投资，项目价值为零，在这种情况下，公司仅仅损失了购买期权的费用。如果项目的价值不确定，公司也可推迟项目投资，有时持有期权等待最有利时机再行投资可能具有更高的价值。

虽然折现现金流量法受到越来越多的批评，但实物期权分析法并不是替代传统方法的全新框架。DCF法与ROA法应视为具有互补性质的决策工具。DCF法更适合分析确定决策环境中并不复杂的项目，其预测在相对稳定的环境中更为可靠。ROA法更适合分析不确定决策环境中的复杂项目，管理者可利用新信息，积极管理项目。林特和彭宁斯（Lint & Pennings，2001）[①]以ROA法与DCF法具有互补性为基础，提出了四象限分析法。他们根据收益和风险的不同将项目分为四个象限，如图12-29所示。

① LINT O，PENNINGS E.An Options Approach to the New Product Development Process：A Case Study at Philips Electronics［J］. R & D Management，2001，31（2）：163 -172.

图12-29　项目分类与适用技术

在图12-29中，根据项目投资收益与风险的关系采用不同的分析技术和投资策略。如果项目的风险较低，可根据DCF法进行决策，或立即实施该项目，或放弃该项目；如果项目的风险较高，可采用ROA法进行决策，或根据新信息重新进行项目决策，或在有利信息来临时实施项目。

【课堂拓展】　合成股票：法国某国企私有化过程中的股票设计①

1993年，在私有化的过程中，法国最大的化学公司Rhone-Poulenc试图推行的员工持股计划遭遇挫折。1993年1月，当该公司部分私有化时，法国政府给予员工10%的折扣来购买股本，公司除了允许在12个月之内付款之外，还额外给予员工15%的折扣。尽管如此，只有不到20%的员工参与购买，分配给员工的配额也只完成了75%。1993年年底，当该公司全面私有化需进一步推进员工持股时，法国政府和公司考虑了更有力的传统激励方式：折扣、送股和无息贷款。然而，这些措施并未解决员工持股难题中的关键问题：公司员工不希望其工资收入和投资收入都来自同一家公司，他们不愿意将鸡蛋放到一个篮子里，承担过高的风险。

法国政府开始大规模地推行国营企业私有化吸引了各国投资银行的兴趣，美国信孚银行（Bankers Trust）也跻身其中。这家银行在买卖衍生金融产品方面素有成就，但就其规模而言只算是一家中小型的投资银行。信孚银行研究发展部认为，如果能设计一套方案，让工人持股后既享有股票涨价带来的利益，又能同时保证其免受跌价损失，问题就可以迎刃而解。同年7月，信孚银行为此设计出一套完整的解决方案，向法国财政部以及Rhone-Poulenc化学公司提出申请，并最终成功地承办了该公司私有化的金融服务。

信孚银行的具体操作办法是：由它出面负责向员工安排购股筹资，每个员工凡购买1股，一家法国银行就可借予其资金再购9股。股票认购后至少需持有5年，5年后若股票市价下跌至原购买价以下，信孚银行则保证将以该价购入；若股价上涨，收益中2/3归持股人，另1/3将归信孚银行所有。

① 丁丽．金融工程：金融创新的技术保证［J］．市场与发展，1998（11）：14-16.

信孚银行以借贷员工所购的RP公司股票作抵押，向一家法国银行申请贷款。5年后若股价下跌至原购买价以下，它承诺补偿跌价部分。信孚银行资信等级是标准普尔AA级的，因此能较顺利地获得法国银行的贷款。而对于员工来说，既能利用贷款购买股票，又能充分避免投资风险，因而认购踊跃，申购数量大大超过出售股票。

最后的问题是，信孚银行如何解决自己面临的风险，即5年后如股票真的跌至原购买价以下，它将蒙受损失。对此，信孚银行只需以其早已轻车熟路的各种避险技术来冲销风险。具体操作思路是：信孚银行将无法预知的5年后RP公司股票涨跌率确定为各50%，在RP公司私有化改造之后，立即卖出员工所购股票的一半，然后根据股市情况和公司状况等因素，持续不断地对RP公司5年期股票市价进行评估，对股票进行相应的操作。如股价下跌，就多买一些，使股价上升，反之亦然。这些避险操作信孚银行早已驾轻就熟了。

可是，到这一步后又有新的困难出现了：RP公司的股票出售后已归其员工所有，并已充当法国银行贷款的担保品，信孚银行怎么可能买卖自己并不拥有的股票来进行避险操作呢？另外，法国政府也不希望股票售出后立即被大量抛售，这会对本国股市造成较大冲击。

信孚银行通过自己创造的衍生金融工具“合成股票”（synthetic product）成功地解决了这一难题。“合成股票”的设计方法受到了股票指数期货的启发。“合成股票”的价值与RP公司股票价格挂钩，价值为股票市场上RP公司股票的价格乘以一个固定数额。进行“合成股票”的买卖时，并不涉及实际RP公司股票的买卖，而是采取现金交收的方式。因此，“合成股票”的风险收益与真正的RP公司股票交易完全一样。信孚银行了解到法国证券市场中一批机构投资者希望拥有RP公司的股票，但由于政府的某些限制而未能申购。信孚银行与他们就“合成股票”进行交易，“合成股票”的交易市场得以形成。信孚银行通过这种衍生工具代替股票交易，贯彻其避险策略。

此后，信孚银行又以同样的方式承担了法国一家石油公司的同样的业务。无疑，这些业务最终可为其带来可观的收入。通过这个案例，不难看出，帮助客户解决这类奇异而复杂的实际问题，不仅需要高度的数学技巧，设计和运用新型的金融工具，还需要有高超的风险管理技术和各类繁杂的法律服务，以明确的契约条文来规范各方的权利和义务关系。

根据上述资料，回答以下三个问题：

（1）如果你是Rhone-Poulenc化学公司的员工，你会借钱购买股票吗？这一投资的结果对你的风险与收益有何影响？

（2）请解释信孚银行创造的衍生金融工具“合成股票”的基本特点，为什么该银行能够成功地承办Rhone-Poulenc化学公司私有化的金融服务。

（3）信孚银行是如何规避承销风险的？这种金融创新对我们有什么启发？

本章小结

1.期权买卖双方的风险和收益是不对称的，期权买方的风险是可预见的、有限的（以期权费为限），而收益的可能性却是不可预见的；期权卖方的风险是不可预见的，而获得收益的可能性是可预见的、有限的（以期权费为限）。

2.从B-S期权定价模型的经济含义看，N（d_1）等于保值比率Δ，反映了标的资产变动一个很小单位时，期权价格的变化量。N（d_2）实际上是在风险中性世界中S_T大于K的概率，因此，$Ke^{-rT}N$（d_2）是K的风险中性期望值的现值。SN（d_1）= $e^{-rT}S_T$ N（d_1）是S_T的风险中性期望值的现值。因此，整个欧式买权公式就可以被看作期权未来预期收益的现值，即买权价值等于标的资产价格的期望现值减去行权价格现值。

3.可转换债券价值主要由纯债券价值（或转换价值）与期权价值构成。纯债券价值与转换价值越接近（无论两者谁高），可转换债券期权价值越大；纯债券价值与转换价值之间的差距越大，期权价值相对越小；纯债券价值与转换价值相等时，期权价值相对最大。随着债券到期日（或转换日）的接近，可转换债券的市场价值与转换价值几乎相等，亦即可转换债券期权价值为零。在可转换债券到期日前，其价值等于其纯债券价值和转换价值二者中的较大值与期权价值之和。

4.公司的股票可以解释为以公司资产为标的资产、以债券面值为行权价、以债券期限为权利期间的一种欧式买入期权，而以股票为标的资产的买权变成了买权的买权，称为复合买权。此时买权的真正标的资产是公司资产，而不是公司股票，通过以股价为中介，买权（股票价值）主要与公司资产价值及债券面值有关。

5.如果说扩大投资期权是一种买入买权，旨在扩大上方投资收益，那么放弃投资期权则是一种看跌期权，意在规避下方投资风险。对于某些投资项目，有时存在着一个等待期权，也就是说，不必立即实施该项目，等待不但可使公司获得更多的相关信息，而且，在某些情况下等待（即持有期权而不急于行权）具有更高的价值。

基本训练

1.1995年，当时日经指数在10 000点左右徘徊，而巴林银行在亚洲主管衍生金融工具业务的里森构造了一个非常“激进”的期权组合。他同时卖出了两项期权：（1）允许其他投资人在日经指数跌破9 500点时，仍然以9 500点的价格向巴林银行出售这些投资人所持有的指数投资；（2）允许其他投资人在日经指数涨过10 500点时，仍然以10 500点的价格从巴林银行手中收购指数投资。在这样的头寸安排下，如果日经指数在这些期权的结算到期日时，落在9 500点和10 500点之间，巴林银行就获得出售两项期权所带来的收益。而一旦日经指数跌破9 500点或者涨过10 500点，巴林银行都要承担巨大的损失。结果当结算日将近时，里森发现日经指数跌破9 500点，且有进一步下跌的趋势。为了挽回损失，他开始调动巴林银行的资金大量买入日经指数现货，以期通过这种手段将日经指数重新拉回到9 500点以上的安全区。结果日本阪神大地震的利空消息令日经指数继续大幅下跌，巴林银行损失惨重，最终倒闭。请查询有关资料，画出里森构造的蝶式期权组合，分析导致巴林银行倒闭的原因，透过巴林银行倒闭事件，我们应当怎样看待衍生金融工具？

2.假设一个四期二项式模型有如下特征：每期股价从上一期开始上涨25%或下跌15%（每个时期为1年）；股票当前价格为100元，无风险利率为8%（国库券年利率）；债券的当前价格为1元。现有1份股票欧式看涨期权，执行价格为100元，期限4年，计算该看涨期权价格。

3.假设A公司资产的现值为2 000万元，公司资产价值变动的标准差为40%；公司债务账面价值为1 600万元（10年到期的零息债券）；假设10年国库券利率为10%。

要求：

（1）计算公司股权资本价值、公司债务价值和债务的利率。

（2）假设A公司的价值仅为1 000万元，低于债务面值1 600万元，以股权作为买权时的各参数保持不变，在这种情况下，公司股权资本的价值是多少？为什么股权仍有价值？

（3）假设A公司的价值为2 000万元，有10年期零息债券1 600万元，公司价值的标准差为40%，现假设A公司有机会投资一个净现值为-40万元的项目，该项目风险很高，将使公司价值的标准差上升到50%。计算股权资本价值和债务价值。将计算结果与（1）的结果进行对比，并说明原因。

4.波音公司建造第一期厂房的时候，手头的飞机订单总数不足，并不需要一个大厂房。但是，波音公司知道，航空业是一个起伏不定的产业，一旦经济形势好转，航空公司很快就会增加飞机订单数量。如果到时候再去建造厂房，就可能不得不推辞一部分订单，或者拖延交货期，造成损失。为此，他们在建造第一期厂房的时候，将第二期厂房所需要的管道、地道、通信和电力等设施和第一期厂房等设施一起建设。这样，他们多花了5亿美元去完成第一期厂房建设。如果公司将第二期需要的管道等设施在第一期就进行投资，预计公司在未来接到新订单时，比原先快2年完成第二期厂房的建造。假设第二期厂房的生产能力是在这2年时间内制造15架波音747飞机，总售价为40亿美元，公司制造这15架飞机的成本是30亿美元。假设无风险利率为6%，波音747飞机价格波动率为40%，公司是否要支付5亿美元去完成第一期厂房的建造？

5.采用布莱克-斯考尔斯期权定价模型给下列情况定价：

（1）2017年3月17日，IBM公司股票价格为175.65美元/股，请计算在当前价格下的一个看涨期权价格，其执行价格为160美元，无风险利率为2.92%，期限为

0.2493年，隐含波动率为17.31%。

（2）计算一个具有与（1）相同参数的看跌期权价格。

（3）根据（1）和（2）的计算结果，对布莱克-斯考尔斯期权定价模型进行敏感性分析。关于敏感性分析主要是应用模拟运算表功能求出变化，然后描绘结果图，以更直观地描述两个变量之间的关系。

① 看涨期权价格对期初股票价格S变化的敏感性；

② 看涨期权价格对σ变化的敏感性；

③ 看涨期权价格对到期时间T变化的敏感性；

④ 看涨期权价格对利率r变化的敏感性；

⑤ 看跌期权价格对执行价格K变化的敏感性；

⑥ 看跌期权价格对利率r变化的敏感性。

6.案例分析

深南电油品合约损益分析

深南电的主业是燃油发电，燃料油计价成本在整个发电成本中占比很大，为规避油价上升风险，2008年，深南电与高盛子公司杰润公司签订了两份期权合约的确认书：

第一份确认书的有效期为2008年3月3日—12月31日，由三个期权合约构成。当浮动价（每个决定期限内纽约商品交易所当月轻质原油期货合约的收市结算价的算术平均数）高于63.5美元/桶时，深南电每月可获30万美元的收益（1.5美元/桶×20万桶）；浮动价低于63.5美元/桶、高于62美元/桶时，深南电每月可得（浮动价-62美元/桶）×20万桶的收益；浮动价低于62美元/桶时，深南电每月需向杰润公司支付与（62美元/桶-浮动价）×40万桶等额的美元。

第二份确认书的有效期为2009年1月1日—2010年10月31日，杰润公司在2008年12月30日18点前，拥有是否执行的选择权。当油价高于66.5美元/桶时，深南电每月可获34万美元的收益（1.7美元/桶×20万桶）；油价高于64.5美元/桶、低于66.5美元/桶时，深南电每月可获（浮动价-64.5美元/桶）×20万桶的收益；油价低于64.5美元/桶时，深南电每月需要向杰润公司支付与（64.5美元/桶-浮动价）×40万桶等额的美元。

以第一份确认书为例，杰润公司将一份简单的期权协议拆解成三份来描述，表面上很复杂，但仔细分析可以发现，这份合约就是一份看跌期权，深南电和杰润公司分别是这一看跌期权的卖方和买方，合约双方损益如图12-30所示：

从本质上说，深南电卖出的是两个看跌期权，期权的有效期为10个月（2008年3月到2008年12月间），由于合约按月执行，可以看作10份期权组合，合约签署时原油期货价格约为100.75美元/桶。期权1的标的物是20万桶原油，执行价格为63.5美元/桶，期权费为30万美元。期权2的执行价格为62美元/桶，期权费为零，合约规模视油价高低而不同：如果浮动价大于62美元/桶，期权合约规模为20万桶原油，如果浮动价低于62美元/桶，合约规模为40万桶原油。

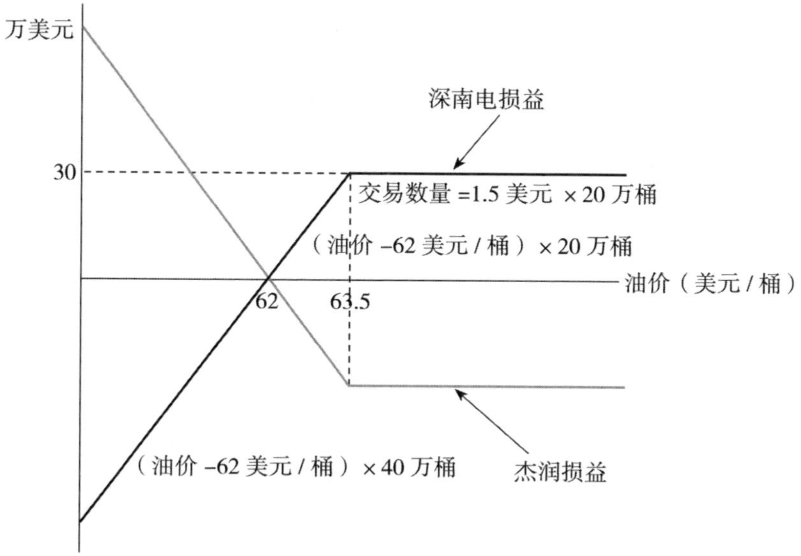

图12-30　合约双方损益示意图

当油价高于63.5美元/桶时，两份合约都不会被行权，深南电获得1.5美元/桶期权费，每月为30万美元；当油价在63.5美元/桶到62美元/桶之间时，期权1被行权，此时深南电被要求行权，盈亏为（浮动价-63.5美元）/桶，加上1.5美元/桶的期权费，总计盈亏为（浮动价-62美元）/桶；如果价格低于62美元/桶，期权1和期权2都被行权，深南电总体盈亏为2×（浮动价-62美元）/桶。

与第一份合约不同，第二份合约实际上是一个复合期权，杰润公司对合约具有优先选择权，即只有在国际原油价格有利于杰润公司时其才会选择执行合约；对深南电来说，则几乎没有任何避险功能。

合约签署后，国际原油价格经历了过山车般的大起大落。以纽约商品交易所12月份交货的轻质原油期货为例，2008年7月11日创下147.27美元/桶的历史最高纪录；11月上旬开始跌破62美元/桶，到12月，国际油价已跌至40美元/桶；2009年7月，油价重上60美元/桶以上。以WTI、布伦特、迪拜、阿曼、塔皮斯为例，2008年1月至2009年7月原油月平均价如图12-31所示：

根据上述资料，请回答下列问题：

（1）登录网页http：//www.cnpc.com.cn/CNPC/ywycp/yj/OilPrice.htm，以WTI为例，查询2008年1月至2010年12月的原油月平均价。

（2）假设以2008年3月至12月WTI原油价为基数计算深南电与杰润公司第一份合约的损益。根据合约，从3月到10月，深南电应收到多少美元？由于油价于10月下旬交易盘中已跌破62美元/桶，根据合约，深南电在11月和12月两个月共亏损多少美元？

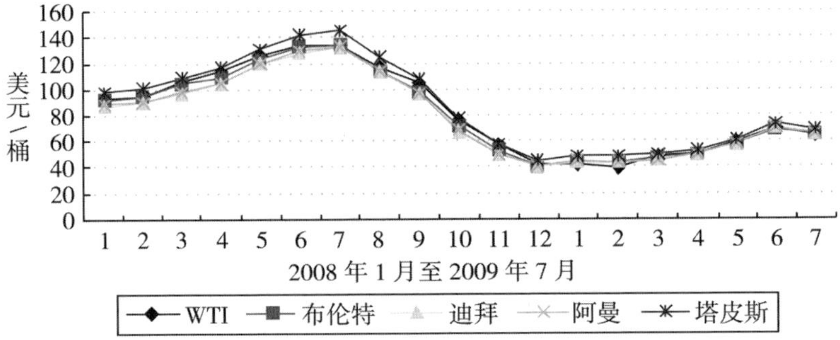

资料来源 根据http://www.cnpc.com.cn/CNPC/ywycp/yj/OilPrice.htm网上数据计算。

图12-31 2008年1月至2009年7月国际原油月平均价

（3）假设第二份合约生效，不考虑现货市场影响和其他对冲手段，根据2009年1月至2010年10月的预测数，深南电合约损益为多少？

（4）从合约的实际执行情况看，杰润公司付给深南电的210万美元（2008年3—9月）已被划入其他应收款项下的暂收衍生金融工具合同；2008年10月下旬，由于合约披露等方面的原因，证监会要求深南电对两份石油衍生产品对冲合约限期整改；12月13日，合约双方宣布终止交易。终止交易对深南电有何影响？

（5）深南电与杰润公司对赌的标的石油数量是20万桶，2008年3月到12月，若纽约商品交易所原油价格高于62美元/桶，则深南电每月最高可获得30万美元的收益；若原油价格低于62美元/桶，则深南电需要向杰润公司支付（62美元/桶-浮动价格）/桶×40万桶，也就是每下跌1美元，深南电要向杰润公司支付40万美元。如此不对称的对赌协议深南电为何会签呢？

（6）从合约的实际执行情况看，杰润公司付给深南电的210万美元（2008年3—9月）已被划入其他应收款项下的暂收衍生金融工具合同；2008年10月下旬，由于合约披露等方面的原因，证监会要求深南电对两份石油衍生产品对冲合约限期整改；12月13日，合约双方宣布终止交易。终止交易对杰润公司有何启示？

基本训练参考答案

第12章题库

第13章 衍生工具与风险管理

学习目标

1. 熟悉远期、期货、互换和期权合约的特点；
2. 掌握远期合约、期权合约在外汇风险管理中的作用；
3. 了解修正久期和凸性对债券价格的影响及分析方法；
4. 掌握远期外汇利率协议、利率互换、货币互换的基本含义和作用；
5. 掌握利率期权在外汇风险、利率风险管理中的作用和运作方式。

在《货币战争》（宋鸿兵，2007）一书中，作者将金融衍生工具描述为："它们的本质是债务。它们是债务的打包、债务的集合、债务的集装箱……这些债务被作为资产充斥着对冲基金的投资组合，被保险公司和退休基金当作资产放在账户上。这些债务被交易着、延期着、挤压着、拉伸着、填充着、掏出着，这是一场债务的盛宴，也是一个赌博的盛宴。在纷繁的数学公式背后，只有空和多两个选择，每一张合同都是一次赌博，每一次赌博都必见输赢。"由于衍生工具既可以用于规避风险，又具有杠杆操作及交易成本低的特点，各国企业对衍生工具的运用在过去20年迅速增长，全球期货、期权交易量持续大幅度增长。根据BIS的统计，2012年6月，按交易工具分类的OTC市场衍生品未偿付名义成交量为6 389 280亿美元，总市值为253 920亿美元。利用金融衍生工具进行风险防范已从"改变金融面貌的尖端技术"变成一个在一般商务讨论中频繁出现的名词。使用衍生产品（期货、远期、互换、期权）对冲利率、汇率、商品价格风险已成为许多公司的经常性工作。在风险管理中，各种金融工具，如远期、期货、互换、期权既可以单独进行交易，也可以被用来"构造"一个更为复杂的系统并根据需要进行调整或修改。不论是单一金融工具的使用，还是多种金融工具的组合，其设计的目的之一都是对冲风险。

13.1 衍生工具概览

13.1.1 衍生工具的作用

衍生工具（derivatives）是指那些从基础性交易标的物衍生出来的金融工具。基础性交易标的物主要包括商品、外汇、利率、股票及债券等。衍生工具主要表现为远期合约、期货合约、互换合约和期权合约四大类。

衍生工具的一个基本用途就是提供一种有效的风险分配机制，使希望避免风险的人把风险转移给愿意承担风险的人（承担风险的意愿可能是由于觉察到潜在投机所得等）。根据衍生工具的用途，避险工具大致可分为两类：一是用确定性来代替风险，如远期、期货和互换合约；二是仅替换于己不利的风险，而将对己有利的风险留下，如期权合约。在风险管理中，既可以将远期、期货、互换、期权视为单一的工具，也可将它们组合起来解决同一个问题。

13.1.2 远期合约

远期合约（forward contract）是一个以固定价格（交割价格或远期价格）在未来的日期（交割日期）买入或卖出某种标的资产的协议。在合约中同意未来买入的一方被称为持有多头头寸（long position），在合约中同意未来卖出的一方被称为持有空头头寸（short position），合约双方都要承担对方不履约的风险。签订合约时没有货币的转移，此后，合约的价值将随着远期价格的变动而变动。买卖远期合约的损益如图13-1所示。

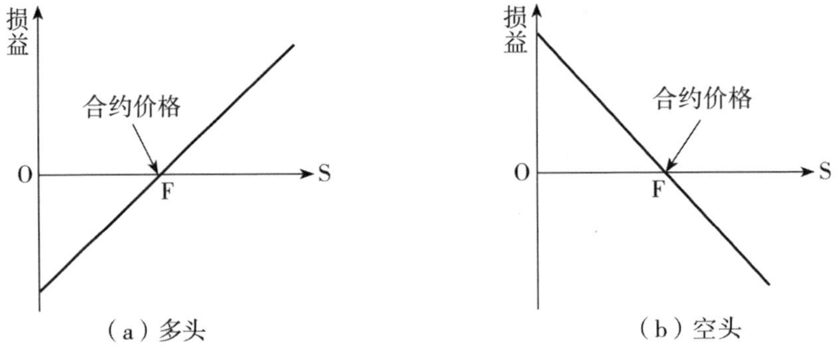

图13-1　远期合约头寸

在图13-1（a）中，合约到期时，买方要以合约价格F买入标的资产，如果到期时的现货价格（即期价格）S大于合约价格，该合约的持有者就可以较低的合约价格买入该标的资产，再以较高的现货价格卖出该资产，获得每单位（S-F）的利润。对于空头头寸来说，如果到期时的现货价格低于合约价格，合约的出售者就会获利。他可以较低的现货价格买入该资产，然后以较高的合约价格卖出，获得每单位（F-S）的利润，如图 13-1（b）所示。

资本市场远期合约中的标的资产通常是证券或者一定数量的外汇或商品。如果标的资产为证券，则远期合约主要表现为利率的远期合约形式。如果标的资产是一定数量的外汇，则远期合约就是外汇远期合约。

13.1.3 期货合约

期货合约（futures contract）是标准化的远期合约，即双方签订的，在合约到期日以固定的价格买入或卖出某种标的资产的协议。因此，图 13-1 中表示的远期合约头寸同样可以用来表示期货合约买卖双方的损益情况。但与远期合约相比，期货市场可从以下两个方面消除信用风险：

第一，远期合约的损益只有在到期日才能表现出来，而期货合约的损益在每天交易结束时就表现出来了。期货交易采用盯市（mark to market）制，也称每日清算制。期货交易者相当于每日开市重新进入，闭市时结清退出。从技术的角度分析，期货合约是一份每天清算的远期合约，而且在清算之时，一份新的远期合约又诞生了。

第二，期货合约的买卖双方都要开立一个保证金账户，按合约面值的一定比例向经纪人交纳保证金，每日根据市场价值进行重估。如果当天期货合约价值增加，那么这种收益会在每天收盘后打入合约持有者的保证金账户；反之，如果当天期货价值减少，这种损失将通过合约持有者的保证金账户抵扣；如果价格不利的变动使保证金账户的余额低于某个约定的最低水平，就需要追加保证金，否则合约持有者的头寸将被强制平仓。由于这个过程通常在保证金账户中的保证金用完之前就要平仓，所以违约风险基本上消除了。

此外，期货合约是在有组织的证券交易所内交易的标准化的合约，多头期货头寸对应的签约方不是空头方，而是证券交易所建立的清算所，它具备足够的资本，从而使违约几乎不发生。

13.1.4 互换合约

互换合约（swap contract）是指合约双方达成的在未来规定的时间，按某种预先确定的规则互换现金流量的一种协议。互换最常见的形式是利率互换和货币互换。[①]

一份互换合约在本质上可以被视为一系列远期合约的组合。图 13-2 上方描述了一个标准型利率互换的现金流量情况，即接受一系列以固定利率（R）计算的利

① 由于互换与掉期的英文都是 swap，本质上说都是交换，但这里所说的互换与外汇银行同业市场上的"掉期"交易不同，主要表现在三个方面：第一，期限不同。互换交易是在互换市场上进行的，主要指一年以上的长期货币或利率的交换；掉期交易是在外汇市场上进行的，通常指一年以内的货币交易。第二，形式不同。互换交易的基本形式是货币互换、利率互换和交叉互换，货币互换前后交割的汇率通常是一致的；而掉期交易是指在一个交割日卖出（或买入）货币的同时约定在另一个交割日做反向买入（或卖出）同一种货币的交易，前后两个交易日的汇率是不一致的。第三，目的不同。互换交易用于降低长期资本成本以及在资产、负债管理中防范利率或汇率风险；而掉期交易基本上用于资金头寸管理。

息，而支付的利息是根据浮动利率（r）（如LIBOR，伦敦同业拆借利率）确定的。在这里，上述两种利息支付所依据的名义本金是相同的。因此，可以将这种合约安排分解为单一付款合约的组合，进而再分解为一系列远期合约。图13-2下方说明利率互换可以表示成T个远期合约的组合。在利率互换合约中，固定利率（R）是不变的，远期利率合约中的利率和利率互换都是根据相同的指标浮动的，因此它们将拥有相同的现值，为避免出现套利机会，互换合约中的固定利率（R）必须是这样的利率：它能够使这个互换合约的现值等于T个远期利率合约组合在一起的现值。所以，利率互换可以被组合的远期利率合约复制。

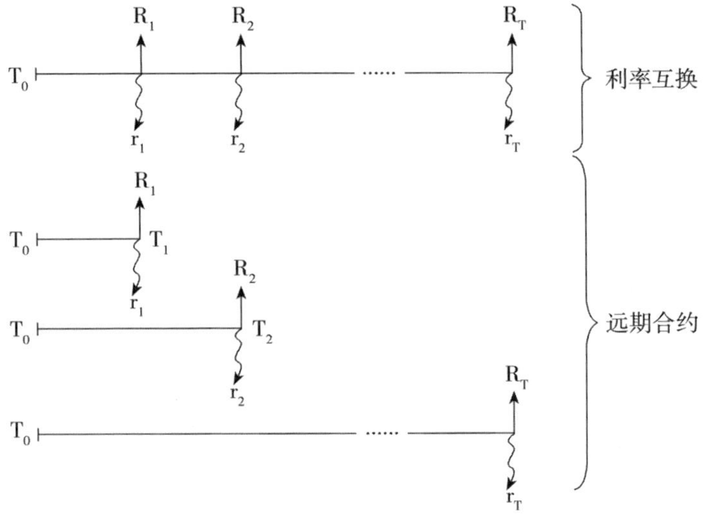

图13-2　利率互换和作为远期组合的利率互换

将远期、期货和互换合约结合起来，可以发现它们之间的一些差别。通常，远期合约的履约期限等于它的期限，由于没有抵押担保，远期合约是一种纯粹的信用工具。期货合约实行逐日结算，再加上保证金要求，使期货合约大大降低了远期合约所固有的信用风险。互换合约是通过缩短履约期的方法来降低信用风险的。在图13-2中，尽管合约期限为T，但履约期是短于T的一个个单一的期间。如果一个互换和远期期限大致相同，那么互换合约中交易方承担的信用风险要远远低于远期合约。互换和远期之间的这种信用风险差异，类似于分期偿还贷款和零息债券之间的差异。

在互换合约中，随着利率的变化，合约的价值也在变化，将这种价值变化传递给合约所有人的既不在到期日（如远期合约），也不在每天收盘后（如期货合约），而是在互换合约中的每个结算日。如在第一个结算日，部分的价值变化是以“差额结算”的方式由一方付给另一方的。因此，期限相同的不同工具，互换合约的履约期比远期合约短，但比期货合约长。

综上所述，互换合约和期货合约一样，是远期合约的组合，因此这三种工具管理风险的机制是一样的。远期、期货和互换这三者的主要区别是合约的结算点以及这些合约交易方所承担的信用风险的大小。远期和期货代表了两种极端状态，而互换则是一种中间状态。

13.1.5 期权合约

期权合约（option contract）赋予买方购买或出售一项资产的权利，但不是义务。期权合约与远期、期货、互换合约的区别主要表现在两个方面：第一，期权买卖双方的权利与义务是不对等的，期权给予持有人一种权利而不是义务，它允许买方在于己有利时执行期权，在于己不利时放弃行权，因此合约的损益表现为“折线”模式；远期、期货、互换合约买卖双方的权利与义务是对等的，合约持有人都有执行合约的义务，因此，这些合约的损益呈“直线”模式，如图 13-1 所示。第二，期权的买方为获得这一权利需要支付一笔期权费，而其他合约并不需要事先支付费用。

期权合约与远期、期货的联系至少表现在两个方面：第一，期权可以通过一份远期或期货与无风险证券的组合来复制；第二，期权的组合可以产生一个远期合约，或远期可以产生一组期权。假设有一个组合：买入一个买权同时卖出一个卖权，这两个期权的行权价格和期限都相同，如图 13-3 上方一组图所示，这个组合的损益模式与购买资产的远期合约是一致的。同样，图 13-3 下方一组图显示的资产组合是卖出一个买权并买入一个卖权，这个组合等价于卖出一份远期合约。图 13-3 所显示的这种关系被称为买-卖权平价关系。这一平价关系表明，两种期权可以“拼凑”在一起产生远期合约模式。

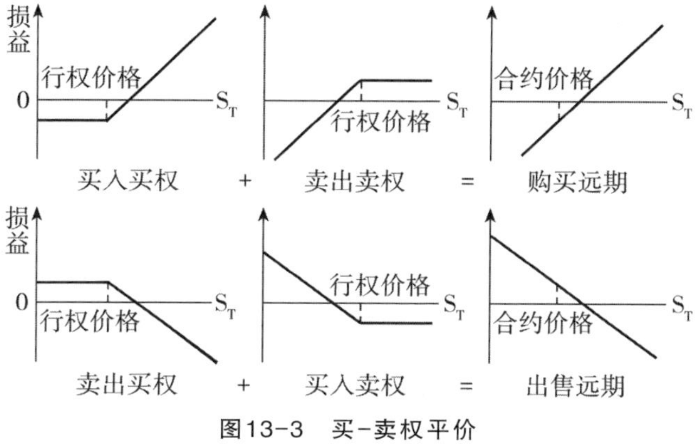

图13-3 买-卖权平价

将图 13-2 和图 13-3 结合起来可以发现，利率互换可以分解为一系列远期合约，而远期合约又可以被期权合约所替代。也就是说，期权合约通过与远期或期货合约之间的关系，间接地对利率互换产生了类似的影响。

在风险管理中，期权合约的最大优点是可以为公司提供一种决策的弹性，即根据标的资产价格的变化方向与程度选择执行期权或放弃行权。

13.2 外汇风险对冲

13.2.1 外汇风险概念

外汇风险（foreign exchange risk）有广义和狭义之分，广义的外汇风险是指由于汇率、利率变化以及交易者到期违约或外国政府实行外汇管制给外汇交易者可能带来的任何经济损失或经济收益；狭义的外汇风险是指国际债权债务中约定以外币支付时，因汇率变动给交易者（公司）持有的，以外币计价的资产、负债、收入和支出带来的不确定性。这种不确定性，可能使本币发生损失，也可能形成收益。从规避风险的角度分析，通常把外汇风险视为外汇损失的可能性。本节所讨论的外汇风险主要是指狭义的外汇风险。

外汇风险通常用外汇风险暴露或风险敞口（foreign exchange risk exposure）进行衡量。外汇风险暴露，是指公司在各种业务活动中容易受到汇率变动影响的资产和负债的价值，或暴露在外汇风险中的头寸状况。例如，在外汇买卖中，风险头寸表现为外汇持有额中“超买”（overbought）或“超卖”（oversold）的部分，在公司经营中表现为其外币资产与外币负债不相匹配的部分，如外币资产大于或小于外币负债，或外币资产与外币负债在金额上相等，但在时间长短期限上不一致。一般来说，汇率的不确定性变动是外汇风险的根源，如果公司能够通过风险管理使外汇风险暴露为零，那么无论未来汇率如何变动，公司面临的外汇风险基本上都可以相互抵销。

13.2.2 外汇风险的类型

外汇风险主要有经济风险、交易风险和折算风险。经济风险主要是指宏观经济风险，如汇率变动、利率变动、通货膨胀、贸易条件变化等引起的风险。对于公司而言，经济风险是指由于未能预料的汇率波动，引起公司价值（未来现金流量的现值）的变动。

交易风险是由于汇率变化引起的，以外币表示的未履行合约价值的变化（即合约带来的未来外币现金流量）。交易风险主要有：（1）以即期或延期付款为支付条件的商品或劳务的进出口，在货物装运和劳务提供后，货款或劳务费用尚未收付前，外汇汇率变化所发生的风险。（2）以外币计价的国际信贷活动，在债权债务未清偿前所存在的汇率风险。（3）对外筹资中的汇率风险。借入一种外币而需要换成另一种外币使用，则筹资人将承受借入货币与使用货币之间汇率变动的风险。（4）待履行的远期外汇合同，约定汇率和到期即期汇率变动而产生的风险。

折算风险又称会计风险，是指财务报表中的某些外汇项目，因汇率变动引起的转换为本币时价值变动的风险。

上述三类风险有一定的联系，从时间上看，折算风险是对过去会计资料计算时因汇率变动而造成的资产或负债的变异程度，是账面价值的变化。交易风险是基于过去发生的但在未来结算的现金流量的变化，是实际的经济损失或经济收益。在实务中，会计风险和交易风险是重叠的。有些交易风险项目，如外币标价的应收账款和负债，也属于会计风险，因为它们已经体现在公司的资产负债表中。而另一些交易风险项目，如那些已经签订但商品还未运出的用外币标价的销售合同，尚未出现在公司目前的财务报表中，只属于公司的交易风险。经济风险引起的公司价值的变动是通过会计风险和交易风险表现出来的。在这三种风险中，按其影响的重要性大小排序，依次为经济风险、交易风险和折算风险。

13.2.3　外汇交易风险对冲

在外汇风险管理中，风险对冲的基本做法是：分析未来汇率变动方向与幅度，确认以外币表示的预期净货币流入或流出量，明确公司面临的风险及风险的大小，合理选择避险工具，设计避险方案，让两种走势相反的风险相互制约，从而达到保值的目的。

【例13-1】假设ABC公司20×3年1月16日向美国出口一批产品，应收款项100万美元，约定4月16日付款。ABC公司的资本成本为12%。为从事各种风险对冲交易所需要的其他有关资料如下：

（1）即期汇率：RMB6.789/USD；

（2）3个月远期汇率：RMB6.725/USD；

（3）美国3个月期借款利率：年率10.0%（季率2.5%）；

（4）美国3个月期投资利率：年率8.0%（季率2.0%）；

（5）人民币3个月期借款利率：年率8.0%（季率2.0%）；

（6）人民币3个月期投资利率：年率6.0%（季率1.5%）；

（7）在柜台交易（OTC）市场，3月份买入卖权的履约价格为RMB6.7/USD，合约单位100万美元，期权费为1.5%；

（8）另外，据测3个月后即期汇率将为：RMB6.745/USD。

对这笔应收款项，可供ABC公司采用的交易风险管理策略有以下几种：（1）远期外汇市场风险对冲；（2）货币市场风险对冲；（3）外汇期权市场风险对冲。根据以上资料，分析各种风险管理策略对公司的影响。

策略1：远期外汇市场风险对冲

远期外汇交易是指外汇买卖双方签订合同，约定在将来一定的日期内，按预先约定的汇率、币种、金额、日期进行交割的外汇业务活动。为避免外汇风险，ABC公司与银行签订了一个远期合约，按3个月的远期汇率在远期市场上卖出100万美元远期，3个月后公司将收到美国进口商汇来的100万美元，随即在远期市场上履约交割，得到672.5万元人民币。远期外汇市场风险对冲的实质是“锁定”汇率，以使公司的收入不再随汇率的波动而波动。

假设20×3年4月16日，美元兑人民币的汇率为RMB6.745/USD，如果ABC公司没做远期外汇保值，可以收到674.5万元人民币，风险对冲的结果使收益减少了20 000元。如果3个月后美元贬值，汇率变为RMB6.710/USD，风险对冲可增加收益15 000元。不论未来即期汇率如何变动，ABC公司都将收到672.5万元人民币，见表13-1。远期合约的任何外汇利得与损失都将被现汇市场应收款项相应的损失或利得所抵销。

表13-1　**远期外汇市场风险对冲的各种可能结果（20×3年4月16日）**　单位：元人民币

即期汇率（RMB/USD）	应收款项价值	远期合约利得（损失）	现金流量
6.745	6 745 000	-20 000	6 725 000
6.725	6 725 000	0	6 725 000
6.710	6 710 000	15 000	6 725 000

采用这种方法进行交易之前，必须对未来汇率的走势做出正确的判断预期，否则出口商进行风险对冲的收入，可能低于不进行风险对冲的收入；同样，对于进口商来说，进行风险对冲的成本支出，可能高于不进行风险对冲的成本支出。这对于进出口公司来说存在一定的困难。为了避免这一弊端，可利用择期外汇交易来规避汇率风险。

择期外汇交易，是一种交割日期不固定的外汇买卖形式，是远期外汇的一种特殊形式，属于远期外汇交易的范畴。择期的含义是客户可以在将来的某一段时间（通常是一个半月内）的任何一天按约定的汇率进行交易。起息日可以是这段时间内的任意一个工作日。择期外汇交易的程序与一般远期外汇交易的程序相同。择期外汇交易主要为进出口商等客户提供买卖外汇的灵活性，保证即时收付汇，避免了远期外汇交易交割日期固定不变的缺点。

上例中，ABC公司也可以采用外汇期货交易进行风险对冲。外汇期货交易和外汇远期交易的差别在于前者的合约是标准化的，但风险对冲的基本作用大体相同。因此，上述讨论的内容也适用于外汇期货市场的风险对冲。

策略2：货币市场风险对冲

货币市场风险对冲的合约是贷款协议，即同时借入和贷出两种不同的货币来锁定未来现金流量的本币价值，即把应收账款、应付账款兑换成本币，并在本国货币市场投资，以消除外币风险。与远期外汇市场风险对冲不同的是，货币市场风险对冲主要与两国之间的利率之差有关。

假设ABC公司决定借入美元并按即期汇率将这一贷款转换成人民币，3个月期满时，用收到的应收账款归还贷款。借入美元的数额应符合“匹配”的原则，即借款到期应偿还的本利和恰好等于100万美元的应收款项。如果借款季利率为2.5%，ABC公司应借入975 610美元（1 000 000÷1.025）。把这笔借款按现行即期汇率

RMB6.789/USD换成6 623 415元人民币。

ABC公司可将这笔人民币贷款投放于为期3个月的货币市场，其收益率为1.5%；也可以投资于公司的经营活动，其收益率按资本成本3.0%计算，两个投资方案的终值为：

投资于货币市场3个月的终值=6 623 415×（1+1.5%）=6 722 766（元）

投资于公司经营3个月的终值=6 623 415×（1+3.0%）=6 822 117（元）

上述计算结果表明，投资于货币市场，该公司最终所得收入低于远期市场的风险对冲；投资于公司经营活动，该公司最终所得收入高于远期市场的风险对冲。

在其他条件不变的情况下，投资收益率上升到何种水平会使货币市场和远期市场的保值收益没有差别呢？假设r为3个月的投资收益率，两种保值方法等值的条件是：

借款总额×（1+r）=远期保值总额

即：6 623 415×（1+r）=6 725 000

解得：r=0.0153373

计算表明，当投资收益年率为6.135%（0.0153373×4×100%）时，远期市场风险对冲的收益与货币市场风险对冲的收益相等。如果投资收益率高于6.135%，货币市场风险对冲有利；如果投资收益率低于6.135%，远期市场风险对冲有利。

策略3：外汇期权市场风险对冲

外汇期权交易是外汇期权合约的购买者在规定期限内按交易双方约定的价格购买或出售一定数量的某种外汇权利的外汇交易形式。外汇期权的期权费是以直接报价方式报出的。期权费实际上是期权买入者转移风险的成本，也是期权出售者承担汇率风险的收入，其性质类似于保险业务中的保险费。

以ABC公司为例，该公司可通过买入卖权抵补外汇风险。根据前述的报价，ABC公司当日通过柜台交易市场购买了100万美元的3个月到期、行权价格为RMB6.7/USD的卖出期权，期权费为101 835元人民币（1 000 000×1.5%×6.789）。若采用资本成本（12%）作为折现率或机会成本，则今天付出的期权费101 835元，相当于3个月后的期权费为104 890元（101 835×1.03），单位美元的期权费为0.105元。

3个月后，ABC公司收到1 000 000美元时，是否行使期权取决于届时的即期汇率。如果届时即期汇率高于RMB6.7 /USD，公司将放弃行使期权，而到即期市场出售美元，假设届时即期汇率同预测值相等，汇率为RMB6.745/USD，公司可获得收入6 745 000元人民币，扣除期权费104 890元人民币，净收入为6 640 110元人民币。人民币贬值幅度越大，公司获得的收益就越大。

如果届时人民币升值，则给公司带来的最大损失是固定不变的。假设届时汇率低于RMB6.7/USD，公司就会选择行使期权，即按行权价格卖出美元获得6 700 000元人民币，扣除期权费后的净收入为6 595 110元人民币。这个数额是ABC公司可得到的最低值，虽然低于远期市场和货币市场的保值结果，但不同的是，它的收益上限却是无限的。

将期权风险对冲与远期风险对冲相比较，其等值条件是：届时即期汇率等于远期汇率加上单位期权费，即：6.725 +0.105 =6.83（元）。如果届时即期汇率大于RMB6.83/USD，那么期权保值的净收入大于远期保值所得；如果即期汇率低于RMB6.83/USD，那么远期市场风险对冲所获收益较大，因为期权保值需支付期权费。具体如图13-4所示。

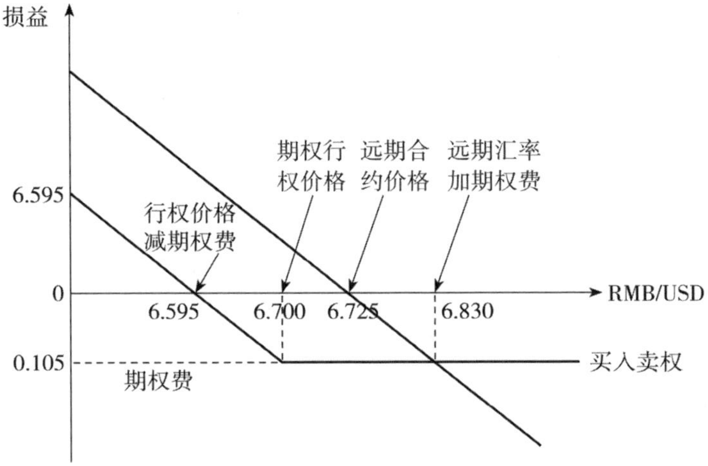

图13-4　远期与期权风险对冲比较

将期权风险对冲与不采取任何保值措施相比，其等值条件是：届时即期汇率等于期权行权价格减去单位期权费，即：6.700-0.105=6.595（元）。如果届时即期汇率高于RMB6.595/USD，不采取任何保值方法能获得较多收益；如果届时即期汇率低于RMB6.595/USD，期权保值可获得较多收益。

在以上各种方法中，不采取任何保值措施的风险较大，3个月后的收入期望值为674.5万元人民币，但也可能低于或高于这一期望值；远期外汇市场风险对冲在"锁定"风险的同时，也"锁定"了收益，3个月后的确定收益为672.5万元人民币；货币市场风险对冲可立即得到6 623 415元人民币，3个月后的收益既取决于两地利率差异和汇率差异，也取决于公司的经营情况；期权市场风险对冲可使公司拥有较大的灵活性，3个月后的收益最低为6 595 110元人民币，而收益的上限是无限的。

例题解析（例13-1至例13-5，例13-8）

【例13-2】某公司向美国出口一批货物。双方于20×1年3月1日签订合同，约定以美元支付相应货款，货款总额为1 000万美元，结算日期为20×1年6月1日。目前即期汇率为RMB6.033/USD，3个月远期汇率为RMB5.962/USD。

为避免3个月后美元贬值造成结汇时人民币收入减少，可以采用远期交易锁定结汇汇率，即3个月后该公司可按照3个月远期汇率，兑换人民币：

10 000 000×5.962=59 620 000（元）

锁定未来结汇汇率的另一种方法是采用期权组合规避风险，即同时买入一笔卖权（看跌期权）、卖出一笔买权（看涨期权）。假设两者均为欧式期权，标的资产为美元兑人民币，其他交易参数见表13-2。

表13-2 **期权交易参数**

类型	行权价格	期限（月）	名义本金（USD）（万美元）	期权费（USD）（万美元）
买入卖权	RMB5.98/USD	3	1 000	-6.386
卖出买权	RMB5.98/USD	3	1 000	6.855

这一期权组合的损益分析如下：

（1）交易期初，该公司期权费净收入4 690美元（68 550-63 860），将这笔期权费净收入按即期汇率RMB6.033/USD结汇，可兑换人民币为：

4 690×6.033 =28 295（元）

（2）期权到期日，如果美元兑人民币汇率S_T≤RMB5.98/USD，则执行看跌期权，看涨期权没有被执行。此时，公司以RMB5.98/USD的汇率卖出1 000万美元，兑换人民币为：

10 000 000×5.98=59 800 000（元）

（3）期权到期日，如果美元兑人民币汇率S_T>RMB5.98/USD，则不执行看跌期权，看涨期权被执行。此时，公司仍以RMB5.98/USD的汇率卖出1 000万美元，兑换人民币依然为：

10 000 000×5.98=59 800 000（元）

期权组合的损益如图13-5所示。

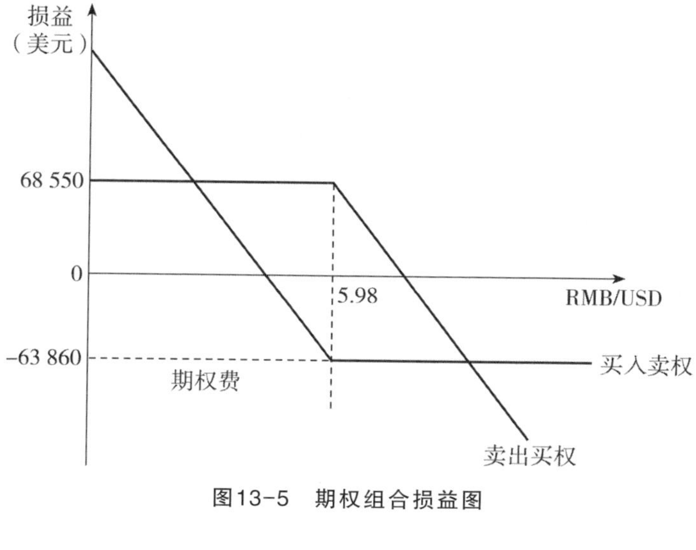

图13-5 期权组合损益图

（4）假设不考虑期权费净收入的再投资收益，到期时，采用期权组合方案可兑换人民币5 983万元（2.8295+5 980），较远期结汇交易多兑换人民币21万元（5 983－5 962）。也就是说，公司通过同时买入、卖出两笔行权价格、期限、标的资产、金额等要素相同的看跌和看涨期权，构造出了一笔实际上的远期结汇，不同的是，期权组合避险优于一笔简单的远期交易，增加了换汇收入。

【例13-3】A公司是浙江省某沿海城市的一家从事外贸服装生产加工的民营企业，出口收入的币种主要为欧元。2005年7月末，公司与进口商签订一笔新的供货合同，如何规避风险成为当时公司决策层的当务之急。当时的即期汇率为USD1.2115/EUR，A公司希望：（1）避险成本为零；（2）汇率最低锁定水平在USD1.2050/EUR之上。上海浦东发展银行根据该公司的要求，设计了以"区间远期外汇买卖"（range forward）为主的汇率避险方案。区间远期外汇买卖的实质是通过买入、卖出各1个期限相同、行权价格（汇率）不同的看涨、看跌期权，将未来汇率锁定在一个区间内的避险品种。如果两种期权费相互抵销，则公司在承做此交易时，无期初的费用发生，实现"零成本"避险。"区间远期外汇买卖"有关条款见表13-3。

表13-3　区间远期外汇买卖条款

交易甲方	A公司
交易乙方	上海浦东发展银行
交易币种	美元/欧元，甲方要求卖出欧元，买入美元
交易金额	名义本金1.EUR 200万 名义本金2.EUR 300万
汇率区间上限	USD/EUR 1.2350
汇率区间下限	USD/EUR 1.2050
交易日（trade day）	待定
到期日（expiry day）	交易日+3个月（北京时间14：00截止）
交割日（delivery day）	到期日+2个工作日

有关汇率区间的说明：

（1）如果到期日的即期汇率（USD/EUR）低于（等于）汇率区间下限，甲方可选择按汇率区间下限、名义本金1（EUR 200万）卖出欧元，买入美元。

（2）如果到期日的即期汇率（USD/EUR）高于汇率区间下限且低于汇率区间上限，甲方可选择按相关即期汇率（USD/EUR）卖出欧元，买入美元。

（3）如果到期日的即期汇率（USD/EUR）高于（等于）汇率区间上限，甲方必须按汇率区间上限、名义本金2（EUR 300万）卖出欧元，买入美元。

根据区间远期外汇买卖条款，对应构成的两种期权相关参数见表13-4。

表13-4　　期权组合的相关参数

期权	交易方向	期权类型	名义本金（EUR）	期限（月）	行权价格（USD/EUR）
期权1	甲方买入EUR卖权	EUR看跌，USD看涨	2 000 000	3	1.205
期权2	甲方卖出EUR买权	EUR看涨，USD看跌	3 000 000	3	1.235

根据到期日的即期汇率（USD/EUR），可以确定A公司进行区间远期买卖的损益情况。假设到期日模拟损益分析如表13-5和图13-6所示。

表13-5　　期权到期日美元损益分析表

到期日汇率（USD/EUR）（1）	期权行权价格（USD/EUR）（2）	卖出欧元（EUR）（3）	收益/损失（USD）（4）＝（3）×（（2）－（1））
1.1950	1.205	2 000 000	20 000
1.2000	1.205	2 000 000	10 000
1.2050	1.205	甲方可选择按即期汇率卖出欧元，金额由甲方确定	0
1.2150	1.215		0
1.2250	1.225		0
1.2350	1.235		0
1.2400	1.235	3 000 000	-15 000
1.2450	1.235	3 000 000	-30 000

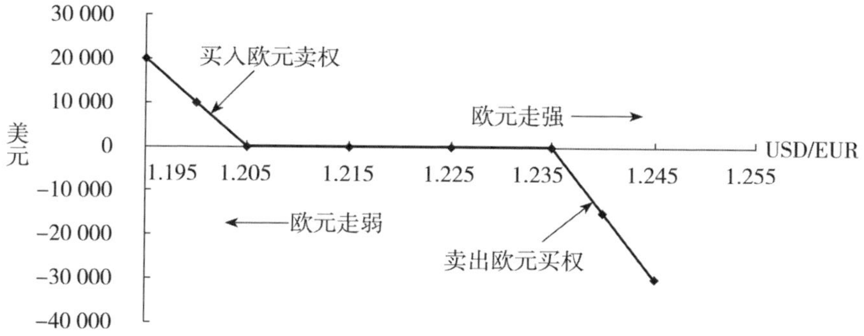

图13-6　期权到期日美元损益图

在交易执行3个月期间，欧元在小幅反弹后又进入下跌的趋势中，在交割日当天汇率跌至USD1.1950/EUR。根据交易中的相关条款，A公司可以按1.2050的汇率卖出200万欧元，避险净收益为20 000美元。

浦发银行设计的这一避险方案，其特点是将美元/欧元汇率锁定在一个区间之内，公司在获得一定的汇率保护水平之外，还可以保有一定的获利空间，获取欧元升值的好处，且公司无任何避险费用支出。这一产品无期权费，也满足了公司“零成本”的要求。但这一产品两端交易的名义本金不匹配，“卖出EUR买权”的风险敞口大于“买入EUR卖权”的风险敞口，一旦欧元走强，该公司届时将付出较大的机会成本。

13.3 利率风险管理

13.3.1 利率风险的衡量

利率风险是指未预见到的市场利率水平变化引起的资产（债券）收益的不确定性。利率风险对资产价值的影响一般通过久期和凸度两个指标进行衡量。

1）久期

久期（duration）或称持续期，是对债券平均有效期的一个测度，它被定义为每一债券距离到期的时间的加权平均值，其权重与支付的现值成比例。如果债券契约规定分期付息，到期一次还本，那么投资者在债券到期之前就可以得到利息收益。债券久期是债券各期现金流量现值加权平均年份，权数是每一现金流量的现值在总现金流量现值中的比例，债券久期（D）可按下式计算：

$$D=\frac{\sum_{t=1}^{n}\left[\frac{CF_t}{(1+r_d)^t}\times t\right]}{\sum_{t=1}^{n}\left[\frac{CF_t}{(1+r_d)^t}\right]} \tag{13.1}$$

式中，CF_t表示债券未来第t期的现金流量；r_d表示债券投资者要求的收益率；t表示债券的期限。

【例13-4】假设有一张债券，期限5年，债券投资者要求的收益率为9%，债券面值与当前市场价格均为1 000元。根据债券各期现金流量计算的债券现值与久期见表13-6。

表13-6 **债券现值及久期**

年份 （1）	现金流量（元） （2）	现金流量现值（元） （3）	权数 （4）=（3）÷1 000	久期（年） （5）=（1）×（4）
1	90	82.57	0.08257	0.08257
2	90	75.75	0.07575	0.15150
3	90	69.50	0.06950	0.20850
4	90	63.76	0.06376	0.25504
5	1 090	708.42	0.70842	3.54210
合计		1 000.00	1.00000	4.23971

债券久期也可根据公式（13.1）计算，即：

$$D=\frac{\frac{90}{1+9\%}\times 1}{1\ 000}+\frac{\frac{90}{(1+9\%)^2}\times 2}{1\ 000}+\cdots+\frac{\frac{1\ 090}{(1+9\%)^5}\times 5}{1\ 000}$$

$$=\frac{4\ 239.71}{1\ 000}=4.23971\text{（年）}$$

在实务中，久期一般是根据Excel函数或有关计算机软件计算的，限于篇幅，不做介绍。

久期是以未来收益的现值为权数计算的到期时间，主要用于衡量债券价值对利率变化的敏感性。债券久期越大，利率的变化对该债券价值的影响也越大，风险也越大。在降息时，久期大的债券价值上升幅度较大；在升息时，久期大的债券价值下跌的幅度也较大。久期的特征主要表现在以下几个方面：

第一，零息债券的久期或一次还本付息债券的久期与债券期限相同。由于零息债券只在到期日支付一次本金，所以其到期日的权数等于1。

第二，有息债券的久期小于其到期时间。如按表13-6中计算的5年期债券的久期为4.23971年。理解这一问题的另一个方法是把某一付息债券看作一组零息债券。在上例中，这种债券可以看成5张零息债券：第一张的到期价值为90元，1年后到期，现值为82.57元，权数为0.08257；第二张的到期价值为90元，2年后到期，现值为75.75元，权数为0.07575……最后一张的到期价值为1 090元，5年后到期，权数为0.70842。久期就是各现金流量支付时间的加权平均数。

第三，息票率与久期负相关。息票率高的债券久期比较短，因为更多的现金流以利息支付形式提前出现。假设上例中息票率由9%改为5%时，债券久期由4.23971年上升至4.4998年。

第四，到期期限与债券久期正相关，但随着到期期限的延长，久期以减速度增长，所以到期期限较长的债券的久期通常较长。

第五，在其他条件相同的情况下，到期收益率与久期负相关。

第六，偿债基金和提前赎回条款对债券久期的影响很大。它们能改变债券的全部现金流量，并由此极大地改变债券的久期。在这两个因素中，能引起久期最大不确定性的是提前赎回条款。由于提前赎回条款是利率变化的函数，因此很难估计它的执行日。

第七，债券组合的久期。由于久期具有可加性，所以这种技术可以扩展到利率变动对整个公司价值的影响分析。资产（或负债）组合的久期就是组合中各资产（或负债）久期的加权平均数。其计算公式为：

$$D_{portfolio}=\frac{D_iV_i+D_{i+1}V_{i+1}+\cdots+D_nV_n}{V_i+V_{i+1}+\cdots+V_n}\qquad(13.2)$$

债券久期在利率风险管理中被广泛应用的原因之一就是它可用于度量债券价格相对于利率或收益率一定变动的百分比变动。久期与债券价值（P_d）的关系式可表述为：

$$\frac{dP_d}{P_d} = -\frac{1}{1 + r_d} \times D \times dr_d \qquad (13.3)$$

公式（13.3）说明对于给定利率变化（dr_d），如何计算债券价值变化百分比。其中，$\frac{D}{(1 + r_d)}$项称为修正久期，它可以近似地估计不可提前赎回债券的利率敏感度。如在上例中，债券的久期为4.23971年，修正久期D_m为：

$$D_m = \frac{4.23971}{1.09} = 3.88964\text{（年）}$$

根据修正久期可以计算利率或收益率变化对债券价值的影响，即：

债券价值百分比变化=修正久期×利率变化百分比 （13.4）

在上例中，债券现价为1 000元，如果债券收益率从9%上升到10%（上升1个百分点），则债券价值下降3.88964%（（+1%）×3.88964），即从1 000元下降到961.10元。

修正久期度量了收益率与债券价值的近似线性关系，即到期收益率变化时债券价值的稳定性。在同等要素条件下，修正久期小的债券较修正久期大的债券抗利率上升风险能力强，但抗利率下降风险能力较弱。在计算债券久期时，通常假设债券现金流量并不随着市场收益率或利率的变动而变动。这一假设对于浮动利率债券、含有赎回或回售条款的债券是无效的。

2）凸度

利率和债券价格可通过久期以一种线性关系联系起来。这种关系给出了一个债券价格变化的近似值，特别是在利率变化很小的情况下。然而，当利率变化较大时，这种关系将失去其精确性。根据前述分析，债券价格随利率下降而上升的数额要大于债券价格随利率上升（同样幅度）而下降的数额。这种价值反应的不对称性称为债券的凸度，债券价格随着利率变化而变化的关系接近于一个凸函数而不是直线函数。在图13-7中，采用修正久期估计的价格为过y^*点的切线。对于收益率的微小变化（即从y^*点到y_1点或y_2点），这条切线可以准确地估计债券价格的变化。相反，如果收益率变化很大（即从y^*点到y_3点或y_4点），这条切线所估计的债券价格将低于价值-收益率曲线显示的真实价格。这种误差的产生是由于修正久期线是对曲线关系的线性估计，债券价格随利率变化的波动性越大，曲线越弯曲（越凸），这种误差越大，衡量这种误差的方法就是计算债券的凸度。

凸度是计量债券价格-收益率曲线偏离切线的程度，对不可提前赎回债券而言，凸度总是一个正数，这表明价值-收益率曲线位于修正久期（相切）线的上方。总的来说，由收益率变化引起的债券价值变化可归结为两个因素：债券的修正久期和凸度。从数学上讲，久期是债券价值对收益率的一阶导数，凸度是对收益率的二阶导数。严格地说，凸度是指在某一到期收益率下，到期收益率发生变动而引起的价值变动幅度的变动程度。从图13-7中可以看出，虽然久期是衡量利率风险的有用方法，但它在利率发生较大变化时是不准确的。通过考虑久期和凸度的影响，可以提高预测的准确性。在实务中，凸度的计算是通过计算机完成的。

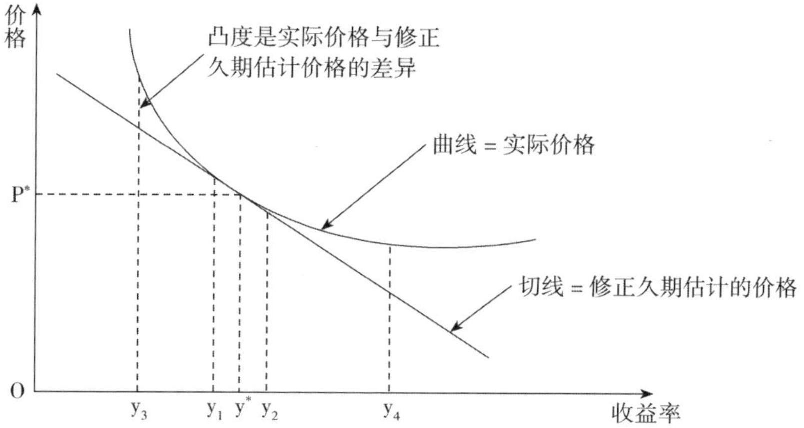

图13-7　修正久期估计债券价格近似值

13.3.2　远期利率协议

在举债筹资时，公司可以通过债务互换（利率互换和货币互换）、远期合约、期权、负债币种多元化等保值工具防范与控制利率及汇率风险。

远期利率协议（forward rate agreement，FRA）是一种远期合约，买卖双方约定未来某一时间的协定利率和参考利率（通常为LIBOR），在结算日根据约定的期限和名义本金，由交易的一方向另一方支付利息差额的现值。为了在现在将未来借款的远期利率成本锁定，借款者可以买入远期利率协议（FRA）。

【例13-5】假设现在是2024年1月1日，ABC公司预期在未来3个月内将借款100万美元，期限为6个月。为简化，假设借款者能以LIBOR的水平筹措这笔资本，现在的LIBOR为5.75%。为锁定这笔贷款的利率，该公司从XYZ银行购买了一份FRA，利率报价为LIBOR=6%，名义本金为100万美元。这一合约的交易日为1月1日，结算日（起息日）为4月1日，到期日为10月1日，协议期限为6个月。它们之间的关系如图13-8所示。

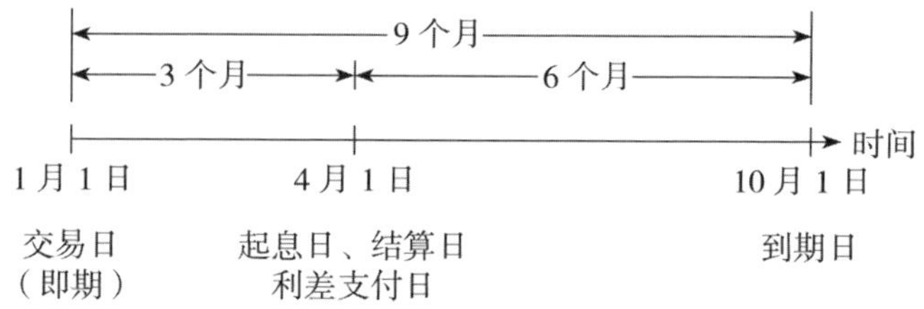

图13-8　远期利率协议的时间关系图

在远期利率协议的买卖中，买卖双方只是在形式上收支交易的本金，实际上并没有任何本金的转移，双方交割的仅仅是利差部分。如上例中，3个月后（2024年4月1日），如果LIBOR大于6%，XYZ银行将支付给ABC公司利息之差；如果LIBOR低于6%，ABC公司将支付给XYZ银行利息之差。正是这一特征，使交易者的成本、风险大为降低，同时也增强了市场的流动性。尤其是对于银行来说，由于在远期利率协议条件下，没有本金的流动，所以可以成为资产负债表外的金融工具。

远期利率协议的结算日通常选定为名义贷款或名义存款的起息日，FRA差额的支付是在协议期限的期初（即利息起算日），而不是在协议到期日的最后一日，因此利息起算日所交付的差额要按参考利率折现方式计算，即：

$$交割金额 = \frac{NPA \times (r_r - r_c) \times \frac{D}{b}}{1 + \left(r_r \times \frac{D}{b}\right)} \tag{13.5}$$

式中，NPA表示合约的名义本金；r_r表示参考利率；r_c表示协议利率；D表示合约规定的存款或贷款的天数；b表示计算利率的基数，如360天或365天。

根据公式（13.5）计算的结果可能为正数，也可能为负数，如果计算结果为正数，由FRA的卖方将利息差的现值付给FRA的买方；如果计算结果为负数，则由FRA的买方将利息差的现值付给FRA的卖方。

上例中，假设3个月后（4月1日），6个月期的LIBOR为7%，合约规定的天数为184天（从2024年4月1日到10月1日），利率计算基数为365天。由于参考利率（7%）大于协议利率（6%），ABC公司将从XYZ银行收到由公式（13.5）确定的利息差额的现值，即：

$$交割金额 = \frac{1\,000\,000 \times (0.07 - 0.06) \times \frac{184}{365}}{1 + \left(0.07 \times \frac{184}{365}\right)} = 4\,869.27（美元）$$

假设2024年4月1日的参考利率LIBOR为5%，即6个月期的参考利率（5%）低于协议利率（6%）。在这种情况下，合约的买方要向卖方支付的补偿额为：

$$交割金额 = \frac{1\,000\,000 \times (0.05 - 0.06) \times \frac{184}{365}}{1 + \left(0.05 \times \frac{184}{365}\right)} = -4\,917.16（美元）$$

在上例中，参考利率偏离协议利率的程度一样，都是1个百分点，但交割金额不同，当参考利率低于协议利率时，交割金额的绝对值较高，其原因是折现率比较低。

FRA是防范将来利率变动风险的一种金融工具，其特点是预先锁定将来的利率。在FRA市场中，FRA的买方是为了防止利率上升引起筹资成本上升的风险，希望在现在就锁定将来的筹资成本。用FRA防范未来利率变动的风险，实质上是用FRA市场的盈亏抵补现货资本市场的风险。在结算日确定交割金额时，不论参考利率LIBOR是多少，买卖双方都接受6%的LIBOR。因此，FRA具有预先决定筹资成本或预先决定投资收益的功能。

在上例中，如果在交割日，6个月期的LIBOR为7%，比买入远期利率协议时的隐含利率高1个百分点，收到卖方支付的补偿额为4 869.27美元，ABC公司可将这笔款项按当时的LIBOR进行为期6个月的投资，收益率为7%，184天后获得的投资利息为5 041美元［4 869.27×（1+7%×184/365）］，利息成本净额为30 247美元，筹资成本为6%；如果不购买FRA，筹资成本为7%，见表13-7第二列。若购买FRA，见表13-7第三列、第五列，其中筹资成本计算公式如下：

$$实际的筹资成本 = \frac{30\ 247}{1\ 000\ 000} \times \frac{365}{184} = 6\%$$

表13-7 **不同参考利率下FRA的筹资成本** 单位：美元

项目	方案1（参考利率=7%）		方案2（参考利率=5%）	
	未用FRA	买入FRA	未用FRA	买入FRA
（1）名义本金（借款）	1 000 000	1 000 000	1 000 000	1 000 000
（2）利息	35 288	35 288	25 206	25 206
（3）FRA交割金额		4 869.27		−4 917.16
（4）FRA交割金额的未来价值		5 041		−5 041
（5）利息成本净值=（2）−（4）	35 288	30 247	25 206	30 247
（6）筹资净成本	0.07	0.06	0.05	0.06

如果利率没升反而下跌至5%，公司需支付给银行4 917.16美元作为补偿额，同时也丧失了这笔补偿额的再投资机会。这相当于公司在结算日按5%的利率借入4 917.16美元，协议到期时支付本息5 041美元，加上按名义本金计算的利息，公司支付的利息费用总额为30 247美元，即筹资成本为6%。但如果不购买远期利率协议，筹资成本为5%，见表13-7第四列。

以上两种情况下的实际筹资成本都锁定在6%。在第一种情况下，如果公司不买入远期利率协议，将会有损失；在第二种情况下，如果公司不买入远期利率协议，则会有收益。这是因为在第一种情况下，公司要按7%的利率支付6个月期的借款利息，而在第二种情况下只需按5%的利率支付利息。

在以上计算中，假设支付的交割金额为正数时可以投资，交割金额为负数时可以借入，投资和借入都以远期利率协议的参考利率计算利息，实际上，借入和借出的利率是不相同的。此外，在上述分析中也没有考虑买入远期利率协议可能支付给经纪人的费用等。

13.3.3 利率互换

利率互换（interest rate swap），是双方达成的、在一定时间后进行支付的协定，支付的金额是根据一定的利率和名义本金计算的。一笔标准的利率互换交易由五个因素决定：名义本金、固定利率、浮动利率、固定利息和浮动利息支付频率与到期日。

名义本金是固定和浮动利息支付额的计算基数，相当于一张债券的票面价值，在互换交易中，不发生本金的交易，这个数额只是名义上的；固定利率水平是在互换条款设立之初就确定的，一般以年率或半年率来表示；对于主要货币来说，浮动利率一般是LIBOR，固定利率报价通常对应6个月的LIBOR，以每个计息区间开始时的LIBOR确定浮动利率方的利息支付水平，而实际支付则是在这一区间结束之时完成的；标准的利率互换安排大多为每间隔6个月进行一次；双方完成最后一次利息支付即为互换交易的到期日。

利率互换一般指筹资型利率互换，其存在的基本条件是，两个独立的筹资者存在筹资成本的差异，如有的筹资者善于在固定利率资本市场上低成本筹资；另一些筹资者则善于在浮动利率资本市场低成本筹资。他们利用各自在资本市场上的比较优势筹资，然后进行利率互换，这一互换过程通常不涉及本金的转移。

【例13-6】假设A公司和B公司都需要在资本市场上筹措100万美元，两公司在固定利率或浮动利率市场借款的相关利率见表13-8。

表13-8　　A、B公司固定利率与浮动利率比较

利率	A公司	B公司	利差
固定利率	6个月利率11.25%	6个月利率10.25%	1.00%
浮动利率	6个月LIBOR+0.5%	6个月LIBOR	0.50%
两家公司利率差			1.0%-0.5%=0.5%

根据表13-8，无论在固定利率还是浮动利率市场上，B公司的筹资成本都低于A公司。也就是说，B公司在两个市场上都拥有绝对的优势。但仔细分析就可发现，两公司在不同资本市场上的成本差异是不相同的，在固定利率资本市场上，A公司要比B公司多支付1个百分点的利差，但在浮动利率资本市场上，差距只有0.5个百分点。或者说，B公司在两个资本市场上都具有绝对优势，但B公司在固定利率资本市场上具有比较优势；而A公司在浮动利率资本市场上具有比较优势。注意A公司在浮动利率贷款上的优势并不意味着它所支付的利率低于B公司，而是说A公司比B公司多付的那部分相对比较小。

如果A公司需要的是固定利率，而B公司需要的是浮动利率，那么A公司和B公司就可以达成一个有利可图的互换交易，即A公司和B公司分别进行浮动利率和固定利率借款，然后交换一下各自的利息负担。但在实务中，大多数的利率互换业

务并不是由双方直接达成协议，而是由金融机构代理这一业务。金融机构作为中介人，起着牵线搭桥和担保的作用。利率互换有多种设计方式，图13-9是一种可能的结果。

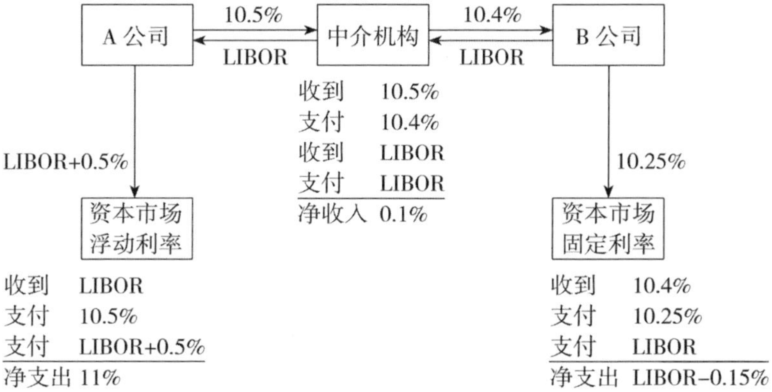

图13-9 浮动利率与固定利率互换（含中介）

根据图13-9，利率互换后，A公司付出的利率为11%，相对于互换前11.25%的固定利率，互换后节约了0.25%，B公司付出的利率为LIBOR-0.15%，相对于互换前的浮动利率LIBOR，互换后节约了0.15%；金融中介机构净收益为0.1%（10.5%-10.4%+LIBOR-LIBOR）。

上述结果表明，互换后三方的总收益仍为0.5%。通常，中介机构需同时与A公司和B公司签订相互独立的互换协议，即使其中一家公司对中介机构违约而停止与它交换，中介机构仍需对另一家公司继续互换。因此，对于一般公司来说，不需关心它最终的互换对手是谁，不需考虑最终对手的信誉状况，只要银行的信誉值得信赖就可以了。

除筹资型利率互换外，如果公司对现有的负债期限和币种结构不满意，可以通过债务型利率互换调整和改善资产负债结构，避免汇率和利率风险。筹资型利率互换一般是在"初级市场"中进行的，而债务型利率互换一般是在"二级市场"中进行的。这类互换的特点是：在预测利率趋于下跌时，适时地将固定利率债务互换为浮动利率债务；在预测利率趋于上升时，适时地将浮动利率债务互换为固定利率债务，以便锁定利率成本。

13.3.4 货币互换

货币互换（currency swap）是由两个独立的筹资者将各自筹集的等值的、期限相同但不同货币、不同计息方法的债务或不同货币、相同计息方法的债务进行货币和利率的调换，可由银行提供中介，也可以是一个筹资者和一家银行进行互换，其目的是将一种货币的债务换成另一种货币的债务，以减少借款成本或防止由于远期汇率波动而造成的汇率风险。

从技术上讲，货币互换是将以一种货币标价的债务偿还责任转换为用另一种双方同意的货币标价的债务本金的偿还责任。通过互换未来的现金流量，各方都能将以某一种货币标价的现金流量转变为以自己更需要的货币标价的现金流量。

货币互换的一般流程是：(1) 互换双方在合约生效日以约定的汇率交换等值本金；(2) 合约期内按预先约定的日期依所换货币的利率，相应支付利息给对方，这些利息的支付通常是在利率互换价格基础上商定的；(3) 合约到期时，依原汇率再换回本金。

【例 13-7】假设一家美国A公司需要为其在法国的子公司筹资，而另一家法国B公司则希望为其在美国的子公司筹资。双方都需要筹资1 000万欧元。经市场询价，两家公司的债务币种及在欧元和美元资本市场上取得贷款的条件见表13-9。

表13-9　　两家公司5年期美元与欧元借款利率比较

项目	A公司	B公司	利差
美元借款利率	7.00%	9.00%	2%
欧元借款利率	10.60%	11.00%	0.40%
两家公司利率差			2%-0.4%=1.6%

在表13-9中，两家公司在美元市场的利差为2个百分点，在欧元市场上的利差为0.4个百分点。这说明A公司在美元市场上有比较优势，而B公司在欧元市场上有相对比较优势。两家公司可分别在其具有比较优势的市场中借款，假设当前的即期汇率为USD1.2/EUR，A公司以利率7%发行价值1 200万美元的债券，B公司以利率11%发行价值1 000万欧元的债券。然后通过金融中介机构进行货币互换交易。其流程如下：

第一，期初交换以不同货币表示的本金，即A公司在支付了1 200万美元的同时收到了1 000万欧元；B公司在支付了1 000万欧元的同时收到了1 200万美元，如图13-10所示。

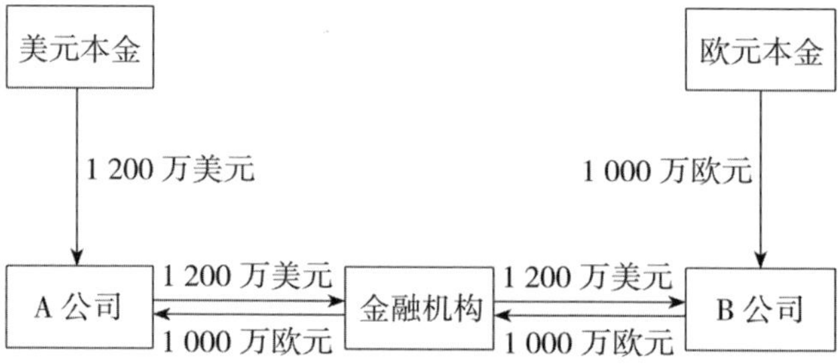

图13-10　A、B公司货币互换的基本结构——初始本金互换

第二，期内交换利息。双方按合约中约定的利率，以未偿付本金金额为基础，进行互换交易的利息支付。与利率互换一样，货币互换各方的利率差为1.6%，至

于这1.6个百分点的利益如何分配，则有多种方法。图13-11是其中一种互换方法。

在图13-11中，A公司将从金融中介机构收到的84万美元利息（按7%利率计算），付给自己的贷款者，同时将100万欧元利息（按10%利率计算）付给金融中介机构；B公司将从金融中介机构收到的110万欧元利息（按11%利率计算）付给自己的贷款者，同时将100.8万美元利息（按8.4%利率计算）付给金融中介机构。

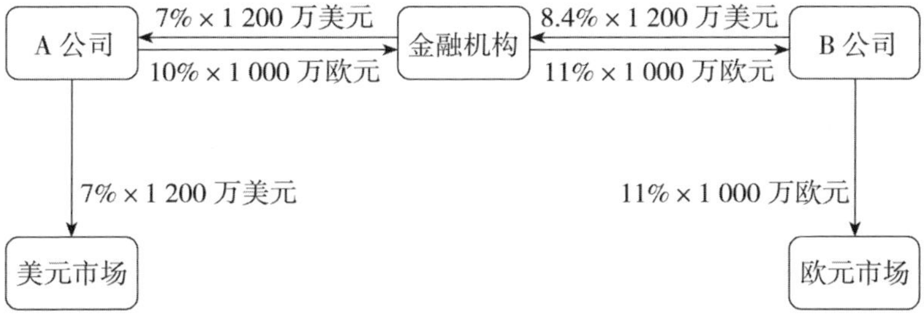

图13-11　A、B公司货币互换的基本结构——未来利息的定期支付

根据图13-11，A公司实际上是以10%的利率获得了一笔欧元贷款，比直接从欧元市场借款成本节约了0.6个百分点；B公司实际上是以8.4%的利率获得了一笔美元贷款，比直接从美元市场借款成本节约了0.6个百分点；金融中介机构每年从美元付息中取得1.4%的净收益，在欧元付息中的净损失为1%，如果忽略两种货币的差别，金融中介的净利为0.4%；三者获利之和为1.6%（0.6%+0.6%+0.4%），恰好为两公司在两个市场筹资成本的差值1.6%（2%-0.4%）。

第三，期末换回本金。在互换合约到期时，双方换回交易日开始时各自的本金。本金的再次互换结构图与图13-10相同，只不过箭头相反。

在这个互换交易中，金融中介机构承担了汇率风险。A公司和B公司从金融中介机构收到的利息正好用来支付给贷款者，而自己支出的净利息是以自己需要的那种贷款的货币来支付的，不承担汇率风险。在每年的利息支出中，金融中介机构的利息收入为16.8万美元（1.4%×1 200），支出为10万欧元（1%×1 000），只有在欧元兑美元的汇率维持在USD1.2/EUR以下时，金融中介机构才能得到不低于预期的0.4%的收益。如果欧元升值，金融中介机构的收益就相应减少，当汇率为USD1.68/EUR（16.8÷10）时，金融中介机构的利息收入与支出相互抵销。当然该金融中介机构为防止欧元升值带来的潜在损失，可每年在远期外汇市场买入10万欧元（1%×1 000）的远期合约，以锁定其在美元上的利益。如果该金融机构不希望独自承担欧元汇率的风险，也可以改变互换设计，让三方同时承担一定的外汇风险。

13.3.5　利率期权

利率期权是一项规避短期利率风险的有效工具。借款人通过买入一项利率期权，可以在利率水平向不利方向变化时得到保护，而在利率水平向有利方向变化时得益。目前，国际上比较流行的利率期权有利率上限期权（interest rate cap）、利率下限期权（interest rate floor）和利率双限期权（interest rate collar）。

1）利率上限期权

利率上限期权是客户与银行达成一项协议，双方确定一个利率上限水平，在规定的期限内，如果市场基准利率高于协定的利率上限，则利率上限期权的卖方向买方支付市场利率高于协定利率上限的差额部分；如果市场利率低于或等于协定的利率上限，卖方无任何支付义务。买方为了获得上述权利，必须向卖方支付一定数额的期权费。

设计利率上限是为了提供某种保险，使期权购买者避免利率上升的风险。利率上限期权一般是在预计未来利率上升会给公司筹资带来风险，在决定风险对冲又不愿意放弃利率下跌带来的好处时可以选择的期权交易。

【例13-8】假设某公司当日以浮动利率筹措到100万美元，为了避免将来利率上升引起资本成本增加考虑购买利率上限期权，其有关的筹资和期权合约条件见表13-10。

表13-10 **利率上限期权合约条件**

筹资条件	利率上限期权合约
借入金额 100万美元	合约本金 100万美元
借入期限 3年	合约期限 3年
借款利率 6个月LIBOR+0.5%	基准利率 6个月LIBOR
	上限利率 10.0%
	期权费 0.25%（年率）

根据6个月LIBOR的逐期变化值就可算出该公司美元借款的实际成本，见表13-11。

表13-11 **美元借款成本** 单位：%

6个月LIBOR（基准利率）	浮动利率（筹资成本）	买入利率上限期权		实际筹资成本
		期权费	利差	
8	8.5	0.25	0	8.75
9	9.5	0.25	0	9.75
10	10.5	0.25	0	10.75
11	11.5	0.25	1	10.75
12	12.5	0.25	2	10.75
13	13.5	0.25	3	10.75

根据表13-11，如果公司不购买利率上限期权，筹资成本在8.5%~13.5%波动；如果买入利率上限期权，当基准利率超过上限利率时，该公司可收取利差，以抵补利率上升造成的成本增加，在扣除期权费后，不论基准利率涨到多高，实际筹资成本均为10.75%，而当利率下跌时，该公司还可享受到成本降低的好处。

2）利率下限期权

利率下限期权是指客户与银行达成一项协议，双方规定一个利率下限，卖方向买方承诺：在规定的有效期内，如果市场基准利率低于协定的利率下限，则卖方向买方支付市场基准利率低于协定利率下限的差额部分，若市场基准利率大于或等于协定的利率下限，则卖方没有任何支付义务。作为补偿，卖方向买方收取一定数额的手续费。利率下限期权一般是在预计未来利率下跌会给公司投资带来风险，在决定采取风险对冲的同时又不愿意放弃利率上升所带来的好处时可选择的期权交易。

假设某公司准备将一笔闲置资金按浮动利率存入银行，为了避免将来利率下跌的风险，公司决定买入利率下限期权合约。表13-12是存款条件和利率下限期权合约条件，利率变动和实际存款收益率见表13-13。

表13-12 **利率下限期权合约**

存款条件	利率下限期权合约
存款金额 100万美元	合约本金 100万美元
存款期限 3年	合约期限 3年
存款利率 6个月LIBOR-0.5%	基准利率 6个月LIBOR
	下限利率 8.0%
	期权费 0.25%（年率）

表13-13 **美元存款收益率** 单位：%

6个月LIBOR（基准利率）	浮动利率（存款收益率）	买入利率下限期权		实际存款收益率
		期权费	利差	
11	10.5	0.25	0	10.25
10	9.5	0.25	0	9.25
9	8.5	0.25	0	8.25
8	7.5	0.25	0	7.25
7	6.5	0.25	1	7.25
6	5.5	0.25	2	7.25

根据表13-13，如果公司不购买利率下限期权，其存款收益率在5.5%~10.5%

波动；如果买入利率下限期权，当利率低于基准利率时，公司可获得期权卖方提供的利差，扣除期权费后，公司的收益率稳定在7.25%，而当利率上升时，公司又可获得收益率上升的好处。

3）利率双限期权

利率双限期权是指将利率上限期权和利率下限期权两种金融工具结合使用。具体地说，购买一个利率双限期权，是指在买入一个利率上限期权的同时，卖出一个利率下限期权，以卖出“下限”期权的收入来部分地抵销购买“上限”期权所付出的代价，从而达到防范风险和降低成本的目的。而卖出一个利率双限期权，则是指在卖出一个利率上限期权的同时，买入一个利率下限期权。

假设某公司打算借入一笔浮动利率借款，风险管理的目标是尽可能降低筹资成本。公司选择了利率双限期权交易，其筹资条件及期权合约条件见表13-14。

表13-14　**利率双限期权合约**

筹资条件	利率双限期权合约
借款本金　100万美元	合约本金　100万美元
借款期限　3年	合约期限　3年
借款利率　6个月LIBOR+0.5%	基准利率　6个月LIBOR
	上限利率　10.0%
	下限利率　8.0%
	上限期权费　0.40%（年率）
	下限期权费　0.25%（年率）

如果该公司在买入利率上限期权的同时卖出利率下限期权，可将筹资成本控制在8.65%～10.65%，如表13-15、图13-12所示。

表13-15　**利率双限期权筹资成本**　单位：%

6个月LIBOR（基准利率）	浮动利率（筹资成本）	利率双限期权		实际筹资成本
		期权费	利差	
7	7.5	0.15	−1	8.65
8	8.5	0.15	0	8.65
9	9.5	0.15	0	9.65
10	10.5	0.15	0	10.65
11	11.5	0.15	1	10.65
12	12.5	0.15	2	10.65

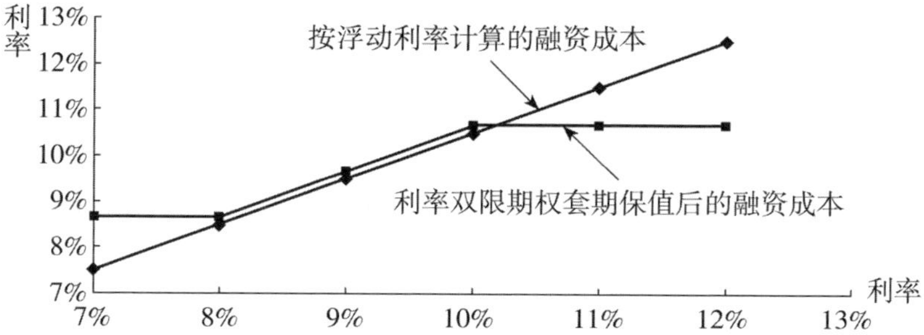

图13-12　利率双限期权风险对冲

以上各种保值策略，都是以两个相反的头寸互相制约的。如果有一个“多头头寸”，就设法产生一个“空头头寸”，反之亦然。在这里，“多头头寸”可以是一个应收账款，或一份期货、期权的买入合约；而“空头头寸”可以是一个应付账款，或一份期货、期权的卖出合约。公司在选择避险工具时，至少要考虑成本和风险两个因素，只有在分析风险对冲成本和风险损失的基础上，才能做出是否进行保值、选择何种保值工具的决策。

【课堂拓展】　　LTCM：华尔街的宠儿与弃儿

1994年，长期资本管理公司（Long Term Capital Management，LTCM）创立，这是一家主要从事定息债务工具套利活动的对冲基金公司。LTCM的创始人是被誉为能“点石成金”的华尔街“债券套利之父”梅里韦瑟，前美联储副主席莫林斯、莫顿和斯考尔斯等。其中斯考尔斯和莫顿不仅获得了1997年的诺贝尔经济学奖，更是现代金融学的奠基人。

这样一支号称“每平方英寸智商密度高于地球上任何其他地方”的梦之队，集结数学、金融、政客、交易员等诸多精英于一体，在成立之初就毫不费力地筹集了12.5亿美元。它在1994年到1997年，每年的收益率平均超过40%，以异常优秀的成绩震撼了整个华尔街，但在1998年突然溃败清盘。

LTCM获利有两大法宝：数学模型和杠杆对冲交易。在LTCM公司，所有的市场数据都被收入计算机数学模型之中，通过精确计算控制风险。一旦市场存在错误定价，他们就可以建立起庞大的债券及衍生产品的投资组合，进行套利投机活动。

套利是建立在对冲操作上的，所谓对冲，就是在交易和投资中，同时进行两笔行情相关、方向相反、数量相当、盈亏相抵的交易，用一定的成本去“冲掉”风险，来获取风险较低或无风险利润。LTCM主要是寻找相对于其他证券价格错配的证券，做多低价的，沽空高价的，并通过加杠杆的方式将小利润变成大收益。

在LTCM的操作中，斯考尔斯他们始终遵循“市场中性”原则，即不从事任何单方面交易，仅以寻找套利空间为主，再通过对冲机制规避风险，使市场风险最小化。借助于数学模型（期权定价模型），以梅里韦瑟为首的“梦幻组合”也成了金融舞台上最耀眼的明星。

市场从来不是完美的数学模型，风险仍然存在，它们引而不发，伺机而动。

1997年，亚洲金融危机爆发，风险呼啸而至。国际石油价格下滑，俄罗斯经济不断恶化，1998年8月17日俄罗斯政府突然宣布卢布贬值，停止国债交易。投资者纷纷从亚洲市场退出，转而持有美国、德国等发达国家债券。

1998年上半年，LTCM亏损14%。1998年9月初，资本金从年初的48亿美元掉落到23亿美元，缩水超过一半。从1998年5月俄罗斯金融风暴到9月全面溃败，资产净值下降90%，LTCM出现43亿美元巨额亏损，仅余5亿美元，已走到破产边缘。

LTCM曾经的获利法宝，这一次却变为恶魔。LTCM在1998年俄罗斯违约带来的蝴蝶效应中结束了他们的梦幻之旅。在这个惨淡的市场中，高杠杆比率要求LTCM拥有足够的现金，满足保证金需求。由于LTCM曾经笃信哪怕市场因小概率事件偏离了轨道，也会回归到正常水平，所以LTCM没有预留足够的现金，流动性不足把它推向了悬崖边缘。

布莱克-斯考尔斯模型作为投资人的圣杯，开创了衍生工具的新时代，催生了巨大的全球金融产业。衍生工具造就了世界经济的繁荣，也带来了市场动荡，信用紧缩，导致银行体系近于崩溃，经济暴跌。

课堂讨论：

（1）LTCM曾与量子基金、老虎基金、欧米伽基金一起，被称为国际四大对冲基金的“四大天王”，为什么在1998年突然溃败清盘？请阅读有关图书或上网查询相关资料，对LTCM获利的两大法宝——数学模型和杠杆对冲交易，进行讨论。

（2）为什么拥有最杰出的人才、最新的数据和最佳的投资或商业模型，都不能确保获得成功。为什么根据历史数据建立的定量模型无法预测所有潜在的风险？

本章小结

1.根据衍生工具的用途，避险工具可大致分为两类：一是用确定性来代替风险，如远期、期货和互换合约；二是仅替换于己不利的风险，而将对己有利的风险留下，如期权合约。在风险管理中，既可以将远期、期货、互换、期权视为单一的工具，也可将它们组合起来解决同一个问题。

2.广义的外汇风险是指由于汇率、利率变化以及交易者到期违约或外国政府实行外汇管制可能给外汇交易者带来的任何经济损失或经济收益；狭义的外汇风险是指国际债权债务中约定以外币支付时，因汇率变动给交易者（公司）持有的，以外币计价的资产、负债、收入和支出带来的不确定性。

3.久期是以未来收益的现值为权数计算的到期时间，主要用于衡量债券价值对利率变化的敏感性。债券久期越大，利率的变化对该债券价值的影响越大，风险也越大。在降息时，久期大的债券价值上升幅度较大；在升息时，久期大的债券价值下跌的幅度也较大。

4.利率互换存在的基本条件是，两个独立的筹资者存在筹资成本的差异，他们利用各自在资本市场上的比较优势筹资，然后进行债务互换，这一互换过程通常不涉及本金的转移。

5.远期利率协议是一种远期合约，买卖双方约定未来某一时间的协定利率和参考利率，在结算日根据约定的期限和名义本金，由交易的一方向另一方支付利息差额的现值。利率期权是一项规避短期利率风险的有效工具。借款人通过买入一项利率期权，可以在利率水平向不利方向变化时得到保护，而在利率水平向有利方向变化时得益。

基本训练

1.DQ进出口公司向美国出口一批货物，3个月后将收到对方支付的货款100万美元。为避免3个月后汇率变动造成结汇时人民币收入减少，公司拟采取一定的风险对冲措施。锁定未来结汇汇率的备选方案有两个：一是签订一份远期汇率为RMB6.665/USD的远期合约；二是采用期权组合规避风险，即买入行权价格为RMB6.683/USD、期限为3个月、名义本金为100万美元、单位期权费为RMB0.015/USD的卖权合约，同时卖出行权价格为RMB6.683/USD、期限为3个月、名义本金为100万美元、单位期权费为RMB0.02/USD的买权合约。假设你是DQ公司的财务主管，请你对选择哪个套保方案进行决策（不考虑期权费净收入的再投资收益）。

2.1981年8月，国际商业机器公司（IBM）和世界银行进行了世界上第一笔货币互换交易。当时，世界银行需要借入一笔长期的瑞士法郎和德国马克以资助不同的项目，但是市场上的利率报价很高。而IBM公司利用自身优势在德国和瑞士分别筹集了固定利率马克和瑞士法郎。1981年，美元兑马克和瑞士法郎急剧升值。此时，IBM公司可从其贬值的外汇负债中获得较大的资本收益（以美元计量），也就是说，IBM公司只需要较少的美元支付外债的本息。例如，德国马克从1981年3月的DM1.93/USD跌至1981年8月的DM2.52/USD，IBM公司支付DM100利息的美元从\$51.81减少到\$36.69。此时，如果把用外币支付本息的债务转化为以美元支付的债务，IBM可立即实现其资本收益。在预测利率变动方向后，IBM决定实现这种转换。而当时的世界银行恰好希望以较低的利率筹措固定利率的德国马克和瑞士法郎。世界银行与IBM公司筹资成本见表13-16。

表13-16 世界银行与IBM公司筹资成本

项目	IBM公司	世界银行	利差
5年期固定利率（美元）	16.80%	16.80%	0.00%
5年期固定利率（德国马克）	10.90%	11.20%	0.30%

表13-16的数据表明，两家公司美元的筹资成本相同，但德国马克的筹资成本不同，IBM公司的筹资成本（10.90%）低于世界银行的筹资成本（11.20%），这种差异是互换存在的基础。

请上网查询相关资料，了解世界银行与IBM公司货币互换的基本内容。

3.假设甲公司的投资组合中包括三种不同的债券，面值均为1 000元，其他有关资料见表13-17。

表13-17 债券基本数据

债券	数量	利率	支付次数/年	期限（年）	年到期收益率	半年收益率
A	10	0	零息债券	5	6.00%	
B	5	8%	半年	3	6.60%	3.25%
C	8	7%	年	4	6.20%	

要求：

（1）计算每种债券的市场价值；

（2）计算每种债券的久期；

（3）计算投资组合的久期；

（4）计算投资组合的加权平均折现率；

（5）计算投资组合的修正久期；

（6）如果利率下降1%，分析对投资组合价值有什么影响？

4.ABC公司4个月后需筹措一笔价值1 000万美元的3个月短期资金。公司预计市场利率有可能上升，为避免4个月后筹资成本增加，决定买入一项远期利率协议来避免利率风险，交易对方为XYZ银行。假设协定利率为5.1%，交易本金为1 000万美元，交易日为3月5日，起息日为7月7日，到期日为10月7日，协议期限92天，参考利率为LIBOR 3个月利率。

（1）假设4个月后市场利率上升，LIBOR 3个月利率为5.75%，高于协定利率，那么，ABC公司实际筹资成本为多少？

（2）如果4个月后市场利率下跌，LIBOR 3个月利率为4.5%，低于协定利率，那么，ABC公司实际筹资成本为多少？

（3）与筹资不同，假设ABC公司3个月后收入一笔价值1 000万美元的资金，并打算用这笔资金进行3个月的短期投资。ABC公司预期市场利率有可能下跌，为避免3个月后投资的减少，ABC公司应采取何种方式规避利率下跌的风险。

5.假设A、B两公司都需筹措资金$500 000，期限7年，A公司的信用等级为AAA，B公司的信用等级为BBB，它们可以按表13-18的利率贷款：

表13-18 贷款利率

利率	A公司	B公司	利率差异
浮动利率	LIBOR+0.25%	LIBOR+0.75%	0.5%
固定利率	10%	11%	1.0%

要求：

（1）根据相对优势的原则，A、B两公司各应筹措何种利率贷款？

（2）假设A公司需要浮动利率，B公司需要固定利率，A公司请求银行作为该互换交易的中介机构，银行要收取0.125%的费用。请设计一个利率互换协议，其中A公司节省0.25%的资本成本，银行收取0.125%的费用，其余归B公司。

6.FH公司于2020年1月1日借入一笔2年期浮动利率借款1 000万美元，1月15日正式生效，起息日为2020年1月15日，按LIBOR计息。同时该公司预期市场利率会有上升趋势，便买入利率上限期权，结算日为付息日，半年付息一次，为每年的1月15日和7月15日，利率上限期权费为0.25%（年率），协定利率上限为10%。在第一个结算付息日（2020年7月15日），LIBOR为8.5%；在第二个结算付息日（2021年1月15日），LIBOR为10.5%；在第三个结算付息日（2021年7月15日），LIBOR为12.5%；在第四个结算付息日（2022年1月15日），LIBOR为10.0%。

要求：

（1）计算FH公司采用利率上限期权后实际支付利息的金额及期权费用；

（2）计算采取利率上限期权后FH公司实际付息的成本节约额；

（3）假设FH公司确定利率有上升趋势，不太可能下降，便同时买入利率上限期权、卖出利率下限期权，如果利率下限期权协定利率为8%，费用为年率0.2%，计算FH公司的实际付息成本的节约额（与买入利率上限期权比较）。

7.案例分析。

宣钢与VIA POMINI项目风险对冲策略①

2003年5月，宣钢拟筹建一套75万吨棒材生产线。项目总投资2.5亿元人民币，其中进口设备由意大利VIA POMINI公司提供，交货时间6个月，报价币种为欧元。为规避欧元升值风险，签约时宣钢即按签约日当天汇买、汇卖中间价，将欧元报价的设备兑换为500万美元，从而锁定了进口付款成本。

与宣钢简单的风险规避策略不同，VIA POMINI首先根据风险管理要求，确定该项出口设备收入的目标值为428万欧元。根据欧元兑美元汇率预期和避险成本的要求，公司先后考虑了三种风险对冲策略：

策略一：远期外汇合约套期保值。VIA POMINI与银行签订6个月的买欧元卖美元的远期合约，签约时6个月远期汇率的报价为$1.128/EUR。6个月后公司将收到的500万美元货款，按远期合约交割，收到443.26万欧元。

策略二：外汇期权合约套期保值。该公司认为在未来6个月中，由于经济的不确定性，欧元升值与贬值的可能性都存在。为此，公司考虑买入一个标准的欧式外汇期权：欧元买权和美元卖权，期限为6个月，执行价格为$1.15/EUR，期权费为EUR0.01778/$1。这样既能锁定欧元上涨风险，又能分享欧元下跌好处。这一策略

① 资料来源：张宏玲．企业外汇风险管理策略分析与研究［D］．天津：天津大学管理学院，2004.

对公司的影响取决于期权到期时汇率的变化情况。如果6个月后欧元兑美元的汇率高于$1.15/EUR，则该公司执行期权，按$1.15/EUR的汇率买欧元卖美元，收到434.78万欧元，扣除期权费8.89万欧元（假设不考虑期权费的时间价值），该项出口的净收入为425.89万欧元。采用标准的外汇期权套期保值，期权费较高，使最终得到的收入低于该公司套期保值的目标值（428万欧元），因此，这一方案在经济上是不可行的。

策略三：敲出期权与远期组合套期保值。为了解决期权费过高的问题，VIA POMINI代而选择了一个执行价格为$1.15/EUR的敲出期权[①]，即在原先标准期权的基础上增加障碍汇率：$1.1/EUR，如果在期权到期日前市场即期汇率从未到过该障碍汇率，期权合约得以履行；否则，期权合约自动取消。这一敲出期权的期权费为EUR0.0126/$1，比标准的期权费低29%，从而降低了避险成本。与此同时，VIA POMINI与银行签订了一份远期合约，当欧元的即期汇率跌至$1.1/EUR时，要求卖出远期美元，从而保证在期权失效时公司能够对其风险暴露进行抵补。敲出期权与远期组合套期保值如图13-13所示：

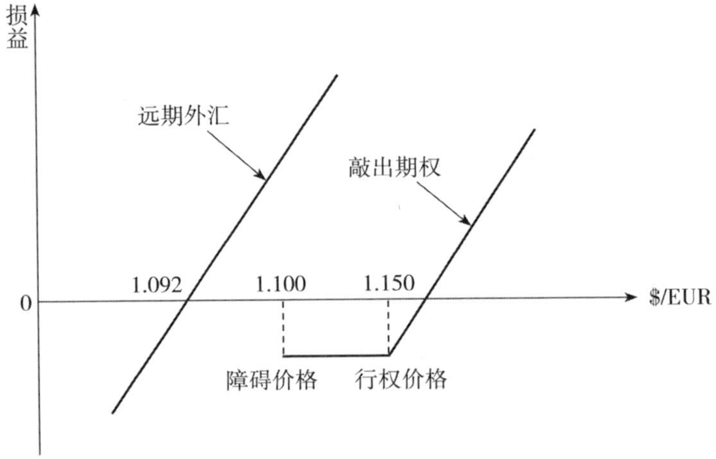

图13-13 敲出期权与远期组合套期保值

根据上述资料回答下列问题：

（1）结合宣钢与VIA POMINI项目风险对冲策略一，说明远期外汇合约套期保值的特点。

（2）比较VIA POMINI项目风险对冲策略二与策略三的联系与区别。

（3）分析VIA POMINI项目风险对冲策略三对公司的影响：

① 假设在6个月内，欧元兑美元汇率始终大于$1.15/EUR，期权到期时，公司

① 敲出期权是障碍期权（barrier option）的一种，它与标准期权其他方面都相同，只是当标的资产价格达到一个特定障碍价格H时，该期权自动失效，期权买方和卖方的权利与义务关系不复存在，即该期权在到期日之前就已失效。敲出看涨期权的障碍价格H一般低于执行价格X，当标的资产价格下降碰到H时，该期权自动失效。如果在期权有效期内市场汇价从未达到约定的障碍价格H，该期权就可以看作一项标准欧式外汇期权。由于该期权有可能在到期日之前就失效，自动解除卖方义务，因此这种期权的期权费通常低于相应的标准欧式外汇期权。

最低可以收到多少欧元？

② 假设在6个月内，欧元兑美元汇率介于\$1.1/EUR至\$1.15/EUR，期权到期时，公司最低可以收到多少欧元？

③ 假设在6个月内，欧元兑美元汇率降至\$1.1/EUR，期权将发生什么变化，公司最低可以收到多少欧元？

④ 在策略三中，VIA POMINI为什么还要与银行签订一份远期合约？

基本训练参考答案

第13章题库

第14章 公司并购与收缩

学习目标

1. 了解兼并、合并、收购、接管与并购的关系，掌握并购的概念；

2. 了解并购的类型，掌握并购的最基本分类，熟悉并购效应的具体体现形式；

3. 了解目标公司价值评估的方法种类以及不同方法的基本思想，并做到灵活应用；

4. 掌握现金对价与股票对价的价值分析；

5. 了解收缩的内涵，掌握收缩的种类及效应体现。

美国著名经济学家乔治·斯蒂格勒曾做过精辟的论断：“没有一家美国大公司不是通过兼并而成长的，几乎没有一家大公司主要是靠内部扩张成长的。”竞争压力以及逐利动机使得公司间的并购活动连年不断，并购成为公司快速成长、推动社会资源流动以及再调整的一种重要手段。有资料显示，从2001年开始，我国上市公司并购数量已经超过了新股发行的数量，大约是新股发行数量的1.5倍，并购显示出强大的生命力。[①]分析近年来并购的形式，既有扩张型并购，也有收缩型并购，主动收缩重组占并购的比例越来越高。本章围绕着并购与收缩两方面展开，说明并购的内涵、目标公司价值的评估方法、并购支付价格以及支付方式的确定，分析收缩的形式及效应。

14.1 并购与价值创造

14.1.1 并购的内涵

并购是市场经济发展的必然结果，它是一个与兼并、合并、收购、接管直接相

① 陈亚民. 战略财务管理［M］. 北京：中国财政经济出版社，2008：197.

关的概念。

1）并购的关联概念

并购兼并有广义和狭义之分。狭义的兼并是指一家公司以现金、有价证券或其他形式有偿取得其他公司的产权，吞并其他公司的经营行为；广义的兼并是指两家或两家以上相互独立的公司合并成一家公司的经营行为。这一概念较为宽泛，它不仅包含狭义的兼并，其内涵还有所拓展，只要有其他公司不能存续都可以算作兼并的范畴。

合并实质上等同于广义的兼并。我国的《公司法》明确提出合并的表现形式而没有提出兼并概念。我国《公司法》指出合并有吸收合并和新设合并两种形式，比较来看，合并的范畴与广义兼并的范畴是一致的。新设合并是指两家或两家以上公司通过合并设立一家新公司，合并后各方的法人实体地位都消失的经营行为，即广义的兼并。具体而言，如果C代表新公司，则用公式表示为：A+B=C。吸收合并是指一家公司吸收其他公司而存续，被吸收公司解散的经营行为，即狭义的兼并。如果A公司合并B公司，A公司依然合法存在，B公司消失，用公式表示为：A+B=A。

收购是指一家公司以现金、有价证券等形式购买另一家公司的部分或全部的资产或股权，从而获得对该公司的控制权的经营行为。它有股权收购和资产收购两种形式，前者是通过购买目标公司已发行在外的股份或认购目标公司发行的新股两种方式进行的，收购后，收购方在目标公司占有一定的股份或优势股份，可以对其参与控制或实施控制，目标公司并不解体；后者是通过购买目标公司的部分或全部资产的方式进行的，收购后，如果目标公司仅出售其部分资产，目标公司将存续，如果目标公司出售其全部资产，则该公司即告解散。

接管是指某公司原具有控股地位的股东由于出售或转让股权或股权持有量被他人超过而被取代，公司控制权转移到他人手中的行为。如果某公司被接管，接管公司相对控股或绝对控股，从而获得被接管公司的实际控制权。

2）并购的概念及其与关联概念的关系

从前述的界定可以看出，兼并与合并都强调合二为一，因此二者可以被视为等同的概念。实务中如果出现吸收合并，由于兼并公司依然存在，因此常常采用兼并一词，而当出现新设合并时，由于成立了新公司，采用合并一词的居多。收购与接管概念十分相近，二者都关注对方的股权，但也有一定的区别。从形式上看，收购不仅包括资产收购，还包括股权收购，而接管仅仅涉及股权收购；从控股来看，收购不一定控股，但接管必须控股，从这点来看，接管属于收购的一个组成部分。

比较兼并和收购，其相同处表现在以下三点：（1）都是公司对市场竞争的本能反应；（2）都是通过所有权或产权的有偿转让来实现的；（3）目的都是通过外部扩张战略来谋求公司自身的发展。兼并与收购也有区别，最主要的区别是：兼并前提下，被兼并公司的产权全部转移，其法人主体消失；收购前提下，被收购公司的产权部分转让，作为经济实体的公司仍然存在，具有法人资格。

实务操作中，由于兼并和收购都是不可避免的经济现象，同时也是一种法律制度，二者的联系远远超过其区别，因此人们常常将其连在一起使用。并购（merger and acquisition，M&A）是兼并和收购的统称，泛指一家公司为了获得另一家公司的控制权而进行的产权交易行为。通常将并购一方称为并购公司，被并购方称为目标公司。如果实务中单独使用兼并、合并、收购和接管四个概念，并购就是这些概念的统称，显然并购的内涵非常丰富。如果A公司并购B公司，并购后的存续公司以及并购与兼并、合并、收购、接管的关系如图14-1所示。

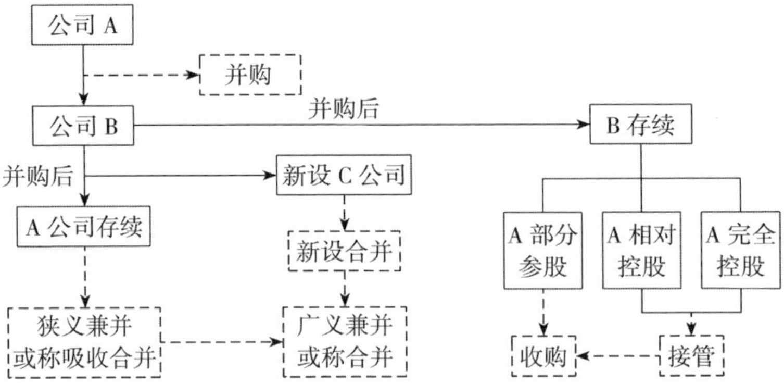

图14-1　并购与兼并、合并、收购、接管关系图

14.1.2　并购的类型

实际情况下，并购的种类多种多样，按不同的标志可以划分为不同的种类，主要并购类型如下。

1）按并购与行业的关系划分

以此为标志划分，并购可以分为横向并购、纵向并购和混合并购三类。这三种类型是并购的最基本类型，无论何种公司对外扩张，最终都会由此得以体现。

横向并购是指生产同类商品或提供同类服务的公司之间的并购行为，如中国第一汽车集团对吉林轻型车厂、沈阳金杯股份有限公司等的并购。横向并购使资本在同一生产领域或部门集中，可以确立或巩固并购公司在行业内的优势地位，扩大生产规模，减少竞争。这种并购容易导致垄断出现，因此会受到反垄断法律或政策的限制。

纵向并购是指生产工艺或经营方式上有前后关联的公司之间的并购行为，即具有纵向协作关系的公司之间的并购。具体又可以分为上游并购、下游并购和上下游并购三种形式。其中上游并购是对生产流程前一阶段公司的并购，即并购供应商，如石化公司对原油开采公司的并购。下游并购是对生产流程后一阶段公司的并购，即对销售商的并购，如石化公司对石油制品销售公司的并购。上下游并购是前两种形式的合并。纵向并购有利于组织专业化生产和实现产销一体化。

混合并购是指从事不相关业务类型经营的公司之间的并购行为。这种并购跨行业、跨部门，如首钢对锦州电子计算机厂的兼并。混合并购可以分散投资，实施多样化投资战略，有助于公司扩大市场活动范围，降低风险。通常，混合并购不宜直接涉及某类产品市场的竞争，因而也较少受到各国反垄断法律规范的限制。

2）按并购的实现方式划分

以此为标志划分，并购可以分为购买式并购、承担债务式并购、吸收股份式并购和控股式并购四类。

购买式并购是指并购方出资购买目标公司的全部资产，使目标公司的法人主体地位消失的一种并购行为。

承担债务式并购是指并购方以承担目标公司的全部债务为条件，接受目标公司的资产并取得其产权的一种并购行为。实际中，在目标公司资不抵债或资产债务相等的情况下，并购方常常采用此种并购形式。

吸收股份式并购是指并购方通过吸收目标公司的净资产或资产，将其评估作价，折算为股金，使自己成为目标公司股东的一种并购行为。这种并购方式以入股为前提，并购后目标公司或者成为并购公司的分公司或子公司，或者解散并入并购公司。

控股式并购是指并购方通过购买目标公司一定比例的股票达到控股，对其实施控制的一种并购行为。在这种并购方式下，目标公司作为经济实体仍然存在，并购公司成为目标公司的新股东。

实际中，如果控股的主体是目标公司的管理层，这种控股式并购被称为管理层收购（managers buy-out，MBO）。管理层收购是指目标公司的管理层通过举债或与外界金融机构合作收购本公司股份并拥有其控制权的一种并购行为。此类并购一般发生在成熟产业，由于成熟产业有稳定的和可预期的现金流，因此可以使偿还借款本息成为可能。

3）按并购的支付方式划分

以此为标志划分，并购可以分为现金并购、股票并购和综合支付并购三类。

现金并购是指并购方以现金作为支付方式，取得目标公司的资产或股权的一种并购行为。采用此种并购方式通常需要大量的资金，公司必须为此采取一定方式筹资，所筹资本无外乎自有资本和负债两种形式。

股票并购是指并购方以股票作为支付方式，取得目标公司的资产或股权的一种并购行为。在这种方式下，并购方不需要动用现金，而是以股票形式交换目标公司的资产或股权。显然，如何确定一个合理的换股比率是其关键所在。

综合支付并购是指并购方采用多种支付工具作为支付方式取得目标公司的资产或股权的一种并购行为。可能采用的支付工具有现金、股票、认股权证、可转换债券、优先股等。在我国，最常见的综合支付方式是现金与股票两种形式的结合。

4）按并购是否利用目标公司资产来支付并购款划分

以此为标志划分，并购仅涉及收购行为，可以分为杠杆收购和非杠杆收购两类。

杠杆收购是指并购方以目标公司的资产作抵押，通过大量举债（约占收购价格的50%~70%）筹资收购目标公司的一种并购行为。在这种方式下，并购方的债务偿还主要依靠出售目标公司的资产或营运所得来实现。总体来看，杠杆收购的目的不是取得目标公司的控制权，而在于通过并购重组，将目标公司的资产重新包装或剥离后再出售，以获取丰厚的投资收益。显然，杠杆并购的目标公司通常是那些拥有强大的管理组织、长期负债不多且产品市场占有率高、流动资金比较充足稳定、实际价值超过账面价值的公司。

非杠杆收购是指并购方所筹负债资金由并购方的资本或其他资产偿还的一种并购行为。在这种方式下，并购方也可以举债，但债务的担保以及偿还均不涉及目标公司的资产，进行此种并购的目的在于获得目标公司的控制权。

5）按并购是否通过证券交易所划分

以此为标志划分，并购仅涉及收购行为，可以分为要约收购和协议收购两类。

要约收购是指并购公司通过证券交易所的证券交易，持有目标公司股份达到30%时，依法向该公司所有股东发出公开收购要约，按符合法律的价格以货币付款方式购买股票，从而获得目标公司股权的收购行为。2006年中国证监会颁布的《上市公司收购管理办法》对要约收购做出了全面规定，其中要求，并购方拥有目标公司已发行股份5%时，应当在该事实发生之日起3日内编制权益变动报告书，并向证监会和证券交易所提交书面报告，通知该上市公司并公告，之后，持有股份每增加5%都应当依照规定履行报告和公告义务；当收购方持有目标公司的股份达到目标公司已发行股份的30%，拟继续增持股份时，超过部分应当改以要约方式进行，其要约价格不得低于要约收购提示性公告日前6个月内收购人取得该种股票所支付的最高价格。2014年中国证监会对《上市公司收购管理办法》进行修订，但相关内容未变。

协议收购是指收购方依照法律或行政法规的规定，同目标公司的股东以协议方式进行股权转让的一种收购行为。在这种方式下，收购方得到目标公司的理解并与之合作，与目标公司协商达成共同性协议，这有利于降低收购行为的风险与成本。

6）其他种类的并购

除上述并购种类划分外，还有一些按其他标志的划分：如按并购是否征得目标公司的同意划分，并购可以分为善意并购和敌意并购两类，通常协议收购属于善意并购，要约收购属于敌意并购；按并购的客体划分，并购可以分为股权并购和资产并购两类等。

14.1.3 并购效应与价值创造

逐利和应对激烈的竞争是公司并购的原始动因。随着社会的发展，不断提升公司价值成为并购的真正目的。并购中公司价值增值常常以并购的各种不同效应形式得以体现。

1）并购协同效应与价值创造

并购协同效应是指通过并购，使得两家公司的总体效益大于两家公司的独立效益之和，即实现1+1> 2的效应。也就是说，如果A公司并购B公司，并购前公司价值分别为V_A和V_B，并购后两家公司的合并价值为V_{AB}，则$V_{AB}>V_A+V_B$，其间的差额就是协同效应。具体又包括管理协同效应、经营协同效应和财务协同效应三种形式。

（1）管理协同效应

管理协同效应是并购公司利用管理中的效率差异实施并购，从而使目标公司提高效率、并购方价值增值的效应。实际中，如果一家公司有一支高效率的管理队伍，其能力超过公司日常的管理需要，则该公司就可以通过并购其他缺乏管理人才而效率低下的公司来使其额外的管理资源得以充分利用，这样就可以将并购方先进的管理模式带入目标公司，从而提高目标公司的经营效率，提高收入，降低成本费用。

（2）经营协同效应

经营协同效应是并购公司利用经济的互补性和规模经济，通过并购，提高收入、降低成本、提高生产经营效率，从而使其价值增值的效应。通常认为产业中存在着规模经济，并且在并购之前，并购公司的经营水平并未达到规模经济的潜在要求，通过并购，并购公司拓展市场份额，进而获得规模经济效应。这里的规模经济是指在投入增加的过程中，产出增加的比例超过投入增加的比例，单位产品的平均成本随着产量的增加而降低，从而使公司获利的现象。

典型的经营协同效应常常发生在横向并购中。横向并购的明显效果有两个：一是实现规模经济，这样可以消除重复设施、强化专业化生产和服务并为增加总需求提供更广泛的产品生产；二是降低竞争者的数量，提高行业的集中程度，从而降低行业的退出壁垒。

宽泛的经营协同效应也可以产生在纵向并购中。通过纵向并购，可以使并购公司在分销与采购方面更具控制力，进而使其与供应商和买主的讨价还价能力明显提高，这有助于控制竞争对手的活动。

（3）财务协同效应

财务协同效应侧重于资本运作，它是将属于资本市场的资本供给和分配职能内部化，利用现金流量的差异，通过并购，提高其资本利用效率，使其价值增值的效应。实际中，如果一家公司具有较充裕的现金流量，但其自身限于经营范围难以找到合适的投资机会，而目标公司缺乏现金流量却具有较高的成长性，在这种情况下，通过并购，并购公司就可以将较低成本的内部资本注入目标公司中，从而实现财务资源的转移及重新配置。并购的财务协同效应，可以提高并购公司的负债能力。一般认为并购后公司的总体负债能力，会比并购前两个单独公司的负债能力之和要大，而负债能力的提升，不仅可以给投资者带来较大的财务杠杆利益，而且还可以降低公司的资本成本，节约筹资费用，重组公司的资本结构。

2）并购税负效应与价值创造

税负效应是指通过并购，合理避税，获得的节税效应。节税效应体现的税收节约额即为公司创造的价值。通常税法规定，不同类型的公司、资产适用的税率不同，并购中，应对此加以利用，合理避税，主要方式有以下几种：（1）税法一般都包括亏损递延条款，允许亏损公司免交当年的所得税，且其亏损可以向后递延并抵销以后年度的盈余。如果一家盈利丰厚、发展前景良好的公司并购另一家有累积亏损和税收减免优惠的公司，则可以带来巨额的税收效益。（2）通过提高资产账面价值来提高折旧从而减少纳税。（3）利用尚未动用的举债能力，可以获得抵税效应。（4）通过股价变动，用资本利得代替股利收入，可以获得资本利得税低于股利所得税的税收效应。

3）并购信息效应与价值创造

信息效应是指通过并购传递新的信息，引致股价上升，从而提高公司价值的效应。这种情况意味着并购公司与整个股票市场之间存在着信息不对称。在确信股票价值被低估的情况下，随着并购消息的公布，在股票市场上就会产生积极的信号，人们预期并购公司的每股收益将不断攀升，从而使股票价格上涨。产生信息效应的前提是目标公司的价值被低估。

4）多样化经营效应与价值创造

多样化经营是指公司持有并经营那些相关程度较低的资产的行为，即从事多种行业的经营。多样化经营效应是指通过混合并购使并购公司价值增加的效应。从表面上看，混合并购对市场势力的影响很难看出，因为混合并购对公司价值的影响是间接的，这种间接作用主要表现在以下几方面：

（1）从公司整体来看，可以分散公司的总体风险、稳定收入来源、增强公司资产的安全性。

（2）从经营者来看，可以消除或分散其雇用风险。在两权分离的条件下，经营者通常承担雇用风险，多样化经营可以使公司规模迅速扩大，因而使其变得不易被其他公司所吞并，这样就可以降低经营者被解雇的风险。

（3）从稳定员工队伍来看，可以将优秀的员工保留在公司内部。通常，公司中的优秀员工，由于具有特殊的专业知识，其所创价值较高，公司通过多样化经营可以增加员工的升迁机会和工作安全感，从而可以稳定员工队伍。

（4）从公司的商誉和品牌来看，可以使此资源得到充分的利用，使公司良好的形象得到延续和拓展。

（5）从战略实施来看，可以实现战略转移。根据公司生命周期理论，每一家公司的产品都有一个开发、试制、成长、成熟、衰退的过程，对于生产某一主导产品的公司来说，虽然通过新产品的不断开发可以将主导产品维持在有利的产品生命周期阶段，但一旦预计未来市场将出现衰退，此时的战略转移是必需的，而多样化并购为主导产品的成功转换提供了有效的途径。

（6）从行业进入来看，并购可以降低新行业的进入壁垒。由于混合并购并没有给行业增添新的生产能力，短期内行业内部的竞争结构保持不变，所以引起价格战或报复的可能性将大大降低，这成为并购公司迅速进入新行业的捷径。

并购类型及效应分析

14.2 并购价值评估与对价方式

14.2.1　并购价值评估方法

并购中的价值评估主要是对目标公司的价值评估。目标公司的价值取决于目标公司资产负债、经营状况，以及目标公司所处的市场状况等因素的综合作用，它是确定并购交易支付价格的基础。根据价值评估的基础不同，所有的价值评估方法都可以分为以下三类：以收益折现为基础的评估方法、以相对价值为基础的评估方法和以资产为基础的评估方法。其中以收益折现为基础的评估方法，从可操作性的角度看，主要指公司现金流量折现法；以相对价值为基础的评估方法主要指乘数法，即根据价格/收益乘数、公司价值乘数、销售收入乘数等估计目标公司的价值；以资产为基础的评估方法可分为重置成本法、市场价值法和清算价值法三种。

现金流量折现法和乘数法可参阅第3章的相关内容。以资产为基础的重置成本法建立在单项资产价值评估的基础上，它的基本理念是，公司的价值源于各项资产价值的加总。其显著缺陷是未考虑并购的协同效应，忽略了公司的组织资本和无形资产对公司价值的影响，可能导致所确定的价值不符合目标公司的实际，这种方法仅适用于具有特殊并购动机的目标公司的价值评估，如并购方拟获得目标公司的某项资产时。市场价值法直接以目标公司的市场价值作为估算价值，因此只适用于上市公司，而这种方法的准确性依赖于发达、成熟和有效的证券市场。清算价值法是在目标公司作为一个整体已经丧失增值能力的情况下估算价值的方法，因此它只适用于陷入困境，“先破产后兼并”的目标公司的价值估算。

从理论上讲，目标公司的整体价值与目标公司的单项资产价值总和并不相等，它不是单项资产价值的简单相加。因此，如果要评估公司的整体价值，应该选择整体价值的评估方法，如现金流量折现模型、相对价值法和市场价值法等；如果拟并购的目标公司资不抵债，最适宜的评估方法就是清算价值法；如果拟并购的目标公司属于上市公司，最直接的方法就是市场价值法；如果拟并购的目标公司属于非上市公司，最易操作的方法就是乘数法；如果并购属于剥离或分立并购，此时可以采用重置成本法或清算价值法。

还需要说明的是，不同的评估方法，并无绝对的优劣之分，并购方对不同评估方法的选用应主要根据并购的动机和对象而定，而在实践中，各种方法都可以交叉使用，从多角度评估目标公司的价值，从而降低股价风险。事实上，按照各种方法确定的目标公司支付价格仅仅是并购交易价格的底价，最终交易价格的达成是各种因素综合的结果，其取决于并购方的谈判能力。

14.2.2 不同对价方式的价值分析

从并购的支付方式来看，最典型的支付方式是现金支付和股票支付。并购支付方式也可以视为对价方式，而不同对价方式下的价值分析是有所区别的。

1）不同对价方式价值分析的总体思路

公认的观点是：净现值是反映公司投资是否创造价值的有效的指标表现形式。公司并购属于投资行为，其目标是创造价值，因此计算并分析并购的净现值，是进行不同对价方式价值分析的核心。

在并购过程中，并购方除支付并购价格外，还会支付发生的一些其他费用，如并购中的交易费用和更名成本等。并购交易费用，即并购过程中为使并购完成所支付的相关费用，包括发生的搜寻、策划、谈判、文本拟定、资产评估、法律鉴定、公证等中介费用，以及发行股票时支付的申请费、承销费等。更名成本是指并购完成后为使存续公司取得合法地位而需支付的成本，包括发生的重新注册费、工商管理费、土地使用权转让费、公告费等。假设并购公司为A，目标公司为B，并购后的存续公司为（A+B），并购支付价格为P，并购前后的公司评估价值分别为：V_A、V_B、$V_{(A+B)}$，并购其他支出为T，如果并购能够创造价值，则并购净现值的计算如下：

$$并购净现值（NPV）=[V_{(A+B)}-(V_A+V_B)]-[(P-V_B)+T] \tag{14.1}$$

公式（14.1）中的$[V_{(A+B)}-(V_A+V_B)]$表示并购所产生的协同效应；$(P-V_B)$表示购买价格相对于目标公司价值来说的溢价部分，通常只有在$(P-V_B)>0$时，目标公司才会同意出售，因此$(P-V_B)$对于目标公司而言，是其并购的收益，而对于并购公司而言，则是其并购的支付溢价，属于并购成本的一部分。并购方同意并购的前提条件是，计算的并购净现值大于零，否则并购将不会再进行下去。

如果对公式（14.1）进行推导，并购净现值的计算可以用下式表示：

$$并购净现值（NPV）=V_{(A+B)}-V_A-P-T \tag{14.2}$$

2）现金对价方式与股票对价方式的利弊分析

现金对价方式单纯以现金作为支付手段实施并购，在并购中受到人们的青睐。其优点主要表现为：第一，现金对价清楚明了，没有复杂的技术和程序，易于为并购双方所接受；第二，对于并购方而言，现金对价的最大优势就是速度快，可使有抵触情绪的目标公司措手不及，无法获得充分的时间实施反收购，另外这种方式可以维持现有的股权结构，从而使并购方的股东控制权保持不变；第三，对于目标公司而言，目标公司的股东愿意获得即时确定的现金收益，而不愿承担获得股票未来波动的风险，再加之该种方式的交割程序简单，因此现金对价是目标公司最乐意接受的一种并购支付方式。但现金对价支付也有一些缺陷：第一，对于并购方而言，现金支付意味着一项沉重的即时财务负担，由于并购支付价格通常较高，并购方很可能需要承担高息债务，从而会使并购方在较长的时间内承受现金流转的压力；第二，对于目标公司而言，现金支付无法推迟资本利得的确认，从而使目标公司的股东不能享受税收上的优惠，这可能会使目标公司的大股东不愿意出让其股份和控制权；第三，由于支付现金对价后，目标公司股东失去股东地位，因此并购方股东承担了并购的全部风险。

股票对价方式是以并购方的股票来交换目标公司的股票或股权而实施并购的方式。这种对价方式也是并购中较常采用的一种支付方式。其显著优点是：第一，并购方不需要支付大量的现金，不会带来未来现金流转的压力；第二，换股收购条件下，会计上不反映商誉，这样可以减轻并购方商誉摊销成本的压力；第三，并购交易完成后，目标公司股东仍保留相应的股东权益，能够分享并购所实现的价值增值，如果并购方是绩优上市公司，换股支付反而比现金支付更受欢迎；第四，由于股票对价条件下，目标公司股东仍保留股东地位，因此他们与并购方股东一起承担并购风险和并购收益；第五，与现金支付方式不同，目标公司股东不会增加当期税负。当然，换股并购也有一些不可避免的缺陷：第一，目标公司股份的加入，会改变并购方原有股东的股权比例结构，一方面可能稀释其所有权，摊薄公司的每股收益，另一方面并购后的所有股东将承担股票价格大幅波动的风险；第二，该种方式需并购方通过增发股票或回购股票等行为筹集资金，此类筹资依赖于证券市场，不仅筹资成本高、耗费时间长、手续烦琐，而且较长的时间足以使不愿意被并购的目标公司部署反收购措施。

3）现金对价方式下的价值分析

在现金对价方式下，计算较为简单，可以依据公式（14.1）或公式（14.2）直接决策并分析。

【例 14-1】假设 A 公司拟采用现金对价方式并购 B 公司，公司价值按市场价值法估算，相关的资料见表 14-1。

表14-1　**并购时资料**　金额单位：元

项　目	A 公司	B 公司
股票的每股市价	80	20
股数（股）	100 000	60 000
公司的市场价值	8 000 000	1 200 000

A 公司拟出资 1 600 000 元收购 B 公司，预计并购后存续 A 公司的价值将达到 10 000 000 元，并发生其他支出 40 000 元。

要求：为A公司做出决策并进行价值分析。

根据所给资料进行计算：

并购协同效应=10 000 000-8 000 000-1 200 000=800 000（元）

并购成本=1 600 000-1 200 000+40 000=440 000（元）

并购净现值=800 000-440 000=360 000（元）

或　并购净现值=10 000 000-8 000 000-1 600 000-40 000=360 000（元）

由于并购净现值为360 000元，大于零，所以A公司应该并购B公司。

从计算的数据可以看出，B公司在这次并购活动中获得了400 000元（1 600 000-1 200 000）的溢价收益，这意味着，并购后B公司的价值能够增加到1 600 000元，这样A公司并购后的价值就是8 400 000元（10 000 000-1 600 000），扣除并购中的其他支出，并购后的净价值就是8 360 000元（也可以换个角度思考：A公司由于净现值增加360 000元，因此并购后A公司价值增加到8 360 000元）。如果这种预期正确，并购后A公司的股价将达到83.6元/股。

4）股票对价方式下的价值分析

在股票对价方式下，由于目标公司股东与并购公司股东共同构成存续公司的股东，因此无论从计算还是从价值分析角度，股票对价都较现金对价方式复杂。

股票对价方式下，必须首先确定股票交换率，该比率的确定与并购中双方协商或并购方提出的每股并购价格直接相关，计算公式如下：

$$股票交换率=\frac{并购方提出或双方协商的每股并购价格}{并购方并购前的每股市价}$$

或 $$股票交换率=\frac{并购方拟发行的普通股股数}{目标公司并购前的普通股股数} \tag{14.3}$$

如果股票交换率为0.8，说明目标公司的1股，相当于并购公司的0.8股。有了股票交换率就可以确定目标公司被并购后股份占存续公司的比例，由于股票对价方式下并没有动用现金，因此并购支付价格可以借助于目标公司被并购后股份占存续公司的比例计算，计算公式如下：

$$并购支付价格=\begin{matrix}并购后预计\\存续公司价值\end{matrix}\times\frac{目标公司被并购后股份数额}{并购后存续公司的股份数额} \tag{14.4}$$

在计算出并购支付价格的基础上，就可以计算并购溢价、并购净现值并据此对并购进行价值分析。

【例14-2】沿用【例14-1】所给资料，假定A公司拟采用股票对价方式并购B公司，拟增发普通股20 000股来换取B公司股东手中的60 000股。其他条件不变。

要求：

（1）计算A公司提出的每股并购价格。

（2）分析并购溢价是不是400 000元？并购全部成本是不是440 000元？

（3）为A公司做出决策并进行价值分析。

依据所给资料进行计算和分析：

（1）股票交换率=20 000÷60 000×100%≈33.33%

每股并购价格=80×33.33%=26.667（元）

（2）从表面上看，并购支付价格是1 600 000元（20 000×80），恰好与现金对价方式下的并购价格相等，并购的溢价是400 000元（20 000×80−1 200 000），并购全部成本是440 000元（20 000×80−1 200 000+40 000），但这种分析是错误的。因为在股票对价支付方式下，并没有动用现金，因此并购支付价格不能用并购前A公司的股价计算。由于股票对价支付使得B公司股东变为A公司股东，由此增加了A公司的股数，因此利用公式（14.4）就可以直接计算出并购支付价格：

$$并购支付价格=10\ 000\ 000\times\frac{20\ 000}{100\ 000+20\ 000}\approx 10\ 000\ 000\times 16.6667\%=1\ 666\ 670（元）$$

并购溢价=1 666 670−1 200 000=466 670（元）

并购的全部成本=1 666 670−1 200 000+40 000=506 670（元）

（3）并购净现值=800 000−506 670=293 330（元）

或　　并购净现值=10 000 000−8 000 000−1 666 670−40 000=293 330（元）

由于并购净现值大于零，因此A公司应该并购B公司。

从上述计算结果可以看出：股票对价方式下的并购支付价格较现金对价方式下的并购支付价格要高，高了66 670元，导致并购溢价高出66 670元，并购全部成本高出66 670元，说明股票对价支付方式下A公司付出的代价较现金对价方式下的高。如果并购前后预计的市场价值准确，就意味着B公司并购后的价值能够达到1 666 670元，因此B公司股东获得收益466 670元，而A公司股东获得的收益仅为333 330元（800 000−466 670），扣除其他支出40 000元后的净利润为293 330元。股票对价并购后，A公司股票价格变为83元/股（（10 000 000−40 000）÷120 000）），较现金支付方式下股票价格降低0.6元/股，这是股票对价方式下A公司付出较高成本导致的。

如果A公司要保持与现金对价方式下一致的并购支付价格1 600 000元，此时就必须重新计算股票交换率，假设股票交换率为x，则依据条件建立下列等式：

$$10\ 000\ 000\times\frac{60\ 000x}{100\ 000+60\ 000x}=1\ 600\ 000$$

$$\frac{60\ 000x}{100\ 000+60\ 000x}=16\%$$

解得：x≈31.7460%

计算结果表明，如果股票交换率为31.7460%，A公司拟增发的普通股约为19 048股，B公司被并购后，股份占A公司总股本的16%。并购中的其他支出将抵减公司价值，因此并购后A公司的股价变为83.66元/股（（10 000 000−40 000）÷119 048），这与现金对价方式并购后的A公司股价基本是一致的。

并购方案的选择

14.3 收缩与价值创造

14.3.1 收缩的内涵及种类

收缩与扩张相对应，如果说并购是战略扩张的有效途径，那么收缩则是战略调整的有效形式。

1）收缩的内涵

收缩是指一家公司主动或被动进行战略调整，实施紧缩战略的行为。实务中，如果某公司发现现有经营结构不能产生符合预期的公司价值时，常常进行资产重组，实施资产剥离或分立等；而有时某些公司在法律的约束下也会被动进行资产重组，如1984年美国电话电报公司由于遭到美国司法部提起的反托拉斯诉讼而不得不分拆出七家地方性市话公司，将其独立。

收缩与资产重组概念密切相关，但资产重组不能等同于收缩。资产重组有广义和狭义之分：广义的资产重组的内涵十分宽泛，既可以包括并购中的资源整合，如吸收整合，也可以包括狭义的资产重组；狭义的资产重组包括两方面内容：一是收缩中的资源整合；二是破产清算中的资源整合。显然，收缩是资产重组的一个组成部分，但它不包括破产清算整合，因此收缩不能完全等同于资产重组。

2）收缩的种类

概括而言，收缩的种类有两个：资产剥离与公司分立。

（1）资产剥离

资产剥离是指公司将一部分资产或相应资产所有权对外出售或转让，以获得现金或可交易的证券或同时获得现金与证券的资产重组行为。实务中，资产剥离常常伴随着所持股权的转让和出售而发生，因为公司对资产的所有权有时候以股权的形式存在，因此资产剥离可以进一步分为资产出售和股权出售两种形式。资产出售是指单纯的资产出售行为，即放弃资产的行为。所放弃的资产既可以是公司所属的实物资产、商誉、专利技术，也可以是所属部门等。股权出售是指伴随着资产出售的相应股权所有权的出售行为。股权出售与资产出售的最大不同之处在于出售对象，股权出售的对象常常是具有独立法人地位的子公司等，而资产出售肯定不是。另外，股权出售比较灵活，母公司可以继续保留子公司的部分股权资产，只出售子公司的部分股权，当然也可以出售子公司的全部股权，而资产出售则是对相应资产控制权的全部丧失，因此股权出售较资产出售在手法上要细腻些，目的也略有不同。

资产剥离的具体交易方式有：协议转让、拍卖、出售等。进行资产剥离时，资产购买者一般有三种：一是与本公司无任何关联的其他公司；二是公司内部的管理人员，由其自己买入并经营，实施管理层收购；三是内部的职工，实施职工持股计划，建立壳公司，通过担保贷款购入资产并进行经营，以经营利润偿还贷款后，股份为公司员工持有。在资产剥离方式下，由于公司失去对所售资产的控制权，因此一般需要对所售资产重新进行价值评估。

（2）公司分立

公司分立是指在法律上和组织上公司分成两个或两个以上独立实体的资产重组行为。按照分立后原公司是否存续，分立可以进一步分为持股式分立、解散式分立和分拆上市三种。

持股式分立是指分立后原公司存续，保留法人资格，新独立公司依法登记后也取得法人资格，原股东既持有存续公司股份又持有新独立公司股份或只持有新独立公司股份的资产重组行为。这种分立的典型特征是，分立后原股东的控制权扩大或转移。如果分立后，原股东既是存续公司股东，也是新独立公司的股东，意味着原股东的控制权在扩大；如果分立后，部分原股东放弃母公司的股权，而单纯持有子公司的股权，意味着原股东的控制权已经转移。一般持股式分立前的债权债务按所达成的协议分担。

解散式分立也称股本分拆或称股权分拆，是指分立后原公司不复存在，丧失法人资格，新独立公司具有独立法人资格的资产重组行为。显然，解散式分立属于纯粹分立行为，分立的各公司彼此独立，成为独立法人，而股东有可能不同。分立前的原债权债务，由新设公司按所达成的协议分担。

分拆上市是指已上市公司或者尚未上市的集团公司将部分业务从母公司中独立出来单独上市，母子公司均具有独立法人资格的资产重组行为。无论是国外还是国内，扩张中的公司即使已经上市，由于业务的不断拓展仍显资金不足，而未上市的公司更是急需资金，此时分拆上市成为这些公司再筹资的有效途径。分拆上市具有“一种资产、两次使用”之功效，是近年来新创的一种再筹资工具，它可以帮助公司迅速获得巨额资本，改变股权结构。

比较公司分立与资产剥离，从广义角度看，公司分立实质上是资产剥离的特殊形式，而实务中人们常常将资产剥离做狭义解释，即只将出售界定为资产剥离，在这种情况下，资产剥离与公司分立是两种不同的行为，其区别主要表现在以下几点：一是公司分立后会出现新企业，而剥离不会；二是公司分立后，原股东仍然拥有对独立实体的控制权，而资产剥离方式下，股东将丧失对所售资产的控制权，转给第三方；三是公司分立方式下，一般不发生现金交易，而资产剥离后，并购方会获得现金或有价证券等；四是公司分立方式下，不需要对资产进行再评估，而资产剥离方式下，必须对所售资产重新进行评估。

14.3.2　收缩效应与价值创造

资本经营中，收缩与并购应该是同一行为的两个不同方面，从并购方来看，属于并购，而对于被并购一方，就是收缩。一直以来，人们在分析并购效应的同时，也关注收缩效应，认为收缩也能创造价值，收缩效应是其价值的来源。

1）战略调整效应与价值创造

每家公司都是在一个动态的环境中经营的，而经济发展和技术进步会导致环境显著变动，为了适应环境变化，该公司的经营方向和战略目标可能会随之调整和改变，这种改变可能会归于以下原因：（1）公司主业发生变化。有时某公司的某些部门或业务本身是盈利的，有些甚至还具有很强的盈利能力，但考虑到公司经营主业已经转移，公司对其无暇旁顾，可能会采取收缩战略。（2）吸收的管理资源太多。有时有些部门或业务虽然盈利，但其需要的管理资源多，从而加大了管理成本，进而导致管理效率低下，此时可能采取收缩战略。（3）监控困难。有时由于母公司采取多种经营策略，涉及的业务面过于宽广，如果要对全部业务及管理部门都进行监控，会感到困难，此时也会采取收缩战略。

2）市场形象效应与价值创造

股票价格通常是公司形象的象征，而对于实行了多元化经营的集团公司来说，其业务涉及的领域广泛，经营的业务复杂，使得市场投资者以及证券分析人员对其不能正确地理解，由此可能会低估其股票市场价格，在这种情况下其极易成为被收购的对象。为了增强其整体实力，此类公司常常通过剥离或分立非核心竞争力业务来提升其市场价值，这样可以避免被收购。例如，美国的埃斯马克（Esmark）公司曾经是一家拥有快餐、消费品生产和石油生产等业务的集团公司，但在投资者的印象中它却仅仅是一家快餐和消费品生产公司，其股价低迷，仅有19美元/股，当其将拥有的包括石油生产业务在内的非消费品生产部门出售给美孚石油公司后，其股价一路飙升，上升到了45美元/股。

3）财务效应与价值创造

有时公司出于业务扩张之规划或债务偿还之要求，需要大量的资金，而直接使股票上市、增发股票或再借款会面临一系列的障碍，在这种情况下，将其非核心或非相关业务出售或分拆上市是其获得所需资金的有效途径。例如，美国国际收割机公司曾经以5.05亿美元的价格出售其盈利的子公司以偿还其到期的短期债务。中国海王生物2002年、2003年的期末净资产收益率只有2.5%，而根据我国有关政策的规定，要求公司最近3个会计年度的净资产收益率平均不低于6%才有配股筹资资格，这意味着海王生物不能配股，该公司最终采取将子公司分拆上市的方式获得了所需的资金。

4）弥补失误效应与价值创造

有时一些企业为了分散风险，实施多元化经营，常常进行混合并购，但不是每一次并购都能获得成功。虽然出发点很好，但由于其进入了非竞争优势领域，因此导致其效益下滑，在这种情况下，剥离或分立与其不相适应的业务或部门可以帮助公司纠正先前的错误决策，从而消除负的协同效应（1+1<2），弥补过失。例如，美国著名的零售连锁商西尔斯公司曾经采取多元化经营战略，先后收购了从事房地产业务的储蓄与贷款银行科德威尔银行家住宅经纪公司和从事零售证券业务的丁威

特·雷诺兹公司。该公司希望今后将其经营范围拓展到房地产金融、证券买卖和保险等业务领域，但收购后由于缺乏相关领域的管理经验和优势，很快就陷入了经营的僵局，最终不得不将购入的业务再卖掉。

5）消亏效应与价值创造

当一家公司在发展中有些业务处于竞争的劣势地位，出现微利或亏损，而且扭亏无望时，剥离或分立是提升公司整体价值的最好选择。例如，ST熊猫（600775）为了改善其债务结构，甩掉经营亏损的帽子，与熊猫（集团）有限公司签订协议，向熊猫集团转让债权债务及出售存货1.3亿元，熊猫集团以现金形式向ST熊猫支付人民币30 093.9万元，同时为其偿还了近10亿元的银行借款。

6）法律效应与价值创造

每一个国家的法律都十分重视对消费者利益的保护，力求营造公平竞争的市场环境，反对行业垄断。因此当某公司涉嫌垄断时，政府就会出面阻碍干预，迫使此类公司不得不剥离或分立一部分资产或业务。例如，2010年6月10日，哈药集团出价3亿多元，收购了美国制药企业辉瑞公司在中国境内的猪支原体动物疫苗业务，这起资产剥离案，源于我国商务部的合理裁决，从而成为中国2008年《反垄断法》颁布以来，第一桩涉及跨国公司并购中在中国剥离资产的收购案例，哈药集团凭借着反垄断相关规定捡了个大漏。

14.3.3　收缩理论与价值创造的实证检验

收缩能够创造价值的理论支撑是重组理论，而实证检验的结果，总体来看支持了该观点。

1）重组理论

重组理论认为，并购意味着2+2可以大于4，而资产重组可以视为4-2大于2或者3+1可以大于2+2。[①]也就是说，剥离与分立能够创造价值。实务中，一家公司如能审时度势，合理地将资产转移到一个使用价值更高而且更有效率的使用者手中，这对并购双方都有利，成功的剥离与分立能给并购双方均带来市场价值的增值。

2）实证检验与价值创造

收缩是否创造价值，国内外学者都对此进行了实证研究。

自从第一次并购浪潮于19世纪末至20世纪初在西方出现以来，并购已走过一个多世纪的历程。由于西方的并购活动出现较早，因此学者对收缩效应的研究较早。奥本·海默于1981年选取了20世纪70年代发生的19起分立案进行研究，分析分立后公司市场价值的表现，他发现大多数案例中分立后的母公司与子公司的价值之和超过了分立前母公司的市场价值，有14家在分立后6个月内的收益率超过了标

① 托马斯，弗莱德. 财务管理与公司政策［M］. 宋献中，译. 大连：东北财经大学出版社，2005：558.

准普尔500股票指数的表现。[①]詹姆士·麦尔斯和詹姆士·罗森菲尔德研究了1963—1980年间发生的59起分立案，发现分立具有正效应，并且这一效应在分立交易实际发生前就已体现在当时的股价中。J.P.摩根的研究也证实了这一点。洛·贝赞杰克和汤姆斯1995年的研究结果表明，用于反收购前提下的主动剥离与分立不会获得溢价效果，而一般自愿基础上的收缩可以改善公司的效益。库德拉和麦金尼什的研究结果表明，非自愿状态下的剥离与分立效果不好。[②]

我国的公司并购活动始于1984年，并购发展历程虽短，但学者们对收缩效应也有实证研究。陈信元和张田余以1997年沪市的14家资产重组公司为样本进行研究，发现资产剥离公告日后的累计非正常报酬率有几天显著地大于零，其他大部分时间的累计非正常报酬率与零没有显著差异，在公告日后15—18天的累计非正常报酬率显著地小于零。陆国庆以1999年沪市上市公司不同类型的资产重组进行绩效比较，结果显示资产重组能显著改善上市公司的业绩，对于业绩差的公司而言尤其如此，但不同的重组类型绩效相差较大。刘黎、欧阳政以沪深两市1999—2005年间发生资产重组的69家ST公司为样本进行研究，发现资产重组后ST公司的短期经营绩效会发生显著改善，但从长期来看公司经营绩效在资产重组后第三年会出现明显恶化、业绩甚至比资产重组前更差，说明资产重组虽使得ST公司短期绩效变好，但却未能改善公司的长期绩效。[③]一项对370家私人和上市公司进行的研究发现，各种类型的剥离在其公告期前后存在着较大的超额收益。[④]

总体来看，中西方学者的研究结论具有一致性，但长期绩效具有异样声音，应引起重视。

【课堂拓展】

1.三特索道的并购与收缩，关注的风险点相同吗？

武汉三特索道集团股份有限公司（以下简称“三特索道”）2007年在深交所上市，股票代码002159，主要从事国内旅游资源的综合开发，先后在全国范围内建设、经营了20多个索道和景区项目。由于公司对旅游业前景非常看好，所以上市后在不断投资扩张，陆续收购庐山三叠泉缆车有限股份公司、华山酒店三期配套工程、湖北柴埠溪旅游股份有限公司、湖北崇阳隽水河温泉度假区一期工程等。由于不断扩张，导致其在建项目增多，2011年的非流动资产占比为73.27%，之后上升到2016年的83.75%，属于名副其实的重资产模式经营企业。2016年报表数据显示，下属的多家子公司出现经营亏损。

为扭转亏损局面，三特索道开始实施资产剥离。2017年9月，三特索道及其全资子公司田野牧歌同时将持有的安吉公司全部股权转让给了祥景旅游（浙江祥景旅游产业发展有限公司的简称）；2018年4月，三特索道将其全资子公司咸丰公司转

---

① The sum of the parts［S］. New York：Oppenheimer and Co.，1981.
② 朱宝宪. 公司并购与重组［M］.北京：清华大学出版社，2006：387-388.
③ 刘黎，欧阳政. 中国ST公司资产重组绩效实证研究［J］.经济视觉，2010（12）.
④ 刘淑莲. 财务管理［M］.6版. 大连：东北财经大学出版社，2022.

让给咸丰国投（咸丰县国有资本运营投资有限公司的简称）；2020年4月，三特索道将其持有的湖北柴埠溪公司46.84%股权转让给了长禹公司（五峰长禹水务投资开发有限公司的简称）。

陆续的资产剥离，增加了三特索道资金的流动性，净资产收益率也从2016年的负数变为后续年份的正数。公司从设立开始发展至今，经历了从单一架构到多元化经营再到聚焦核心业务的过程。

党的二十大报告要求坚持系统观念，三特索道在其经营发展过程中体现着系统观念，应该说其采取的收缩战略是成功的。从系统观念看，您认为三特索道收缩成功的原因是什么？并购与剥离关注的风险点相同吗？

2.艾格拉斯商誉减值暴露出怎样的问题？

艾格拉斯（艾格拉斯股份有限公司的简称）前身为浙江巨龙管业股份有限公司，原公司2001年成立，于2011年在深交所中小板上市，股票代码002619，公司专营混凝土输水管道的研发、生产和销售。2015年原公司收购艾格拉斯科技（北京）有限公司（以下简称艾格拉斯北京科技）（致力于发展国际一流网游研发平台）部分股权，2017年8月3日，更名为现公司名称，证券代码不变。

公司收购艾格拉斯北京科技部分股权后，为优化移动终端游戏业务组合，拟收购艾格拉斯北京科技的全部股权，同时对杭州搜影有限公司及北京拇指玩有限公司进行并购，业务主要聚焦于移动互联网的内容研发和流量运营业务。2017年考虑到业务前景，公司出售了与混凝土输水管道相关的业务。

2016年，在对三家目标公司的并购中，对艾格拉斯北京科技、杭州搜影采用收益法进行价值评估，对北京拇指玩采用市场法进行价值评估，并购交易完成后，三家目标公司将成为艾格拉斯的全资子公司。艾格拉斯以股份和现金两种形式作为支付方式，按照协议规定，支付三家目标公司的现金对价根据业绩承诺期内每年度利润实现情况分期支付，约定的业绩承诺内容为每年所实现的扣除非经常性损益后归属于母公司股东的净利润，支付年份为2016—2018年。

2020年3月，艾格拉斯公布的2019年业绩快报爆雷，公司经营状况由盈转亏，其原因是出现了巨额的合并商誉减值。公司于2019年度计提商誉减值准备近29.60亿元，减值占商誉的比为77.54%，数额排名A股第二，仅次于万达电影，由此导致本年净利润同上年相比下降32.26亿元。

艾格拉斯2015年合并艾格拉斯北京科技后，净利润一年间上涨为原先的22.7倍，随着2016年的并购完成，2017年净利润较上年增长近一倍，2018年净利润增长率虽有所下降，但是增长率仍在60%以上，2019年却业绩大变脸，由盈利6.70亿元下降至亏损25.56亿元，这高达32.26亿元的净利润下跌，商誉减值就贡献了近30亿元，2020年第一季度的利润则上涨至0.62亿元。

商誉减值原本是一种会计处理，但这种处理可能会导致“灰犀牛”事件爆发，引发业绩爆雷。党的二十大报告要求坚持问题导向，爆雷不是我们愿意看到的，但爆雷背后的问题值得我们深思。您认为艾格拉斯业绩爆雷暴露出哪些问题？

本章小结

1.兼并有广义和狭义之分，合并实质上等同于广义的兼并。新设合并就是广义的兼并。吸收合并就是狭义的兼并。实务中，如果出现吸收合并，常常采用兼并一词，而当出现新设合并时，采用合并一词居多。

2.收购与接管概念十分相近，但有不同。从形式上看，收购不仅包括资产收购，还包括股权收购，而接管仅仅涉及股权收购；从控股来看，收购不一定控股，但接管必须控股，因此接管属于收购的一个组成部分。

3.并购（缩写为M&A）是兼并和收购的统称。

4.并购的种类多种多样，按并购与行业的关系划分，分为横向并购、纵向并购和混合并购三类，这是并购的最基本类型；按并购的实现方式划分，分为购买式并购、承担债务式并购、吸收股份式并购和控股式并购四类；按并购的支付方式划分，分为现金并购、股票并购和综合支付并购三类；按并购是否利用目标公司资产来支付并购款划分，分为杠杆收购和非杠杆收购两类；按并购是否通过证券交易所划分，分为要约收购和协议收购两类；另外还有善意并购和敌意并购之分。

5.并购效应主要表现在以下几方面：并购协同效应、并购税负效应、并购信息效应、多样化经营效应。并购协同效应又包括：管理协同效应、经营协同效应和财务协同效应。

6.评估目标公司价值可以采用的方法主要有三类：现金流量折现法、相对价值法和资产基础法。不同评估方法，并无绝对的优劣之分，实务中，各种方法都可以交叉使用，从多角度评估目标公司价值，可以降低股价风险。

7.现金对价和股票对价价值分析的核心是计算并购净现值，计算与分析的总体思路一样，但不同方式下的具体计算不同，比较而言，股票对价价值分析更为复杂。

8.收缩是资产重组的一个组成部分，包括剥离与分立两种类型，剥离可以进一步分为资产出售和股权出售两种形式，分立可以进一步分为持股式分立、解散式分立和分拆上市三种形式。

9.收缩效应是收缩价值的来源，主要表现为：战略调整效应、市场形象效应、财务效应、弥补失误效应、消亏效应和法律效应。

基本训练

1.有人用2+2>4描述并购，用4-2>2或者3+1>2+2描述收缩。请思考这三个不等式反映的基本思想以及不等式形成的原因。

2.分别从并购方和目标公司的角度判断下列并购案涉及的并购类型：

2005年6月8日下午4时，明基正式宣布收购德国西门子全球手机业务，由此明基一跃升为全球第四大手机品牌，预计合并后手机业务的年营业收入将超过100亿美元。根据西门子与明基双方达成的协议，从2005年10月1日起，西门子将自行承担其手机部门的5亿欧元亏损，然后把完全没有负债的手机资产100%地转移到明基，包括现金、研发中心、相关知识产权、制造工厂、设备、人员等；另外西门子向明基提供价值约2.5亿欧元的现金和服务，以及5 000万欧元用于购入明基股份。

3.从并购方的角度分析京东方并购案涉及的并购类型：

京东方科技集团股份有限公司2000年后以显示器件业务为核心发展业务。2002年该公司在韩国设立子公司BOE-HYDIS，以其作为收购主体，于2003年1月成功收购韩国现代半导体株式会社及其下属公司现代显示技术株式会社的TFT-LCD（薄膜晶体管液晶显示器件）业务，该业务一直被业界认为是未来显示器发展的主流产品。此次收购整体耗资3.8亿美元（凭借着自有资金6 000万美元、国内银行贷款9 000万美元，获得了韩国金融机构2.3亿美元的资金支持），得到了包括现代集团所有与TFT-LCD业务相关的固定资产、无形资产以及市场营销网络。2003年8月，京东方斥资10.5亿港元，以每股2.95港元的价格收购了在中国香港和新加坡两地上市的世界第二大显示器供应商冠捷科技有限公司共计3.56多亿股的股权，占冠捷科技股份的26.36%，成为冠捷科技的第一大股东。

4.假设A公司为拓展市场拟并购B公司，并购前相关数据见表14-2。

表14-2　**并购前数据**

项　　目	A公司	B公司
股票的每股市价（元）	100	62.5
股数（股）	10 000	8 000
公司的市场价值（万元）	100	50

预计两家公司合并后由于经营效率提高，公司价值将达到180万元，另外经双方协商，B公司的出售价是68万元。假定并购中发生的其他支出是45 000元。

要求：

（1）如果采用现金对价方式支付，计算并购协同效应、并购溢价及并购净现值；

（2）如果采用股票对价方式支付，A公司需要发行6 800股普通股来换取B公司股东手中的8 000股普通股，计算A公司提出的每股并购价格并分析并购溢价是否是18万元。

（3）如果采用股票对价方式支付，计算并购协同效应及并购净现值。

5.恒源祥作为零售商业体，曾经在以商业为核心业务的万象股份中居于中心地位，是万象的主要盈利部门，之后世茂公司收购了万象，几年后刘瑞旗提出收购恒源祥业务时，世茂公司欣然接受。请上网查找并确认世茂公司的经营主业，并分析该公司出售恒源祥业务的原因。另外上网查找《哈药收购辉瑞的猪疫苗业务，凭反垄断捡漏》这篇报道，看看哈药是如何捡漏的？

6.2015 年 12 月 18 日，宝能集团成为万科的第一大股东。请上网查找此案例，看看宝能以何种形式坐上了万科第一大股东的宝座。

基本训练参考答案

第 14 章题库

主要参考文献

Introduction and Overview of Corporate Finance

[1] BRENNAN, MICHAEL J.Corporate finance over the past 25 years [J]. The Journal of the Financial Management Association , 1995 (24): 9–22.

[2] GRAHAM J R, HARVEY C R.The theory and practice of corporate finance: Evidence from the field*1 [J]. Journal of Financial Economics, 2001 (60): 187–243.

[3] GRAHAM, JOHN R, CAMPBELL R , et al.The theory and practice of corporate finance: The data, SSRN eLibrary, 2003.

[4] JENSEN, MICHAEL C, CLIFFORD J R, et al.The theory of corporate finance: A historical overview [J]. Modern Theory of Corporate Finance, 1989: 3–26.

[5] BROUNEN D, DE JONG A, KOEDIJK K.Corporate finance in Europe: Confronting theory with practice [J]. Financial Management, 2004 (33): 71–101.

Part I Asset Pricing, Long–term Performance and Market Efficiency

[1] FAMA E, FRENCH K.The cross–section of expected stock returns [J]. Journal of Finance, 1992 (47): 427–465.

[2] FAMA E, FRENCH K. Common risk factors in the returns on stocks and bonds [J]. Journal of Financial Economics, 1993 (33): 3–56.

[3] FAMA E, MACBETHJ.Risk, return, and equilibrium: Empirical tests [J]. Journal of Political Economy, 1973 (91): 607–636.

[4] FAMA E F.Efficient capital markets: A review of theory and empirical work [J]. Journal of Finance, 1970 (25): 383–417.

[5] FAMA E F, FRENCH K R.Multifactor explanations of asset pricing anomalies [J]. Journal of Finance, 1996 (51): 55–84.

[6] FAMA E F, FRENCH K R.The capital asset pricing model: theory and evidence [J]. The Journal of Economic Perspectives, 2004 (18): 25-46.

[7] KOTHARI S P.Capital markets research in accounting*1 [J]. Journal of Accounting and Economics, 2001 (31): 105-231.

[8] DHALIWAL D, LEE K, et al.The association between unexpected earnings and abnormal security returns in the presence of financial leverage [J]. Contemporary Accounting Research, 1991 (8): 20-41.

Part Ⅱ Information, Investors and Corporate Policy

[1] AKERLOF, GEORGE.The market for 'lemons': Qualitative uncertainty and market mechanism [J]. Quarterly Journal of Economics, 1970 (84): 488-500.

[2] GROSSMAN, SANFORD, STIGLITZ, et al.On the impossibility of informationally efficient markets [J]. American Economic Review, 1980 (70): 393-408.

[3] HART O.Financial contracting [J]. Journal of Economic Literature, 2001 (39): 1079-1100.

[4] MERTON R C.A simple model of capital market equilibrium with incomplete information [J]. Journal of Finance, 1987: 483-510.

[5] MYERS S C, MAJLUF N S.Corporate financing and investment decisions when firms have information that investors do not have [J]. Journal of Financial Economics, 1984 (13): 187-221.

[6] ROSS S A.The determination of financial structure: The incentive-signalling approach [J]. Bell Journal of Economics, 1977 (8): 23-40.

[7] ROTHSCHILD M, STIGLITZ J.Equilibrium in competitive insurance markets: An essay on the economics of imperfect information [J]. The Quarterly Journal of Economics, 1976 (90): 629-649.

[8] THAKOR A V.Strategic issues in financial contracting: An overview [J]. Financial Management, 1989 (18): 39-58.

Part Ⅲ Capital Structure, Financing Decisions, Investment and Taxes

[1] CHANG C, LEE AC, LEE CF.Determinants of capital structure choice: A structural equation modeling approach [J]. Quarterly Review of Economics & Finance, 2009 (49): 197-213.

[2] FAMA, EUGENE, KEN FRENCH.Testing tradeoff and pecking order predictions about dividends and debt [J]. Review of Financial Studies, 2002: 1-33.

[3] FRANK, MURRAY, VIDHAM GOYAL.Testing the pecking order theory of capital structure [J]. Journal of Financial Economics, 2003 (67): 217-248.

[4] GRAHAM J R.How big are the tax benefits of debt? [J]. Journal of Finance, 2000 (55): 1901-1941.

[5] GRAHAM J R.Taxes and corporate finance: A review [J]. Review of Financial Studies, 2003 (16): 1075.

[6] HARRIS M, RAVIV A.The theory of capital structure [J]. Journal of Finance, 1991 (46): 297-355.

[7] HEALY P M, PALEPU K G.Earnings and risk changes surrounding primary stock offers [J]. Journal of Accounting Research, 1990 (28): 25-48.

[8] JALILVAND A, HARRIS RS.Corporate behavior in adjusting to capital structure and dividend targets: An econometric study [J]. Journal of Finance, 1984 (39): 127-145.

[9] PHILLIPS, GORDON.Increased debt and industry product markets: An empirical analysis [J]. Journal of Financial Economics, 1995 (37): 189-238.

[10] RITTER J, WELCH I. A review of IPO activity, pricing, and allocations [J]. Journal of Finance, 2002 (57): 1795-1828.

[11] TITMAN S, WESSELS R.The determinants of capital structure choice [J]. Journal of Finance, 1988 (43): 1-19.

Part Ⅳ Agency Theory and Ownership

[1] FAMA E, JENSEN M.Agency problems and residual claims [J]. Journal of Law and Economics, 1983, 26 (2): 327-349.

[2] FAMA E, JENSEN M.Separation of ownership and control [J]. Journal of Law and Economics, 1983, 26 (2): 301-325.

[3] FAMA E.The effects of a firm's investment and financing decisions on the welfare of its security holders [J]. American Economic Review, 1978 (68): 272-284.

[4] JENSEN M, MECKLING W.Theory of the firm: Managerial behavior, agency costs and ownership structure [J]. Journal of Financial Economics, 1976 (3): 305-360.

[5] DEMSETZ.The structure of ownership and the theory of the firm [J]. Journal of Law and Economics, 1983 (26): 375-390.

[6] JENSEN M.Agency costs of free cash flow, corporate finance, and takeovers [J]. American Economic Review, 1986, 76 (2): 323-329.

[7] MYERS S.The determinants of corporate borrowing [J]. Journal of Financial Economics, 1977 (5): 146-175.

[8] PARRINO R, WEISBACH M. Measuring investment distortions arising from stockholder-bondholder conflict [J]. Journal of Financial Economics, 1999 (53):

3-42.

[9] HARFORD J. Corporate cash reserves and acquisitions [J]. Journal of Finance, 1999 (54): 1969-1997.

[10] OPLER T, PINKOWITZ L, STULZ R, et al.The determinants and implications of corporate cash holdings [J]. Journal of Financial Economics, 1999 (52): 3-46.

[11] LIE E.Excess funds and agency problems: An empirical study of incremental cash disbursements [J]. Review of Financial Studies, 2000 (13): 219-248.

[12] MORCK R, SHLEIFER A, VISHNY R.Management ownership and market valuation: An empirical analysis [J]. Journal of Financial Economics, 1988, 20 (1-2): 293-315.

Part V Corporate Governance

[1] AL FAROOQUE O, VAN ZIJL T, DUNSTAN K, et al.Co-deterministic relationship between ownership concentration and corporate performance: Evidence from an emerging economy [J]. Accounting Research Journal, 2010 (23): 172-189.

[2] BUSHMAN R M, SMITH A J.Financial accounting information and corporate governance [J]. Journal of Accounting & Economics, 2001, 32 (1-3): 237-333.

[3] CHANG, SUN.Does the disclosure of corporate governance structures affect firms' earnings quality? [J]. Review of Accounting and Finance, 2010 (9): 212-243.

[4] GILLAN, STUART L.Recent developments in corporate governance: An overview [J]. Journal of Corporate Finance, 2006 (12): 381-402.

[5] LA PORTA, RAFAEL, FLORENCIO L, et al.Corporate ownership around the world [J]. Journal of Finance, 1999 (54): 471-517.

[6] LA PORTA, RAFAEL, FLORENCIO L, et al.Agency problems and dividend policies around the world [J]. Journal of Finance, 2000 (55): 1-33.

[7] MURPHY K J.Performance pay and top-management incentives [J]. Journal of Political Economy, 1990, 98 (2): 225-264.

[8] MCCONNELL, JOHN J, HENRI S.Additional evidence on equity ownership and corporate value [J]. Journal of Financial Economic, 1990 (27): 595-612.

[9] SHLEIFER, ANDREI, ROBERT W V.A survey of corporate governance [J]. Journal of Finance, 1997 (52): 737-783.

[10] YERMACK, DAVID.Higher market valuation of companies with a small board of directors [J]. Journal of Financial Economics, 1996 (40): 185-211.

Part Ⅵ Payout Policy

[1] BAKER, MALCOLM, WURGLER, et al.A catering theory of dividends [J]. Journal of Finance, 2004: 1125-1165.

[2] BAKER, MALCOLM, WURGLER, et al.Appearing and disappearing of dividends: The link to catering incentives [J]. Journal of Financial Economics, 2004 (73): 271-288.

[3] BRAV A, GRAHAM JR, HARVEY CR, et al.Payout policy in the 21st century [J]. Journal of Financial Economics, 2005 (77): 483-527.

[4] DEANGELO, HARRY, LINDA D, et al.Corporate payout policy [J]. Foundations and Trends in Finance, 2009, 3 (2-3): 95-287.

[5] FARINHA J.Dividend policy , corporate governance and the managerial entrenchment hypothesis: An empirical analysis [J]. Journal of Business Finance & Accounting, 2003 (30): 1173-1209.

Part Ⅶ Option

[1] BLACK F, SCHOLES M.The pricing of options and corporate liabilities [J]. The Journal of Political Economy, 1973 (81): 637-654.

[2] BRENNAN MJAS.Savings bonds, retractable bonds and callable bonds [J]. Journal of Financial Economics, 1977: 67-88.

[3] COX JC, ROSS SA, RUBINSTEIN M.Option pricing: A simplified approach [J]. Journal of Financial Economics, 1979 (7): 229-263.

[4] KOVALOV P, LINETSKY V.Valuing convertible bonds with stock price, volatility, interest rate, and default risk [J]. SSRN eLibrary, 2008.

[5] LAI TL, LIM TW.Option hedging theory under transaction costs [J]. Journal of Economic Dynamics & Control, 2009 (33): 1945-1961.

[6] MERTON RC.Thoughts on the future: Theory and practice in investment management [J]. Financial Analysts Journal, 2003 (59): 17-23.

[7] PADDOCK, JAMES L, DANIEL R S, et al.Option valuation of claims on physical assets: The case of offshore petroleum leases [J]. Quarterly Journal of Economics, 1988 (103): 479-508.

[8] PRAEGER M, ALBERTO, PETER T.When are real options exercised? An empirical study of mine closings [J]. Review of Financial Studies, 2002 (15): 35-64.

[9] QUIGG, LAURA.Empirical testing of real option-pricing models [J]. Journal of Finance, 1993 (48): 621-640.

[10] TRIGEORGIS L.Real options: Managerial flexibility and strategy in resource

allocation [J]. the MIT Press, 1996.

[11] WEISS D, MAHER MW.Operational hedging against adverse circumstances [J]. Journal of Operations Management, 2009 (27): 362-373.

[12] ZABOLOTNYUK Y, JONES RA, VELD CH.An empirical comparison of convertible bond valuation models [J]. SSRN eLibrary, 2009.

Part Ⅷ Mergers and Acquisitions

[1] HEALY, PAUL M, KRISHNA G P, et al.Does corporate performance improve after mergers? [J]. Journal of Financial Economics, 1992 (31): 135-175.

[2] MARTYNOVA M, RENNEBOOG L.What determines the financing decision in corporate takeovers: Cost of capital, agency problems, or the means of payment? [J]. Journal of Corporate Finance, 2009 (15): 290-315.

[3] MARTYNOVA, MARINA, LUC R.A century of corporate takeovers: What have we learned and where do we stand? [J]. Journal of Banking & Finance, 2008 (32): 2148-2177.

[4] AMESS K.Management buyout and firm-level productivity: Evidence from a panel of UK manufacturing firms [J]. Scottish Journal of Political Economy, 2002 (49): 304-317.

[5] MIROSLAVA STRÁSKA, GREGORY W. Do antitakeover provisions harm shareholders? [J]. Journal of Corporate Finance, 2010 (12): 16487-16497.

[6] MYRON B S, MARIE E S.Methods of payment in asset sales: contracting with equity versus cash [J]. Journal of Finance, 2005, 60, 2385-2407.

[7] MARTIN, KENNETH J.The method of payment in corporate acquisitions, investment opportunities, and management ownership [J]. Journal of Finance, 1996 (51): 1227-1246.

[8] SHLEIFER A, VISHNY R.Stock market driven acquisitions [J]. Journal of Financial Economics, 2003, 70 (3): 295-311.

[9] NETTER, JEFFRY M, ANNETTE B P, et al.The rise of corporate governance in corporate control research [J]. SSRN eLibrary, 2008.

[10] FULLER K, NETTER J, STEGEMOLLER M.What do returns to acquiring firms tell us? Evidence from firms that make many acquisitions [J]. Journal of Finance, 2002, 4 (57): 1763-1793.

Part Ⅸ Capital Budgeting

[1] BERGER, PHILIP, ELI O.Causes and effects of corporate refocusing programs [J]. Review of Financial Studies, 1999 (12): 311-345.

[2] CAMPA, JOSE, SIMI K.Explaining the diversification discount [J]. Journal of Finance, 2002 (57): 1973-1762.

[3] CHIRINKO, ROBERT, HUNTLEY S.Business fixed investment and "bubbles" The Japanese case [J]. American Economic Review, 2001 (91): 663-680.

[4] HUBBARD, GLENN R.Capital market imperfections and investment [J]. Journal of Economic Literature, 1998 (36): 193-225.

[5] MORCK, RANDALL, ANDREI SHLEIFER, et al.The stock market and investment: Is the market a sideshow? [J]. Brookings Papers on Economic Activity, 1990 (2): 157-215.

[6] MOYEN, NATHALIE.Investment cash flow sensitivities: Constrained vs.unconstrained firms [J]. Journal of Finance forthcoming, 2004, 5 (59): 2061-2092.

[7] MYERS, STEWART, STUART M, et al.Capital budgeting and the capital asset pricing model: Good news and bad news [J]. Journal of Finance, 1977 (32): 323-332.

[8] RUBACK, RICHARD S.Calculating the market value of risk-free cash flows [J]. Journal of Financial Economics, 1986 (3): 323-339.

[9] SCHOAR, ANTOINETTE.The effects of corporate diversification on productivity [J]. Journal of Finance, 2002 (57): 2379-2403.

[10] VILLALONGA, BELEN.Diversification discount or premium? New Evidence from BITS Establishment level data [J]. Journal of Finance, 2004 (59): 479-506.

Part X Valuation

[1] DECHOW, PATRICIA M, AMY P H, et al.An empirical assessment of the residual income valuation model [J]. Journal of Accounting and Economics, 1999 (26): 1-34.

[2] FRANCIS J, OLSSON P, OSWALD D R.Comparing the accuracy and explainability of dividend, free cash flow, and abnormal earnings equity value estimates [J]. Journal of Accounting Research, 2000 (38): 45-70.

[3] FRANKEL R, LEE C.Accounting valuation, market expectation, and cross-sectional stock returns [J]. Journal of Accounting and Economics, 1998 (25): 283-319.

[4] LEE C, MYERS J, SWAMINATHAN B.What is the intrinsic value of the dow? [J]. Journal of Finance, 1999 (54): 1693-1741.

[5] MYERS J N.Implementing residual income valuation with linear information dynamics [J]. Accounting Review, 1999: 1-28.

Part XI Derivatives, Risk Management

[1] ADAM T R, FERNANDO C S.Hedging, speculation, and shareholder value [J]. Journal of Financial Economics, 2006 (81): 283-309.

[2] ALLAYANNIS, GEORGE S, UGUR LEL, et al.Corporate governance and the hedging premium around the world [J]. SSRN eLibrary, 2009.

[3] CLARK, EPHRAIM, AMRIT JUDGE, et al.The determinants and value effects of corporate hedging: An empirical study of Hong Kong and Chinese firms [J]. SSRN eLibrary, 2006.

[4] GASTINEAU, GARY L, DONALD J.Risk management [J]. Derivatives, and Financial Analysis under SFAS No.133, 2001.

[5] GLAUM M, STRA E L.The determinants of selective hedging: Evidence from German non-financial corporations [J]. Journal of Applied Corporate Finance, 2002 (14): 108-121.

[6] HAGELIN N, HOLMÉN M, et al.Managerial stock options and the hedging premium [J]. European Financial Management, 2007 (13): 721-741.

[7] HENTSCHEL L, KOTHARI S P.Are corporations reducing or taking risks with derivatives? [J]. Journal of Financial and Quantitative Analysis, 2001 (36): 93-118.

[8] STULZ R M.Rethinking risk management [J]. Journal of Applied Corporate Finance, 1996 (6): 33-41.

Part XII Behavioral Finance

[1] BAKER M, RUBACK, RICHARD, et al.Behavioral corporate finance: A survey [J]. Handbook of Empirical Corporate Finance, 2007.

[2] BARBERIS N, THALER R.A survey of behavioral finance [J]. Handbook of the Economics of Finance, 2003 (1): 1053-1128.

[3] FAMA E.Market efficiency, long-term returns, and behavioral finance [J]. Journal of Financial Economics, 1998: 283-306.

[4] HIRSHLEIFER D.Investor psychology and asset pricing [J]. Journal of Finance, 2001: 1533-1597.

[5] MALMENDIER U, TATE G.CEO overconfidence and corporate investment [J]. Journal of Finance, 2005: 2661-2700.

[6] REPIN D V, ANNA V, SOLODUKHINA.Behavioral corporate finance: A survey [J]. SSRN eLibrary, 2008.

[7] SHEFRIN H, MEIR SS.Behavioral capital asset pricing theory [J]. Journal of Finance and Quantitative Analysis, 1994 (29): 323-349.

[8] SHEFRIN H, MEIR S.Behavioral portfolio theory [J]. Journal of Finance and Quantitative Analysis, 2000 (35): 127-151.

[9] SHEFRIN H, THALER R.The behavioral life of cycle hypothesis [J]. Economic Inquiry, 1988 (24): 609-643.

[10] SHILLER R J.The volatility of long term interest rates and expectations models of the term structure [J]. Journal of Political Economy, 1979 (87): 1190-1219.

[11] SHILLER R J. Do stock prices move too much to be justified by subsequent changes in dividends? [J]. American Economic Review, 1981 (71): 421-498.

[12] SUBRAHMANYAM A. Behavioural finance: A review and synthesis. [J]. European Financial Management, 2008 (14): 12-29.

网络资源与数据库

网络资源

[1] http://www.teachmefinance.com

[2] http://www.studyfinance.com

[3] http://www.financewise.com

[4] http://www.wiso.gwdg.de/ifbg/finance.mhtml

[5] http://www.research-finance.com

[6] http://www.stern.nyu.edu/~adamodar

[7] http://www.gtarsc.com/login.aspx

[8] http://www.riskglossary.com

[9] http://www.investopedia.com

[10] http://fisher.osu.edu/fin/journal/jofsites.htm

[11] http://www.valuetool.com.cn/valuetool/index.php

[12] http://treasurychina.com

[13] http://comm.mergers-china.com

[14] http://www.hexun.com

[15] http://cn.finance.yahoo.com

[16] http://www.chinabond.com.cn

[17] http://www.valuepro.net

[18] http://www.ibbotson.com

[19] http://www.equity.stern.nyu.edu

[20] http://www.cfonet.com

[21] http://www.standardandpoors.com/ratings/

[22] http://www.ganesha.org/invest/index.mhtml#bond

[23] http：//www.bondsonline.com/rating.htm
[24] http：//www.stockwarrants.com
[25] http：//www.appliederivatives.com
[26] http：//www.corporateinformation.com
[27] http：//www.mhhe.com/penman2e
[28] http：//www.fdm.uni-freiburg.de/UK
[29] http：//www.fyii.net/software/software.htm
[30] http：//www.risk.net

常用金融专业数据库网

数据库名称	网址
CRSP	www.crsp.com
Reuters	www.Reuters.com
Bloomberg	www.Bloomberg.com
Wind	www.wind.com.cn
GTA	www.gtadata.com
CCER中国金融经济数据库	www.ccer.edu.cn
聚源数据	www.gildata.com.cn
锐思数据	www.resset.cn

附录 现值、终值系数表和正态分布曲线的面积

表1　　复利终值系数表 $(F/P, r, n) = (1+r)^n$

r \ n	1	2	3	4	5	6	7	8	9	10	11	12	13	14	n / r
1%	1.01000	1.02010	1.03030	1.04060	1.05101	1.06152	1.07214	1.08286	1.09369	1.10462	1.11567	1.12683	1.13809	1.14947	1%
2%	1.02000	1.04040	1.06121	1.08243	1.10408	1.12616	1.14869	1.17166	1.19509	1.21899	1.24337	1.26824	1.29361	1.31948	2%
3%	1.03000	1.06090	1.09273	1.12551	1.15927	1.19405	1.2297	1.26677	1.30477	1.34392	1.38423	1.42576	1.46853	1.51259	3%
4%	1.04000	1.08160	1.12486	1.16986	1.21665	1.26532	1.31593	1.36857	1.42331	1.48024	1.53945	1.60103	1.66507	1.73168	4%
5%	1.05000	1.10250	1.15763	1.21551	1.27628	1.34010	1.40710	1.47746	1.55133	1.62889	1.71034	1.79586	1.88565	1.97993	5%
6%	1.06000	1.12360	1.19102	1.26248	1.33823	1.41852	1.50363	1.59385	1.68948	1.79085	1.89830	2.01220	2.13293	2.26090	6%
7%	1.07000	1.14490	1.22504	1.31080	1.40255	1.50073	1.60578	1.71819	1.83846	1.96715	2.10485	2.25219	2.40985	2.57853	7%
8%	1.08000	1.16640	1.25971	1.36049	1.46933	1.58687	1.71382	1.85093	1.99900	2.15892	2.33164	2.51817	2.71962	2.93719	8%
9%	1.09000	1.18810	1.29503	1.41158	1.53862	1.67710	1.82804	1.99256	2.17189	2.36736	2.58043	2.81266	3.06580	3.34173	9%
10%	1.10000	1.21000	1.33100	1.46410	1.61051	1.77156	1.94872	2.14359	2.35795	2.59374	2.85312	3.13843	3.45227	3.79750	10%
12%	1.12000	1.25440	1.40493	1.57352	1.76234	1.97382	2.21068	2.47596	2.77308	3.10585	3.47855	3.89598	4.36349	4.88711	12%
14%	1.14000	1.29960	1.48154	1.68896	1.92541	2.19497	2.50227	2.85259	3.25195	3.70722	4.22623	4.81790	5.49241	6.26135	14%
16%	1.16000	1.34560	1.56090	1.81064	2.10034	2.43640	2.82622	3.27841	3.80296	4.41144	5.11726	5.93603	6.88579	7.98752	16%
18%	1.18000	1.39240	1.64303	1.93878	2.28776	2.69955	3.18547	3.75886	4.43545	5.23384	6.17593	7.28759	8.59936	10.1472	18%
20%	1.20000	1.44000	1.72800	2.07360	2.48832	2.98598	3.58318	4.29982	5.15978	6.19174	7.43008	8.91610	10.6993	12.8392	20%
24%	1.24000	1.53760	1.90662	2.36421	2.93163	3.63522	4.50767	5.58951	6.93099	8.59443	10.6571	13.2148	16.3863	20.3191	24%
28%	1.28000	1.63840	2.09715	2.68435	3.43597	4.39805	5.62950	7.20576	9.22337	11.8059	15.1116	19.3428	24.7588	31.6913	28%
32%	1.32000	1.74240	2.29997	3.03596	4.00746	5.28985	6.98261	9.21704	12.1665	16.0598	21.1989	27.9825	36.9370	48.7568	32%
36%	1.36000	1.84960	2.51546	3.42102	4.65259	6.32752	8.60543	11.7034	15.9166	21.6466	29.4393	40.0375	54.4510	74.0534	36%
40%	1.40000	1.96000	2.74400	3.84160	5.37824	7.52954	10.5414	14.7579	20.6610	28.9255	40.4957	56.6939	79.3715	111.120	40%
50%	1.50000	2.25000	3.37500	5.06250	7.59375	11.3906	17.0859	25.6289	38.4434	57.6650	86.4976	129.746	194.620	291.929	50%

续表

r \ n	15	16	17	18	19	20	21	22	23	24	25	26	27	28	n / r
1%	1.16097	1.17258	1.18430	1.19615	1.20811	1.22019	1.23239	1.24472	1.25716	1.26973	1.28243	1.29526	1.30821	1.32129	1%
2%	1.34587	1.37279	1.40024	1.42825	4.45681	1.48595	1.51567	1.54598	1.57690	1.60844	1.64061	1.67342	1.70689	1.74102	2%
3%	1.55797	1.60471	1.65285	1.70243	1.75351	1.80611	1.86029	1.91610	1.97359	2.03279	2.09378	2.15659	2.22129	2.28793	3%
4%	1.80094	1.87298	1.94790	2.02582	2.10685	2.19112	2.27877	2.36992	2.46472	2.56330	2.66584	2.77247	2.88337	2.99870	4%
5%	2.07893	2.18287	2.29202	2.40662	2.52695	2.65330	2.78596	2.92526	3.07152	3.22510	3.38635	3.55567	3.73346	3.92013	5%
6%	2.39656	2.54035	2.69277	2.85434	3.02560	3.20714	3.39956	3.60354	3.81975	4.04893	4.29187	4.54938	4.82235	5.11169	6%
7%	2.75903	2.95216	3.15882	3.37993	3.61653	3.86968	4.14056	4.43040	4.74053	5.07237	5.42743	5.80735	6.21387	6.64884	7%
8%	3.17217	3.42594	3.70002	3.99602	4.31570	4.66096	5.03383	5.43654	5.87146	6.34118	6.84848	7.39635	7.98806	8.62711	8%
9%	3.64248	3.97031	4.32763	4.71712	5.14166	5.60441	6.10881	6.65860	7.25787	7.91108	8.62308	9.39916	10.2451	11.1671	9%
10%	4.17725	4.59497	5.05447	5.55992	6.11591	6.72750	7.4025	8.14027	8.95430	9.84973	10.8347	11.9182	13.1100	14.4210	10%
12%	5.47357	6.13039	6.86604	7.68997	8.61276	9.64629	10.8038	12.1003	13.5523	15.1786	17.0001	19.0401	21.3249	23.8839	12%
14%	7.13794	8.13725	9.27646	10.5752	12.0557	13.7435	15.6676	17.8610	20.3616	23.2122	26.4619	30.1666	34.3899	39.2045	14%
16%	9.26552	10.7480	12.4677	14.4625	16.7765	19.4608	22.5745	26.1864	30.3762	35.2364	40.8742	47.4141	55.0004	63.8004	16%
18%	11.9737	14.1290	16.6722	19.6733	23.2144	27.3930	32.3238	38.1421	45.0076	53.1090	62.6686	73.9490	87.2598	102.967	18%
20%	15.4070	18.4884	22.1861	26.6233	31.9480	38.3376	46.0051	55.2061	66.2474	79.4968	95.3962	114.475	137.371	164.845	20%
24%	25.1956	31.2426	38.7408	48.0386	59.5679	73.8641	91.5915	113.574	140.831	174.631	216.542	268.512	332.955	412.864	24%
28%	40.5648	51.9230	66.4614	85.0706	108.890	139.380	178.406	228.360	292.300	374.144	478.905	612.998	784.638	1004.34	28%
32%	64.3590	84.9538	112.139	148.024	195.391	257.916	340.449	449.393	593.199	783.023	1033.59	1364.34	1800.93	2377.22	32%
36%	100.713	136.969	186.278	253.338	344.540	468.574	637.261	866.674	1178.68	1603.00	2180.08	2964.91	4032.28	5483.90	36%
40%	155.568	217.795	304.913	426.879	597.630	836.683	1171.36	1639.90	2295.86	3214.20	4499.88	6299.83	8819.76	12347.7	40%
50%	437.894	656.841	985.261	1477.89	2216.84	3325.26	4987.89	7481.83	11222.7	16834.1	25251.2	37876.8	56815.1	85222.7	50%

表2　　复利现值系数表（P/F，r，n）＝（1+r）$^{-n}$

r \ n	1	2	3	4	5	6	7	8	9	10	11	12	13	14	n / r
1%	0.99010	0.98030	0.97059	0.96098	0.95147	0.94205	0.93272	0.92348	0.91434	0.90529	0.89632	0.88745	0.87866	0.86996	1%
2%	0.98039	0.96117	0.94232	0.92385	0.90573	0.88797	0.87056	0.85349	0.83676	0.82035	0.80426	0.78849	0.77303	0.75788	2%
3%	0.97087	0.94260	0.91514	0.88849	0.86261	0.83748	0.81309	0.78941	0.76642	0.74409	0.72242	0.70138	0.68095	0.66112	3%
4%	0.96154	0.92456	0.88900	0.85480	0.82193	0.79031	0.75992	0.73069	0.70259	0.67556	0.64958	0.62460	0.60057	0.57748	4%
5%	0.95238	0.90703	0.86384	0.82270	0.78353	0.74622	0.71068	0.67684	0.64461	0.61391	0.58468	0.55684	0.53032	0.50507	5%
6%	0.94340	0.89000	0.83962	0.79209	0.74726	0.70496	0.66506	0.62741	0.59190	0.55839	0.52679	0.49697	0.46884	0.44230	6%
7%	0.93458	0.87344	0.81630	0.76290	0.71299	0.66634	0.62275	0.58201	0.54393	0.50835	0.47509	0.44401	0.41496	0.38782	7%
8%	0.92593	0.85734	0.79383	0.73503	0.68058	0.63017	0.58349	0.54027	0.50025	0.46319	0.42888	0.39711	0.36770	0.34046	8%
9%	0.91743	0.84168	0.77218	0.70843	0.64993	0.59627	0.54703	0.50187	0.46043	0.42241	0.38753	0.35553	0.32618	0.29925	9%
10%	0.90909	0.82645	0.75131	0.68301	0.62092	0.56447	0.51316	0.46651	0.42410	0.38554	0.35049	0.31863	0.28966	0.26333	10%
12%	0.89286	0.79719	0.71178	0.63552	0.56743	0.50663	0.45235	0.40388	0.36061	032197	0.28748	0.25668	0.22917	0.20462	12%
14%	0.87719	0.76947	0.67497	0.59208	0.51937	0.45559	0.39964	0.35056	0.30751	0.26974	0.23662	0.20756	0.18207	0.15971	14%
16%	0.86207	0.74316	0.64066	0.55229	0.47611	0.41044	0.35383	0.30503	0.26295	0.22668	0.19542	0.16846	0.14523	0.12520	16%
18%	0.84746	0.71818	0.60863	0.51579	0.43711	0.37043	0.31393	0.26604	0.22546	0.19106	0.16192	0.13722	0.11629	0.09855	18%
20%	0.83333	0.69444	0.57870	0.48225	0.40188	0.33490	0.27908	0.23257	0.19381	0.16151	0.13459	0.11216	0.09346	0.07789	20%
22%	0.81967	0.67186	0.55071	0.45140	0.37000	0.30328	0.24859	0.20376	0.16702	0.13690	0.11221	0.09198	0.07539	0.06180	22%
24%	0.80645	0.65036	0.52449	0.42297	0.34111	0.27509	0.22184	0.17891	0.14428	0.11635	0.09383	0.07567	0.06103	0.04921	24%
26%	0.79365	0.62988	0.49991	0.39675	0.31488	0.24991	0.19834	0.15741	0.12493	0.09915	0.07869	0.06245	0.04957	0.03934	26%
28%	0.78125	0.61035	0.47684	0.37253	0.29104	0.22737	0.17764	0.13878	0.10842	0.08470	0.06617	0.05170	0.04039	0.03155	28%
30%	0.76923	0.59172	0.45517	0.35013	0.26933	0.20718	0.15937	0.1259	0.09430	0.07254	0.05580	0.04292	0.03302	0.02540	30%
35%	0.74074	0.54870	0.40644	0.30107	0.22301	0.16520	0.12237	0.09064	0.06714	0.04974	0.03684	0.02729	0.02021	0.01497	35%

续表

n / r	15	16	17	18	19	20	21	22	23	24	25	26	27	28	n / r
1%	0.86135	0.85282	0.84438	0.83602	0.82774	0.81954	0.81143	0.80340	0.79544	0.78757	0.77977	0.77205	0.76440	0.75684	1%
2%	0.74301	0.72845	0.71416	0.70016	0.68643	0.67297	0.65978	0.64684	0.63416	0.62172	0.6095.	0.59758	0.58586	0.57437	2%
3%	0.64186	0.62317	0.60502	0.58739	0.57029	0.55368	0.53755	0.52189	0.50669	0.49193	0.47761	0.46369	0.45019	0.43708	3%
4%	0.55526	0.53391	0.51337	0.49363	0.47464	0.45639	0.43883	0.42196	0.40573	0.39012	0.37512	0.36069	0.34682	0.33348	4%
5%	0.48102	0.45811	0.43630	0.41552	0.39573	0.37689	0.35894	0.34185	0.32557	0.31007	0.29530	0.28124	0.26785	0.25509	5%
6%	0.41727	0.39365	0.37136	0.35034	0.33051	0.31180	0.29416	0.27751	0.26180	0.24698	0.23300	0.21981	0.20737	0.19563	6%
7%	0.36245	0.33873	0.31657	0.29586	0.27651	0.25842	0.24151	0.22571	0.21095	0.19715	0.18425	0.17220	0.16093	0.15040	7%
8%	0.31524	0.29189	0.27027	0.25025	0.23171	0.21455	0.19866	0.18394	0.17032	0.15770	0.14602	0.13520	0.12519	0.11591	8%
9%	0.27454	0.25187	0.23107	0.21199	0.19449	0.17843	0.16370	0.15018	0.13778	0.12640	0.11597	0.10639	0.09761	0.08955	9%
10%	0.23939	0.21763	0.19784	0.17986	0.16351	0.14864	0.13513	0.12285	0.11168	0.10153	0.09230	0.08391	0.07628	0.06934	10%
12%	0.18270	0.16312	0.14564	0.13004	0.11611	0.10367	0.09256	0.08264	0.07379	0.06588	0.05882	0.05252	0.04689	0.04187	12%
14%	0.14010	0.12289	0.10780	0.09456	0.08295	0.07276	0.06383	0.05599	0.04911	0.04308	0.03779	0.03315	0.02908	0.02551	14%
16%	0.10793	0.09304	0.08021	0.06914	0.05961	0.05139	0.04430	0.03819	0.03292	0.02838	0.02447	0.02109	0.01818	0.01567	16%
18%	0.08352	0.07078	0.05998	0.05083	0.04308	0.03651	0.03094	0.02262	0.02222	0.01883	0.01596	0.01352	0.01146	0.00971	18%
20%	0.06491	0.05409	0.04507	0.03756	0.03130	0.02608	0.02174	0.01811	0.01509	0.01258	0.01048	0.00874	0.00728	0.00607	20%
22%	0.05065	0.04152	0.03403	0.02789	0.02286	0.01874	0.01536	0.01259	0.01032	0.00846	0.00693	0.00568	0.00466	0.00382	22%
24%	0.03969	0.03201	0.02581	0.02082	0.01679	0.01354	0.01092	0.00880	0.00710	0.00573	0.00462	0.00372	0.00300	0.00242	24%
26%	0.03122	0.02478	0.01967	0.01561	0.01239	0.00983	0.00780	0.00619	0.00491	0.00390	0.00310	0.00246	0.00195	0.00155	26%
28%	0.02465	0.01926	0.01505	0.01175	0.00918	0.00717	0.00561	0.00438	0.00342	0.00267	0.00209	0.00163	0.00127	0.00100	28%
30%	0.01954	0.01503	0.01156	0.00889	0.00684	0.00526	0.00405	0.00311	0.00239	0.00184	0.00142	0.00109	0.00084	0.00065	30%
35%	0.01109	0.00822	0.00609	0.00451	0.00334	0.00247	0.00183	0.00136	0.00101	0.00074	0.00055	0.00041	0.00030	0.00022	35%

表3　　年金终值系数表（F/A，r，n）=［（1+r）^{n}−1］/r

r \ n	1	2	3	4	5	6	7	8	9	10	11	12	13	14	n / r
1%	1.00000	2.01000	3.03010	4.06040	5.10101	6.15202	7.21354	8.28567	9.36853	10.4622	11.5668	12.6825	13.8093	14.9474	1%
2%	1.00000	2.02000	3.06040	4.12161	5.20404	6.30812	7.43428	8.58297	9.75463	10.9497	12.1687	13.4121	14.6803	15.9739	2%
3%	1.00000	2.03000	3.09090	4.18363	5.30914	6.46841	7.66246	8.59234	10.1591	11.4639	12.8078	14.1920	15.6178	17.0863	3%
4%	1.00000	2.04000	3.12160	4.24646	5.41632	6.63298	7.89829	9.21423	10.5828	12.0061	13.4864	15.0258	16.6268	18.2919	4%
5%	1.00000	2.05000	3.15250	4.31012	5.52563	6.80191	8.14201	9.54911	11.0266	12.5779	14.2068	15.9171	17.7130	19.5986	5%
6%	1.00000	2.06000	3.18360	4.37462	5.63709	6.97532	8.39384	9.89747	11.4913	13.1808	14.9716	16.8699	18.8821	21.0151	6%
7%	1.00000	2.07000	3.21490	4.43994	5.75074	7.15329	8.65402	10.2598	11.9780	13.8164	15.7836	17.8885	20.1406	22.5505	7%
8%	1.00000	2.08000	3.24640	4.50611	5.86660	7.33593	8.92280	10.6366	12.4876	14.4866	16.6455	18.9771	21.4953	24.2149	8%
9%	1.00000	2.09000	3.27810	4.57313	5.98471	7.52333	9.20043	11.0285	13.0210	15.1929	17.5603	20.1407	22.9534	26.0192	9%
10%	1.00000	2.10000	3.31000	4.64100	6.10510	7.71561	9.48717	11.4359	13.5795	15.9374	18.5312	21.3843	24.5227	27.9750	10%
12%	1.00000	2.12000	3.37440	4.77933	6.35285	8.11519	10.0890	12.2997	14.7757	17.5487	20.6546	24.1331	28.0291	32.3926	12%
14%	1.00000	2.14000	3.43960	4.92114	6.61010	8.53552	10.7305	13.2328	16.0853	19.3373	23.0445	27.2707	32.0887	37.5811	14%
16%	1.00000	2.16000	3.50560	5.06650	6.87714	8.97748	11.4139	14.2401	17.5185	21.3215	25.7329	30.8502	36.7862	43.6720	16%
18%	1.00000	2.18000	3.57240	5.21543	7.15421	9.44197	12.1415	15.3270	19.0859	23.5213	28.7551	34.9311	42.2187	50.8180	18%
20%	1.00000	2.20000	3.64000	5.36800	7.44160	9.92992	12.9159	16.4991	20.7989	25.9587	32.1504	39.5805	48.4966	59.1959	20%
22%	1.00000	2.22000	3.70840	5.52425	7.73958	10.4423	13.7396	17.7623	22.6700	28.6574	35.9620	44.8737	55.7459	69.0100	22%
24%	1.00000	2.24000	3.77760	5.68422	8.04844	10.9801	14.6153	19.1229	24.7125	31.6434	40.2379	50.8950	64.1097	80.4961	24%
26%	1.00000	2.26000	3.84760	5.84798	8.36845	11.5442	15.5458	20.5876	26.9404	34.9449	45.0306	57.7386	73.7506	93.9258	26%
28%	1.00000	2.28000	3.94840	6.01555	8.69991	12.1359	16.5339	22.1634	29.3692	38.5926	50.3985	65.5100	84.8529	109.612	28%
30%	1.00000	2.30000	3.99000	6.18700	9.04310	12.7560	17.5828	23.8577	32.0150	42.6195	56.4053	74.3270	97.6250	127.913	30%
35%	1.00000	2.35000	4.17250	6.63288	9.95438	14.4384	20.4919	28.6640	39.6964	54.5902	74.6967	101.841	138.485	187.954	35%

续表

r \ n	15	16	17	18	19	20	21	22	23	24	25	26	27	28	n / r
1%	16.0969	17.2579	18.4304	19.6147	20.8109	22.0190	23.2392	24.4716	25.7163	26.9735	28.2432	29.5256	30.8209	32.1291	1%
2%	17.2934	18.6393	20.0121	21.4123	22.8406	24.2974	25.7833	27.2990	28.8450	30.4219	32.0303	33.6709	35.3443	37.0512	2%
3%	18.5989	20.1569	21.7616	23.4144	25.1169	25.1169	28.6765	30.5368	32.4529	34.4265	36.4593	38.5530	40.7096	42.9309	3%
4%	20.0236	21.8245	23.6975	25.6454	27.6712	29.7781	31.9692	34.2480	36.6179	39.0826	41.6459	44.3117	47.0842	49.9676	4%
5%	21.5786	23.6755	25.8404	28.1324	30.5390	33.0660	35.7193	38.5052	41.4305	44.5020	47.7271	51.1135	54.6691	58.4026	5%
6%	23.2760	25.6725	28.2129	30.9057	33.7600	36.7856	39.9927	43.3923	46.9958	50.8156	54.8645	59.1564	63.7058	68.5281	6%
7%	25.1290	27.8880	30.8402	33.9990	37.3790	40.9955	44.8652	49.0057	53.4361	58.1767	63.2490	68.6765	74.4838	80.6977	7%
8%	24.2149	30.3243	33.7502	37.4502	41.4463	45.7620	50.4229	55.4568	60.8933	66.7648	73.1059	79.9544	87.3508	95.3388	8%
9%	29.3609	33.0034	36.9737	41.3013	46.0185	51.1601	56.7645	62.8733	69.5319	76.7898	84.7009	93.3240	102.723	112.968	9%
10%	31.7725	35.9497	40.5447	45.5992	51.1591	57.2750	64.0025	71.4027	79.5430	88.4973	98.3471	109.182	121.100	134.210	10%
12%	37.2797	42.7533	48.8837	55.7497	63.4397	72.0524	81.6987	92.5026	104.603	118.155	133.334	150.334	169.374	190.699	12%
14%	43.8424	50.9804	59.1176	68.3941	78.9692	91.0249	104.768	120.436	138.297	158.659	181.871	208.333	238.499	272.889	14%
16%	51.6595	60.9250	71.6730	84.1407	98.6032	115.380	134.841	157.415	183.601	213.978	249.214	290.088	337.502	392.503	16%
18%	60.6953	72.9390	87.0680	103.740	123.414	146.628	174.021	206.345	244.487	289.494	342.603	405.272	479.221	566.481	18%
20%	72.0351	87.4421	105.931	128.117	154.740	186.688	255.026	271.031	326.237	392.484	471.981	567.377	681.853	819.223	20%
22%	85.1922	104.935	129.020	15.405	194.254	237.989	291.347	356.443	435.861	532.750	650.955	795.165	971.102	1185.74	22%
24%	100.815	126.011	157.253	195.994	244.033	303.601	377.465	469.056	582.630	723.461	898.092	1114.63	1383.15	1716.10	24%
26%	119.347	151.377	191.735	242.585	306.658	387.389	489.110	617.278	778.771	982.251	1238.64	1561.68	1968.72	2481.59	26%
28%	141.303	181.868	233.791	300.252	385.323	494.213	633.593	811.999	1040.36	1332.66	1706.80	2185.71	2798.71	3583.34	28%
30%	167.286	218.472	285.014	371.518	483.973	630.165	820.215	1067.28	1388.46	1806.00	2348.80	3054.44	3971.78	5164.31	30%
35%	254.738	344.897	466.611	630.925	852.748	1152.21	1556.48	2102.25	2839.04	3833.71	5176.50	6989.28	9436.53	12740.3	35%

表4　**年金现值系数表（P/A，r，n）＝［1－（1+r）$^{-n}$］/r**

r \ n	1	2	3	4	5	6	7	8	9	10	11	12	13	14	n / r
1%	0.99010	1.97040	2.94099	3.90197	4.85343	5.79548	6.72819	7.65168	8.56602	9.47130	10.3676	11.2551	12.1337	13.0037	1%
2%	0.98039	1.94156	2.88388	3.80773	4.71346	5.60143	6.47199	7.32548	8.16224	8.98259	9.78685	10.5753	11.3484	12.1062	2%
3%	0.97087	1.91347	2.82861	3.71710	4.57971	5.41719	6.23028	7.01969	7.78611	8.53020	9.25262	9.95400	10.6350	11.2961	3%
4%	0.96154	1.88610	2.77509	3.62990	4.45182	5.24214	6.00206	6.73275	7.43533	8.11090	8.76048	9.38507	9.98565	10.5631	4%
5%	0.95238	1.85941	2.72325	3.54595	4.32948	5.07569	5.78637	6.46321	7.10782	7.72173	8.30641	8.86325	9.39357	9.89864	5%
6%	0.94340	1.83339	2.67301	3.46511	4.21236	4.91732	5.58238	6.20979	6.80169	7.36009	7.88687	8.38384	8.85268	9.29498	6%
7%	0.93458	1.80802	2.62432	3.38721	4.10020	4.76654	5.38929	5.97130	6.51523	7.02358	7.49867	7.94269	8.35765	8.74547	7%
8%	0.92593	1.78326	2.57710	3.31213	3.99271	4.62288	5.20637	5.74664	6.24689	6.71008	7.13896	7.53608	7.90378	8.24424	8%
9%	0.91743	1.75911	2.53130	3.23972	3.88965	4.48592	5.03295	5.53482	5.99525	6.41766	6.80519	7.16073	7.48690	7.78615	9%
10%	0.90909	1.73554	2.48685	3.16987	3.79079	4.35526	4.86842	5.33493	5.75902	6.14457	6.49506	6.81369	7.10336	7.36669	10%
12%	0.89286	1.69005	2.40183	3.03735	3.60478	4.11141	4.56376	4.96764	5.32825	5.65022	5.93770	6.19437	6.42355	6.62817	12%
14%	0.87719	1.64666	2.32163	2.91371	3.43308	3.88867	4.28830	4.63886	4.94637	5.21612	5.45273	5.66029	5.84236	6.00207	14%
16%	0.86207	1.60523	2.24589	2.79818	3.27429	3.68474	4.03857	4.34359	4.60654	4.83323	5.02864	5.19711	5.34233	5.46753	16%
18%	0.84746	1.56564	2.17427	2.69006	3.12717	3.49760	3.81153	4.07757	4.30302	4.49409	4.65601	4.79322	4.90951	5.00806	18%
20%	0.83333	1.52778	2.10648	2.58873	2.99061	3.32551	3.60459	3.83716	4.03097	4.19247	4.32706	4.43922	4.53268	4.61057	20%
22%	0.81967	1.49154	2.04224	2.49364	2.86364	3.16692	3.41551	3.61927	3.78628	3.92318	4.03540	4.12737	4.20277	4.26456	22%
24%	0.80645	1.45682	1.98130	2.40428	2.74538	3.02047	3.24232	3.42122	3.56550	3.68186	3.77569	3.85136	3.91239	3.96160	24%
26%	0.79365	1.42353	1.92344	2.32019	2.63507	2.88498	3.08331	3.24073	3.36566	3.46481	3.54350	3.60595	3.65552	3.69485	26%
28%	0.78125	1.39160	1.86844	2.24097	2.53201	2.75938	2.93702	3.07579	3.18421	3.26892	3.33509	3.38679	3.42718	3.45873	28%
30%	0.76923	1.36095	1.81611	2.16624	2.43557	2.64275	2.80211	2.92470	3.01900	3.09154	3.14734	3.19026	3.22328	3.24867	30%
35%	0.74074	1.28944	1.69588	1.99695	2.21996	2.38516	2.50752	2.59817	2.66531	2.71504	2.75188	2.77947	2.79939	2.81436	35%

续表

n / r	15	16	17	18	19	20	21	22	23	24	25	26	27	28	n / r
1%	13.8651	14.7179	15.5623	16.3983	17.2260	18.0456	18.8570	19.6604	20.4558	21.2434	22.0232	22.7952	23.5596	24.3164	1%
2%	12.8493	13.5778	14.2919	14.9920	15.6785	16.3514	17.0112	17.6580	18.2922	18.9139	19.5235	20.1210	20.7069	21.2813	2%
3%	11.9379	12.5611	13.1661	13.7535	14.3238	14.8775	15.4150	15.9369	16.4436	16.9355	17.4131	17.8768	18.3270	18.7641	3%
4%	11.1184	11.6523	12.1657	12.6593	13.1339	13.5903	14.0292	14.4511	14.8568	15.2420	15.6221	15.9828	16.3296	16.6631	4%
5%	10.3797	10.8378	11.2741	11.6896	12.0853	12.4622	12.8212	13.1630	13.4886	13.7986	14.0939	14.3752	14.6430	14.8981	5%
6%	9.71225	10.1059	10.4773	10.8276	11.1581	11.4699	11.7641	12.0416	12.3034	12.5504	12.7834	13.0032	13.2105	13.4062	6%
7%	9.10791	9.44665	9.76322	10.0591	10.3356	10.5940	10.8355	11.0612	11.2722	11.4693	11.6536	11.8258	11.9867	12.1371	7%
8%	8.55948	8.85137	9.12164	9.37189	9.60360	9.81815	10.0168	10.2007	10.3711	10.5288	10.6748	10.8100	10.9352	11.0511	8%
9%	8.06069	8.31256	8.54363	8.75563	8.95011	9.12855	9.29224	9.44243	9.58021	9.70661	9.82258	9.92897	10.0266	10.1161	9%
10%	7.60608	7.82371	8.02155	8.20141	8.36492	8.51356	8.64869	8.77154	8.88322	8.98474	9.07704	9.16095	9.23722	9.30657	10%
12%	6.81086	6.97399	7.11963	7.24967	7.36578	7.46944	7.56200	7.64465	7.71843	7.78432	7.84314	7.89566	7.94255	7.98442	12%
14%	6.14217	6.26506	6.37286	6.46742	6.55037	6.62313	6.68696	6.74294	6.79206	6.83514	6.87293	6.90608	6.93515	6.96066	14%
16%	5.57546	5.66850	5.74870	5.81785	5.87746	5.92884	5.97314	6.01133	6.04425	6.07263	6.09709	6.11818	6.13636	6.15204	16%
18%	5.09158	5.16235	5.22233	5.27316	5.31624	5.35275	5.38368	5.40990	5.43212	5.45095	5.46691	5.48043	5.49189	5.50160	18%
20%	4.67547	4.72956	4.77463	4.81219	4.84350	4.86958	4.89132	4.90943	4.92453	4.93710	4.94759	4.95632	4.96360	4.96967	20%
22%	4.31552	4.35673	4.39077	4.41866	4.44152	4.46027	4.47563	4.48822	4.49854	4.50700	4.51393	4.51962	4.52428	4.52810	22%
24%	4.00129	4.03330	4.05911	4.07993	4.09672	4.11026	4.12117	4.12998	4.13708	4.14281	4.14743	4.15115	4.15415	4.15657	24%
26%	3.72607	3.75085	3.77052	3.78613	3.79851	3.80834	3.81615	3.82234	3.82725	3.83115	3.83425	3.83670	3.83865	3.84020	26%
28%	3.48339	3.50265	3.51769	3.52945	3.53863	3.54580	3.55141	3.55579	3.55921	3.56118	3.56397	3.56560	3.56688	3.56787	28%
30%	3.26821	3.28324	3.29480	3.30369	3.31053	3.31579	3.31984	3.32296	3.32535	3.32719	3.32861	3.32970	3.33054	3.33118	30%
35%	2.82545	2.83367	2.83975	2.84426	2.84760	2.85008	2.85191	2.85326	2.85427	2.85502	2.85557	2.85598	2.85628	2.85650	35%

表5 **正态分布曲线的面积**

Z	0.00	0.01	0.02	0.03	0.04	0.05	0.06	0.07	0.08	0.09
0.00	0.0	0.0040	0.0080	0.0120	0.0160	0.0199	0.0239	0.0279	0.0319	0.0359
0.10	0.0398	0.0438	0.0478	0.0517	0.0557	0.0596	0.0636	0.0675	0.0714	0.0753
0.20	0.0793	0.0832	0.0871	0.0910	0.0948	0.0987	0.1026	0.1064	0.1103	0.1141
0.30	0.1179	0.1217	0.1255	0.1293	0.1331	0.1368	0.1406	0.1443	0.1480	0.1517
0.40	0.1554	0.1594	0.1628	0.1661	0.1700	0.1736	0.1772	0.1808	0.1844	0.1879
0.50	0.1915	0.1950	0.1985	0.2010	0.2054	0.2088	0.2123	0.2157	0.2190	0.2224
0.60	0.2257	0.2291	0.2324	0.2357	0.2389	0.2422	0.2454	0.2486	0.2517	0.2549
0.70	0.2580	0.2611	0.2642	0.2673	0.2703	0.2734	0.2764	0.2793	0.2823	0.2852
0.80	0.2881	0.2910	0.2939	0.2967	0.2995	0.3023	0.3051	0.3078	0.3106	0.3133
0.90	0.3159	0.3186	0.3212	0.3238	0.3264	0.3289	0.3315	0.3340	0.3365	0.3389
1.00	0.3413	0.3438	0.3461	0.3485	0.3508	0.3531	0.3554	0.3577	0.3599	0.3621
1.10	0.3643	0.3665	0.3686	0.3703	0.3729	0.3749	0.3770	0.3790	0.3810	0.3830
1.20	0.3849	0.3869	0.3888	0.3907	0.3925	0.3943	0.3962	0.3980	0.3997	0.4015
1.30	0.4032	0.4049	0.4066	0.4082	0.4099	0.4115	0.4115	0.4147	0.4162	0.4177
1.40	0.4192	0.4207	0.4222	0.4236	0.4251	0.4265	0.4279	0.4292	0.4306	0.4319
1.50	0.4332	0.4345	0.4357	0.4370	0.4382	0.4394	0.4406	0.4418	0.4429	0.4441
1.60	0.4452	0.4463	0.4474	0.4484	0.4495	0.4550	0.4515	0.4525	0.4535	0.4545
1.70	0.4554	0.4564	0.4573	0.4582	0.4591	0.4599	0.4608	0.4616	0.4625	0.4633
1.80	0.4641	0.4649	0.4656	0.4664	0.4671	0.4678	0.4686	0.4693	0.4699	0.4706
1.90	0.4713	0.4719	0.4726	0.4732	0.4738	0.4744	0.4750	0.4756	0.4761	0.4767
2.00	0.4772	0.4778	0.4783	0.4788	0.4793	0.4798	0.4803	0.4808	0.4812	0.4812
2.10	0.4821	0.4826	0.4830	0.4834	0.4838	0.4842	0.4846	0.4850	0.4854	0.4857
2.20	0.4861	0.4864	0.4868	0.4871	0.4875	0.4878	0.4881	0.4884	0.4887	0.4890
2.30	0.4893	0.4896	0.4898	0.4901	0.4904	0.4906	0.4909	0.4911	0.4913	0.4916
2.40	0.4918	0.4920	0.4922	0.4925	0.4927	0.4929	0.4931	0.4932	0.4934	0.4936
2.50	0.4938	0.4940	0.4941	0.4943	0.4945	0.4946	0.4948	0.4949	0.4951	0.4952
2.60	0.4953	0.4955	0.4956	0.4957	0.4959	0.4960	0.4961	0.4962	0.4963	0.4964
2.70	0.4965	0.4966	0.4967	0.4968	0.4969	0.4970	0.4971	0.4972	0.4973	0.4974
2.80	0.4974	0.4975	0.4976	0.4977	0.4977	0.4978	0.4979	0.4979	0.4980	0.4981
2.90	0.4981	0.4982	0.4982	0.4983	0.4984	0.4984	0.4985	0.4985	0.4986	0.4986
3.00	0.4986	0.4987	0.4987	0.4988	0.4988	0.4989	0.4989	0.4989	0.4990	0.4990
3.10	0.4990	0.4991	0.4991	0.4991	0.4992	0.4992	0.4992	0.4992	0.4993	0.4993
3.20	0.4993	0.4993	0.4994	0.4994	0.4994	0.4994	0.4994	0.4995	0.4995	0.4995
3.30	0.4995	0.4995	0.4995	0.4996	0.4996	0.4996	0.4996	0.4996	0.4996	0.4997
3.40	0.4997	0.4997	0.4997	0.4997	0.4997	0.4997	0.4997	0.4997	0.4997	0.4998
3.50	0.4998	0.4998	0.4998	0.4998	0.4998	0.4998	0.4998	0.4998	0.4998	0.4998
3.60	0.4998	0.4998	0.4999	0.4999	0.4999	0.4999	0.4999	0.4999	0.4999	0.4999
3.70	0.4999	0.4999	0.4999	0.4999	0.4999	0.4999	0.4999	0.4999	0.4999	0.4999
3.80	0.4999	0.4999	0.4999	0.4999	0.4999	0.4999	0.4999	0.4999	0.4999	0.4999
3.90	0.5000	0.5000	0.5000	0.5000	0.5000	0.5000	0.5000	0.5000	0.5000	0.5000

注：Z为标准差的个数，表中数据是平均数和Z个标准差之间的那部分正态曲线下的总面积。